泰安年鉴

TAIAN YEARBOOK

2017

泰 安 市 人 民 政 府 主办
泰安市地方史志办公室 编

方志出版社
Publishing House of Local Records

图书在版编目（CIP）数据

泰安年鉴. 2017 / 泰安市地方史志办公室编.——北京：方志出版社，2017.10
ISBN 978-7-5144-2610-6

Ⅰ.①泰… Ⅱ.①泰… Ⅲ.①泰安市-2017-年鉴
Ⅳ.①Z525.23

中国版本图书馆CIP数据核字（2017）第259982号

泰安年鉴（2017）

编　　者：泰安市地方史志办公室
责任编辑：陈　菁

出 版 人：冀祥德
出 版 者：方志出版社
地址　北京市朝阳区潘家园东里9号（国家方志馆4层）
邮编　100021
网址　http://www.fzph.org
发　　行：方志出版社图书经销中心
电话（010）67110500
经　　销：各地新华书店
印　　刷：济南黄氏印务有限公司

开　　本：889×1194　　1/16
印　　张：33印张
字　　数：824千字
版　　次：2017年10月第1版　2017年10月第1次印刷
印　　数：0001～2000册

ISBN 978-7-5144-2610-6　　定　价：298.00元

泰安市地方史志编纂委员会

《泰安年鉴（2017）》编审人员

编辑说明

1. 《泰安年鉴》以马克思列宁主义、毛泽东思想、邓小平理论、“三个代表”重要思想、科学发展观、习近平新时代中国特色社会主义思想为指导，坚持辩证唯物主义和历史唯物主义的立场、观点、方法，存真求实，全面、客观、系统地记述2016年度全市政治、经济、文化及各项社会事业发展的新情况、新进展、新变化，旨在为各级领导机关提供决策依据，为社会各界和人民群众提供信息资料，为建设富裕文明幸福新泰安服务，为宣传、研究泰安服务。

2. 《泰安年鉴》每年出版一卷。本卷为总第27卷，文字资料时限为2016年1月1日至12月31日。为增强资料的时效性、新闻性，部分资料时限适当上溯或下延。

3. 该年鉴采用分类编辑法。框架结构的主体由栏目、分目、条目三个层次组成，有的栏目增设子分目层次。以条目为基本记载单元，条目标题以黑体字加【 】标示。条目中分段落的以楷形标题引领，同一段落内分层次的以“①②③……”引领。

4. 本卷设30个栏目，依次为：特载、大事纪要、市情概览、中国共产党泰安市委员会、泰安市人民代表大会、泰安市人民政府、中国人民政治协商会议泰安市委员会、纪检•监察、民主党派•工商联、人民团体、法治、武装、经济管理、经济合作•项目建设、农业、工业•信息产业、交通•邮政、商贸流通•对外及对港澳台经贸、旅游业•会展业、建设•环保、泰山景区•开发区、财政•税务、金融、科技•教育、文化•体育、卫生和计划生育、社会管理•居民生活、县市区、人物、附录。

5. 《泰安年鉴》内容记载坚持以经济建设为中心。本卷进一步规范概况等综合性条目内容，充实各栏目信息资料，强化“三强”企业培植、全域旅游经济发展、山水名城建设、会展经济、扶贫开发和招商引资、项目建设等记载内容，并增加图表，以增强资料性、实用性和可读性。

6. 为方便文字记述，文中以市、县（市、区）、乡镇（街道）、村（居）来体现记述范围，以“年内”指代2016年、“上年”指代2015年、“年末”指代2016年年末。正文中副市级以上负责人署名，且职务冠名前，职称缀名后。一般使用法定计量单位，但在记述农业用地时亦可用亩。数字一般记至万以上，小数点后保留两位小数，但在记述人均收入、人均生活支出和在岗职工平均工资时，可记述至个位。

7. 为方便读者查阅，本卷进一步完善主题索引，适度增加索引量。读者可通过中（英）文目录、主题索引以及页眉和大事纪要等检索渠道查找所需信息资料。

8. 本卷资料和数据均由市直部门、各县（市、区）及有关单位提供，并经负责人审核。全市综合性数据由市统计局提供或审定。增加值、绝对数均按当年价格，增长速度按可比价格计算。

中华泰山

世界文化与自然遗产
世界地质公园
全国文明风景旅游区
全国首批“中国森林氧吧”
全国旅游服务质量标杆单位
全国“旅游服务最佳景区”
国家地质公园
国家森林公园
国家首批重点风景名胜区
国家AAAAA级旅游景区
国家级风景名胜区综合整治十佳单位
国家级服务标准化示范单位
国家级全民健身登山基地
国家级海峡两岸交流基地
国家级摄影创作基地
中华十大名山
中国书法名山
中国楹联名山
中国最美的十大名山
中国旅游品牌十大景区
中国最令人向往的地方
中国民间文化遗产旅游示范区
中国最值得外国人去的50个地方
中国自驾车旅游品牌十大景区
顾客十大满意风景名胜区
最佳资源保护十大风景名胜区
欧洲人最喜爱的中国十大景区

泰安 2016

总面积：7762平方公里

年末常住人口：563.7 万人

生产总值：3316.8亿元

第一产业：280.9 亿元

第二产业：1485.5 亿元

工　业：1261.8 亿元

第三产业：1550.4亿元

三次产业构成：8.5 ：44.8 ：46.7

人均地区生产总值：59027元

地方财政收入：206.7亿元

地方财政支出：330.6亿元

金融机构人民币各项存款余额：3056.2亿元

城乡居民储蓄存款余额：1922.9亿元

金融机构人民币各项贷款余额：1936.7亿元

全社会固定资产投资：2899.6亿元

社会消费品零售额：1462.8亿元

外贸进出口总值：134.6亿元

出口总值：108.8亿元

进口总值：25.8亿元

实际利用外资：34.1亿元

旅游总人数：6278.2万人次

旅游消费总额：661.6 亿元

发明专利授权数：407件
普通高等学校：9所
普通高等学校在校生：13.1万人
中等职业学校：20所
中等职业学校在校生：4.7万人
技工学校：9所
技工学校在校生：2.7万人
普通中学：180所
普通中学在校生：34.0万人
小学：517所
小学在校生：26.9万人
卫生机构床位：30736张
卫生技术人员：35884人
全社会用电量：184.2亿千瓦•时
城区供水综合生产能力：65.8万立方米/日
城市道路面积：5638.3万平方米
城镇居民人均可支配收入：30299元
城镇居民人均消费性支出：17900元
农村居民人均可支配收入：14428元
农村居民人均消费性支出：9297元
城镇居民人均期末拥有房屋面积：37.93平方米
农村居民人均期末拥有房屋面积：45.58平方米

《泰安年鉴（2017）》单位审稿人名单

（以姓氏笔画为序）

于海涛 万长江 马新华 王　波 王　骞 王元军 王长松 王玉坚 王传宝 王庆涛 王序东 王诗新
王春梅 车传祥 贝绍阳 卞　涛 方　斌 孔祥湖 叶　炜 冯遂杰 巩华仁 巩相会 毕于民 曲宏伟
吕卫东 吕文佳 朱志平 朱宗穆 乔建博 任廷琦 任建宙 刘　华 刘　安 刘　媚 刘卫东 刘文明
刘连功 刘忠义 刘学永 刘彦涛 刘焕星 刘新功 闫恂秋 孙　伟 孙德育 纪　萍 杜广华 李　达
李　芳 李广生 李华民 李成涛 李作超 杨　帅 杨　灏 杨化军 杨承修 杨树国 吴国庆 何麦之
宋宪春 张　军 张　涛 张　博 张　磊 张　鑫 张广银 张卫国 张均康 张观富 张秀峰 张京洲
张春华 张俊敏 张宪省 张翠花 张德臣 陈　岩 陈卫东 陈云峰 陈庆华 陈晓娜 陈维文 苗丰平
国文丽 周　杰 郑允幸 孟宪军 项　颖 赵玉镇 郝　燕 郝永胜 郝呈华 胡兆柱 相益霖 段爱华
娄本亮 宫淑瑰 姚志刚 秦梦华 党光敏 徐兆兵 徐德力 高树顺 高黎明 黄正玉 崔　健 鹿道新
梁立元 梁进涛 梁国言 梁晨阳 董彦和 蒋永斌 韩向民 韩志强 翟松杰 滕先森 鞠允平 魏　武
魏剑峰

《泰安年鉴（2017）》单位中心撰稿人名单

（以姓氏笔画为序）

丁　婧 佀　亚 马　帅 马　峰 马　跃 马　琳 马久虎 王　昆 王　欣 王　勇 王　涛 王　乾
王　斌 王　磊 王元志 王玉梅 王宁波 王亚楠 王先琪 王传其 王延学 王建伟 王玲玲 王晨明
王得众 王琳琳 尹　健 孔　谦 叶丛中 田　向 田　倩 邢曙光 吕　睿 吕虎振 朱传伏 任延勇
任建波 庄惠丽 刘　文 刘　伟 刘　丽 刘　钊 刘　峰 刘　倩 刘玉朴 刘田田 刘庆斌 刘冠银
刘艳芳 刘淑文 刘锦多 齐敏华 闫　超 安　鲁 安其心 许　兵 孙　涛 孙一鸣 孙启伟 孙启峰
苏　军 苏智伟 杜　娟 杜　梅 杜荣立 李　乾 李　梅 李　慧 李　燕 李文军 李冬霞 李姗姗
李贵友 李德龙 杨　帅 杨　宁 杨　凯 杨　春 吴克欣 汪　洋 汪卫东 沈　扬 张　文 张　帅
张　成 张　帆 张　军 张　兵 张　彤 张　波 张　涛 张　斌 张　楠 张广东 张作祥 张宗起
张昭澎 张洪燕 张海平 张梦瑾 张焕远 张淑蕾 张景浦 张婷婷 张嘉楠 陈　雷 陈　潇 陈丽君
陈来明 陈梦婷 陈雪飞 邵　振 邵小庆 武　雪 武建堂 范克岩 范盛有 和沐雯 周　言 周　朋
郑维山 单美菁 赵　越 赵同健 赵传勇 赵红明 郝　政 郝　航 郝贞明 胡房亭 姜　锋 姚　文
姚　娟 贾同林 贾秀梅 高　炜 高　珍 高　磊 郭　建 郭志刚 郭洪省 桑运昌 黄　伟 黄　磊
曹丙珂 曹梅玲 常　晨 梁　波 尉海波 彭　鹏 彭彤彤 葛宗泰 董　卫 董玉文 蒋　钰 蒋　蒙
韩　伟 韩　念 韩　超 韩　惠 韩长清 景　婧 程文涛 程建民 焦　健 路　燕 裴　鹏 翟　曜
颜　健 魏菡秋 瞿祥耀

2016年4月12日，省委书记、省人大常委会主任姜异康（左五）到泰安市调研经济社会发展情况（王国梁 摄）

2016年5月23日，省委副书记、省长郭树清（前排左一）到泰安市调研产业转型升级情况（王国梁 摄）

2016年6月13日，市委书记、市人大常委会主任李洪峰（中）慰问武警山东总队到泰安野营拉练官兵

（王国梁　摄）

2016年10月11日，市委书记、市人大常委会主任王云鹏（左四）到岱岳区调研　　（王国梁　摄）

2016年11月1日，市委副书记、市长李希信（前排中）调研高速公路建设情况　　（朱新宇　摄）

2016年12月1日，市委副书记张涛（前排中）到东平县调研库区移民、易地扶贫搬迁、项目建设和基层党建等工作　　（张中乾　摄）

2016年2月26日，市十六届人大常委会第29次会议上，市人大常委会第一副主任、党组书记陈刚带领新当选的常委会组成人员向宪法宣誓（苏智伟 摄）

2016年3月8日，市政协党组书记、主席辛显明（前排右三）陪同省政协副主席许立全（前排右二）调研界别工作和旅游产业发展情况（刘 峰 摄）

2016年12月6日，泰安市人民政府与浪潮集团有限公司战略合作签约仪式举行。市委书记、市人大常委会主任王云鹏（左五），市委副书记、市长李希信（左四）等出席　（马　帅　供）

2016年6月8日，泰安金控集团、泰安融资担保公司战略合作签约暨揭牌仪式举行。市委副书记、市长王云鹏（左）参加活动并为泰安金控集团、泰安融资担保公司成立揭牌

（司　刚　摄）

2016年3月26日，泰安金融商务区奠基暨首批入驻企业签约仪式举行（朱新宇　摄）

2016年3月24日，全市科学发展表彰大会召开，表彰2015年度科学发展综合考核先进县（市、区）和单位，政风行风建设先进单位和争先进位先进单位，“五型”机关建设示范单位，社会治安综合治理工作先进县（市、区）、乡镇（街道）、单位和个人，全市信访工作先进单位和个人等（司 刚 摄）

2016年1月8日，全市扶贫开发工作会议召开，强调要精准扶贫、精准脱贫，坚决打赢脱贫攻坚战（司 刚 摄）

2016年11月22～25日，全市招商引资和项目建设检查考核会议召开，评价考核2016年各县（市、区）、泰安高新区招商引资和项目建设情况（司 刚 摄）

2016年9月22日，全市城市工作会议召开。强调要坚持创新、协调、绿色、开放、共享的发展理念，优化城市布局、完善城市功能、壮大城市实力、提升城市形象，努力打造碧水青山、和谐宜居、特色鲜明、充满活力的区域性中心城市（司 刚 摄）

2016年7月29日，市委民族工作会议暨市政府第六次全市民族团结进步表彰大会召开，表彰民族团结进步模范集体和个人，部署当前和今后一个时期的民族工作任务（司 刚 摄）

2016年7月29日，全市科学技术奖励大会召开，表彰为市科技事业和专利发展作出突出贡献的科技工作者。左图为会场，右图为市委书记、市人大常委会主任王云鹏（中）为泰安市科学技术最高奖获得者蓝光软件有限公司卢新明教授（左一）、岱银纺织集团李广军（右一）高级工程师颁发证书　（司　刚　摄）

2016年9月22日，全市创建双拥模范城表彰大会召开，表彰全市双拥先进单位和个人，安排部署今后一个时期双拥工作任务　（司　刚　摄）

2016年4月27日，泰安市庆祝“五一”国际劳动节暨推进富民强市、建设幸福泰安先模表彰大会召开，表彰为全市经济社会发展作出突出贡献的先进集体和先进个人　（司　刚　摄）

2016年1月18日，全市国家卫生城市复审工作总结表彰大会召开，表彰创城迎审工作先进集体和先进个人　（司　刚　摄）

2016年9月8日，2016中国泰安投资合作洽谈会举行。期间，签约项目136个，其中，内资项目126个，总投资967.8亿元；外资项目10个，总投资11.79亿美元

（赵文文　摄）

2016年9月7日，“2016百家知名外商泰安行”洽谈会举行　　　　（赵文文　摄）

2016年9月6日，“魅力泰安”第三十届泰山国际登山节开幕，“鲁能泰山7号杯”第三十届泰山国际登山比赛暨第二十一届全国全民健身登泰山比赛（上图）和登泰山万人徒步行活动（右图）起跑仪式一并举行　　　　（赵文文　摄）

2016年9月5～8日，第六届泰山石敢当文化节举办。图为泰山宝泰隆旅游景区文化展厅内，书画家们挥毫泼墨，与观展者交流互动　　　　（王文正　摄）

2016年9月6日，第三十届泰山国际登山节“健康中国•相约泰山”全民健身活动倡议仪式在泰山太平顶举行，副市长成丽出席活动并致辞。活动倡议：每天锻炼一小时，健康工作五十年，幸福生活一辈子

（王文正　摄）

2016年9月13日，“天颐湖旅游”杯2016世界旅游小姐泰安赛区总决赛——2016中国•泰安旅游城市形象大使大赛总决赛暨颁奖晚会举行。图为获奖选手合影

（司　刚　摄）

2016年9月6日，泰山秋韵——泰山民族乐团专场晚会在泰山文化大厦上演。图为“泰山秋韵”民族音乐会现场

（隋　翔　摄）

“魅力泰安”第三十届泰山国际登山节开幕式上精彩的锣鼓表演　　　　（赵文文　摄）

2016年9月11日，第三十届泰山国际登山节“明珠健身杯”2016泰山长跑赛启幕，3000余名选手参赛

（王文正　摄）

2016首届泰山国际特种设备展览会上，国外客户参观了解国内焊接机器人操作

（司 刚 摄）

2016年10月20～22日，2016首届泰山国际特种设备展览会举办。该展会为全国首个特种设备领域综合类展会，以“安全、节能、环保、创新、发展”为主题，汇聚国内外众多知名企业和机构，布展面积逾2万平方米，参展单位达312家。展会期间同步举办以“1+10”模式为核心的学术交流、行业研讨等高端论坛及报告活动

（司 刚 摄）

2016年9月7日，2016第一届泰山国际残疾人论坛在东岳山庄开幕。该届论坛主题是“残疾人辅助器具适配与全面建成小康社会的关系”，与会专家学者从加快推进辅具产业发展、推广辅助器具适配服务的角度，就推进残疾人小康进程的理论与实践进行深入探讨 （司 刚 摄）

2016年9月6日，2016第一届泰山国际福祉暨康复设备博览会在泰山国际会展中心举行（司 刚 摄）

2016年8月31日至9月2日，2016中国（泰山）国际矿业装备与技术展览会在泰安举办。展会设4个展区，展览面积3.5万平方米，参展的国内外企业400余家，展品范围包括勘探技术装备、选矿技术装备、采矿技术装备、矿山通用装备、煤转化技术装备、矿物加工技术设备、矿山安全技术装备、矿山节能环保技术装备、矿山基建装备、电力装备、矿山电气装备、矿山配套部件及设备等十四个大类别、数千个品种。左图为展商向客户介绍参展装备，右图为展会现场 （司　刚　摄）

2016年9月17～19日，2016山东省教育装备博览会暨第三届校服设计大赛在泰山国际会展中心举办。展览会划分信息化校园、现代教育设备和图书、学校后勤设施3个主题馆以及校园安全、特殊教育2个专题区，省内外和泰安市知名教育品牌共计219家教育企业参展，展位1067个。大赛吸引53家服装生产和研发企业及高校的488件作品参赛，最终产生一等奖9个、二等奖27个、三等奖54个。左图为博览会现场，右图为第三届校服设计大赛获奖作品展示 （赵文文　摄）

2016年9月28～30日，2016年泰山秋季全国印刷包装机械物资展销会暨绿色印刷高峰论坛在泰安举行。图为与会人员参观覆膜机 （隋　翔　摄）

2016年8月12～14日，“爱立方”•2016中国学前教育峰会暨中国学前教育用品博览会在泰安举办。图为观展学生体验智能游戏设备 （王文正　摄）

2016年12月14日，中国当代作家、学者，文化部原部长、中国作家协会名誉主席，中国海洋大学文学与新闻传播学院院长王蒙，在泰山大剧院作“中国传统文化与现代法治文明”主题演讲　　　　（王文正　摄）

2016年5月20日，2016“平安泰山”太极文化泰山峰会召开。峰会以“扬国粹岱顶论道，舞太极天下泰安”为主题，旨在弘扬中华太极文化，打造高层次太极文化交流平台。图为太极拳大师在大观峰现场表演

（赵文文　摄）

2016年4月21～25日，2016泰山东岳庙会在泰安举办。该届庙会以“逛东岳庙会 祈平安福贵”为主题，推出燕青打擂、开城门、古代捶丸再现、东御座乾隆行宫游等展示项目。图为在岱庙天贶殿的启会仪式现场

（吴克欣　供）

2016年10月30日，中国人民保险杯2016第三届泰山国际马拉松赛开赛，来自国内外的17836名国内外马拉松选手激情奔跑在“最美、最具挑战马拉松赛道”。图为参赛选手激情开跑　　　　（赵文文　摄）

2016年9月3日，“庆国庆暨纪念红军长征胜利80周年系列文艺活动”之泰安市优秀广场舞展演在泰山广场举行

（王文正　摄）

2016年3月22日，泰山幸福e家园2015年度“幸福社区”“最美孝星”颁奖典礼在泰安传媒集团演播大厅举行。左图为“十大最美孝星”颁奖现场，右图为“幸福社区”颁奖现场　　（隋　翔　摄）

2016年1月29日，第五届泰安风云榜颁奖盛典在泰山国际会展中心泰山会堂举行，典礼上对评选出的2015年泰安十大新闻、泰安十大民生新闻、泰安十大新闻人物进行颁奖。图为十大新闻人物获奖代表范正安、展鹏、刘小祎上台领奖，范正安发表获奖感言　　（赵文文　摄）

2016年8月24日，2016首届寻找中国·泰山“最美白衣天使”颁奖盛典举行，评选出“最美白衣天使”10名、“最具人气白衣天使”10名、“最佳岗位技能白衣天使”10名、“最美白衣天使提名奖”20名以及“最佳组织奖”11个、“特别贡献奖”13个、“优秀团队奖”9个。图为为“最美白衣天使”颁奖　　（赵文文　摄）

2016年12月22日，深蓝中心杯2016第三届泰安金融微笑天使颁奖盛典在泰山国际会展中心泰山会堂举行，揭晓24名微笑天使和12名微笑天使单项奖得主　　（司　刚　摄）

天平湖大桥（王文正　摄）

万达广场北门

广场锻炼

二月兰绽放

立体花卉

天外村广场

时代发展线

河道整治

和谐社区

（本版照片除署名外由李燕、韩合东供稿）

位于新泰市羊流镇雌山村的三峡新能源新泰光伏电站一期30MW项目，投资30445万元，12万块太阳能电池组成的陈列、占地约20亩的110kV升压站以及12公里110kV送出线路等绵延山中、蔚为壮观。项目采用太阳能晶硅电池将光能转换为电能，并将电力并入电网中，发电过程不产生任何温室气体和污染排放

（九　江　航空摄影）

目　录

特　载

大事纪要

市情概览

泰安市人民代表大会

泰安市人民政府

民主党派　工商联

人民团体

法　治

武　装

经济管理

经济合作　项目建设

农　业

旅游业　会展业

建设　环保

泰山景区　开发区

财政 税务

金　融

科技　教育

文化　体育

卫生和计划生育

社会管理　居民生活

附　录

contents

Special Record

Chronicle of Major Events

Overview of Tai'an City

Tai'an Municipal Committee of the CPC

Tai'an Municipal People's Congress

Tai'an Municipal People's Government

Tai'an Municipal Committee of Chinese People's Political Consultative Conference

Discipline Inspection and Supervision

Democratic Parties, Federation of Industry and Commerce

Mass Organizations

Political Legal System

Military Affairs

Economic Management

Economic Cooperation & Project Construction

Agriculture

Industry and Information Business

Transportation and Postal Service

Business Circulation, Foreign Trade and Trade with Hong Kong, Macao and Taiwan

Tourism and Exhibition Industry

Construction and Environmental Protection

Mount Tai Scenic Zone & Development Zones

Finance and Taxation

Finance

Science Technology and Education

Culture and Sports

Health Administration and Family Planning

Social Management and Residents Live

Cities, Districts and Counties

Figures

Appendix

践行新理念　增创新优势
为建设富裕文明幸福新泰安而奋斗

——在中国共产党泰安市第十一次代表大会上的报告

（2017 年 2 月 13 日）

王云鹏

同志们：

现在，我代表中共泰安市第十届委员会向大会作报告。

这次大会的主题是：高举中国特色社会主义伟大旗帜，以马克思列宁主义、毛泽东思想、邓小平理论、“三个代表”重要思想、科学发展观为指导，深入贯彻习近平总书记系列重要讲话精神，动员全市广大党员干部群众，践行新理念，增创新优势，为建设富裕文明幸福新泰安而奋斗。

一、过去五年的工作回顾

市第十次党代会以来，我们在省委坚强领导下，团结带领全市各级党组织和广大党员干部群众，全面落实中共十八大和十八届三中、四中、五中、六中全会精神，深入贯彻习近平总书记系列重要讲话精神，统筹推进经济、政治、文化、社会和生态文明建设，全面加强党的建设，各项事业取得重大进展。

综合实力大幅提升。2016 年，实现生产总值 3316.8 亿元，五年新增 1000 多亿元，年均增长 9.2%。实现地方财政收入 206.7 亿元，年均增长 8.4%。三次产业比例由 2011 年的 9.3 : 52.2 : 38.5 调整为 8.5 : 44.8 : 46.7。坚定不移抓招商引资和项目建设，五年来共实施市级重点建设项目 618 个，完成投资 2381.3 亿元。工业经济换挡升级，规模以上工业增加值年均增长 10.2%，高新技术产业产值占规模以上工业总产值的比重持续提升。我市 3 个项目入选全国首批 46 个智能制造试点，康平纳集团荣获国家科技进步一等奖。现代服务业加快发展，实现社会消费品零售总额 1462.8 亿元，年均增长 12.6%，服务业税收占全部税收的比重接近 50%。电子商务、现代物流、现代金融、文化创意、会展等新业态蓬勃兴起。旅游业发展保持良好势头，年接待游客连跨 3 个千万人次台阶，突破 6000 万人次，旅游总收入突破 600 亿元，年均分别增长 11% 和 15.3%。泰山旅游持续升温，进山、进景点游客达到 573 万人次。现代农业提质增效，产业化经营深入推进，高效特色农业、生态农业、休闲农业健康发展。

改革开放全面深化。市委成立全面深化改革领导小组及其办公室，下设 9 个专项小组，领导体制和推进机制不断完善。三年来，共审议通过 62 份改革文件、统筹推进 600 多项改革任务，承担 28 项国家级、36 项省级试点。通过“放管服”改革，共取消、下放行政审批事项 96 项；商事制度改革极大释放活力，各类市场主体比改革前增长 43.1%；“营改增”改革全面推开，累计为企业减税 53.7 亿元；国资国企改革持

2017年2月13日，在中国共产党泰安市第十一次代表大会上，市委书记王云鹏代表第十届泰安市委员会向大会作工作报告　　（隋　翔　摄）

续深化，建立了“三位一体”监管架构，国有资本运营效益和国有资产保值增值率不断提升；农村土地承包经营权确权登记颁证工作通过省级验收，获得优秀等次；国有林场改革试点走在全国前列；供给侧结构性改革稳步推进，完成14处煤矿关停退出，企业成本费用不断下降，上市挂牌取得突破；民主法制、文化体制、司法体制和社会治理、社会事业等领域改革逐步深入。对外开放进一步扩大，累计完成出口总额77.9亿美元，年均增长7.1%；实际利用外资19.7亿美元,年均增长48.8%。泰安高新区升级为国家高新区，青岛保税港区泰安（新泰）功能区和泰安高新区海关综合监管区建设积极推进。援疆工作取得新成绩。

民生福祉持续改善。五年来，一般公共预算用于民生方面支出累计完成1129.6亿元，占财政支出的比重达到78.2%。城镇居民和农村居民人均可支配收入年均分别增长9.5%、11.3%。扎实推进精准扶贫、精准脱贫，全市有30.6万人实现脱贫。全面改善义务教育办学条件，投入50多亿元推进“全面改薄”工程和解决“大班额”问题，6个县（市、区）全部通过国家义务教育均衡发展验收。就业形势保持稳定，城镇登记失业率控制在3.5%以内，被国务院表彰为全国创业先进城市。社会保障体系更加完善，社会保险实现制度全覆盖，居民养老保险基础养老金标准、城乡低保标准、五保供养标准大幅提高。加快保障性住房建设和棚户区改造，累计开工建设10万余套。医疗卫生事业取得新成效，人口计生工作保持稳定。全国文明城市创建积极推进，群众性精神文明创建活动丰富多彩。公共文化服务体系进一步完善，文艺创作精品频出。体育事业、体育产业繁荣发展。社科、科普、老龄、慈善、残疾人保障和关心下一代等事业全面发展，气象、防震减灾、人民防空、档案、党史、地方志等工作取得新进步。

城乡面貌显著变化。中心城区改造步伐加快，片区开发、组团建设和功能提升力度加大，历史文化轴、时代发展线和中央商务区建设取得突破；高铁新区开发高效推进，泰城西部城区旧貌换新颜。徂汶景区建设成效显现,促进了泰城由“依山而建”向“依山傍水”发展。104国道改线、泮河大街改造、万官大街建设等一批重大工程的实施，进一步优化了布局，拓展了城市发展空间。深化城市管理体制改革，泰城管理水平进一步提升。两市两县的城镇建设管理都迈上新台阶，全市常住人口城镇化率达到59.1%。加大环境综合整治力度，城乡面貌焕然一新，顺利通过国家卫生城市复审。生态泰安建设扎实开展，空气和水环境质量持续改善，森林覆盖率提高到39.6%，泰山、徂徕山入选首批“中国森林氧吧”。工业节能降耗减排成效明显。我市被授予中国人居环境奖、国家森林城市、国家节水型城市等称号。

社会大局和谐稳定。更好发挥党委总揽全局、协调各方的作用。各级人大和政协围绕中心、服务大局、主动作为，工作富有成效。加强与各民主党派、工商联、无党派人士合作共事，民族、宗教、对台、侨务、外事等工作取得新成绩，爱国统一战线巩固发展。工会、共青团、妇联等群团组织的桥梁纽带作用较好发挥。扎实开展双拥共建，推动军民融合发展，我市第六次被命名为“全国双拥模范城”。法治泰安、平安泰安建设深入推进，信访形势趋稳向好，社会治理不断创新。安全生产形势持续稳定，食品药品安全保障水平全面提升。主流思想舆论巩固壮大，“四德”工程建设水平和全民科学素养进一步提高。

党的建设全面加强。扎实开展党的群众路线教育实践活动、“三严三实”专题教育和“两学一做”学习教育，党员队伍思想政治水平不断提升。坚持正确用人导向，从严规范干部选拔任用，县乡换届顺利完成，各级领导班子更加坚强有力。持续深化“强村固基”工程，选派5000余名“第一书记”，实现贫困村和软弱涣散村全覆盖。深入开展“五化五星”服务型党组织创建，基层党建工作规范化水平进一步提升。人才工作开创新局面，党校事业取得新成效，老干部工作实现新发展。认真抓好中央和省委巡视及“回头看”反馈意见整改工作。严格落实中央八项规定精神，着力整治“四风”问题，持之以恒正风肃纪。落实全面从严治党“两个责任”，强化监督执纪问责，党风廉政建设和反腐败工作不断向纵深推进，营造了风清气正的政治生态。

五年来的实践，使我们进一步加深了以下几个方面的认识和体会：一是必须坚持正确政治方向，始终把中央精神作为泰安工作的根本遵循和行动指南，自觉在思想上、政治上、行动上同以习近平同志为核心的党中央保持高度一致，深刻把握党中央治国理政新理念新思想新战略，在坚定不移贯彻落实中央大政方针和省委部署要求中，做好结合文章、创造泰安特色、展现泰安作为。二是必须坚持发展第一要务，始终把发展作为解决泰安所有问题的“总钥匙”，把项目建设作为经济工作的总抓手，以新的发展理念引领经济发展新常态，注重转型发展、绿色发展、可持续发展，提高发展质量和效益，为办好泰安的事情奠定强大物质基础。三是必须坚持深化改革创新，始终把改革作为推动发展的强大动力，强化问题导向，发挥好改革先导性作用，多推有利于增添经济发展活力、促进社会公平正义的改革，善于用改革创新的思路和办法，破解发展中的难题，激发全社会创造活力。四是必须坚持以人民为中心的发展思想，始终把增进民生福祉、促进人的全面发展作为出发点和落脚点，让发展成果更多、更公平地惠及全市人民，发挥人民群众主体作用，尊重基层首创精神，形成人民群众共建、共享幸福生活的生动局面。五是必须坚持全面从严治党，始终把抓好党建作为最大政绩，切实担负起从严管党治党的政治责任，把严和实的要求贯穿于党的建设全过程和各方面，不断提高各级党组织领导发展的能力，充分提振广大党员干部干事创业的精气神，努力实现干部清正、政府清廉、政治清明。

五年的砥砺前行，成绩令人鼓舞，经验弥足珍贵。这是中央和省委坚强领导的结果，是历届市委接续努力、全市人民共同奋斗的结果。在此，我代表中共泰安市第十届委员会，向全市广大党员和干部群众，向所有关心和支持泰安发展的同志们、朋友们，致以崇高的敬意和衷心的感谢！

总结五年来的工作，我们也清醒地认识到面临的困难和问题。主要是：综合实力不够强，实体经济发展动力不足，质量效益有待提高；产业转型升级的压力较大，先进制造业和现代服务业支撑能力较弱，战略性新兴产业发展不够快；科技创新能力不足，高层次创新型人才缺乏，高新技术产业规模小、占比低，科教资源优势还未充分发挥；对外开放总体水平不高，改革创新意识不强，重点领域和关键环节的改革需要深化；发展环境不够优化，体制机制障碍较多，办事效率不高、服务质量不好的现象依然存在；公共服务水平与群众期待相比还有差距，文化、教育、医疗、交通、住房等民生事业需进一步加强；党的建设存在薄弱环节，少数党员干部缺乏工作激情、担当精神和务实作风。我们必须保持清醒头脑，以高度负责的精神，着力解决这些问题，努力把工作做得更好。

二、今后五年的目标任务

未来五年，是全面建成小康社会的决胜阶段，是开启基本实现现代化新征程的历史基点。必须审时度势，科学研判泰安发展的历史方位和阶段性特征。当前，世界经济在深度调整中曲折复苏，我国经济发展新常态特征更加明显，外部风险挑战与国内改革发展难题交织；经济发展的区域和产业分化日益加快，发达地区在转型升级中已占得先机，泰安发展面临矛盾叠加、竞争加剧的严峻挑战。在看到不利因素的同时，也要看到我们的有利条件。全球新一轮科技革命和产业变革正孕育新突破，国家大力推进“一带一路”建设，全面深化改革扩大开放，我省全面提升“两区一圈一带”（“两区”是指山东半岛蓝色经济区和黄河三角洲高效生态经济区，“一圈”是指省会都市圈，“一带”是指鲁南城市带）发展水平，都给我们带来了新机遇；泰安区位优越、交通便利，资源禀赋较好，生态优势明显，经过多年努力，形成了良好产业基础。总体来看，泰安正处于爬坡过坎、攻坚克难的关键阶段，既面临着前所未有的挑战，更处于可以大有作为的重要战略机遇期。我们一定要坚定信心、抢抓机遇，科学务实、积极作为，在新的征程中奋力前行、再创辉煌。

今后五年工作的总体要求是：高举中国特色社会主义伟大旗帜，坚持以马克思列宁主义、毛泽东思想、邓小平理论、“三个代表”重要思想、科学发展观为指导，深入贯彻习近平总书记系列重要讲话精神，按照中央和省委决策部署，围绕统筹推进“五位一体”总体布局和协调推进“四个全面”战略布局，牢固树立创新、协调、绿色、开放、共享发展理念，坚持以人民为中心的发展思想，把握稳中求进工作总基调，适应引领经济发展新常态，牢牢抓住发展第一要务，以供给侧结构性改革为主线，着力强化创新驱动，着力深化改革开放，着力加强生态环保，着力促进协调共享，着力全面从严治党，团结带领全市人民，践行新理念，增创新优势，努力建设富裕文明幸福新泰安。

今后五年工作的总体目标是：圆满完成“十三五”

规划目标任务，提前全面建成小康社会，加快建设富裕文明幸福新泰安，为迈向基本实现现代化新征程奠定坚实基础。这是经济社会发展进入新阶段的内在要求，是更高水平、更高层次的发展目标，是“中国梦”的泰安篇章。主要体现在以下几个方面：

——**更有质量、更高效益的发展新格局。**全市经济保持中高速增长，主要经济指标增速高于全省平均水平。城乡居民收入增幅高于地区生产总值增幅，农村居民收入增幅高于城镇居民收入增幅，税收占财政收入、主体税收占税收收入的比重显著提高。产业迈向中高端水平，供给侧结构性改革成效明显，转型发展取得重大进展。开放型经济迈上新台阶。提前实现地区生产总值和城乡居民人均收入比2010年翻一番。

——**更有活力、更加向上的文明新气象。**“中国梦”和社会主义核心价值观不断深入人心，以泰山文化为核心的优秀传统文化进一步弘扬，人民群众思想道德、科学文化、健康素质和全社会文明程度显著提高。文化事业繁荣发展，文化产业不断壮大。诚信体系更加完善。人民民主更加健全。社会治理现代化水平全面提升，社会大局和谐稳定。全市上下人心思上、风正气顺、心齐劲足、充满活力。

——**更加宜居、更可持续的美丽新家园。**新型城镇化和城市现代化水平明显提高，空间布局持续优化，基础设施配套完善。生态泰安建设扎实推进，资源节约、环境保护和污染治理取得更大进展，大气、水和土壤环境质量显著改善，森林覆盖率继续提升。生产方式、生活方式和消费模式向绿色转变。泰安的天更蓝、水更绿、山更青、路更畅，城乡环境更优美。

——**更多实惠、更高品质的幸福新生活。**脱贫攻坚任务如期完成，现行标准下的贫困人口全部脱贫，经济薄弱村全部脱困。全覆盖、多层次、均等化公共服务体系基本形成，文化、教育、就业、医疗、住房、社会保障、社会救助等各项事业都有新发展。群众生活更有质量、更有尊严，获得感、幸福感和满意度不断提升。

落实总要求，实现新目标，就要认真践行五大发展理念。创新、协调、绿色、开放、共享发展理念，是关系发展全局的一场深刻变革，是推进一切工作的重要遵循，必须作为管全局、管根本、管长远的导向，贯彻落实到全市经济社会发展的全过程和各领域。

落实总要求，实现新目标，就要努力增创新的发展优势。充分挖掘泰安区位、生态、资源、科教等方面的潜力，厚植新优势，培植新动能。增创效益突出的产业优势，把发展成果更多体现到富群众、富财政上；增创宜居宜业的环境优势，以环境“洼地”筑就发展“高地”；增创与时俱进的体制优势，实现发展更有活力、更富效率；增创风清气正的政治优势，最大限度激发各方面的智慧和力量；增创特色鲜明的文化优势，构筑全市人民共同精神家园。

落实总要求，实现新目标，就要大力弘扬敢于担当、攻坚克难的“泰山石敢当”精神。面对艰巨任务敢于主动承担，面对困难矛盾敢于迎难而上，面对风险挑战敢于挺身而出，面对工作失误敢于承担责任，面对歪风邪气敢于斗争到底，正气凛然、当仁不让，不畏艰辛、勇往直前，为“践行新理念、增创新优势、建设新泰安”矢志奋斗，一步一个脚印把宏伟蓝图变成美好现实！

三、全力以赴开创泰安发展新局面

发展是解决所有问题的关键。切实增强崇尚创新、注重协调、倡导绿色、厚植开放、推进共享的思想和行动自觉，努力实现更高质量、更有效率、更加公平、更可持续的发展。

（一）深入实施创新驱动战略，培育产业发展新动能。以科技创新为核心，以供给侧结构性改革为主线，坚定不移推进产业强市，着力构建具有泰安特色的现代产业体系。

强化创新引领。发挥企业的创新主体作用，围绕建设省级自主创新示范区，以实施重大科技项目为支撑，支持符合条件的企业建设各类创新平台和研发中心，在输变电设备、矿山装备、生物医药、新材料等优势领域，攻克和掌握一批核心关键技术。支持科技型企业发展，培育一批潜力大、成长性好、技术含量高的科技型中小企业，形成以创新型领军企业、科技“小巨人”企业和科技型小微企业为重点的创新梯队。抓好载体建设，围绕产业链部署创新链，整合科技资源，搭建服务平台，打造产业技术创新联盟，推进跨领域跨行业精准对接、协同创新，不断完善泰安特色“塔型”创新体系。充分发挥驻泰安高校、科研单位作用，搭建高端人才创新创业交流平台和示范基地。加强科技成果孵化基地建设，加快向现实生产力转化。高度重视创新型人才队伍建设，大力培养和引进产业领军人才、科技人才、高技能人才，完善人才评价、流动和配置机制，激发各类人才的智慧和潜能。优化人才环境，健全政策体系，推动资源共享、信息共享、技术共享，为大众创业、万众创新创造良好环境。弘扬创新精神，培育创新文化，推进理论、制度、管理等各方面创新，让创新在全社会蔚然成风。

强化工业支撑。突出工业经济主体地位、主导作用，深入实施工业强市战略，抓住“中国制造2025”重大机遇，以智能制造为方向，以两化融合为引领，推进工业创新发展、转型升级、提质增效。坚持区域拉动力强、行业竞争力强、财税贡献能力强“三强”标准，通过招商引资、项目建设、技改创新三条途径，强化政策扶持，实施分类指导，壮大企业群体，力争用3～5年的时间，形成大企业集团龙头带动、规模企业主体支撑、科技型中小企业多点撬动的发展格局。运用先进适用技术改造提升纺织、化工、煤炭、建材等传统产业，全面提高技术、工艺和能效环保水平。促进输变电设备、汽车及零部件、高端装备等优势产业智能化升级，集中培育关联度高、配套能力强的产业链条，加速壮大具有更强竞争力、更高知名度的特色产业。大力发展新材料、新能源、生物医药、节能环保等新兴产业，尽快培育一批新的支柱产业和龙头企业。坚持“互联网+”和“+互联网”并举，发挥信息技术“倍增效应”，推动工业向数字化、智能化和网络化转型。实施规模企业规范化改制“五年行动计划”，普遍建立现代企业制度，提高管理水平。高度重视企业家队伍建设，培养全球视野，提高战略应变能力。弘扬坚守实业、精益求精的工匠精神，实施工业质量品牌发展规划，推动泰安制造向泰安创造转变、泰安产品向泰安品牌转变。

加快服务业转型升级。把现代服务业作为转型发展的战略重点，促进服务业发展提速、层次提升、比重提高。推动生产性服务业向制造业全过程渗透，抓好现代物流、电子商务、研发创意、信息服务等产业的提档升级。加快泰安金融商务区建设，打造金融产业聚集区，更好服务实体经济发展。更加注重发展会展经济，形成具有较强影响力的会展城市品牌。发挥现代物流大项目的带动作用，建设立足山东、服务周边、面向全国的区域性物流基地。顺应和把握消费升级大趋势，大力发展旅游、文化、体育、健康和养老为代表的幸福产业。发展影视制作、动漫游戏等文化产业新业态，培育大型文化企业集团，推进文化产业园区、创意街区建设。推动文化“走出去”，打造一批影响力大、带动作用明显的泰安文化品牌。以建设国际知名体育休闲城市为目标，举办在国内外具有影响力的赛事活动，促进体育产业发展。积极推进医药研发、健康养生、康复护理等大健康产业和养老服务业，建设养生养老产业发展高地。优化商品房供给结构，促进房地产业平稳健康发展。

加快构建全域旅游格局。旅游是幸福产业之首，也是泰安的优势所在。以创建国家全域旅游示范市为抓手，全力推进旅游业转型发展，实现由观光型向观光与休闲度假并重转变、景点旅游向全域旅游转变，建设国际著名遗产地和旅游目的地城市。引导各类资本进入旅游及涉旅产业，培育带动力强的市场主体，发展壮大龙头企业。提升泰山旅游核心竞争力，扩大“平安泰山”品牌知名度和影响力，打造中国山岳旅游第一名片。推进“泰山慢谷”等新景区建设，构建具有国际竞争力的旅游产品集群。实施“旅游+”战略，推动旅游与城镇化、新型工业化、农业现代化和现代服务业融合发展。注重旅游新业态培育，建设一批特色小镇和乡村旅游度假区，推出“泰山人家”等高端品牌，拓展旅游业发展空间。

加快发展现代农业。高度重视发展农业、造福农村、富裕农民，努力构建现代农业产业体系、生产体系、经营体系，推进农业供给侧结构性改革，培育农业农村发展新动能，提高农业综合效益和竞争力。优化产业产品结构，在确保粮食安全的基础上，重点发展有机蔬菜、泰山茶、畜禽养殖、苗木花卉、名优经济林等特色产业，促进农业增效、农民增收。转变农业发展方式，实施品牌发展战略，着力增加绿色优质农产品供给。培育壮大龙头企业、农民合作社、家庭农场三大经营主体，提高农业经营集约化、组织化、规模化、产业化水平。推动农业“接二连三”（指拉伸产业链、融合“三产”发展，推进农业现代化），发展休闲农业、农村电商。加强农田水利和农产品流通设施建设，推进农作物全程机械化发展，增强现代农业竞争力。

（二）全面深化改革扩大开放，增创区域发展新活力。改革开放是构筑经济发展新优势的主动力。要用改革的办法释放红利，用开放的手段拓展空间，用创新的思路聚集要素。

以深化改革增强发展活力。全面落实中央、省委深化改革的决策部署，推动重点领域和关键环节改革落地见效，形成有利于增强活力的体制机制。发挥经济体制改革牵引作用，打好供给侧结构性改革攻坚战，落实“三去一降一补”（去产能、去库存、去杠杆，降成本，补短板）重点任务，增加新供给，释放新需求，培育增长新机制。深化“放管服”改革，全面推行“双随机一公开”监管制度，最大限度减少政府干预，最大限度缩减政府审批范围，用行政权力的减法换取市场活力的加法。深化国资国企改革，完善以管资本为主的监管体制机制，实施经营性国有资产集中统一监管。优化国有资本布局，在重点领域组建若干国有资本投资运营集团，提高国有资本配置和运营效率。深化财税体制改革，建立事权和支出责任相适应的现代财政制度，完善税收征管体制，增强支撑发展的能力。深化金融及投融资体制改革，健全金融市场体系，防范和化解金融风险。深化要素配置市场化改革，推动公共资源配置市场化，构建统一开放、竞争有序的现代市场体系。深化农村综合改革，稳妥有序推进农村土地所有权、承包权和经营权“三权分置”，分类实施农村集体产权制度改革，让农民在改革中得到更多实惠。统筹教育文化、医药卫生、生态文明、党的建设等各领域改革，全面激发活力和动力。

以扩大开放拓展发展空间。实施开放兴市战略，积极用好“两个市场、两种资源”，更大规模走出去，更高水平引进来，加快构建全方位、宽领域、高层次的开放新格局。积极参与“一带一路”建设，支持高端智能纺织装备、输变电设备、矿山装备等优势产能到境外投资办厂、开发资源、开拓市场，推动电力装备、能源、房建等优势企业，更多承接境外基础设施建设项目。深度参与全省“一圈一带”（省会城市群经济圈、西部经济隆起带）发展战略，加快融入省会城市群经济圈，健全跨地区协调推进机制，加速产业融合和人才共享，做好共赢发展文章。提升对外贸易质量，推动外贸向优质优价、优进优出转变。加快泰安高新区海关综合监管区和青岛保税港区泰安（新泰）功能区建设，积极参与省电子口岸建设，打造高层次、战略性对外开放平台。

以项目建设积蓄发展后劲。把招商引资和项目建设作为推动发展的重要抓手，坚持质量效益导向，创新方式方法，拓宽项目来源渠道，促进健康发展。持续加大招商引资力度，突出签约和落地。发挥泰山国际登山节的品牌效应，瞄准世界500强、央企和知名民企开展精准招商。积极争取国家重大产业布局和区域政策支持，实现借力发展。抓住国家深化商事制度改革的有利时机，用足用活支持创业的各项政策，激活民间投资。持续加大项目建设力度，突出质量和效益。落实包保责任制，全程跟踪督查，着力破解征地拆迁难、项目融资难、手续审批难等问题，加快项目建设进度，提高项目成活率。充分发挥企业主体作用，瞄准产业链前端、价值链高端，对接资本市场、对接投资基金、对接行业龙头，不断上项目、扩规模、增效益。完善项目建设考核方式，细化量化考核标准，研究制定新的奖惩机制，调动各级抓项目建设的积极性。持续加大环境整治力度，突出服务和效率。整治软环境、改造硬环境，打响“投资泰安稳如泰山”品牌。发挥各类园区的承载功能，完善基础设施，优化要素配置，推进产城融合，加快转型升级，提高产业承载力、发展竞争力和财政贡献力。

（三）统筹推进城乡协调发展，打造山水名城新

2017年2月13日，中国共产党泰安市第十一次代表大会在泰山国际会展中心开幕　（赵文文　摄）

品牌。以实施全省大城市试点为契机，强化规划引领、优化城乡布局、完善城市功能、突出产业支撑、提升城市形象，提高新型城镇化水平，努力打造特色鲜明、充满活力、碧水蓝天、宜居宜业的美丽山水名城。

做优做强中心城市。泰城是泰安城市发展的龙头。按照区域性中心城市定位，搞好新一轮城市规划修编。以“两山一河”为骨架，以功能片区为支撑，以交通廊道为纽带，进一步拉开泰城发展框架，形成“两山相映、一水绕城”新格局。打好“中优、南拓、东展、西联”四大攻坚战。“中优”，就是实施老城改造和古城修复，加快推进财源街中央商务区、历史文化轴、时代发展线等重点工程，逐步建成历史展示区、文化体验区、游客服务区、游览观光区。统筹推进高铁新区与旅游经济开发区融合发展，实现南北贯通。推进新华片区、东南片区连片开发，打造50平方公里的现代化宜居新城。“南拓”，就是推动中心城市向南拓展，提升高新区与主城区的通行能力，抓好高科技产业园建设，搞好优质教育、卫生、医疗、文化等资源合理配套，把泰安高新区打造成全市改革创新示范区、转型升级引领区、对外开放先行区、产城融合标志区和高新技术产业隆起带。加快徂汶景区开发步伐，规划建设滨水风光带，打造“健身休闲”主题新景区。将满庄和大汶口工业园纳入中心城区，实现与泰安高新区和徂汶景区功能互补、协同发展，成为泰城南部新城、重要辅城。“东展”，就是以东部济泰高速公路、城际铁路建设为契机，拓展泰城东部发展空间，将约30平方公里的区域，建成集旅游休闲、科技研发、高端制造为一体的现代化新区。“西联”，就是通盘考虑规划布局、基础设施、城市建设和产业体系，加快泰城和肥城互联互通、一体化发展。抓好京沪高铁以西、新104国道以东约100平方公里的新城区建设，培育做大区域经济增长极。

健全现代基础设施体系。加快构筑贯通周边地区的快速交通网络，打造区域性、现代化交通枢纽。围绕“外联周边城市、内畅片区组团”，推动青兰高速泰安段、济泰城际铁路、聊泰铁路、泰安机场、东平湖湖区航道等一批重大交通项目建设。提高城市路网密度，打通断头路，改善微循环，合理增建公共停车设施，实现主城区快速路成环成网。坚持多规合一，统筹地上地下空间开发，加快海绵城市和地下综合管廊建设，完善供电供气供热、城市防洪排涝、垃圾污水处理、人民防空等重大设施。进一步提升城市功能，构建智能交通、智能管网、智能城管、智能安全保障等体系，建设智慧城市。优先发展公共交通，推动城市轨道交通、快速公交系统建设。开展违法建设治理行动，提高城市管理精细化水平。

推进城乡发展一体化。统筹城乡规划、产业布局、资源配置、基础设施、社会治理等一体化发展，实现共建共享。新泰、肥城、宁阳、东平四个县城，要根据各自定位，结合资源禀赋、发展基础和环境容量，突出特色优势，提高建设水平，实现跨越发展。有序推进农业转移人口市民化，稳步提高户籍人口和常住人口城镇化率。实施特色小镇培育计划，打造一批产业发展“特而强”、功能叠加“聚而合”、建设形态“精而美”、制度供给“活而新”的特色小镇。加强农村基础设施和公共服务能力建设，完成农村公路网化连通，促进城乡一体化供水入户全覆盖。加强农村社区规划建设，深化农村环境综合整治，抓好农村住房建设与危房改造工作，培育一批规模适度、设施配套、环境优美的新型农村社区。

加强生态文明建设。牢固树立“绿水青山就是金山银山”的理念，坚持发展与保护并重，让人民群众享有最普惠的民生福祉。创新跨流域、跨区域和城乡协同治理模式，统筹推进以大气、水和土壤为重点的污染综合治理。实施循环发展引领计划，抓好节能减排，全面节约和高效利用能源资源。实施大气污染防治“蓝天工程”，推进全社会低碳化行动，保持空气质量全省前列。实施“碧水行动”计划，推进全国水生态文明城市建设试点工作，开展城乡河道集中整治行动，实现城镇生活污水、垃圾处理设施全覆盖和稳定运行。实施“绿满泰安”行动，加快公园、绿地、绿道建设和荒山绿化，增加绿地覆盖，巩固提升国家森林城市建设水平。深化美丽乡村建设，建成一批田园美、村庄美、庭院美、生活美的“四美”乡村。

（四）持续推动文化繁荣发展，彰显城市文明新形象。坚持以文化提升城市品位、打造城市品牌，为新泰安建设提供强大精神力量和文化支撑。

突出思想文化引领。广泛开展中国特色社会主义和“中国梦”主题宣传教育，深入学习宣传党中央治国理政新理念新思想新战略。坚持以社会主义核心价值观引导人、教育人、塑造人，唱响主旋律、凝聚正能量、树立新风尚。严格落实意识形态工作责任制，把握正确政治方向，加强宣传思想工作创新，繁荣发展哲学社会科学，营造互联网时代的良好舆论生态。深化群众性精神文明创建，巩固扩大全国文明城市创建成果。加强社会公德、职业道德、家庭美德、个人品德教育，抓好未成年人思想道德建设，全面提升公民文明素质和社会文明程度。

传承优秀传统文化。阐发“泰山石敢当”所蕴含的担当精神，赋予其时代内涵，以石敢当精神激发干事创业激情。制定保护和弘扬泰山优秀文化规划，加大泰山文化宣传力度，把泰安建成中华优秀传统文化传承示范基地。繁荣山东梆子、泰山皮影、泰山画派等艺术创作，推进优秀传统文化创造性转化、创新性发展。实施泰山文化名家递进培养工程和历史文化展示工程，加大文物、革命纪念设施和非物质文化遗产保护力度，建设一批开发性保护基地。

推动文化事业健康发展。实施文化惠民工程，引导文化资源更多向基层倾斜，提升基层文化设施服务功能，基本形成普惠性、均等化、覆盖广的公共文化服务体系。坚持以人民为中心的创作导向，突出精品创作，推出一批具有地方特色、展示时代风貌、群众喜闻乐见的文艺精品。开展科普活动、全民阅读活动，建设“书香泰安”，实现物质富足与精神富有相统一。

（五）着力改善民生增进福祉，共享富裕幸福新生活。深入贯彻以人民为中心的发展思想，让发展成果更多、更好、更快惠及群众，增强群众的获得感和幸福感。

切实提高居民收入水平。实施城乡居民收入倍增计划，规范收入分配秩序，形成合理有序的收入分配格局。建立健全工资性收入正常增长机制，拓宽收入渠道，缩小收入差距。落实就业优先战略和更加积极的就业政策，着力解决结构性就业矛盾。加强职业技能培训，全面提高劳动者就业能力。做好高校毕业生、下岗失业人员、失地农民等重点群体就业工作。

坚决打赢扶贫脱贫攻坚战。实施精准扶贫精准脱贫方略，坚持分类指导。纵深推进产业发展、转移就业、易地搬迁、社保兜底等脱贫攻坚行动，健全扶贫长效机制，形成脱贫攻坚合力。把产业扶贫作为根本举措，做好扶贫脱贫与产业发展结合文章，着力增强内生发展动力，提高脱贫攻坚成效。坚持搬迁社区与产业园区“两区共建”，统筹推进移民避险解困、黄河滩区迁建、易地扶贫搬迁三项工程，确保搬迁群众脱贫奔康。

全面抓好各项社会事业。围绕提高教育质量，坚持依法治教，实现教育现代化。推动义务教育高位优质均衡发展，推进基础教育综合改革、“全面改薄”（全面改善贫困地区义务教育薄弱学校基本办学条件），解决普通中小学“大班额”问题。支持驻泰安高校与国内外知名院校开展交流合作。完善现代职业教育体系，深化产教融合、校企合作。到2020年，高等教育毛入学率达到50%。促进“健康泰安”建设，统筹抓好以公立医院为重点的医疗改革，提高基本医疗服务质量和水平。大力发展中医药事业。坚持计划生育基本国策，积极应对人口老龄化，促进人口长期均衡发展。推动社会保险由制度全覆盖迈向人员全覆盖，切实建成覆盖城乡的社会保障体系。保障妇女儿童基本权益，做好关爱老年人和留守儿童工作，支持残疾人事业发展。抓好保障性安居工程建设，扩大住房公积金制度覆盖面，努力实现住有所居。发展体育事业，普及全民科学健身，增强竞技体育综合实力。加强消费维权，营造安全放心消费环境。加大食品药品监管力度，推进“食安泰安”建设。

（六）切实加强民主法治建设，营造团结和谐新气象。坚持党的领导、人民当家作主和依法治国有机统一，充分发挥党委总揽全局、协调各方作用，推进治理体系和治理能力现代化。

坚持民主治理。坚持和完善人民代表大会制度，加强和改进立法、法律实施、监督工作，推动人民代表大会制度与时俱进。坚持和完善中国共产党领导的多党合作和政治协商制度，支持各级政协围绕团结和民主两大主题履行职能。发展基层民主，健全选举、议事、公开、述职、问责等机制，保障人民依法直接行使民主权利。巩固和发展最广泛的爱国统一战线，加强同各民主党派、工商联、无党派人士合作共事，团结凝聚新的社会阶层人士。支持工会、共青团、妇联等群团和各类社会组织改革创新，加强民族宗教、外事侨务、港澳台等工作，推动双拥共建更好发展。

建设法治泰安。强化法治对经济社会发展的引领、规范和保障作用，深入推进科学立法、严格执法、公正司法、全民守法。加强重点领域地方立法。坚持依法行政，依法设定权力、行使权力、制约权力、监督权力，推进公共决策科学化、法治化。促进司法公正，支持司法机关依法独立行使职权，推行审判、检务、警务公开，提高司法公信力。推行综合执法，健全行政执法与刑事司法衔接机制，做到严格、规范、公正、文明执法。深入实施“七五”普法，建设法治社会。广大党员干部要带头尊法学法守法用法，弘扬法治文化，营造良好法治环境。

创新社会治理。完善党委领导、政府主导、社会协同、公众参与、法治保障的社会治理体制。深化平安泰安建设，完善立体化现代化社会治安防控体系，创新社会矛盾预防和化解机制，落实重大事项风险评估制度，加强源头治理、动态管理、应急处置和标本兼治。坚持用法治手段化解信访问题、规范信访秩序，依法维护人民群众合法权益。推进网络问政和“12345”市民服务热线建设，畅通社情民意表达渠道。建设“安如泰山”科学预防体系，确保安全生产形势持续平稳。提高防灾减灾和应急管理能力，织密织好公共安全网。实行守信激励和失信惩戒制度，建设诚信泰安。

四、坚定不移推进全面从严治党

坚持思想建党和制度治党相结合，强化问题导向和目标导向相统一，把严的要求贯彻到管党治党全过程、落实到党的建设各方面。

（一）坚定理想信念，净化党内政治生态。把思想建设摆在首位，坚持不懈抓好理论武装，坚定马克思主义信仰、社会主义和共产主义信念，坚定中国特色社会主义道路自信、理论自信、制度自信、文化自信。牢固树立政治意识、大局意识、核心意识、看齐意识，始终同以习近平同志为核心的党中央保持高度一致。深入学习习近平总书记系列重要讲话精神，自觉用贯穿其中的立场、观点、方法武装头脑、指导实践、推动工作。加强和规范党内政治生活，增强党内政治生活的政治性、时代性、原则性、战斗性。坚持民主集中制，健全完善党委（党组）工作规则和党委常委会（党组）议事规则、决策程序，切实履行党委（党组）把方向、管大局、作决策、保落实的职责。

（二）坚持正确导向，锻造过硬干部队伍。认真落实“20字”好干部标准，坚持选人用人和严格管理相统一，健全平时教育培养、平时考察了解、平时管理监督工作机制。严格选任程序，把公道正派贯穿选人用人全过程，坚持“凡提四必”，坚决防范和纠正选人用人上的不正之风。突出选优配强“一把手”和关键岗位领导干部，注重培养选拔优秀年轻干部、女干部、少数民族干部和党外干部。抓好干部培训，强化干部日常监督。发挥考核“指挥棒”作用，抓实考核评价、抓好结果运用。落实“三个区分开来”，建立容错纠错机制，宽容干部在工作中特别是改革创新中的失误，旗帜鲜明为敢于担当的干部担当，为敢于负责的干部负责。加强老干部工作。

（三）着力固本强基，构筑坚强战斗堡垒。党的工作最坚实的力量支撑在基层。坚持政治功能和服务功能相统一，推动基层党建工作全面进步、全面过硬。推进“两学一做”常态化、制度化，做合格党员、建过硬支部。严格落实基层党建工作责任制，统筹抓好农村、城市社区、机关事业单位、国有企业、非公有制经济组织和社会组织等领域党建工作。深入实施“强村固基”工程，发展壮大村级集体经济，不断提高村级组织运转保障水平。深化“五化五星”党组织创建，持续开展软弱涣散党组织排查整顿。完善党建工作联席会议制度，发挥街道“大工委”和社区“大党委”作用，推进区域化党建工作创新。坚持重心下移、资源下沉，发挥“第一书记”作用，持续用力抓党建促脱贫。完善“泰山先锋”智慧平台，推动党建传统优势与信息技术高度融合，提高党员发展、教育、管理和服务水平。

（四）持续改进作风，密切党群干群关系。巩固拓展党的群众路线教育实践活动、“三严三实”专题教育和“两学一做”学习教育成果，实现干部作风持续好转。严格落实中央八项规定精神，坚决防范和查处各种隐性、变异的“四风”问题，大力整治“庸懒散”等不良风气。牢记党的宗旨，始终保持党同人民群众的血肉联系。推进各级党组织改进服务作风、提高服务能力、完善服务保障，扎扎实实为群众做好事、办实事、解难事，以实际成效取信于民。

（五）坚决正风肃纪，永葆清正廉洁本色。认真落实全面从严治党“两个责任”和领导干部“一岗双责”，加强党员干部党章党规党纪教育，强化警示教育，筑牢拒腐防变的思想防线。深化纪检体制改革，积极稳妥推进监察体制改革。严格落实廉洁自律准则和纪律处分条例，坚持纪在法前、纪严于法，用好监督执纪“四种形态”。严格落实党内监督条例，加强对权力运行的制约和监督，突出对“一把手”和重点领域、重要岗位、关键环节的监督。严格落实问责条例，做到有权必有责、有责要担当，用权受监督、失责必追究。坚定不移惩治腐败，持续保持高压态势，坚决减少腐败存量，重点遏制增量，着力构建不敢腐、不能腐、不想腐的体制机制。各级领导干部要带头践行“三严三实”，自觉做到心中有党、心中有民、心中有责、心中有戒，始终保持共产党人的高尚品格和政治本色。

各位代表、同志们，践行新理念、增创新优势、建设新泰安，是时代赋予我们的光荣使命。重任在肩、责无旁贷。让我们更加紧密地团结在以习近平同志为核心的党中央周围，以更加担当的精神、更加饱满的热情、更加昂扬的斗志，不忘初心、继续前进，为建设富裕文明幸福新泰安而努力奋斗！

政府工作报告

——在泰安市第十七届人民代表大会第一次会议上

（2017 年 2 月 22 日）

泰安市人民政府市长　李希信

各位代表：

现在，我代表市人民政府向大会报告工作，请予审议，并请市政协委员和列席会议的同志提出意见。

十六届政府工作回顾

十六届政府以来，在中共泰安市委的坚强领导下，在历届班子打下的良好基础上，全市上下攻坚克难，开拓创新，真抓实干，圆满完成了“十二五”规划，实现了“十三五”规划良好开局，经济社会发展取得显著成绩。

（一）经济平稳较快发展，综合实力明显提高。全市生产总值跨过 3000 亿元大关，达到 3316.8 亿元，是 2011 年的 1.5 倍，年均增长 9.2%。一般公共预算收入突破 200 亿元，达到 206.7 亿元，年均增长 8.4%。全社会用电量、工业用电量年均增长 4.95% 和 3.78%。实现社会消费品零售总额 1462.8 亿元，年均增长 12.6%。金融机构各项存贷款余额分别达到 3056.2 亿元、1936.7 亿元，均比 2011 年翻了一番。

（二）经济结构不断优化，转型升级明显加快。三次产业结构由 2011 年的 9.3∶52.2∶38.5 调整为 8.5∶44.8∶46.7，实现了由“二三一”向“三二一”的历史性转变。工业经济提质增效。规模以上工业主营业务收入、利税分别达到 5885.4 亿元、543.4 亿元，是 2011 年的 1.2 倍和 0.95 倍。着力构建“十大”产业体系，全市装备制造业增加值占规模以上工业增加值的比重达到 39.8%。累计完成技改投入 3498.7 亿元，完成技改项目 1602 项。新增中国驰名商标 26 件、山东名牌产品 26 个。鲁能泰山电缆、航天特车两家企业获省长质量奖提名奖。我市入选国家首批新能源示范城市，泰安高新区被确定为国家首批分布式光伏发电应用示范区，新泰市被列为全国首批采煤沉陷区光伏领跑技术基地。现代农业加快发展。有机蔬菜、奶牛存栏、名优果品、苗木花卉、茶叶种植分别达到 36 万亩、20.3 万头、170 万亩、41.3 万亩和 3.8 万亩。新发展规模以上农业龙头企业、农民合作社、家庭农场 292 家、4688 家和 3155 家。泰安农高区升级为国家农业科技园区，岱岳区被列为国家级现代农业示范区，肥城市被确定为国家级出口食品农产品质量安全示范区。投资 135 亿元完成国家小农水重点县建设、水库除险加固、河道治理、山洪灾害防治、农村饮水安全等各类水利工程 35130 项。累计新改建农村公路 3339.3 公里，提前 4 年完成农村公路安全生命防护工程。农作物耕种收综合机械化水平达到 86.6%，比 2011 年提高 6.2 个百分点。服务业发展势头强劲。全市实现服务业增加值 1550.4 亿元，是 2011 年的 1.8 倍，连续 6 年被表彰为全省服务业发展先进市。年接待游客连跨 3 个千万人次台阶，突破 6000 万人次，旅游消费总额突破 600 亿元，年均分别增长 11% 和 15.3%。太阳部落、宝泰隆旅游度假区、刘老根大舞台、大汶口国家考古遗址公园、泰山温泉城等建成开业；蓝海大饭店、宝盛大酒店、万达嘉华酒店等投入运营；天颐湖旅游度假区、莲花山旅游度假区、白佛山旅游区等一批旅游大项目加快推进。我市入选国家全域旅游示范区创建名单，旅游业正逐渐由单日游向多日游转变。全市电子商务交易额达到 727 亿元。新发展现代物流园区 20 个、规模以上物流企业 192 家；我市被确定为全国冷链物流发展示范城市，新矿物流中心进入全国物流企业百强。金融商务区加快建设。泰山国际会展中心建成运营。信息服务、健康养老、家政服务等新兴服务业快速发展。创新驱动战略深入实施。全市实现高新技术产业产值 1727.5 亿元，占规模以上工业总产值的比重比 2011 年提高 7 个百分点。我市 3 个项目入选全国首批 46 个智能制造试点。康平纳集团获国家科技进步一等奖，岱银集团获中国专利金奖。国家级高新技术企业发展到 119 家，比 2011 年增加 60 家。国家级创新研发平台达到 8 家。国家再制造机

2017 年 2 月 22 日，在泰安市第十七届人民代表大会第一次会议上，市长李希信作《政府工作报告》

（赵文文 摄）

械产品质检中心建成。“泰山创客空间”“钛创空间”等 6 家众创空间通过科技部备案。泰安高新区升级为国家级高新技术产业开发区。

（三）重点项目加快建设，发展后劲明显增强。全市固定资产投资累计完成 11576.56 亿元，年均增长 15.4%。共实施市级重点建设项目 618 个，完成投资 2381.3 亿元，其中亿元以上项目 604 个。泰安如意科技时尚产业园、中材玻纤新材料工业园、北汽国泰汽车产业园、瑞福锂业碳酸锂项目、海斯摩尔医卫制新材料产业园、瑞星粉煤气化工程等加快建设。盛德大业金属新材料、3D 打印增材制造、晶泰星光电科技、威高集团高端医疗器械等新兴产业项目落地建设。

（四）改革开放持续深化，发展活力明显提升。制定实施供给侧结构性改革 50 条意见，各项改革任务顺利完成。深化“放管服”改革，连续 5 轮取消、下放行政审批事项 96 项。深入推进商事制度改革，新登记各类市场主体 13.22 万户。探索建立“三位一体”（国资监管机构—国有资本投资运营公司—实体企业的国资国企改革架构）国资国企改革架构，实施市属国有企业负责人经营业绩考核和薪酬管理制度，累计上缴国有资产收益 10.54 亿元。国库集中支付、政府采购、投资评审等改革深入推进。“营改增”试点全面推开，连同其他税收优惠政策为企业减税 53.7 亿元。政府与社会资本合作取得积极成效，宁阳县经验做法在全国推广。党政机关公务用车制度改革顺利完成。不动产统一登记全面实施。6 家县级农村信用合作社全部改制为农村商业银行。新型农村合作金融试点实现县域全覆盖。农村土地承包经营权确权登记颁证工作荣获省优秀等次。肥城市被确定为全国农民住房财产权抵押贷款试点县。农村集体产权制度改革、集体林权配套改革深入推进，新泰市被列为全国集体林业综合改革试验示范区。国有林场改革试点走在全国前列。供销社改革走在全省前列。文化体制、社会治理、社会事业等其他领域改革不断深入。对外开放进一步扩大，五年累计批准外资项目 300 个，实际利用外资 19.7 亿美元，年均增长 48.8%；完成出口总额 77.9 亿美元，年均增长 7.1%；完成对外承包工程营业额 12.33 亿美元、境外投资 6.42 亿美元。泰安高新区海关综合监管区、青岛保税港区泰安（新泰）功能区加快建设。我市被评为全国外贸竞争力百强城市。

（五）基础设施加快完善，城乡面貌明显变化。城乡规划体系更加完善。全市常住人口城镇化率、户籍人口城镇化率达到 59.06%、50.25%，分别比 2011 年提高 7.64 和 15.65 个百分点。泰城建成区面积达到 130.6 平方公里，中心城区人口突破 100 万。我市被省政府确定为大城市试点。大力实施片区开发、组团建设和功能提升，泰城中心城区改造力度加大。高铁新区开发加速推进，展现现代气息，呈现崭新面貌。徂汶景区加快建设，促进了泰城由“依山而建”向“依山傍水”发展。中央商务区、新华片区等城市片区和万达广场、天房美郡、鲁商国际、五矿万境水岸等城市综合体顺利建设。104 国道改线、泮河大街改造、灵山大街、万官大街等一批道路工程顺利实施。引水进城、供热“汽改水”、供电“多表合一”、三合水厂改造、污水处理厂升级等一批工程项目建成启用。调整优化泰城城市管理体制，下大气力解决了一大批长期影响市容市貌的突出问题，成功通过国家卫生城市复审。全面加强生态泰安建设，空气质量居全省前列，主要河湖水质保持稳定，森林覆盖率达到 39.6%，城乡环卫一体化实现全覆盖。首创 3 处国家湿地公园，新增 1 处国家森林公园，泰山、徂徕山入选全国首批“中国森林氧吧”，泰山区被确定为国家重点生态功能区。我市被授予中国人居环境奖、国家森林城市、国家节水型城市等荣誉称号。

（六）社会事业蓬勃发展，社会治理明显加强。投入 38.3 亿元新建、改扩建学校 273 所，城镇中小学“大班额”问题得到初步缓解。投入 13.2 亿元为 382 所学校购置教学设施设备，农村义务教育薄弱学校办学条件明显改善。6 个县（市、区）全部通过国家义务教育均衡发展验收。泰安一中新城校区和市特教中心基本建成，即将投入使用。基层医疗卫生机构综合改革全面完成，14 家县级公立医院实施了综合改革试点，基本药物制度实现全覆盖，基本公共卫生服务人均项目经费由2011年的25元提高到45元。启动实施19家城市公立医院综合改革，全面取消药品加成，分级诊疗等各项政策得到落实。市妇幼保健院新院建成启用。市中心医院高新区院区加快建设。二孩政策全面实施。泰安市文化艺术中心投入使用。建成乡镇综合文化站86个、基层综合性文化服务中心2567个。泰山区、新泰市、肥城市入选全国文化先进县。东平戴村坝列入世界文化遗产，泰山皮影列入联合国非物质文化遗产。我市被表彰为全国文明城市提名城市，第六次荣获全国双拥模范城称号。体育事业取得新成绩。对口援建新疆岳普湖县和重庆巫溪县工作成效明显。国防动员、人民防空、民兵预备役工作顺利开展。妇女儿童、老龄工作有新提高。外事侨务、民族宗教、气象、水文、防震、史志、档案等社会事业全面进步。“六五”普法圆满完成，“七五”普法、依法治市工作顺利启动。我市被确定为首批全国社会组织建设创新示范区，菜单式志愿服务模式、城市社区治理创新、农村社区服务体系建设经验在全国推广。平安泰安建设深入推进，“天网工程”、大数据警务云体系、民生警务平台有效运行，消防工作在全省保持先进。食品药品市县乡村四级监管体系初步形成，监管能力不断提升。探索建设“安如泰山”科学预防体系，我市被列为全国遏制重特大事故试点城市，安全生产工作走在全国前列。

（七）民生得到有效保障，群众生活明显改善。全市累计各项民生支出1129.6亿元，占一般公共预算财政支出的78.2%。城镇和农村居民人均可支配收入分别达到30299元、14428元，年均增长9.5%和11.3%。扎实推进精准扶贫、精准脱贫，全市30.56万名贫困人口实现脱贫，库区移民避险解困工程顺利实施。五年新增城镇就业34.08万人、农村劳动力转移就业44.81万人，被国务院表彰为全国创业先进城市。累计收缴各项社会保险费649.66亿元，发放各项社会保险待遇548.96亿元。社会养老保险制度实现全覆盖，居民养老保险基础养老金标准由每人每月55元提高到100元。城乡居民医疗保险制度实现并轨。城乡低保、农村“五保”供养标准大幅提高。市残疾人康复中心完成建设。建成城市社区老年人日间照料中心193处、农村幸福院1063处，养老床位达到3.5万张。累计发放住房公积金贷款74亿元。建设各类保障性安居住房10.6万套（户）。完成农村危房改造19687户。泰城新增公交1286辆，实施了“一小时免费·优惠换乘”、延时服务等惠民举措。

（八）政府自身建设不断加强，发展环境明显优化。扎实开展党的群众路线教育实践活动、“三严三实”专题教育和“两学一做”学习教育，严格落实中央八项规定精神，政风行风持续好转。建立政府法律顾问制度，法治政府建设取得新成效。加强行政审批事中事后监管，编制公布行政审批事项目录、行政权力清单、政府部门责任清单。探索实施建设项目“一窗受理”代办服务机制和“容缺预审”绿色通道制度。建立市级公共资源交易平台，完成市县两级政务服务平台建设。认真开展领导干部经济责任审计、纠风专项治理、政风行风评议，强化“一岗双责”，政府廉政建设得到加强。持续抓好政务督查、应急管理、“12345”民生服务平台、工作日志等工作，行政能力和服务水平不断提升。

各位代表，五年的发展有目共睹、来之不易。这是市委坚强领导，历届政府接续努力的结果，是市人大、市政协及社会各界有效监督、鼎力支持的结果，是全市人民锐意进取、拼搏实干的结果。在此，我代表市人民政府，向全市广大干部群众、各民主党派、工商联、无党派爱国人士，向人民解放军和武警驻泰安部队及驻泰安单位，向关心支持泰安发展的港澳台同胞、海外侨胞及海内外朋友，表示崇高的敬意和衷心的感谢！

各位代表，五年的发展成绩斐然，但存在的矛盾和问题仍然不少。主要是：经济总量偏小，综合实力还不强；经济运行不稳定，实体经济发展动力不足；工业仍是经济发展的最大“软肋”，产业层次低、实力弱、竞争力不强；科技创新能力不足，高新技术产业规模小、占比低，高层次创新平台少；财税收入总量小、质量不够高，财源建设需要发力；地区发展不平衡，中心城区强县市弱，群众对经济发展还有很多“期待”。对外开放水平较低，改革力度不够大，发展中还存在不少体制机制障碍，群众对改革开放还有很多“期望”。城市建设管理还不够到位，生态环境治理力度还需加大，文化、教育、医疗、交通、住房等民生保障还有一些欠缺，群众对此还有很多“期盼”。公共服务水平还有短板，发展环境不够优化，政府服务效能还不高，群众对此还有一些“期许”，等等。对于群众的这些期待、期望、期盼和期许，我们必须高度重视，采取有力措施，尽心尽力回应好、解决好。

新一届政府工作总体要求和目标

新一届政府五年，是全面建成小康社会的决胜阶段。市十一次党代会科学研判、审时度势，提出了“践行新理念、增创新优势、建设新泰安”的主题，这是未来五年全市上下思想和行动的根本指导，也是政府工作的基本遵循。新一届政府必须以坚定的政治定力、强烈的责任意识，抢抓机遇，乘势而上，不断开创新局面。

今后五年政府工作总体要求是：高举中国特色社会主义伟大旗帜，以邓小平理论、“三个代表”重要思想、科学发展观为指导，深入贯彻习近平总书记系列重要讲话精神，按照中央和省市委决策部署，围绕统筹推进“五位一体”总体布局和协调推进“四个全面”战略布局，牢固树立创新、协调、绿色、开放、共享发展理念，坚持以人民为中心的发展思想，把握稳中求进工作总基调，适应引领经济发展新常态，牢牢抓住发展第一要务，以供给侧结构性改革为主线，着力强化创新驱动，着力深化改革开放，着力加强生态环保，着力促进协调共享，践行新理念，增创新优势，努力建设富裕文明幸福新泰安。

今后五年政府工作总体目标是：圆满完成“十三五”规划目标任务，提前全面建成小康社会，加快建设富裕文明幸福新泰安，为迈向基本实现现代化新征程奠定坚实基础。这是经济社会发展进入新阶段的内在要求，是更高水平、更高层次的发展目标，是“中国梦”的泰安篇章，主要体现在以下几个方面：

*——更有质量、更高效益的发展新格局。*全市经济保持中高速增长，主要经济指标增速高于全省平均水平。城乡居民收入增幅高于地区生产总值增幅，农村居民收入增幅高于城镇居民收入增幅，税收占财政收入、主体税收占税收收入的比重显著提高。产业迈向中高端水平，供给侧结构性改革成效明显，转型发展取得重大进展，开放型经济迈上新台阶。提前实现地区生产总值和城乡居民人均收入比2010年翻一番。

——更有活力、更加向上的文明新气象。“中国梦”和社会主义核心价值观不断深入人心，以泰山文化为核心的优秀传统文化进一步弘扬，人民群众思想道德、科学文化、健康素质和全社会文明程度显著提高。文化事业繁荣发展，文化产业不断壮大。诚信体系更加完善。人民民主更加健全。社会治理现代化水平全面提升，社会大局和谐稳定。全市上下人心思上、风正气顺、心齐劲足、充满活力。

*——更加宜居、更可持续的美丽新家园。*新型城镇化和城市现代化水平明显提高，空间布局持续优化，基础设施配套完善。生态泰安建设扎实推进，资源节约、环境保护和污染治理取得更大进展，大气、水和土壤环境质量显著改善，森林覆盖率继续提升。生产方式、生活方式和消费模式向绿色转变。泰安的天更蓝、水更绿、山更青、路更畅，城乡环境更优美。

*——更多实惠、更高品质的幸福新生活。*脱贫攻坚任务如期完成，现行标准下的贫困人口全部脱贫，经济薄弱村全部脱困。全覆盖、多层次、均等化公共服务体系基本形成，文化、教育、就业、医疗、住房、社会保障、社会救助等各项事业都有新发展。群众生活更有质量、更有尊严，获得感、幸福感和满意度不断提升。

各位代表，实干推动崛起，奋斗创造辉煌。我们相信，只要全市上下始终践行五大发展新理念，不断增创厚植发展新优势，坚定信心，振奋精神，苦干实干，就一定能把宏伟蓝图变成美好现实！

2017年政府工作安排

2017年是新一届政府的起始之年，也是为“十三五”发展夯实基础的关键一年，开局谋势，气势要足，发力要准。按照市委“四个一”（一个中心，即以提高经济发展质量和效益为中心；一条主线，即以推进供给侧结构性改革为主线；一项硬任务，即以项目建设为抓手，坚定不移地做大做强实体经济；一个根本着力点，即以人民满意为标准，最大限度地提升人民群众的获得感）总体安排部署，今年全市经济社会发展主要预期目标是：生产总值增长7.5%左右；一般公共预算收入增长6.5%左右；固定资产投资增长11%左右；社会消费品零售总额增长10.5%左右；外贸进出口保持稳定；城镇居民人均可支配收入增长8%左右，农村居民人均可支配收入增长8.5%左右；服务业增加值占比提高1.5个百分点左右；研发投入占GDP比重高于全省平均水平；常住人口城镇化率和户籍人口城镇化率均提高2个百分点；全面完成省政府下达的节能减排降碳等约束性指标。实现上述经济社会发展目标，必须要有强大的动能和引擎，必须聚焦用力增创“五大发展新优势”。

*（一）增创工业经济发展新优势，充分发挥其主体支撑作用。*工业化是经济社会发展不可逾越的重要阶段，没有工业化就没有城市化。工业实力仍然是一个地区竞争力的重要标志，尤其对于我们泰安工业化

水平偏低的地区，面临着国家财税体制的重大调整，在今后相当长的时期内，工业经济仍将具有主导作用、处于主体地位，必须进一步强化工业强市理念，实施工业强市战略，推动泰安工业转型升级、做大做强。在发展布局上，重点实施好“一高、三强、两突破”。做好“一高”文章，即泰安高新区（包括泰山区和岱岳区的工业园区），重点发展高新技术产业、高端装备制造业。培植“三强”企业，即重点培植发展一批区域拉动力强、行业竞争力强、财税贡献能力强的“三强”企业，引导生产要素向“三强”企业聚集、优惠政策向“三强”企业倾斜、人才资源向“三强”企业汇聚，带动各县（市、区）分别构建起由5家以上税收过亿元大企业拉动、10家以上税收过5000万元骨干企业支撑、30～50家成长型中小企业撬动的企业组织格局，凝聚产业转型升级的强大合力。实现“两突破”，即突破新泰、肥城工业的龙头带动作用，支持两市发挥经济总量大、产业基础雄厚、各方面人才聚集等比较优势，制定具体方案，落实相应政策，创新发展举措，提升产业水平，尽快实现突破发展。支持宁阳县、东平县结合各自实际，发挥各自特色，制定有效措施，在骨干企业发展和中小企业培育上下功夫、求突破，不断壮大工业规模实力。大力推动大众创业、万众创新，全面落实支持民营经济发展各项政策措施。加大技改投入，推进“两化融合”（工业化和信息化融合）。继续实施规模企业规范化公司制改制，引导建立现代企业制度，夯实对接资本市场基础，年内完成改制企业150家以上。高度重视企业家队伍建设，实施企业家素质提升工程，完善与非公有制企业和商会协会联系沟通机制，在全市形成关心、爱护、支持、包保、协调、联络企业家的浓厚氛围，造就一支视野开阔、具有战略眼光，勇于进取、富有社会责任感的企业家队伍。弘扬坚守实业、精益求精的“工匠精神”，大力实施工业质量品牌发展战略，推动泰安制造向泰安智造转变、泰安产品向泰安品牌转变。

（二）增创旅游经济发展新优势，充分发挥其王牌牵引作用。旅游是幸福产业之首，也是我市经济发展的最大优势和王牌。必须牢固树立“大景区、大旅游、大项目、大目标”意识，强化省会文化旅游功能区定位，全力推进旅游业转型发展，加快建设国际著名遗产地和旅游目的地城市。重点依托“两山一河”（泰山、徂徕山、大汶河）旅游发展框架和布局，力争5年内着力开发建设投资过100亿元的南北两大景区：北部，建设以泰山东麓“泰山慢谷”为主题的大景区，在重点对泰山核心景区保护提升的基础上，加快外延景区的转型发展，不断生成新的增长点和拉动力；南部，建设以徂徕山大汶河“健身休闲”为主题的大景区，重点突出生态、旅游、总部经济等新型业态，拉开框架，打好基础，完善功能，集聚项目，形成新的增长极。

大力实施“旅游+”发展战略，努力创建国家全域旅游示范市。积极拓展旅游业态，打造一批旅游特色小镇和乡村旅游度假区，推出“泰山人家”等高端品牌。通过资本运作、招商引资等途径，培育壮大一批带动力强的旅游骨干企业。扩大“平安泰山”品牌知名度和影响力，打造中国山岳旅游第一名片。加大旅游市场整治力度，加快旅游云数据中心、智慧旅游服务平台、旅游集散中心等工程建设，实施旅游服务标准化，不断提升旅游业发展的环境和条件。

旅游业是我市服务业的龙头，与其他各类服务业发展相辅相成、互相促进，必须一体推进。着力推动服务业三年行动计划和18个重点行业转型升级方案落实，促进服务业拓宽领域、优化结构、提升层次。突出生产性服务业与制造业深度融合，着力抓好现代物流、电子商务、研发创意、信息服务等产业提档升级、加速发展。把会展经济摆在更加重要位置，重点培育具有较强影响力的特色会展品牌，尤其着力打造“旅游+会展”发展模式，推动会展业和旅游业融合发展。推动文化“走出去”，加快发展影视制作、动漫游戏等文化产业新业态，培育大型文化企业集团，推进文化产业园、创意街区建设。以建设知名体育休闲城市为目标，加快体育产业发展。积极推进医药研发、健康养生、康复护理等大健康产业和养老服务业发展，建设医养融合产业发展新高地。

（三）增创城市经济发展新优势，充分发挥其龙头带动作用。我市生态条件好，文化旅游资源丰富，县大镇大村大、人口聚集度高，与省会同城化因素多，加快推进城市化进程优势明显。以实施全省大城市试点为契机，强化规划引领，优化城市布局，完善城市功能，提升城市形象，努力打造山水名城新品牌。按照区域性中心城市发展定位，推进泰城新一轮城市总体规划修编，进一步拉开发展大框架。近两年，泰城重点开发建设两大区域：一是依托东部济泰高速公路，隆起拓展东部新城，即借助济泰高速公路进入泰城后的五个立交出口等关键节点，发挥我市资源和环境优势，面向省会，立足高校等创新创业人才，科学布局产城融合、宜业宜居总面积约30平方公里的生态化、节点式新型社区和新型园区，建成集旅游休闲、科技研发、高端制造、生态绿地为一体的现代化产业新城。二是依托西部京沪高铁，改造提升西部新城，即在完善西部高铁新区25平方公里开发建设的基础上，升级改造25平方公里旅游经济开发区，南北融合形成50平方公里的现代化宜居新城。按照产城融合发展思路，支持岱岳区抓好京沪高铁以西、新104国道以东约100平方公里的"一城一区"规划建设，培育区域核心增长极。同时，加快泰肥一体化发展，在规划制定、产业互补、交通基建、公共服务、要素配置等方面，向同城化大步迈进。其他县（市、区）也要以新城区、工业园区和交通干线沿线为重点，进一步拉开城市框架，拓展城市空间。

加大泰城中心城区投入力度，实施老城改造和古城修复，完善城市服务功能。加快推进财源街中央商务区、历史文化轴、时代发展线、城市主要内外环线、主要出入口改造提升，以及城市功能区之间互联互通主干道路等重点工程。加大城中村、老旧小区、棚户区改造力度，年内实施棚改3.4万套。抓好城市供热、供气等技术改造，扩大集中供热、供气覆盖面。加强城市雨污分流管网改造和排水防涝设施建设。加快建设海绵城市和地下综合管廊等重大设施。建设智慧城市，构建智能交通、智能管网、智能城管、智能安全保障体系。开展城市违法建设治理行动。加大黄前水库水源地整治保护力度。大力实施"绿亮净美"工程，加快全国文明城市创建步伐。

扎实推进"三个市民化"进程，全面实施流动人口居住登记和居住证制度，年内确保13.8万名农业转移人口实现市民化。实施中小城市和特色小镇培育计划，加快形成一批"产业特色突出、人口聚集度高、设施配套齐全、生态环境优美"小城镇，建设一批"商贸带动型、工业带动型、旅游带动型和交通带动型"特色小镇。重点抓好满庄镇、楼德镇、石横镇、磁窑镇、银山镇、西张庄镇等国家级重点镇和示范镇建设；培育建成徂汶景区汶水小镇、新泰市羊流智能起重小镇、岱岳区大汶口水上石头古镇、东平县老湖水浒影视小镇等4个省级特色小镇。积极推进农村新型社区建设，深化农村环境综合整治，巩固城乡环卫一体化成果，加强乡村风情风貌保护，打造一批美丽乡村。

（四）增创农业融合发展新优势，充分发挥其强基固本作用。深入实施藏粮于地、藏粮于技战略，加强耕地数量、质量、生态三位一体保护。增加绿色优质农产品供给，狠抓农产品标准化生产，大力发展有机蔬菜、泰山茶、畜禽养殖、苗木花卉、名优经济林等优质高效特色产业，力争蔬菜面积稳定在200万亩，泰山茶面积达到4.2万亩。积极培育"新六产"（一产的一份收入，经过二产加工增值为两份收入、再通过三产的营销服务形成三倍收益，综合起来是六份收入，产生乘数效益，全面提升农村产业发展速度、质量、效益，打造农村经济发展"升级版"），加快"一产四化"（一产特色化、一产二产化、一产三产化、一产信息化）进程，探索发展"互联网+现代农业"，创新发展生态休闲农业，促进农村一、二、三产业融合。将农业龙头企业、农民合作社、家庭农场作为融合发展三大主体，加大引进培育力度，年内新上、扩建规模以上农业龙头企业50家，新增农民合作社200家、家庭农场100家。加强农产品质量安全监管体系建设，深入开展农产品质量安全县创建活动。大力实施农业品牌化战略，加强农产品地理标志建设，培育农产品区域公共品牌和企业知名品牌。深化农村土地所有权、承包权和经营权"三权分置"，抓好土地经营权和住房财产权抵押贷款试点。全面铺开农村集体产权制度改革，抓好农村产权交易市场建设。巩固提升国有林场改革成果。深化供销社综合改革。全面推进农业水价综合改革和"河长制"。加大农业基础设施投入力度，抓好王家院水库建设、"引黄入泰"、彩山和角峪水库串联扩容改造、东平湖除险加固等重点水利工程。推广大型化、高新化新技术新机具，加快农作物全程机械化发展。

（五）增创社会和谐发展新优势，充分发挥其民生保障作用。任何时候都要把民之所望作为政之所向，让人民群众有更多的获得感和幸福感。坚持精准扶贫、精准脱贫方略，深入推进产业发展、金融扶贫、医疗救助、兜底保障等脱贫攻坚行动，建立可持续脱贫机制，稳定实现建档立卡贫困人口脱贫。坚持搬迁社区和产业园区"两区共建"，统筹推进移民避险解困、黄河滩区迁建、易地扶贫搬迁三项工程，确保搬迁群众稳定脱贫。千方百计扩大就业，重点抓好高校毕业生就业、复退军人安置、农村劳动力转移和去产能职工转岗再就业工作，引导毕业生到基层、新兴领域、小微企业就业，年内确保城镇新增就业5万人以上，城镇登记失业率控制在3.5%以内。

深入实施全民参保登记计划，着力解决断保断缴问题。积极推进养老保险制度改革，完善参保缴费政策，稳步提高基本养老金和基础养老金标准。加快完善医疗保险政策，加强医保基金监管。完善居民大病保险制度，全面实施职工大病保险。积极开展职工长期护理保险试点。推动农村低保与扶贫开发政策有效衔接，提高农村低保标准。大力发展福利慈善事业，健全农村留守妇女、儿童和老年人关爱服务体系。开展残疾人精准康复服务行动。加快建设社会养老服务体系。

深化基础教育综合改革，实行中小学校长职级制，完善学校内部治理结构。继续推进“全面改薄”工作，新增校舍8.8万平方米。新建、改扩建学校223所，基本解决城镇中小学大班额问题。完善学生资助体系，做好家庭经济困难学生资助工作。加快现代职业教育体系建设，大力支持驻泰安高校改革发展，打造高层次人才聚集高地。鼓励社会力量兴办教育。全面推进城市和县级公立医院综合改革，建立健全分级诊疗制度，完善法人治理结构。发挥市公立医院药品医用耗材采购联合体作用，降低采购成本，减轻群众就医负担。稳妥实施“全面二孩”政策，深化计划生育服务管理。加强重大疾病综合防治，促进中医药事业发展。健全现代公共文化服务体系，扎实开展文化惠民活动。加快泰安市博物馆新馆和泰山文化生态保护区建设。大力发展体育事业和体育产业。深入开展民族团结进步创建活动，依法管理民族宗教事务。认真抓好国防动员、人民防空、民兵预备役、双拥共建等工作。繁荣发展其他社会事业。

深入推进平安泰安建设，完善立体化、信息化社会治安防控体系，创新社会矛盾预防和化解机制。深化司法体制改革，统筹推进公安基层基础建设，夯实社会治安管理工作根基。全面落实安全生产企业主体责任，一手抓科学预防体系建设，一手抓隐患排查整治，力争不发生较大以上事故。加大食品药品监管力度，深入开展“食安泰安”品牌建设，全面推进食品安全城市创建工作。健全应急事件预防预警和应急处置体系，提高应急管理和处置能力。

绿水青山就是金山银山，生态环境也是最大民生，必须久久为功、加大力度，为子孙后代造就宜居美丽家园。大力实施大气污染防治“蓝天工程”，健全联防联控机制，扎实做好重污染天气应对工作，形成区域治霾合力；切实抓好城市面源污染防治，加强扬尘整治和渣土运输管理；积极实施“工业绿动力”计划，加快发展新能源，全面推进燃煤电厂、锅炉超低排放，持续改善空气质量。大力实施“碧水行动”计划，集中开展城乡河道整治行动，同时以重要饮用水水源地为重点，全方位保护水环境质量，努力创建全国水生态文明城市。大力实施“绿满泰安”行动，全面提升国家森林城市建设水平。实施更加严格的生态保护制度，健全网格化环境监管体系，加大环境保护执法力度。

增创新优势、培植新动能，必须牢牢把握好改革开放、科技创新、园区建设、加大投入等关键举措。

必须更加注重改革开放。改革开放是引领经济发展的动力源泉，必须在加大改革力度、扩大双向开放上狠下功夫。坚决打好供给侧结构性改革攻坚战，完成“三去一降一补”重点任务。深化“放管服”改革，探索“多证合一”，实施“双随机一公开”，减少对企业生产经营干预，缩减行政审批事项，优化营商环境。深化国资国企市场化改革，加快推进市属经营性国有资产集中统一监管运营。深化财税体制改革，完善市以下财政体制。抓好县以下机关公务员职务与职级并行制度改革。

持续加大招商引资力度，围绕优势主导产业集群发展，发挥泰山国际登山节品牌效应，瞄准国内外500强、央企和知名民企，瞄准产业链前端、价值链高端，精准对接资本市场、投资基金和行业龙头，着力引进一批大资本、大基金和大企业、大集团。最大限度发挥好企业主体招商、县（市、区）主阵地招商作用和市直部门招商职能优势，突出质量和效益，突出签约和落地，突出招商引资与招才引智并举，加大督查、考核、激励力度，搭建全市招商引资竞争大擂台，在全市营造聚心招商、用力招商浓厚氛围。

全力推动外贸稳增长调结构，注重发展外贸新业态新模式，引导企业加快发展跨境电商，推动离岸服务外包快速发展，培植外贸新的增长点。深度参与“一带一路”建设，加快企业“走出去”步伐，支持高端智能纺织装备、输变电设备、矿山装备等优势产能到境外投资办厂、开发资源、开拓市场，推动电力装备、能源、房建等优势企业，积极承接境外基础设施项目。加快泰安高新区海关综合监管区和青岛保税港区泰安（新泰）功能区建设。主动参与全省“一圈一带”发展战略，注重发挥好泰安与省会相近相融优势，做足做好“发挥同城效应，借势借力发展”的文章。

必须更加注重科技创新。科技创新是一个企业、一个地区的竞争力和生命力所在，必须始终强化创新引领，深入实施创新驱动发展战略，加快创新型泰安建设步伐。高度重视抓好“产、学、研”合作机制创新，与国内外重点大学、重点科研院所、重点科技创新型企业开展合作，建设大的研发创新平台。近期拟重点建设泰安复合材料产业技术研究院、中国运载火箭高端技术应用研究院、石墨烯技术应用研究院、华大基因应用研究所等高端研发创新平台；依托泰安高新区国家高创中心，加快推进“泰山创新谷”建设。强化企业创新主体地位，围绕建设省级自主创新示范区，坚持以实施重大科技项目为支撑，鼓励企业加大研发投入，加强企业技术中心、工程实验室、工程技术研究中心、重点实验室和科技孵化器建设。加大对科技型中小企业支持力度，培育一批发展潜力大、成长性好、技术含量高的科技“小巨人”。高度重视创新人才队伍建设，尤其是充分发挥驻泰安高校、科研单位作用，搭建高端人才创新创业交流平台和示范基地，培育和引进一批产业领军人才、科技人才、高技能人才。深化职称制度改革，健全对人才的股权、期权及分红激励机制。大力优化创新环境，弘扬创新精神，培育创新文化，让创新在全社会蔚然成风。

必须更加注重园区建设。我市各类园区普遍存在规模小、实力弱、功能不完善、体制不顺畅、特色不明显等问题，必须坚持园区建设与城市发展走向一致、与产业布局高度契合原则，突出创新、绿色、开放理念，高度重视抓好各级各类园区功能整合、建设提升和转型升级，谋划发展、培育形成一批有规模、有实力、有特色、有重大拉动作用的大园区、强园区。加快泰安高新区高科技产业园建设，努力拓展发展空间。新泰经济开发区、肥城高新技术产业开发区积极争创国家级园区。创新园区体制机制，重点创新园区干部队伍配备机制，打造一支基层经验丰富、法制意识强的群众工作队伍，一支懂经济、外向型、善沟通的招商引资队伍，一支事业心强、亲和力强、服务意识强的项目建设队伍。创新园区创业载体，实现由引资引项目为主到引技术引人才团队为主的转变。创新园区资本运营平台，实现由行政管理主导招商到市场经营、资本招商的转变。创新园区服务模式，提高园区服务效能和软实力。强化园区考核激励，将园区建设、转型升级、带动作用等纳入全市科学发展考核，推动园区发展实现新突破。

必须更加注重加大投入。投资仍然是当前和今后一个时期拉动经济发展的主要力量，必须始终把项目建设作为发展的“生命线”，下大气力抓好一批重大项目，不断增强经济发展后劲。重点推进投资100亿元的泰安抽水蓄能电站二期工程、投资200亿元的新泰采煤沉陷区光伏领跑技术基地等支撑撬动力强的重大产业项目，以及部分投资过50亿元、30亿元的重大财源项目建设。积极实施投资130亿元的新泰至梁山高速公路泰安段、投资60亿元的济南至泰安高速公路泰安段、投资48亿元的青兰高速泰安至东阿段、投资35亿元的京沪高速公路改扩建泰安段等拉动全局的重大基础设施工程。做好济泰城际铁路、聊泰铁路、中兴电力东平电厂、泰安机场、东平湖湖区航道、泰新高速公路扩容等项目前期准备工作。深度策划100个亿元以上重大项目，按照“三强”标准筛选确定120个左右市级重点建设项目、100个前期推进项目，采取有力措施，加快实施推进。

高度重视投融资平台建设，坚持市场化手段，创新“财政＋基金＋金融”投融资模式，密切与省财金集团合作，加快推进525亿元合作协议的落地，发挥好对泰安经济的牵引拉动作用。特别是谋划好、运作好150亿元的产业投资基金群，用好与兖矿集团合作设立的100亿元融资租赁基金，为我市实体经济发展和基础设施建设提供资金支持。加强融资担保平台建设，做大做强国泰民安、金融控股、泰山旅游、泰山科技四大国有资本投资运营平台，增强为企业担保、续贷、续保、增信支持的能力。

更大力度抓好金融服务，构建多层次、多样化、广覆盖的政银企合作体系，年内银企合作签约额力争突破300亿元。用好银税互动平台，以信授信，解决企业融资难问题。加快泰安金融商务区建设。发展壮大泰安银行、农商银行等地方金融机构。完善支持小额贷款公司、民间融资机构、融资性担保机构、金融控股集团等政策措施，深入推进新型农村合作金融改革试点。出台政策，加大力度，鼓励企业在境内外上市和在“新三板”挂牌融资。建立金融债务风险联合处置和信息通报机制，有序开展“破圈断链”工作，坚决守住不发生系统性区域性金融风险底线。加快社会信用体系建设，打造诚信泰安。

创新完善政府工作机制

本届政府的主要职责就是抓好市十一次党代会确立的工作任务落实，“落实”二字重于泰山。全体政府工作人员必须以创先争优为动力，以机制建设为保障，全面履行好政府各项职能，不断提高政府自身建设水平。重点健全“五大工作机制”：

一是健全快速高效的工作推进机制，加快建设服务政府。成立“三强”企业培植、重点项目建设工作推进领导小组，建立季度现场办公制度，采取市县联动、领导包保、现场调度、联席会议等形式，为企业和项目提供全方位、个性化服务。健全经常性联系服务群众、企业机制，根据群众、企业所思所盼，列出政务服务问题清单，制定具体方案，认真加以解决。深入实施“互联网＋政务服务”行动，推进政务服务实体大厅和全市综合数据平台建设，大力推动网上办事、掌上办事，让数据多跑路，让群众少跑腿。大力提升“12345”民生服务平台服务能力，切实解决好关系群众切身利益的热点难点问题。

二是健全依法规范的运行机制，加快建设法治政府。严格按照法定权限和程序行使权力、履行职责。全面实施“七五”普法规划，深入推进依法治市工作。健全科学民主决策机制，完善依法行政制度体系。修订并落实好《市政府工作规则》，严格项目预审、土地利用、投融资管理等委员会议事规则。健全行政权力监督制约机制，主动接受市人大及其常委会的法律监督、工作监督和市政协的民主监督，加强与各民主党派、工商联和各人民团体、社会各界的沟通联系，高质量办理人大代表议案、建议和政协提案。完善行政执法体制，推动跨部门、跨行业综合执法。大力推进政务公开，完善政府新闻发布制度，及时主动回应社会关切，保障群众的知情权、参与权和监督权。

三是健全比学赶超的激励机制，加快建设责任政府。完善目标责任考核机制，对各项工作都列出专题、制定专案、明确专人，具体到项目上，落实到台账中，逐一压实责任，层层传导压力，搭建起“比学赶超”竞争擂台。改进重点项目观摩考核机制，重点考核财源项目、工业项目、旅游文化项目等经济类实体项目，引导各级把主要精力用到财源建设上。建立严明、严厉督查调度制度，确保各项工作落实到位、富有成效。在重大项目建设、招商引资等急难险重任务中发现、识别、使用干部，建立正向激励和容错纠错机制，旗帜鲜明地为敢于担当的干部担当、为敢于负责的干部负责。

四是健全作风转变的引领机制，加快建设务实政府。牢牢抓住想干事、敢干事这两个关键点，大力倡树“不找借口、争创一流”的进取精神，对各项任务都必须用一流标准来要求、一流水平来衡量。强化时间观念和效率意识，凡事都必须雷厉风行，做到先人一步、快人一拍，以废寝忘食、事不过夜的态度推进工作落实。各级领导干部要以上率下、靠前指挥，敢于担责、勇于担险，对重点工作、疑难问题要盯上靠上，不回避、不推诿、不敷衍、不懈怠，敢于应对重大挑战、抵御重大风险、克服重大阻力、解决重大矛盾，以功成不必在我的责任担当，确保中央和省市委各项决策部署落地生根。

五是健全从严治政的监督机制，加快建设廉洁政府。牢固树立“四个意识”，严明政治纪律和政治规矩，带头遵守“三条例、两准则”和中央八项规定，驰而不息纠正“四风”。大力推进政府系统全面从严治党，严格落实主体责任，切实履行“一岗双责”。健全完善惩治和预防腐败体系，加强对重点领域、关键环节、重要岗位权力运行的监督制约。支持纪检监察机关监督执纪问责，支持审判检察机关独立行使职权，严肃查处违纪违法案件。政府每一位工作人员必须始终做到秉公用权、为民用权，崇廉尚实、清白干事，树立政府系统勤政清廉的良好形象。

各位代表，践行新理念、增创新优势、建设新泰安，关键在于敢想敢为。敢想才有机遇，敢为才能突破。让我们紧密团结在以习近平同志为核心的党中央周围，在中共泰安市委的坚强领导下，进一步加快工作节奏、加大工作力度、提升工作标准、提高工作效能，高扬干事风向标，撸起袖子加油干，为加快建设富裕文明幸福新泰安而努力奋斗！

市县乡领导班子换届完成

自2016年6月底开始，按照中央和省委的统一部署，坚持把加强党的领导贯穿始终，陆续展开市、县、乡领导班子换届工作。按照统筹谋划、分级负责、压茬进行的工作要求，省、市、县组织部门分别派出干部考察组对市、县、乡领导班子进行换届考察。着眼选好配强领导班子，落实“20字”好干部标准，完善民主推荐工作，改进干部考察方式，落实“凡提四必”要求，坚决防止干部“带病提拔”。优化领导班子结构，积极推进干部交流和干部能上能下，选优配强市、县、乡领导班子。2017年1月初到2月底，按照自下而上、先乡后县再市的顺序，先后组织召开乡镇党代会、人代会和市县党代会及人大、政协“两会”，选举产生新一届市县乡领导班子，省委、市委和各县（市、区）党委人事安排意图得到顺利圆满实现。

中国共产党泰安市第十一次代表大会。2017年2月13～16日，中国共产党泰安市第十一次代表大会在泰安举行，全市19个选举单位的423名代表参加会议。大会听取和审查中国共产党泰安市第十届委员会的工作报告，审查中国共产党泰安市第十届纪律检查委员会的工作报告和全市党费收缴、使用和管理情况报告，选举出由 50 名委员、10 名候补委员组成的中国共产党泰安市第十一届委员会，选举出由 37 名委员组成的中国共产党泰安市第十一届纪律检查委员会，选举出泰安市出席中国共产党山东省第十一次代表大会的 45 名代表。大会一致通过《中国共产党泰安市第十一次代表大会关于十届市委报告的决议》和《中国共产党泰安市第十一次代表大会关于市纪律检查委员会工作报告的决议》。

泰安市第十七届人民代表大会第一次会议。2017 年 2 月 22 ~ 26 日在泰山国际会展中心举行。全市 6 个代表团共 441 名代表参加会议。大会审议通过泰安市人民政府工作报告；审查、批准泰安市 2016 年国民经济和社会发展计划执行情况的报告与 2017 年计划；审查泰安市 2016 年预算执行情况的报告和 2017 年预算草案，批准泰安市 2016 年市级预算执行情况的报告和 2017 年市级预算；审议通过泰安市人民代表大会常务委员会工作报告；审议通过泰安市中级人民法院工作报告；审议通过泰安市人民检察院工作报告；审议《泰安市第十七届人民代表大会第一次会议关于设立泰安市第十七届人民代表大会专门委员会的决定（草案）》，设立市十七届人大法制委员会、财政经济委员会、农业与农村委员会、城乡建设与环境资源保护委员会、教育科学文化卫生委员会、民族侨务外事旅游委员会，增设市十七届人大内务司法委员会；选举泰安市第十七届人民代表大会常务委员会主任、副主任、秘书长、委员，选举泰安市人民政府市长、副市长，选举泰安市中级人民法院院长、泰安市人民检察院检察长；表决通过泰安市第十七届人民代表大会各专门委员会组成人员的人选，大会在圆满完成各项议程后胜利闭幕。

2017 年 2 月 16 日下午，中共泰安市委十一届一次全体会议举行。全会选举产生了 10 名中共泰安市委第十一届委员会常务委员。从左至右依次为：高尚山、郝红、展宝卫、张涛、王云鹏、李希信、郭德文、李灿玉、宋洪银、王永征（赵文文　摄）

2017 年 2 月 26 日，在泰安市第十七届人民代表大会第一次会议上，新当选的市十七届人大常委会主任、副主任、秘书长合影。从左至右依次为：李起峰、刘学保、王淑玲、唐福泉、张书盈、陶长江、曹步山（王文正　摄）

中国人民政治协商会议第十三届泰安市委员会第一次会议。2017 年 2 月 21 ~ 25 日在泰山国际会展中心举行。会议应出席委员 413 名，实到 396 人。会议认真听取和讨论了中共泰安市委书记王云鹏的讲话，会议讨论审议并一致同意政协第十二届泰安市委员会常务委员会工作报告和提案工作报告。与会委员列席了泰安市第十七届人民代表大会第一次会议，听取并讨论了市长李希信所作的《政府工作报告》及其他有关报告。大会收到提案

298 件，13 名委员作大会现场发言，22 名委员作书面发言。大会经过充分酝酿，选举第十三届市政协主席、副主席、秘书长，选举十三届市政协常务委员会委员 73 名。

中共泰安市委员会

书　记　王云鹏
副书记　李希信
　　　　张　涛
常　委　郭德文
　　　　展宝卫
　　　　李灿玉
　　　　郝　红（女）
　　　　宋洪银
　　　　高尚山
　　　　王永征
秘书长　宋洪银

泰安市人民代表大会常务委员会

主　任　唐福泉
副主任　张书盈
　　　　王淑玲（女）
　　　　陶长江
　　　　刘学保
　　　　曹步山
秘书长　李起峰

泰安市人民政府

市　长　李希信
副市长　展宝卫
　　　　鞠向群
　　　　成　丽（女）
　　　　张红旗
　　　　赵德健
　　　　袁久党

中国人民政治协商会议泰安市委员会

主　席　周桂萍（女）
副主席　徐恩虎
　　　　张庆明
　　　　刘　君
　　　　王昌元

2017 年 2 月 26 日，在泰安市第十七届人民代表大会第一次会议上，新当选的市人民政府市长、副市长、市中级人民法院院长、市人民检察院检察长合影。从左至右依次为：苏金森、袁久党、张红旗、鞠向群、李希信、展宝卫、成丽、赵德健、朱旭光　（王文正　摄）

2017 年 2 月 25 日，在中国人民政治协商会议第十三届泰安市委员会第一次会议上，新当选的政协第十三届泰安市委员会主席、副主席、秘书长合影。从左至右依次为：魏武、程明、王昌元、张庆明、周桂萍、徐恩虎、刘君、马纯勇、孙岱峰　（司　刚　摄）

　　　　马纯勇
　　　　程　明
　　　　孙岱峰
秘书长　魏　武

中共泰安市纪律检查委员会

书　记　郝　红（女）

泰安市中级人民法院

院　长　朱旭光

泰安市人民检察院

检察长　苏金森

编校　戚淑娟　　审稿　周美广

大事纪要

2016 大事记

1月

6日　市委副书记、市长王云鹏主持召开第三十九次市政府常务会议，研究《政府工作报告（讨论稿）》、2015年全市国民经济和社会发展计划执行情况及2016年计划（草案）起草、2015年财政预算执行情况等议题。

7日　市委全面深化改革领导小组召开第八次会议，审议并通过《关于深化供销合作社综合改革的实施意见》《关于加快推进公共法律服务体系建设的意见》和《关于建立网格化环境监管体系的实施方案》。

8日　全市经济工作会议召开，全面贯彻落实中共十八大和十八届三中、四中、五中全会精神，深入学习贯彻中央和全省经济工作会议精神，总结全市2015年经济工作，研究部署2016年经济工作。市委书记、市人大常委会主任李洪峰，市委副书记、市长王云鹏，市人大常委会第一副主任、党组书记林华勇，市委副书记李希信，市政协主席、党组书记辛显明及市委常委出席会议。

△　全市扶贫开发工作会议召开，深入贯彻落实中央和省委、省政府对扶贫开发工作的一系列新要求、新部署，总结近年来全市扶贫开发工作，分析全市脱贫攻坚面临的新形势，部署当前和今后一个时期脱贫攻坚的目标任务。

12日　市政协十二届二十五次常委会议召开。听取《政府工作报告（征求意见稿）》起草情况和基本概况；听取并审议通过关于召开政协第十二届泰安市委员会第五次会议的决定、关于召开政协第十二届泰安市委员会第五次会议的有关事项等。

14日　市十六届人大常委会第二十八次会议召开。听取关于市十六届人大五次会议筹备工作情况的报告；听取关于市人大常委会工作报告（稿）；听取市人大常委会代表资格审查委员会关于补选市十六届人大代表的代表资格的审查报告等。

17～21日　政协第十二届泰安市委员会第五次会议在泰山国际会展中心召开。市委书记、市人大常委会主任李洪峰，市政协党组书记、主席辛显明，副主席宋鲁、朱永强、刘君、谢崇国、王昌元、张书盈、王淑玲、张甲军出席会议。会议应到委员418人，实到381人。

2月2日，市委副书记、市长王云鹏（右）走访慰问困难党员（朱新宇　摄）

选举谭业刚为政协第十二届泰安市委员会副主席，邢长彦为政协第十二届泰安市委员会秘书长。大会一致通过市政协十二届五次会议决议和市政协十二届五次会议提案审查情况的报告。

18～22日 市十六届人民代表大会第五次会议在泰山国际会展中心召开。大会执行主席李洪峰、林华勇、刘汉玲、滕先森、孙运飞、尹衍祥等在主席台前排就座。来自全市各行各业、各条战线的419名人大代表出席会议。市长王云鹏代表市人民政府作《政府工作报告》。大会采取无记名投票方式，补选陈刚为市十六届人大常委会副主任，补选部分市十六届人大常委会委员。大会经过表决，通过市十六届人大五次会议关于政府工作报告的决议、关于《泰安市国民经济和社会发展第十三个五年规划纲要》的决议等。

18日 泰安市召开国家卫生城市复审工作总结表彰大会，表彰先进，总结经验，弘扬创城迎审精神。市领导李洪峰、王云鹏、林华勇、李希信、辛显明等出席会议并为创城迎审工作先进集体和先进个人颁奖。

△ 副省长赵润田到东平县调研东平湖库区移民避险解困工程实施情况。

21日 中共泰安市纪委十届七次全体会议召开。市委书记、市人大常委会主任李洪峰强调，要进一步增强全面从严治党的责任感紧迫感，坚持依规管党治党，积极探索监督新途径，夯实全面从严治党主体责任，深入推进党风廉政建设和反腐败斗争。市领导李洪峰、王云鹏、林华勇、李希信、辛显明等出席会议。

22日 市委书记、市人大常委会主任李洪峰赴济南走访慰问省军区、省消防总队。

30日 省政协主席刘伟到肥城市走访慰问困难职工、群众，视察基层政协工作，调研经济社会发展情况。省政协秘书长张心骥，市委书记、市人大常委会主任李洪峰，市政协主席、党组书记辛显明陪同。

31日 省委常委、统战部部长吴翠云到山东农业大学走访中国工程院院士于振文教授。

2月

2日 泰安市举行仪式，聘请复旦大学教授、上海市数据科学重点实验室主任朱扬勇为泰安市大数据首席科学家。省人大常委会副主任、山东农业大学校长温孚江，市委副书记、市长王云鹏出席聘任仪式。

17日 市政府召开全体成员（扩大）会议。市委副书记、市长王云鹏就做好2016年的政府各项工作提出意见和要求，动员各级各部门单位进一步鼓足干劲、提振信心，创新担当、真抓实干，努力推动经济社会发展再上新台阶，确保实现“十三五”规划发展开好局、起好步。

18日 市委政法工作会议召开。市委书记、市人大常委会主任李洪峰会前作出重要批示。市委常委、政法委书记郭德文出席会议并讲话。

19日 全市安全生产工作会议召开。市委副书记、市长王云鹏出席会议，强调要充分认识安全生产的极端重要性、长期性和复杂性，有效防范各类事故特别是较大以上事故，保障人民群众生命财产安全。

22日 市委副书记、市长王云鹏主持召开第四十次市政府常务会议，研究《泰安市大气污染防治二期行动计划“十大行动”（2016～2017）》实施情况，传达全省财税工作会议和全省深化机关住房改革工作座谈会精神，并研究贯彻落实意见。

23日 全市宣传文化工作会议召开，传达贯彻全省宣传文化工作会议精神和市委书记、市人大常委会主任李洪峰对做好2016年宣传文化工作的重要指示，研究部署2016年全市宣传文化工作。

26日 市十六届人大常委会第二十九次会议召开。会议传达山东省十二届人大五次会议精神；听取泰安市人大常委会2016年工作要点（草案）起草说明情况。经过分组审议，会议通过泰安市人大常委会2016年工作要点。

3月

7日 “武夷山舰”“徂徕山舰”“五台山舰”等新型两栖坦克登陆舰入列命名授旗仪式在东海舰队某军港举行，标志着3艘舰艇正式加入人民海军战斗序列。“徂徕山舰”为泰安增添一张光荣靓丽的流动名片。

8～9日 省政协副主席许立全到泰安调研政协界别工作和旅游产业等发展情况。市政协主席、党组书记辛显明陪同。

16日 副省长夏耕带领省直有关部门负责人到泰安市调研农村电子商务工作。

18日 全市环保工作暨大气污染防治十大行动动员大会召开。市委副书记、市长王云鹏出席并讲话。会上，市政府与各县市区政府签订《泰安市大气污染防治二期行动计划“十大行动”（2016～2017年）目标责任书》。

3月24日，全市科学发展表彰大会召开，对2015年度科学发展综合考核先进县（市、区）和单位，政风行风建设先进单位和争先进位先进单位，“五型”机关建设示范单位、社会治安综合治理先进县（市、区）、乡镇（街道）、单位和个人，全市信访工作先进单位和个人等进行了表彰。图为颁奖现场　（司　刚　摄）

23日　省交通运输厅厅长张传亭一行到泰安市调研指导交通运输工作。市委副书记、市长王云鹏参加相关活动。

24日　全市科学发展表彰大会召开。会议强调，全市各级要牢固树立新的发展理念，推进工作指导转变，突出供给侧结构性改革，充分调动广大党员干部群众的积极性，努力把泰安发展推向新阶段。市委书记、市人大常委会主任李洪峰出席会议并讲话，市委副书记、市长王云鹏主持会议。

25日　市政协十二届二十八次常委会议召开。会议传达学习十二届全国人大四次会议、全国政协十二届四次会议精神，审议通过《政协泰安市委员会2016年工作要点》。

26日　金融和城市建设领域重大招商成果、重点建设项目——泰安市金融商务区项目，正式奠基开工。市委副书记、市长王云鹏出席奠基仪式。

30日　市委副书记、市长王云鹏主持召开第四十一次市政府常务会议，研究2015年政府投资项目计划执行情况和2016年政府投资项目计划安排、《关于促进全市房地产市场平稳健康发展的意见》和《关于支持实体经济发展的若干意见》起草情况等议题。

4月

7日　市委副书记、市长王云鹏到新泰市调研农业产业结构调整工作。王云鹏一行先后到羊流牡丹产业园、山东长兴现代农业创新园、现代光伏农业项目建设现场和泰茶“良心谷”产业生态示范园进行现场调研，认真听取新泰市农业产业结构调整工作及相关项目建设、运营情况汇报。

11日　省委常委、组织部部长杨东奇到泰安市调研基层党建工作和经济社会发展情况。市委书记、市人大常委会主任李洪峰，市委副书记、市长王云鹏分别陪同。

12日　省委书记、省人大常委会主任姜异康到泰安市调研经济社会发展情况，并召开部分市委书记座谈会，分析研究当前经济运行形势，探讨贯彻落实新发展理念、推动供给侧结构性改革的思路举措。省委常委、秘书长于晓明，市委书记、市人大常委会主任李洪峰，市委副书记、市长王云鹏陪同。

13日　山东广电网络集团党委书记、董事长刘保聚到泰安考察智慧社区建设情况。市委副书记、市长王云鹏陪同。

15日　市委召开常委扩大会议，传达学习省委书记姜异康到泰安市调研时的重要讲话精神，研究贯彻落实意见。市委书记、市人大常委会主任李洪峰主持会议并讲话，市委副书记、市长王云鹏传达姜异康书记到泰安调研重要讲话精神。

20日　泰安国家高新区第二届高端人才高新技术高科技项目洽谈会暨云计算与大数据产业国际高峰论坛举行。中国科学院院士薛永祺、郑建华，中国工程院院士张明高，山东农业大学校长温孚江，泰山医学院院长王学春等一批高端人才参加活动。市委书记、市人大常委会主任李洪峰，市委副书记、市长王云鹏出席会议。

21日　由中国报业协会主办，山东省报业协会、中共泰安市委宣传部协办，泰安日报社、泰安传媒集团承办的中国报协五届二次理事会暨中国报业发展大会在泰安市举行。中央及各省市200余家媒体的400多人参加会议。中国报业协会理事长、人民日报社副社长张建星，中共山东省委常委、宣传部部长孙守刚，中共泰安市委书记、市人大常委会主任李洪峰等出席会议。

△　省委常委、政法委书记张江汀到泰安调研，并召开部分地市政法队伍建设工作座谈会。市委书记、市人大常委会主任李洪峰，市委副书记、市长王云鹏分别陪同。

22日 泰安市召开“两学一做”学习教育工作座谈会。会议强调，要以更加有力的举措和更加务实的作风，精心组织开展好学习教育，以实际行动取信于民，以优良作风凝聚民心，为推进富民强市、建设幸福泰安提供坚强保证。市委书记、市人大常委会主任李洪峰出席会议并讲话，市委副书记、市长王云鹏主持会议。

26日 市十六届人大常委会第三十次会议召开。会议听取市政府关于全市房地产开发建设管理工作情况的报告；关于教育工作情况的报告；市人大常委会执法检查组关于检查《中华人民共和国气象法》实施情况的报告；市中级人民法院关于提请任免审判人员职务的报告等。

27日 泰安市召开庆祝“五一”国际劳动节暨推进富民强市、建设幸福泰安先模表彰大会，表彰为全市经济社会发展做出突出贡献的先进集体和先进个人。市委副书记、市长王云鹏，市委副书记李希信，市政协主席、党组书记辛显明，市人大常委会第一副主任、党组书记陈刚等出席会议并为受到表彰的先进集体和先进个人颁奖。

29日 市委副书记、市长王云鹏主持召开第四十二次市政府常务会议，研究一季度全市经济社会发展形势等议题。

5月

4日 市委副书记、市长王云鹏会见韩国驻华大使金章洙一行。双方就进一步加强合作进行了深入交流。

11日 省委常委、省纪委书记李法泉就贯彻落实十八届中央纪委第六次全会和省纪委十届七次全会精神到泰安市调研，并督导肥城市整治及查处侵害群众利益的不正之风和腐败问题工作。市委书记、市人大常委会主任李洪峰陪同。

19日 市委副书记、市长王云鹏会见农发行山东省分行党委书记、行长赵富洲一行，双方就进一步加强合作交流意见。

20日 山东省2016“5·20”世界计量日宣传活动启动仪式在泰安举行。省质监局局长张宁波，市委副书记、市长王云鹏出席仪式。

21日 参加首届世界旅游发展大会的毛里求斯共和国第一副总理兼旅游和对外交通部部长沙·杜瓦尔，瓦努阿图共和国副总理兼旅游、贸易、商务部部长乔·纳图曼等50余名与会贵宾及代表到泰安考察，并参加“魅力泰安”旅游主题推广活动。市委副书记、市长王云鹏出席活动并致欢迎词。

23日 省委副书记、省长郭树清到泰安市调研产业转型升级情况。市委书记、市人大常委会主任李洪峰，市委副书记、市长王云鹏陪同。

25日 副省长王随莲带领省直有关部门负责人，到泰安市调研城市公立医院改革准备工作。市委常委、副市长周桂萍陪同。

26日 省编办主任刘维寅率调研组到泰安市调研机构编制重点工作。市委常委、市委秘书长宋洪银参加调研。

5月30日至6月5日 全市招商引资和项目建设检查考核会议召开，现场检查并评价考核年内各县（市、区）及泰安高新区招商引资和项目建设情况。会议强调，各级要继续把招商引资和项目建设摆在更加重要、迫切需要、始终必要的关键位置，牢牢抓在手上、扛在肩上、用在力上，努力争取新的更大突破。市委书记、市人大常委会主任李洪峰，市委副书记、市长王云鹏，市委副书记李希信，市政协主席、党组书记辛显明，市人大常委会第一副主任、党组书记陈刚以及各县（市、区），泰安高新区，市直有关部门主要负责人参加会议。

6月

6～8日 省委统一战线工作领导小组调研检查组一行在省委统战部常务副部长赵强带领下，到泰安市调研检查市委贯彻落实中央、省委关于统一战线一系列重大决策部署情况，期间组织召开座谈会，专题听取有关情况汇报。市委副书记、统战部部长李希信陪同调研并主持座谈会。

8日 泰安市举行泰安金控集团、泰安融资担保公司战略合作签约暨揭牌仪式。省金融办主任李永健，市委副书记、市长王云鹏参加活动。

△ 市委副书记、市长王云鹏主持召开第四十三次市政府常务会议，研究《关于进一步深化医药卫生体制改革的实施意见》《泰安市城市公共医院综合改革实施方案》《关于云计算和大数据创新发展的指导意见》《关于加快发展文化产业实施意见》的起草情况等议题。

19日 市委副书记、市长王云鹏会见到泰安考察的加拿大华商会秘书长李毓玺一行，双方就进一步加强合作进行深入交流。

25日 由省体育局、省旅游局、市政府主办，泰山景区、市体育局承办的2016“泰山佛光杯”“泰山冠军”中国泰山登山大奖赛揭幕赛起跑仪式在岱庙厚载门广场举行。

30日 市政协十二届二十九

5月13～15日，由省科学技术协会、省教育厅主办，市科学技术协会、市教育局、省青少年科技活动中心承办的第16届山东省青少年机器人竞赛于在泰安市举办。来自全省16个市的331支参赛队、1000名选手参加。比赛分为高中、初中和小学3个组别的机器人基本技能比赛、机器人创意比赛、机器人足球比赛、FLL工程挑战赛和VEX工程挑战赛，参赛规模创全省机器人竞赛历年新高。图为比赛现场　（司　刚　摄）

次常委会议召开。会议听取市政府关于上半年全市经济社会发展情况的通报，审议通过市政协《关于加快科普设施建设，提升市民科学素质的调研报告》和《政协泰安市委员会委员履职工作规则》。

6月28日至7月1日　市委副书记、市长王云鹏，市委副书记李希信等市领导分别走访慰问新中国成立前老党员和生活困难党员，为他们送去党的关怀和组织的温暖。

7月

4日　全市领导干部会议召开，宣布省委关于泰安市党政主要领导职务调整的决定。省委组织部常务副部长胡文容，市领导李洪峰、王云鹏、李希信等出席会议。胡文容宣布省委决定：王云鹏任中共泰安市委书记兼市委党校校长，免去李洪峰同志的中共泰安市委书记、常委、委员和市委党校校长职务。

6日　市委召开常委会议，传达学习习近平总书记在庆祝中国共产党成立95周年大会上的重要讲话精神，研究贯彻落实意见。市委书记王云鹏主持会议并讲话，市委副书记、代市长李希信，市人大常委会第一副主任、党组书记陈刚及市委常委出席会议。

△　市十六届人大常委会第三十一次会议召开。会议听取市政府关于全市少数民族经济工作情况的报告；听取市政府关于2016年全市新增政府债务限额及市级预算调整方案的报告；听取市政府关于提请任命市政府组成人员职务的议案；对任命李希信为市人民政府副市长进行表决等。

7日　国家发改委党组成员、副主任王晓涛率调研组到泰安市调研发展农村电商带动农民工返乡创业就业工作。副省长张务锋，省发改委主任王忠林，市委副书记、代市长李希信陪同。

9日　农业大数据产业技术创新战略联盟第三届农业大数据论坛暨学术年会在泰安市开幕。省人大常委会副主任、山东农业大学校长温孚江，市委副书记、代市长李希信出席开幕式。

13日　市十六届人大六次会议于在泰山国际会展中心泰山会堂召开。大会选举王云鹏为泰安市第十六届人民代表大会常务委员会主任，选举李希信为泰安市人民政府市长。

△　市十六届人大常委会召开第三十二次会议。按照《泰安市人民代表大会及其常务委员会宪法宣誓仪式组织细则》的规定，新当选的市十六届人大常委会主任王云鹏、新当选的泰安市人民政府市长李希信分别进行了宪法宣誓。

14日　全市党校工作会议召开。会议深入学习贯彻习近平总书记重要讲话和全国、全省党校工作会议精神，全面分析党校工作面临的新形势新任务，研究部署当前和今后一个时期全市党校工作。市委书记、市人大常委会主任、市委党校校长王云鹏出席会议并讲话，市委副书记、市长李希信主持会议。

△　根据市委常委会“两学一做”学习教育工作的总体安排，市委常委会举行“两学一做”学习教育集体学习暨市委理论学习中心组集中研讨会。市委书记、市人大常委会主任王云鹏主持会议并讲话，市委副书记、市长李希信，市政协党组书记、主席辛显明，市人大常委会第一副主任、党组书记陈刚及市委常委出席会议。

15日　市委副书记、市长李希信主持召开第四十四次市政府常务会议，分析研究上半年全市经济社会发展形势，并对下半年工作作出安排部署。

7月22日，市委副书记、市长李希信（左三）到防汛一线实地检查。要求各相关部门要学调度，严密防范，切实抓好水库、河道、险工险段等关键节点的防汛及隐患整改工作，确保人民群众生命财产安全。图为李希信一行在黄前水库检查大雨过后的防汛情况　（司　刚　摄）

19～20日　全省召开乡村文明行动移风易俗工作现场推进会，深入推动农村移风易俗工作，进一步深化乡村文明行动。省委常委、宣传部部长孙守刚出席会议并讲话。市委书记、市人大常委会主任王云鹏陪同出席在新泰市的观摩调研活动。

27日　市委书记、市人大常委会主任王云鹏会见到泰安调研的新华社山东分社社长宫喜祥一行。

28日　市委召开常委会议，学习贯彻省委十届十四次全体会议精神，听取上半年全市经济社会发展形势汇报，研究下一步工作措施。市委书记、市人大常委会主任王云鹏主持会议并讲话，市委副书记、市长李希信出席会议并传达省委十届十四次全会精神。

29日　市委、市政府召开全市科学技术奖励大会，表彰为泰安市科技事业和专利发展做出突出贡献的科技工作者。市委书记、市人大常委会主任王云鹏，市委副书记、市长李希信出席会议。

△　市委民族工作会议暨市政府第六次全市民族团结进步表彰大会召开，会议深入贯彻落实中央和省委民族工作会议精神，总结近年来泰安市民族工作，表彰民族团结进步模范集体和个人，部署当前和今后一个时期的民族工作任务。市委书记、市人大常委会主任王云鹏出席会议并讲话，市委副书记、市长李希信主持会议。

△　全市县乡领导班子换届工作会议29日召开。会议深入学习贯彻习近平总书记重要指示和中央、省委关于市县乡领导班子换届工作精神要求，研究部全市县乡领导班子换届工作。市委书记、市人大常委会主任王云鹏出席会议并讲话。

△　全国双拥模范城（县）命名暨双拥模范单位和个人表彰大会在北京召开。泰安市再次荣获“全国双拥模范城”称号，为自1994年以来泰安市第六次荣膺全国双拥模范城。

8月

2日　全省流域生态环境保护工作会议暨农村饮用水现状调查工作培训会在泰安市召开。省环保厅党组书记、厅长张波，市委副书记、市长李希信出席会议。

3日　中共泰安市第十届委员会第十一次全体会议召开。出席会议的有市委委员31人，候补市委委员9人。会议通过《中国共产党泰安市委员会工作规则》和《中国共产党泰安市第十届委员会第十一次全体会议公报》

4日　山东晶泰星光电科技有限公司与英国石墨烯照明公司合并签约仪式在济南举行。副省长夏耕，石墨烯材料的发现者、2010年诺贝尔物理学奖得主、英国曼彻斯特大学教授安德烈·海姆，国际半导体照明联盟主席吴玲，市委书记、市人大常委会主任王云鹏，省商务厅厅长佘春明出席签约仪式。

8～9日　省委农村工作领导小组副组长王军民到泰安市，就科技创新、农业供给侧结构性改革、农村改厕、节水农业、农业龙头企业发展等工作进行调研。市委书记、市人大常委会主任王云鹏，市委副书记、市长李希信分别陪同活动。

10日　全市工作情况通报会召开。市委书记、市人大常委会主任王云鹏向老领导、老同志通报2016年上半年全市工作情况和下半年工作安排。

10～11日　副省长王书坚率调研组到泰安市就贯彻落实省委十届十四次全体会议精神、深化科技体制改革推动科技创新等工作进行专题调研。市委副书记、市长李希信陪同。

12日　“爱立方”·2016中国

学前教育峰会暨中国学前教育用品博览会在泰安开幕。原教育部党组成员、中央纪委驻教育部纪检组组长、中国关工委副主任、教育部关工委主任田淑兰宣布大会开幕。副市长成丽代表泰安市政府致欢迎词。

19 日 省住建厅厅长王玉志到东平调研蓄滞洪区避险解困帮扶工作。市委副书记、市长李希信陪同。

25 日 泰安市人民政府与中国运载火箭技术研究院签订战略合作协议。中国科协副主席、中国运载火箭技术研究院院长李洪，市委副书记、市长李希信出席签约仪式并致辞。

29 日 市十六届人大常委会第三十三次会议召开。会议听取市政府关于 2015 年市级财政决算和 2016 年上半年全市及市级财政预算执行情况的报告；关于 2015 年市级预算执行和其他财政收支情况的审计工作报告等。

△ 省人大常委会副主任于建成带领省人大立法调研组到泰安市就《山东省预防未成年人犯罪条例（草案修改稿）》和《山东省水路交通条例（草案修改稿）》进行立法调研，并召开座谈会，征求泰安市相关部门、单位的意见和建议。市人大常委会第一副主任、党组书记陈刚主持座谈会。

31 日 2016 中国（泰山）国际矿业装备与技术展览会在泰山国际会展中心开幕。中国煤炭工业协会副会长彭建勋，市委书记、市人大常委会主任王云鹏等出席开幕式。市委副书记、市长李希信主持开幕式。

△ “煤炭大讲堂”走进山东暨中国煤炭清洁高效利用高峰论坛在泰山国际会展中心举行。中国煤炭工业协会副会长彭建勋，山东省煤炭工业局局长乔乃琛，市委副书记、市长李希信出席。

9月

1 日 市委理论学习中心组举办“两学一做”学习教育专题辅导报告会，邀请著名经济学家、国家发改委宏观经济研究院副院长、研究员马晓河，就“供给侧结构性改革理论基础与实现途径”作专题辅导。市委书记、市人大常委会主任王云鹏主持报告会并讲话。

6 日 万众瞩目的“魅力泰安”第三十届泰山国际登山节隆重开幕，“鲁能泰山 7 号杯”第三十届泰山国际登山比赛暨第二十一届全国全民健身登泰山比赛和登泰山万人徒步行活动起跑仪式一并举行。中国登山协会副主席、国家体育总局登山运动管理中心副主任王勇峰，山东省体育局副局长乔云萍，山东省旅游发展委员会副主任岳滨，市委书记、市人大常委会主任王云鹏，市委副书记、市长李希信等出席开幕式。王勇峰、乔云萍共同为登山比赛鸣枪发令。王云鹏宣布第三十届泰山国际登山节开幕。

△ 2016 第一届泰山国际福祉暨康复设备博览会在泰山国际会展中心开幕。中国残疾人联合会副主席吕世明，市委书记、市人大常委会主任王云鹏，市委副书记、市长李希信等出席开幕式。

7 日 2016 第一届泰山国际残疾人论坛开幕。本届论坛的主题是“残疾人辅助器具适配与全面建成小康社会的关系”，与会专家学者从加快推进辅具产业发展、推广辅助器具适配服务的角度，就推进残疾人小康进程的理论与实践进行深入探讨。

△ “2016 百家知名外商泰安行”洽谈会举行。市委书记、市人大常委会主任王云鹏出席会议。

8 日 2016 中国泰安投资合作洽谈会隆重举行。来自海

2016 中国（泰山）国际矿业装备与技术展览会在泰山国际会展中心举办。图为展览会室内展厅（司刚 摄）

内外的朋友齐聚雄伟壮丽的泰山脚下，共商合作发展大计。市委书记、市人大常委会主任王云鹏，市委副书记、市长李希信等出席投洽会。

8～9日　省委常委、常务副省长孙伟带领省直有关部门负责人，到泰安市就重点项目建设、政府社会资本合作、解决城镇普通中小学“大班额”问题、推行校长职级制等工作进行调研。市委书记、市人大常委会主任王云鹏，市委副书记、市长李希信分别陪同。

9日　市委副书记、市长李希信主持召开第四十五次市政府常务会议，研究《泰安市服务业发展三年行动计划（2016～2018年）》和《泰安市新型城镇化规划》起草情况等议题。

△　市委副书记、市长李希信会见到泰安访问的柬埔寨发展理事会副秘书长谢无敌一行。

12～13日　省政协副主席雷建国率专项督查组到泰安市就贯彻落实省委政协工作会议精神和省委办公厅《关于加强人民政协协商民主建设的实施意见》情况开展督察。省政协秘书长张心骥参加督察。市委书记、市人大常委会主任王云鹏，市委副书记、市长李希信，市政协党组书记、主席辛显明等参加座谈或陪同活动。

12日　副省长、省公安厅厅长孙立成到泰安调研公安工作。

13日　全省司法所建设工作会议在泰安市召开。省委常委、政法委书记张江汀出席会议并讲话，副省长、省公安厅厅长孙立成主持会议，市委书记、市人大常委会主任王云鹏出席会议并致辞。

19日　省政协副主席、省工商联主席王乃静到泰安调研医养结合型养老机构建设情况。市政协党组书记、主席辛显明陪同。

20日　国土资源部执法监察局局长崔瑛带领调研组，到泰安市就国土资源执法监察重点问题暨贯彻落实国土资源共同责任机制情况进行调研，并召开座谈会。市委副书记、市长李希信出席会议。

22日　全市城市工作会议召开，深入贯彻落实中央和全省城市工作会议精神，分析全市城市发展面临的新形势，对做好当前及今后一个时期城市工作进行安排部署。市委书记、市人大常委会主任王云鹏，市委副书记、市长李希信，市党组书记、政协主席辛显明，市人大常委会党组书记、第一副主任陈刚出席会议。

27日　市政协十二届三十次常委会议召开。会议听取市政府提案办理情况的通报，审议通过市政协《关于推进我市服务业转型升级发展的调研报告》，表彰市政协十二届三次会议以来优秀提案、提案承办先进单位和先进提案工作者。

30日　国家“烈士纪念日”。市委书记、市人大常委会主任王云鹏，市委副书记、市长李希信，市政协主席、党组书记辛显明，市人大常委会第一副主任、党组书记陈刚等到泰安革命烈士陵园，与社会各界群众一起，参加公祭烈士活动，深切缅怀烈士们的不朽功勋，向人民英雄致以崇高敬意。

10月

9日　市委副书记、市长李希信主持召开第四十六次市政府常务会议，就前三季度经济运行情况进行调度分析，重点围绕决战四季度、完成全年目标任务研究措施办法。

10～11日　首届全国毛梾产业发展学术研讨会在新泰市举办。全国绿化委员会副主任、中国林学会理事长赵树丛，副省长赵润田，市委书记、市人大常委会主任王云鹏等出席研讨会开幕式。

11日　全国绿化委员会副主任、中国林学会理事长赵树丛在省林业厅厅长刘均刚的陪同下，到泰安市调研林业工作。

12日　104国道界首至满庄段改建工程通过交工验收，正式通车。市委书记、市人大常委会主任王云鹏，市政协主席、党组书记辛显明，市人大常委会第一副主任、党组书记陈刚等到104国道界首至满庄段改建工程现场，实地察看工程建设情况。该工程2013年5月立项，2014年10月1日开工建设，2016年10月9日交工验收。北起济南市长清区境内界首桥北约400米处，连接省道莱肥路、薛馆路、泰商路和在建的青兰高速公路，在岱岳区满庄镇西河北村东，并入现104国道，全长28.12公里，按一级公路标准建设，路面宽21米，双向四车道。

13日　中央编办副主任、国务院审改办负责人、全国行政审批标准化工作组组长吴知论一行到泰安市调研政务服务标准化工作。副省长王书坚，市委书记、市人大常委会主任王云鹏等陪同。吴知论一行实地察看了新泰市政务服务中心和新汶街道大洛沟社区便民服务站，并召开座谈会。

17日　“齐鲁时代楷模”发布仪式在济南举行，省委宣传部追授岱岳区扶贫办原副主任、大陆山村原党支部书记苏庆亮“齐鲁时代楷模”荣誉称号。省委常委、宣传部部长孙守刚，副省长赵润田，市委书记、市人大常委会主任王云鹏等出席发布仪式。

20日　2016首届泰山国际特种设备展览会开幕。国务院参事、中国特种设备安全与节能促进会会长张纲，副省长王随莲，市委书记、市人大常委会主任王云鹏以及来自青海省质监局、河南省质监局、山东省质监局、齐鲁工业大学、中国科学院山东转化中心、山东特检集团、德国莱茵集团、美国阿尔泰克公司等多家国内外知名院校、企业、机构的领导和专家出席开幕仪式。

△　国务院参事、中国特种设备安全与节能促进会会长张纲一行先后到泰山集团、太阳部落调研泰安市特种设备产业发展情况。

△　副省长王随莲带领省直有关部门负责人到泰安市调研质监、医疗卫生、PPP 项目实施、特种设备产业发展等工作情况。

24 日　市委全面深化改革领导小组召开第十四次会议，传达学习中央全面深化改革领导小组第二十八次和省委全面深化改革领导小组第二十七次会议精神，讨论审议并通过了《关于深化人才发展体制机制改革促进人才创新创业的实施意见》等。市委书记、市人大常委会主任、市委全面深化改革领导小组组长王云鹏主持会议并讲话，市委副书记、市长、市委全面深化改革领导小组副组长李希信，市委全面深化改革领导小组成员出席会议。

28 日　全国人大常委会副委员长、民革中央主席万鄂湘在省政协副主席、民革山东省委主委孙继业的陪同下，到泰安市就文物保护立法工作开展专题调研。市委书记、市人大常委会主任王云鹏陪同。

△　市十六届人大常委会第三十四次会议召开。会议听取主任会议关于泰安市第十七届人民代表大会代表名额分配的决定（草案）的说明；市政府关于城市环境综合治理工作情况的报告等。

11 月 24 日，省委副书记、省长郭树清（前排左二）到泰安调研。市委书记、市人大常委会主任王云鹏（前排左三），市委副书记、市长李希信（二排左三）等陪同调研　　　　（王国梁　摄）

同月　“2016 年中国百强城市排行榜”发布，泰安市在青岛、济南、烟台、潍坊、淄博之后排名全省第 6 位，位列全国第 67 位。

11月

1 日　副省长赵润田带领部分省直部门负责人及部分市、县政府主要负责人、扶贫办主任、发改委主任到泰安市东平县调研易地扶贫搬迁工作。市委书记、市人大常委会主任王云鹏陪同。

1 ~ 2 日　省交通运输厅党组书记王玉君到泰安市就泰安境内高速公路推进情况开展专题调研。市委副书记、市长李希信陪同。

2 日　市委召开常委扩大会议，传达学习党的十八届六中全会精神，并研究贯彻落实意见。市委书记、市人大常委会主任王云鹏主持会议并讲话。市委副书记、市长李希信，市政协主席、党组书记辛显明，市人大常委会第一副主任、党组书记陈刚及市委常委出席会议。

4 日　省委副书记龚正到东平县调研扶贫搬迁和水利工作。市委书记、市人大常委会主任王云鹏陪同活动。

15 日　泰安市举行省委宣讲团党的十八届六中全会精神报告会。省委宣讲团成员、省纪委驻省委宣传部纪检组组长关华作宣讲报告。市委书记、市人大常委会主任王云鹏主持报告会，市委副书记、市长李希信等市领导出席报告会。

21 日　市委召开常委会议，传达学习省委十届十五次全体会议精神，研究贯彻落实意见。市委书记、市人大常委会主任王云鹏主持会议并讲话，市委副书记、市长李希信出席会议并传达省委十届十五次全体会议精神。

△　市委副书记、市长李希信主持召开第四十七次市政府常务会议，研究全市城市违法建设治理行动、全市品牌建设以及加快推进建筑产业化等工作。

23 日　农业部副部长张桃林带领调研组到泰安市调研财政金融支农、农机购置补贴、基层农技推广信息化等情况。副省长赵润田，市委常委、副市长周桂萍陪同。

22 ~ 25 日　全市招商引资和项目建设检查考核会议召开，现场检查并评价考核 2016 年各县（市、区）及泰安高新区招商引资和项目建设情况。市领导大常委会主任王云鹏，市委副书记、市长李希信，市委副书记张涛，市政协主席、党组书记辛显明，市人大常委会第一副主任、党组书记陈刚等市领导人以及各县（市、区）及泰安高新区、市直有关部门主要负责人参加会议。

24～25日 省委副书记、省长郭树清在省政府秘书长王华及省直有关部门负责人的陪同下，到泰安市调研经济社会发展情况。市委书记、市人大常委会主任王云鹏，市委副书记、市长李希信陪同活动。

26日 中共泰安市第十届委员会第十二次全体会议在泰安召开。出席全会的有市委委员31人，候补市委委员9人。全会由市委常委会主持。市委书记王云鹏作重要讲话。全会深入学习贯彻中共十八届六中全会和省委十届十五次全会精神，听取和讨论了王云鹏受市委常委会委托作的工作报告，审议通过《中共泰安市委关于深入学习贯彻党的十八届六中全会精神的意见》和《关于召开中国共产党泰安市第十一次代表大会的决议》等。

△ 市委副书记、市长李希信会见到泰安市考察的柬埔寨国防部装备技术总局局长周比伦一行。

同月 首届中国金牌旅游小吃评选结果揭晓，由泰安东岳山庄有限公司提报的泰安煎饼榜上有名。

12月

6日 泰安市人民政府与浪潮集团有限公司签署发展云计算大数据产业战略合作协议，以加快推动全市云计算、大数据产业发展及智慧城市建设。市委书记、市人大常委会主任王云鹏，市委副书记、市长李希信出席签约仪式。

8日 省纪委常务副书记、省监察厅厅长马明生一行到省纪委联系点肥城市，就学习贯彻十八届六中全会精神、落实全面从严治党要求、推进党风廉政建设和反腐败工作等情况进行调研。市委书记、市人大常委会主任王云鹏陪同活动。

△ 省委督查组一行5人在省委督查组组长、省委讲师团团长孔繁轲的带领下，对泰安市学习宣传贯彻六中全会精神、开展党委中心组学习和落实意识形态工作责任制情况进行督查。市委书记、市人大常委会主任王云鹏会见督察组一行。

13～14日 国务院安委会成员、专家咨询委员会主任王德学一行在副省长张务锋的陪同下，到泰安市督察安全生产工作。市委副书记、市长李希信参加活动。

14日 市委书记、市人大常委会主任王云鹏会见到泰安讲学的著名作家、文化学者、文化部原部长王蒙一行。

16日 市委理论学习中心组举办专题辅导报告会，邀请中国科协原党组副书记、副主席，清华大学教授张勤，就“技术创新与知识产权战略”作专题辅导。市委书记、市人大常委会主任王云鹏主持报告会并讲话。

21日 中共泰安市委召开各民主党派市委新老领导班子成员座谈会，就深入搞好政治交接、传承优良传统、发挥优势作用进一步统一思想、凝聚共识。市委书记、市人大常委会主任王云鹏出席会议并讲话。

28日 市十六届人大常委会第三十五次会议召开。会议听取市人大法制委员会关于市十六届人大五次会议第7、16、21号议案审议和办理情况的报告；市人大财经委员会关于市十六届人大五次会议第12、29号议案审议和办理情况的报告等。

29日 泰安市人民政府与山东省财金投资集团有限公司签署战略合作协议，充分利用省财金集团的业务资源，为全市实体经济发展、重大基础设施和民生项目建设提供全方位、便捷、优惠的融资服务。合作内容涵盖PPP发展基金、政策性贷款、融资担保、融资租赁等方面，合作总金额达525亿元。市委书记、市人大常委会主任王云鹏，市委副书记、市长李希信等出席签约仪式。

△ 副省长季缃绮到泰安市调研养老服务工作，并召开座谈会，听取基层政府和党员干部群众对省政府党组的建议和意见。市委副书记、市长李希信出席座谈会。

第三十届泰山国际旅游文化登山节

【概况】 9月6～12日，第三十届泰山国际登山节在泰安举办。该届泰山国际登山节适应、把握、引领节庆经济发展新常态，秉承创新、协调、绿色、开放、共享的发展理念，以泰山国际登山节辉煌三十年喜庆为主线，以“传统”“亲民”和“聚集人气、扩大影响”为宗旨，以全域旅游为统领，全面整合产业资源，发挥泰安旅游文化的最大优势和影响力，组织开展丰富多彩的旅游、文化、体育活动和务实高效的经贸合作业务，邀请世界走进泰安，全面展示泰安得天独厚的自然环境、和谐共荣的社会环境以及“投资泰安，稳如泰山”的发展环境，鼎力将泰山国际登山节打造成世界了解

9月6日，“魅力泰安”第三十届泰山国际登山节开幕式现场，登泰山万人徒步行活动（赵文文　摄）

泰安的窗口、招商引资的平台、游客和市民的欢乐大舞台。登山节共设三大板块主题活动，主要包括“魅力泰安”·第三十届泰山国际登山节开幕式暨泰山国际登山比赛起跑仪式、“活力泰安”·经贸合作新高地和“天下泰安”·全民旅游大舞台。突出经贸合作这一重头戏，设计推出“2016中国泰安投资合作洽谈会”等务实高效的主题活动，全面展示泰安市产业转型升级新成就，集中组织项目签约仪式，为泰安经济建设和社会发展注入新的生机与活力。

【开幕式】 9月6日，第三十届泰山国际登山节隆重开幕，“鲁能泰山7号杯”第三十届泰山国际登山比赛暨第二十一届全国全民健身登泰山比赛和登泰山万人徒步行活动起跑仪式一并举行。中国登山协会副主席、国家体育总局登山运动管理中心副主任王勇峰，山东省体育局副局长乔云萍，山东省旅游发展委员会副主任岳滨，市委书记、市人大常委会主任王云鹏，市委副书记、市长李希信等出席开幕式。王勇峰、乔云萍共同为登山比赛鸣枪发令。王云鹏宣布第三十届泰山国际登山节开幕。李希信代表市委、市政府致辞。来自海内外3119名登山健儿报名参加了比赛。经过紧张激烈的角逐，各个组别的冠军相继产生。

【经贸活动】 9月6日，2016第一届泰山国际福祉暨康复设备博览会在泰山国际会展中心开幕。中国残疾人联合会副主席吕世明，市委书记、市人大常委会主任王云鹏，市委副书记、市长李希信等出席开幕式。作为国内首个以康复设备为主题的国际博览会，该次展会共吸引国内外100家厂商参展，搭建了康复设备生产、研发、销售、服务的重要平台，为相关产业创新发展、提高残疾人辅助器具服务保障水平发挥重要的促进作用。开幕式结束后，中国残联、中国残疾人辅助器具中心、省残联领导参加考察了泰安市残疾人事业发展相关情况。

9月7日，“2016百家知名外商泰安行”洽谈会举行。市委书记、市人大常委会主任王云鹏，国家商务部投资促进局副局长易旸出席会议。王云鹏向出席本次洽谈会的各位嘉宾致辞并介绍情况。全市外资企业总数351家，韩国现代重工、新加坡益海嘉里等一批知名企业集团在泰安兴业发展，岱银集团、泰山玻纤、石横特钢、东顺集团等600多家企业的产品和服务出口到世界176个国家和地区。来自加拿大、法国、意大利、澳大利亚、日本、韩国、新加坡等国家以及中国香港、台湾等地区的重要客商参加洽谈会。会上还一并举行了泰安市开发区推介及重点项目发布会。6个县（市、区）及泰安高新区、徂徕山汶河景区就经济开发区和重点项目进行推介和发布。

9月8日，2016中国泰安投资合作洽谈会隆重举行。市委书记、市人大常委会主任王云鹏，市委副书记、市长李希信出席投洽会。李希信代表市委、市政府致辞。加拿

9月5日，举办“泰山之邀 梦圆泰安”全民旅游大舞台晚会（司 刚　摄）

9月6日，“健康中国·相约泰山”全民健身活动倡议仪式现场展演

（王文正 摄）

大驻山东商务处首席代表，台湾贸易中心青岛代表处代以及境外山东商会、部分省市山东商会、驻鲁异地商会和来自国内外的企业界朋友参加投洽会。投洽会上推介了泰安市重点投资产业，并举行重点项目签约仪式，集中签约项目57个，其中内资项目47个，总投资607.25亿元；外资项目10个，总投资11.79亿美元。

【文化活动】9月6日，泰山秋韵——泰山民族乐团专场晚会在泰山文化大厦精彩上演。晚会演出《二泉映月·彩云追月》《花好月圆》《那些花儿》《十面埋伏》等优秀的传统民乐，让观众大饱耳福。泰山民族乐团成立于2007年，已成为一支具有浓于泰山文化特色的民族管弦乐演出团体。2010年，乐团首创“泰山秋韵”民族音乐会让爬泰山、看音乐会成为市民和游客欢度国际登山节的时尚。泰山民族乐团还多次与中央民族乐团、上海民族乐团、香港中乐团、台湾国乐团等众多知名乐团合作，提高乐团的艺术水准。曾应邀参加在英国伦敦威斯敏斯特中央大厅举行的“首届全英华侨华人新春团拜会”，在108家旅英华侨华人社团面前精彩亮相。

【体育活动】9月7日，第三十届泰山国际登山节暨“康王河”杯第三届全民健身嘉年华在天地广场开幕。该届全民健身嘉年华由泰安市人民政府主办，由泰安市体育局、泰山管委、泰安市公安局、泰安市城管执法局、泰安市体育总会、泰安市广播电视台、泰安传媒集团、泰安市体育彩票管理中心、泰安市老年体协承办，由肥城康王酒业有限公司协办。全民健身嘉年华节目丰富多彩，为观众带来一场视觉盛宴。活动现场，激情四射的拉丁舞、柔美的瑜伽、沉稳大气的太极拳、刚柔相济的传统武术、时下流行的广场舞轮番上演，观众席上不时爆发出热烈的掌声。全民健身嘉年华是登山节的重要组成部分，是对泰安市全民健身成果的展示和检验，也借此机会向市民推广普及各类健身项目，倡导全民健身，吸引更多的人参与到全民健身活动中来，共享体育带来的健康和快乐。

（冯宪谟）

9月6日，第一届泰山国际福祉暨康复设备博览会在会展中心举办。图为开幕式

（司刚 摄）

编校 冯宪谟　　审稿 高兴学

市情概览

环境·资源·人口

【位置面积】 泰安市位于山东省中部，处北纬35°38′～36°28′，东经116°20′～117°59′之间。北以泰山与济南市为界，南与济宁市相连，西隔黄河与聊城市及河南省濮阳市相望，东与莱芜市、淄博市、临沂市相邻。东西长约176.6公里，南北宽约93.5公里，面积7762平方公里，占全省面积的4.94%。

泰安城为市政府驻地，位于泰山南麓，北距省会济南66.8公里，南至孔子故里曲阜74.6公里，处于山东省“一水、一山、一圣人”旅游热线的中间。

【建置沿革】 泰安市是国务院公布的历史文化名城。早在6000至4000年前，汶河两岸的氏族部落创造了繁盛的“大汶口文化”。此后，历代在此设邑、置郡、建府。秦代设济北郡，郡治博阳（故城在今泰安市岱岳区旧县村）。汉武帝封禅泰山时置泰山郡，郡治始为博县，汉元封二年（公元前109）移至新建之奉高（今泰安市岱岳区范镇故县村），北魏时又移治至钜平县（今岱岳区大汶口附近）。北齐改为东平郡，郡治博县城。唐宋时分属兖州、郓州（北宋末改称东平府）。金天会十四年（1136）设泰安军，治岱岳镇（今泰安城），泰安之名由此始。境内分属泰安军（金大定二十二年，即1182年升为州）与东平府，隶山东西路。元明设置泰安州。清雍正十三年（1735），升泰安直隶州为泰安府，增置泰安县为府治，降东平直隶州为散州，泰安府时辖泰安、新泰、莱芜、肥城、东阿、平阴六县及东平一州，隶山东行省。

抗日战争时期，抗日民主政权设立泰山区、泰西区。1950年5月，泰山、泰西两区合并为泰安专区，成立泰安区行政督察专员公署（同年12月改称泰安区专员公署），机关驻泰安城。1958年10月，撤销泰安专署，辖县分属济南市和聊城专署。1961年7月，复置泰安专署。1967年，成立泰安地区革命委员会替代专署。1978年7月，撤销泰安地区革命委员会，成立泰安地区行政公署。1985年3月，撤销泰安地区，原县级泰安市升格为地级市，实行市管县体制。

【行政区划】 2016年，泰安市辖泰山、岱岳两个区，宁阳、东平两个县，代省管辖新泰、肥城两市（县级）。全市有乡、镇、街道88个（乡6个、镇63个、街道19个）、村（居）委会3755个。其中，泰山区有1个乡、2个镇、5个街道、209个村（居）民委员会，岱岳区有1个乡、14个镇、3个街道、722个村（居）民委员会，新泰市有1个乡、17个镇、3个街道、913个村（居）民委员会，肥城市有11个镇、3个街道、633个村（居）民委员会，宁阳县有1个乡、10个镇、2个街道、562个村（居）民委员会，东平县有1个乡、9个镇、3个街道、716个村（居）民委员会。另外，在不改变行政区划的前提下，泰安高新技术产业开发区管理岱岳区北集坡街道的47个村（居）民委员会；泰山景区管理泰山区的11个村(居)民委员会和岱岳区的2个村（居）民委员会。

【人口状况】 2016年年末，全市有常住人口563.74万人。常住人口中，泰山区78.62万人，岱岳区99.56万人，新泰市135.24万人，肥城市96.78万人，宁阳县77.33万人，东平县76.21万人。

年末，按常住人口计算，全市人口密度726人/平方公里。泰山区2333人/平方公里，岱岳区551人/平方公里，新泰市700人/平方公里，肥城市758人/平方公里，宁阳县687人/平方公里，东平县569人/平方公里。

【民族概况】 2016年年底，泰安市有汉族、回族、满族、壮族、蒙古族、朝鲜族、苗族、侗族、藏族、维吾尔族、彝族、布依族、瑶族、白族、土家族、土族、哈尼族、傣族、黎族、傈僳族、畲族、水族、纳西族、达斡尔族、仡佬族、俄罗斯族、仫佬族、撒拉族、毛南族、鄂伦春族、佤族、拉祜族、景颇族、布朗族、锡伯族、阿昌族、怒族、鄂温克族、东乡族、羌族、哈萨克族、德昂族、柯尔克孜族、赫哲族、裕固族45个民族。汉族547.57万人，占全市总人口的98.5%；44个少数民族8.2万人，占全市总人口的1.5%。其中，少数民族中回族人数为7.9万人，占全市少数民族总人口的96%。少数民族人口在全市呈大分散、小集中分布。全市6个县（市、区）88个乡镇（街道）中，少数民族居住较集中的有39个乡镇（街道）的130个村（居）。其中，少数民族人口占全村人口50%以上的民族村（居）51个，少数民族人口1000人以上的乡镇（街道）20个，少数民族人口1万人以上的县（市、区）有泰山区、岱岳区、新泰市、肥城市4个。

【土地资源及特征】 全市有土地77.62万公顷，其中，农用地58.38万公顷（耕地36.40万公顷、园地3.97万公顷、林地10.92万公顷，其他农用地7.09万公顷），建设用地13.04万公顷，未利用地6.19万公顷。全市人均占有耕地0.063公顷(0.95亩)，农民人均占有耕地0.09公顷（1.35亩）。境域地势自东北向西南倾斜，有山地、丘陵、平原、洼地、湖泊等地貌类型。山地集中分布在境域北部和东部，占全市面积的18.3%，其中泰山雄踞境域北部，其主峰玉皇顶海拔1545米，为山东省第一高峰。丘陵主要分布在新泰市西南部、宁阳县东部、岱岳区西北部、肥城盆地边缘及东平县北部，占全市面积的41.1%，海拔在120米～400米之间。平原主要分布在山麓及河流沿岸，占全市面积的40.6%，海拔在60米～120米之间，其中山东省著名四大山麓平原之一的泰（安）莱（芜）肥（城）宁（阳）平原，大部分在泰安市境内。洼地主要分布在东平县“三湖”（老湖、新湖、稻屯洼）周围，占全市面积的11%，海拔在38米～60米之间。湖泊集中在东平县，“三湖”水面6.35万公顷（含市外部分），其中东平湖系山东省第二大淡水湖，为古梁山水泊遗存水域。

【气候特征】 泰安市属于暖温带大陆性半湿润季风气候区，寒暑适宜，光温同步，雨热同季。2016年，全市年平均日照时数2055.2小时，较常年（2313.2小时）偏少258.1小时；年平均气温14.5℃，较常年（13.6℃）偏高0.9℃；年平均降水量729.1毫米，较常年（664.5毫米）偏多9.7%。泰山山顶2016年年日照时数2473.4小时，较常年（2663.8小时）偏少190.4小时；年平均气温6.9℃，较常年（5.9℃）偏高1.0℃；年降水量1386.7毫米，较常年（1046.2毫米）偏多32.5%。

【水源特征】 全市境内有大小河流100条，分属黄河、淮河两大流域。大汶河属黄河流域，为市内第一大河，发源于沂源县松崮山南麓的沙崖子村，自东向西流经全市，由下游的大清河流入东平湖注入黄河，在境流域面积6457平方公里，占全市面积的83.2%。新泰市的东汶河及宁阳县的汉马河、洸府河、宁阳沟属淮河流域的泗河、沂河水系，流域面积1305平方公里，占全市面积的16.8%。全市有水面270平方公里，占全市面积的3.5%，主要包括湖泊、水库、坑塘及部分矿区积水洼地，其中水库529座，总库容8.9亿立方米。发现温泉4处，其中岱岳区桥沟温泉面积8.5万平方米，水深0.5米～8米，混合水温在41℃～49℃之间，水质清澈透明，无臭、无味、无毒，属一级水。全市水资源总量16.97亿立方米，其中地表水13.34亿立方米、地下水12.16亿立方米。

【生物资源】 全市有高等植物239科1212种、动物4纲385种、浮游生物35科136种、农作物害虫天敌3纲39科113种。

粮食作物主要有小麦、玉米、地瓜、高粱、大豆、大麦等。经济作物主要有花生、芝麻、棉花、大麻、烟草、蔬菜等。

木本植物分属71科、471种（变种）。用材树种主要有泡桐、油松、赤松、刺槐、毛白杨等50余种。经济树种主要有苹果、梨、桃、板栗、核桃等30余种，其中肥城桃被评为中国地理标志名优产品。观赏树种有40余种，主要有雪松、圆柏、银杏等。有珍稀树木11种，名、古树木16种884株，主要有汉柏、唐槐、六朝松等。

牧草分属35科、95属、118种，以禾本科最多，菊科次之。全市天然草场年产鲜草约2.5亿千克。

中药材分属110科、488种，其中泰山灵芝、何首乌、四叶参、紫草、黄精为泰山名贵药材。肥城栝楼属地方名优品种。

水生植物40种，分属2门、18科、30属，集中分布于东平“三湖”，主要有藕、芡实、菱角、苇、蒲草等。

畜禽品种50多个，主要有牛、马、羊、猪、鸡、鸭等，其中东平、宁阳一带的鲁西黄牛为全国四大良种牛之一，役肉兼用。小尾寒羊为稀有品种，主要产地东平县被列为全省小尾寒羊保种基地。

水生动物以东平湖、稻屯湖为最多，主要有中华绒螯蟹（毛蟹）、鳖、虾、蚌等。鱼类分属7目、19科、47属、66种，主要有鲫、鲤、鲢、草鱼等，其中泰山赤鳞鱼为国家地理标志产品。

野生动物有两栖动物7种、爬行动物13种、鸟类197种。珍稀动物有属国家一类保护动物的黑鹳、梅花鹿（引进品种）、大鸨（分布在东平湖、大汶河）。

【矿产资源】 境内地下矿产资源丰富，种类齐全，分布较广，具有优势矿产多、资源储量大特点。已发现矿藏63种，探明储量的矿产地101处，占已发现矿种的49.2%。探明储量居全省第一位的矿产有自然硫、石膏、岩盐、钾盐、蛇纹岩和玉石，第二位的有铝土矿，第三位的有铁矿，第四位的有煤矿。耐火黏土、水泥用灰岩、制碱用灰岩等也占有重要地位。

铁主要分布在东平县和岱岳区角峪一带，保有储量5.4亿吨。煤主要分布在新泰、肥城、宁阳、东平，保有储量20.0亿吨。自然硫系国内发现唯一的沉积型自然硫矿床，保有储量3.2亿吨。石膏主要分布在大汶口和汶东两盆地，保有储量380.0亿吨。岩盐矿分布在大汶口盆地中，地跨肥城市、岱岳区两市区，面积约36.4平方公里，氯化钠平均含量86.76%，保有储量71.6亿吨。石灰岩除泰山区外，其余5县（市、区）均有分布。花岗石主要分布在岱岳区、新泰市、肥城市等地，品种主要有泰山红、泰山花、泰山青、吉祥绿、龙岗红等。耐火黏土主要分布在岱岳区、肥城市等地。

2016年泰安市人口和自然资源情况

表1

指　标	单　位	2016年
人　口		
年末人口总数（户籍）	万人	568.7
人口密度（户籍）	人/平方公里	732.6
年末人口总数（常住）	万人	563.7
人口密度（常住）	人/平方公里	726.2
土　地		
全市土地面积	平方公里	7762.0
各类土地面积所占比重		
山　地	%	18.3
丘　陵	%	41.1
平　原	%	40.6
森　林		
森林覆盖率	%	40.0
活立木蓄积量	万立方米	1528.8
水文、水利		
水资源总量	亿立方米	18.8
地表水资源量	亿立方米	11.2
地下水资源量	亿立方米	10.4
水面养殖面积	千公顷	11.4

【概况】 2016年，在市委、市政府的坚强领导下，全市深入贯彻落实中共十八大和十八届三中、四中、五中、六中全会以及习近平总书记系列重要讲话精神，坚持以提高发展质量和效益为中心，以创新引领为发展理念，以稳中求进为工作总基调，以深化供给侧结构性改革为着力点，开拓创新，稳扎实干，经济保持匀速较快增长，结构由优化调整向优化协调转变，经济抗风险能力和创新能力不断提升，民生由全面保障向全面提升迈进，生态环境愈加友好，城乡发展更加协调，社会事业全面进步，实现“十三五”规划良好开局。

【经济综合】①经济总量平稳增长。全市实现生产总值(GDP) 3316.8亿元，按可比价格计算（下同），比上年增长7.2%，全年增速保持稳定。第一产业增加值280.9亿元，增长3.5%；第二产业增加值1485.5亿元，增长6.3%；第三产业增加值1550.4亿元，增长8.7%。三次产业结构由上年的8.5∶46.3∶45.2调整为8.5∶44.8∶46.7，实现了由“二三一”向“三二一”的重大转变。人均生产总值5.90万元，增长6.6%。②消费价格温和上涨。居民消费价格总指数（CPI）累计上涨2.0%，全年各月涨幅保持平稳。其中医疗保健、食品烟酒、教育文化和娱乐、其他用品和服务涨幅较大，分别上涨6.7%、4.4%、2.3%和2.6%，衣着、生活用品及服务类涨幅较小，分别上涨0.4%和0.6%，居住、交通和通信类分别下降0.3%及1.0%；商品零售价格上涨1.5%。工业生产者出厂价格下降0.2%，工业生产者购进价格下降1.4%。③就业形势保持稳定。全市新增就业6.44万人，其中，困难群体就业4993人。新增农村劳动力转移就业7.7万人，城镇登记失业人员2.48万人，登记失业率2.35%，低于全年控制目标。举办大中专毕业生招聘会310场次，提供就业岗位5.44万个。培训各类人员15.83万人，其中，培训在职职工8.49万人，创业培训1.25万人，就业技能培训4.72万人，失地农民培训1.37万人。④市场主体规模不断扩大。年末，实有各类市场主体29.0万户，增长6.8%；实有注册资本（金）4063.4亿元，增长53.9%，户均注册资本140.0万元，增长44.9%。新登记各类市场主体4.8万户，比上年增长0.8%；注册资本（金）总额883.2亿元，增长57.0%。其中，新登记企业1.22万家，增长18.0%，占新登记市场主体的25.3%；注册资本（金）775.9亿元，增长69.5%。

【农林牧渔业】①生产平稳增长。全市农林牧渔及农林牧渔服务业完成总产值517.2亿元，增长4.1%。其中，农业总产值275.7亿元，增长4.2%；林业总产值7.5亿元，增长2.0%；牧业总产值190.9亿元，增长2.3%；渔业总产值14.7亿元，增长1.3%。②种植业结构持续优化。农作物总播种面积935.0万亩。粮食播种面积545.8万亩，总产量262.1万吨。蔬菜播种面积199.6万亩，总产量772.4万吨，其中，有机蔬菜面积达到37.9万亩。年末，实有茶园面积3.6万亩，增长13.4%；茶叶总产量548.4吨，增长21.1%。果园面积45.8万亩，增长2.8%；园林水果产量58.8万吨，增长6.4%。年内，新发展有机食品1.02万亩；新增绿色食品认证39个，面积6.1万亩；新增无公害农产品31个，面积5.7万亩。农业部农产品地理标志登记总数达到8件。③林业、渔业发展保持稳定。全年完成造林作业面积14.1万亩，新发展经济林面积9.2万亩，其中千亩以上的规模开发片达25个，经济林标准化生产示范园达到230个；新增苗木花卉面积0.9万亩，总面积达到41.3万亩，其中千亩以上的苗木基地达18个，面积规模继续保持全省领先。至年末，全市共批建森林公园28个，其中国家级森林公园6个、省级森林公园1个；共批建湿地公园12个，其中国家湿地公园3个、省级湿地公园3个。全市森林覆盖率达到39.56%。在第十三届中国林交会上，展品荣获金奖19个、银奖23个，金奖及奖牌总数全省第一。年内，建成省级水产种质资源保护区1个，选定基层渔技推广体系科技示范基地3个，示范面积3600亩，带动养殖面积2.4万亩。增殖放流6个品种鱼1600万尾（只）。水产增养殖面积42万亩，水产品产量9.3万吨。④畜牧业产品产量波动明显。年末，

2016年泰安市主要农产品产量

表2

种　类	产　量	单　位	增长（%）
粮　食	262.1	万吨	−5.3
油　料	22.7	万吨	−2.8
蔬菜（含菜用瓜及食用菌）	772.4	万吨	−4.3
园林水果	58.8	万吨	6.4
生猪年末存栏	215.6	万头	−4.5
牛年末存栏	33.3	万头	−17.7
其中：奶牛	20.3	万头	−23.3
家禽年末存养	3616.4	万只	3.7
肉类总产量	46.2	万吨	−3.3
奶类产量	45.8	万吨	−22.8
禽蛋产量	21.0	万吨	1.7

生猪、牛、羊分别存栏215.6万头、33.3万头和181.2万只，分别比上年下降4.5%、17.7%、3.2%；全年出栏猪、牛、羊374.1万头、18.9万头和290.3万只，下降5.9%、5.9%、9.4%，猪、牛、羊肉产量27.9万吨、2.6万吨和3.0万吨，下降5.8%、6.0%、9.0%；牛奶产量45.8万吨，下降22.8%。家禽存栏3616.4万只，增长3.7%，出栏9185.3万只，增长5.1%，禽肉产量12.2万吨，增长4.7%，禽蛋产量21.0万吨，增长1.7%。⑤提升农业基础建设和机械化水平。年末拥有农业机械总动力486万千瓦。种植业耕种收综合机械化水平达到86.6%，实现农机经营总收入25.9亿元。农村集中式供水工程3957处，其中千吨万人以上67处；机电井22.6万眼，其中规模以上4.2万眼。新增水土流失综合治理面积16.7万亩。

【工业】 ①工业生产平稳增长。全市实现工业增加值1261.8亿元，比上年增长6.9%，其中，规模以上工业增加值增长6.9%。规模以上国有工业增长25.2%；集体工业增长10.1%；股份制工业增长6.1%；外商及港澳台商投资工业增长1.9%。轻、重工业分别增长4.2%和7.7%。②主要工业产品产量保持增长。在统计的120种工业产品中，51种产品产量比上年增长，增长超过20%的有18种。③工业企业效益低位运行。1906家规模以上工业企业实现主营业务收入5885.4亿元，较上年下降6.2%；利润总额368.5亿元，利税总额543.4亿元，分别下降11.6%和11.8%。④工业结构优化调整稳步推进。装备制造业保持良好发展。2016年，装备制造业完成增加值占规模以上工业增加值比重达到39.8%。高新技术产业快速发展。全市高新技术产业产值占规模以上工业总产值比重达28.3%，比年初提高1.5个百分点。

2016年泰安市主要工业产品产量

表3

种　类	产　量	单　位	增长（%）
原　煤	1455.7	万吨	−15.5
发电量	126.9	亿千瓦时	43.8
钢　材	480.0	万吨	4.0
焦　炭	218.3	万吨	0.3
原　盐	114.4	万吨	43.7
化学肥料	101.2	万吨	−20.8
塑料制品	23.2	万吨	4.7
水　泥	805.0	万吨	17.9
纸面石膏板	15978	万平方米	−27.1
起重机	85.7	万吨	−9.9
电力电缆	29.2	万公里	59.3
工业锅炉	14558	蒸吨	−0.2
变压器	5188.3	万千伏安	4.0
玻璃纤维纱	49.5	万吨	12.3
小麦粉	163.7	万吨	−5.3
白　酒	8440.5	万升	−22.9
液体乳	28.6	万吨	3.8
机制纸	43.5	万吨	−4.1
布	70047	万米	9.4
高压开关板	6313	面	−2.0

【固定资产投资】 ①固定资产投资增长较快。固定资产投资完成2899.6亿元，比上年增长10.7%。从投资项目建设性质看，新建项目增长较快，完成投资1486.5亿元，增长49.2%。②投资结构变化大。第一产业投资52.9亿元，下降20.4%，第二产业投资1402.9亿元，增长23.3%，其中，工业投资1377.4亿元，增长25.0%，第三产业投资1443.9亿元，增长2.1%。三次产业投资结构由上年的2.5∶43.5∶54.0调整为1.8∶48.4∶49.8。高新技术产业投资414.0亿元，增长14.3%，高于全部投资3.6个百分点，投资额占工业投资的30.1%。第三产业投资中，民生领域投资323.5亿元，增长8.0%，其中，教育、卫生、文化分别增长7.1%、6.5%、30.2%。③民间投资增势加快。民间投资完成2515.3亿元，比上年增长13.6%，提高6.5个百分点，高

9月7日，市委书记、市人大常委会主任王云鹏（左三）到泰山职业技术学院调研，副市长成丽（右二）陪同活动　（王国梁　摄）

于全部投资2.9个百分点，占全部投资的比重由上年的84.5%提高到86.7%。

【房地产业】 房地产业完成投资526.3亿元，比上年增长33.9%，拉动第三产业投资增长9.4个百分点，其中，房地产开发投资181.1亿元，增长24.8%。房屋施工面积2781.3万平方米，下降2.0%；竣工面积486.8万平方米，下降42.2%。商品房销售面积256.4万平方米，增长7.8%；商品房销售额135.8亿元，增长20.9%。

【建筑业】 建筑业实现增加值242.1亿元，比上年增长3.4%。320家资质以上建筑企业完成总产值648.2亿元，其中30家一级资质企业完成340.9亿元。

【国内贸易】 ①国内市场贸易保持旺盛。实现社会消费品零售总额1462.8亿元，比上年增长9.9%。其中，城镇消费品零售额1293.1亿元，增长9.8%；乡村消费品零售额169.7亿元，增长10.0%，乡村零售额增幅连续4年超过城镇。批发业、零售业、住宿业、餐饮业分别实现零售额397.5亿元、895.4亿元、31.9亿元、138.0亿元，分别增长1.1%、12.8%、26.1%、15.9%。实现电子商务交易额727.0亿元，增长25.0%，其中，电子商务网络零售额193.0亿元，增长43.0%。②商品销售热点变化明显。限额以上批零企业统计数据显示，通信器材类商品旺销，实现零售额19.1亿元，比上年增长19.3%，提高4.1个百分点；多数商品增势平稳，粮油、食品、饮料、烟酒类商品实现零售额155.9亿元，增长11.0%，服装、鞋帽、针纺织品类69.8亿元，增长6.8%，家用电器和音像器材类66.6亿元，增长10.1%，金银珠宝类22.8亿元，增长9.3%；汽车类、石油及制品类商品销售趋缓，分别实现零售额93.8亿元和81.1亿元，增长5.5%和1.0%。

【交通】 完成交通投资19.3亿元，全市公路通车里程达到1.53万公里，增长1.1%，公路密度每百平方公里197.7公里。实施普通国省道改建和大中修项目10个，完成投资10.6亿元，104国道界首至满庄段改建工程建成通车，进一步拉大泰安城市发展框架。新建改建农村公路346.8公里，完成投资2.6亿元。全年公路水路客运量、客运周转量分别为2965万人 / 公里和19.2亿人 / 公里，货运量、货运周转量分别为6796万吨 / 公里和148.8亿吨 / 公里。泰安城区新购置新能源和清洁能源环保型公交车215辆，新开通和调整优化公交线路47条，公交网络覆盖率、出行分担率达到80.8%、21.2%。推进城乡客运公交化改造，建成公交枢纽站3个、首末站停车场8个、港湾（站亭、牌）165个、充电站33个，泰城两区所有乡镇通公交。泰安通过交通运输部交通一卡通密钥申请。

【邮电通信业】 全年邮电业务总量41.1亿元。其中，邮政业务总量10.6亿元，增长54.9%；电信业务总量30.5亿元，下降1.9%。邮政函件204.2万件，汇兑7.9万笔；快递3902.2万件，增长111.0%。年末，固定电话户数70.0万户，下降12.1%；移动电话592.2万户，下降1.5%；上网用户239.4万户，增长1.4%。

【对外经济】 ①对外贸易仍显低迷。实现外贸进出口总额134.6亿元，比上年下降5.1%，其中出口108.8亿元，与上年持平；进口25.8亿元，下降21.9%。②利用外资保持增长。新批准利用外商直接投资项目61个，合同外资54.7亿元，比上年增长1.2%，实际到账外资34.1亿元，增长10.6%。③外经合作继续加强。新签对外承包工程合同额3.3亿美元、完成营业额4.12亿美元，分别增长0.4%、7.7%。

【旅游业】 共接待境内外游客6278.2万人次，实现旅游消费总额

661.64亿元，分别比上年增长8.4%和13.6%。其中，国内游客6239.7万人次，实现消费629.6亿元，分别增长8.5%和13.7%。泰山景区接待游客573万人次，实现门票收入4.3亿元；方特、天颐湖、宝泰隆度假区、太阳部落、天乐城、温泉城等景区接待游客584.1万人次，实现门票收入6.5亿元。成功创建省级旅游强乡镇4家，旅游特色村15家、农业旅游示范点12家、精品采摘园15家、开心农场9家。

【财政税收】 实现财政一般公共预算收入206.7亿元，比上年增长3.6%，其中，各项税收145.4亿元，增长4.8%。各项税收中，增值税32.0亿元，增长30.5%；营业税22.0亿元，下降17.0%；企业所得税12.1亿元，增长13.3%。地方财政一般预算支出330.6亿元，增长1.1%，涉及民生的住房保障、社会保障和就业、医疗卫生支出受到明显侧重，分别为6.7亿元、51.4亿元和38.2亿元，增长12.4%、11.8%和5.2%。国、地两税实现收入233.6亿元，增长2.6%，其中，国税104.7亿元，地税128.9亿元。

【金融】 金融机构人民币各项存款余额3056.2亿元，比年初（下同）增长13.0%，其中住户存款余额1946.5亿元，增长12.4%。各项贷款余额1936.7亿元，增长7.6%。其中，文化、体育和娱乐业增长70.7%，公共管理、社会保障和社会组织增长53.8%，建筑业增长48.8%，交通运输、仓储和邮政业增长32.0%，住宿和餐饮业增长31.0%；个人贷款及透支增长16.6%。

【保险业】 保险公司达到53家，比上年增加6家，实现保费收入93.7亿元，增长22.1%。其中，财险保费收入20.6亿元，增长13.6%；人身险保费收入73.1亿元，增长24.8%。保险赔付32.2亿元，增长36.7%；财险、人身险分别赔付9.4亿元和22.9亿元，增长12.7%和49.9%。

【科技】 研究与试验发展投入76.3亿元，比上年增长13.9%，占生产总值比重超过全省平均水平0.14个百分点。全年发明专利申请2000件，增长2.4%，发明专利授权407件，增长24.5%，专利合作条约国际专利申请4件。至年末，每万人有效发明专利拥有量达到2.4件，比上年增长26.2%。年内获得省科技进步一等奖1项，二等奖2项；13家科技型企业和1个创新团队入选第五届中国创新创业大赛山东赛区决赛，荣获一等奖2项、二等奖2项、三等奖3项，获奖数占全省授奖总数的1/6；3家企业荣获全国行业决赛优秀奖；所获各类奖项和荣誉刷新了泰安市纪录。2人入选国家“万

岱岳区重视发展旅游业，2016年接待游客1961万人次，实现旅游收入27.76亿元，分别增长22.6%和33.5%。该区有国家AAAA级旅游景区4家、AAA级旅游景区5家、省级旅游强乡镇8个、旅游特色村17个、省级农业旅游示范点13个、省级精品采摘园12个，是全国休闲农业与乡村旅游示范县。天颐湖旅游度假区、太阳部落、天乐城旅游休闲区、新天街文化旅游广场、泰山温泉城、徂徕山滑雪场等景区集群呼应，成为游客假日旅游的重要选择。图为太阳部落游人如织 （程建民　供）

11月11日，市委副书记、市长李希信（前排中）专题调研境内高速公路建设推进情况。图为李希信一行实地查看工程进度　　（朱新宇　摄）

人计划”，实现零的突破；1人入选国家创新人才推进计划；3人入选科技类“泰山产业领军人才”。全市新增省级知识产权优势培育试点企业11家，总数达到46家，其中20家企业通过国家标准《企业知识产权管理规范》认证，14家企业晋升为山东省知识产权示范企业，数量居全省第6位。

【教育】　全市9所普通高校招生4.0万人，在校生13.1万人，专任教师6415人；20所中等职业学校在校生4.7万人，专任教师2219人。180所普通中学在校学生34万人，专任教师23284人；517所小学在校学生26.9万人，专任教师18301万人。学龄儿童入学率、成人识字率均达到100%，小学毕业生升学率达到98.2%，初中升入普通高中升学率达到59.8%。

【文化事业】　年末，全市有公共图书馆7个，文化馆7个，美术馆9个；88个乡镇（街道）全部建成综合文化站，其中，国家一级站5个；70%以上村（社区）建成基层综合性文化服务中心。省级以上文化产业示范园区（基地）12家，其中国家级文化产业示范基地1家，省级文化产业示范园区1家，省级文化产业示范基地10家。国有文物收藏单位33家，可移动文物6.40万件（套），共17.0万件。世界文化遗产3处，国家级重点文物保护单位14处、省级78处、市级110处。博物馆数量达到32家，其中，非国有博物馆23家，藏品达34.68万件。有各级“非遗”项目434个，其中，国家级11个、省级42个。全市各级共开展各类群众文化艺术活动1.60万场次，各类送戏下乡演出3100场次。放映公益电影5.95万场，观影人数比上年提升30%以上。

【广播电视】　至年末，全市有线数字电视用户110万户，增加11.3万户，入户率达到55.7%，提高5.7百分点；广播人口综合覆盖率、电视人口综合覆盖率分别达到96%和80%。

【档案】　全市各级各类档案馆馆藏档案（非电子）28.42万卷（件、盘、张、册），电子档案5033GB，全年1.75万人次利用档案4.18万卷（件、盘、张、册）。

【医疗卫生】　全市拥有卫生机构4213个。其中，医院96家，疾病预防控制中心9个，专科疾病防治机构9个，妇幼保健机构8个，卫生院72家。各类卫生机构拥有床位3.07万张，卫生技术人员（不含村卫生室）3.59万人，其中，执业（助理）医师1.10万人，注册护士1.54万人。

【体育事业】　新成立市级体育协会6家、市级体育俱乐部21家，市级体育协会达41家、俱乐部107家。成功举办首届“市长杯”足球比赛和泰安市首届篮球联赛，参赛规模达到99支代表队、1700名运动员。开展中小学超体重学生“健康夏令营”、普及游泳、体质抽测等活动，完成抽测3166人次。年内，获得全国比赛金牌6枚、银牌14枚、铜牌11枚，省比赛金牌51枚、银牌39枚、铜牌46枚；注册具备参加24届省运会比赛资格的运动员1242名，向省以上专业队输送运动员18人，创历史新高。承办全国跆拳道精英赛、中国网球协会少儿发展联盟地区赛、山东省田径锦标赛、“郑洁杯”青少年网球巡回赛等大型赛事活动，承接国家田径投掷队、国家软式网球队、山东省田径短跨队等集训任务，办赛接待能力不断增强。全市新增体育彩票销售站点44家，总销量达到7.24亿元，同比增加1亿元，增长16%。

【城乡建设】　①城镇化进程稳步推进。城镇化率达到59.06%，比上年提高2.02个百分点，高于全省平均水平0.04个百分点。②城镇建设日新月异。全市65个棚改项目全部开工，共开工2.46万套改造住房建设，开工率100.8%。基本建成公共租赁住房、棚户区改造住房2.02万套，基本建成率127.0%。两年来实施老旧小区改造开工36个项目，涉及849栋楼、3.47万户居民，有20个项目完工。全年总概算投资40.4亿元新建、续建20项道路建设工程，其中，续建道路工程7项，道路全长20.0公里；新建道路工程13项，道路全长25.7公里。年内，新增水源2000万立方米，城区供热能力新增1000万平方米，全市6个县（市、区）城区实现了天然气全覆盖。至年末，城市垃圾无害化处理率、城市用水普及率和燃气普及率均达到100%。新建和维修泰安城区31条道路、1300基路灯；城区栽植完成各类乔灌木46.9万株，宿根花卉138.3万株，模纹材料260万株，新增绿地面积19.8万平方米。泰城4个污水处理厂出水水质全部达到一级A排放标准，日处理能力26万吨，全年处理6401.5万吨污水。③村镇建设扎实推进。完成村镇建设总投资120亿元，全市开工建设农村新型社区431个，建成并入住397个，受益群众24万人。实现农村危房改造1750户全部开工，竣工1132户；完成改厕6.44万户。6个县（市、区）全部达到全省城乡环卫一体化全覆盖认定标准，城乡环卫一体化全覆盖达标率100%。87%的乡镇建有污水处理厂（设施），新泰市、肥城市入选2016年全国农村生活污水治理示范县。传统村落保护及生态文明乡村建设得到强化，5个村被评选为省级传统村落，2个镇被评为“省级宜居小镇”，5个村被评为“省级宜居村庄”。

【环境保护】 ①生产能耗持续下降。全市万元GDP能耗比上年下降6.9%，万元GDP电耗下降0.5%，全市规模以上工业万元增加值能耗下降2.7%。②节能城市建设稳步推进。全市范围内深入推进建筑节能全过程闭合式管理模式，新建建筑节能强制性标准、绿色建筑设计标准执行率达100%。新增绿色建筑317.3万平方米，完成既有建筑供热计量与节能改造60.4万平方米。13个项目被评为省级建筑节能与绿色建筑试点示范项目。③环境保护力度继续加强。2016年，全市空气中SO_2、NO_2、PM10、PM2.5同比分别改善9.8%、2.6%、10.9%、8.6%，四项环保指标综合指数继续位居全省内陆城市第一位，六项指标综合指数位居全省内陆城市第二位，蓝天白云天数为237天，比上年增加20天。泰安市主要河湖大汶河（王台大桥断面）、东平湖COD（化学需氧量）均值分别为17.75毫克/升、17.73毫克/升；氨氮均值分别为0.18毫克/升、0.11毫克/升，均达到地表水Ⅲ类标准，满足南水北调水质要求。环保警示处罚力度继续加大。全市共实施行政处罚384起，处罚金额3940.7万元，分别增加148.0%和379.0%，其中，实施按日连续处罚6起，处罚金额519.2万元，实施限产停产2起，查封扣押2起；移送行政拘留案件53起，涉刑案件23起，分别增加32.5%和130.0%。④生态市建设稳步推进。全市划定生态红线区21处，其中，水源涵养红线区11处、生物多样性红线区10处，总面积812平方公里，占全市面积的10.47%。泰山区、新泰市已获得省级生态区市命名，肥城市通过省级验收待命名，全市建成省级以上生态乡镇65个（其中国家级22个）、生态村2081个。

【安全生产】 全市7个行业领域（生产经营性道路交通、水上交通、农业机械、渔业船舶、森林火灾、工矿商贸、其他）发生各类生产安全事故115起，死亡89人。亿元国内生产总值生产安全事故死亡人数0.027人，道路交通事故万车死亡人数1.86人，煤矿百万吨死亡人数0人。

【人口】 人口保持低速增长，年末常住人口563.74万人，比上年年末增长0.65%。其中，城镇人口332.94万人，增长4.22%。

11月22日，市委副书记张涛（前排右二），市委常委、副市长周桂萍（前排右一）到新泰市调研　（张中乾　摄）

12月5日，泰安高铁新区盛世和合广场　　　　（王文正　摄）

【居民生活】 城乡居民可支配收入23194元，比上年增长8.5%，人均生活消费支出14049元，增长8.9%。城镇居民人均可支配收入30299元，增长7.7%；人均生活消费支出17900元，增长8.3%；农村居民人均可支配收入14428元，增长8.3%，人均生活消费支出9297元，增长8.3%。

【社会保障】 ①社会救助扎实有力。全市城市月低保、农村年低保标准分别提高到499元、3562元，农村低保标准全部达到省定扶贫线以上，城乡低保标准比例达到1.68 : 1以内。农村“五保”集中、分散供养标准分别提高到6263元和5050元。全市福彩销量突破6亿元；通过“慈善月”活动，全市累计募集善款1.35亿元。冬春期间，全市共发放自然灾害生活救助资金1059万元，救助受灾困难群众4.39万户、9.48万人；全年累计救助困难群众10万人次。新建城市社区老年人日间照料中心17个、农村幸福院180个，新增养老床位4845张。实施“百千万残疾人就业创业扶贫工程”，对1500名残疾人进行职业技能或农村实用技术培训，通过扶贫基地安置带动498名残疾人实现就业增收。年内，按照每人1.2万元至1.32万元的标准，为680名残疾儿童提供免费抢救性康复救助。②社会保障更加完善。全市收缴各项社会保险费154.9亿元，比上年增长0.3%。参加职工养老保险132.8万人，收缴养老保险费75.0亿元；参加居民养老保险295.2万人，收缴居民养老保险费18.1亿元；参加医疗保险528.5万人，收缴医疗保险费54.3亿元；参加失业保险61.5万人，收缴失业保险费2.9亿元；参加工伤保险89.1万人，收缴工伤保险费3.4亿元；参加生育保险78.6万人，收缴生育保险费1.2亿元，5个险种、9个类别的社会保险费收缴率均达95%以上。发放各项社会保险金145.1亿元，增长15.6%。其中，为24.7万名机关企事业单位离退休人员发放养老金79.9亿元，企业离退休人员养老金社会化发放率保持100%；为85.3万名居民发放养老金11.2亿元；支付职工医疗保险待遇26.6亿元，其中，统筹基金支付13.4亿元，涉及职工106.2万人；支付居民医疗保险待遇20.3亿元；为1.7万名失业职工支付失业保险金1.1亿元；支付工伤保险待遇3.6亿元；支付生育保险待遇2.3亿元。

（备注：该部分摘自统计公报。所列生产总值、各产业增加值绝对数，按当年价格计算，增长速度按可比价格计算）　　（市统计局）

【加强组织领导】 认真履行党委主体责任，市委书记、市委全面深化改革领导小组组长王云鹏多次在市委全委会、常委会、全面深化改革领导小组会等重要会议上，对深化改革工作提出要求，对重要改革方案的制定、重大改革举措的推进等工作作出指示。及时组织召开会议，贯彻落实上级要求，对提请全面深化改革领导小组会议研究审议的改革方案，严格质量把关，会前广泛征求各方面意见建议，确保改革方案符合上级要求和泰安市实际。至年底，组织召开全面深化改革领导小组会议18次，研究审议各类改革方案（文件）59个，其中《关于加快实施创新驱动发展战略的意见》《泰安市深化文化体制改革方案》《关于建立网格化环境监管体系的实施方案》《泰安市深化党的建设制度改革实施方案》《市属高职高专院校纪委书记提名考察办法(试行)》等，涉及经济、民主法制、文化、司法和社会治理、社会事业、生态文明、党的建设、纪律检查等多个领域。及时根据工作需要和领导变动情况，调整充实领导小组以及文化体制改革专项小组、民主法制领域改革专项小组主要负责人。

在学习借鉴外地经验的基础上，研究起草印发《泰安市全面深化改革联络员工作职责规范（试行）》，从当好参谋、统筹规划、组织调研、对接联络、沟通协调、请示报告、全域督察、信息宣传、推动落实、参与考评等10个方面对联络员职责进行规范和明确，增强各级各部门抓改革、谋改革的责任心和主动性。

【完善任务台账】 每年都及时研究提出泰安市全面深化改革领导小组年度工作要点，细化改革任务，明确所有改革事项的牵头单位、完成时间和成果形式，形成年度改革任务台账，确保将改革任务落实到人。确定一批重点改革事项进行重点推进，加强对重点改革事项的统筹协调和督促检查。各专项小组根据职责分工，加强统筹协调，严格落实责任，及时对账盘点，推动督促本领域分工任务落实。各牵头单位贯彻实施有关分工任务，加强部门之间沟通协调，推动相关改革任务协同配套、整体推进。各县（市、区）参照市里做法，制订改革工作要点和台账，逐项抓好落实。其中肥城市在2016年开展“创新突破年”活动，确定创新项目134个，在纾解体制机制障碍、提升行政效能、联系服务群众等领域实施创新突破，涌现出一批有特色、有亮点、有实效、有推广价值的改革创新项目。

【落实改革任务】 研究制订《全面深化改革督察工作实施办法（试行）》，加强对全市重点改革任务的跟踪了解，全面掌握各专项小组、市直有关部门单位、各县（市、区）当年度重点改革事项进展情况，动态记录各级各部门改革任务推进情况。加大对全面深化改革工作的督察调度，通过座谈交流情况、查看文件材料、实地考察走访等形式，从督任务、督进度、督成效、察认识、察责任、察作风6个方面，督察推动改革落地生根。2016年初，对全市全面深化改革工作开展全面督察；5月份，根据省委全面深化改革领导小组部署，对深化财税体制改革、科技体制改革等18个中央改革方案落实情况进行专项督察；8月份，对县（市、区）推进改革情况和26个市直部门单位33个改革方案推进情况开展专项督察；10月下旬，对整合建立统一的公共资源平台情况进行专项督察。省以上有关部门单位对泰安市开展督察督办活动19次。

【营造改革氛围】 各级各部门开展改革宣传工作，在人民日报、新华内参、大众日报等中央、省级以上媒体发表宣传稿件60篇。山东电视台对新泰市政务服务标准化改革和宁阳县推进政府与社会资本合作模式进行专题采访报道。《泰安日报》、泰安电视台等市级主流媒体刊发各类改革稿件200篇，市委党刊《泰安工作》开设“改革与创新”“政策解读”等专栏，加大舆论宣传引导工作，凝聚改革共识，营造全面深化改革的舆论氛围。

【推进改革任务落实】 ①完成上级安排的改革任务。对中央和省委全面深化改革领导小组研究审议的改革举措和方案，建立工作台账，安排专门工作人员督促有关部门单位及时跟进，部署一项、调度一项、成熟一项、研究一项，出台一项、落实一项。②确定一批重点改革事项。“放管服”改革，取消和下放行政审批事项96项；商事制度改革释放活力，各类市场主体比改革前增长43.1%；深化国资国企改革，探索建立以管资本为主的投资运营公司监管新模式；推开“营改增”改革，向企业减税让利53.7亿元；农村土地承包经营权确权登记通过省级抽查验收，并获得优秀等次；推进医药卫生体制改革，14家县级公立医院、19家城市公立医院实行药品零差率销售。③推进供给侧结构性改革。印发推进供给侧结构性改革的《实施意见》，提出50项重点任务和政策措施。围绕去产能，关停煤矿14处，退出产能339万吨，占“十三五”期间产能退出任务的42.9%；推进炼钢、水泥熟料、子午胎等行业企业的优胜劣汰，减少无效和低端供给。围绕去库存，出台促进房地产市场稳定健康发展的意见，提高货币化安置率，市区商品房供应量同比减少16%，销售量增长55%，库存去化周期缩短为11个月；加大工业企业产成品去库存力度，缓解企业库存压力。围绕去杠杆，设立政银合作风险保证金，成立泰安金融控股集团和融资担保公司，完善多层次金融服务体系，化解企业资金链风险。全年通过发行债券及“新三板”股权融资等新增直接融资294.3亿元，增长33.9%。围绕降成本，落实减税降费降息政策，年内全市规模以上工业企业主营业务成本下降5%，其中管理费用、财务费用分别下降3.4%、12%。

【深化改革试点】 结合泰安实际，争取各类国家级、省级改革试点，以试点带动面上改革。泰安市自2014年起，累计承担省级以上改革试点任务77项，到年末已完成试点任务35项，尚有国家级试点22项、省级试点20项实施中。①注重方案编制，提高试点实施质量。

对承担的所有改革试点，逐一制订出台切实可行的工作方案，明确规定目标要求、完成时限、实施步骤、工作措施和组织保障，确保改革试点的扎实推进。同时，高度重视试点方案的质量，试点方案均经过论证、调研、征求意见、评估等程序，一些创新性和专业性较强的试点方案还通过高层次领导机构和学术机构共同研究论证。②注重问题导向，及时破解试点难题。在改革试点推进过程中，立足泰安实际，注重与上级主管部门的沟通联系，对试点中发现的问题及时向上反馈，大胆探索，提出建设性的意见建议。其中，作为全国第二批农村改革试验区（全国34家，省内仅有东平与青岛市黄岛区入选）的东平县，针对农村土地细碎化、农民兼业化、集体空壳化这一制约集体经济发展难题，坚持以土地股份合作为突破口，引导土地入股、农民入社、活权赋能、合作经营，促进农民增收、集体增收、农业增效、农村发展，被专家称为解决农村集体经济诸多难题的“东平样本”，汪洋副总理对东平做法作出了批示。③注重结合实际，解决当地突出问题。在改革试点的争取和推进过程中，时刻注重与泰安市实际的充分结合，坚持将破除体制机制障碍和探索解决群众生产生活中的突出问题作为工作出发点和落脚点，通过试点的实施，切实解决一些突出问题。其中，新泰市是资源枯竭型城市，受煤炭形势影响较大，经过积极争取，承接国家级第三批资源枯竭城市、全省县域经济科学发展试点市，在抓项目、培龙头、育产业、促转调、优生态方面大做文章，转型升级工作取得明显成效，并成功争取青岛保税港区在新泰设立鲁中唯一的保税功能区，搭建起泰安市发展开放型经济的战略支点；东平县是全省第一、全国第二大移民大县，全县库区移民24.5万人，无地移民4.6万人，成功列入全国移民避险解困试点这一重大民生试点范围，并得到国家、省领导的高度关注，通过试点带动，推进全县扶贫解困工作。④注重总结推广，形成鲜活经验。在推进改革试点过程中，认真总结经验，及时进行复制推广，取得良好效果。其中，泰山区承接的国家级社区治理和服务创新实验区工作，在全国社区治理和服务创新实验区交流会上作典型发言；新泰市推进行政体制改革，主持制订政务服务国家标准6项并正式发布实施，走在山东乃至全国的前列；国有林场改革经验在全国推广；肥城市作为全国农村土地承包经营权登记试点市，总结出“一表、一图、一库、一证”（农户基本情况调查表，地藉草图，农村土地承包经营权确权登记数据库，农村土地承包经营权证）四步工作法，受到农业部和省农业厅肯定，在全国、全省范围内进行推广。同时，为发挥好试点的引领作用，泰安市召开现场推进会，面对面现场观摩、交流经验，推进下一步工作。先后在肥城市召开全市土地确权颁证工作现场推进会，在新泰市召开全市美丽乡村和生态文明建设观摩现场会，对改革试点的整体推进起到促进和推动作用。

12月1日，市委副书记张涛（前排右二）调研易地扶贫搬迁项目建设情况
（张中乾　摄）

【创造改革经验】 泰安市以中央、省委确定的改革试点和重点事项为抓手，统筹兼顾推进各项改革，坚持以点带面，整体推进，注重发挥典型案例的示范带动作用，形成一批富有泰安特色和亮点的改革典型。其中，泰安市国有林场改革经验受到国家、省相关部门的高度评价，相关经验在全国推广；泰山区承接的国家级社区治理和服务创新实验区工作，作为6个交流发言单位中唯一一个非省会城市单位，在全国社区治理和服务创新实验区交流会上作典型发言；新泰市以“标准化+政务服务”打造全国政务服务样本、东平县探索推进集体土地产权制度改革，在省委改革办《改革情况交流》刊发；新泰市以“标准化+政务服务”打造全国政务服务样本、宁阳县探索创新“四维合力”（政府主导、政企合作、放管

结合、重诺履约）推动政府和社会资本合作模式持续健康发展两个案例在全省改革创新交流研讨会上作交流发言；肥城市《关于农村集体产权制度改革情况的调查与研究》一文被省委书记圈阅，省长、省政协主席等省领导作出批示；新泰市探索建立政务服务标准化体系打造政务服务新样本，作为省第三批改革案例上报中央改革办；宁阳县抢抓国家实施政府与社会资本合作（PPP）的政策机遇，探索在市政、园林、环保、水利等领域推行 PPP 模式，带动更多社会资本参与公共设施投资。到年末已完成项目 1 个、正在实施的 5 个，总投资达到 58 亿元（政府投资 7 亿元，撬动社会投资 51 亿元），其中，引汶工程项目入选财政部第二批 PPP 示范项目，宁阳工矿棚户区拆迁改造和文庙历史文化街道改造项目被确定为省级政府与社会资本合作 PPP 示范项目。泰安市委改革办加大对改革创新亮点的宣传力度，先后编发市委《改革工作简报》28 期，刊登改革调研文章 4 篇，产生良好的社会效果。（陈　栋）

【概况】2016 年，全市有贫困村 464 个，其中，省级 213 个、市级 251 个；省定扶贫标准以下贫困户 7.34 万户、14.24 万人，其中，国家扶贫标准以下贫困户 3.89 万户、7.26 万人。至年末，全市脱贫省定扶贫标准以下贫困人口 8.37 万人，超省计划 39.6%；完成市级贫困村退出 62 个，省定扶贫工作重点村退出 87 个，超省计划 128.9%。泰安市"菜单式"志愿服务扶贫、"62116"科技助推脱贫专项行动、易地扶贫搬迁等做法在全省推广；对岱岳区扶贫办原副主任苏庆亮作为典型进行学习宣传。

8 月 30 日，全市扶贫开发领导小组第三次成员（扩大）会议召开。市委书记、市人大常委会主任、市扶贫开发领导小组组长王云鹏（中），市委常委、副市长、市扶贫开发领导小组副组长周桂萍（右）出席会议

（王国梁　摄）

【组织体系建设】市委、市政府印发《关于贯彻落实省委省政府扶贫开发工作部署坚决打赢脱贫攻坚战的意见》，调整加强市扶贫开发领导小组，由市委书记、市长任组长，市委副书记、分工副市长任副组长，48 家市直单位主要负责人为成员，层层签订脱贫攻坚责任书，逐级建立以党委、政府主要领导为"双组长"的扶贫开发领导小组。新的市、县扶贫工作机构全部调整为一级独立运行单位，人员编制平均增加 4 倍以上；市直 48 家领导小组成员单位分别固定 1 名分工负责人、2 名以上工作人员负责扶贫工作，有扶贫任务的乡镇配备 5 名以上专职工作人员，村至少有 1 人专职负责扶贫工作，全市专职从事扶贫工作的人员 557 人，构建起纵到底、横到边的工作网络体系。实行市级领导包保脱贫攻坚工作责任制，制订《泰安市精准扶贫精准脱贫工作规划》，梳理分解具体任务 32 项，全部落实到 76 个牵头部门和责任部门，建起齐抓共管工作格局。

【精准识别退出机制】组织开展建档立卡"回头看"，为每个贫困户建立《贫困户档案册》及贫困户基础信息卡。制订脱贫攻坚滚动计划，明确年度脱贫攻坚任务，严格贫困退出标准和程序步骤，做好贫困户脱贫、返贫识别及扶贫工作重点村退出等各项工作。全年脱贫省定扶贫标准以下贫困人口 8.37 万人，超省计划 39.6%；完成市级贫困村退出 62 个，省定扶贫工作重点村退出 87 个，超省计划 128.9%。对于收入下降、再次返贫的，及时挂号、重新帮扶，新识别贫困人口 183 人，返贫人口 99 人。

【政策资金保障】组织市扶贫开发领导小组 26 个成员单位牵头编制脱贫攻坚专项实施方案 28 个，建立"1+28"脱贫攻坚政策体系。全市落实各级财政专项扶贫资金1.57亿元，其中，市级资金2550万元、县级资金2520万元，分别增长4.1倍、21.9倍。统筹整合使用财政涉农资金支持脱贫攻坚，有脱贫任务的泰山区、岱岳区、新泰市、肥城市、宁阳县，按照20%的资金比例整合；脱贫任务比较重的东平县，实行100%的资金整合，全市统筹整合涉农资金4.75亿元。岱岳区、新泰市、肥城市、宁阳县、东平县5个县市区被确定为全省金融扶贫重点县，安排风险补偿和贷款贴息资金3050万元，可撬动金融信贷资金2.8亿元；已发放扶贫贷款1.23亿元，帮扶贫困人口3288户。

10月17日，省委宣传部追授苏庆亮为齐鲁时代楷模。图为山东电视台演播大厅，苏庆亮被追授齐鲁时代楷模称号现场（赵越 供）

【分类施策帮扶】 制订印发《泰安市扶贫资金项目管理办法》，完善“公司+贫困户”“公司+基地+贫困户”“公司+合作社+贫困户”等运作模式，搞好项目受益确认，一户一策、一人一法、精准扶持。全年新开工种养加扶贫项目318个、乡村旅游扶贫项目12个、光伏扶贫项目130个、电商扶贫项目15个，带动贫困户1.53万户、3.35万人。统筹推进库区移民搬迁、黄河滩区迁建、易地扶贫搬迁“三大工程”，35亿元的东平湖移民避险解困工程，一、二期工程11个安置点建成居民楼342栋，部分群众回迁入住；3.15亿元的黄河滩区居民迁建工程，一期28栋楼全部封顶，二期工程正加快实施；10.2亿元的易地扶贫搬迁工程，一期接山镇朝阳庄社区已开工建设，老湖镇南山头村住房全部完工，其余26个村结合移民社区同步搬迁。

【行业社会扶贫】 完善“党委主责、政府主抓、干部主帮、社会主扶”责任体系，深化第一书记派驻，实现省市级贫困村第一书记全覆盖，并延伸到部分插花分布村；实施“62116”科技助推脱贫专项行动，成立以山东农业大学校长张宪省为团长的65人科技精准扶贫专家服务团，选派324名科技指导员派驻464个贫困村；推进“百企帮百村”脱贫攻坚行动，557家企业踊跃参与脱贫攻坚，建立“扶贫车间”678个，吸纳贫困人口就业1.09万名；开展“过暖冬、过好年”等活动，全市慈善月捐助资金3161万元，推进“菜单式”志愿扶贫、青春扶贫、巾帼脱贫等活动，形成“微爱助学”等一批优秀扶贫公益品牌。市教育局投资4361万元，完成18所贫困村学校、8所贫困村幼儿园改造工程；市住建局投资2774万元，完成农村危房改造1021户；市交通局投资4296万元，完成89个贫困村农村公路建设任务，新建道路115公里；市水利和渔业局投资920万元，解决40个贫困村、1791户、4634人的饮水安全问题；市农业局整合项目资金1957万元投入贫困地区，惠及贫困户1.92万户、3.47万人；市林业局投资3728万元，在87个贫困村发展经济林1.77万亩，改善贫困村公共服务和基础设施。

【督查巡查考核】 印发《泰安市县市区党委和政府扶贫开发工作成效考核办法》《泰安市扶贫开发领导小组成员单位扶贫开发工作成效考核办法》《泰安市脱贫攻坚督查巡查工作办法》等系列制度，把脱贫攻坚作为领导班子和领导干部考核的重要内容，纳入县市区、市直部门科学发展综合考核。与市委督查室、市政府督查室、市审计局组成联合组，实地督查脱贫攻坚工作，先后督查乡镇43个、村106个、贫困户394户。与市检察院联合举办扶贫领域预防职务犯罪专题讲座，会同市审计局开展精准扶贫政策落实情况专项审计，完成对各县市区、泰山景区和市扶贫开发领导小组48家成员单位的年度扶贫开发工作成效考核。

【扶贫舆论宣传】 建立泰安市扶贫开发网站，在《泰安日报》、泰安电视台等媒体开设“脱贫攻坚、奔康致富”系列专栏，组织开展“10•17”扶贫日主题活动，编发《泰安脱贫攻坚简报》37期，在中央电视台、《人民日报》、新华社等省级以上主流媒体刊发稿件386篇。发挥示范引领作用，抓好典型培树工作，岱岳区扶贫办原副主任苏庆亮被追授为“全国脱贫攻坚贡献奖”并获山东省“齐鲁时代楷模”称号。省委书记姜异康同志作出重要批示，省委印发《关于开展向苏庆亮同志学习活动的决定》。（闫　超）

精神文明建设综述

【概况】 2016年，全市精神文明建设围绕市委、市政府中心工作，推进乡村文明行动、市民素质提升工程、志愿服务、创建全国文明城市、未成年人思想道德建设等重点工作，加强思想道德建设，深化群众性精神文明创建活动，培育社会文明风尚，提升公民素养和社会文明程度。全市3名导游和3名游客分别被国家旅游局表彰为“中国好导游”“中国好游客”；泰山小荷公益、“月亮家园”项目、花园社区3个典型分别入围全国“最美志愿服务组织”“最佳志愿服务项目”“最美志愿服务社区”候选名单；泰安市推荐的宁阳县鹤山镇“信义兄弟”王长义、王长信家庭入选第一届“全国文明家庭”；全市有14个家庭入选首届“全省文明家庭”。

【全国文明城市创建】 先后印发《泰安市关于创建全国文明城市提名城市总体方案的通知》《泰安市创建全国文明城市测评体系和操作手册》《泰安市创建全国文明城市实地测评任务分工》《泰安市创建全国文明城市档案资料申报任务分工》《泰安市创建全国文明城市实测点位测评内容》等文件，明确责任分工，制订工作规范。完善创城体制机制，成立创城领导小组和工作小组，结合中央文明委重点工作和测评体系八大环境建设要求，在全市成立由市委或市政府分工领导任组长，主要牵头责任单位为副组长的创建工作组。4月22日，召开全市创建全国文明城市工作推进大会，先后7次召开创建全国文明城市推进会议。市委、市政府领导带领创建组进行现场督导，现场发现问题、解决问题，对发现的问题及时下发督办单并限期整改。全市督导次数累计200次，解决问题5000项。通过督导，设置规范便民服务摊点13处，规范露天烧烤摊453处，整治改造农贸市场21个，开展病媒生物消杀230次、安装灭鼠毒饵站6万个，清运各类垃圾360万吨，修补硬化路面1500万平方米，疏通治理河道沟渠14条、380公里，拆除违法建设和乱搭乱建360万平方米，粉刷墙面900万平方米。

【乡村文明行动】 ①组织开展乡村文明行动“美丽家庭”“美丽村庄”“美丽乡镇”评选表彰活动。制订印发“三美”评选标准、实施细则和评选表彰实施方案，年内，评选出“美丽乡镇”17个。②加强农村红白理事会建设。印发《泰安市移风易俗工作联席会议制度及责任分工》《进一步加强村（居）红白理事会建设促进移风易俗的通知》，加强调度检查，至年底，全市建立村（居）红白理事会3688个，覆盖率达99%。③做好“百镇千村”建设示范工程评选推荐。年内新增13个村列入全省乡村文明行动“百镇千村”建设示范工程第四批省级项目。④组织全市第八批城乡文明牵手共建行动。挑选43个全国、省、市级文明单位分成3个共建小组，分别与岱岳区、宁阳县、东平县的4个乡镇结成共建对子，重点加强共建乡镇城乡环卫一体化和移风易俗建设。与黄前镇、下港镇牵手共建的单位重点围绕泰城水源地黄前水库综合整治，加强水源保护区内的垃圾清运、污水治理和生态文明乡村建设。

肥城市边院镇开展“道德讲堂”　（赵　越　供）

2016年泰安市各文明单位所属志愿服务人员在认领的路口上岗执勤，开展文明劝导志愿服务活动　　（赵　越　供）

【市民素质提升工程】 ①开展“文明交通我先行”活动。开展文明劝导志愿服务活动。对路口非机动车闯红灯、越线等候红灯和行人闯红灯等不文明交通行为进行文明劝导。开展中小学生“文明交通”系列主题教育活动。利用新闻媒体和网络、微信等平台，普及交通安全常识、交通法律法规，强化安全防护意识，弘扬文明交通正能量。②开展“文明旅游我先行”活动。印发《关于组织开展好客山东“文明旅游，文明待客”主题活动的通知》，发出《维护旅游形象 争当文明使者》倡议书，先后开展“文明使者、美德游客”“最美领队（导游）”和文明旅游先进单位等评选活动。全市有3名导游和3名游客分别被国家旅游局表彰为“中国好导游”“中国好游客”。全市有8家单位和30名个人被表彰为“全省文明旅游先进单位”和“全省文明旅游先进个人”。③开展“文明言行我先行”活动。举办2016年泰安市中小学教师文明礼仪大赛；开展“除陋习 治六乱”百日整治行动，重点对门前乱堆乱放杂物、沿街乱晾乱晒衣物、小区乱抛乱扔生活垃圾、行驶车辆车窗乱抛杂物、沿街乱泼乱倒污水、行人乱丢垃圾乱吐痰6类不文明、不健康行为集中整治。

【公益广告宣传】 印发《关于进一步做好“讲文明树新风”公益广告宣传的实施意见》《公益广告管理暂行办法》和《实施细则》，理顺工作机制。开展以“社会主义核心价值观”为主题的公益宣传，投资100多万元分别在造泰山广场、南湖公园、高铁广场建立3个“核心价值观主题公园”；在公共场所设置社会主义核心价值观等内容的宣传标识牌5000个、2万幅。在市级媒体微博、微信的黄金时段、显著位置和手机、大型电子显示屏、车载广告等新型媒体上开展公益宣传；城区安装道路隔离护栏公益广告163处，建筑围挡公益广告1万平方米。

【未成年人思想道德建设】 在全市中小学校推动社会主义核心价值观“进课堂、进教材、进头脑”，24个字社会主义核心价值观为中小学生所熟知。印发《泰安市面向未成年人公益广告宣传工作方案》，使面向未成年人教育保护的公益广告工作有章可循。制订《泰安市未成年人思想道德建设基地标准》，全市建起基地24个。制订《泰安市未成年人校外心理辅导站建设标准》，新建市、区两级未成年人校外心理健康辅导站3个。印发《关于开展中小学文明校园创建活动的实施意见》《泰安市关于开展文明校园创建活动的通知》，首次在全市中小学推进文明校园创建工作。印发《泰安市乡村学校少年宫测评标准》，全面检查全市乡村学校少年宫经费使用、基础建设、活动开展情况。围绕未成年人德、智、体、美，开展“泰山小名士”系列活动，开展“泰山国学小名士”“泰山书法小名士”“泰山乒乓小名士”“泰山礼仪小名士”等系列活动。

【志愿服务】 “菜单式”志愿服务工作经验在被民政部、团中央专门发文推广之后，又被写入中共中央宣传部、中央文明办、民政部、教育部、财政部、全国总工会、共青团中央、全国妇联《关于支持和发展志愿服务组织的意见》。①建立健全制度。印发《泰安市“志愿服务之城”建设标准（试行）》《责任分工及进度安排》、《泰安市推进志愿服务制度化的实施方案》和《泰安市关于支持和发展志愿服务组织的实施意见》等，明确创建标准、具体任务、责任单位和完成时限。②完善工作平台。调整市志愿服务工作领导小组，成立了以市委副书记为组长、各职能部门负责人为成员的全市志愿服务工作和“志愿服务之城”创建工作领导小组。完善市志愿服务联合会建设，完成市志愿服务联合会的换届工作，增加专职工作人员，制定管理制度，明确工作规范。加强志愿服务信息化建

肥城市王庄镇设置乡村文明行动宣传栏，统一宣传社会主义核心价值观等公益广告（赵　越　供）

设，推广使用“志愿云”信息平台，动员广大志愿者及志愿服务团体到“志愿云”注册，利用“志愿云”发布和运作志愿服务项目、点评和考核志愿者。至年底，全市注册志愿者22万人，注册项目1421个，注册团体1.03万个。加强志愿服务场所建设，在市委党校建立市志愿服务文化研究中心。③营造宣传氛围。开展中国志愿服务标识的宣传推广和规范使用工作，制作泰安志愿者马甲。在主流媒体发布专版、专题、专栏介绍全市志愿服务工作情况。除各媒体常设专栏之外，分别在《大众日报》和《泰安日报》做了1次整版宣传。拍摄泰安市首部以志愿服务为主题的电影《紫薇飘香》。向中国志愿服务联合会推荐3个志愿服务组织基层党组织建设典型。在《中国志愿服务》杂志发表《志愿春风拂山城》的通讯稿。④助推项目运作。开展文明劝导志愿服务项目，组建15支不同功能的“文明劝导”志愿者队伍，在市区车站、路口、公园等公共区域开展文明劝导志愿服务活动；组织300家文明单位与66家主要交通路口认领结对，平均每个路口安排4个以上文明单位开展文明劝导志愿服务。实施“泰山微公益”志愿服务项目，“五一”期间，向全体市民发出《泰山微公益活动倡议书》，倡导广大市民从身边的小事做起。开展志愿服务扶贫项目，制订《关于开展精准扶贫志愿服务活动的实施方案》，围绕“医、房、学、业、保”五个方面，号召广大志愿者和志愿服务组织开展志愿扶贫活动。引导社会组织创设志愿服务项目，3个组织获得民政部主办的全国公益慈善项目交流展示会参展资格。全年有10个社会组织从全国各级基金会争取项目资金200多万元。⑤推树典型。开展志愿服务“四个100”先进典型评选活动，评选出50名最美志愿者、28个最佳志愿服务项目、30个最佳志愿服务组织和10个最美志愿服务社区。有24个获省级先进典型称号，泰山小荷公益、“月亮家园”项目、花园社区等3个典型分别入围全国“最美志愿服务组织”“最佳志愿服务项目”“最美志愿服务社区”候选名单。

7月9日，举办2016年泰安市乡村学校少年宫书法成果展示活动暨“泰山书法小名士”艺术大赛（赵　越　供）

【公民思想道德建设】 开展“身边好人”评选推荐活动，在《泰安日报》、泰安电视台开辟“德耀中华”专栏，集中宣传报道好人事迹。全市评选“泰安好人”99名，“山东好人”44名，“山东好人之星”3名，中央文明办评选的“好人365”4名，“中国好人”18名，“中国好人”数量位居全省前列。开展“好人线索”推荐活动，发动各级各单位和干部群众参与“好人线索”推荐活动，全市每个月平均推荐3万条。

【诚信制度化建设】 印发《关于推进诚信建设制度化的实施意

7月15日，举行“泰山国学小名士”经典诵读电视大赛决赛暨颁奖仪式（赵　越　供）

见》《2016年诚信制度建设化实施方案》，协调市发改委印发《泰安市社会信用体系建设规划纲要(2016～2020年)》，弥补全市诚信建设规范文件的空白。印发《泰安市关于建立诚信“红黑榜”发布制度的实施意见》，各行业主管部门、监管部门建立每季度不少于一次的“红黑榜”定期发布制度。推进“信用泰安”征信平台建设，按照“条块结合、属地服务、互联互通、互相交换”的原则和统一的信用信息基础标准、技术规范，建立企业、个人、事业单位及社会组织信用信息公共数据库，发挥政务云平台的作用，搭建全市公共信用信息平台，推动“信用泰安”征信平台建设。

【网络文明建设】加强泰安文明网建设管理，印发《泰安文明网信息工作考核办法》，明确各级文明单位信息员，对相关单位发稿数量、稿件质量进行严格规定；设计制作“创建全国文明城市建设幸福泰安”“泰安《我们在路上》公益歌曲发布”等12个大型网站专题；开展“年味儿浓”春节主题报道、“亲情味”志愿服务主题报道等14次专题报道及线上活动。推进志愿服务网改版升级，泰安“志愿云”全新升级改版为泰安志愿服务网，在首页增加项目发布、培训交流、求助中心等栏目。加大网络文明传播力度，维护更新网络文明传播页面，督导网络文明传播志愿者按中央文明办要求开展工作。通过文明泰安官方微博、微信开展“春节回家九件事”“学雷锋·在行动”“乡规民约”征集等12个网络文明传播活动。

【文明家庭创建】设计文明家庭创建标准，印发《深化家庭文明建设的意见》《省级文明家庭评选办法》，明确“爱国守法、遵德守礼”等八条文明家庭创建标准；公布十条“一票否决”内容。搭建文明家庭创建载体，开设“最美家庭讲家风”巡回报告会，组织报告会1000场；组织开展“泰安市第四届十大孝子”评选活动，评选出“十大孝星”并举办了颁奖典礼。挖掘推树典型家庭，在市级媒体长期开设“社会主义核心价值观·家风家教”专栏，宣传文明家庭创建中涌现出的典型；泰安市推荐的宁阳县鹤山镇“信义兄弟”王长义、王长信家庭入选第一届“全国文明家庭”；全市有14个家庭入选首届“全省文明家庭”。

【文明单位、村镇、社区、行业创建】2016年度，全市新增31家省级文明单位、28个省级文明村镇、8个省级文明社区，72家市级文明单位、39个市级文明村镇、9个市级文明社区。（赵　越）

泰安高新区北集坡街道东夏村开展志愿服务活动（赵　越　供）

市级领导班子

中共泰安市委员会

书　记	李洪峰（6月止）
	王云鹏（6月起）
副书记	李希信
	张　涛（正厅级，11月起）
常　委	陈　刚（1月止）
	刘卫东
	唐福泉
	周桂萍（女）
	张瑞东（1月止）
	赵明东（12月止）
	王德慧
	郭德文
	李灿玉（12月起）
	郝　红（女，12月起）
	宋洪银
	高尚山（12月起）
秘书长	陈　刚（4月止）
	宋洪银（4月起）
副秘书长	朱玉春（正县）
	亓　涛（正县）
	亓顺民（正县）
	杨承修（正县）
	韩志强（正县，3月起）
	彭海训（正县）
	姜士科（正县）
	肖玉果（正县）
	刘茂华
	董　磊（12月起）
	侯红岩
	任　军
	乔国荣
	魏剑峰（12月起）
	王永征（12月起）
	张成伟（12月起）

泰安市人民代表大会常务委员会

主　任	李洪峰（7月止）
	王云鹏（7月起）
副主任	林华勇（正厅，1月止）
	陈　刚（正厅，1月起）
	刘汉玲（女）
	滕先森（党外，不驻会）
	孙运飞
	尹衍祥
秘书长	张甲士
副秘书长	蒋庆蓬（正县）
	刘传华（正县）
	高　翔（正县）
	崔拥军（党外）
	苏俊昌

泰安市人民政府

市　长	王云鹏（7月止）
	李希信（7月起）
副市长	刘卫东
	周桂萍（女）
	徐恩虎（党外）
	陈湘安
	展宝卫
	鞠向群
	成　丽（女）
特邀咨询	张庆明
	李际山（12月止）
秘书长	李诚实
副秘书长	李起峰（正县）
	董树平（正县）
	郑晓明（正县）
	赵玉镇（正县）
	于文龙（正县）
	田书阳（正县）
	陈建中（正县）
	李鲁青（女，党外，挂职）

中国人民政治协商会议泰安市委员会

主　席	辛显明
副主席	宋　鲁
	朱永强（1月止）
	刘　君（党外，不驻会）
	谢崇国（党外，不驻会）
	王昌元（党外，不驻会）

谭业刚（1月起）
张书盈
王淑玲（女，党外）
张甲军
秘书长　邢长彦（1月起）
副秘书长　石峻岭（正县）
邵　明（正县）
孟永辉（正县，1月止）
孙德常（党外）

中共泰安市纪律检查委员会

书　记　赵明东（12月止）
郝　红（女，12月起）
常务副书记　杨淑东
副书记　张步军
董伟刚
常　委　张　勇（正县）
郭冬云（女）
仇义军
李学军

市委工作部门

市委办公室

主　任　朱玉春（12月止）
亓　涛（12月起）
副主任　高　斌

信访局

局　长　亓顺民
副局长　李广生
曹永先
赵克俊（女）
党组书记　亓顺民
副书记　魏　勃（正县）

组织部

部　长　唐福泉
常务副部长　李千弘（正县）
副部长　袁久亮（正县）
蒋永斌（正县）
李作超（正县）
郝　燕（女，正县）
刘焕民（12月起）
刘式堃（12月起）

老干部局

局　长　李作超
副局长　曲业芝（正县）
姜桂成
鞠晓帆

宣传部

部　长　张瑞东（1月止）
常务副部长　魏　武（正县）
副部长　张耀民（正县）
步衍金
边永彬
苌　晶（女）

精神文明建设委员会办公室

主　任　张耀民
副主任　李　静（女）

统战部

部　长　李希信（7月止）
常务副部长　戴　磊（正县）
副部长　刘卫东（正县）
刘　华（正县）
高树顺（正县）
薛其福
杨　灏

台湾工作办公室（市人民政府台湾事务办公室）

主　任　刘卫东
副主任　马鹏举（回族，正县）
亓永海

政法委员会（社会管理综合治理委员会办公室）

书　记　郭德文
常务副书记　苗丰平（正县）
副书记　袁　超（正县）
杨传文（正县）
李　彤（正县）
常庆智（12月起）

社会管理综合治理委员会办公室

主　任　李　彤
副主任　洪　勇
于善波

政策研究室

主　任　杨承修
副主任　李卫国
李洪洲

改革办

专职副主任　马德芳

专职副主任　刘向军

机构编制委员会办公室

主　任　袁久亮

副主任　张卫国

王万福

耿　建

市直机关工作委员会

副书记　王敬泽（正县）

杨彦民（女）

魏文峰

纪工委书记　吕　川

市扶贫开发领导小组办公室

主　任　韩志强（3 月起）

副主任　臧玉海（3 月起）

马新华（12 月起）

市政府工作部门

市政府办公室

主　任　李起峰

副主任　宋锡军

葛宝文

魏剑峰（12 月止）

党组书记　李诚实

党组副书记　李起峰（正县）

市政府调查研究室

主　任　杨建全（正县）

副主任　石　斌（副县）

市政府法制办公室

主　任　侯衍奎

副主任　毕思忠

吕传庆

宋鸿鹏

市人民防空办公室

主　任　梁国言

副主任　鲍曙光（8 月止）

党组副书记　梁国言

纪检组长　朱效建

发展和改革委员会

主　任　董世武

副主任　董　军（正县）

任广军（正县）

梁进涛

田　华

党组书记　董世武

物价局

局　长　段爱华

副局长　王胜一

张晋强

张吉峰

党组书记　段爱华

党组副书记　尚庆国（正县）

粮食局

局　长　蔺兴民

副局长　张　训

曹兴水

赵文彬

党委书记　蔺兴民

党委副书记　朱效光（正县）

经济和信息化委员会

主　任　王光锋

副主任　韩　波

郭庆敏

徐从军

党委书记　王光锋（12 月止）

黄正玉（12 月起）

党委副书记　韩　波

王培林

中小企业办公室

主　任　陈　峰

副主任　朱　彬（回）

李洪涛

党总支书记　陈　峰

党总支副书记　朱　彬（回）

教育局

局　长　张勇华

副局长　苏雪峰（女，党外，正县）

张传峰

徐炳伦

党委书记　张勇华

科学技术局

局　长　张庆云

副局长　陈士昌

梁晨阳

	陈书林
	王东之
党组书记	张庆云
党组副书记	刘桂选（正县）

公安局

局　长	鞠向群
政　委	高荣国
副局长	亓子海（正县）
	徐志刚（正县）
	韩立强（正县）
	亓景会（正县）
党委书记	鞠向群
党委副书记	高荣国（正县）
	高黎明（正县）
纪委书记	解培虎（正县）

监察局

局　长	杨淑东
副局长	谭晓蕾（女，党外）

民政局

局　长	孙兰俊
副局长	郭大年（正县）
	宋　萍（女）
	陈维文
	董　峰
党委书记	孙兰俊（12 月止）
	梁久军（12 月起）
党委副书记	郭大年（正县）
	鹿　锋（正县）

司法局

局　长	高建明
副局长	张永伟
	任伟建
	王序东
党委书记	高建明
党委副书记	张永伟
纪委书记	杜衍娜（女）

财政局

局　长	刘　斌
副局长	辛海明（正县）
	孙　磊
	殷锡瑞（11 月止）
	张焕杰
党委书记	刘　斌

人力资源和社会保障局

局　长	袁久亮（1 月止）
	蒋永斌（1 月起）
副局长	刘增祥（正县）
	蒋建民（12 月止）
	王　强（12 月止）
	许可丽（女）
	周　民（12 月起）
党委书记	蒋永斌
党委副书记	刘增祥（正县）
	刘金安（正县）

国土资源局

局　长	杨春德
副局长	赵　成
	李新建
	王　涛
	翟广西
党组书记	杨春德
党组副书记	陈锦勇
纪检组长	吕卫东

规划局

局　长	吕桂平
副局长	陈京国
	窦从东
	韩　明（党外）
	从建永
党组书记	吕桂平
党组副书记	陈京国
	刘忠义（正县）

住房和城乡建设局

局　长	张广银（1 月起）
副局长	许　伟
	李松林
	刘凤祥
党委书记	张广银
党委副书记	王海峰（正县）

交通运输局

局　长	朱　杰
副局长	王诗新
	袁立新
	郭启锋
	张　鑫（兼）
党委书记	朱　杰

党委副书记	安增利（正县）

水利和渔业局

局　长	曹步山
副局长	孙庆进（正县）
	李　全
	邢攸三
党委书记	曹步山（12 月止）
	王　骞（12 月起）
党委副书记	郑中其（正县）

农业局

局　长	韩志强
副局长	侯　力（正县，12 月止）
	齐田锋（党外）
	王　民
党委书记	韩志强（12 月止）
	刘兆泉（12 月起）
党委副书记	侯　力（正县，12 月止）

商务局

局　长	吕怀玉
副局长	王成岩
	张桂明
	刘　媚（女）
党委书记	吕怀玉
党委副书记	王林青（正县）

文化广电新闻出版局（文物局）

局　长	王新民（8 月起）
副局长	徐　涛（正县，5 月止）
	梁晓东
	朱　丽（女，党外，12 月起）
党委书记	王新民
党委副书记	李京泰（正县）

卫生和计划生育委员会（中医药管理局）

主　任（局长）	刘焕星
副主任	倪庆宾（正县）
	徐学森
	刘建国
	牛启富
	陈增江
党委书记	刘焕星
党委副书记	倪庆宾（正县）

审计局

局　长	马纯勇
副局长	刘　安
	程　波
	王燕华
	吴　思（女）
党组书记	马纯勇
党组副书记	张仁安（正县）

环保局

局　长	乔建博
副局长	王正增
	王炳建
	李向农
	王　华（12 月起）
党组书记	乔建博

民族与宗教事务局

局　长	朱志平（回）
副局长	乔敬田（正县）
	张西忠
	许立波（回）
党组书记	朱志平（回）
党组副书记	乔敬田（正县）

外事侨务办公室

主　任	张　伟
副主任	张秀芬（女）
	苗庆民
	朱宗穆
党组书记	张　伟
党组副书记	柴　力（正县）

市政府国有资产监督管理委员会

主　任	刘太荣
副主任	梁立元
	孙同峰
	陈　刚
党委书记	展宝卫（副厅，兼）
党委副书记	刘太荣（正县）
	梁立元

体育局

局　长	苏有森
副局长	曹东平
	许　兵
党组书记	苏有森

统计局

局　长	亓利群
副局长	万传友（正县，兼）
	董彦和

　　袭金祥
　　郝金荣
党组书记　亓利群（11 月止）
党组副书记　王　永（正县，12 月止）

林业局

局　长　葛茂金
副局长　李传生
　　李　杰
　　张德涛
党委书记　葛茂金

安全生产监督管理局

局　长
副局长　刘　玉（主持工作，11 月止）
　　仇元青
　　常成武
　　邵洪文
党组书记
党组副书记　刘　玉（主持工作，11 月止）
　　张宪廷（正县）

旅游局

局　长　程　明
副局长　张朝晖
　　刘　水
　　宋韶峰
党组书记　程　明（12 月止）
　　李华民（12 月起）
党组副书记　高　勤（女，正县）

食品药品监督管理局（食品安全委员会办公室）

局　长（主任）　肖和元
副局长（副主任）王自坦
　　刘秀文（女）
　　孙洪英
　　杨树国
党组书记　肖和元

工商行政管理局

局　长　高　玲（女）
副局长　米文珂（回）
　　赵东润
　　陈　政
党组书记　高　玲（女，12 月止）
　　张京洲（12 月起）
党组副书记　张树昌（正县）
纪检组长　季　中

质量技术监督局

局　长　陈晓娜（女）
副局长　相益霖
　　孙和新
　　魏传仁
党组书记　陈晓娜（女）
纪检组长　张　斌

市政府派出机构

泰安经济开发区、泰安高新技术产业开发区管理委员会

党工委书记　陶长江（副厅）
主　任　陶长江（副厅）
党工委副书记　孔祥湖（正县）
　　律云彪（正县）
副主任　姚来新
　　赵　胜
　　刘振华
　　范勤耕（12 月止）
　　姜　林
　　石振房
　　张安富
　　赵兴伟（12 月起）
纪工委书记　亓习忠

泰安旅游经济开发区管理委员会

主　任　孙卫连
副主任　邱仲慧
　　杨　义
党工委书记　赵传河
党工委副书记　孙卫连（正县）
　　王兴燕（女）
纪工委书记　曲宏伟

政务服务中心管理办公室

主　任　胡兆柱
副主任　武家新
　　孙龙杰
党组书记　胡兆柱

泰山风景名胜区管理委员会

党工委书记　谭业刚（1 月止）
　　姚　霆（12 月起）
主　任　姚　霆（12 月止）
　　王光锋（12 月起）
党工委副书记　万庆海

副主任　吕继祥
　　刘　慧
　　朱立辉
纪工委书记　王建雷

市委、市政府直属事业单位

市委党校（市行政学院）

校　长　李洪峰（兼，6月止）
　　王云鹏（兼，6月起）
常务副校长　吕军德（副厅）
副校长　梅长冬
　　夏庆涛
　　陈卫东
　　牛兰春
　　张文华
院　长　吕军德（副厅）
副院长　解西锋（副县）

泰安日报社

社　长　戴　冰
副社长　陈晓东
　　赵利泽（满族）
总编辑　张洪洲
副总编辑　郑其国
　　曲　岩（女）
　　李建中
　　张文圣
　　车　军
党委书记　戴　冰
副书记　张洪洲
　　吴立银

档案馆（局）

馆（局）长　杨军昌
副馆（局）长　赵力燕（女，11月止）
　　万长江
党组书记　杨军昌

市委党史征集研究办公室

主　任　牛国新
副主任　张　博
　　李耀德

市直机关事务管理局

局　长
副局长　刘庆华（12月止）
　　王泗明
　　朱开用
　　郑合祥
党委书记

地方史志办公室

主　任　王天宇
副主任　周美广
　　曹成义
党组书记　王天宇
党组副书记　周美广
纪检组长　高兴学

地震局

局　长　范为民
副局长　马兆生
　　刘建中
党组书记　范为民

煤炭局

局　长　袁久党（党外，12月止）
　　徐兆兵（12月起）
副局长　徐兆兵（12月止）
　　顾　兵
　　孟　仲
党组书记　徐兆兵（12月起）
党组副书记　徐兆兵（主持党组工作，12月止）

经济合作局（贸促会、商会）

局长（会长）　王志翔
副局长（副会长）　陈　勇
　　刘　勇
　　张　斌
党组书记　王志翔
党组副书记　裴黎明（正县）

老龄委员会办公室

主　任　张德臣
副主任　孟凡玲（女）
　　薛　华
党组书记　张德臣

仲裁委员会办公室

主　任　于　锋
副主任　何麦之
　　刘月永（党外）
　　金　飞（回，12月起）
党组书记　于　锋

行业管理办公室

主　任　陈　强
副主任　王　伟（女）
　　高隆生
党委书记　陈　强
党委副书记　孟兆慧

住房公积金管理中心

主　任　王　峰（回）
副主任　吕长文
　　高　伟
党组书记　王　峰（回）

金融工作办公室

主　任　任树凯
副主任　高　萍（女）
　　陈克忆
　　王凤坤
党组书记　任树凯

农业机械管理局

局　长　于海涛（12月止）
　　苗明峻（12月起）
副局长　刘永勤
　　邢介斌
　　梁孝祥
党委书记　于海涛（12月止）
　　苗明峻（12月起）
党委副书记　刘永勤

畜牧兽医局

局　长　鹿道新
副局长　孟庆新
　　柳桂霞（女）
　　李　华（女）
党委书记　鹿道新
党委副书记　孟庆新

供销合作社联合社

理事会主任　吴国庆
理事会副主任　张　莉（女，12月起）
　　靳兆宏
　　王建国
　　苏礼平
监事会主任　王学光
监事会副主任　李庆涛
党委书记　吴国庆
党委副书记　张　莉（女，12月起）

广播电视台

台　长　张建东
副台长　付　强
　　吴　涛
总编辑　王传宝
副总编辑　亓修举
　　亓雪峰
党委书记　张建东
党委副书记　王传宝（正县）
　　胡开剑

徂徕山景区管理委员会

主　任　张庆峰
副主任　安顺本
　　赵　春
党委书记　张庆峰
党委副书记　边炳梓（正县）
　　安顺本

城市发展投融资管理中心

主　任　杨荣和
副主任　张书祥
　　孙　晶
　　张秀琛
党委书记　杨荣和

泰山玉产业发展管理中心

主　任
副主任　车传祥（主持工作）
　　张　鹏
党组书记
党组副书记　车传祥（主持工作）

泰山索道运营中心

主　任　翟松杰
副主任　葛遵瑞
　　陈　旭
　　吴杞强
党委书记　翟松杰
党委副书记　葛遵瑞
　　李西军
纪委书记　王　军

法院、检察院

泰安市中级人民法院

院　长　朱旭光

副院长　孙岱峰（党外）
林建森
李成涛
李海滨（1 月起）
党组书记　朱旭光
党组副书记　林建森（12 月起）
纪检组长　田志云（女）

泰安市人民检察院

检察长　苏金森
副检察长　岳荣胜
刘学刚
吴新村
王敬政
党组书记　苏金森
党组副书记　岳荣胜
刘学刚
纪检组长　王志方

人大、政协、纪委机关

人大专门委员会

法制委员会

主任委员　董庆木
副主任委员　孟祥彬（回）
刘栋梁

财经委员会

副主任委员　赵　明
梁望东（党外）
田文飞

农业与农村委员会

主任委员　朱叙民
副主任委员　李渊祥

城乡建设与环境资源保护委员会

主任委员　吴洪建
副主任委员　张建国

教育科学文化卫生委员会

主任委员　赵同玉
副主任委员　刘　康
何广文
王德全

民族侨务外事旅游委员会

副主任委员　辛培佑
石　岩（女）

人大机关办事机构和工作机构

办公室

主　任　蒋庆蓬
副主任　李　平
毕可波

人事选举代表工作室

主　任　刘　锋
副主任　郭　霞（女）
徐　伟（女）

研究室

主　任　刘文明
副主任　辛振华
王衍婷（女）

法制工作委员会

主　任　刘栋梁
副主任　张文珂

财政经济工作委员会

主　任　梁望东（党外）
副主任　谷红卫

预算工作委员会

主任　王照星

农村经济工作委员会

主　任　李渊祥
副主任　李　明（1 月起）
王子强

城乡建设环境保护工作委员会

主　任　张建国
副主任　刘凤芝（女）

教育科学文化卫生工作委员会

主　任　王德全
副主任　彭长青

民族侨务外事旅游工作委员会

主　任　石　岩（女）
副主任　周光林

政协专门委员会

提案委员会

主　任　周长欣
副主任　侯迎孔

经济委员会

主　任　侯永涛
副主任　马玉军

人口资源环境委员会

主　任　张辛东

副主任　　王爱军

科教文卫体委员会

主　任　　李建国

副主任　　陈占峰

社会法制和民族宗教委员会

副主任　　杨　红（女）

文史资料委员会

副主任　　张亚莉（女）

周建国

港澳台侨和外事委员会

副主任　　张　清（女，党外）

委员联络工作委员会

主　任　　孟永辉（1 月起）

政协机关办事机构和工作机构

办公室

主　任　　邵　明

副主任　　单光德

孙　健

研究室

主　任　　王　波

副主任　　毕研坤

张学亮

委员活动工作室

主　任　　黄会平（女）

提案委员会工作室

主　任　　侯迎孔

副主任　　徐宗林

经济委员会工作室

主　任　　侯永涛（1 月止）

马玉军（1 月起）

副主任　　杨庆木

人口资源环境委员会工作室

主　任　　王爱军

副主任　　张西环（女）

科教文卫体委员会工作室

主　任　　陈占峰

副主任　　刘雪菲（女）

社会法制和民族宗教委员会工作室

主　任　　杨　红（女）

副主任　　李洪奎

文史资料委员会工作室

主　任　　周建国

港澳台侨和外事委员会工作室

主　任　　张　清（女，党外）

副主任　　刘　宁

纪委内设机构

宣传部

部　长　　曹长钰

研究室

主　任　　陈文远

党风政风监督室

主　任　　张同武

市政府纠风办

主　任　　杨淑东（兼）

副主任　　张同武

李志学

信访室

主　任　　孙　鹏

案件管理监督室

主　任　　杨成栋

第一纪检监察室

主　任　　袁明山

第二纪检监察室

主　任　　李海平

第三纪检监察室

主　任　　吕丰强

第四纪检监察室

主　任　　李培国（12 月止）

案件审理室

主　任　　刘爱科

纪检监察干部监督室

主　任　　朱玉山

派驻纪检组（监察室）

第一组

组　长（主任）　王　蕾（女）

副组长（副主任）续丙西

公丕臣

第二组

组　长（主任）　马贵昌

副组长（副主任）张振涛

李　强

第三组

组　长（主任）　李和军

副组长（副主任）亓玉战

张丽华（女）

第四组
组　长（主任）　张丽娟（女）
副组长（副主任）于京山
韩宝山
第五组
组　长（主任）　成坤志
副组长（副主任）任　为
孟继录
第六组
组长（主任）　王新慧
副组长（副主任）张　冰
许　红（女）
第七组
组长（主任）　崔耕和
副组长（副主任）李文秀（女）
李群实
第八组
组　长（主任）　盛东风
副组长（副主任）刘　军（12 月止）
刘　旼
高　炜

民主党派

中国国民党革命委员会泰安市委员会

主　委　徐恩虎
副主委　张建忠（12 月止）
刘世琦（12 月止）
刘　磊（12 月止）
林国志（12 月起）
杨维仁（12 月起）
刘清廷（12 月起）
朱　丽（女，12 月起）
秘书长　李　芳（女，驻会）

中国民主同盟泰安市委员会

主　委　周　杰（12 月止）
孙岱峰（12 月起）
副主委　孙岱峰（12 月止）
程卫民（12 月止）
张春庆
丁　爽（女）
张　清（女，12 月起）
周　奎（12 月起）
秘书长　徐建英（驻会，女）

中国民主建国会泰安市委员会

主　委　滕先森（12 月止）
张庆明（12 月起）
副主委　英　玲（女，12 月止）
张文泉（12 月止）
张庆明（12 月止）
黄屹峰
尹洪宗（12 月起）
魏云刚（12 月起）
陈　文（女，12 月起）
秘书长　戚　锋（驻会）

中国民主促进会泰安市委员会

主　委　王昌元
副主委　董　洁（女）
吕忠堂
苏雪峰（女）
贾汇红（女）
秘书长　孙圆景（女，驻会）

中国农工民主党泰安市委员会

主　委　谢崇国（12 月止）
徐　坤（12 月起）
副主委　王庆才（12 月止）
徐　坤（12 月止）
周广芳（12 月止）
陈玉社
赵晓民（12 月起）
吕学爱（女，12 月起）
梁群言（12 月起）
秘书长　巩相会（驻会）

致公党泰安市委员会

主　委　梁望东
副主委　张丽霞（女）
鞠达青
李传泰
秘书长　卢晓堂（驻会）

九三学社泰安市委员会

主　委　刘　君
副主委　孟庆伟（12 月止）
孙启凯
刘　峰
诸葛玉平
肖　玲（女，12 月起）

秘书长　　刘彦涛（驻会）

人民团体

总工会

主　席　　张书盈
常务副主席　　巩华仁（正县）
副主席　　郭　青
　　李宝荣
党组书记　　张书盈
党组副书记　　巩华仁（正县）

共青团泰安市委员会

书　记　　孔凡洪
副书记　　朱延华（女，12 月止）
　　苏伟丽（女）
党组书记　　孔凡洪

妇女联合会

主　席　　葛　新（女）
副主席　　马　俏（女）
党组书记　　葛　新（女）

科学技术协会

主　席　　董树亭（不驻会）
副主席　　张秀峰（女）
　　闫　敏（女）
　　王　倩（女）
　　范宝品（3 月起）
党组书记　　张秀峰（女）

文学艺术界联合会

主　席　　杜广华
副主席　　周　鹏
　　孙　黎
秘书长　　孙启虓
党组书记　　杜广华
副书记　　周　鹏

社会科学联合会

主　席　　贾志秋
副主席　　米清国（回）
　　李光冉
秘书长　　王元军
党组书记　　贾志秋
副书记　　米清国（回）

工商业联合会（总商会）

主　席（会长）　　王淑玲（女）
副主席（副会长）　　高树顺
　　亓金海
　　杨启航
秘书长　　周　晓
党组书记　　高树顺

残疾人联合会

理事长　　刘学永
副理事长　　尹燕青
　　刘海力
党组书记　　刘学永

归国华侨联合会

主　席　　刘　华
党组书记　　刘　华

各县市区领导班子

泰山区

区　委

书　记　　宋洪银（4 月止）
　　赵　斌（4 月起）
副书记　　王爱新（11 月起）
　　张京洲（12 月止）
　　赵书刚（正县，11 月止）
常　委　　陈庆业
　　展延安（回族，12 月止）
　　刘焕民（12 月止）
　　安　丽（女）
　　石中华（12 月止）
　　毕华年
　　刘　静（女，挂职，3 月起）
　　谷咏梅（女，挂职，11 月起）
　　李培国（12 月起）
　　王冠祥（12 月起）

人大常委会

主　任　　宋洪银（3 月止）
　　李殿勤（3 月起）
副主任　　李殿勤（正县，3 月止）
　　王志亮
　　刘　凤（女，党外）
　　葛安华
　　史书超
　　李志科

政　府

区　长　赵　斌（12月止）
代区长　王爱新（女，12月起）
副区长　陈庆业
毕华年
刘　静（女，挂职，3月起）
谷咏梅（女，挂职，12月起）
贾汇红（女，党外，12月止）
杨启典（12月起）
刘　伟
巩春秋（女，挂职）
徐立勇
赵永斌
姚学理（女，12月起）

政　协

主　席　王成金
副主席　王德玉
李占德（党外，不驻会）
钱　涛
张　玲（女，党外）
甄永莲（女）

纪　委

书　记　展延安（回族，12月止）
李培国（12月起）

法　院

院　长　刘国锋

检察院

检察长　王增爱

岱岳区

区　委

书　记　王永征（11月止）
亓利群（11月起）
副书记　张　韧（11月止）
王长勇（11月起）
刘兆泉（12月止）
李玉斌（挂职，10月起）
常　委　徐永涛
李效军
蔡丽霞（女）
雷建民
展延安（回，12月起）
张　军
刘　琳
徐宗才（12月止）
王　晨
张　鹏（挂职，4月起）
赵国强（12月起）
刘灿玉（12月起）

人大常委会

主　任　王永征（3月止）
宋海林（3月起）
副主任　宋海林（正县，3月止）
孙启印
吴秀峰
唐晓飞（女，党外）
李振华

政　府

区　长　张　韧（12月止）
代区长　王长勇（12月起）
副区长　李效军
徐宗才（回，12月止）
张　鹏（挂职，3月起）
袁义明
王　华（12月止）
朱　丽（女，党外，12月止）
王勇强（12月止）
朱延华（女，12月起）

政　协

主　席　黄东葵
副主席　赵平明
游志成（党外）
郑成领
法臣文（回，党外）
肖　玲（女，党外）
方增群

纪　委

书　记　徐永涛（12月止）
展延安（回，12月起）

法　院

院　长　侯庆国（12月止）
代院长　高广权（12月起）

检察院

检察长　姚红秋（女，12月止）
代检察长　郝永生（12月起）

新泰市

市　委

书　记	刘钦海
副书记	赵书刚（11月起）
	梁久军（12月止）
常　委	王长勇（11月止）
	倪建军
	刘　军（12月起）
	韩学锋
	陈师超（12月止）
	桑　民
	戴先锋（12月止）
	张作程
	刘向军（挂职，3月起）
	刘敬锋（12月起）
	仇安源（12月起）

人大常委会

主　任	张　宏
副主任	亓桂峰
	郭志强
	张传军（党外，不驻会）
	毕汝凤（女）
	宋炳华

政　府

市　长	刘钦海
副市长	倪建军
	刘向军（挂职，4月起）
	侯　丽（女，回族，党外）
	韩庆东
	夏念新
	赵文坡

政　协

主　席	马秀义
副主席	李光君
	耿玉松（党外）
	殷培文（党外）
	尹承学
	渠红梅（女，回族，党外）
	万传宧

纪　委

书　记	王长勇（11月止）
	刘　军（12月起）

法　院

院　长	吕　华

检察院

检察长	卜静波（女）

肥城市

市　委

书　记	张成伟（11月止）
	常绪扩（11月起）
副书记	殷锡瑞（11月起）
	李华民（12月止）
	王立军（12月起）
常　委	张　莉（女，12月止）
	侯庆洋
	王爱新（女，11月止）
	辛　涛
	孟庆刚（12月止）
	乔　磊
	戴先锋（12月起）
	徐传柏
	苏伟丽（女，挂职，3月起）
	王勇强（12月起）

人大常委会

主　任	张成伟（3月止）
	赵燕军（3月起）
副主任	赵燕军（正县，3月止）
	王同华（女，党外，不驻会）
	杜玉江
	宁洪法
	刘　益

政　府

市　长	常绪扩（12月止）
代市长	殷锡瑞（12月起）
副市长	王爱新（女，12月止）
	苏伟丽（女，挂职，3月起）
	名树伟
	李向东
	侯卫国（援疆）
	赵兴广（回，党外）
	王志勇
	鄂宏超（满，12月起）
	孙　琪（女，12月起）

政　协

主　席	何敬鹏

副主席	杜尊春
	江玉祥（党外，不驻会）
	杨淑贞（女，党外，不驻会）
	张　伟
	邹家强
	付振江（党外）

纪　委

书　记	张　莉（女，12 月止）
	戴先锋（12 月起）

法　院

院　长	石　军

检察院

检察长	杨希沧

宁阳县

县　委

书　记	刘学保
副书记	黄正玉（11 月止）
	陈　波
常　委	董　磊（12 月止）
	侯　涛
	王国强
	孟庆刚（12 月起）
	付望舒（女，12 月止）
	张培峰
	娄本亮（12 月止）
	沙玉华
	赵相鑫（挂职，3 月起）
	王广浩（12 月起）
	周鹏飞（12 月起）

人大常委会

主　任	徐　鑫
副主任	靳恩松
	苑继常（党外）
	张树法
	周慎凯
	马海荣（女）

政　府

县　长	黄正玉（12 月止）
代县长	陈　波（12 月起）
副县长	张培峰
	赵相鑫（挂职，3 月起）
	刘　明
	崔　媛（女）
	柳桂敏（女、党外）
	董　骞
	李　甡（12 月起）

政　协

主　席	李为群
副主席	尚　勇（党外）
	程洪良（不驻会）
	连桂荣（党外，不驻会）
	辛艳珍（女，党外，不驻会）
	韩运来
	董先思

纪　委

书　记	娄本亮（12 月止）
	孟庆刚（12 月起）

法　院

院　长	杨福桐

检察院

检察长	尚晓兵

东平县

县　委

书　记	赵德健
副书记	王　骞（11 月止）
	刘　玉（11 月起）
	金海明（挂职）
	苗明峻（12 月止）
常　委	宫庆会
	常庆智（12 月止）
	陈传帅
	王　强（12 月起）
	徐宗才（回，12 月起）
	周　民（12 月止）
	陈　锋
	王有敏
	杨永成（12 月止）
	宋鸿鹏（挂职，3 月起）
	徐彩虹（女，12 月起）

人大常委会

主　任	赵德健（2 月止）
	刘思宏（2 月起）
副主任	刘思宏（正县，2 月止）
	何振泉
	李元申
	尹承海

陈兰芳（女）

政　府

县　长　王　骞（12月止）
代县长　刘　玉（12月起）
副县长　宫庆会
宋鸿鹏（挂职，3月起）
张立国
臧玉海（3月止）
程　鹏（女，党外）
侯圣玉
王洪亮（12月起）

政　协

主　席　刘祥涛
副主席　赵永恕
侯宪平
吴绪季（党外）
王金艳（女，满族，党外）
王成生
孟　光（党外）

纪　委

书　记　杨永成（12月止）
徐宗才（回，12月起）

法　院

院　长　周　辉（女，12月止）
代院长　张海鹏（12月起）

检察院

检察长　张　亮

驻泰安部队

泰安军分区

司令员　邹风亭
政　委　王德慧
副司令员　焦念斌
副政委　吴　伟
参谋长　任建宙
政治部主任　刘秤荣
后勤部部长　吴　斌
党委书记　王德慧
党委副书记　邹风亭
纪委书记　吴　伟

武警泰安市支队

支队长　邹本忠
第一政委　鞠向群（兼）
政　委　周显喆
副支队长　郝亮光（4月止）
陈　建（4月止）
陆丹红（4月起）
副政委　赵　磊（4月止）
公茂青（4月起）
参谋长　贾　涛
政治处主任　党光敏
后勤处处长　朱　越
第一书记　鞠向群（兼）
党委书记　周显喆
纪委书记　赵　磊（4月止）
公茂青（4月起）

泰安市公安消防支队

支队长　许传升
政　委　李红宇（7月止）
张翠花（女，9月起）
副支队长　丰　光
于平国
副政委　张　杰
参谋长　刘　锋
政治处主任　张传永
后勤处处长　游贵堂（12月止）
任鹏飞（12月起）
防火监督处处长　任彦博（9月止）
马宏彬（9月起）
党委书记　李红宇（7月止）
张翠花（女，9月起）
党委副书记　许传升
纪委书记　张　杰

中央、省属驻泰安单位

国家税务局

局　长　周建奎
副局长　陈　平
崔　健（3月起）
刘先军
党组书记　周建奎
纪检组长　郭宝龙（3月起）

地方税务局

局　长　郝　玲（女）

副局长　张鲁光（3 月起）
李　达
李西坤
党组书记　郝　玲（女）
党组副书记　张鲁光（3 月起）
纪检组长　张鲁光（3 月止）
宋来竹（3 月起）

气象局

局　长　姚圣贤（5 月止）
徐法彬（5 月起）
副局长　张兴强（援疆）
徐学义
党组书记　姚圣贤（5 月止）
徐法彬（5 月起）
纪检组长　玄绪峰

泰安海关

关　长　张　辉
副关长　郝呈华
刘禄玲（12 月起）
党组书记　张　辉

泰安出入境检验检疫局

局　长　王兴雷
副局长　马红中
党组书记　王兴雷
纪检组长　叶　炜

中国人民银行泰安市中心支行

行　长　关志勇（8 月止）
杨化军（8 月起）
副行长　庞建敏
檀吉波（8 月止）
王　伟
司斌涛
党委书记　关志勇（8 月止）
杨化军（8 月起）
党委副书记　庞建敏
纪委书记　孙世超

中国银监会泰安监管分局委员会

局　长　王希娟（女）
副局长　刘　健
刘长霞（女，11 月止）
蒋代明
党委书记　王希娟（女）
纪委书记　孙钦波

中国工商银行泰安市分行

行　长　刘洪波
副行长　姚伟勇
李新武
梁尔政
陈福五
党委书记　刘洪波
纪委书记　梁化新

中国农业银行泰安市分行

行　长　孟宪军
副行长　戴国文（10 月起）
刘学德
单伟强（10 月止）
王会堂
刘文国
党委书记　孟宪军
党委副书记　戴国文（10 月起）
纪委书记　刘文国

中国银行泰安分行

行　长　孙成刚（7 月止）
李　波（7 月起）
副行长　柳　星（女）
周　源
王　华（8 月止）
党委书记　孙成刚（7 月止）
李　波（7 月起）
纪委书记　王洪军

中国建设银行股份有限公司泰安分行

行　长　张岱山
副行长　李　晋（10 月起）
张开锦
张冬凌（女）
李　军
孙　良
党委书记　张岱山
党委副书记　李　晋（10 月起）
纪委书记　张开锦

交通银行泰安分行

行　长　梁发强
副行长　乔立华（女，5 月止）
楚增明
姜　宏
党委书记　梁发强

中国农业发展银行泰安市分行

行　长　　王　烽
副行长　　巩克深
　　　　　王　君（女）
　　　　　李元华
党委书记　王　烽
纪委书记　巩克深

省农村信用社联合社泰安办事处

主　任　　陈运成（8月止）
　　　　　辛士勇（8月起）
副主任　　焦学杰
　　　　　郑允幸
党委书记　陈运成（8月止）
　　　　　辛士勇（8月起）

中国人寿保险股份有限公司泰安分公司

总经理　　刘新乐
副总经理　冯金国
　　　　　余　巍
　　　　　段崇申
　　　　　张　博
党委书记　刘新乐
纪委书记　段崇申

泰安供电公司

总经理　　刘加国
副总经理　王少勇
　　　　　赵灵臣
　　　　　刘金修（2月止）
　　　　　张爱群（女）
党委书记　王少勇
党委副书记　刘加国
纪委书记　高　强

中国电信股份有限公司泰安分公司

总经理　　崔洪利（11月止）
　　　　　宋　亮（11月起）
副总经理　耿立明
　　　　　侯启敬
　　　　　孙　赫
党委书记　崔洪利
　　　　　宋　亮（11月起）
纪委书记　耿立明

中国移动通信集团泰安分公司

总经理　　张　磊
副总经理　朱　晖
　　　　　程化伟
　　　　　贾景坤
党委书记　张　磊
纪委书记　朱　晖

中国联合网络通信有限公司泰安市分公司

总经理　　盖永新
副总经理　聂树秋
　　　　　侯　忠（11月止）
　　　　　王　平
　　　　　付　翔（4月止）
　　　　　于传渭（4月起）
　　　　　齐　平
党委书记　盖永新
党委副书记　聂树秋
纪委书记　侯　忠

中国邮政泰安市分公司

总经理　　姜　峰（7月止）
　　　　　姚志刚（7月起）
副总经理　赵　磊
　　　　　孔　山（4月止）
　　　　　李　平（女）
　　　　　尹　澎（5月起）
党委书记　姜　峰（7月止）
　　　　　姚志刚（7月起）
纪委书记　李　平（女）

泰安市邮政管理局

局　长　　张　鑫
副局长　　杨晓霞（女，2月起）
党组书记　张　鑫
纪检组长　杨晓霞（女，2月起）

山东省煤田地质局

局　长　　刘焕立（2月止）
　　　　　高洪雷（2月起）
副局长　　赵广金
　　　　　郑良村
　　　　　李　浩（12月起）
　　　　　唐德才（12月起）
党委书记　刘焕立（2月止）
　　　　　高洪雷（2月起）
党委副书记　刘吉伦（12月起）

烟草专卖局（公司）

局　长　　孙德育
副局长　　张洪强

总经理　孙德育
副总经理　初　旭
　孙　涛
党委书记　孙德育
纪委书记　张洪强

盐务局（盐业公司）

局　长（经理）　程悦明（2月止）
　孙　伟（2月起）
副局长（副经理）　杨祖兴（5月止）
　马金果
　李昌一
党委书记　程悦明
党委副书记　孙　伟（2月起）
　孙建明
纪委书记　杨祖兴（5月止）

泰安水文水资源勘测局

局　长　宋云峰
　侯恩光（12月起）
副局长　侯　元
　李　岩（12月止）
党支部书记　宋云峰
党支部副书记　侯　元
纪检委员　段建筑

山东科技大学

党委书记　袁俊平
党委副书记　任廷琦
　李道刚
　尹　华
纪委书记　夏侯雪娇（女）
校　长　任廷琦
副校长　王少鹏
　刘新民
　周东华
　姚庆国
　曾庆良
　高建广

山东农业大学

党委书记　徐剑波
党委副书记　张宪省（11月起）
　董新胜
纪委书记　董新胜
校　长　温孚江（11月止）
　张宪省（11月起）
副校长　车先礼
　朱　莉（女）
　高东升
　嵇景涛
　王振林
　吴衍涛

泰山医学院

党委书记　王长松
党委副书记　王学春（7月止）
纪委书记　刘太来
院　长　王学春（7月止）
副院长　王庆宝
　彭春雷
　徐淑凤（女）
　王鹏程（3月起）

泰山学院

党委书记　王庆功（12月止）
　范　真（12月起）
党委副书记　秦梦华
　李玉洋
纪委书记　胡立东（1月止）
院　长　秦梦华
副院长　王雷亭
　于鸿远
　殷　敏
　徐　跃

新汶矿业集团

董事长　张　文（3月止）
　张若祥（3月起）
总经理　张　文（3月止）
　葛茂新（3月起）
副总经理　姚　峰
　佟　强
党委书记　张　文（3月止）
　张若祥（3月起）
党委副书记　彭绪军（2月止）
　鲁玉栋（3月起）
纪委书记　彭绪军（2月止）

肥城矿业集团

董事长　朱立新
总经理　朱立新（3月止）
　桑红星（3月起）
副总经理　王洪忠

张强玉（4 月起）
桑红星（3 月止）
赵树华
党委书记　朱立新
党委副书记　张圣国（3 月止）
纪委书记　王荣宝

高职高专院校

泰山职业技术学院

党委书记　张勇华（12 月起）
党委副书记　毕于民
马培安
张清民
纪委书记　张广健
院　长　毕于民
副院长　马培安
张小烨（女）
刘洪东
王文林

山东服装职业学院

党委书记　任玉涛（2 月止）
闫恂秋（12 月起）
党委副书记　闫恂秋（12 月止）
贾　军
纪委书记　刘光珍（女）
院　长　闫恂秋（12 月止）
戴　磊（12 月起）
副院长　侯长城
王建洪
刘贞锋

泰山护理职业学院

党委书记　刘连功
党委副书记　郭向军
房　华
纪委书记　项　岚（女）
院　长　郭向军
副院长　张建国
孙元儒
刘　琳（女）

泰安技师学院

党委书记　范培玉（女）
党委副书记　韩向民
马腾文
纪委书记　张建信（12 月止）
院　长　韩向民
副院长　董　军
李冬梅（女）
马成禄

（市委组织部）

编审　袁立轩

中国共产党泰安市委员会

综　述

【概况】 党组织　全市有基层党组织1.71万个，其中党委680个、总支部1301个、党支部1.51万个。有各级党组242个，地方党委派出工委58个。全市企业中有党组织5791个，事业单位中有党组织3690个，机关中有党组织1938个，建制村中有党组织3717个。

党员队伍　①至年底，全市有党员38.66万名，增加657名。党员总数中，预备党员5987名，占1.55%；女党员7.22万名，占18.68%；少数民族党员3448名，占0.89%。从党员的入党时间看，1937年7月6日之前入党的1名；1937年7月7日至1945年9月2日入党的220名，占0.06%；1945年9月3日至1949年9月入党的1303名，占0.34%；1949年10月至1966年4月入党的2.76万名，占7.14%；1966年5月至1976年10月入党的5.56万名，占14.39%；1976年11月至2002年10月入党的18.42万名，占47.66%；2002年11月至2012年10月入党的8.81万名，占22.80%；2012年11月及以后入党的2.95万名，占7.62%。从党员的年龄看，35岁及以下的5.41万名，占13.99%；36岁至45岁的7.11万名，占18.41%；46岁至60岁的12.85万名，占33.24%；61岁及以上的13.28万名，占34.36%。从党员的学历看，研究生6469名，占1.67%；大学本科6.40万名，占16.57%；大学专科6.58万名，占17.02%；中专4.06万名，占10.50%；高中、中技7.89万名，占20.40%；初中及以下13.08万名，占33.84%。从党员的职业看，在岗职工14.69万名，占37.99%（其中公有制单位11.80万名、非公有制单位2.88万名）；农牧渔民13.97万名，占36.15%；学生3692名，占0.96%；离、退休人员7.92万名，占20.49%；社区居民等无业人员、个体工商户、中介组织从业人员等1.71万名，占4.41%。②全市发展新党员5762名。新党员中，女党员2269名，占39.38%；少数民族党员49名，占0.85%。从新党员的年龄看，35岁及以下的4007名，占69.54%；36岁至59岁的1755名，占30.46%。从新党员的学历看，研究生78名，占1.35%；大学本科1405名，占24.38%；大学专科1005名，占17.44%；中专449名，占7.79%；高中、中技2347名，占40.73%；初中及以下478名，占8.30%。从新党员的职业看，在岗职工2672名，占46.37%（其中公有制单位2002名、非公有制单位670名）；农牧渔民1236名，占21.45%；学生1762名，占30.58%；社区居民等无业人员、个体工商户、中介组织从业人员等92名，占1.60%。新发展党员中，在生产、工作第一线的4117名，占71.45%（其中，企业生产第一线1425名，农村生产第一线1208名，教学、科研第一线269名，机关第一线277名）；企事业、民办非企业单位专业技术人员282名，占4.89%；农村1851名，占32.12%；共青团员2500名，占43.39%。

（组织部）

【全市经济工作会议】 1月8日召开。会议学习贯彻中央和全省经济工作会议精神，总结泰安市2015年经济工作，研究部署2016年经济工作。市领导李洪峰、王云鹏、林华勇、李希信、辛显明及市委常委出席会议。

李洪峰作重要讲话，对贯彻落实中央和全省经济工作会议精神提出明确要求，深入分析当前形势，全面安排部署2016年的任务。王云鹏在讲话中提出2016年全市经济社会发展的主要预期目标，对全市经济工作进行全面总结和具体安排。李希信主持会议，并传达全省经济工作会议精神，就贯彻落实全市经济工作会议精神提出要求。

【全市扶贫开发工作会议】 1月8日召开。会议深入贯彻落实中央和省委、省政府对扶贫开发工作的一系列新要求、新部署，总结近年间泰安市扶贫开发工作，分析泰安市脱贫攻坚面临的新形势，部署当前和今后一个时期脱贫攻坚的目标任务，动员全市上下积极行动起来，齐心协力，真抓实干，坚决打赢脱贫攻坚战。市领导李洪峰、王云鹏、林华勇、李希信、辛显明、陈刚、唐福泉、郭德文、宋洪银出席会议。市委常委、副市长周桂萍主持会议并讲话。

李洪峰在讲话中指出，打赢脱贫攻坚战，是党委、政府必须扛起的重大政治任务，也是践行党的宗旨的内在要求。各级各部门一定要切实增强责任感、使命感、紧迫感，认真贯彻落实中央、全省扶贫开发工作会议精神，坚持精准扶贫、精准脱贫基本方略，广泛深入动员，采取超常规举措，拿出过硬办法，着力在薄弱环节上求突破，在有利条件上做文章，以更大的决心、更高的标准、更实的措施，全力以赴做好脱贫攻坚各项工作，确保全市人民同步迈入全面小康社会。

【全市农村工作会议】 2月2日召开。会议全面总结“十二五”时期全市农业农村工作，分析形势，表彰先进，安排部署2016年和“十三五”时期的目标任务。市委副书记李希信出席会议并讲话，市委常委、副市长周桂萍主持会议并讲话。

李希信指出，各级有关部门要把农业供给侧结构性调整作为今后工作的重中之重，认清大势，主动调整，在扩大有效农产品供给上加大力度，在发展特色农业、培植竞争优势上下功夫，在提高科技含量、提高附加值上下功夫，在规模化种植、提高规模质量上下功夫。要实行最严格的投入品生产使用和监管制度、农产品市场准入制度，强化质量监管、监测和执法三大体系建设，健全农产品质量追溯体系，实行农产品从“田间”到“餐桌”全过程、全方位质量监管，确保食品安全。

【全市科学发展表彰大会】 3月24日召开。市领导李洪峰、王云鹏、辛显明、陈刚等出席会议。会议对2015年度科学发展综合考核先进县（市、区）和单位，政风行风建设先进单位和争先进位先进单位，“五型”机关建设示范单位，社会治安综合治理工作先进县（市、区）、乡镇（街道）、单位和个人，全市信访工作先进单位和个人等进行表彰。

李洪峰强调，要树立创新、协调、绿色、开放、共享五大发展理念，推进工作指导转变，以新的发展理念引领新的发展实践。要牢牢抓住发展第一要务，一心一意谋发展，聚精会神搞建设，全力推动全市发展再上新台阶。要切实提高发展的质量和效益，坚持速度、质量和效益相统一，坚持质量效益优先，把握好三者的平衡点，既保持一定发展速度，使经济在合理区间运行，又要抓住时机加快转型升级，确保换挡不失速、调速不减势、量增质更优。要进一步优化工作布局，在总体把握上，强化统筹意识，将五大发展理念统一贯彻、统一落实、一体推进，贯穿到全市经济社会发展全过程、各领域、各环节；在工作推进上，坚持解决当前与谋划长远相统一，借外力与活内力相结合，赢得长远发展的优势和主动权；在工作导向上，更加注重发挥考核“指挥棒”作用，加大体现五大发展理念的指标权重，促进新发展理念在泰安的全面深入贯彻落实。

王云鹏就贯彻落实会议精神以及做好当前工作提出要求。

【全市庆祝“五一”国际劳动节暨推进富民强市、建设幸福泰安先模表彰大会】 4月27日召开。表彰为全市经济社会发展作出突出贡献的先进集体和先进个人，组织动员全市广大职工和劳动群众积极投身推进富民强市、建设幸福泰安的伟大实践，为努力开创泰安科学发展新局面作出新的更大贡献。市领导王云鹏、李希信、辛显明、陈刚、成丽、张书盈出席会议并为受到表彰的先进集体和先进个人颁奖。李希信主持会议并就贯彻落实会议精神讲了意见。

【全市招商引资和项目建设检查考核会议】 5月30日至6月5日，全市上半年招商引资和项目建设检查考核会议召开。市领导李洪峰、王云鹏、李希信、辛显明、陈刚以及各县（市、区）、泰安高新区、市直有关部门主要负责人参加会议。与会人员实地检查6个县（市、区）、泰安高新区的54个项目，对项目建设情况进行实名评价考核。李洪峰强调，要坚持以新发展理念为引领，把供给侧结构性改革作为主攻方向和主要着力点，采取行之有效的措施，推动“三去一降一补”（即：去产能、去库存、去杠杆、降成本、补短板）重点任务深入落实。王云鹏指出，要加大力度，坚定不移抓好招商引资和项目建设。要继续完善指挥部推进、重点项目市级领导包保、项目检查考核等工作机制，实施“联合审批、限时办结”和重点项目“绿色通道”制度，及时解决项目建设过程中存在的困难和问题。

11月22～25日，全市下半年招商引资和项目建设检查考核会议召开，现场检查并评价考核2016年各县（市、区）、泰安高新区招商引资和项目建设情况。市领导王云鹏、李希信、张涛、辛显明、陈刚以及各县（市、区）、泰安高新区、市直有关部门主要负责人参加会议。与会人员先后实地检查6个县（市、区）、泰安高新区新开工、续建、投产的重点项目，依次听取市招商引资和重点项目建设各指挥部工作情况汇报，以无记名投票方式对各县（市、区）、泰安高新区招商引资和项目建设工作情况排出名次，对各指挥部工作情况进行考核评价。会议强调，投资对发展仍然起关键作用，项目建设仍然是解决发展问题的金钥匙。全市各级各部门要深入贯彻落实中共十八大和十八届三中、四中、五中、六中全会以及习近平总书记系列重要讲话精神，牢固树立抓项目就是抓发展、抓发展就要抓项目的思想不动摇，认真研究把握五大发展理念、供给侧结构性改革等新论断、新部署、新举措，把准上级政策取向和动态，找准自身定位和重点，实施产业招商、定向招商和精准招商，提高经济发展的质量和效益。要充分发挥企业投资主体作用，扩大民间投资，着力在完善政策、加强服务、创造环境上下功夫，调动民间投资者的积极性，促进民间投资回稳向好。要认真贯彻国家宏观调控政策，加强对经济运行的监测分析和调度指导，抓好要素保障、政策落实、企业帮扶等工作，促进全市经济健康平稳发展。

7月4日，召开全市领导干部会议，宣布省委关于泰安市党政主要领导职务调整的决定：王云鹏任中共泰安市委书记、市委党校校长，免去李洪峰中共泰安市委书记、常委、委员和市委党校校长职务。省委组织部常务副部长胡文容，市领导李洪峰、王云鹏、李希信等出席会议（司 刚 摄）

【全市科学技术奖励大会】 7月29日召开。表彰为全市科技事业和专利发展作出突出贡献的科技工作者，市领导王云鹏、李希信、刘卫东、尹衍祥、展宝卫、张甲军出席会议。

王云鹏为2015年度泰安市科学技术最高奖获得者蓝光软件有限公司卢新明教授、岱银纺织集团李广军高级工程师颁奖。随后，王云鹏、李希信等市领导为2015年度泰安市科学技术奖和专利奖获奖代表颁奖。李希信代表市委、市政府向全体获奖单位和个人表示热烈祝贺，向全市广大科技工作者表示诚挚问候和崇高敬意。刘卫东主持会议并就贯彻落实会议精神讲了意见。展宝卫宣读《泰安市人民政府关于2015年度科学技术奖励的决定》和《泰安市人民政府关于2015年度专利奖励的决定》。

【中共泰安市委十届十一次全体会议】 8月3日召开。出席会议的有市委委员31人，候补市委委员9人。市纪委常委和有关方面负责同志列席会议。市第十次党代会部分基层一线代表列席会议。会议由市委常委会主持。市委书记王云鹏作重要讲话。全委会审议通过《中国共产党泰安市委员会工作规则》。

全委会学习贯彻中共十八大和十八届三中、四中、五中全会及省委十届十四次全会精神，学习习近平总书记系列重要讲话精神，听取和讨论王云鹏受市委常委会委托作的工作报告，分析全市经济社会发展形势，研究部署今后一个时期的工作。

全委会充分肯定市委常委会的工作。一致认为，在省委、省政府的正确领导下，市委常委会坚持以中国特色社会主义理论为指导，按照“四个全面”战略布局，团结带领全市广大干部群众，紧紧围绕推进富民强市、建设幸福泰安目标，以全面深化改革为动力，以提高经济发展质量和效益为中心，以招商引资和项目建设为抓手，以增加财政收入和城乡居民收入为标准，推进社会主义经济建设、政治建

11月4日，省委副书记龚正（前排中）到东平县调研扶贫搬迁和水利工作。市委书记、市人大常委会主任王云鹏（前排右一）陪同活动

（王国梁　摄）

设、文化建设、社会建设、生态文明建设和党的建设，各项工作取得新进展。

全委会从五个方面总结全市经济社会发展情况。一是把握引领新常态，全力推进招商引资和项目建设，加大转方式调结构力度，全面深化改革扩大开放，促进经济健康平稳发展。二是凝聚社会各方力量，加强社会主义民主政治建设，强化宣传思想文化工作，推进法治泰安建设，巩固团结和谐稳定的良好局面。三是保障改善民生，实施脱贫攻坚行动，落实各项民生政策，协调推进各项社会事业发展。四是统筹城乡协调发展，持续推进环境污染防治，提升中心城区现代化水平，推动城乡一体化发展，加快生态泰安建设步伐。五是加强党的建设，开展“两学一做”学习教育，加强领导班子和干部队伍建设，加强和改进基层党组织建设，强化人才队伍建设，推进党风廉政建设和反腐败斗争，全面提高党建工作科学化水平。

【全市创建双拥模范城表彰大会】 9月22日召开。会议表彰全市双拥先进单位和个人，安排部署今后一个时期双拥工作任务。市领导王云鹏、李希信、辛显明、陈刚、邹风亭、郭德文、鞠向群出席会议。邹风亭宣读全市受表彰的全国、全省双拥先进集体、先进个人名单和市委、市政府、泰安军分区关于表彰全市双拥先进集体、先进个人的通报。

李希信代表市委、市政府向受表彰的双拥工作先进集体、先进个人表示祝贺。他指出，泰安作为革命老区，历来有着拥军优属、拥政爱民的光荣传统。近年间，全市各级党委、政府和驻泰安部队紧紧围绕改革发展稳定大局，以创建全国双拥模范城为载体，坚持把双拥宣传教育贯穿创建工作全过程，始终把支持国防和军队建设作为义不容辞的责任，切实把军民融合发展作为新时期双拥工作的重要内容，注重发挥制度政策对双拥工作的保障作用，全市经济社会发展与国防建设呈现出互促共进、协调推进的良好态势。各级党委、政府要着眼战略全局，切实增强做好新形势下双拥工作的责任感使命感，自觉扛起双拥工作责任，奏响新时期军地团结向前进、军民鱼水一家亲的时代强音。

【中共泰安市委十届十二次全体会议】 11月26日召开。出席全会的有市委委员31人、候补市委委员9人，市纪律检查委员会委员和有关方面负责人列席会议，市第十次党代会代表中部分基层代表也列席会议。全会由市委常委会主持。

全会学习贯彻党的十八届六中全会和省委十届十五次全会精神，听取和讨论王云鹏受市委常委会委托作的工作报告，审议通过《中共泰安市委关于深入学习贯彻党的十八届六中全会精神的意见》和《关于召开中国共产党泰安市第十一次代表大会的决议》。

全会充分肯定市委常委会的工作。一致认为，在省委、省政府坚强领导下，市委常委会全面贯彻落实中共十八大和十八届三中、四中、五中、六中全会精神，深入学习贯彻习近平总书记系列重要讲话和视察山东重要讲话、重要批示精神，按照“五位一体”总体布局和“四个全面”战略布局，围绕推进富民强市、建设幸福泰安奋斗目标，牢固树立新发展理念，主动认识、适应、引领新常态，坚持稳中求进工作总基调，团结带领全市广大党员干部群众攻坚克难、真抓实干，经济建设、政治建设、文化建设、社会建设、生态文明建设和党的建设协调推进，各项工作都取得新的进展。

全会认为，中共十八大后，全市各级党组织坚决贯彻落实党中央关于全面从严治党的决策部署，强化全面从严治党政治责任，深入开展党的群众路线教育实践活动、“三严三实”专题教育、“两学一做”学习教育，推进党风廉政建设和反腐败斗争，党风政风明显好转，为全市经济社会发展提供重要保证。坚持全面从严治党，一定要抓好思想教育这个根本，用思想理论武装头脑，引导党员干部牢固树立正确的世界观、人生观、价值观，为全面从严治党打下坚实思想基础；要加强理想信念教育，坚定对中国特色社会主义的道路自信、理论自信、制度自信、文化自信；要切实抓好领导干部的学习教育，把《准则》《条例》纳入“两学一做”学习教育和干部教育培训；要强化思想道德教育，加强党内政治文化建设，加强对意识形态阵地管理，充分发挥文化引领和舆论导向作用。

全会指出，制度建设是全面从严治党的根本保障。要规范干部选拔任用工作流程，健全完善从严管理监督干部的制度机制，着力构建全面从严治党的长效机制。要强化制度执行，严格遵守党的政治纪律和政治规矩，严格党的组织生活制度，自觉坚持和贯彻党的群众路线，始终保持党同人民群众的血肉联系。要坚持问题导向，坚决纠正和查处违纪违规行为，切实加强对执行政治纪律情况的监督检查，坚决整治和查处侵害群众利益的不正之风和腐败问题，努力打造忠诚干净担当的干部队伍。

全会指出，必须把强化党内监督作为党的建设基础性工程，强化自上而下的组织监督，改进自下而上的民主监督，发挥同级相互监督作用，确保党章党规党纪有效执行。要认真落实党委（党组）党内监督主体责任，切实履行纪委监督执纪问责职责。加强基层组织日常监督和党员民主监督，鼓励和支持党员在党内监督中发挥积极作用。要坚持党内监督与外部监督相结合，支持和保证同级人大、政府、监察机关、司法机关等对国家机关及公职人员依法进行监督，人民政协依照政协章程和相关制度进行民主监督，审计机关依法进行审计监督，支持民主党派履行监督职能，认真对待、自觉接受社会监督。

（刘淑文）

【活动服务】 组织服务市委常委会议 27 次，书记专题会议 20 次，起草送审印发会议纪要 43 期；拟制提报市委主要领导近期工作安排建议 10 期、一周工作安排建议 50 期，适时制定一日工作安排 50 期；审核并呈报各类请示件 80 件。策划组织市委全会、科学发展表彰大会、市委主要领导调研检查等重要会议活动 60 次，组织或参与接待中央、省领导同志到泰安视察活动 40 次。整理形成市委常委参加“两学一做”学习教育工作有关具体安排“配档表”，组织集中学习研讨、市委领导专题调研等 20 次。

【公文处理】 起草审核各类文件 386 件，收发和传阅办理中央、省委文件及领导批示件 510 件，办理市直、省属以上驻泰安单位和县（市、区）请示报告件 183 件，传阅简报信息 1.6 万份。做好领导干部阅文服务工作，传阅文件资料 2200 份，交换站累计传递交换上级来文 3.1 万件、市级密级文件 2.6 万份，发放简报信息 9000 件。集中利用 3 个月的时间，对市委和市委办公室 2007 年后没能及时归档的文书进行全面整理，共整理永久档案 3818 件、30 年保存档案 3338 件，并完成数字化归档。规范印鉴使用审批程序，严格登记签字，提供印鉴使用 6000 枚次。

【信息工作】 编发《上报信息》902 期，省委采用 82 条；《信息直呈》251 期；《信息快报》89 期、710 条；《泰安信息》47 期、280 条。总结推广典型经验，《泰安市以党建协作构建部门合作常态化机制》信息被《山东信息》采用，呈报的泰安银监局“千家企业百日行”活动信息被市委领导批示肯定。修订完善《信息调研室调查研究办法》《信息工作细则》，提高信息工作的科学化、规范化水平。

【督查工作】 围绕中心工作抓督查，联合有关部门开展供销社综合改革、加快民营经济发展等专项督查，督促协调市直机关公务用车改革、市委办公室司勤人员安置等工作，跟进督办《中国共产党纪律处分条例》《中国共产党问责条例》《中共山东省委常委会 2016 年工作要点》等落实情况，抓好中央八项规定精神贯彻落实。围绕领导批示抓督查，办理省市委领导同志批示件 18 件，办结率 100%；转办、督办党委系统市政协提案 30 件，面复率、满意率均达到 100%；整理汇总书记信件 148 件，分类编号、定期调度、及时上报，确保高效办理、领导满意。

【农业农村工作】 出台包括市委 1 号文件在内的政策性文件 5 个，督促指导有关部门制定专项规划 15 项。加大美丽乡村建设力度，召开专题会议 4 次，将全市 3577 个村分成 4 个等级，实施动态管理，纳入县（市、区）科学发展综合考核，

4月11日，省委常委、组织部部长杨东奇（前排中）到泰安市调研基层党建工作。市委副书记、市长王云鹏（前排右一）陪同调研（王国梁　摄）

压实工作责任。全年新增省级美丽乡村建设试点村8个，对上争取项目资金800万元，地方配套900万元，推动开展32个建设项目，新泰市通过省级生态文明乡村示范县验收。全市有535个村完成农村综合改革任务，5个县（市、区）建立农村产权交易平台，土地流转实现县、乡服务全覆盖，流转率达到33.6%，肥城市被列为全国农民住房财产权抵押贷款试点县，东平县被列为全国第二批农村改革试验区。开展新型职业农民培训，举办各类培训班2022场次、培训61.18万人次，深化与高等院校和科研院所的战略合作，引进推广新技术成果12项、新品种30个，提高全市农业生产技术。

【工作协调】　坚持24小时不间断值班，密切与省委值班室的联系，重要任务及时请示对接；加强与县（市、区）委、市直部门、驻泰安单位办公室的沟通，建立起畅通的信息传导渠道，形成工作合力。编发《今日常委活动》240期，及时将工作要求呈送市委领导、办公室和相关部门领导，建立全市领导干部外出请假（报备）制度，确保联络通信畅通，保障全市工作正常运转。对来文、来电、来访实施当日办理、跟踪办理，累计办理来电1万件，办理各类来文、来函、讣告460件，接待群众来访300人次。

（刘淑文）

组织

【开展“两学一做”学习教育】　突出实践特色，分领域制定“1+N”指导意见，开展“五争一促”活动，引导广大党员做“四讲四有”合格党员、争当“泰山先锋”。坚持典型带动，开展向苏庆亮同志学习活动，苏庆亮被省委追授为“齐鲁时代楷模”，被中央授予“全国脱贫攻坚奖”，省委印发《关于开展向苏庆亮同志学习活动的决定》。坚持领导带头，市委常委会先后开展专题研究学习教育3次，开展集中学习研讨10次；市级党员领导干部带头讲党课，带头以普通党员身份参加所在支部学习，为广大党员干部作出表率。创新学习形式，依托“泰山先锋”智慧党建平台开展在线学习，建立88个网上党支部，抓好流动党员学习。从市管党费列支200万元完善镇村党员教育场所。开展理论宣讲报告团“百名讲师、模范送党课”3945场次。力促知行合一，在全市面上列出4个方面12项突出问题和县级以上领导干部着重解决的5个方面问题；制订窗口单位党员“六要六不准”、农村干部“十不准”等规定。建立问题整改台账，各级党组织查摆问题8.64万条，整改完成8.06万条；党员查摆问题146.7万条，整改完成139.1万条。开展党员志愿服务“泰山先锋行动”，组织各类志愿服务3307次，服务群众26.8万人次。

【领导班子和领导干部队伍建设】　严格执行《党政领导干部选拔任用工作条例》，完善市管干部选拔任用流程，出台《经常性考察和分析研判工作暂行办法》，进一步规范选拔任用工作。贯彻落实《2013～2017年干部教育培训规划》，先后赴北京大学、浙江大学举办提升对外开放水平、企业经营管理等研修班，培训党政领导干部、企业管理人员330人。指导市直部门举办25个专题班次，培训干部2400人。用好23处现场教学基地，组织现场观摩、实地教学，加强党员干部党性锻炼。

【干部监督管理】　对121名干部进行提醒、函询或诫勉，对191名干部的个人事项进行随机抽查核实；对县（市、区）领导班子换届拟继续提名人选、考察对象等267名干部的个人事项进行查核，2名干部被取消提名资格，5名干部受到诫勉处理。探索改进审计办法，对41名市管干部开展经济责任审计。开展干部人事档案专项审核，全市共审核干部档案3.5万卷次，其中市管干部1587人。制订《调整不适宜担任现职干部实施办法（试行）》，明确30条不适宜担任现职干部的具体情形、9种容错情形，推进干部能上能下。畅通“四位一体”举报信访受理渠道，对173件信访举报及时进行调查处理。改进完善经济社会发展综合考核，加大对县（市、区）重点项目建设、全国文明城市创建等重点工作考核力度，强化考核结果运用，加强综合考核与领导班子、领导干部年度考核的联动分析，为干部选拔任用提供重要参考。

【“强村固基”工程】 落实“强村固基”财政扶持项目668个、资金5738万元，优先安排到省市贫困村；设立1000万元村级组织为民服务奖补资金，重点补助第一书记村和经济薄弱村。市县调整选派第一书记785名，实现464个省市贫困村和364个软弱涣散村全覆盖。制订《第一书记管理考核办法》，提高第一书记生活补贴标准，落实每年1万元工作经费。坚持双向选择，精准选派58名科技指导员到第一书记村开展科技扶贫，该做法在全省科技扶贫经验交流会上作典型发言。持续推进东平湖库区移民避险解困工程，发挥党建引领作用，加快库区移民脱贫致富步伐。

【“五化五星”党组织创建】 突出标准化要求、项目化推进、网络化服务、责任化落实、制度化规范，采取星级评定的方式，开展“五化五星”服务型党组织创建工作。在全市评定“五星级”党组织584个、“四星级”2253个、“三星级”2344个。针对不同党组织情况，分别实施“示范”“提升”“转化”工程，推动基层党组织晋位升级，整顿转化村级党组织364个。深化“先锋社区”创建，推行街道“大工委”和社区“大党委”制，20个街道全部成立综合党委。建立“两新”组织注册登记月通报制度，推进党的组织和工作覆盖，非公企业和社会党组织覆盖率分别达到98.5%和93.86%，超过全省平均水平。抓好园区党建工作，8个省级以上园区全部成立区域性党组织，设立党群服务中心。建立20万元“两新”组织党建工作经费，建立机关党建信息化管理平台，健全国有企业党建工作体系。

【人才工作转型发展】 印发《“十三五”人才发展规划》《金融人才建设实施意见》等，实施人才重点工作项目20个。推进“两库两平台”（即：高层次人才信息库、高层次人才需求信息库，泰山人才服务平台、微信公众服务平台）建设。推进“泰山人才城”建设，集聚27名两院“院士”在内的高端人才85名，博士以上高层次创新创业团队65个。继续实施泰山人才金桥工程，举办系列校地合作和招才引智活动，对接专家252名、现场签约人才项目156个。完善党委联系专家制度，市、县领导班子成员带头联系专家97名。建立“双百”企业联络员制度，在人才团队相对集中的100家骨干企业和100家科技型中小微企业明确联络员，搭建市人才工作领导小组和成员单位联系服务人才的“桥梁”。至年底，全市有两院院士28名，国家千人计划专家26名，万人计划专家2名，泰山学者41名，泰山产业领军人才12名，享受政府特殊津贴专家56名，省突出贡献中青年专家23名，齐鲁首席技师67名，齐鲁乡村之星25名。 （范克岩）

老干部管理与服务

【概况】 年内，全市老干部工作以大组织、大服务、大教育“三大理念”为引领，以“增添正能量、提升幸福感”为目标，推进老干部工作改进创新、转型发展，赢得各级党委、老干部、社会各界的认可。在全国老干部工作“双先”表彰大会上，市委老干部局被授予“全国老干部工作先进集体”称号；继续保持“省级文明单位”称号，被市委、市政府表彰为“全市科学发展综合考核先进单位”。

【老干部组织建设和思想政治建设】 推进离退休干部党工委建设，市县两级全部建立离退休干部党工委。开展优秀党日评选活动，5个党支部开展的党日活动被评为“全省离退休干部党组织优秀活动日”。组织老干部开展“两学一做”学习教育，对市直各离退休干部党支部（总支）书记、支部委员和骨干进行轮训。加强老干部志愿服务组织建设，开展“最美夕阳红”评选活动，牛之营等9人被评为“全省最美老干部志愿者”，岱庙街道丽景社区漂流书屋等6个团队被评为“全省最美老干部志愿服务组织”，泰山区“桂兰聊天室”等3个项目被评为“全省最佳老干部志愿服务项目”。

【落实老干部政治生活待遇】 落实老干部参观视察、阅文、通报情况、走访慰问等制度，组织市级老

12月23日，在全国老干部工作“双先”表彰大会上，市委老干部局被中组部、人力资源和社会保障部授予“全国老干部工作先进集体”称号。图为市委书记、市人大常委会主任王云鹏（前排左五），市委常委、组织部部长高尚山（前排右四）与全国老干部工作先进集体、先进个人合影（张 兵 摄）

同志参观视察高铁新区建设、泰安高新技术产业开发区和肥城市经济社会发展情况。市县两级建成老年人才信息库，采集存储老年人才信息1.63万条，推介到岗到位1700人，被中组部老干部局确定为老干部工作转型发展的典型案例，全省离退休干部人才信息库经验交流会在泰安市召开。争取省财政“两费”专项转移支付资金570万元，提高离休干部“三个机制”保障水平。及时调整落实离休干部护理费、津补贴、一次性抚恤金和丧葬费，实现离休干部待遇与在职人员同步增长。协调人社部门新增市直特困、破产改制单位离休干部社区门诊。组织开展帮扶救助活动，为60名市直特困离休干部及遗属送去慰问金和慰问品12万元。分组走访慰问出省安置（长期居住）离休干部及遗属21名。

【深化拓展正能量活动】 围绕“为党和人民的事业增添正能量”的主题，组织全市离退休干部开展“我看从严治党新气象”问卷调查。参与全国文明城市和“志愿服务之城”创建，在全市老干部志愿者中开展“我为文明城市做贡献”主题活动。开展牵手关爱行动，会同团市委、市慈善总会，建成全市“牵手关爱行动”数据库，对1428名受资助对象开展全方位、多角度的服务活动。组织“五老”宣讲团进学校，对学生进行党史国史教育，2000名师生受益。举行“校园光明行”青少年眼健康公益活动启动仪式，举办第三届“关爱明天 普法先行”普法教育活动。召开全市离休退休干部暨老干部工作先进集体、先进个人表彰大会，表彰全市离退休干部和老干部工作先进集体、先进个人300个（名）。

【推进老年教育】 实施“互联网+校园”工程，实现老年大学校园无线网络全面覆盖，建立老年大学微信公众平台，打造信息化、智慧化校园。实行“开门办学”，全年举办“公益大讲堂”8次。开设首届老年记者班，开办全国首档老年人自己创办的电视节目。市老年大学艺术团被省委老干部局授予“山东省优秀老干部文艺团队”称号。举办全市老干部文化艺术节、迎春联欢会、巾帼书画展、纪念建党95周年暨长征胜利80周年系列活动等主题活动，丰富老干部的精神文化生活。（张 兵）

宣传

【概况】 2016年，泰安市推出全国劳模苏庆亮、全国著名小麦栽培学家余松烈两个重大典型，“王长义、王长信家庭”入选第一届全国文明家庭，受到习近平总书记接见。网络文化惠民工程“泰山幸福e家园”在全省创新推广。“中华泰山国际在线英文频道”获得由中央网信办、工信部指导颁发的“2016年度内容创新型外文版政府网站”荣誉称号。

【理论武装工作】 组织十八届六中全会精神学习宣传。制订中共十八届六中全会精神宣传工作方案。组织党员干部收听收看中央和省委宣讲团宣讲报告。成立市委宣讲团和县（市、区）委宣讲团，开展宣讲100场次，累计听众10万人次。制订《全市党委（党组）中心组2016年理论学习安排意见》，开展各级党委（党组）理论学习中心组学习，开展集中学习研讨19次，举办专题辅导报告会5场、党课15次，形成调研报告20篇。泰山区、新泰市、肥城市党委中心组被省委宣传部评为全省先进县级党委中心组。评选表彰2015～2016年度先进党委（党组）中心组11个、先进基层党委（党组）中心组19个。组织理论宣讲600场次，听众20万人次。肥城市委宣传部被评为全省基层理论宣讲先进单位。岱岳区、宁阳县、东平县党委宣传部、泰山景区管委会宣传办公室被评为全省理论教育工作先进单位。组织社科理论工作者研究习近平总书记系列重要讲话精神和市委、市政府的中心工作，推出58项研究成果。举办舆情信息员培训班，培训基层信息员120名。开展“扫黄打非”，打击各类非法出版物。

【网络管理和应用】 开展党中央治国理政新理念新思想新战略和新实践的重大主题宣传，开展“创城在行动”“温暖在身边”“安全出行、礼让文明”网上宣传活动。开展“网络文化公益活动走基层”活动、2016“乐在社区 有你精彩”全民健身社区安全公益行活动。举办第四届“泰山网络文化传播奖”颁奖典礼。开展关键信息基础设施网络安全大检查活动。开展网络谣言整治、打击新闻敲诈和假新闻、违法违规清理整治、网络敲诈和有偿删帖专项整治、“账号十条”清理整治活动。打造网络文化惠民平台提质升级工程，打造“泰山幸福e家园”提质升级工程“笑脸社区”。建成3500人的网军队伍，强化对网络评论员、舆情信息员、网络管理员、网络监督员“四支队伍”的管理和培训，年内举办培训班3次，培训人员300人次。

【新闻舆论宣传】 组织开展对习近平总书记系列重要讲话和六中全会精神的宣传阐释。开展“两学一做”学习教育、“创新驱动促发展”“供给侧结构性改革”“脱贫攻坚”“生态文明建设”“全国文明城市创建”重大主题宣传。开展“两会”“登山节”“特种装备展”“十一”“泰马”等重大政治经济活动和重要节庆宣传。在省级以上重要媒体发稿3000篇，新华社刊发的《我国纺织业首个国家科技进步奖技术推广陷困境》得到中共中央政治局委员、国务院副总理马凯同志重要批示。举办21场新闻发布会。完善政务微信@泰安发布、政务微信泰安发布双微服务工作。完成外宣新闻媒体发稿工作260篇。在中央电视台播出《国宝档案·封禅泰山》电视系列片，出版《天下泰安》(画册)6期。在英文版中国日报网刊发2016“外国专家泰安行”活动。

【培育和践行社会主义核心价值观】 完善善行义举四德榜，开展四德示范点建设，6家单位被命名为省“四德工程”建设示范点。组织2015年度“最美泰安人”的评选。开展“身边好人”评选推荐活动，推出“泰安好人”107名，“山东好人”50名，“山东好人之星”3名，中央文明办评选的“好人365”4名，“中国好人”20名。推出全国劳模苏庆亮，“齐鲁时代楷模”余松烈，全省岗位学雷锋“最美人物”范红艳，“齐鲁最美教师”张春霞、陈建民，“齐鲁最美医生”张树泉先进典型。组织“图说我们的价值观”“讲文明树新风”公益广告宣传活动。开展企业“中国梦”宣传教育活动，组织纪念中国共产党建党95周年征文活动。组织“鲁商故事”征集活动和省第二届“厚道鲁商”公益广告大赛活动。

【群众性精神文明创建】 开展创建全国文明城市活动。组织“百镇千村”建设示范工程评选，13个村列入全省乡村文明行动“百镇千村”建设示范工程第四批省级项目。开展首届全国全省文明家庭推选活动，“王长义、王长信家庭”入选第一届全国文明家庭，受到习近平总书记、姜异康书记接见。组织首届“美丽家庭”“美丽村庄”“美丽乡镇”评选表彰活动。开展“身边好人”评选推荐，组织第八批城乡文明牵手共建行动和“地企共建文明乡村”活动。开展“文明礼仪我先行”主题活动和“讲文明树新风”公益广告宣传活动。开展志愿服务“四个100”先进典型评选，泰山小荷公益发展中心获全国“最佳志愿服务组织”称号。制订《泰安市面向未成年人公益广告宣传工作方案》，举办第二届乡村学校少年宫成果展示活动。制订全市未成年人校外心理辅导站建设标准和全市未成年人思想道德建设基地标准，建成市、区两级未成年人心理辅导站和24个未成年人思想道德建设基地。组织“我们的节日”主题活动，开展“泰山小名士”系列活动，开展“我的中国梦”“做一个有道德的人”“网上祭英烈”优秀童谣征集传唱主题活动。获山东省第三届“国学小名士”经典诵读电视大赛优秀组织奖。

【公共文化服务】 图书馆、美术馆、文化馆完成搬迁，建成基层综合性文化服务中心2583个。完成70%农村(社区)综合文化活动室建设。实施全民阅读“进家庭、进社区、进校园、进农村、进企业、进机关”六进活动。开展“群众文化艺术年”、文化科技卫生“三下乡”“文化进万家、送欢乐下基层”“心连心”小分队文化惠民活动。实施“一村一年一场戏”工程，送戏下乡4000场，财政补助600万元，获全省首届全民广场舞大赛优秀组织奖。举办泰安市庆祝中国共产党建党95周年电视文艺晚会、纪念红军长征胜利80周年群众合唱演出活动、“泰安市首届少儿戏剧艺术节”“第二届泰安文学周”活动，庆国庆全市优秀广场文化节目展演活动。举办乡镇（街道）宣传委员公共文化服务培训班和非物质文化遗产代表性项目传承人培训班。举办基层文体活动带头人和文艺骨干培训班260期，培训8000人。评选50个基层公共文化服务示范乡镇（街道），200个文化活动先进村（社区）和1000名农村（社区）星级文体活动带头人等先进典型，推动基层公共文化服务工作。

【文化体制改革和文化产业发展】 制订出台《泰安市深化文化体制改革方案》《泰安市加快文化产业发展的意见》，完成2016年度深化文化体制改革的任务台账和重点改革事项。开展国有文化企业“对标超越”活动。参加第十二届深圳文博会、第六届山东省文博会宣传推介泰安文化项目。泰山国际会展中心、泰山世纪古典汽车博览馆、梦想小镇、大型室内演艺项目《泰山千古情》、大汶口国家考古遗址公园项目运营良好，山东华岳文化出版科技创意产业园、泰山三里屯项目、徂徕山写生摄影基地顺利推进。泰山美术馆、山东综艺联创包装股份有限公司、山东征途信息科技有限公司3家企业上市。举办泰安市文化产业研修班，组织开展第二届泰安市文化产业领军人才评选活动。创建《泰山晚报》文化产业周刊，出版90期。开展文化产业项目调研和统计工作。（高　珍）

统一战线

【概况】 年内，全市统战工作贯彻落实中央、省委、市委统战工作会议精神和《中国共产党统一战线工作条例（试行）》，围绕市委工作中心和全市发展大局，立足部门职责，全面推进各领域统战工作。市委统战部继续保持“省级文明单位”称号，被省委统战部表彰为“全省统战理论调研宣传‘四新工程’先进单位”“全省统战宣传工作一等奖”。

6月6～8日，省委统战部常务副部长赵强（前排右二）带领省委统一战线工作领导小组调研检查组到泰安，调研检查市委贯彻落实中央、省委关于统一战线一系列重大决策部署情况。市委副书记、统战部部长李希信（前排左二）陪同活动（王　勇　供）

【贯彻落实中央、省委、市委统一战线系列决策部署】 落实各级关于加强基层统战工作力量配备的规定，推动全市88个乡镇（街道）和所有市、县（市、区）党委派出机构全部配备党（工）委统战委员和统战干事，统战工作任务重的机关和企事业单位全部明确统战工作联络员。4月下旬，在市委党校举办全市基层统战干部培训班，对市、县（市、区）党委派出机构和各乡镇（街道）党（工）委统战委员110人进行为期8天的集中培训。5月中旬，市委统一战线工作领导小组赴各县（市、区）调研督查贯彻落实中央、省委、市委关于统一战线一系列重大决策部署情况。6月上旬，省委统一战线工作领导小组到泰安调研检查，对泰安统战工作开展情况给予充分肯定。落实中央、省委关于市、县级党委统战部部长由同级党委常委担任的要求，党委常委职数11人的5个县（市、区）统战部部长由同级党委常委专任，党委常委职数10人的泰山区担任统战部部长的常委同时兼任组织部部长职务。调整制订市对县（市、区）统一战线科学发展综合考核意见，细化指标要求和评价标准，为基层统战工作科学发展进一步指明方向。

【多党合作事业】 贯彻落实市委《关于加强社会主义协商民主建设的实施意见》，研究制订市委《关于做好政党协商的实施意见》《2016年度政党协商计划》，全年召开民主协商会、征求意见会、情况通报会等协商活动8次，其中市委、市政府主要领导出席5次。组织各民主党派市委开展专题调研和界别协商，形成高质量调研协商成果12个。组织开展“统一战线庆祝中国共产党成立95周年主题活动”，在《泰安日报》开辟专版刊登各民主党派和无党派代表人士寄语中国共产党成立95周年署名文章，在泰安电视台《泰安新闻》栏目播出“多党合作 同心圆梦——庆祝建党95周年”专题节目。在延安干部培训学院举办全市各民主党派工商联市级组织负责人暑期研讨班，帮助各民主党派工商联主要负责同志加强思想政治建设。

【为经济社会发展服务】 实施党外人士建言献策精品工程和社会服务品牌工程，引导民主党派和无党派人士为经济社会发展献计出力。在市政协十二届五次会议上，党外政协提案占总数的80%以上。引导、支持各民主党派和无党派人士发挥资源优势，开展爱心助学、普法宣传、敬老助残、科技帮扶、慈善捐赠等社会服务活动20次。学习贯彻习近平总书记在全国政协民建、工商联界委员联组会上的重要讲话精神，开展以“守法诚信，增强发展信心”为主题的非公有制经济人士理想信念教育实践活动。抓好“民营经济发展环境满意度”考核，协调解决非公有制企业发展过程中遇到的困难和问题。实施少数民族帮扶工程，对上争取少数民族发展资金和民族宗教事业发展专项资金421万元，帮助民品企业落实贴息贷款20亿元，贴息2700万元。研究制订市委、市政府《关于加强和改进新形势下民族工作的实施意见》，召开市委民族工作会议暨全市第六次民族团结进步表彰大会。开展针对少数民族群众歧视性做法专项检查，排查纠正歧视少数民族群众的各种行为。学习贯彻全国、全省宗教工作会议精神，组织开展“教风规范年”活动，推进佛道教领域治理，依法规范宗教活动，打击各种非法传教行为。打造“海峡两岸·情重泰山”工作品牌，组团到台湾对泰安市确定的新北市泰山区大科村等3个基层联络点进行参访交流，举办“台湾中南部地区东岳大帝、碧霞元君信众及乡镇里长泰山行活动”，加强两岸交流联谊。泰（安）台（湾）经贸合作迈出新步伐，全市新批台资项目5个，总投资额12071万美元，合同台资9955万美元，实际到位资金4850万美元，增长12%；台资企业增资项目4个，增资额1485万美元，是2015年增资额的3倍。接待澳门社团优秀青年骨干访问团和全国台联台胞青年夏令营到泰安参观访问，深化与港澳台地区及海外地区的文化交流活动。

【党外代表人士队伍建设】 年内举办学习班、培训班等17次，培训党外代表人士960人次。召开全市党外干部挂职工作总结会议，对党外干部挂职锻炼工作及市级党外代表人士实践锻炼基地运行情况进行总结。对全市副科级以上党外干部进行摸底统计，全面掌握党外干部队伍整体情况。开展党外代表人士综合评价工作，加强对民主党派、工商联领导班子中的党外领导干部，以及担任市级以上人大代表、政协委员等重点党外代表人士的监督管理。开展新的社会阶层人士统战工作调研，加强对党外知识分子联谊会工作的指导，引导党外知识分子积极开展参政议政、社会服务工作。抓好市社会组织联合会成立筹备工作。推动市人民检察院、教育局等7部门聘任党外特约人员35人。做好民主党派市级组织和市、县级工商联换届工作，推进市、县级人大、政府、政协换届中党外代表人士的推荐安排工作。截至12月8日，全市7个民主党派市委会全部顺利完成换届任务。

【统一战线“同心扶贫攻坚行动”】 以助力“百村千户”脱贫为目标，以实施产业扶贫、教育扶贫、科技扶贫、医疗扶贫、助老扶贫、捐赠扶贫“六大行动”为抓手，动员统战系统各单位和广大统战成员投身到全市扶贫攻坚行动。引导工商联系统开展“百企帮百村”脱贫攻坚行动，整合市级民主党派和无党派人士资源重点支持东平县脱贫。全市74家民营企业与83个省市级贫困村结成帮扶对子，累计实施产业扶贫项目39个，计划总投资49亿元；27家企业实施就业扶贫，安排贫困人口2666人，支付工资460.96万元；37家企业开展公益扶贫，捐款捐物合计490.46万元。7个民主党派市委和市党外知识分子联谊会分别与东平县8个乡镇（街道）结成帮扶对子，确定合作帮扶项目11个。配合开展“情系齐鲁·同心义诊”“同心·光彩助学行动”“泛海助学山东行动”等精准扶贫活动，争取上级救助资金430万元。全市统一战线全年累计实施产业扶贫项目46个，总投资7.35亿元，安排贫困人口就业5200人，开展科技、教育、医疗等帮扶活动30次，举办扶贫捐赠活动20次，捐赠款物价值近3000万元。相关经验在省委统战部扶贫开发工作座谈会上作典型发言。 （王 勇）

【概况】 年内，市委政研室（改革办）围绕全市中心工作，务实进取、开拓创新，高质高效地做好文稿起

5月4日，市委政研室（改革办）工作人员到泰安银行开展学习调研活动　（陈　栋　摄）

草、调查研究、深化改革、党刊编辑等各项工作，辅政能力得到新提高，推动改革实现新突破。继续保持“省级文明单位”称号，被市委表彰为“2016年度‘五型’机关建设示范单位”。

【文稿起草】 全年起草各类文稿500篇（件）。先后完成市委十届十一次、十二次全会和市“两会”、市委常委会、招商引资和项目建设检查考核会、经济工作会、科学发展表彰大会、市委全面深化改革领导小组会、领导干部会、扶贫工作会、市纪委全会、换届工作会、巡视整改会、城市工作会等重要会议文稿；完成迎接省领导到泰安调研视察汇报、全市工作情况、基层党建工作述职、党管武装工作述职、姜异康书记谈心谈话、对省委常委的意见建议等材料的起草；完成省委全会、省经济工作会、扶贫会、司法所建设工作会、学习习总书记讲话专题会议、六中全会精神专题研讨班等在省以上有关会议上的发言材料；完成人大、政协、纪委、组织、宣传、政法、团委、工会、党校、民族等各种专业和专题会议方面的材料；起草市委主要领导参加重大活动的致辞等；协助完成市委书记在“两学一做”学习教育中的各类发言、讲话等材料；完成市委副书记各类材料起草；审核把关市媒体重要新闻报道、评论员文章等。

【调查研究】 围绕市委中心任务，加大对经济新常态、深化改革和民生等领域的调研力度，为市委谋划和部署工作提供针对性、实效性、操作性强的建议和决策依据。结合“两学一做”学习教育，组织开展“五月份大调研活动”，开展金融业发展、改革容错机制、旅游业发展、产业扶贫等专题调研，到省内外进行考察学习，形成调研报告，交流调研成果。筹备党代会报告起草，组成两个考察组到南方进行专题考察调研；开展对项目建设考核会、经济工作会、扶贫会等多个重要会议材料的起草调研。在2016年度全省党委政研系统优秀调研成果评选中，2篇调研报告分获一等奖和三等奖。

【阵地载体建设】 全年编发《泰安工作》12期，把“贯彻市委意图，研究政策法规，交流工作经验，提供决策服务”作为《泰安工作》的办刊宗旨，围绕“两学一做”学习教育、“招商引资和项目建设”“供给侧改革”等重点工作开设栏目，打造泰安特色党刊。提高调研成果转化为领导决策的效率，编好《领导参阅》，使其进入领导视野，影响领导决策。　（吕虎振）

【概况】 年内，市委市直机关工委把握机关党的工作正确方向，推进“两学一做”学习教育，坚持问题导向，针对部分机关党组织主体责任落实不到位、党建工作与业务工作“两张皮”、党员责任义务淡化等问题，创新实施“一岗双责三联评定”融合机制，有效实现中央和省市委把全面从严治党延伸到每个支部每名党员的要求，强化机关基层党组织的战斗堡垒作用，激发各基层党组织书记、党员的内在动力，发挥党员的主体作用，初步实现“关键少数”与“整体联动”的相互促进。机关工委在全省机关党建理论和实践创新交流会议上作典型发言，具体做法被中央国家机关工委紫光阁官方网站、中直机关《中直党建》刊发推广。继续保持“省级文明单位”称号，被评为“山东省机关党建创新工作先进单位”“山东省机关党建宣传工作先进单位”。

【思想建设】 发挥理论中心组学习的引导作用，推进社会主义核心价值观宣传教育；学习贯彻十八届五中、六中全会精神和习近平总书记系列重要讲话精神，制订印发市直机关中心组学习意见，指导市直机关各部门、单位开展党委理论中心组学习，推进社会主义核心价值观宣传教育。从自管党费中拿出30万元，为市直1600个基层党组织购买学习资料和辅导读物4万册。举办市直机关党性教育井冈山培训班，党务干部和优秀党员代表计110人参加培训。编写《市直机关“两学一做”学习教育知识测试题库》，组织党员干部通过党建网络进行知识测试，优秀率80%，合格率100%。

【组织建设】 新建、改建、换届调整机关党组织54个，其中新建机关党委6个，对289名机关党组织班子成员进行调整充实。全年发展党员315名，举办2016年党员发展对象培训班，培训发展对象175人。实施规范化党支部建设3年计划，明确28项规范化要求，打造全面过硬基层党支部，首批验收公布规范化党支部400个。从严落实基层党建重点任务，排查出未按期换届基层党组织186个，实行清单销号制度，督促指导按期进行换届。落实“机关党日”“三会一课”等制度，印制《市直机关党支部工作手册》，明确党内生活的内容、频次，对机关党内生活实行纪实性管理。推进“五化五星”服务型基层党组织创建工作，坚持抓“两头”、带“中间”，全面提高机关服务型党组织创建水平。至年底，有175个机关党组织、8740名党员干部，分别到81个社区报到，开展项目认领服务，1140名机关党员领导干部长期结对帮扶农村困难群众483户。

【作风建设和反腐倡廉建设】 完善党风廉政建设责任制领导小组，签订《党风廉政建设责任书》。强化对职权运行的制约和监督，重新修订完善议事规则和程序，严格落实民主生活会、述职述廉、谈话提醒等制度。落实党风廉政建设监督责任，发挥好机关纪律监督员作用，做好违纪案件审查和违纪党员处置工作，接收办理来信来访30起，受理市直机关科级以下干部违纪审查5起，党纪处分8人。

【精神文明及“五型”机关创建】 抓实抓好“五型”机关和文明单位日常管理，严格审查文明单位申报条件，按照平时工作与考核结果相结合的方式，加强规范管理、推动工作、提高效能，调整考核标准，在对111个部门单位机关党的工作情况考评中，继续突出群众满意为导向，注重机关党组织书记的述职评议和平时工作考评。推荐表扬“五型”机关建设示范单位30个，表扬市直文明单位71个，机关党建先进单位6个，优秀公仆60名，敬业奉献先锋200名。结合开展争创“五型”机关、“两学一做”学习教育活动，组织“一岗双责三联评定”承诺践诺，每名机关党员结合各自岗位填写“‘一岗双责’承诺践诺评定表”，并将各部门单位机关党组织书记承诺践诺评定表交市直机关工委备案。组织开展“十佳服务品牌”“敬业奉献示范窗口”评选活动，表扬“十佳服务品牌”41个、“敬业奉献示范窗口”35个。开展最佳支部活动评选、机关党员志愿服务以及部门科室个人“三层联创”活动，促进市委、市政府各项决策部署在市直机关得到高效率贯彻落实。

【宣传工作】 加强对“一网一刊”的管理使用，健全维护机关党建信息管理平台，提高《泰山公仆》杂

5月11日，召开全市机关党的工作会议，市委常委、秘书长宋洪银出席会议并讲话 （王斌 摄）

6月29日，召开市直机关部门单位“两学一做”学习教育交流促进会

（王 斌 摄）

志创办质量。编发《机关党建通讯》25期，《泰山公仆》杂志4期，发行1万册，并借助泰安机关党建网和微信公众号平台以电子版的形式进行发布。配合市委宣传部组织市直机关开展纪念红军长征胜利80周年“和平颂•中国梦”泰安市大合唱文艺汇演、“永远跟党走”庆祝建党95周年电视文艺晚会等节目选拔、演出任务，参与组织“弘扬无偿献血，共建文明城市”“苏庆亮同志先进事迹报告会”等活动。加强文明单位信息报送工作QQ群的动态管理，汇总文明单位报送信息并及时报送580篇；做好“身边好人”推荐工作，征集各部门、单位报送好人线索94条，挑选上报具有代表性、事迹感人的“身边好人”27名。

【群团组织建设】 举办市直机关第二十五届乒乓球比赛和第三届羽毛球比赛，开展工人先锋号、“十大”杰出青年评选活动，利用市直机关干部讲堂举办机关干部保健知识、女干部保健常识等专题讲座，激发市直机关基层党组织和广大党员干部服务社会、服务基层、服务群众的工作热情。做好市直机关征兵工作。

【“全国文明城市”创建】 以争创“全国文明城市”为载体，开展有关创建的基础性资料规范化工作。抽调人员，成立市政务环境、市直机关文明城市创建工作领导小组，召开创城调度会议3次。按照《泰安市创建全国文明城市测评体系操作及任务分解手册》要求，完成工委自身承担的测评指标档案资料上报工作，并及时调度各成员单位工作进度。通过学习培训，政务环境创建档案材料46份，其中规范性文件27份；市直机关文明城市创建说明报告13份，实景图片24张，规范文件6份，完成所担负的创建文明城市任务。（陈来明）

党史资料征编与研究

【概况】 年内，市委党史办围绕市委工作大局，整体工作部署与“两学一做”专题教育紧密结合，发挥党史工作在“以史鉴今、资政育人”中的重要作用，在党史征研、党史宣传等方面取得实效，推出一批党史精品成果，在全省优秀党史成果评选中，市委党史办获得一等奖2项、二等奖7项、三等奖1项。

【党史专题征研】 编纂完成《历史的足迹——泰安地方党史专题编研丛书》（共六卷）。该丛书全面、系统、客观地记载和反映泰安党组织在各个历史时期的重大事件和活动，年内重点完成大革命时期（1926～1937）和抗日战争时期（1937～1945）两个分卷，共70万字。编纂完成《泰安重要专题文献选编》（共两册），全书70万字，精选社会主义建设时期的18个专题，收录具有代表性的历史文献资料，具有重要史料价值。

【党史资料征编】 ①启动《改革开放实录（泰安卷）》征编工作。该项目是中央、省委党史研究室安排的重点任务。全面系统收集整理改革开放以来经济建设、政治建设、文化建设、社会建设、生态文明建设和党的建设各方面重要资料，开展改革开放实录课题研究。至年底，完成6个专题15万字的征稿、修改、上报等工作。②启动社会主义建设时期市（地）、县委书记口述历史的征编工作。以历史当事人的口述资料、回忆文章、日记、笔记等资料为征集重点，全面反映该时期重大党史事件及典型经验做法。至年底，完成秦和珍等8位市（地）委书记相关资料的查档、整理工作，形成文字资料15万字。

【党史宣传教育】 党史刊物《泰汶春秋》如期发行，向全国各地的老同志以及党史工作者、党史爱好者征集不同时期的回忆录、老照片等珍贵历史资料100篇，近40万字，年内出版4期，发行8000册。在纪念中国共产党建党95周年、纪念长征胜利80周年活动中，深入社区、基层，开展党史知识普及活动、送书下乡活动，开展宣传活动4次，向基层赠送党史书籍4000册。

（李贵友）

【概况】 年内，市委党校认真贯彻落实全国和省市党校工作会议精神，以“建设一流市级党校”为目标，全面落实校委提出的“一二三四”（即：瞄准建设一流市级党校“一个目标”，做好内强管理、外塑形象“两篇文章”，坚持教学、科研、服务“三位一体”，统筹推进设施建设、业务建设、制度建设、校风建设“四项建设”）思路，打好教研质量提升、考核争先进位、文明创建升级、校风建设攻坚“四场硬仗”。获得“全国绿化模范单位”、全国第二批“节约型公共机构示范单位”两个国家级荣誉称号，获得“省级文明单位”称号，被授予“全市全民科学素质工作先进集体”“全市离退休干部工作先进集体”等称号。市委书记、党校校长王云鹏在市委十届十二次全会报告中对党校工作成绩给予充分肯定。省委副书记、省委党校校长龚正在全省党校工作座谈会讲话中对泰安市委党校“四个不上讲台”的做法给予充分肯定。

形成“三项机制” 形成以“定岗定责定任务、抓述抓评抓考核”为主要内容的全员管理机制，以“教研质量聚力提升行动”为主要抓手的教学科研工作推进机制，以社会化、半社会化服务为基本模式的后勤管理保障机制。

加强“四项建设” ①设施建设。加大配套设施建设，新增投资300万元，配齐学员公寓电脑，新建舆情、应急管理情景模拟教室，完成校园水系景观改造、饮水净化工程、校园公共广播系统和电子图书阅览系统等。②业务建设。按计划完成24个主体班次培训工作，培训学员2000人次；承担并完成5个班近200名研究生学员辅导管理任务；承办对外培训班次53个，参训学员7200人次。出色完成市管领导干部十八届六中全会精神轮训任务。承担市委交办的“两学一做”学习教育宣讲和十八届六中全会精神宣讲任务，举办宣讲报告40场次，受众12000人次。③制度建设。新订、修订20多项规章制度，教学、科研、管理、队伍建设等各方面都做到有章可循。④校风建设。扩大共识，团结和谐，形象改善，成为促进学校发展的重要软实力。

打赢“四场硬仗” ①“文明创建升级仗”。成立“泰安市志愿服务培训基地”和“泰安市志愿服务文化研究中心”，积极参加志愿服务活动，深入参与创建全国文明城市，努力推进社会主义核心价值观宣传与实践，顺利通过省文明委考核，被正式命名为省级文明单位。②“教研质量提升仗”。选派教师50人次参加北大、人大、中央党校、国家行政学院等高端培训，提升教研质量，涌现出一批名师、青年新秀、优质课和精品课。全年立项各类科研课题30项，增加5项；发表论文101篇，获市领导签批的调研报告6项，增加3项。③“校风建设攻坚仗”。开设教师大课堂、党员大讲堂，强化学习教育，弘扬“党校是我家，好家靠大家”“爱校如家、护校如身”理念，校风校纪好转。④“考核争先进位仗”。获“全国绿化模范单位”“全国节约型公共机构示范单位”等称号，10人次被评为全省党校优秀教师、先进工作者、全省公共机构节能工作先进个人、全市劳动模范、三八红旗手、十大杰出青年等。

实现“五大变化” ①员工精神面貌有新变化。全校教职工自觉践行“敬事、敬人、敬规矩”的理念，

7月14日，全市党校工作会议召开，市委书记、市委党校校长王云鹏作重要讲话

（姬大鹏　摄）

9月14日，市委书记、市委党校校长王云鹏（右二）到市委党校调研，市委常委、组织部长唐福泉（右四）陪同活动 （姬大鹏 摄）

做到心中有责、手中有活，爱岗敬业、争创一流，形成风清气正、团结和谐、人心思上的良好政治生态。②教学质量得到新提升。实施精品课工程、名师工程、设立教师新秀奖等激励措施，特别在青年教师激励培养方面，通过让优秀青年教师上示范课、汇报课等做法，促使他们快速锻炼成长。③工作条件有新改善。学员餐厅、公寓设施更加齐备，布局更加合理；信息化建设有长足发展，实现校园 Wi-Fi 全覆盖；改善教研人员办公条件，为各教研部室增加集体备课室，购置多功能录音设备；投资建设电子借阅机和超星图书馆，教职工通过手机端就可以完成查询下载图书、期刊、论文、报纸、会议等文献资料，方便教学科研和学习阅读需要。④改革创新取得新成果。实施“1551”党性教育创新工程，建立党性教育教研中心。突出党的理论教育和党性教育主业主课，占总课时数均超过70%。设立市委党校泰山景区分校；新建情景模拟教室。⑤校园发展呈现新态势。和谐校园、学习校园、文化校园建设成效明显，展现良好发展前景。

【落实全国党校工作会议精神】 抓住学习贯彻全国党校工作会议精神重大历史机遇，争取党委重视支持，推进一流市级党校建设。市委召开全市党校工作会议，市委书记王云鹏作重要讲话。出台《关于加强和改进新形势下党校工作的实施意见》和《建立领导干部上讲台制度的实施意见》，市委常委均按要求到市委党校讲课，进一步形成党委高度重视、党校积极努力、各部门齐抓共管的工作格局。 （刘庆斌）

编校 刘 凯 审稿 周美广

泰安市人民代表大会

综述

【概况】 2016年，市人大常委会先后召开常委会会议8次，听取审议专项工作报告23项，开展视察调研和执法检查16次，作出决议决定和审议意见20项，任免国家机关工作人员66人次，完成市十六届人大五次会议确定的各项目标任务，为法治泰安、文明泰安和幸福泰安建设作出新贡献。

【推动市委重大决策部署落地生根】 ①推进全市经济社会发展。围绕全市中心工作，强化监督实效，以“认真”和“担当”的精神推动工作。督促市政府积极适应经济发展新常态，推进供给侧结构性改革，继续推进招商引资和重点项目建设，围绕制造业转型升级、现代服务业繁荣发展、现代农业提质增效、城乡一体协同推进“四轮驱动”战略；寓监督于支持之中，支持政府部门，以招商引资和重点项目建设为总抓手，推动结构性改革和体制机制创新，促进经济社会发展实现新跨越。组织开展农业机械化推广、中医药发展、打造中外著名旅游目的地城市工作的视察或调研，及时反馈调研成果，为市委决策提供参考依据。围绕市委深化改革责任分工，完成民主法治领域的改革任务，常委会成立专门领导小组，开展调查研究，制订修改规章制度，为全市推进法治改革奠定基础。②加强县乡人大工作指导。贯彻落实中央和省、市委关于加强县乡人大工作和建设的决策部署，加强县乡人大机构建设工作指导，就县级人大专门委员会和工作机构设置、乡镇、街道和开发区人大配备等方面谋划改进措施，帮助各级人大解决实际问题。③开展“两学一做”学习教育。制订实施方案，注重以上率下，突出问题导向，结合视察、执法检查、专题调研等活动，听取各方面意见建议，抓好整改落实。

【改进监督工作】 ①推动经济转型升级。常委会听取审议2016年上半年国民经济和社会发展计划执行情况、市级经营性国有资产保值增值等工作报告；组织开展国地税联合办税税收征管、全市房地产开发建设管理、少数民族经济工作等视察调研，提出全面落实中央和省、市委宏观调控政策，抓好稳增长、调结构、促改革、惠民生，增强创新能力，提高经济效益等意见建议。②加强预算决算审查监督。常委会落实市委关于改革预算决算审查监督的要求，完善预算审查前听取市人大代表和社会各界建议的规定，科学运用预算审查监督联络员、专家咨询制度，充分发挥预算审查监督联络员、专家学者的作用，对提高预算审查监督实效提供支持。听取审议2015年市级决算和2016年上半年预算执行情况的报告、审计工作报告，批准决算、预算调整方案和地方政府债务限额，依法作出决议决定，提出要适应预算改革要求，完善全口径预算体系，规范政府债务管理，防范和化解财政金融风险，科学合理用好财政资金等建议。支持审计部门依法加强审计，听取审计查出问题整改情况报告，强化审计整改的跟踪监督，审计查出问题全部整改到位。③保障和改善民生。常委会听取审议市政府关于现代畜牧业发展、城市环境综合治理、教育、《全民科学素质行动计划纲要》实施等工作情况的报告。督促市政府及有关部门加强对城市环境、教育等重点工作的监督，解决存在的突出问题。④促进生态文明建设和绿色发展。连续开展大气污染防治跟踪监督。持续开展“泰汶环保世纪行”活动，弘扬先进典型，曝光违法行为，运用舆论传导压力，推动解决环境污染问题。

1月18日，泰安市第十六届人民代表大会第五次会议在泰山国际会展中心泰山会堂开幕。图为大会会场　　（赵文文　摄）

【推进法治泰安建设】（参见《法治·地方立法与法律监督》）

【支持代表依法履职】①拓宽代表联系渠道。开展“人大代表大讲堂”活动，坚持邀请各级代表列席市人大常委会会议，参加执法检查、视察调研和有关委室的活动，推动“双联系”工作制度化、常态化。实行重要活动向代表通报制度，及时向代表通报经济社会发展情况；重视人大代表的来信来访，做好交办催办和答复反馈工作，为代表知情知政、执行职务创造条件。②精心组织代表闭会期间活动。加强代表小组活动室建设和代表小组制度建设，建立健全代表工作组织网络，利用“代表小组活动、集中视察调研活动、主题实践活动”三大活动平台，加强对代表活动的指导，创新活动方式和内容，激发代表参与热情，增强活动的针对性和实效性，充分发挥好各级人大代表在民主法治建设和社会经济文化事业发展中的作用。③加强议案建议督办工作。把代表议案建议办理工作同常委会工作有机结合起来，坚持常委会重点督办制度，学习借鉴外地先进工作经验，通过召开座谈会、视察检查、媒体跟踪报道等形式，创新督办形式，加大督办力度，督促有关部门提高办理质量和实效，提高办结率和满意率，确保把代表议案建议落到实处。

【提高履职服务保障水平】①抓好作风建设。认真组织开展“两学一做”活动，巩固拓展“三严三实”专题教育活动成果，继续严格执行中央八项规定，严守党的政治纪律和政治规矩，落实廉政建设“一岗双责”制度，确保廉政建设成效。严格落实《关于加强和改进人大调查研究工作的意见》，切实改进调研工作，深入基层一线，听真话、察实情，夯实常委会履职的民意基础，注重调研成果的运用和转化。密切与县乡人大的联系，搞好工作交流，及时总结推广经验，加强对基层人大的业务指导和帮助。②抓好制度建设。坚持民主集中制原则，完善议事程序，提高常委会议事决策的科学化、民主化水平。继续做好各专门委员会和常委会工作机构建章立制工作，不断健全各项工作制度，规范工作程序，充分发挥专门委员会和常委会工作机构作用，凡是常委会重要议题，都要认真开展调查研究和前期审议工作；凡是常委会会议审议意见和依法通过的决议、决定等，都要跟踪监督、抓好督办落实，用制度规范和保障各项工作有序高效开展。③抓好机关队伍建设。加强机关干部的业务培训和内外交流，完善干部选拔任用机制，不断提高干部队伍的整体素质，更好地发挥集体参谋助手作用。坚持不懈地抓好廉政建设和勤俭节约工作，增强法制观念，维护人大机关的良好形象。重视加强机关保密工作，做好自评自查。关心机关干部职工的工作和生活，做好机关离退休干部服务工作，注重办实事、解难题，努力营造积极向上、团结协作的良好氛围，为常委会依法履职提供更好的服务和保障。

【市十六届人大五次会议】1月18～21日召开。会议审议通过市长王云鹏作的《泰安市人民政府工作报告》《泰安市国民经济和社会发展第十三个五年规划纲要》，市政府《关于泰安市2015年国民经济和社会发展计划执行情况与2016年计划草案的报告》《关于泰安市2015年预算执行情况和2016年预算草案的报告》，市人大常委会第一副主任林华勇作的《市人民代表大会常务委员会工作报告》，市中级人民法院院长朱旭光作的《市中级人民法院工作报告》，市人民检察院检察长苏金森作的《市人民检察院工作报告》，表决通过各项有关决议。会议批准泰安市2015年国民经济和社会发展计划执行情况和2016年市级预算。补选陈刚为市十六届人大常委会副主任，补选部分市十六届人大常委会委员。表决通过《泰安市制定地方性法规条例》，由市人大常委会报省人大常委会批准后颁布实施。会议收到代表提出议案36件，经市人大各专门委员会研究，提交大会主席团通过，将《关于设立泰安市“市民泰山日”的议案》《关于加大培育创新型企业力度的议案》《关于对烟花爆竹通过地方立法和行政手段进行规范管理的议案》《关于加强泰山历史文化保护立法工作的议案》《关于切实解决全市城镇普通中小学大班额问题的议案》作为议案处理，其余作建议、批评和意见处理。

【市十六届人大六次会议】 7月13日召开。会议补选王云鹏为市人大常委会主任，补选李希信为泰安市人民政府市长。

【市十六届人大常委会会议】 年内，市十六届人大常委会举行会议8次。

市十六届人大常委会第二十八次会议 1月14日召开。会议讨论并原则通过泰安市人大常委会工作报告；听取关于市十六届人大五次会议筹备工作情况的报告；审议并原则通过市十六届人大五次会议主席团、秘书长名单（草案）；审议通过市人大常委会代表资格审查委员会关于补选泰安市第十六届人民代表大会代表的代表资格的审查报告；再次审议《泰安市制定地方性法规条例（草案）》；补选山东省第十二届人民代表大会代表；表决人事任免事项。

市十六届人大常委会第二十九次会议 2月26日召开。会议听取省十二届人大五次会议精神传达提纲；审议通过泰安市人大常委会2016年工作要点（草案）。

市十六届人大常委会第三十次会议 4月26日召开。会议听取和审议市政府关于全市房地产开发建设管理工作情况的报告；听取和审议市政府关于全市教育工作情况的报告；听取和审议市人大常委会执法检查组关于检查《中华人民共和国气象法》实施情况的报告；表决人事任免事项。

市十六届人大常委会第三十一次会议 7月6日召开。会议审议通过关于召开泰安市第十六届人民代表大会第六次会议的决定（草案）；审议通过市十六届人大六次会议主席团、秘书长名单（草案）；听取和审议市政府关于全市少数民族经济工作情况的报告；听取和审议市政府关于2016年全市新增政府债务限额及市级预算调整方案的报告，并作出相应的决议；表决人事任免事项。

市十六届人大常委会第三十二次会议 7月13日召开。举行宪法宣誓仪式，十六届人大六次会议上新当选的市人大常委会主任王云鹏、市人民政府市长李希信分别单独进行宪法宣誓；市人大常委会主任王云鹏作重要讲话。

市十六届人大常委会第三十三次会议 8月29日召开。会议听取审议市政府关于泰安市2015年市级财政决算和2016年上半年全市及市级财政预算执行情况的报告，审查、批准2015年市级财政决算，并作出相应的决议；听取审议市政府关于泰安市2015年市级预算执行和其他财政收支情况的审计工作报告，并作出相应的决议；听取审议市政府关于全市上半年国民经济和社会发展计划执行情况的报告；听取审议市政府关于全市贯彻落实《全民科学素质行动计划纲要》实施情况的报告；听取审议关于全市“七五”普法规划的汇报和《泰安市2016～2020年依法治市规划(草案)》的说明，并作出相应决议；听取审议市中级人民法院关于全市法院行政审判工作情况的报告。

市十六届人大常委会第三十四次会议 10月28日召开。会议听取审议主任会议关于提请审议《泰安市人民代表大会常务委员会关于泰安市第十七届人民代表大会代表名额分配的决定（草案)》的议案；听取审议市政府关于城市环境综合治理工作情况的报告；听取审议市政府关于市级经营性国有资产保值增值工作情况的报告；听

1月14日，在泰安市第十六届人大常委会第二十八次会议上，首次组织新任命国家工作人员宪法宣誓仪式 （朱新宇 摄）

4月26日，市十六届人大第三十次会议上，市人大常委会第一副主任、党组书记陈刚等常委会领导向新任命国家工作人员颁发任命书

（苏智伟 供）

取审议市政府关于全市现代畜牧业发展工作情况的报告；听取审议市政府关于《泰安市城市总体规划（2011～2020年）》（2016年修改）的议案，并作出相应的决议；表决人事任免事项。

市十六届人大常委会第三十五次会议 12月28日召开。会议审议通过关于召开泰安市第十七届人民代表大会第一次会议的决定（草案）；听取审议市人大有关专门委员会关于市十六届人大五次会议代表议案审议和办理情况的报告；听取审议市政府关于政府系统办理市十六届人大五次会议代表建议、批评和意见情况的报告；听取审议市政府关于2016年市级政府债务限额及市级预算调整方案（草案）的报告，并作出相应的决议；审议通过市人大常委会人事选举代表工作室关于市十六届人大五次会议以来代表所提建议、批评和意见办理情况的书面报告（草案）；审议通过泰安市第十七届人民代表大会第一次会议列席人员范围（草案）；表决人事任免事项。

【人事任免】 年内，常委会依法行使人事任免权，任免国家机关工作人员66人次。

1月14日，市十六届人民代表大会常务委员会第二十八次会议免去袁久亮泰安市人力资源和社会保障局局长职务。决定任命蒋永斌为泰安市人力资源和社会保障局局长，张广银为泰安市住房和城乡建设局局长；任命李明为泰安市人大常委会农村经济工作委员会副主任，李海滨为泰安市中级人民法院副院长。

4月26日，市十六届人民代表大会常务委员会第三十次会议免去张海鹏泰安市中级人民法院行政审判庭庭长职务，魏长青泰安市中级人民法院审判监督庭副庭长职务，刘政智泰安市中级人民法院审判员职务，车孟涛泰安市中级人民法院审判员职务，刘培山泰安市中级人民法院审判员职务，王庆伦泰安市中级人民法院审判员职务，单建伟泰安市中级人民法院审判员职务，朱建国泰安市中级人民法院审判员职务，宁方亮泰安市中级人民法院审判员职务，张明贵泰安市中级人民法院审判员职务，张纯昌泰安市中级人民法院审判员职务，赵衍军泰安市中级人民法院审判员职务，魏建国泰安市中级人民法院审判员职务，常建强泰安市中级人民法院审判员职务，张晓颖泰安市人民检察院检察委员会委员、检察员职务，乔秀杨泰安市人民检察院检察员职务，王慧泰安市人民检察院检察员职务，彭民观泰安市人民检察院检察员职务，张怀顺泰安市人民检察院检察员职务，王德祥泰安市人民检察院检察员职务，韩红卫泰安高新技术产业开发区人民检察院副检察长、检察委员会委员、检察员职务，谭荣强泰安高新技术产业开发区人民检察院副检察长、检察委员会委员、检察员职务，马波泰安高新技术产业开发区人民检察院检察委员会委员、检察员职务，周萍泰安高新技术产业开发区人民检察院检察委员会委员、检察员职务，张涛泰安高新技术产业开发区人民检察院检察委员会委员、检察员职务，郑岩泰安高新技术产业开发区人民检察院检察员职务。任命魏长青为泰安市中级人民法院行政审判庭庭长，毕经纶为泰安市中级人民法院审判监督庭副庭长，唐娜为泰安市中级人民法院立案一庭副庭长，冯小芳为泰安市中级人民法院立案二庭副庭长，宋许科为泰安市中级人民法院民事审判第一庭副庭长，陈春燕为泰安市中级人民法院审判员，李元森为泰安市人民检察院检察委员会委员，韩红卫、谭荣强、马波、周萍、张涛、郑岩为泰安市人民检察院检察员，张晓颖为泰安高新技术产业开发区人民检察院副检察长、检察委员会委员、检察员，王慧、乔秀杨为泰安高新技术产业开发区人民检察院检察委员会委员、检察员。

7月6日，市十六届人民代表大会常务委员会第三十一次会议决定接受李洪峰辞去泰安市人大常委会主任职务的辞职请求，王云鹏辞去泰安市人民政府市长职务的辞职请求，决定李希信为泰安市人民政府代理市长。按照有关规定，报市十六届人大六次会议备案。

10月28日，市十六届人民代表大会常务委员会第三十四次会议免去张勤勇泰安市人民检察院检察员职务，陈立强泰安市人民检察院检察员职务，曹建安泰安市人民检察院检察员职务，张庆东泰安市人民检察院检察员职务，徐士平泰安市人民检察院检察员职务。任命张士勇为泰安高新技术产业开发区人民检察院检察委员会委员、检察员，张勤勇为泰安高新技术产业开发区人民检察院检察委员会委员、检察员，于晓鑫为泰安市人民检察院检察员，周妙逸为泰安市人民检察院检察员，贾囡为泰安市人民检察院检察员。

12月28日，市十六届人民代表大会常务委员会第三十五次会议免去高广权泰安市中级人民法院民事审判第二庭庭长、审判委员会委员、审判员职务，免去张海鹏泰安市中级人民法院审判委员会委员、审判员职务，免去秦勇泰安经济开发区、泰安高新技术产业开发区人民法院院长、审判委员会委员、审判员职务。任命秦勇为泰安市中级人民法院审判委员会委员、审判员，侯庆国为泰安市中级人民法院审判委员会委员、审判员，周辉为泰安经济开发区、泰安高新技术产业开发区人民法院院长、审判委员会委员、审判员。

7月13日，泰安市第十六届人民代表大会第六次会议现场 （苏智伟 供）

【人大信访工作】 年内，受理人民来信65件，接待群众来访213起、296人次，引导群众依法信访，维护群众合法权益，促进社会和谐稳定。 （苏智伟）

【《当代名人在泰安》丛书出版发行】 该丛书自2014年年初开始研究编纂方案，2015年4月编纂工作正式启动，由泰安市人大常委会时任第一副书记、党组书记林华勇任编委会主任，副主任孙运飞任主编，秘书长张甲士任副主编，2016年8月出版发行。全书分《党和国家领导人在泰安》（上、下）、《文化名人在泰安》（上、下）、《国际友人在泰安》三卷五册，共1480页，收录新中国成立66年间446位当代名人、160个团组在泰安、泰山活动的文字资料181.3万字，照片514幅，是全市第一部专门记述当代名人在泰安、泰山活动情况的大型资料性书籍，全面、准确记述新中国成立以来党和国家领导人、国内外有影响的社会、文化名人，以及国际友人在泰安、泰山的活动情况，搜集、整理、保存当代名人与泰安、泰山有关的珍贵史料。 （马　辉）

人大各专门委员会

【法制委员会】 组织关于全市贯彻实施《中华人民共和国残疾人保障法》工作情况的调研，提出落实好法定优惠政策，提高残疾人的生活水平，加大残疾人就业安置工作力度等意见建议。有序推进全市地方立法工作，按照“不抵触、不重复、可操作、真管用”为立法原则，做好年度立法计划和5年立法规划编制工作。审议制定《立法计划、立法规划编制办法》《地方性法规起草工作办法》《泰安市人民代表大会及其常务委员会咨询专家库管理办法》等规范文件，做好法规条例制定的准备工作。

【财政经济委员会】 开展关于全市国地税联合办税税收征管工作情况的调研，向市政府提出要把营改增扩围试点作为深化国地税合作的重要契机，落实好政策规定，服务好纳税人，涵养财源税源的意见建议。听取审议市政府计划、预算、审计等执行情况的报告，审查2015年市级决算草案并作出相应决议。认真贯彻预算法，突出预算审查监督工作重点，努力推动对政府全口径预算决算的审查和监督。

7月13日，新当选的泰安市第十六届人民代表大会常务委员会主任王云鹏与领导成员合影。从左至右依次为：张甲士、孙运飞、刘汉玲、王云鹏、陈刚、滕先森、尹衍祥 （苏智伟 供）

【农业与农村委员会】 调研全市农业机械化推广工作情况，对农业机械化生产中遇到的问题做专门研究，并就农业机械化推广提出有关意见建议，督促市政府有关部门加大科技财力投入力度，提升农业机械化水平。围绕事关全市经济社会发展的重大问题和当前“三农”工作的热点、难点问题，专门听取市政府现代畜牧业发展等工作情况的汇报，对气象法等法律法规贯彻实施情况开展执法检查，加大监督检查力度，提高监督实效。

【城乡建设与环境资源保护委员会】 重点开展大气污染防治法执法检查，以查促改，跟踪监督，督促市政府相关部门认真落实有关意见建议，打好大气污染防治攻坚战，大气污染物排放量得到有效控制，空气质量居全省内陆城市前列。开展房地产开发建设管理及推动房地产市场健康稳定发展、城市环境综合治理等有关视察和调研，助力文明城市创建等全市中心工作。

【教育科学文化卫生委员会】 做好议案、重点建议督办工作，落实市十六届人大五次会议第22号议案，努力推进解决城镇中小学大班额问题，针对基础设施建设、师资配备、班额划分等工作，向市教育局等提出意见，切实保证议案办理实效。市人大常委会副主任尹衍祥带领调研组赴甘肃省调研中医药事业发展情况。重点督办《关于加大政府支持力度促进我市中医药事业发展的建议》，推动将中医药工作发展纳入全市卫生事业发展规划。视察全市《全民科学素质行动计划纲要》贯彻实施情况，形成审议意见印发市政府。

【民族侨务外事旅游委员会】 聚焦全域旅游，先后赴江西省、海南省调研学习全域旅游发展情况，形成调研报告，为全市发展全域旅游提供有益借鉴。组织对全市少数民族经济工作进行视察。听取审议《关于全市少数民族经济工作情况的报告》，有力推动全市民族工作健康发展。协助省人大民侨外委员会就《山东省旅游条例（修订草案）》开展立法调研，召集市政府有关部门、泰山管委、部分旅行社、旅游学者等召开座谈会提出有关意见建议。

（苏智伟）

3月15～16日，市人大常委会副主任尹衍祥带领执法检查组对全市贯彻实施《中华人民共和国气象法》情况进行执法检查。图为检查组实地查看肥城市气象局、湖屯镇人工增雨作业炮点 （苏智伟 供）

编校 刘 凯　　审稿 周美广

泰安市人民政府

综述

【重要决策、决定】 1月7日，市政府办公室印发《关于完善公积金管理服务机制扩大住房消费的实施意见》，提出完善住房公积金管理机制，提高住房公积金使用效率，支持职工住房消费。

1月15日，市政府印发《泰安市12345民生服务平台建设工作实施方案》，确定对市、县两级政府热线及相关民生信息源进行整合，搭建管理规范、运转高效、协调有力、便民利民的非应急性民生服务“一号通”平台，畅通群众诉求渠道，提高政务服务水平和群众满意度。

2月3日，市政府印发《关于公布2016年第一批削减行政审批事项和承接省政府下放行政审批事项等项目的通知》，公布市级第一批削减行政审批事项6项，承接省政府下放行政审批事项28项。

3月18日，市政府办公室印发《关于贯彻鲁政办字〔2015〕180号文件加快推进采煤塌陷地综合治理工作的实施意见》，提出建立采煤塌陷地综合治理机制，加快推进采煤塌陷地生态环境有效恢复，维护人民群众合法权益。

3月19日，市政府办公室印发《泰安市医疗卫生服务业转型升级实施方案》，提出加快服务模式转变，拉长预防、保健、咨询、养生等前端链条，促进医养结合等多业态融合发展，提高医药卫生服务能力，建立覆盖全体人群、生命全过程的大健康服务体系。

3月30日，市政府印发《泰安市国民经济和社会发展第十三个五年规划纲要》，分49章从发展基础、发展目标、创新发展、产业发展、城乡发展、基础设施、对外开放、生态建设、旅游文化、社会民生、改革开发、保障措施12个方面，对“十三五”时期的泰安市国民经济和社会发展的相关工作作出规划。

3月30日，市政府办公室印发《泰安市批发零售餐饮业转型升级实施方案》，提出发挥政府引导作用，推动企业自主转型，大力发展新业态、新模式，促进全市批发零售餐饮业转型升级、跨越发展。

3月31日，市政府办公室印发《泰安市〈乡村教师支持计划(2015～2020年)〉实施细则》，提出造就数量适当、结构合理、素质优良、甘于奉献的教师队伍，为教育现代化提供师资保障。

4月8日，市政府办公室印发《关于加快推进社会力量参与公共文化服务体系建设的通知》，提出营造有利于社会力量参与公共文化服务体系建设的浓厚氛围，提高全社会公共文化服务能力，增强区域文化综合实力和竞争力。

4月11日，市政府印发《关于认真落实粮食安全行政首长责任制的实施意见》，明确粮食安全的责任，完善粮食安全保障体系，促进粮食产业健康发展。

4月14日，市政府印发《关于大力支持实体经济发展的意见》，强化产业、科技、金融、财政、环境和奖励等政策支撑，支持全市实体经济发展，促进全市经济稳增长调结构增效益。

4月15日，市政府办公室印发《关于建立完善风险科学预判分级管控和隐患排查治理双重预防机制的通知》，提出持续推进安全生产隐患大排查、快整治、严执法集中行动，认真研究分析安全风险，健全安全生产风险分级管控体系、隐患排查治理体系和安全生产信息化系统。

4月21日，市政府印发《关于深化标准化工作改革提升泰安标准化建设水平的意见》，提出全面推进泰安市标准化工作改革，充分

7月21日，省委副书记、省长郭树清（前排左二）考察东平湖防汛工作，市委副书记、市长李希信（前排左三）陪同活动　　（王国梁　摄）

发挥市场主体作用和标准支撑引领作用，服务全市经济社会健康发展。

5月14日，市政府办公室印发《泰安市培植发展做大做强注册会计师行业实施方案》，提出引导会计事务所扩大执业领域和执业范围，提升执业质量和服务能力，改善执业环境和内部治理，推动会计师行业协会发展、做大做强。

5月18日，市政府印发《关于促进全市房地产市场平稳健康发展的意见》，提出22条措施深化房地产供给侧结构性改革，推进棚户区改造和商品房开发有机融合、并轨运行，稳定住房消费，保持房地产市场的供需平衡。

5月24日，市政府印发《关于构建泰安特色塔型科技创新体系的意见》，充分发挥科技在转方式调结构中的支撑作用，加快实施创新驱动发展战略，引领全市经济发展新常态。

5月31日，市政府办公室印发《关于加快发展教育培训业的通知》，提出统筹利用各类教育培训资源，优化办学服务体系，创新人才培养模式，构建以高等院校、职业院校、行业企业和各类社会培训机构为载体的教育培训体系。

6月13日，市政府印发《关于公布全市最低工资标准的通知》，对全市最低工资标准作出调整，明确各县（市、区）月最低工资标准和小时最低工资标准，维护劳动者的合法权益。

6月13日，市政府印发《关于发布2016年企业工资指导线的通知》，明确2016年全市企业工资指导线，引导各类企业按照工资指导线要求，科学安排工资增长，保障企业职工合法权益。

6月13日，市政府办公室印发《2016年推进简政放权放管结合优化服务转变政府职能工作方案》，提出持续推进行政审批、投资审批、职业资格、收费清理、商事制度、科教文卫体等领域改革，强化事中事后监管，提高依法行政质量和效率，为基层和群众提供公平可及的服务。

6月16日，市政府办公室印发《泰安市科学预判分级管控预防重特大事故试点工作方案》，提出积极构建安全风险预控和隐患排查治理双重预防性工作机制，提高安全生产源头治理能力和事故应急处置能力，解决安全生产领域存在的突出问题。

6月17日，市政府办公室印发《关于积极推进分级诊疗制度建设的通知》，提出加快建立分级诊疗制度，解决群众看病就医突出问题。

6月20日，市政府印发《关于进一步加强城镇棚户区改造工作的意见》，提出创新运作方式，强化工作措施，落实优惠政策，推进城镇棚户区改造，改善城乡居民居住条件，提升城市功能和宜居品质。

6月20日，市政府办公室印发《泰安市防震减灾第十三个五年规划》，提出进一步发展完善地震监测预报、震害防御、紧急救援等工作体系，提高防震减灾社会管理和公共服务水平。

6月20日，市政府办公室印发《关于提高全市城乡居民最低生活保障标准和农村“五保”供养标准的通知》，提出进一步规范城乡居民最低生活保障和农村五保供养工作，切实保障城乡困难群众基本生活。

6月23日，市政府印发《泰安市社会信用体系建设规划（2016～2020年）》，提出通过健全信用规章制度、构架覆盖全社会信用信息系统、建立守信激励和失信惩戒机制等措施，全面推进政务诚信、商务诚信、社会诚信和司法公信建设，打造“信用泰安”。

6月23日，市政府办公室印发《泰安市科技服务业转型升级提质增效实施方案》，提出构建科技公共服务、创新创业孵化、投融资、市场化科技服务产业等体系，优化全市经济发展环境，推进全市科技服务业转型升级、提质增效。

6月27日，市政府办公室印发《关于进一步加强职业病防治工作的通知》，提出多措并举推进职业病防治工作，预防、控制、减少和消除职业病危害，保障劳动者生命健康权益。

7月2日，市政府办公室印发《关于加快推进云计算和大数据创新发展的实施意见》，提出深化信息资源高效利用，培育信息产业新业态，为促进创业兴业、释放创新活力提供有力支撑。

7月6日，市政府办公室印发《关于进一步加快发展民办教育的通知》，提出优化政策环境，鼓励和吸引社会力量兴办教育，满足人民群众日益增长的多样化教育需求。

7月11日，市政府印发《关于加快发展文化产业的实施意见》，提出集聚各类资源向文化产业倾斜，深化改革、激发活力，推动文化产业跨越式、集约化、规模化、专业化发展。

7月18日，市政府办公室印发《泰安市全民科学素质行动计划纲要实施方案(2016～2020年)》，提出加强科学技术教育、传播及普及，推进全民科学素质工作，全面提高公民的科学素质和科普服务能力。

7月28日，市政府印发《泰安市落实〈水污染防治行动计划〉工作方案》，提出系统推进全过程水污染防治、水资源节约与循环利用、流域生态保护与恢复，持续改善水环境质量，保障环境安全。

7月28日，市政府印发《关于推进工业绿色转型发展的实施意见》，提出采取科技驱动、技术引领、机制创新和政策支撑4项措施，改造提升传统产业，加快培育新兴产业，构建工业绿色制造体系。

7月28日，市政府印发《关于公布2016年第二批削减行政许可事项和承接省政府下放行政许可事项等项目的通知》，公布市级第二批削减行政许可事项19项，承接省政府下放行政许可事项8项，调整行政许可事项名称2项。

8月1日，市政府办公室印发《泰安市养老服务业转型升级实施方案》，提出推动养老服务业转型升级，构建以居家为基础、社区为依托、机构为补充，功能完善、规模适度、覆盖城乡的养老服务体系。

8月9日，市政府办公室印发《泰安市国有建设用地使用权及矿业权网上交易办法》，分6章28条对信息发布、用户认证与竞买申请、网上报价和竞价、成交确认和结果公布、监督管理等方面作出明确规定。

8月29日，市政府办公室印发《泰安市散煤清洁化治理工作实施方案》，提出通过清洁能源与清洁煤替代、建设清洁煤生产配送基地、完善清洁煤配送体系、推广先进民用炉具等措施，逐步开展城区、农村地区的散煤治理，推动各领域煤炭的清洁高效利用。

9月5日，市政府印发《关于做好2016年退役士兵接收安置工作的通知》，对全市2016年退役士兵接收安置工作提出明确要求。

9月6日，市政府办公室印发《关于加快新能源汽车推广应用的实施意见》，提出建立完善政策保障和市场监管机制，支持新能源汽车的推广应用。

9月6日，市政府办公室印发《泰安市旅游休闲业转型升级实施方案》，提出重点推进体系建设，创新旅游发展体制机制，促进全市旅游休闲业全域化、品质化、国际化、智慧化发展。

9月18日，市政府办公室印发《泰安市加快电子商务发展实施方案》，提出加快培育电子商务平台，大力普及电子商务应用，健全电子商务配套支撑体系，推动电子商务产业集聚发展。

9月22日，市政府印发《关于调整公布市级行政权力清单有关事项的通知》，调整行政许可事项涉及36个部门（单位）788项。

9月27日，市政府印发《泰安市服务业发展三年行动计划(2016～2018年)》，提出实施服务业6大重点工程，培育壮大服务业重点产业，积极发展新型服务业，促进服务业壮大规模、拓宽领域、提升层次、高效发展。

9月27日，市政府办公室印发《关于加快推进海绵城市建设的实施意见》，提出扎实做好海绵城市建设试点工作，增强城市防涝减灾能力，提高城市水生态品质，提升城市综合承载能力。

9月29日，市政府办公室印发《泰安市物流产业转型升级实施方案》，提出构建布局合理、信息通畅、技术先进、管理规范、节能环保、安全有序的现代物流服务体系，提升壮大商贸物流业，推动物流产业转型升级。

9月30日，市政府办公室印发《泰安市文化产业转型升级提质增效实施方案》，提出从培育壮大市场主体、推动重大项目建设、促进创意创业发展、推进文化与其他产业融合发展、完善现代文化市场体系、健全服务平台体系、加强知名品牌建设、促进对外文化贸易发展、加强人才队伍建设9个方面，构建全市现代文化产业体系，推动文化产业转型升级、提质增效。

10月12日，市政府办公室印发《泰安市房地产业转型升级实施方案》，提出整合提升房地产开发投资，做大做优物业服务，提高房地产业的绿色化、智能化、精细化水平，提高企业的规模化、专业化、品牌化程度，进一步提升房地产产品与服务品质。

10月13日，市政府办公室印发《关于“先照后证”改革后加强事中事后监管的通知》，提出构建新型市场监管体系，加强对改革后行政审批事项的监管，推进政府职能转变。

10月17日，市政府印发《关于加强农村留守儿童关爱保护工作的实施意见》，提出建立健全农村留守儿童关爱保护体系，建成发现报告、任务转介、关爱服务、救助保护、持续跟踪一体化协同办理的工作平台。

10月27日，市政府印发《关于实施泰安市“互联网+”行动计划（2016～2018年）的通知》，推动互联网与制造业、农业、能源、金融、民生服务、物流、电子商务、交通运输、生态、政务服务等领域深度融合，促进全市经济社会创新发展。

11月20日，市政府办公室印发《关于进一步加强乡村医生队伍建设的实施意见》，提出建成一支素质较高、适应农村需要的职业化乡村医生队伍，保障农村居民享有均等化基本公共卫生服务和安全、有效、方便、价廉的基本医疗服务。

11月30日，市政府办公室印发《泰安市病死畜禽无害化处理工作实施方案》，提出建立病死畜禽无害化处理体系、技术支撑体系、政策保障体系和监管体系，促进病死畜禽及时处理、清洁环保和合理利用。

12月7日，市政府办公室印发《泰安市医疗卫生服务体系规划（2016～2020年）》，对各类医疗机构功能定位、机构设置、资源配置等方面作出明确规定，促进全市医疗卫生服务能力和资源利用效率的提升。

12月7日，市政府办公室印发《泰安市农业水价综合改革实施方案》，提出完善农田水利工程体系，健全农业水价形成机制，改革农业用水管理体制，全面提高农业用水效率，实现节水、减排、增产、增效。

12月8日，市政府印发《关于实施支持农业转移人口市民化若干财政政策的意见》，提出健全完善财政政策体系，加快全市外来务工人员、城中村城边村原有居民、其他农村地区就地转移就业人口市民化进程，提升全市城镇化质量和水平。

12月12日，市政府印发《泰安市政府重大行政决策程序规定》，分4章58条对决策范围、决策程序、决策执行与监督等方面作出明确规定。

12月12日，市政府办公室印发《泰安市法律援助办法》，分5章39条对法律援助范围和条件、申请和审查、实施和监督等方面作出明确规定，保障经济困难的公民平等获得法律援助。

12月15日，市政府印发《泰安市妇女发展“十三五”规划》和《泰安市儿童发展“十三五”规划》，对“十三五”时期的泰安市妇女儿童发展的相关工作作出规划。

12月30日，市政府印发《泰安市全民健身实施计划(2016～2020年)》，提出加快发展全民健身事业，满足全市人民体育健身需求。

12月30日，市政府印发《关于进一步健全特困人员救助供养制度的通知》，对特困人员对象范围、救助供养标准、救助供养方式、救助供养内容、办理程序等方面作出明确规定。

12月30日，市政府印发《泰安市土地整治管理办法》，分6章42条从项目立项、项目实施、项目资金管理、项目监督等方面，对全市土地整治工作作出明确规定。

12月30日，市政府印发《泰安市校车安全管理办法》，分9章61条从校车管理机制、校车服务提供、校车使用许可、校车通行及乘车安全、法律责任等方面，对全市校车安全工作作出明确规定。

（王宁波）

【政府调研】 年内，市政府调研室紧紧围绕文稿起草、调查研究等工作，发挥以文辅政作用，完成各项工作任务。先后完成市十六届人大五次会议《政府工作报告》、全市经济工作会议、市政府全体成员（扩大）会议等重要会议、专业会议、重要公务活动场合的领导讲话、汇报、致辞等各类文字材料300份，有效文字量150万字，编辑印发市政府领导讲话汇编及市政府系统重要文稿汇编。开展调研活动，形成一批质量较高的调研成果，其中《泰安工业经济调研报告》在《山东经济战略研究》刊发，《新泰市电子商务调查》《宁阳县教育高位均衡发展调查》等成果在省《决策参阅》刊发。组织参加全省政府调研系统优秀调研成果申报，获得一等奖1项、二等奖2项、三等奖7项。开展全市优秀调研成果评选工作。开展《泰安市人民政府公报》编辑、发行工作，发行8期，总发行11期。紧盯理论研究新观点、经济社会发展新趋势、改革开放新经验，全年编发《参阅文件》16期。完成省政府调研室、参事室、文史馆等上级部门和兄弟市调研系统单位的调研接待、协调以及材料报送、交流等工作，承担完成《中国城市年鉴》《山东经济战略研究》等刊物的联络、供稿和订阅工作。（吕志轩）

【政务信息】 全年编发《政务信息》83期、《要情快报》57期、《专报信息》39期。上报国务院办公厅和省政府办公厅信息956篇，采用253篇，其中《山东泰安市以棚改融资为切入点加快推进高铁片区棚户区改造》被国务院办公厅信息专报单独采用并被国务院领导批示，为近年间首次。《新泰市创新求变转型突破以工业联盟助推企业家二次创业》得到郭树清省长的重要批示，其经验要求在全省推广交流。《泰安市以强化税收共治为抓手深入推进地方财源建设》《泰安市突出"三个坚持"连续三年最严格水资源管理制度考核全省第一》等信息分别得到孙伟副省长、赵润田副省长等省政府领导批示。（乔　强）

【政务督查】 年内，市政府督查室围绕市委、市政府中心工作，紧盯经济社会发展的重大问题及群众关注的热点问题，强化督查抓落实、提升服务保效果、健全机制抓规范，确保各项督查工作有效推进落实。全年对全市经济工作会议、《政府工作报告》确定的目标任务等120项重点工作进行专题督查；组织现场督查、暗访督查90次，推进1143项列入督查台账的督查事项顺利落实。编发《政务督查通报》《政务督查专报》104期；按期办结省、市领导批示件及市长信件212件，省、市人大代表建议、政协提案340件。督查工作先后得到3位市政府领导同志的批示表扬。其中，市长李希信对督查室全年工作给予充分肯定，并专门在《关于2016年第四季度市长信件办理情况的报告》上进行批示表扬："督查室2016年做了大量卓有成效的工作，望2017年做得更扎实更有成效。"（陈　超）

8月8日，省委农村工作领导小组副组长王军民（前排右二）到泰安市调研。市委副书记、市长李希信（前排右三），市委常委、副市长周桂萍（右四）陪同活动　（王国梁　摄）

【电子政务】 年内，市电子政务办建立全市政务信息资源采集与提供、申请与交换、共享与安全、评估与监督等相关机制，将各级党政机关在履行职责过程中产生、获取的信息资源纳入到政务信息资源共享范围，制订完善市政务信息资源交换共享技术规范，为各部门开展电子政务工作提供关键信息基础设施。利用市电子政务网络、市政务云平台的软硬件资源，建成包含共享目录管理、共享流程管理、数据交换系统、数据落地管理、数据整合系统、共享监督系统、系统管理等功能的政务资源交换管理系统，搭建覆盖政务信息资源交换、共享、管理全过程的市政务数据交换平台，创建全市集中的政务资源基础数据库，促进政务信息资源的科学配置和有效利用，解决重复建设问题，提升行政效能和公共管理服务水平。（曹　磊）

【"12345"便民服务电话】 年内，市政府办公室大力推进热线号码整合，全市58个政府部门、单位自设的热线服务号码及18个全国统一短号码已全部采用技术手段并入"12345"热线，搭建起纵到底、横向边的"一号通"平台。开通微博、微信受理平台，实行电话、微信、网络、信箱多位一体的受理模式，实现群众诉求24小时受理，打造"24小时不下班政府"热线服务品牌。加强对"12345"服务热线的宣传，使"有事找政府，请拨12345"理念深入人心，日均受话量增长66%。全年受理群众诉求32.3万件，增加17.8万件，其中有效来电、来信22.2万件，受理中心直接答复或协调解决的14.1万件，转交网络单位办理的8.1万件，综合满意率92.8%，收到群众感谢电话、感谢信等240件。全年刊发《周报》30期、《月报》7期、《社情专报》14期。（周小龙）

【应急管理工作】 年内，全市应急管理工作以强化政务值班和信息报告工作为重点，以提高突发事件防范和处置能力为核心，健全完善应急管理体系，夯实应急管理工作基础，全年未发生较大以上突发事件，公共安全形势总体平稳。①政务值

9月8日，省委常委、常务副省长孙伟（前排左三）到泰安市调研。市委副书记、市长李希信（前排左二）陪同活动　　（王国梁　摄）

班工作。完成市政府全年24小时值班任务，接听各类来电1.6万件，接收办理明电、密电、各类函件790件，下发各类明电、通知190件，编印《市政府领导今日活动》244期。建立总值班室微信企业号，提升值班信息化水平。更新《泰安市应急通讯录》《泰安市常用电话号码簿》，确保政令畅通。及时、妥善协调处置7月19～20日全市强降雨应对、泰山学院美籍教师在华死亡事件、新泰金坛肠衣有限公司锅炉爆炸事故、泰山区春雨软件园建筑工地塔吊事故等突发事件8起，未引发次生、衍生突发事件。②应急管理工作。修订完善值班工作规则、常见突发事件处置流程库、总值班室文电办理规程、密码电报管理办法等规章制度。指导部门修订完成《泰安市重污染天气应急预案》《泰安市处置森林火灾应急预案》2个专项预案。参与并指导"5•12"防灾减灾应急救援演练、市地震应急疏散演练、市森林消防专业队伍实战演练、全市邮政业突发事件应急演练等演练活动7次。依托山东农业大学成立泰安市应急管理培训基地，举办2016年全市应急管理专题培训班；参加在山东行政学院、山东师范大学举办的2期全省应急管理业务骨干培训班；在浙江大学举办泰安市应急管理干部创新思维与系统提升培训班，提升应急管理人员的专业化水平。③预警信息发布。组织召开2016年气象灾害防御联席会议，对突发事件预警信息发布工作进行业务培训，提升汛期灾害性天气应对能力。联合市编办、市气象局到上海、福州等先进地市学习考察突发事件预警信息发布系统建设情况，起草《泰安市突发事件预警信息发布系统运行管理办法（试行）》。　（田　野）

【政务服务】 年内，市政务服务中心管理办公室以群众需求为导向，坚持"为民服务，重于泰山"服务理念，按照"服务群众、促进发展"总要求，打造"阳光政务，亲情服务"品牌，围绕"提高审批效率、提升服务质量"两大任务，全年办理各类服务事项15.6万件，审批服务事项按时办结率100%，组织税费收入约30亿元，连续11年被评为"省级文明单位"。

强化政务服务平台建设 开展事项动态管理系统要素梳理，年内完成全市1566项行政许可事项主项录入及审核发布，完成与省级政务服务网统一标识、统一栏目设置、统一搜索服务、统一咨询评议、统一身份认证的市、县政务服务网站群（网上政务大厅），开发完成行政权力网络运行系统、电子监察系统等，实现省市县三级互联互通试运行。

推动审批制度改革落实 对行政审批事项实施"取消、进笼、瘦身、减负、改革"等措施，年内取消19项，承接36项，编制34个部门（单位）291项行政审批事项《业务手册》和《服务指南》。开展"材料再精简，流程再优化"行动，实现申报材料压缩17%，办理环节压缩18%，审批承诺时限平均5.6天。

深化建设项目并联审批 制订《关于对部分建设项目推行绿色通道容缺预审制度的通知》，对重点项目实行容缺预审。对建设项目实施"一窗受理"代办服务机制，实现扎口管理、集中受理、封闭审批、过程监督。年内，受理新申请建设项目150件，办理各类审批服务事项1864项，办结1610项，办理工程规划许可证148件、施工许可证164件，实际平均办理时限比承诺办结时限压缩37.8%。

实施政务服务品牌管理 严格窗口管理考核，完善日常管理和绩效考核制度。实施微笑服务、延时服务、预约服务和上门服务等特色服务制度。开展"红旗窗口""先进个人""党员先锋岗"和"十佳党员标兵"评选。年内，评选"红旗窗口"64个次，"先进个人"232人次，"共产党员先锋岗"72人次，"十佳党员标兵"11人次。

推进政务服务体系延伸 建设市县乡村四级政务服务体系，推动建立完善县级政务服务管理机构，根据“四统一”原则，实现市县业务联动和协同。推进乡镇便民服务中心建设，鼓励村、社区设立便民服务点，为基层群众提供全面、便捷、高效服务。

规范公共资源交易工作 完成交易场所建设，设立项目受理部、交易监管部、鉴证保障部、协调联络部和综合服务部，实现“分块管理”向“分段管理”转变。开发使用电子服务系统，第一批与省级平台电子服务系统对接测试，推广运用计算机辅助评标系统。年内完成各类交易项目1052个，交易额127.78亿元。（张　帅）

【市直机关事务管理】 年内，以建设节约型机关为主线，以深化机关事务改革和提高管理服务保障水平为重点，为机关高效、有序运转做出贡献。获得“山东省‘十二五’公共机构节能工作先进集体”称号，连续6年被评为“省级文明单位”。

节约型机关建设 完成各项节能目标任务。完成“十二五”期间3个国家级和5个省级节约型公共机构示范单位创建工作。开展“四节”（节水、节电、节气、节油）活动，发挥“地球一小时”“世界水日”“无车日”等主题活动的规模化效应，营造“厉行节约、从我做起”的氛围。开展以“节能领跑，绿色发展”为主题的“节能宣传周”“能源体验日”等活动。开展节能执法检查、专项督查、日常能源资源管理、能源监测、审计，能耗统计上报等工作。推广应用节能新技术、新产品、新材料，探索节能技改新路。加强资源回收利用管理，理顺和完善废旧商品回收体系，确保可再生资源利用率达到80%以上。

安全工作 年内，未发生安全责任事故。完善“安如泰山”科学预防体系建设，落实安全工作责任制、领导分工负责制和安全工作“一票否决制”。健全安全生产规章制度，夯实安全管理基层基础。根据“管生产必须管安全，谁主管谁负责”的原则，与相关部门层层签定安全生产责任书。围绕“强化安全发展观念，提升全民安全素质”主题，开展“安全生产月”活动。组织开展网上安全知识竞赛和安全理论答题活动。开展安全生产“隐患大排查、快整治、严执法”集中行动。结合重要节日、季节变换等时机，对市政中心进行消防、用电、特种装备设施、季节防灾等安全检查和问题整改，维修更新部分监控等安保设施，提升人防、物防、技防水平。严格执行行业安全标准，消防、食品、车辆行驶、设备运行、资金、综治、用电用气、修缮施工等安全管理规范落实到位。完成户籍管理工作，为部分机关人员及家属办理各类户籍手续130人次。

服务保障 对市直机关事务管理局及部分市级层面上的财务结算、公务接待、公务用车管理、办公用房管理、会务服务、设备维修、宿舍区物业管理等方面的制度进行梳理、细化，完善各项管理制度，为机关运行提供会务服务、物业服务、财务结算、车辆服务、生活服务等保障。

【机关事务改革】 ①公车改革工作。该项工作于2015年12月启动，采取市县两级梯次推进，2016年5月完成市本级车辆封存（计831辆），6月底完成县级公车封存，7月28日至11月15日，分7批完成网络公开拍卖，共计委托拍卖538辆，拍卖资金1574.39万元。经评估公司评估，无拍卖价值车辆229辆，平台留用64辆。全市公车改革工作实现平衡过渡，达到降低行政成本、减少浪费、落实中央八项规定、改变党风政风的预期目标。工作中，制订配套文件，为规范车改工作打好基础；规范做好取消车辆处置工作，按照公开公平、集中统一、规范透明、避免浪费的原则，采取网上公开拍卖进行处置，避免国有资产流失；保障公务出行，协调开通10条定制公交线路，招标采购10家汽车租赁公司，开通7条公务直通线路、机场直通车；建设统筹车辆管理平台。②市直机关事业单位职工住宅物业管理社会化改革。发放物业补贴，收取物业费。有序推进市直机关宿舍区“业主依法自我管理、社会机构提供服务、专门机构督导协调”的新型社会化物业管理服务机制。统筹确定各宿舍区整治项目，包括道路维修、公共下水管道更换、楼顶漏雨维修等13个项目，整治范围占地约13.45万平方米，惠及59栋住宅楼、1322户，工程总投资631.42万元。（李冬霞）

【概况】 2016年，市编办在全省机构编制工作年度考核中成绩名列前茅，被评为“全省机构编制信息工作先进单位”和“全省《机构与行政》宣传工作先进单位”，机构编制信息宣传工作在全省作典型发言。继续保持“省级文明单位”称号，被市委、市政府表彰为“全市科学发展综合考核先进单位”，被市委表彰为“2016年度‘五型’机关建设示范单位”。

【政府职能转变和简政放权】 健全改革推进机制，成立领导小组及办

10月13日，中央编办副主任吴知论（前排左二）、副省长王书坚（前排左三）到新泰调研行政审批制度改革“三集中三到位工作”。市委书记、市人大常委会主任王云鹏（前排左一）陪同活动　　（王得众　供）

公室，定期召开联络员会议，市政府第四十八次常务会议研究通过加强政务服务平台建设、“双随机一公开”（在监管过程中随机抽取检查对象，随机选派执法检查人员，抽查情况及查处结果及时向社会公开）监管、简化优化公共服务流程3个文件。完善以“四张清单一个平台”（行政审批事项目录清单、行政权力清单、政府责任清单、市场准入负面清单、统一规范的政务服务平台）为架构的权力运行体系，对55个市直部门（单位）的1028项行政权力事项进行调整；继续削减行政审批事项，分2批取消18项，下放6项，调整权力类别及要素3项，取消7个部门的10项中介服务收费事项。事中事后监管深入破题，各部门出台事中事后监管制度467项，出台配套办法40项，农业、质监、工商等10个部门开展“双随机一公开”监管。

【综合行政执法体制改革】 完成市水利渔业局、新泰市的改革试点，将市水利渔业局相关执法职能整合至水政监察支队行使，新泰市组建2支跨部门跨领域的综合执法队伍和6支专业执法队伍，并探索设立楼德镇综合行政执法局，在全省率先探索“一支队伍管执法”的路子；全市面上，拟定并上报省编办实施方案。

【事业单位综合改革】 市本级和肥城市承担全省的行政职能事业单位改革试点。印发中小学校长职级制和去行政化改革正式方案，积极加以推进。确定市直实行人员控制总量备案管理的7家公立医院名单并完成备案。完成2015年度事业单位绩效考核，抓好考核结果运用，完善2016年度绩效考核方法步骤、指标制定、结果使用等，考核事业单位205家。推进事业单位法人治理结构建设，在教育、文化、卫生系统开展先行试点。完成事业单位年度报告公开及新版法人证书换发工作。

【重点领域和关键环节体制调整】 将全市88个乡镇的乡村安全生产、建设工程质量安全、环境保护、道路交通安全等“四领域”的机构设置、职责调整和人员全部落实到位。健全规范乡镇政协委员联络机构设置。完成公共资源交易管理体制改革。推进宁阳县磁窑镇省级经济发达镇行政管理体制改革。做好法院、检察院、审计等部门单位的机构编制上划，并做好环保、质监等领域的体制调整工作。

【机构编制管理】 落实中央和省里各项政策，从严控制机构编制总量。进一步规范县（市、区）机构编制管理，年内批复县（市、区）机构编制事项56项。争取省编办批复设立市区域发展战略推进办公室、泰安省级农业高新技术产业示范区委员会、市水资源管理办公室、市政协委员联络工作委员会工作室、市专用通信局等（副）县级机构。围绕城市发展总体布局，统筹考虑高铁新区、徂汶景区、泰安高新区等机构设置，进一步调整职能定位、内设机构、人员编制，形成支撑和保障城市发展良好格局。重点加强编制保障，在省编委批复用编进人计划内，加强扶贫、教育、卫生、安全生产、环保等机构和其他一线人员力量；重新核定全市中小学教职工编制，配合解决教育“大班额”问题，指导县（市、区）建立临时周转编制专户。创新机构编制管理，推进政府部门“三定”规定修订，批复完成市直部门（单位）2017年度政府购买服务事项和政府购买服务岗位。做好市属4所高职院校的人员控制总量备案制管理。加强机构编制信息化建设，借助中央编办的技术力量，对“泰安机构编制网”优化升级。

（朱传伏）

【概况】 年内，全市外事侨务工作以“外事侨务创新年”活动为切入点，以涉外管理、外事服务、引资引智、侨务品牌、友好关系、机关建设为着力点，立足本职，发挥优势，外事服务全市对外开放作用明显增强。继续保持“省级文明单位”称号，获得“全省外事系统先进集体”“机关作风和政风行风建设先进单位”称号。

【接待与出访】 全年接待及参与接待毛里求斯总理和瓦努阿图总理一行、柬埔寨副首相兼国防大臣迪班上将率领的高级军事代表团一行等来访团组 23 批 429 人次。其中副部级以上团组 3 批 86 人次。批准出国（境）团组 110 批 310 人，其中市级出访团组 22 批。

【领事工作】 办理来自 32 个国家 243 批 479 人次涉外邀请业务。推动 APEC 商务旅行卡工作，受理 13

2016 年国外团组到泰安访问情况

表 4

国籍及团队名称	领队姓名	到访目的	时　间
韩国仁川联席会议代表团	边周荣	考察泰安市经济和社会发展情况，游览泰山	3 月 5 日
日本驻青岛总领事代表团	远山茂	考察市内日本企业，会见在泰工作、学习以及居住的日本人	3 月 23 日
韩国济州特别自治道议长代表团	具诚祉	考察泰安市经济和社会发展情况，游览泰山	3 月 24 日
美国驻华大使馆领事官员代表团	贾海娜	签证政策说明及合作洽谈	4 月 6 ~ 8 日
南亚四国和平、安全智库人士考察团	维斯瓦纳坦	考察泰安市经济和社会发展情况，游览泰山	4 月 16 ~ 17 日
“美利达—禧玛诺杯”全国自行车挑战赛	—	参加泰安市自行车挑战赛	4 月 16 日
意大利友城罗古市民间访问团	法瑞纳·吉尔瓦尼	考察武校，寻找武校教练交流合作	5 月 4 日
韩国驻华大使代表团	金章洙	拜会泰安市领导，游览泰山	5 月 4 日
泰安市社会福利院美国及台湾客人	—	参加泰安市社会福利院 100 周年庆典	5 月 12 日
世界旅游发展大会	沙·杜瓦尔	参加世界旅游发展大会泰安会场活动	5 月 21 ~ 22 日
法国布列塔尼行政协会团	凯文·罗尼奥内	考察泰安市茶叶、农产品	6 月 2 日
马来西亚柔佛州代表团	郑修强	考察泰安市经济和社会发展情况	6 月 28 日
外国专家泰山行	—	考察项目、寻求合作	6 月 28 ~ 30 日
越南胡志明市外办代表团	阮武秀	考察泰安市经济和社会发展情况	7 月 24 ~ 25 日
第一届泰山国际残疾人论坛代表团	—	推动康复产业发展	9 月 6 ~ 7 日
亚太经合组织部分国家工商会代表团	—	商务考察	9 月 11 ~ 13 日
国际社会保障协会代表团	—	了解泰安市社会管理情况	9 月 25 日
柬埔寨贡布省省长代表团	詹大拉	推动经贸、农业领域合作	9 月 25 日
俄罗斯和平统一促进会	原　毅	考察项目，寻求合作	10 月 5 日
柬埔寨高级军事代表团	迪　班	考察泰安市经济和社会发展情况	10 月 14 ~ 15 日
密克罗尼西亚联邦科斯雷州代表团	卡森西格拉	深化友好关系，推动务实合作	10 月 16 日
韩国泰安郡友城访问团	韩允熙	参加国际马拉松比赛	10 月 30 日
南澳洲投资与贸易部及公务员交流团	史毅德	考察企业项目	11 月 20 日
外国专家项目对接洽谈团	—	项目深入对接洽谈	12 月 15 ~ 16 日

批22人次的APEC商务旅行卡申办业务。

【归侨侨眷权益维护】 以《归侨侨眷权益保护法》和山东省实施办法为重点，通过宣传栏、网络媒体、走访慰问、发放侨法手册和明白纸等多种形式，在归侨侨眷集中的单位、侨资企业，集中开展侨法宣传月活动，在全社会形成爱侨护侨的浓厚氛围。全年发放侨务扶贫、救济金9万元。开展“侨务精准扶贫”活动，确定对39名贫困归侨侨眷进行帮扶，组织8名贫困归侨侨眷到蓝翔技校进行为期3个月的技能培训。办理“三侨考生”身份认定5人次，受理来信来访、涉侨案件15件次。

【侨务引资引智】 加强海外华侨华人人才库和归侨侨眷知识分子人才库建设。至年底，全市旅居海外的华侨华人、港澳同胞约3.2万人，其中新华侨华人2.6万人，分布在全球各地的40多个国家和地区。归侨侨眷、港澳眷属约3.7万人，与37家海外侨团、侨社保持密切联系。完善海外华侨华人高科技人才库，至年底，收集海外高科技人才信息90条。加强海外联络处建设，分别在美国、英国、意大利、俄罗斯、马来西亚、日本建设招商引资和招才引智海外人才联络处。

【百名侨领泰山行活动】 每年有选择、有重点地引进世界著名侨领30名左右，争取用3年至5年的时间引进100名世界著名侨领到泰安开展多领域、深层次的交流和合作，力争通过“百名侨领泰山行”活动搭建双方合作的桥梁和平台，每年都促成一批项目落地。全年有6批98名侨领侨商到泰安参加活动。其中加拿大华商会秘书长李毓玺率领“加拿大博士泰山行”一行9人到泰安考察，与高新区20多家高科技企业在水处理、生物医药、机械制造、大数据处理等领域进行对接，实现泰安与加拿大及北美地区更高层次、更宽领域的合作。

【华文教育】 与国务院侨办、省侨办合作举办来自印尼和韩国的海外华裔青少年“中国寻根之旅”夏令营活动2批。接待由国务院侨办、省侨办组织的华裔青少年夏令营和教师培训团组5批400人次。外派教师2人，累计外派教师54人次。

【国际友好城市及友好关系】 年内，泰安市与斯里兰卡努瓦拉埃利亚市达成友好合作关系初步意向。至年底，泰安市已与15个国家的21个城市建立友城关系或友好合作关系，与16个国家的55个社团、院校、医院等建立基层友好关系，缔结4个国际友好山关系。

【授荣工作】 1人获得“山东省荣誉公民”称号、3人获得“山东省人民友好使者”称号。至年底，全市有“山东省荣誉公民”2名、“山东省人民友好使者”8名、“泰安市荣誉市民”22名。 （任建波）

【对台经贸】 新批台资项目5个，总投资额1.21亿美元，合同台资9955万美元，到位资金4850万美元，增长12%；台资企业增资项目4个，增资额1485万美元，增长2倍。搭建对台招商引资平台，邀请台湾中小企业经营领袖协会、台湾彰化县工业会、台湾皇冠集团、台湾海洋极品国际开发集团和上海虹口台协、福建平潭台协等10个台商考察团到泰安参访考察，举办宜合作项目对接会和项目推介会，牵头组团参加“第二十二届鲁台经贸洽谈会”，达成合作协议10项。抓好台资项目建设，依托宁阳台湾工业园和海峡两岸（肥城）有机农业示范基地，在全市开展以“创平台、建机制、推项目”为主题的台资项目推进落实年活动和现代农业助推工程，抓好台资项目落地签约和加快项目建设投产等关键环节，推动在谈在建台资项目进位升级。华华幼教产业园、台湾精品体验馆等一批台资项目签约，肥城市台湾商业中心、岱岳区六星汽车产业园和山东泰山台湾高新产业园等在建项目进展顺利。

【泰（安）台（湾）交往交流】 全年接待中国国民党中常委江硕平率领的中国国民党党代表山东参访团、花莲县总工会参访团、“齐风鲁韵”两岸网络媒体山东行联合采访团等10个重要社团的600名台湾各界人士到泰安参访交流。全年办理应邀赴台湾团组50个，赴台湾总人数190人次，其中经贸考察团组26批72人次。策划举办“2016台湾中南部地区东岳大帝、碧霞元君信众及乡镇里长泰山行”“‘情系中华，相约泰山’——台湾青年学生中华泰山成人礼”“海峡两岸中华民族敬天祈福大典”“第二届两岸车友阳光公益摩旅文化骑行”等多项对台交流活动项目，9个项目被评为全省优秀交流项目。“海峡两岸·情重泰山”成人礼活动已连续成功举办6年，与孔子故里行、黄河入海游共同被列为全省重点打造的3个对台体验式交流系列活动品牌，年内，先后为台湾10所大中院校、300名青年学生举办成人礼仪式4场。推动泰山文化资源入台湾岛交流，开展对台文化、旅游、宗教等领域的对口交流合作。举办“泰山石敢当文化展”，展出泰山石敢当研究院制作的精品展板60幅和民间文艺家协会“海峡两岸泰山石敢当书画长卷”部分作品，同时展出肥城桃木和泰山民间剪纸等独具特色的泰山民间工艺品，受到两岸媒体广泛关注和持续报道。申报省级海峡两岸交流基地示范点，泰山区花园社区和肥城台湾商业中心获批山东省海峡两岸交流基地示范点。

【对台服务和涉台稳定】 做好台胞台属联谊工作，拓宽联谊渠道，保护台胞台属合法权益。在全市范围内开展“平安台企”创建和“台资企业走访季”活动，印发《关于开展“平安台企”创建活动的通知》，举办由市台办、公安局和安监局等11个部门以及全市部分台资企业代表参加的“平安台企”创建工作座谈会。组织力量走访台资企业30家，召开台商台胞座谈会20次，解决实际困难和问题30起。全年无新增台商投诉案件，无涉台（湾）突发事件发生。（任延勇）

【概况】 2016年，全市史志系统围绕全市工作大局，志、鉴、会（市情研究会）、网（地情网、地情资料库）、馆（方志馆）、开发服务“六位一体”全面发展，全面完成第二轮修志任务，《泰安年鉴（2016）》《新泰年鉴（2016）》分获全省市、县级综合年鉴评选特等奖，《泰安年鉴（2016）》《泰安市岱岳区志（1985～2013）》《泰安市地方税务志》、肥城市情网、《东原星火——万里在东平早期革命活动资料专辑》5项史志成果获省优秀史志成果奖。《徂徕山志》获泰安市第三十次社科优秀成果一等奖。市史志办获省级文明单位称号。

【依法治志】 ①编制规划。岱岳区、新泰市、肥城市、东平县以政府办公室名义印发通知，对史志事业发展作出规划。至年底，市本级及5个县（市、区）出台史志事业发展规划。②加强督查。5月17～19日，市政府督查室和市史志办组成督查组，对各县（市、区）政府贯彻全国和省地方志事业“十三五”发展规划纲要、落实二轮修志、一年一鉴、方志馆建设“三个全覆盖”目标要求等工作开展情况进行专题督查，督促各县（市、区）政府落实史志任务。③强化监管。及时提示各级各单位贯彻执行《地方志工作条例》，做好基层志、专业志、部门志编纂出版的报备工作。④严格考核。年初，印发对县（市、区）史志工作考核的暂行办法，年末按各项考核指标进行量化考核，推动各县（市、区）史志工作均衡发展。

【志书编修】 年内，全市启动或正在编修的基层志、专业志27部。乾隆《泰安府志》完成点校，注释工作已经展开。泰山区完成民国版《泰安县志》整理出版工作。基本完成《山东省地方史志志》资料收集工作。市政府召开专题会议安排部署《山东省对口支援新疆志》《山东省志·人物志》（泰安部分）供稿工作，派出专人赴新疆对接，确定联络人员，收集整理部分史志资料。

【《泰安市岱岳区志（1985～2013）》出版】 5月召开《泰安市岱岳区志（1985～2013）》评审会，9月形成送审稿并送审，11月送交印刷厂印刷出版。12月，《泰安市岱岳区志（1985～2013）》由方志出版社出版发行。该志为通志，又有续志的成分，下限至2013年12月。体裁以志为主，首设概述、大事记统领全志，中设专志34编，附录、后记殿后，全志计1200页，202万字，图片300幅。该志坚持辩证唯物主义和历史唯物主义观点，记述建区以来自然、政治、经济、文化、社会诸方面发生的深刻变化，以真实资料反映新时期岱岳区科学发展、跨越发展、和谐发展、绿色发展的靓丽业绩，再现全区人民改革开放的光辉历程和建设中国特色社会主义的伟大实践，具有鲜明的时代特色和地方特色。该志的出版，标志着泰安市二轮志书编修工作全面完成。

【《泰安市大汶河志》出版】 12月由方志出版社出版。该志为大汶河首志，全书分序言、凡例、综述、大事记、流域特征、基础工作、治理工程、防汛、兴利、综合开发、采砂整治、管理、沿河乡村、文化名胜、文学艺术、人物荣誉、附录17个部分，计133万字。上限起自事物发端，下限至2012年，记述泰安市大汶河自然与人文、沿河经济与社会的历史和现状。该志是泰安市系列山水志书的重要组成部分，是全省二轮修志的首部河流志。全志观点正确，特色鲜明，体例规范，文风简洁中不失秀美，史料丰富翔实，充分展示大汶河历史发展

9月20日，“开发利用史志资源 促进旅游事业发展”研讨会召开。副市长成丽出席会议　（周 燕 摄）

变化的脉络和轨迹，反映出泰安人民在各个历史时代，特别是在新时期对大汶河保护、利用、管理和开发过程中取得的辉煌成就，以及新中国特别是改革开放以来大汶河治理开发的历史功绩和经验教训，既是对大汶河建设治理工作的一个总结，也是对大汶河开发利用实践的反映和再现，更是对大汶河文化的发掘和宣传。

【年鉴编辑】《泰安年鉴（2016• 袖珍本）》3月底出版发行。《新泰年鉴（2016）》于12月出版发行。在全省优秀年鉴评审活动中，《泰安年鉴（2016）》《新泰年鉴（2016）》分别获得特等奖。按时高质量完成《山东年鉴（2016）》《山东地方史志年鉴（2016）》供稿任务。

【《泰安年鉴（2016）》出版发行】8月30日，《泰安年鉴（2016）》由方志出版社出版发行，全书设栏目24个、分目（子分目）203个、条目1180个、随文图片210幅、统计图表50个，总字数85万字。与以往卷次相比，该卷年鉴强化对工业经济、城市建设、旅游业发展、民生保障等栏目的记述，为各级各单位提供信息资料参考；记述全市在国家卫生城市复审、全国文明城市创建活动中的新发展、新变化，介绍全市著名旅游景点、旅游建设项目，进一步宣传泰安、泰山；规范条目记述，突出有效信息记载，调整版式，美化版面，增加随文图片的穿插，提高编印质量；加快编辑出版进度，出书时间比往年提前2个月，年鉴时效性增强。

【市情信息服务】年内，泰安市情网、“泰安史志”微信平台内容丰富，信息更新及时，其中市情网更新信息562条、“泰安史志”微信平台推送信息280条。泰安市情资料库补充录入资料1000万字。10月26日，召开市情研究会第三届理事会，选举产生新一届理事会。全年编辑出版《泰安市情》杂志4期，发表文章90篇、40万字，其中第4期为“纪念万里诞辰100周年纪念专刊”。东平县史志办编辑出版《东原星火——万里在东平早期革命活动资料专辑》，并参加在北京举办的万里诞辰100周年纪念活动。为《泰安市地方税务志》《泰安市体育志》《泰安市伊斯兰志》等志书的编纂提供资料支持；为城市规划、项目推介和农产品地理标志产品申报等，提供及时、方便、快捷的服务。市方志馆打造山水志馆藏特色，新购置国家图书馆分馆编线装书局出版印刷的《中华山水志（丛刊）》，全套75册；通过购置、交换等方式，丰富方志馆馆藏，及时提供借阅服务。开展送志书、年鉴、市情书刊到社区、乡村和政务接待场所活动，方便市民学习市情知识和外地客人了解泰安、泰山。

【“开发利用史志资源、促进旅游事业发展”研讨会】9月20～21日召开。省史志办副主任翟世林、泰安市政府副市长成丽出席，10位高等院校专家学者、旅游管理部门和景区单位负责人、山水志书编纂人员、基层史志工作者相继在研讨会上发言。会议认为，地方志为申遗、地理标志认证提供重要资料，为旅游规划提供重要参考，是修复、重建历史文化遗迹的重要依据，是解说词、导游词的重要来源，为开发、挖掘旅游文化提供保障，为旅游志的编写提供参照。省、市媒体记者到会采访报道，《大众日报》于9月23日刊登会议消息，9月30日又刊出专文《挖掘史志资源，寻找旅游发展新路》予以介绍。

（刘 凯）

编校 刘 凯　　审稿 周美广

中国人民政治协商会议泰安市委员会

综　述

【概况】 2016年，市政协召开常委会议6次，开展协商活动14项、专项视察21次，311件提案集中转交承办单位办理，向市委、市政府报送《领导参阅》8期，编发社情民意信息180条，市委、市政府主要领导对调研协商形成的2个报告作出重要批示。市政协被评为“省级文明单位”，被省政协评为“全省政协宣传工作先进集体”“反映社情民意信息工作先进单位”。

【推进协商民主】 贯彻落实中央和省、市委协商民主建设意见，实施2016年度协商工作计划。围绕服务业转型升级、公共交通建设、红色旅游文化发展、残疾人“整体赶平均、共同奔小康”工程、农村电子商务发展、解决中小学大班额等问题，开展专题协商活动。向市委报送《关于加快科普基础设施建设，提升市民科学素质的调研报告》《关于推进我市服务业转型升级发展的调研报告》，受到市委、市政府的高度重视。市委书记王云鹏同志就《关于加快科普基础设施建设，提升市民科学素质的调研报告》专门作出批示“市政协围绕我市科普基础设施建设，做了大量调研论证工作，提出了一些针对性、建设性强的意见建议，对加快泰安市公民科学素质建设、推进科技兴市具有较强的指导作用，请有关部门认真研究吸纳。”市委、市政府督查室将政协提出的意见建议分解到有关部门，靠上督导检查，推动政协协商成果的转化落实。

【开展调研议政】 紧扣市委、市政府中心工作，组织委员开展视察，促进改革发展成果更多地惠及群众。围绕稳增长、调结构、促改革、惠民生，就重点工程建设、非物质文化遗产保护传承、徂徕山汶河景区建设、社区物业管理、律师行业发展等开展专项视察，有针对性地提出意见建议，推动有关经济社会发展项目的加快实施。

【坚持履职为民】 全面推进提案办理工作，中共泰安市委办公室印发《关于办理市政协提案的意见》，保障提案规范化办理。将市政协十二届五次全会立案的311件提案集中转交承办单位办理，市委、市政府主要领导对市政协呈报的10件重点提案作出批示，要求各相关单位认真办理。市政协坚持主席领衔督办、承办单位集体面复、联合市委、市政府督查室检查督查等制度，促进提案的办理落实，一些关系群众生产生活的问题得到较好解决。主动联系服务群众，积极为基层群众办实事。委员企业家联谊会举办招聘会，40多家委员企业向社会提供1500个就业岗位。委员医疗保健服务团深入农村进行义诊，为600多名群众进行健康查体。做好驻村帮扶工作，帮助所包村建设水利灌溉项目，铺设村内道路，安装健身器材，改善群众的生产生活条件。

【市政协十二届五次会议】 1月17～20日在泰城举行。政协第十二届泰安市委员会第五次会议应出席委员418名，实到361人。会议听取和讨论中共泰安市委书记李洪峰的讲话，听取和审议政协第十二届泰安市委员会常务委员会工作报告和提案工作报告。与会委员列席泰安市第十六届人民代表大会第五次会议，听取并讨论《政府工作报告》及其他有关报告。大会收到提案339件、大会发言材料50份，15位委员作大会现场发言，24位委员作书面发言。委员们围绕泰安经济社会各领域的改革发展积极建言献策，提出意见建议。因领导干部任职年龄原因和工作变动，大

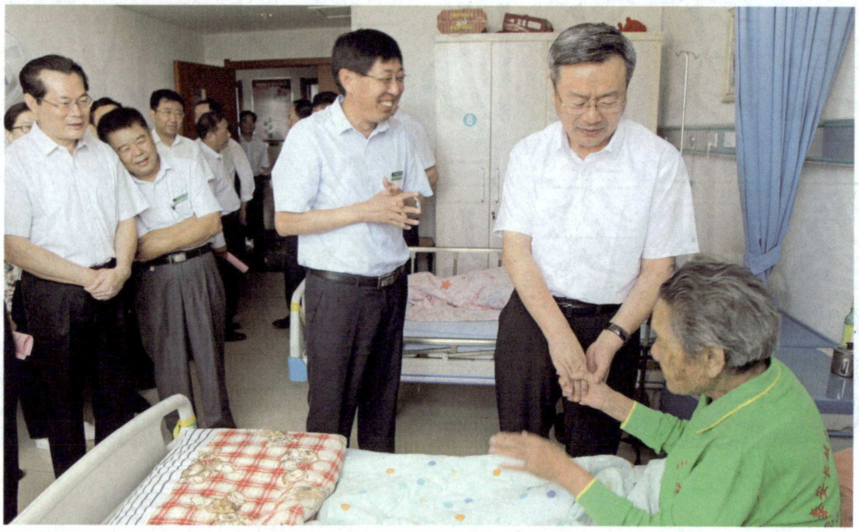

9月19日，省政协副主席、省工商联主席王乃静（右二）到泰安市调研医养结合型养老机构建设情况。市政协主席辛显明（左一）陪同活动（刘　峰　供）

会同意朱永强辞去市政协副主席职务，李玉洋辞去市政协秘书长职务。大会经过充分酝酿，选举谭业刚为政协第十二届泰安市委员会副主席，邢长彦为政协第十二届泰安市委员会秘书长；补选马玉军、孟永辉、袁久亮为政协第十二届泰安市委员会常务委员。会议审议通过十二届五次会议提案审查情况的报告和大会决议。大会闭幕时，市政协主席辛显明作讲话。

【市政协常委会议】　年内，市政协召开常委会议6次。

十二届二十五次会议　1月12日举行，市政协副主席宋鲁主持会议。会议审议通过关于召开政协第十二届泰安市委员会第五次会议的决定（草案）；关于召开政协第十二届泰安市委员会第五次会议的有关事项；听取市政府负责同志通报《政府工作报告（征求意见稿）》起草情况和基本概况；审议通过政协第十二届泰安市委员会常务委员会工作报告（讨论稿）并推定报告人；审议通过政协第十二届泰安市委员会常务委员会提案工作报告（讨论稿）并推定报告人；审议通过关于部分同志辞去十二届市政协常委、委员职务的决定；审议政协第十二届泰安市委员会增补委员协商名单及有关人事事项。

十二届二十六次会议　1月18日举行，市政协副主席宋鲁主持会议。会议协商审议政协第十二届泰安市委员会第五次会议选举办法（草案）、监票人名单（草案）；协商审议政协第十二届泰安市委员会第五次会议决议（草案）；协商审议政协第十二届泰安市委员会第五次会议提案审查情况的报告（草案）及有关人事选举事项。

十二届二十七次会议　1月19日举行，市政协副主席宋鲁主持会议。会议审议通过政协第十二届泰安市委员会第五次会议选举办法（草案）；审议通过有关人事选举事项；审议通过政协第十二届泰安市委员会第五次会议监票人名单（草案）；审议通过政协第十二届泰安市委员会第五次会议决议（草案）；审议通过政协第十二届泰安市委员会第五次会议提案审查情况的报告（草案）。

十二届二十八次会议　3月25日举行，市政协主席、党组书记辛显明主持会议。会议传达学习十二届全国人大四次会议、全国政协十二届四次会议精神，审议通过《政协泰安市委员会2016年工作要点》。辛显明主席在会议结束时讲话。

十二届二十九次会议　6月30日举行。会议听取市政府关于上半年全市经济社会发展情况的通报，审议通过市政协《关于加快科普设施建设，提升市民科学素质的调研报告》《政协泰安市委员会委员履职工作规则》。主席辛显明在会议结束时讲话。

十二届三十次会议　9月27日举行。市政府相关负责人通报政府系统2016年提案办理情况，审议通过市政协《关于推进我市服务业转型升级发展的调研报告》，表彰市政协十二届三次会议以后优秀提案、提案承办先进单位和先进提案工作者。

【重要活动】　省政协主席刘伟到泰安调研　1月30日，省政协主席刘伟到肥城市走访慰问困难职工、群众，视察基层政协工作，调研经济社会发展情况。省政协秘书长张心骥，市委书记、市人大常委会主任李洪峰，市政协主席、党组书记辛显明，市人大常委会第一副主任、党组书记、市委秘书长陈刚陪同活动。

省政协副主席许立全率省政协界别工作调研组到泰安调研　3月8～9日，省政协副主席许立全到泰安调研政协界别工作和旅游产业等发展情况。许立全一行实地调研了宁阳县蒋集镇政协委员联络室、华兴生物新材料智能纺项目等，听取相关汇报。市政协主席辛显明，副市长徐恩虎，市政协副主席谭业刚陪同调研。

调研全市文化传承发展工作 3月1～2日，市政协组织部分委员到泰安市古典家具制作中心、泰山陶瓷艺术研究院、泰山民俗博物馆、泰山石敢当文博馆、泰山百灵学校等地进行调研。市政协副主席张甲军参加调研。

启动“春风行动”专场招聘会 3月19日，市政协委员企业“春风行动”专场招聘会启动。市政协主席辛显明、副主席张甲军出席活动，40多家委员企业向社会提供1500个用工岗位。

召开全市政协文史工作座谈会 3月30日召开。与会人员参观大汶口国家考古遗址公园博物馆，就全市政协文史工作提出意见和建议。市政协副主席张甲军出席会议并讲话。

调研重点项目建设情况 4月1日，市政协副主席宋鲁调研泰城城市重点工程建设情况。在实地调研时代发展线、中央商务区、历史文化轴等项目建设情况后召开座谈会，听取相关部门的工作情况汇报。

召开全市政协经济委员会工作座谈会 4月7日召开。会前实地参观晶泰星新型光源模组、中节能现代光伏农业科技示范园等项目，通报市政协经济委工作情况及2016年的工作安排，各县（市、区）政协分工领导、政协委员作交流发言。市政协副主席张甲军出席会议并讲话。

视察全市供销社工作 4月19日，市政协组织部分政协委员视察全市供销社工作。实地视察山东泰山新合作商贸连锁有限公司、肥城湖屯供销社陶山社区服务中心并召开座谈会。市政协副主席张甲军参加视察并讲话。

视察全市律师行业发展情况 4月20日，市政协组织部分委员对全市律师行业发展情况进行视察，与山东华林、山东公允、山东民昊、山东泰山蓝天等律师事务所主要负责人进行座谈。市政协副主席张书盈参加视察并讲话。

召开反映社情民意信息工作座谈会 4月28日召开。会议通报2015年全市社情民意信息工作情况，表彰先进单位和先进个人；民盟、民建市委和各县（市、区）政协作交流发言。市政协秘书长邢长彦出席会议并讲话。

召开“两学一做”学习教育工作座谈会 4月29日召开。市政协主席辛显明出席会议并讲话，副主席宋鲁主持会议并传达习近平总书记关于开展“两学一做”学习教育的重要指示和市委“两学一做”学习教育工作座谈会精神，副主席刘君、谢崇国、谭业刚、张书盈、王淑玲、张甲军，秘书长邢长彦出席会议。

开展泰城社区物业管理工作视察 5月11日，市政协组织开展委员活动日，市政协副主席宋鲁、谭业刚率领部分委员和市直有关部门及高新区、泰山区、岱岳区负责同志就泰城社区物业管理工作开展专题视察。

省政协民族和宗教委员会到泰安调研 5月31日至6月1日，省政协民族和宗教委员会主任孙传宏带领民族和宗教委部分委员、法律顾问、特聘专家，就开展“看发展、看变化，强责任、强素质、强能力”的“两看三强”活动，到泰安调研宗教文化遗产的保护和利用及经济社会发展情况。市政协副主席张书盈陪同调研。

广东省政协到泰安考察 6月13日，广东省政协副主席唐豪带领考察组到泰安考察。唐豪一行实地考察泰安市博物馆、如意科技时尚产业园等现场，听取相关情况汇报。市政协副主席谭业刚陪同活动。

召开全市政协委员队伍建设座谈会 6月14日召开。市政协主席辛显明出席会议并讲话，副主席宋鲁、谭业刚、张书盈、王淑玲、张甲军，秘书长邢长彦出席会议。谭业刚主持会议。邢长彦传达全省政协委员队伍建设座谈会精神，各县（市、区）政协、民进泰安市委，市政协常委汤建泉、孙启凯作交流发言。

3月10日，市政协主席辛显明（右五）、副主席张甲军（右四）出席市政协委员企业“春风行动”专场招聘会启动仪式　　（刘　峰　供）

4月1日，市政协副主席宋鲁（前排右四）调研泰安城区重点工程建设情况
（刘 峰 供）

视察全市残疾人工作 6月17日，市政协组织社会法制和民族宗教委员会部分成员，对全市残疾人工作情况进行视察。委员们实地查看了市残疾人康复中心、泰山区省庄镇那一叶女儿茶叶文化产业孵化基地，听取市残联和相关部门的工作情况汇报。市政协副主席张书盈参加视察并讲话。

安徽省合肥市政协到泰安考察 6月21日，安徽省合肥市政协主席杨思松一行到泰安考察水环境治理和政协机关工作。市政协副主席谭业刚陪同活动。

市政协党组举行"两学一做"学习教育集中学习研讨 7月19日、9月28日、12月15日，市政协党组分别举行"两学一做"学习教育集中学习研讨。集体学习党章、党规党纪和习近平总书记系列重要讲话，市政协主席辛显明参加学习并讲话。

视察现代林业产业发展工作 8月4日，市政协组织部分政协委员到宁阳县视察现代林业产业发展工作。视察组实地查看东疏镇东方园林、八仙桥街道办事处燕园，听取全市林业发展情况和宁阳县林业发展情况汇报。市政协副主席张甲军参加视察并讲话。

对口协商农村电子商务发展情况 8月10日，市政协组织部分市政协委员到岱岳区青春创业电子商务产业园和新泰市新易泰国际电子商务物流产业园进行视察，并召开对口协商座谈会。市政协副主席谭业刚出席活动并讲话。

省政协副主席雷建国率专项督查组到泰安督查 9月12～13日，省政协副主席雷建国率专项督查组到泰安就贯彻落实省委政协工作会议精神和省委办公厅《关于加强人民政协协商民主建设的实施意见》情况开展督查。省政协秘书长张心骥参加督查。市委书记、市人大常委会主任王云鹏，市委副书记、市长李希信，市政协主席辛显明，市委常委、组织部部长唐福泉，市政协副主席谭业刚，市政协秘书长邢长彦参加座谈或陪同活动。

省政协副主席王乃静到泰安调研 9月19日，省政协副主席、省工商联主席王乃静到泰安调研医养结合型养老机构建设情况。实地调研泰安长城老年护理院、泰山区上高街道岔河社区老年人日间照料中心，听取相关工作汇报。市政协主席、党组书记辛显明，副市长徐恩虎，市政协副主席王淑玲，秘书长邢长彦陪同调研。

视察全市养老服务工作 9月23日，市政协组织社会法制和民族宗教委部分委员视察泰安长城老年护理院、泰山区上高街道岔河社区老年人日间照料中心，听取有关部门的情况汇报，围绕如何推动养老事业发展进行座谈交流。市政协副主席张书盈参加视察并讲话。

召开解决城镇普通中小学大班额问题对口协商会议 9月29日召开。市政协副主席张书盈参加协商活动。

住泰安省政协综合组委员开展视察活动 10月18日，市政协组织住泰安省政协综合组委员对岱岳区部分项目建设情况进行视察。实地查看大汶口国家考古遗址公园、泰山花海等项目，听取有关工作情况汇报，围绕进一步抓好项目建设建言献策。

专题调研交通公路建设 10月18日，市政协组织部分政协委员对全市交通公路建设工作开展专题调研，听取市交通运输局相关工作汇报，就全市交通公路建设情况提出意见建议。市政协副主席宋鲁参加调研并讲话。

召开住建系统提案办理协商会议 10月20日，市政协组织市政协视察组及相关人员，对全市住建系统提案办理情况进行集中协商。市政协副主席宋鲁出席活动并讲话。

开展泰山文物保护视察活动 10月28日，市政协组织部分市政协委员视察泰山文物保护工作。实地察看岱庙、泰安市博物馆、泰山地质博物馆、玉泉禅寺，对泰山文物保护工作给予充分肯定，并积极建言献策。市政协副主席张甲军参加视察并讲话。

市政协召开党组（扩大）会议学习贯彻党的十八届六中全会精神 11月3日上午，市政协召开党组扩大会议，深入学习党的十八届六中全会精神，研究贯彻落实措施。市政协主席、党组书记辛显明主持会议并讲话。市政协副主席宋鲁、谢崇国、谭业刚、张书盈、王淑玲、张甲军出席会议。

组织视察医药卫生工作 11月17日，市政协委员对医药卫生工作进行视察。视察组先后到市中医医院和市妇幼保健院（市儿童医院）了解中医药发展情况和儿童医院建设成果并对医药卫生工作发展提出意见建议。市政协副主席张甲军参加视察并讲话。

召开全市政协机关建设工作会议 12月2日召开。市政协主席、党组书记辛显明出席会议并讲话。市政协副主席宋鲁、谭业刚、张书盈、王淑玲、张甲军，秘书长邢长彦出席会议。会议深入学习贯彻党的十八届六中全会精神，以习近平总书记系列重要讲话为统领，认真落实全省政协机关建设座谈会议和市委有关会议要求，研究部署新形势下加强政协机关建设的目标任务。

视察全市供电工作情况 12月2日，市政协委员和市直有关部门负责同志视察全市供电工作发展情况。实地察看官家峪“井井通”施工现场、安家充电站等地，听取工作汇报，并就进一步做好供电工作提出建议。市政协副主席张甲军参加视察并讲话。

视察全市财政工作建设情况 12月13日，市政协组织部分委员视察全市财政工作建设情况，听取相关工作汇报，召开座谈会，对加强财政工作提出建议。市政协副主席张甲军参加视察并讲话。

8月10日，市政协副主席谭业刚（前排左二）考察农村电子商务发展情况　（刘　峰　供）

【政协委员队伍建设】 加强委员队伍建设，坚持主席会议成员联系走访委员制度，健全完善委员履职档案；召开全市政协委员队伍建设座谈会，对加强委员队伍建设作出全面部署；制订《政协泰安市委员会委员履职工作规则》，为委员更好地发挥作用提供制度保障；开展优秀政协委员、优秀提案评选表彰活动，调动委员履职积极性；加强专委会建设，对各专委会组成人员作调整充实，完善各专委会的对口联系单位。发挥界别的渠道作用，做好《记忆山东》有关史料的征集编纂工作，出版发行60万字的《记忆大汶河》；组织政协机关干部开展“两学一做”专题教育活动，召开全市政协机关建设工作会议，提升机关效能和服务水平。

【提案委员会】 市政协十二届五次会议后，收到提案339件，立案311件，其中党派团体提案126件。遴选确定重点提案10件，市委书记李洪峰，市委副书记、市长王云鹏分别作出重要批示。市委、市政府高度重视提案工作，市委将提案办理工作纳入年度科学发展考核内容。市政府将政协提案办理工作列为政务督查考核的重要内容，记入该单位年度政务督查考核总分。

【经济委员会】 开展加快服务业转型升级发展专题调研，向市委、市政府提交《关于推进我市服务业转型升级发展的调研报告》。对全市供销工作、财政工作、供电工作、农机工作进行视察。举办市政协委员企业“春风行动”专场招聘会。

【人口资源环境委员会】 召开市政协人口资源环境委成员会议。参加全省政协人口资源环境委员会工作会议，市政协副主席宋鲁代表泰安市政协作经验交流发言。开展泰安城市重点工程、泰城社区物业管理工作、徂徕山汶河风景管理区建设情况、全市现代林业产业发展工作视察活动。开展泰安道路交通建设情况调研协商活动。开展加强大气污染防治、改善空气环境质量界别协商活动。积极支持市政协机关派

9月13日，市政协副主席张书盈（前排右二）出席市政协委员医疗保健服务团义诊活动　　（刘　峰　供）

出“第一书记”做好市委“强村固基”工程驻村帮扶工作。

【科教文卫体委员会】召开市政协科教文卫体委成员会议。完成加快科普基础设施建设提升市民科学素质专题调研，组织全市食品安全示范创建工作、医药卫生工作视察活动，开展关于解决城镇普通中小学大班额问题对口协商活动。组织政协委员医疗保健服务团部分专家到泰山区邱家店镇东燕庄村开展义诊活动。做好广东省佛山市顺德区政协到泰安考察的接待服务工作。做好重点提案督办工作。

【社会法制和民族宗教委员会】发挥主体作用，围绕中心履职尽责，对全市律师行业发展情况、残疾人工作情况、养老服务体系建设、养老事业发展情况、户籍制度改革及居住证制度实施情况进行视察。强化服务意识，加强对外联系交流，配合“我省宗教文化遗产保护利用情况”专题调研和全国政协“城镇化进程中的少数民族流动人口服务与管理”调研活动，配合广东省政协、江苏昆山政协到泰安开展的调研视察活动。督办《关于进一步抓好食品安全工作的建议》重点提案。

【文史资料委员会】召开全市政协文史工作座谈会，增聘21人担任市政协文史资料委员会特邀研究员。完成《记忆大汶河》编纂工作，协助省政协完成《记忆山东》文史资料征集任务。编纂出版《泰安文史》2期。对全市非物质文化遗产、泰山文物保护工作及文化传承发展工作进行调研视察。围绕红色旅游文化发展进行对口协商，形成《全市红色旅游文化发展暨爱国主义教育基地建设对口协商报告》呈报市委、市政府。对重点提案《关于加强泰山文化基础研究，壮大泰安文化产业经济的建议》、界别协商等项工作进行重点联络督办。

【港澳台侨和外事委员会】组织农村电子商务对口协商活动，召开全市农村电子商务对口协商会议，活动成果以领导参阅件的形式报送市委市政府。对全市旅游商品开发情况进行视察，以领导参阅《市政协委员建言全市旅游商品开发工作》报送市委市政府。组织《关于大力发展“互联网＋农业”的建议》重点提案的督办工作。做好工作顾问聘请工作。做好省政协、广东省政协、广东清远市政协、枣庄市政协考察团的相关服务工作。（刘　峰）

编校　刘　凯　　审稿　周美广

纪检 监察

综述

【概况】 年内，全市各级纪检监察机关深入贯彻中共十八大和十八届中央历次全会精神，把学习习近平总书记系列重要讲话精神作为思想武器和行动指南，按照中央纪委、省纪委和市委决策部署，全面履行党章赋予的职责，持续发力落实中央八项规定精神，驰而不息纠正“四风”，加强改进纪律审查工作，保持惩治腐败高压态势，坚持重心下移，坚决整治和查处侵害群众利益的不正之风和腐败问题，党风廉政建设和反腐败工作取得新进展新成效，为全市经济社会发展提供有力保障。

【市纪委十届七次全体会议】 1月21日，召开市纪委十届七次全体会议。传达学习省纪委十届七次全体会议精神，总结2015年全市纪律检查工作，部署2016年任务。市委书记、市人大常委会主任李洪峰出席会议并作重要讲话，市委常委、市纪委书记赵明东代表市纪委常委会作题为《聚焦监督执纪问责，把纪律挺在前面，忠诚履行党章赋予的神圣职责》的工作报告。报告从严明党的纪律、依规管党治党；深化体制机制改革，夯实管党治党责任；持之以恒正风肃纪，让中央八项规定精神落地生根；加大执纪审查力度，持续保持遏制腐败高压态势；加强基层党风廉政建设，坚决整治和查处侵害群众利益的不正之风和腐败问题；严格教育监督管理，建设忠诚干净担当的纪检监察干部队伍6个方面，对2016年任务作出部署。

【年度述职述责评议会】 1月27日，召开2015年度述职述责评议会。听取委局机关各部门、各派驻组和县（市、区）纪委2015年履职情况及下步打算，并对各单位2015年度工作情况进行评议。市委常委、市纪委书记赵明东要求，要进一步抓好中央纪委、省纪委和市纪委全会精神学习，统一思想认识。要以踏石留印、抓铁有痕的劲头狠抓全会任务落实，细化分解任务，加强督促检查，确保不折不扣落到实处。要强化工作研究，按照把纪律挺在前面的新要求，认真总结近年来纪律检查工作的新理念、新成效、新经验，开展全局性、实践性课题研究，更好地把握工作规律，增强工作的系统性、科学性。以“四种形态”为检验工作的标准，做深做细做实监督执纪各项工作，实现思想观念、

1月21日，市纪委十届七次全会召开　　（冯庆　供）

5月11日，省委常委、省纪委书记李法泉到泰安调研党风廉政建设和反腐败工作（冯庆 供）

体制机制、管理监督、方式方法和工作作风的与时俱进。

【全市纪检监察干部监督工作座谈会】 6月8日，召开全市纪检监察干部监督工作座谈会。会议深入贯彻落实省纪委纪检监察干部监督工作座谈会精神，围绕进一步加强纪检干部队伍的自身建设，规范和强化系统干部监督工作，努力打造忠诚干净担当的纪检干部队伍。市委常委、市纪委书记赵明东要求，要提高思想认识，充分认识打造过硬纪检监察干部队伍的重要性；要坚持严字当头，切实担负起全面从严治党、强化纪检监察干部教育管理监督的主体责任；要严格监督执纪，对反映纪检干部问题线索做好梳理，坚持抓早抓小、动辄则咎，从小问题早发现、早提醒、早处理，防止小问题变成大问题。

【半年工作述职会】 8月5日，召开委局机关和派驻机构半年工作述职会。会议听取机关各部室和派驻机构主要负责同志上半年主要工作情况和下步打算。市委常委、市纪委书记赵明东要求，要按照中央纪委和省市纪委全会部署，总结成绩、再接再厉，看到差距、自我加压，以良好的精神状态、更高的工作标准、严实的工作作风、一流的工作成效，圆满完成全年工作任务。贯彻落实《中国共产党问责条例》，在推动“两个责任”落实上加大力度；扭住中央八项规定精神不放松，在持之以恒正风肃纪上加大力度；把握运用“四种形态”，在加强和改进纪律审查工作上加大力度；坚持问题导向，在整治和查处侵害群众利益的不正之风和腐败问题上加大力度；改进监督方式，在推进派驻巡查和市县巡察上加大力度；强化纪律规矩意识，在加强自身建设上加大力度。

【党规党纪教育】 深入学习贯彻习近平总书记系列重要讲话和中共十八届六中全会精神，把贯彻执行党内政治生活准则、党内监督条例同贯彻执行廉洁自律准则、党纪处分条例、问责条例等党内法规联系起来。将准则、条例等纳入党委理论中心组学习和党员干部教育培训内容。市县纪委领导班子成员带头作党规党纪辅导，在纪检监察网站设立专栏，宣传解读党规党纪。坚持以考促学，全市1.2万名党员干部参加德廉和党风党纪知识学习测试。制订《加强基层纪律规矩教育实施办法》，强化基层党员干部党规党纪教育。持续抓好警示教育，以违纪问题为镜鉴，汇编严重违纪违法、违反中央八项规定精神、侵害群众利益问题典型案例，组织观看警示教育片，以案说理、以案明纪，促使党员干部受警醒、明底线、知敬畏。

【派驻监督】 派驻机构牢牢把准职责定位，加强对领导班子及其成员的监督，全面掌握被监督单位党风廉政建设整体情况。深化派驻巡查，聚焦“六项纪律”和中央八项规定精神，突出发现问题。市级派驻巡查实现对81家被监督部门单位的“全覆盖”，发现涉嫌违纪问题线索262个，立案17件，给予党政纪处分28人。加强对一般性问题整改情况的监督检查，推动被巡查单位党组织落实主体责任。

【纪检监察干部队伍建设】 把贯彻落实中共十八届六中全会精神同开展“两学一做”学习教育结合起来，树牢“四个意识”特别是核心意识、看齐意识，自觉在思想上政治上行动上同以习近平总书记为核心的党中央保持高度一致。加强机关党建工作，发挥党支部战斗堡垒作用，组织观看专题片，强化对全体纪检监察干部党章党规党纪教育。以换届为契机，抓好4个“提名考察办法”落实，会同组织部门做好县（市、区）纪委书记、副书记提名考察工作，配优配强下级纪委领导班子，增强班子整体功能。按照省纪委部署，指导县级纪委搞好内设机构调整工作，增强监督执纪力量。抓好

7 月 11 日，组织全市党员干部参加德廉和党风党纪知识学习测试

（冯 庆　供）

政治和业务培训，通过集中轮训、委托培训、组织调训和实践锻炼，提升纪检监察干部素质能力。全年培训 940 人次。健全系统内部监督体系，市纪委领导班子成员带头开列责任清单，逐级厘清责任，作出履职承诺。规范监督执纪工作流程，严格审批程序和内控制度，加强对监督执纪各环节的监督。加强对纪检监察干部的日常管理监督，培养严、实、深、细的工作作风，对反映纪检监察干部问题早纠治、早处置，保持队伍的纯洁性。

【作风建设】 咬住作风建设不放，坚持经常抓、抓经常。紧盯重要节点，开展高频次、大范围明察暗访，持续营造浓厚氛围。关注“四风”新动向新表现，创新方法手段，通过交叉互查、派驻巡察，与相关职能部门协作配合，运用科技手段等，拓宽问题线索发现渠道，着力查处隐形变异“四风”问题。公开曝光典型问题，形成常态、形成震慑。全市查处违反中央八项规定精神问题 399 起，处理党员干部 548 人，给予党政纪处分 361 人；通报曝光典型案例 86 批 209 起。

【纪律审查】 加强对政治纪律执行情况的监督检查，确保政令畅通。在县乡领导班子换届工作中，扎实做好党风廉政意见回复基础性工作。发挥反腐败协调小组职能作用，形成反腐败整体合力。坚持力度不减、节奏不变、尺度不松，重点审查中共十八大后不收敛不收手，问题线索反映集中、群众反映强烈，在重要岗位且可能还要提拔使用的领导干部，把三类情况同时具备的作为重中之重，持续保持反腐败高压态势。全市纪检监察机关接受信访举报 5401 件次，立案 1995 件，给予党政纪处分 1991 人，增长 21.1%，其中处分县处级干部 25 人、乡科级干部 124 人；严重违纪涉嫌违法移送司法机关处理 10 人。

【整治和查处侵害群众利益问题】 把整治侵害群众利益的不正之风和腐败问题作为重要工作任务，明确县乡党委主体责任、纪委监督责任。督促相关职能部门落实监管责任，突出扶贫、民生惠民、土地征收及农村“三资”管理等重点领域和关键环节，集中开展专项整治，发现一批问题线索。对侵害群众利益、触犯党纪红线的党员干部坚决查处；对失职失责，不作为、乱作为的基层党员干部严肃问责；对典型案例集中通报曝光。全市查处侵害群众利益问题 1204 起，给予党政纪处分 841 人，通报曝光 259 起 381 人。

6 月 8 日，组织纪检监察干部聆听“两学一做”学习教育讲座（冯 庆　供）

12月18日，组织市纪委、监察局全体干部观看《中国共产党廉洁自律准则》《中国共产党纪律处分条例》辅导报告视频　　（冯　庆　供）

责任落实

【述责述廉】 开展县级党委政府和市直部门主要负责人向市纪委全会、县级党政班子成员向同级纪委全会述责述廉，组织20名党政“一把手”向市纪委全会、6个县（市、区）104名县级党政班子成员向同级纪委全会述责述廉，进一步强化对领导干部尤其“一把手”的监督。

【问责追究】 落实《中国共产党问责条例》，对管党治党失职失责的党组织、党员领导干部严肃问责，失责必问、问责必严成为常态。全市有4家单位党组织和158名党员领导干部被问责，市纪委分2批通报曝光8起责任追究典型问题。

巡视巡察

【省委巡视组反馈意见整改】 市委带头落实主体责任，把省委巡视“回头看”反馈意见整改作为重要政治任务，成立由市委书记任组长的领导小组，细化措施，明确任务，倒排工期，扎实推进问题整改。市纪委对中央、省委巡视组移交的问题线索，集中力量核查。市纪委立案审查市管干部10人，给予党政纪处分10人，形成强有力震慑。

【探索开展市县巡察】 市委把市县巡察作为强化党内监督的重要方式，认真落实省委《关于建立市县党委巡察制度的意见》，制订《泰安市巡察工作实施办法》，明确市县巡察工作指导思想、任务要求、组织机构和人员编制等。建立健全巡察工作制度规范，完善工作流程，突出政治巡察，开展试点工作，市县巡察实现良好开局。　（冯　庆）

9月21日，市纪委派驻纪检组到有关单位检查党风廉政建设落实情况　　（冯　庆　供）

编校　刘　凯　　审稿　周美广

民主党派 工商联

中国国民党革命委员会泰安市委员会

【概况】 简称民革泰安市委会，设基层委员会1个、支部12个、小组1个。年内发展新党员14名，党员总数298人。1名党员被评为“民革全国祖统工作先进个人”。

【思想建设】 继续开展坚持和发展中国特色社会主义学习实践活动。组织为爱国将领冯玉祥先生扫墓活动。在市委统战部开展的“同心铸伟业，共谱新华章”——统一战线寄语中国共产党成立95周年专栏上，徐恩虎代表民革发表题为《风雨同舟路，共筑中国梦》的文章。组织举办书画展和书画笔会，纪念孙中山150周年诞辰。接待团结报调研组，就贯彻落实统一战线、围绕“十三五”规划实施等方面开展调研。

【组织建设】 年内发展新党员14人，平均年龄35.5岁，全部为大学本科以上学历。完善后备干部队伍人才库建设，强化后备人才教育管理，推荐6名党员分别参加省民革组织的骨干党员培训班和反映社情民意信息工作培训班。参加统战部举行的各种专题学习活动。支持机关人员代表统战部任第一书记的工作，组织山农大民革党员、科技专家到任职社区开展科技扶贫活动。12月5日，召开民革泰安市第七次代表大会，选举产生民革泰安市第七届委员会委员，选举徐恩虎为主任委员。

5月24日，“博爱·牵手环卫工人—医疗扶贫查体活动”启动仪式在新泰举行，泰安市政府副市长、民革山东省委副主委、泰安市委主委徐恩虎参加启动仪式　　（王　磊　摄）

【参政议政】 参加中共泰安市委、市政府、市政协召开的民主协商会、情况通报会及座谈会，就重要人事安排、全市经济社会发展问题等发表意见和建议。党员中的人大代表、政协委员以及各类特约人员，参加各部门组织的视察、调研和座谈活动。完善参政议政的各项工作机制，开展“参政议政集中活动月”“一人一案”“精品提案”活动。年内，与农业局、旅游局围绕“休闲农业和全城旅游”方案的内容进行界别协商，并召开座谈会。有2名党员分别被聘为特约监察员和教育督导员。在市政协十二届五次会议上，民革泰安市委提出集体提案10件，党员个人提案14件，有5名民革党员在会议上作了口头大会发言和书面大会发言。

【社会服务】 1名党员获得“2015年度国家科学技术进步奖二等奖”。6月，启动“同心扶贫攻坚行动”，组织从事农业、医疗、社会服务等方面的民革党员到东平县沙河站镇调研，为该镇家境贫困的8名大学新生和26名高一新生，捐助现金5.5万元。开展“博爱•牵手”活动。4月，新泰基层委员会举行法治进校园活动和关爱老人、爱心送健康义诊活动；5月，在新泰市环卫处举行“博爱•牵手环卫工人——医疗扶贫查体”启动仪式，向环卫工人捐赠价值40万元的骨病诊疗卡和8万元的口腔保健卡；7月，新泰基层委员会为新泰市首届“文明新泰•让爱启航”青春励志助学暨大型爱心公益活动捐款1.5万元。开展法律咨询和健康义诊活动，服务群众300人。（王　磊）

中国民主同盟泰安市委员会

【概况】 简称民盟泰安市委会。设总支1个、支部20个、学习小组1个，盟员总数588名。民盟泰安市委获2016年度民盟山东省委“先进集体”和民盟中央群言杂志社“发行工作优秀单位”称号。6个支部获“先进基层组织”称号，36名盟员获“优秀盟员”称号。民盟泰安市新泰支部获2016年度民盟中央“学习实践活动先进集体”称号。民盟泰安市委《关于加快发展泰安市体育产业的建议》被泰安市政协评为优秀提案。

【思想建设】 召开两次全委扩大会议，集体学习中共十八届六中全会精神、民盟十一届四中全会、中共泰安市委十届十次十一次全委会会议精神和市级组织换届工作有关精神，继续开展坚持和发展中国特色社会主义学习实践活动。参加泰安市各民主党派工商联负责人暑期研讨班，赴延安干部培训学院进行学习。在《泰安日报》发表主委署名文章向中国共产党成立95周年表示热烈祝贺。年内，报送各类信息和社情民意信息40篇，8篇被盟中央采纳，8篇被盟省委采纳。另有10篇工作信息被盟省委和市委统战部等单位采纳。

12月3日，中国民主同盟泰安市第八次代表大会在泰安召开（王玲玲　供）

【组织建设】 新发展盟员31人，其中博士研究生2名、硕士4名，高级职称3人、中级职称13人。12月3日，民盟泰安市第八次代表大会召开，选举产生民盟泰安市第八届委员会，选举孙岱峰为主任委员。12月22日、23日和30日，民盟中心医院支部、泰山学院支部和泰山医学院支部分别进行换届并选举出新一届领导班子。至年底，有盟员588名，设总支1个、支部20个、学习小组1个。1月24日，在肥城成立泰安民盟书画院肥城分院，形成集书画创作、文化推广、服务社会为一体的新模式。3月8日，民盟泰安市岱岳区支部举办“庆三八　关爱女性”座谈会。3月20日，盟市委组织开展参观考察泰山学院万里图书馆活动，纪念中国民盟成立75周年。

【参政议政】 向市政协十二届五次会议提交提案43件，其中集体提案26件，委员个人提案17件。《关于大力发展互联网+农业的建议》《关于加快我市专业校车发展的建议》《关于有效治理雾霾提升空气质量的建议》名列市政协十大重点提案。《关于大力发展互联网+农业的建议》和《关于将学前教育纳入国家义务教育系列的建议》被推荐为大会发言。开展专项调研和市政协界别协商调研，完成《发展农业物联网产业，推进农业转型升级》调研课题，成立专题调研组，调研报告呈送市领导，为市委、市政府决策提供参考。10月22日，山东省人大常委、民盟山东省委巡视员仪平策带领民盟山东省委山东省文化产业组织管理体系问题调研组，到泰安进行文化产业组织管理体系发展问题调研。

【社会服务】 全年累计开展各类走访、慰问活动8次。其中，新泰支部部分盟员书法家开展“赶大集送春联”活动，为广大群众送春联。1月30日，民盟新泰支部与泉沟镇张兰子联小结对，成立民盟新泰支部助学实践基地，捐助价值3.5万元物品。5月19日，民盟山东省委妇委会联合民盟泰安市委、泰山区支部在泰安市泰山区徐家楼街道办事处白峪店子小学开展庆祝“六一”儿童节专题活动。5月28日，机关一支部、泰山区支部和机关四支部发起成立瞳心天使志愿者协会，旨在宣传、汇聚社会力量帮扶罹患视网膜母细胞瘤家庭。6月15日，民盟岱岳区支部与普鲁耐特集团有限公司共同赴下港镇上里村联合开展“同心扶贫　企业联户”活动。7月16日，民盟新泰支部发起的烛光助学慈善协会参加首届“文明新泰让爱起航”——新泰青春励志助学暨爱心公益项目交流展示会；7月28日至8月3日，民盟新泰支部承接民盟山东省委的民盟乡村少年科学营活动，在新泰市翟镇中学举办全免费、全封闭的夏令营，民盟中央原副主席李重庵，民盟山东省委专职副主委董利忠等领导一行到新泰市参加夏令营。10月22日，民盟泰安市委会联合民盟山东省直机关五支部到泰安市儿童福利院举行捐赠活动。开展扶贫调研活动2次，其中，7月14日，盟市委组织盟内部分企业家和专家学者，到对接扶贫单位东平县新湖镇开展同心扶贫调研对接活动；11月6日，民盟农大总支组织盟员赴新泰市谷里镇、石莱镇和岳家庄乡开展乡村精准扶贫工作调研。组织部分盟员专家，围绕“舌尖上的安全”开展食品安全调研活动2次。 （王玲玲）

【概况】 简称民建泰安市委会。设11个基层支部、7个专委会，全市会员238人，女会员69人，占29%；经济界会员175人，占73.5%；大专以上学历227人，占95.4%；中级以上职称159人，占66.8%。民建泰安市委被民建中央表彰为“全国社会服务先进集体”，在民建山东省委60周年纪念大会上，民建新泰支部被评为“全省先进集体”，11名会员被表彰为“全省优秀会员”。

【思想建设】 通过微信公众平台、会内网站等媒体手段，学习贯彻中共十八大、十八届历次全会精神和习近平总书记系列重要讲话精神，学习宣传各级统战工作会议及民建上级组织有关会议精神。继续开展坚持和发展中国特色社会主义学习实践活动，通过主题征文、知识测试、微信点读等形式，引导广大会员把思想和行动统一到中共中央及省委、市委决策部署上来，增强广大会员对中国特色社会主义的道路自信、理论自信和制度自信。购进《民建史话》300本，加强民建会章、会史和会的优良传统的学习教育。

【组织建设】 全年新发展会员14名，其中中级以上职称7人，经济界人士11人。8月，召开领导班子谈心会，提高泰安民建领导班子建设水平。年内，选派1名支部主委参加全国基层组织负责人培训班。选派2名骨干会员参加民建省委组织的红旗渠革命传统教育培训班。4月，举办2016年度新会员培训班，对上年度发展的14名新会员进行专题培训及爱会教育。5月，举办民建市委羽毛球乒乓球比赛。12月6日，召开民建泰安市第六次代表大会，审议通过民建泰安市第五届委员会工作报告，选举产生民建泰安市第六届委员会，选举张庆明为主任委员。

【参政议政】 民建市委会向市政协十二届五次会议提交集体提案14件、个人提案23件；市政协主席

12月6日，中国民主建国会泰安市第六次代表大会召开 （杜荣立　摄）

会议确定的10件重点提案中，泰安民建占5件，分别是《关于加强泰山文化基础研究，壮大泰安文化产业经济的建议》《推进健康泰安建设，打造全民健康升级版》2件集体提案和《以“泰安创造”提升“泰安制造”》《巩固“创城”成果，提高城市管理水平》《关于有效治理雾霾提升空气质量的建议》3件委员个人提案；4位会员作大会发言，其中2名作现场发言。年内，组织会内部分政协委员、人大代表及专家学者开展乡村文化保护专题调研，并开展《履行政府责任，探索运营模式，确保校车安全》《完善住宅功能，优化住宅结构，对老旧小区实施电梯改造》2项界别协商调研，分别形成调研报告和界别协商报告，呈报市委、市政协。同时，做好反映社情民意信息工作。

【社会服务】 开展“三下乡”活动4次，投入扶贫帮困资金80万元，受益群众140人次，深入会员企业6次。服务精准扶贫，4月15日，组织会内部分企业家、专家学者到东平县开展精准扶贫项目考察对接活动，年内，会员企业鲁普耐特集团在东平投资兴建国际绳网产业生态园，实施产业扶贫，项目计划总投资5亿元，一期投资4000万元，项目建成后可安排500人就业；会员企业鑫兴和物资有限公司投入30万元，对东平进行教育帮扶。开展大学生就业创业品牌工程，3月12日，组织30家会员企业参加在泰山学院举办的春季高校毕业生集中招聘会；在高校举办“民建讲堂·励志成才与就业创业”讲座2期。开展“民建之光——点亮留守儿童微心愿”活动，1月14日，在泰安高新区北集坡中心小学举办第三期圆梦仪式，为办事处9所小学的120名孩子达成微心愿。新泰支部于春节前夕，带着节日用品及慰问金走访慰问帮扶的困难户和贫困学生，4月，又联合山东农业大学支部开展同心精准扶贫活动，为种植业户送去蔬菜、林果方面的图书1000册，并进行现场种植指导；中秋节前夕，泰西支部和东岳支部分别看望慰问敬老院、护理院老人；妇女专委会继续资助帮扶的十六中3名贫困学生；泰汽支部开启助学行动。

（杜荣立）

中国民主促进会泰安市委员会

【概况】 简称民进泰安市委会。设支部10个，会员总数217人。年内，民进教育支部被民进中央表彰为“民进全国参政议政工作先进集体”，被民进山东省委表彰为“参政议政工作先进集体”。

【思想建设】 召开主委办公会议8次，就中共十八届五中、六中全会精神、民进中央和民进省委文件等内容进行学习。召开五届七次、八次、九次全委扩大会议，学习中共十八届六中全会会议公报、中共泰安市委十届十一次全体会议精神，研究部署支部、市委会换届工作。7月9日，召开新会员暨参政议政骨干培训会议，对新会员进行政党制度，会章、会史和会的优良传统培训。

【组织建设】 设支部10个，全年发展会员10人，减员1人，会员总数217人。8月24日，召开民进教育支部换届会议，选举产生教育支部第四届委员会；9月17日，召开民进山东农业大学支部换届会议，选举产生山东农业大学支部第三届委员会；9月18日，召开民进法律支部换届会议，选举产生法律支部第二届委员会；9月24日，召开民进泰山学院支部换届会议，选举产生泰山学院支部第四届委员会；9月30日，召开民进岱岳区支部换届会议，选举产生岱岳区支部第四届委员会；10月24日，召开民进泰山区支部换届会议，选举产生泰山区支部第四届委员会。12月8日，召开民进泰安市第六次代表

12月8日，民进泰安市第六次代表大会召开　（王传其　摄）

大会，选举产生民进泰安市第六届委员会，选举王昌元为主任委员。

【参政议政】 在任各级人大代表、政协委员33人，其中山东省人大代表1名，山东省政协委员1名；泰安市人大代表1人，泰安市政协副主席1名、常委6名、委员17名；县区级政协委员6人。在任县处级干部9名。在市政协十二届五次会议上共提交提案44件（集体提案15件，个人提案29件），其中5件提案被列为重点提案。围绕《关于深入推进我市教育精准扶贫》的主题开展专题调研，形成调研报告。年内，2名会员参加民进省委举办的“全省参政议政骨干会员培训班”，3人参加“民进全省参政议政年会”，4名会员被民进省委表彰为“参政议政先进个人”。

【社会服务】 2月2日，市委会开展“春联万家”活动，书画界的民进会员书写春联300幅，为赶集的群众送上新春祝福；医疗卫生支部开展“关爱独居老人，我们在行动”义诊活动，为56位乡村老人进行免费医疗，并送去生活用品；泰山区支部开展“关爱老人，奉献爱心”活动；岱岳区支部开展“重阳送温暖”活动。会员金延斌捐资68万元，用于宁阳县华丰镇成功庄村文化大院建设。 （王传其）

中国农工民主党泰安市委员会

【概况】 简称农工党泰安市委会。设总支2个，支部19个，有党员324人，其中年内新发展党员17人。

6月17日，农工党市委会到泰山区乐园小区开展“中国环境与健康宣传周”义诊活动 （丁婧 摄）

【思想建设】 组织学习中共十八届五中、六中全会及习近平总书记系列讲话精神，学习中共中央和省统战工作会议精神，着力增进政治共识，着力推进社会主义协商民主，着力推进多党合作事业健康发展。参加农工省委举办的全省宣传思想工作培训班。

【组织建设】 设总支2个、支部19个，有党员324人。新发展党员17人，其中博士1名，硕士7名。11月8日，举行颁发入党批准通知书仪式，就农工党的发展历史、《中国农工民主党章程》及农工党泰安市委的建设情况作培训报告，对新党员如何履行党员义务、践行党员标准提出要求。12月7日，召开农工党泰安市第六次代表大会，选举产生农工党泰安市第六届委员会，选举徐坤为主委。参加农工省委和市委统战部组织的各类培训班、专题学习班和考察活动。按照农工中央、省委关于组织工作数据库建设要求，完成党员和机关人员信息初始化采集工作。

【参政议政】 在市政协十二届五次会议上，提交集体提案18件、个人提案21件，其中，《巩固“创城”成果 提高城市管理水平》《关于切实解决好我市城镇中小学大班额问题的建议》2件提案被列为重点提案。做好反映社情民意信息工作，拓宽信息渠道，提高报送质量。向农工省委、市委统战部、市政协报送社情民意信息15条。重视专题调研工作，立足泰安实际，成立以主委为组长的调研小组，拟订调研方案，形成《关于加快推进泰安市医养结合发展的调研报告》。

【社会服务】 开展为民义诊活动、医药卫生宣传活动、对口帮扶活动、医药卫生送健康进社区、进村镇活动、医药卫生捐赠活动。6月17日，市委会组织泰安市中心医院和泰山医学院附属医院内科、眼科、口腔科、儿科、神经内科、肿瘤科、耳鼻喉科等科室的9名专家到泰山区乐园小区开展“中国环境与健康宣传周”义诊活动，受益市民200人。6月15日，组织专家到对口帮扶乡镇——东平县州城街道办事处开展扶贫调研。推荐12名党员加入农工党山东省委“同心圆”志愿者队伍。年内，各基层组织充分发挥优势，积极开展形式多样的社会服务活动。各基层组织开展义诊活动

3次，开展捐资助学等帮扶活动2次，开展走访慰问老党员活动1次。岱岳区支部组织泰安市第一人民医院专家赴泰安市下港镇上里村开展“同心义诊健康扶贫”活动，为边远山区群众送医送健康；组织支部党员到泰安市儿童福利院慰问孤残儿童。肥城矿业集团支部组织党员中的专家到肥城市安庄镇开展义诊活动。中心医院支部开展走访慰问老党员活动。（丁　婧）

中国致公党泰安市委员会

【概况】 简称致公党泰安市委会，设支部10个，有党员148人。年内，致公党泰安市委员会岱岳区支部被评为“社会服务工作先进集体”，泰山区支部、农业大学支部被评为“海外联谊工作先进集体”，17位党员被评为“创先争优”优秀党员。

【思想建设】 组织集体学习6次，参加致公党中央、省委统战部、致公党省委和中共泰安市委组织的各类学习9次。推动市委会班子成员和党员深刻领会四个全面战略布局、五大发展理念的丰富内涵，引导各级组织和党员增强走中国特色政治发展道路的自觉性和坚定性，夯实多党合作的共同思想政治基础。

【组织建设】 成立中国致公党泰山学院支部，发展党员16人。对市委会领导班子后备干部、支部领导班子后备干部情况进行整体研究考察；对市委会领导班子人选进行民主推荐考察并由省市委统战部、省委会研究通过，新一届市委会规模由上届11人增加到13人。党员侨海关系覆盖美国、日本、英国、加拿大、法国、韩国、比利时、澳大利亚、巴西、乌克兰等国家和中国台湾等地区，“侨海”特色明显。

【参政议政】 抓好各项专题调研、政协提案、社情民意信息等工作，成立多个课题组开展调查研究，完成课题7项，其中省委会课题6项。做好市政协会议期间提案准备工作，市委会及党员提交立案提案31件，3件提案进入市政协大会发言。报送社情民意信息21条，其中11条被省委会、市政协、市委统战部采用。担任各级司法机关和政府部门特约人员的致公党员，积极参加活动，认真履行监督职责。

【社会服务】 鼓励有海外联系的党员通过考察、访问、探亲等时机，加强联谊对接，宣传泰安泰山，促进交流合作。开展各类社会服务活动20次。组织开展针对农村小学的定点音乐助教活动，针对农村茶叶基地的科技服务活动，针对村（社区）困难家庭、困难群众、残疾人群的帮扶活动。（张淑蕾）

九三学社泰安市委员会

【概况】 简称九三学社泰安市委会。设基层委员会3个，支社25个，小组1个，有社员545名。年内，九三学社泰安市委2名社员被社省委评为参政议政先进个人，1名社员被社省委评为先进组工干部，5名社员被社省委评为社会服务优秀个人，1篇文学作品荣获社省委思想宣传工作文学作品类三等奖。

【思想建设】 召开社市委七届十一次、十二次全委（扩大）会议和7次主委办公会议，学习研讨中共中央重要会议精神和社中央、社省委文件等。组织社员参加社中央民主与科学杂志举办的通讯员培训班，社省委组织的宣传思想工作研讨会，九三齐鲁青年论坛和社务工作业务培训会议。选派社市委负责人参加市委统战部组织的暑期研讨班和中共市委组织的党校培训班等。发挥微信群等网络社交平台的宣传交流作用，建立市委会微信公众号，及时宣传发布国家大事、社章社史和社内的新闻活动。

【组织建设】 全年有2个基层委员会和5个支社召开社员代表大会，进行换届选举。9月成立泰山医学院附属医院支社，10月成立机关直属基层委员会和机关直属七支社。11月召开社市委第八次代表大会，会议听取九三学社泰安市第七届委员会的工作报告，选举产生九三学社泰安市第八届委员会委员及出席九三学社山东省第七次代表大会代表。年内发展社员27名，至年底，全市有3个基层委员会、25个支社、1个小组，社员545名，其中中高级职称以上的占84.8%，硕士以上学历占25.2%，女性社员占34.4%。

【参政议政】 组织相关专家赴全省各地展开调研，形成《关于健全我省畜产品安全防控体系的建议》的调研报告，由社省委报送省委和省政府主要领导。向市政协十二届五次会议提交提案67件（其中集体提案44件、个人提案23件），其中《关于强化泰城综合整治，巩固“双创”成果的建议》和《泰安市引入公共自行车租赁系统的建议》被确定为十大重点提案，《关于加

9 月 13 日，市政协副主席、九三学社市委主委刘君（前排左一）赴东平县老湖镇进行精准扶贫对接考察活动　　（吴　萌　供）

快泰安城区大型公共体育场馆建设的建议》入选大会书面发言。

【社会服务】 重点助力东平县脱贫。多次赴老湖镇进行对接、调研，找寻扶贫之策。9 月 13 日，组织从事种植、养殖、水利、医疗、信息工程等方面的专家教授，一行 13 人，赴东平县老湖镇进行精准扶贫对接考察活动。1 月 19 日，举行社市委帮扶项目落成暨健康扶贫启动仪式。申请 200 万元的库区移民产业扶贫资金，用于西三村服装加工厂的建设，项目建成后可带动附近 10 个村庄近 120 人就业。协调争取价值 20 万元的医疗设备 50 台，用于提升当地医院和 3 个卫生服务站的医疗服务水平、改善群众的就医环境。春节前，副省长、社省委主委王随莲到泰安走访慰问原社省委副主委李永昌和困难社员，送去慰问品和 3 万元的“王选关怀基金”。年内，先后赴泰山区徐家楼社区敬老院、岱岳区黄前镇敬老院、泰安颐博康复医院、新泰市楼德镇敬老院等地进行捐款捐物、送医送药等助残爱老爱心活动。　（刘彦涛）

【概况】 学习贯彻习近平总书记在全国政协民建、工商联界别联组会上的重要讲话精神，围绕市委、市政府中心工作，把握“两个健康”（非公有制经济健康发展和非公有制经济人士健康成长）主题，推进工作任务落实。市工商联被评为“全省工商联系统先进单位”，保持“市级文明单位”称号。

【思想政治工作】 开展以守法诚信、坚定信心为重点的非公有制经济人士理想信念教育实践活动，加强对非公经济人士的教育培训，举办学习领会习近平总书记在全国政协民建、工商联界别联组会上的重要讲话精神报告会，与市委组织部、市委党校联合举办全市年轻一代企业家培训班，分级分层次为民营企业、商会负责人作守法诚信专题教育党课，年内 2000 名商会和民营企业负责人参加学习培训。以商会和会员企业为依托，组织开展守法诚信承诺品牌活动，在全市推出首批 100 家守法诚信承诺示范单位，引导企业自觉接受社会监督，依法诚信经营。举办报告会、研讨会、培训班，宣传实施“十三五”规划对民营经济发展带来的机遇，引导非公经济人士自觉践行五大发展理念，抓住建设“一圈一带”战略机遇，找准发展方向，增强发展活力，提高发展效益。

【参政议政】 配合省工商联完成构建亲清新型政商关系、民营企业知识产权保护、第十二次全国私营企业调查、民间投资第三方评估等调研活动，组织开展精准扶贫、民营企业科技创新等专题调研，发放调查问卷 200 份，召开座谈会 10 次，走访调研企业 32 家，形成《实施“双百”行动　助力脱贫攻坚》等调研报告。组织开展政协委员大走访活动，引导工商界政协委员积极建言献策，年初上报省政协提案 2 件，提报市政协集体提案 14 件，全部立案，其中 2 件被立为市重点提案。市工商联在全市政协加强委员队伍建设工作座谈会上作典型发言。

【经济服务】 完善政企沟通长效机制，推动相关职能部门到工商联和企业调研，研究解决非公经济发展问题。组织企业家参加“第二届军民融合发展高科技成果展览”等经贸活动；参与“三项评比”，5 家企业分别获全省实力百强、公益百星、创新百家称号。抓好全国知名民营企业入鲁助推转调创投资洽谈会签约项目实施情况的跟踪调研，全市签约项目 12 个，至年底，落地项目 9 个，其中 4 个项目已完工并正常运营。开展科技、人才、银企“三对接”活动，与市人社局联合举办

"泰安市工商联会员企业牵手大学生就业专场招聘会"，达成就业意向580人；以"民生民企"为主题，加强与民生银行等金融机构合作，全年组织银企对接活动20次，帮助民营企业融资贷款6.8亿元。

【光彩事业】 引导非公有制经济人士弘扬光彩精神，参与帮村、帮学、帮老"民企三帮"等活动，组织企业家开展为环卫工人送爱心活动，引导非公人士开展捐资修路架桥、赈灾扶贫及投资办学等社会公益活动10次。市家电行业商会为30户贫困家庭送去价值10万元的保暖物品。市工商联江苏商会组织会员企业开展助学助教助残、扶贫济困敬老等公益事业活动，合计捐助50万元。年内，全市非公有制企业参与光彩事业捐款捐物2300万元。至年底，全市设立企业和个人冠名慈善基金108个，基金数额3.4亿元。

【对外联络】 引导民营企业"走出去、请进来"，引进外资项目14个，引进外资1.8亿美元。与全国19家工商联缔结为友好商会，联络国内外50名企业家到泰安考察，接待江苏无锡、常州、新疆伊犁等全国各地工商联组成的考察团6个。强化与商务、税务等部门的联系沟通，联合组织开展涉外税务、法律学习研讨班，增强涉外会员企业的自身保护。

【组织建设】 推动"五好"县级工商联建设，县级工商联班子建设、会员发展、商会建设、活动开展、工作保障等方面得到明显改善，泰山区、岱岳区、肥城市工商联被认定为全国"五好"县级工商联，提前完成全市50%的县级工商联达到全国"五好"建设标准。新发展会员1890人，会员总数1.20万人，年增长率11.8%。开展"行业商会建设推进年"活动，印发《关于进一步加强行业商会建设的意见》等文件，坚持商会秘书长联席会议制度，行业商会的服务、自律、协调、维权功能作用逐步显现。至年底，全市行业商会发展到82家，乡镇街道商会覆盖率达100%。

【百企帮百村扶贫行动】 贯彻中央和省、市扶贫开发工作会议精神，按照省委统战部"同心扶贫攻坚行动"和省工商联"千企帮千村"脱贫攻坚行动的相关要求，在全市开展"百企帮百村"扶贫行动。成立扶贫行动领导小组，设立工作办公室。落实包保责任制，在市工商联机关实施"1234"行动，即：每名驻会领导班子成员包保1个县（市、区）工商联，每名机关干部包保1个直属商会、2名副主席（副会长）、3名常委、4名执委。实行工作调度制度，每周召开1次调度会，总结工作情况，部署工作任务。至年底，全市有74家民营企业与83个贫困村结成帮扶对子，实施产业扶贫项目39个，计划总投资49亿元；27家企业实施就业扶贫，安排贫困人口2666人，支付工资460.96万元；37家企业开展公益扶贫，捐款捐物合计490.46万元。

【非公有制经济组织党建工作】 印发《泰安市非公有制经济组织党工委2016年工作要点》，指导各会员企业党组织结合实际抓好活动的开展。建立党组班子成员包保联系企业制度，指导非公有制企业开展"双强六好"党组织创建活动。加强法律维权服务工作，帮助非公有制企业解决发展中遇到的矛盾纠纷困难。狠抓两新组织党建工作，组织参加市委组织部举办的"两新"组织党建培训班。在市直属商会协会中均建立单独党支部和联合党支部，实现党组织和党建工作全覆盖。市瑞星集团获"全国新经济组织党建工作五百强"称号。（王亚楠）

编校 刘凯　审稿 周美广

人民团体

泰安市总工会

【概况】 2016年，泰安市总工会生产保护部获得“全国职工安全卫生消防应急知识普及竞赛活动最佳组织单位”称号，开展的“互联网+工友创业”行动获得“全省工会工作创新奖”，市总工会继续保持“省级文明单位”称号，被市委、市政府表彰为“2016年度科学发展综合考核先进单位”，被市委表彰为“2016年度‘五型’机关建设示范单位”。

【服务工作大局】 实施经济技术创新工程和开展职工优秀技术创新成果评选活动，召开职工技术创新现场推进会和观摩会，培育重点示范企业81家，评选表彰职工优秀技术创新成果372项。联合市委组织部、市人社局等部门举办全市技能人才职业技能大赛，涵盖工种50个；与医务、教育、金融等行业、部门联合开展30个批次95个工种的行业职业技能竞赛。全市职工提合理化建议2万条，完成小发明、小革新1.3万项，结成“名师带徒”“结对帮扶”对子4000对。深化劳模工作室创建活动，新命名市级劳模创新工作室12个。开展“中国梦·劳动美”主题宣传活动，弘扬劳动创造美好生活的时代主旋律。参加“中国梦·劳动美——颂歌献给党”首届全省职工合唱展演活动，泰安市代表队获得铜奖。加强职工文化教育阵地建设，1家单位被评为全国职工教育优秀示范点，3家单位被评为全国工会“职工书屋”。评选表彰首届“齐鲁文化大道”品牌创建工作先进单位和先进个人。健全完善职工志愿者队伍管理活动机制，组织开展各类志愿服务活动12次。弘扬劳模精神，坚持面向基层和一线选树劳模，推荐评选表彰全国工人先锋号2个、全国五一劳动奖章2人、省富民兴鲁劳动奖状5个、省工人先锋号7个、省富民兴鲁劳动奖章15人和市劳模(先进工作者)98人。在泰安电视台、《泰山晚报》开办专栏，对先模人物和泰山工匠进行重点宣传。开展“查身边隐患、保职工安全、促企业发展”活动，覆盖企事业单位3578家，参与职工79万人，查出安全隐患3.3万项，避免安全事故800起。推广的鲁能泰山矿业开发有限公司“十二个月安全主题活动”的经验做法，得到省政府和省总工会领导的充分肯定。

【协调劳动关系】 ①加大集体协商工作力度。开展工资集体协商提质增效活动，加强工资集体协商专职指导员队伍建设，开展集中要约行动，发出要约书1500份。至年底，已签订工资集体协商专项合同7350份，建会企业工资集体协商建制率90%，覆盖企业2.3万家、职工94万人；女职工权益保护专项集体合同覆盖企业7910家、女职工45.7万人。②加强厂务公开民主管理。坚持和完善以职代会为基本形式的民主管理制度，全市建立职代会、厂务公开制度的企事业单位分别达到1.53万家和1.47万家，分别覆盖职工106万人和104万人。推进“推行协商民主、强化社会责任”品牌创建工作，联合市工商联出台《关于在企业中建立工会与行政沟通协商机制的实施意见》。实施“推动职工成长计划（EAP)”，助推和谐劳动关系建设。③强化工会法律服务力度。做好工会信访和热线服务工作，市、县两级工会接待职工信访178案次、热线电话1278件次。开展工会法律援助工作，全年提供案件咨询近500件，办理办结职工法律援助案件26件。组织签约律师开展“送法进企”普法宣传活动。

【服务职工群众】 ①助推困难职工解困脱困。创新实施“互联网+工

8月26日上午，泰安市总工会2016年“金秋助学”活动助学金发放仪式在市职工服务中心举行，130名困难职工子女领取助学金。图为市委常委、秘书长宋洪银（右三），市政协副主席、市总工会主席张书盈（右二）出席仪式并向受助学生发放助学金银行卡　　（张婷婷　供）

友创业”行动，推进工会精准帮扶。全市各级工会累计开展职工技能培训560期，培训职工2.59万人，协助职工就业和再就业2.15万人，其中，帮助困难职工就业3952人、扶持困难职工创业287人、实现困难职工家庭脱贫2346户，该项工作荣获2016年山东省工会工作创新奖第三名。②健全职工服务体系。完善市、县职工服务中心体系，抓好乡镇（街道）、基层社区和企事业单位职工服务站点建设。年内，全市有198个社区（村）、453家企事业单位建立职工服务中心（站）。深化服务职工工作。推进“泰山情工会惠员工程”，新发展合作单位19家，累计发放会员服务卡30万张。深化职工大病医疗互助工程，为184名大病职工发放补助161万元。与泰安爱尔眼科医院共同出资100万元建立光明基金，累计补助医疗费100.78万元。“夏送清凉”活动筹集资金101.54万元，慰问一线职工10万人。“金秋助学”活动筹集助学金290.8万元，资助困难职工和困难农民工子女1011人。“冬送温暖”活动慰问困难职工和困难劳模7288人，发放救助金和生活用品973.32万元。③深化女职工心灵关爱行动。举办优秀传统文化讲座，组织女职工积极参加“书香四季　智慧女性”读书征文活动，定期开展“幸福1+1”“相约星期五　温暖你我她”“家长大学”和“缘结泰山”单身职工联谊交流会等活动，推广建立“爱心妈妈小屋”4所。推动结对帮扶困难女职工工作，全市各级工会结对帮扶1026户特困女职工，帮扶资金62.79万元。

【工会队伍建设】 全市已建基层工会8197个，会员122.1万人，其中新增农民工会员4.5万人。开展“基层工会建设提升年”活动，深化“四双”活动，评选表彰模范职工之家29个、优秀工会工作者39名、最贴心基层工会主席5名。加强产业工会建设，推动完善产业工会组织体系，成立市轻工纺织、机械电子和建材工会，督促指导成立县级产业工会6家。重视发挥产业工会作用，开展行业性职工职业技能竞赛、行业性工资集体协商等工作。优化工会经费支出结构，使更多的工会经费留在基层、用于职工。加大经费审计工作力度，促进工会经费管理规范化。强化工会干部教育培训工作，加大培训力度，理论政策研究、信息统计和挂职包村等工作取得新进步。　　（张婷婷）

中国共产主义青年团泰安市委员会

【概况】 年底，全市有共青团员24.14万人，团委531个，团总支735个，团支部1.01万个，团干部9825名。团市委机关设办公室、组织宣传部、学校维权部、经济统战部4个部室；设机关党总支（下辖2个党支部）、少先队总队2个辅助专职工作机构。下辖泰安市青少年教育培训活动中心、泰安市希望工程办公室2家直属事业单位。

【深化改革和服务发展】 学习贯彻党的群团会议精神，发起“最好的时光”“共青团我想对你说”等微话题讨论；举办培训班12期，直接培训学员800人。联合市委组织部出台《关于进一步加强镇村团组织建设的意见》《关于在全市乡镇（街道）建立青年工作委员会的通知》，争取“村一级有消息、乡镇一级有动静、县（市、区）全面活跃”的短期目标。全市88个乡镇街道完成青年工作委员会建设任务，徂徕镇青工委、良庄镇“闪靓青春”联盟、鹤山镇“鹤舞青春”俱乐部、东疏镇“疏写传奇”工作室等成为基层组织建设和作用发挥的亮点。依托市青年社会组织服务中心，凝聚9个青年社会组织建立联合党支部。印发《关于县级青联考核细则》，县级青联一线青年比例达10%以上。完成第五届青企协换届工作，增加青年企业家协会黏性。推报全国、省级农村青年致富带头人，2人被评为“全省农村青年致富带头人”，并被推荐参与全国农村青年致富带头人评选。开展创建“青年安全生产示范岗”“泰安电力”杯全市技能人才职业技能大赛、泰安市第四届创业大赛、“太平洋保险”杯旅游饭店行业服务技能大赛、市商业服务业收银员职业技能竞赛活动，打造市青年职工提高技能水平、展现青春风采的平台。

【联系青年和基层组织建设】 协助团中央做好“常态化下沉基层工作”，走入基层20次，与青年座谈400人次，解读中央精神60次。印发《关于建立团市委机关和直属团组织联系乡镇（街道）团委制度的通知》，团市委机关、市直团组织30名团干部联系服务30个乡镇街道。3月，启动“共青团走进普通青年活动暨青年志愿服务队出征仪式”；6月，启动团委机关开放日活动。做好团干部联系青年“1+100”工作，市县级机关专职团干部“1+100”系统均达到100分，全市平均94.9分。印发《关于做好2016至2017学年团员发展管理工作的通知》和《基础团务手册》，召开全市团员发展工作现场会；2015～2016年度发展团员1.29万人，2016～2017年度计划发展团员1.92万人。推进“青年之家”综合服务平台建设，建设县级平台6个、乡镇级58个，占总数的66%；市青少年综合服务平台和宁阳东疏镇“疏写传奇”青少年综合服务平台被评为省级示范性综合服务平台。推进非公经济组织团建工作，新建非公企业团组织120个，覆盖团员青年2500人。

【新媒体宣传工作】 推荐团省委核心层网络评论员2名，选拔133名团干部、辅导员、行业优秀青年和大学生代表组建市级网评员队伍，并全部入驻中青华云系统。完成团省委网宣值班任务，举办市级网宣员培训班2期，积极参加团省委、市委宣传部培训。开展“听党的话，做好少年”“我是共产主义接班人”“勿忘国耻，圆梦中华”等主题教育活动，青年网络文明志愿者集中发声500次，“青春泰安”微信平台集中发声文章转播量2000次，4篇网络评论文章在《山东青年报》发表。开展“雪日团队活动”大型图片网络展示活动，全市参与活动青少年6万名，收到主题照片6.04万幅。建设泰安市青年全媒体中心，整合“青春泰安”公众号、“青哇众筹”等平台，实现团网深度融合、团青充分互动、线上线下一体运行。做好微博微信运用，全年发布信息733篇，粉丝量12万人。建好用好“青年之声”平台，采用交办、联办、协办的方式为各级团组织提供资金、资源支持，年内，平台访问量978.16万次，提问量6.50万个，回答量3.84万个，点赞量3.37万个，专家数6188人，开展线下活动100项。开展“多彩童年”“借艺修心”“团缘青春”“暖心饺子”等活动，1.2万名青少年受益。东平县“青年之声”平台被评为全省优秀平台，泰安市“青年之声·多彩周末”项目被评为全省优秀服务项目。

【学校少先队工作】 联合市教育局等部门印发《关于在全市少先队员中深入开展“小手拉大手　共筑碧水蓝天”行动的通知》，举办活动启动仪式，全市1000人参加。坚持“少年先行、家庭参与、社会联动”的理念，先后发动420名少年儿童带动家庭共同参与大汶河流域保护行动，吸引3万个家庭参与“感悟自然　团队增色——雪日团队体验教育活动”，发放《自觉抵制燃放烟花爆竹倡议书》3.7万份。开展“传统文化在我身边——正月十五闹花灯”中华传统教育、“红领巾小交警”阵地建设、“植绿护水齐动手”环保体验、环泰山脚下“周末生

8月26日，参加2016希望工程圆梦行动大型公益助学活动　（赵　栋　摄）

活——亲子徒步”活动和“小手拉大手　共筑碧水蓝天”绿地认养等活动。组织全市82所学校参加省“小手拉大手　共筑碧水蓝天”少年儿童环保创意大赛，向团省委推荐优秀作品100份。12月，承办全省中学中职团委书记培训班，观摩泰安二中、泰安六中工作现场，泰山学院附中在校长论坛上作典型发言。

【青年志愿者活动】 组织260家机关事业单位和高校社团利用线上平台“志愿者打卡器”进行实名注册，骨干志愿者达到6700人。建设22个省级、市级示范性青年志愿服务站，争取市级资金150万元。与泰安移动、泰安银行合作建设基层青年志愿服务站260个，探索“乡镇街道青工委＋青年志愿者组织＋企业基层网点”的合作机制，打造统筹城乡资源的示范性志愿服务模式。发挥市青年社会组织服务中心和市青少年社会工作服务发展中心作用，整合党政、社会、企业三方资源，探索“社工＋青年社会组织＋高校专业指导＋青年志愿者”的青少年社会工作模式。提升工作社会化专业化水平，2016年立项12个，争取各级资金72万元，全省第一个争取市级配套资金50万元。参加2016年省青年志愿服务项目大赛，获金奖1个，银奖1个，铜奖5个。

【青春扶贫和希望工程】 印发《共青团泰安市委青春扶贫行动实施方案》《共青团泰安市委2016年青春扶贫工作计划》，开展农村青年电子商务培训35期，培训青年5400人，其中培训建档立卡贫困青年240人。启动“泰山创客训练营”3期，培训营员180人；帮助贫困青年解决创业融资难题，发放“鲁青基准贷”项目资金2737.7万元。开展朝阳助学圆梦行动、桃都青少年牵手基金助学、“让笑容绽放·益暖童心”关爱活动、“青春励志”助学、“春雨行动”关爱孤贫儿童等工作，帮扶青少年3400人，帮扶资金363.5万元。开展2016年“三下乡”社会实践活动，组建服务团560支，志愿者服务队1114支，直接参与学生6万人。举办各类培训班40场，培训人员5000人次，解决技术问题100个。实施“青联委员助力精准脱贫攻坚行动”，结对帮扶困难家庭103户，帮扶资金11.91万元，帮扶青少年216人。实施“青年文明号助千家结对帮扶活动”，结对帮扶困难家庭155户，帮扶资金2.5万元。开展“七彩假期　呵护留守的梦想”系列活动50次，服务600人，为200多名孩子建立关爱档案。依托市青年社会组织服务中心等平台，以项目奖励、项目补贴、公益创投等方式，发挥资金的杠杆作用，探索社会化扶贫新路径；12月，争取团省委扶持资金35万元。

（杨　帅　单美菁）

【概况】 年末，全市有县（市、区）妇联工作机构6个，乡（镇、街道）妇联工作机构89个，社区妇联166个，村妇代会3575个，市、县两级党政机关、科教文卫单位妇委会399个。市妇联机关工作人员16人，县（市、区）37人，乡镇、街道92人，社区妇联主席、村妇代会主任3741人；市妇联下属有市直机关幼儿园、市妇女儿童活动中心、市妇女儿童服务中心3家事业单位。年内，68个集体、28名个人受到全国、省表彰，市妇联获得“省级文明单位”“省妇女儿童工作先进集体”“省城乡妇女岗位建功先进集体”“‘五型机关’建设先进单位”等称号。

【妇联组织建设】 **组织阵地建设**　做好扩大基层妇联组织成员工作，聘任乡镇（街道）妇联兼职副主席116人、增补执委124人，聘任村妇代会成员4251人，聘任社区妇联兼职副主席166人、增补执委161人。推进村（社区）妇代会改建妇联，完成“会改联”工作的村（社区）3702个。争取省财政资金28万元，新建妇女儿童家园项目4个，总数达34个，2个项目分获省“十佳家园服务项目”和“优秀家园服务项目”。

工作作风建设　把学习贯彻落实全会精神和习近平总书记系列讲话精神作为首要政治任务，开展研读原文、集体学习讨论等活动。在全体党员中开展“两学一做”学习教育活动，提高党员干部的政治理论水平和能力。持续抓好党风廉政建设工作，继续深化“团结进取、创新奉献”教育活动。加强基层妇女干部教育培训，举办妇联干部培训班148期，培训妇女干部1.49万人。

【组织妇女参与经济建设】 **技术技能培训活动**　继续开展泰安“十万妇女技术技能培训年”活动，根据一村一品、一乡一业的产业布局和妇女发展愿望，开展培训837场次，培训妇女10.4万人次，其中贫困妇女1.2万人次。开展巾帼家政就业培训，举办巾帼家政培训班85场次，培训妇女9693人次，其中4799人获得职业资格证书。开展巾帼创业带头人培训，举办全市农村妇女创业创新发展培训班、“泰山巾帼创客训练营”，培训创业女老板、巾

2016年"六一"前夕，市委副书记李希信（左三）走访慰问泰安市实验学校幼儿园（贾秀梅 供）

帼致富带头人240名。

巾帼创业就业行动 开展"春风行动"，募集适合女性的就业岗位，举办"庆'三八'妇女就业专场招聘会"，发放就业宣传资料4.2万份，介绍6300名女性就业。提供创业服务支持，与人社局联合开展"大众创业万众创新——泰山巾帼在行动"活动。发动组织女性创业项目参与省、市创业大赛，筛选推荐6类巾帼好产品参加省巾帼好产品3D展。抓好小额担保贷款工作，为1180名妇女提供创业资金1.12亿元，为全市11家女性负责人的企业申请省巾帼创业贴息资金。提供创业发展平台，加强女企业家协会建设，召开理事会议，调整充实会员。举办"关爱企业家、健康身心灵"大型分享交流会等培训交流活动。积极向省女企协推荐会员企业。服务会员企业发展，协会成立以来，为女企业家协调贷款2亿元。

巾帼建功活动 规范"巾帼文明岗"创建，开展"四个一""三亮三比三创"活动，与多部门联合举办职业技术比武、技能大赛。年内，全市涌现省级巾帼文明岗和先进集体17个、巾帼建功标兵3名、巾帼增收带头人2名，市级巾帼文明岗和先进集体55个、巾帼建功标兵及先进个人70名。

【开展救助扶贫工作】 **开展救助贫困母亲活动** "三八"前夕，举行献爱心救助贫困母亲捐款仪式，组织机关干部、女企协会员及社会爱心人士现场捐款16.7万元，分别在春节、中秋节、重阳节等重要节日，到基层走访慰问贫困母亲，为贫困母亲发放爱心捐款。全年各级动员社会力量捐款210万元，救助贫困母亲4200名。联合人寿保险公司举办"关爱贫困母亲"保险捐赠仪式，为全市600名贫困母亲免费赠送总值3000万元保额的女性安康保险。"捐资救助贫困母亲"活动成为市妇联响亮的工作品牌。

做好农村妇女"两癌"筛查救助工作 全年开展"两癌"免费检查11.03万人次。争取"两癌"专项救助金，"三八"期间，为10名患病贫困母亲发放"两癌"救助金10万元，年底，再次争取"两癌"专项救助金74万元。严格规范贫困母亲"两癌"救助申报、审核工作，对全市农村"两癌"母亲进行登记、摸底，将700名贫困"两癌"母亲基本信息录入全国妇联数据采集系统，并申请专项基金救助。

实施"巾帼脱贫行动"，助力脱贫攻坚 层层制订"巾帼脱贫行动"意见和工作计划，帮助妇女脱贫。开展"企联村、岗联户"活动，全市组织女企协会员企业与53个贫困村、巾帼文明岗与242户贫困户结成帮扶对子，筹集帮扶资金136万元，受益贫困妇女2263人。开展"巾帼送暖"活动，筹集爱心救助金及食品、衣物等总价值47.8万元物资，2951名贫困妇女儿童受益。全省巾帼居家创业就业脱贫行动签约仪式在泰安市举办，省女企业家协会、巾帼文明岗分别与岱岳区10个贫困村、10户贫困户结成帮扶对子，建立巾帼脱贫行动联系点，争取省妇联、省女企协250万元的项目扶持金。抓好妇女典型和"妇"字号基地、项目引促作用，带动贫困妇女脱贫致富，全市通过手工编织、巾帼电商、巾帼家政等带动2238名贫困妇女就业，12个居家创业就业项目被省妇联命名为省巾帼居家创业就业脱贫行动"大姐工坊"，3个基地被评为"省级巾帼脱贫示范基地"。

开展留守流动妇女儿童关爱活动 巩固留守妇女互助工程，依托"妇女之家"和维权服务站，广泛开展互助活动。做好留守流动儿童关爱工作，命名表彰市级留守流动儿童活动站20个。争取国际友人的支持，为下港镇中心小学捐赠"代傲安康图书馆"；协调社会爱心人士，为3所乡村幼儿园捐赠价值5万元的爱心玩具；争取中国儿基会基金，资助100名贫困儿童助学金12万元。全市各级共资助贫困儿童

3月7日，“三八”维权周启动仪式现场举办“反对家庭暴力，共建和谐家园”万人签名活动　（贾秀梅　供）

4228名，资助金额113万元。实施“恒爱行动”公益活动，组织爱心妈妈为新疆儿童编织爱心毛衣200件。

【维护妇女儿童合法权益】 加强源头化维权，建立地方法规政策性别平等咨询评估机制，推进男女平等基本国策具体化、机制化；开展妇女信访代理工作，畅通规范妇女利益诉求表达渠道。加强社会化维权，建立市婚姻家庭咨询服务中心、家庭暴力“110”报警投诉中心、反家庭暴力温馨驿站、法律援助中心妇联工作站等维权机构，构筑起社会化维权网络。加强维权培训和信访工作，发挥“12338”妇女维权热线和妇女维权服务站的作用，做好信访接待，市县两级妇联共接待来信来访437件，处结率100%。做好普法工作，印发妇联系统“七五”普法规划，开展维权周普法宣传、义务咨询等服务，举办法律培训班30场，培训维权干部4800名。

【优化妇女儿童发展环境】 完成“十二五”妇女儿童发展规划年度监测统计和终期监测评估工作。省督导组对泰安市十二五“两个规划”实施情况进行全面检查和评估并给予较高的评价。推进妇女儿童发展“十三五”规划编制颁布工作。推动妇女儿童发展“十三五”规划纳入到市社会经济发展总体规划及市级重点专项规划。推动妇女参政议政和为妇女儿童办实事活动。抓住各级换届选举的重要机遇，推动妇女参政议政工作，市、县、乡三级党代表、人大代表和市、县政协委员中女性比例均比上届有所提高。年内完成为妇女儿童办的4件实事。

【组织妇女参与精神文明建设】 ***加强宣传教育，激励引领妇女*** 在全市妇女和家庭中开展“巾帼心向党·扬帆新征程”主题教育活动。举办“新农村新生活”“四德”健身广场舞培训1031场次，培训妇女14.2万人。探索宣传工作新途径，主动适应“互联网+”新形势，开通微博、微信公众号宣传妇女工作。在山东电台、泰安电视台、泰安广播电台、《泰安日报》《泰山晚报》、中华泰山网等多家省、市媒体上刊发妇女工作宣传报道56篇。

开展特色活动，倡扬文明新风 “三八”期间，组织开展庆祝纪念表彰大会，命名表彰市三八红旗集体、三八红旗手等先进集体95个、先进个人170名，市“五好文明家庭”30户；举办女性书画作品展，展出女性优秀书画作品300幅；开展男女平等基本国策宣传月活动。“六一”期间，市领导带队分别到5所幼儿园看望慰问儿童少年和幼教工作者。组织全市广大家长和儿童参与“我爱我家同悦书香”亲子阅读、“感恩母亲”征文比赛、春蕾女童摄影书法作品征集活动。加强家庭文明建设，开展寻找“最美家庭”活动，全市获省以上“最美家庭”“五好文明家庭”称号21户，评选表彰市“最美孝德家庭”“最美书香家庭”40户。开展“平安家庭”创建活动，参与社会管理综合治理。

开展志愿服务，凝聚巾帼力量 开展“学雷锋·泰山巾帼志愿者在行动”主题实践活动，为妇女群众提供法律、心理咨询、就业、义诊等服务，现场发放宣传材料3000份；开展“邻里守望·姐妹相助”巾帼志愿服务，组织巾帼志愿者为贫困妇女、儿童、孤寡老人等弱势群体献爱心；配合全国文明城市创建工作，举办“凝聚巾帼力量、共创文明城市”泰山巾帼志愿者在行动启动仪式，号召广大妇女和市民树立文明意识；认真履行路口值班牵头单位责任，开展交通志愿服务活动；组织巾帼志愿者开展文明劝导活动。

开展联谊活动，加强民族友谊 接待新疆喀什地区岳普湖县家庭代表团一行60人到泰安开展“维汉一家亲”结对联谊活动，加深维汉家庭之间的友谊，增进民族感情。

（贾秀梅）

泰安市科学技术协会

【概况】 2016年，泰安市科协被中国科协、中组部、中宣部等9部委联合表彰为"《全民科学素质纲要》实施工作先进集体"，获得"全国科普日优秀组织单位""省级文明单位"称号。

【全民科学素质工作】 制订《泰安市全民科学素质行动计划纲要（2016～2020）》，计划到2020年全市公民具备基本科学素质的比例达到或超过10.5%。召开全市全民科学素质推进会议。组织300人收听收看国家、省全民科学素质工作电视电话会议。至年底，全市具备科学素质的人口比例为6.7%，超过省科学素质领导小组与市政府签订的任务目标及全国平均水平。

【科学普及】 市科技馆列入2016年全国科技馆免费开放试点单位，新建电力展厅、节能展厅、机器人创客工作室。新建校园科技馆2处。至年底，有国家级科普教育基地4处、省级40处、市级70处。9家(个)单位、个人受中国科协、财政部表彰。举办科普报告百校行、院士专家校园行、订单式科普培训等活动280场（次）。举办青少年科技创新大赛、机器人大赛、航模比赛、信息学奥赛四大赛事，获国家一等奖10个、二等奖33个。泰安二中获世界机器人邀请赛一等奖。实施科普扶贫助力工程，为464个贫困村赠阅"一报一刊"，安装数字科普终端122台。10家（个）单位、个人受到国家级和省级基层科普行动计划表彰。泰山科普网、泰山科普微信平台发布科普信息530条。

【学术学会工作】 全市有市级学会64个，高校科协6个，企业科协130个，农技协109个，联系科技工作者6万人。承办2016全国复合材料交通运输领域科技会议，14名专家作专题报告，解决企业技术难题7项。60个学会开展学术交流活动122场次，《跟踪国际学术前沿、聚焦眼科精准医学》《红外感知技术及应用》两个项目入选2016年山东省泰山科技论坛。指导18个市级学会取得2016年度政府职能转移和购买服务资格。60个市级学会及高校科协开展学术交流活动120场次。

12月16日，中国科协原党组副书记、副主席张勤为市委理论学习中心组作专题报告。图为报告会现场（武建堂　供）

【服务企业创新】 开展科技信息推广应用，164家企业注册使用，居全省首位。培训专利应用工程师594人，形成专利58项，经济效益2.2亿元。中国科协原党组书记、副主席张勤到泰安调研并为市委理论学习中心组作知识产权报告。市科协参加中国科协双创科技信息应用服务工作总结会并作典型发言。市科技咨询中心被中国科协列为2016年科技信息企业推广应用服务项目子站。新建院士工作站2个，科协系统建设院士工作站达13家，13名院士、50名高层次专家与企业开展合作。1个院士工作站被评为"2016年全国示范院士专家工作站"。肥城市、宁阳县被省科协列为创新驱动助力工程示范区，联系省级学会30名专家与示范区42家企业进行对接，解决技术难题7个，建立科技协同创新服务站18个。

【科技工作者建家工作】 建立科技创新智库，首批213名专家入库，开展专题调研4项，征集优秀科技建议20项，编发4期《科技工作者建议专报》报市领导参阅。作为全省唯一市级科协承担省级重点调研课题。组建130人的科普专家志愿服务团，开展专家精准扶贫行动80场次。开展第六届优秀科技工作者评选、第十二届泰安市优秀学术论文评选、泰安市优秀乡土人才评选，在报纸、电视台开设《科技人物风采》专栏。在泰安高新区建立省海智计划基地，组织韩国酪农协会、省海智专家等海外专家22人次到泰安考察，就建立工程疫苗研究院、高端有机肥生产基地、农业高科技示范园达成合作意向。（武建堂　孙一鸣）

泰安市文学艺术界联合会

【概况】 2016年，市文联继续保持“市级文明单位”称号。组织评选“泰安市文艺工作突出贡献奖”，13人获奖。一批文艺家分别被省以上艺术家协会吸纳为省以上文艺家协会会员。组织文艺下基层活动100场（次）。开展“我们中国梦、欢乐下基层”“重品行、树形象、做榜样”、第七届著名书画家义卖助学、“送文艺，进军营”笔会等文艺惠民活动。

【文艺精品创作】 年内，摄影作品《猴趣》获2016年四届希腊克里特岛四地巡回国际摄影展GPU金奖，摄影作品《生命的凝望》获《中国摄影》杂志第三届鑫吉海杯主题摄影大展金奖；隶书作品获全国第十一届书法展一等奖；山东梆子艺术研究院山东梆子作品《官箴碑》、泰安市杂技团舞台杂技《转花碟》分获第九届泰山文艺奖戏剧类二等奖、杂技类三等奖;《人子，人》《阳光中的向日葵》《戏装》《汶水汤汤》4部长篇小说在由省委宣传部和省作协联合举办的“中国梦”长篇文学作品征文活动评选中，分获一、二、三等奖。中篇小说《鳗鱼》、电影文学剧本《最后的宣判》、诗歌集《水时光》、文学评论《缠绵在臆想的秋风和离别里》、国画《大壑东岳》、杂技《顶碗》、皮影《泰山石敢当为民除害保平安》分别获得第三届“东岳文艺奖”小说类、影视剧本类、文学作品集、文学评论类、美术书法摄影类、曲艺类、民间工艺类一等奖。

【文化品牌建设】 泰山画派以“弘扬泰山文化，传播中华精神”为宗旨，形成与发展脉络清晰、基础扎实，美学特征和艺术风格鲜明，有庞大的画家群体、领军人物和代表画家。大量推介泰山画派的图片、文章在新华社主管的《中国图片》杂志上专题刊发。年内，泰山画派画家为北京人民大会堂新闻发布厅绘制巨幅画作《泰山》，为南水北调工程绘制巨幅画作《重如泰山》，为全国政协会议室绘制巨幅画作《泰山颂》，为泰安高铁站绘制巨幅画作《稳如泰山》。4位画家参加“墨舞齐鲁风•山东中国画年度展”。

【艺术展示平台建设】 从9月初到10月底，举办第二届泰山艺术节，全市各地的文艺工作者和全国各地的专家学者、表演艺术家，演出和展示4大板块20场次的文艺节目、群众文化艺术活动，直接参与人员和观众6万人次。编辑出版《泰山文艺》6期，发表小说、诗歌、散文、评论、学术作品1200篇（首），计100万字，推出180位泰安作家；组织召开泰安作家《月光下的萝卜灯》（散文集）、《雾里红尘》（长篇小说）等作品研讨会，邀请全国、全省知名学者、专家与会，展示文学创作成果、增进对外文化交流、扩大对外影响。 （董玉文）

泰安市社会科学联合会

【概况】 2016年，市社科联被评为“全国社科组织先进单位”，继续保持“市级文明单位”称号。3人被评为“全国社科工作先进个人”，1人被评为“全国优秀社会科学普及工作者”，1处社科普及教育基地被评为“山东省优秀社科普及及教育基地”，组织举办的“健康中国”道德价值理论研讨会被评为“山东社科论坛优秀论坛”。

【社科普及】 ①开展社科普及活动。全年开展社科普及活动50次。

11月2日，第二届泰山艺术节闭幕综艺演出在泰山大剧院举行。副市长成丽（右三）为“泰安市文艺工作突出贡献奖”获奖人员颁奖 （董玉文 供）

5月6日，在东平县罗贯中纪念馆广场举办山东省暨泰安市第十三届社科普及周活动启动仪式，该活动以“树立五大发展理念，让我们的生活更美好”为主题，仪式现场组织开展社科知识咨询服务活动，印发“社会主义核心价值观”“五大发展理念”宣传画等社科普及宣传材料，组织文艺演出和书画创作活动，各县（市、区）、驻泰高校社科普及周活动同步开展。②举办“中国传统文化与现代法治文明”高端讲座和社科专家基层行活动。12月14日，邀请著名作家、文化学者、文化部原部长王蒙，山东大学法治中国研究所所长肖金明，山东师范大学特聘教授魏建，在泰山大剧院举行齐鲁大讲坛——“中国传统文化与现代法治文明”高端讲座，山东广播电视台全程录像。市委书记、市人大常委会主任王云鹏会见王蒙先生，市委副书记张涛，市委常委、政法委书记郭德文，副市长成丽等领导同志出席活动。各县（市、区）、市直部门机关干部、驻泰安高校师生代表700人聆听讲座。以“齐鲁大讲坛•泰安分坛”为平台，组织开展专家基层行活动，邀请社科专家在各县（市、区）、驻泰安高校作专题辅导报告会等活动40场。③推进社科普及教育基地和示范点建设。命名泰安市第三批社科普及教育基地19处，不断发挥社科普及教育基地的引领和阵地作用。组织省级社科普及教育基地和示范点申报工作，泰山文化艺术中心被评为山东省优秀社科普及教育基地，山东农业大学图书馆、泰山学院民俗博物馆被命名为第九批省级社科普及教育基地，岱岳区被评为省级社科普及示范区，新泰市新汶街道办事处、东平县东平街道办事处被评为省级社科普及示范镇（乡、街道）、泰山区泰前街道办事处嘉德社区等8个村（社区）被评为省级社科普及示范村（社区）。④组织编写社科普及应用读物。加强传统文化的研究传承，组织专家编写的《泰山文化科普读物》系列丛书，经省哲学社会科学规划领导小组审评，获准省社科普及应用专项课题立项。

12月14日，王蒙（中）、肖金明（右）、魏建（左）三位学者同台论道“依法治国”（刘军　摄）

12月14日，市委副书记张涛（左六），市委常委、政法委书记郭德文（右五），副市长成丽（右四）等与“中国传统文化与现代法治文明”高端讲座演讲嘉宾、工作人员集体合影（翟健　摄）

【社科研究】组织开展2015年度社科课题结项工作和2016年度社科课题立项评审工作。经专家评审，结项2015年度社科课题202项。立项2016年度社科课题170项，其中，重大课题5项、重点课题60项、一般课题105项。申报省文人社科课题，《传统食品业与文化品牌打造推进性研究——以泰安市为例》获准立项。组织开展第三十次社科优秀成果评审工作，首次施行网上申报、审核程序，组织专家进行初审和集中评选，采取场所封闭和作品匿名等措施，社科评选工作

泰安市第三十次社会科学优秀成果获奖名单

（同等次奖项排序不分先后）

表 5

一等奖（15 项）

成果名称	成果形式	申报者	推荐单位
转型期我国科技人才资源共享与组织创造力研究	课题	于忠军　孔令娟　梁东荣　等	泰山医学院社科联
我国苹果供求弹性与生产波动影响因素研究	文章	周　霞　胡继连	山东农业大学社科联
泰安市中小企业人力资源培训体系创新研究	课题	王爱琴	泰山学院社科联
地方“变通”：理解中国治理过程的关键词	文章	刘培伟	山东农业大学社科联
山东省人口年龄结构变动对居民消费结构的影响及对策研究	课题	赵　慧　刘德鑫　张继鹏　等	泰山医学院社科联
“赋权”理论及其本土化社会工作实践制约因素分析	文章	孙奎立	泰山医学院社科联
岱庙碑刻研究	著作	陶　莉	泰山研究会
徂徕山志	著作	泰安市地方史志办公室	泰安市地方史志办公室
基于泰山文化资源的创意产品开发路径研究	课题	马海燕　张新代　李新元　等	山东科技大学社科联
泰安方言志	著作	宁廷德	泰山学院社科联
基于计划行为理论的果农无公害种植行为的作用机理分析——来自山东省 16 个地市（区）苹果种植户的调查	文章	张复宏	山东农业大学社科联
生态文明视角下泰安文化和旅游深度融合研究	课题	王　颖　赵　昊　王培润　等	山东科技大学社科联
农村集体产权制度改革的东平样本	文章	何传新　瞿　军	中共泰安市委党校
泰安市居住区人居环境研究	课题	泰安市规划局	泰安市规划局
高职电子商务专业校企合作模式探究——以泰山职业技术学院为例	课题	李金伟　刘　红　何平和　等	泰山职业技术学院社科联

二等奖（29 项）

成果名称	成果形式	申报者	推荐单位
企业管理创新的理论与实践	著作	刘华海　张序萍	山东科技大学社科联
山东省和谐劳动关系评价体系及推进机制研究	课题	陈海玉　郭学静　靳　芳　等	泰山医学院社科联
社会资本视角下优抚医院绩效评估机制研究	课题	高海防　王馨婷	泰山医学院社科联
新型农业经营主体培育的政绩化倾向及矫正对策	文章	陈英华　杨学成	山东农业大学社科联
旅游地网络口碑再传播影响因素	文章	马　明	泰山学院社科联
前瞻记忆的情绪一致性反转效应	文章	李　芳　张海燕　田　锐　等	泰山学院社科联
木铎金声：儒家的教师意境	文章	谢文庆	泰山学院社科联
现代体育传媒化发展的现状、症候与反思	文章	李　宇　钟小燕　郑　亮　等	山东农业大学社科联
医学技术视阈中的医学生人文精神培育研究	课题	陈士福　宋永刚　李有刚　等	泰山医学院社科联
中华民族优秀传统道德教育实验与研究	文章	和法文	新泰市社科联
社会主义核心价值观与青年大学生法治意识新常态培养——以驻泰高校为视角	课题	袁庆远　朱　雯　郭涛林　等	山东科技大学社科联
农户在农村公共产品供给中角色差距与调适	文章	汪　旭　刘桂芝	泰山学院社科联
基于人口老龄化加剧的泰安市养老机构公办民营机制研究	课题	吴　燕　刘庚常　朱　克　等	泰山医学院社科联
泰安市农村“空巢家庭”养老问题研究	课题	孙莹光　孙奎立　赵　慧　等	泰山医学院社科联

续表 5

成果名称	成果形式	申报者	推荐单位
金代泰山名士稽考	著作	聂立申	泰山学院社科联
泰安抗战烽火	著作	牛国新　李耀德　封彦君	泰安市中共党史学会
大汶口遗址的地位及大汶口文化的价值	文章	张智亮	岱岳区社科联
新泰乐圣师旷文化资源开发研究与利用	课题	于　超	泰山学院社科联
基于时空尺度的公共文化服务均等化问题研究	课题	胡　弢　时　涛　姜旖旎　等	泰山医学院社科联
非物质文化遗产视角下徐家拳的传承及创新研究	课题	徐勤启　徐博学	新泰市社科联
宫慕久：与洋人抗争维护民族利益	文章	王文霞	东平县社科联
美德山东的文学书写研究——以赵德发的乡土小说为例	文章	丁燕燕　沈广斌	山东农业大学社科联
中国相声的源与流	著作	陈建华	泰山学院社科联
仿拟——一种独特的杂文创作构思技法	文章	毕建模	泰山学院社科联
Aphasia in Taishan Culture Worldwide Communication	文章	田　芬	泰山学院社科联
社会治理能力现代化视域下医患关系问题研究	课题	赵　昊　王　颖　任道凌　等	泰安市中心医院
新常态下泰安市物流业转型升级动力机制及对策研究	课题	高爱霞　满广富　姚兴华　等	山东财经大学东方学院社科联
基于泰山大旅游的矿山生态旅游产业发展研究	课题	朱学军　付士军　马立炜　等	山东科技大学社科联
基于 VRIO 模型的区域文化产业发展竞争力评价研究	课题	朱芳琳　李　磊　滕志香　等	泰山医学院社科联

更加规范化、科学化。经专家组初审、终审，有 100 项社科成果获奖，其中一等奖 15 项、二等奖 29 项、三等奖 56 项。重视社科成果应用转化，编辑出版《2014 ～ 2015 年度泰安市社会科学优秀成果选编》，收编优秀社科成果 70 篇，为全市经济社会发展提供智力支持。组织开展学术交流研讨会。10 月 29 日，与泰山医学院联合举办山东社科论坛——“健康中国”道德价值理论研讨会，收到优秀论文 40 篇，来自省内外相关专家、学者 600 人参加研讨会。将山东农业大学资源与生态经济研究中心等 9 个研究机构命名为首批“泰安市社会科学研究基地”。

【社团管理与基层组织建设】 贯彻落实中央、省、市委《关于加强和改进党的群团工作的意见》，根据《泰安市社会科学类社团管理暂行办法》规定，年初对全市社科类社团重新进行登记造册和业务审查，强化社科联工作责任，规范社团管理和活动开展。加强对社科类社团的党建工作指导，督促各社科类社团完善党组织建设，从严从实抓好社团党建工作。加强基层社科联组织建设，上半年，肥城市、宁阳县、山东医药技师学院社科联先后挂牌成立。全市县（市、区）和驻泰安高校社科联组织建设基本实现全覆盖。

【人才队伍与平台建设】 加强社科人才队伍建设，从全市范围内聘任 33 名政治素质高、学术研究能力强、实践经验丰富的社会科学工作者为第三批社科理论专家。加强平台建设，结合形势任务需要，突出泰安特色，搞好栏目策划，全年出版《泰安论坛》6 期，刊发优秀论文 50 篇；完善社科联门户网站功能，创新形式、丰富内容、提高时效，打造成为社科信息发布、政务公开、联系全市社科工作者的重要服务平台。

（**韩　超**）

【概况】 2016 年，泰安市侨联被评为“泰安市直机关文明单位”，泰安市侨联机关党支部被评为市直机关“规范化党支部”，侨联办公室被评为百佳履职科室。1 人被评为市直机关“先进个人”，1 人获“优秀共产党员”称号，1 人获“市优秀政协委员”荣誉，15 位归侨侨眷侨务工作者获中国侨联“从事侨联工作 20 年”荣誉证书。

10月26日，泰安市侨联选送歌手刘炳强（左三）荣获全国侨联系统文艺汇演银质奖。图为市侨联工作人员欢迎其载誉返回泰安（马　琳　供）

【服务经济建设】 促签企业间合作交流协议28个，包装策划海外项目2个，协助建立驻海外办事机构、开设分公司4家。投资1亿元的奥地利农业休闲旅游观光项目二期工程已开工；引进的山东三品斋文化发展有限公司已落地；与阿联酋富吉拉工程机械公司、香港亮睛工程眼科医院等项目的企企对接进入实质性阶段。发挥“泰安市华商联合会”的作用，展开侨资企业基本经营情况调研，帮助企业及时反映和化解“调转”过程中存在的实际困难和需求。组织部分侨商企业参加全国侨商组织高级研修班、西部国际博览会，为企业开阔眼界、拓展市场创造条件、提供机会；团结凝聚新侨人才，帮助新侨企业申报全国新侨创新创业基地。7月，泰安市华商联合会获得“全国优秀侨商社会组织奖”，成为全省仅有的三家之一。

【服务社会事业】 与泰安市慈善总会、市红十字会合作，发挥“中国泰山华侨（华商）慈善基金会”作用，实行侨联委员结对帮扶制度，组织侨联干部、委员、侨界人士以一对一助学捐助、进校支教等多种形式开展服务贫困群众工作。在大观医院新设立“大观医疗慈善基金”，用于救助60岁以上无经济来源的老人、低保家庭患者、残疾人、慈善义工、无偿献血者，该基金母本金达2000万元，累计救助1000人次。

【服务对外交流】 组织发动侨界群众参加中侨联“第三届世界华侨华人美术书法展”、省侨联“亲情中华•镜动乡情”手机摄影大赛、第十七届世界华人学生作文大赛、中国泰安旅游形象大使比赛等活动，继续实施“中华泰山文化寻根之旅”主题旅游活动，接待海外华侨华人到泰安观光考察2万人次。以庆祝中国侨联成立60周年主题活动为主题，举办书画巡礼、座谈交流、文艺汇演等活动。10月，在中国侨联主办的《侨之旋律》文艺汇演中，市侨联委员刘炳强代表山东省侨界演唱的歌曲《共和国之恋》获银奖。12月，在省侨联举办的手机摄影大赛中，泰安市侨联获大赛组织奖，推荐的两幅作品获优秀奖。

【为侨服务】 开展“走侨家•送温暖”为侨服务主题活动。春节前夕为30户贫困归侨侨眷发放慰问品、慰问金3万元。开展归侨侨眷医疗救助对象调查摸底工作，协助归侨侨眷解决医疗房产、升学就业、归国落户、出国事务、生产经营等实际困难和问题60件（次）。

【参政议政】 年内，提出《关于加快信用服务业发展，打造“诚信泰安”品牌的建议》《关于加快智慧化城市建设步伐打造和谐幸福泰安的建议》《关于在社区（居民区）老旧楼房开展加装电梯试点的建议》等18件提案议案，有2件进入党政决策并转化为现实生产力。协助做好新一届侨界政协委员、人大代表推荐工作，有多名侨界代表人士加入民主党派，成为各级人大代表或政协委员。

【外宣外联】 先后与日本中日发展促进会、奥地利齐鲁经贸文化促进会、澳大利亚华侨华人总会等缔结友好合作关系。在市级以上电视、广播、报刊、杂志、网站等新闻媒体上刊载宣传稿件45篇（件）。与80个海外中华会馆、宗（乡）亲会、华人商会、华侨机构建立定期信息交流关系。（马　琳）

编校　刘　凯　　审稿　周美广

法 治

综 述

【服务发展大局】 ①服务经济社会发展。对市县重点项目建设，实行政法领导干部包保制度，发挥审判、检察、公安、司法行政等方面作用，为全市经济发展营造稳定安全的外部环境。全市法院受理各类案件59913件，结案59952件，结案标的额142.04亿元。检察机关加大对职务犯罪的查办和预防力度，立查职务犯罪案件116件、151人。公安机关加大治安防控力度，全市抢劫、抢夺、盗窃等多发性侵财犯罪分别下降44.93%、33.33%、4.82%。②营造良好法治环境。利用熟悉政策、熟悉法律的优势，在法律引导、依法调节、规范保障上下功夫，提供法律适用、程序规范、关系调节、权益维护等方面支持，为各项改革助力护航。建立常态化法律咨询制度，组织现场法律咨询活动87次，回答群众法律问题9600人次。开通“网上问法”政法网络，为群众提供免费实时法律咨询和援助。③优化政法服务保障举措。坚持开门办政法，在建立社会治安、矛盾化解等10个专项组、联席会议基础上，推动建立旅游秩序、医疗卫生等5个联席会议，解决民生领域安全问题。立经济类犯罪案件503起，抓获嫌疑人204人。破获侵财案件5493起，破获电信网络诈骗案件229起。阻截电信诈骗198起。3月，泰安市被命名为全省第一批无传销城市。泰安市被评为全省打防非法集资工作2个优秀地市之一。非法集资案件立案27起，下降55%，参与人数、涉案金额分别下降60.2%、26.7%。④推进司法体制改革。9月，召开全市推进司法责任制改革动员会，市、县成立司法责任制改革工作领导机构，对法官、检察官遴选人额考试、考核、考察等环节，遴选员额法官383名、员额检察官255名。

【平安泰安建设】 ①社会治安防控。以“天网工程”为依托，以社会化治安大巡防为支撑，打防管控综合施策，确保社会治安大局平稳。市委、市政府印发《关于加强和创新立体化社会治安防控体系建设的意见》。完善地面、地下、空中、水域、网络、源头“六位一体”防控体系建设目标，各综治委成员部门分头抓总，形成齐抓共管的工作格局。发挥“天网工程”综合应用效能，全市监控探头数量突破10万个，实现市、县、乡、村“四级联网”，日均抓取、存储图片1000万张、视频7.2T。开展社会化治安巡防，累计投入资金1.66亿元，全市3765个村（社区）建立专兼职治安巡防队3690个，设立村（社区）治安室3724个。整治治安混乱区域、部位71处，解决治安突出问题123个，警示地区、单位11个，挂牌督办地区、单位7个。延伸整治工作覆盖面，遏制城乡接合部、城中村、娱乐场所等重点部位、重点场所，全市刑事立案1.02万起，下降3.44%；查处治安案件2.66万起，下降0.65%。②基层平安创建。推进“无命案乡镇（街道）、无刑事案件村居（社区）”综治主题创建，全市无命案乡镇（街道）74个，覆盖率84.09%；无刑事案件村居（社区）2568个，覆盖率68.26%。全市发展各级各类“平安协会”126个，89个乡镇（街道）全部建立“平安协会”，建立卫生、城建等行业“平安协会”18个，村居、企业分会2712个。开展平安学校、平安医院、平安景区等基层平安创建活动，探索治安保险和基层平安建设融合发展新机制，在全市配备电动巡逻自行350辆。

【创新社会治理】 ①基层社会治理。坚持司法资源向审判一线倾斜，全市法院一线法官，员额制改革前

9月13日，省委常委、政法委书记张江汀（前排左一），副省长、省公安厅厅长孙立成（前排左二）实地察看新泰市司法局小协司法所、新汶司法所、新甫司法所和新汶街道孙村社区司法行政工作室。市委书记、市人大常委会主任王云鹏（前排左三）等陪同活动　（王国梁　摄）

占比61.5%。规范建设派驻检察室34个。全市87个司法所达到省级规范标准。累计投入资金8300万元，在县、乡、村三级建立基层综治工作服务平台，设立一体化服务大厅。加强社区网格化服务管理，开展对实有人口、实有房屋等基础信息搜集和研判，为社会治理、治安防控等提供科学决策依据。②社会矛盾预防化解新机制。受理矛盾纠纷1.27万件，调处成功1.24万件。发挥司法所调解中心平台作用，矛盾纠纷统一受理，落实组织协调、督导检查、考核考评等措施，最大限度发挥作用。③特殊群体服务管理。完善政府、社会、家庭“三位一体”关怀帮扶体系，有针对性落实教育、矫治、管理以及综合干预措施。加强重点青少年服务管理，针对五类重点青少年，分别搭建培训就业、爱心温暖、帮扶成长等平台，有针对性地教育帮扶。④重点行业安全防范。落实危爆物品生产、销售、运输、储存、使用各环节安全管理措施，全市没有发生涉恐涉爆及重大安全事故。维护物流寄递安全，执行寄运物品先验视后封箱、实名登记等各环节安全管理，开展寄递物流清理整顿专项行动。加强公共交通工具安全管理，推广视频监控联网应用、大客流量快速安检、易燃挥发物监测报警装置等新技术，年内，没有发生重大公共交通安全运行事故。　（尉海波）

地方立法与法律监督

【地方立法】　坚持精准立法、民主立法、科学立法，推动全市地方立法工作开展。自2015年8月获地方立法权后，泰安市人大法制委员会、常委会法工委贯彻落实《中共中央关于加强党领导立法工作的意见》精神，在编制年度立法计划及立法规划时，向市委请示汇报，做到立法决策与政治决策相协调，立法决策与改革决策相衔接。2016年确定年度立法计划中，《泰安市制定地方性法规条例》经省人大批准后实施；《泰山管理条例（草案）》形成初稿，择期进入审议程序；《泰安市市容管理条例（草案）》调研论证中。泰安市养犬管理条例、泰安市烟花爆竹燃放管理条例、泰安市节水用水条例、泰安市市民泰山日管理办法等，相继开展立法调研。制订2017～2021年五年立法规划项目和2017年度立法项目，依法公开《泰安市2017～2021年立法规划》和《泰安市2017年立法计划》。常委会审议通过《泰安市地方性法规起草工作办法》《泰安市人大常委会立法协调联席会议办法》。做好规范性文件备案审查工作，实现“有件必备、有备必审”，经审查，未发现有违法违规情形，未接到国家机关或者公民、法人和其他组织提出的“审查建议”或“审查要求”。

【法律法规实施】　专题检查全市“七五”普法和“六五”依法治市规划实施工作，听取专项工作报告，推动法律进机关、进乡村、进社区、进学校、进企业、进单位“六进”活动，营造尊法、学法、守法、用法社会氛围，提高各级依法履职和依法办事能力。有关专门委员会围绕《中华人民共和国气象法》《中华人民共和国残疾人保障法》等贯彻实施情况开展执法检查，促进法律法规较好实施。配合上级人大常委会对有关法律条例等开展立法调研，提出意见建议。　（苏智伟）

法治政府建设

【概况】　2016年，市政府法制办围绕法治政府建设目标任务，贯彻落实中央、省、市《法治政府建设实

1 月 15 日，召开全市政府法律顾问工作会议　　（杨　凯　摄）

施纲要》，依法行政和法治政府建设向纵深推进。泰安市强化依法行政考核评价、探索建立依法行政联系点制度、加强法制业务培训等工作，受到省法制办肯定。获省级文明单位、全市争创“五型”机关先进单位、政府信息公开工作先进单位等。

【依法行政组织协调和督促指导】①统筹规划和组织协调。印发《泰安市法治政府建设实施纲要（2016～2020 年）》，对今后 5 年全市法治政府建设作出总体设计和全面规划。落实依法行政年度报告制度，连续 11 年按时向省政府和市人大常委会报送依法行政报告。②督促指导和考核评价。推进依法行政联系点制度建设，在新泰市召开全市法治政府建设工作会议暨依法行政联系点工作座谈会。制定《2016 年度县（市、区）科学发展综合考核工作方案》，丰富对县（市、区）政府科学发展综合考核指标体系，并进行严格考核。③宣传教育。开展领导干部学法、“送法进机关”等宣教活动，选派人员为泰山区政府、市编办等 10 个部门或单位作专题辅导报告。通过《大众日报》、政府法制政务微信微博等，宣传法治政府建设新成效。

【决策服务】①服务政府依法决策。印发《泰安市政府重大行政决策程序规定》，对重大行政决策的事项范围、量化标准、法定程序及实施情况评估等方面作出具体规定。落实政府重大行政决策合法性审查制度，对市政府与省财金集团、浪潮集团等 18 项重大协议进行审查，提出法律风险分析意见。②政府法律顾问队伍建设。重新聘请 3 家律师事务所和 10 名专家、律师担任市政府第二届法律顾问。市政府法律顾问对泰安粮油公司破产等 12 项涉法事务提出建议，参与审理工伤确认等重大复杂行政复议应诉案件 40 件。③重点项目建设法制保障。参与中央商务区、历史文化轴、城市环境综合整治等重点项目建设指挥部工作，监督协调城市违法建设治理、黄前水库水源地综合整治、土地房屋征收、创城迎审等重大涉法事务，提供法制咨询服务。

【制度建设】①制定审核规范性文件。围绕文明城市创建、保障改善民生、体制机制创新等重点工作，审查制定《泰安市人民政府关于泰城禁限燃放烟花爆竹的通告》《泰安市土地整治管理办法》等文件。审查市政府规范性文件 14 件、一般文件 30 件，办理省级法规规章草案征求意见事项 18 件。②规范性文件监督管理。落实备案审查和部门规范性文件“三统一”（统一登记、编号、公布）制度，对文件草案所涉及的无上位法依据限制公民权利、增加公民义务，违法增设许可环节、干涉企业自主经营及用人权限，以及与国家简政放权不一致条款予以纠正。审查县（市、区）政府规范性文件 11 件，对市直部门 15 件规范性文件统一登记、编号和公布。③立法能力建设。制定《泰安市政府规章制定办法》，对规章的立项、起草、审查等有关环节和内容规范和固化。

【行政执法监督协调】①行政执法监督制度建设。完善事中事后监管机制，推行“双随机一公开”（随机抽取检查对象、随机选派执法检查人员，公布查处结果）监管工作，审核 20 家市级执法部门制定的“一单两库”（随机抽查事项清单，检查对象名录库、执法检查人员名录库）。建立行政执法主体资格公告制度，明确行政执法主体机构性质和权力类型，对市级 111 个行政执法机关执法主体资格予以公告确认。②行政执法监督。开展行政执法案卷评查工作，随机抽取 22 个市直部门 46 宗行政处罚案卷，重点对行政处罚裁量基准适用情况等内容评查。落实行政执法人员资格认证管理制度，开展行政执法人员专项清理工作，公告注销行政执法证件 1233 个；组织全市公共法律知识培训考试，2569 名新上岗执法人员取得执法资格，6000名执法人员通过证件年审。③体制改革。协助市编办推进综合执法体制改革和行政许可事项调整。推进统一行政权力事项动态管理系统应用，对上网事项合法性进行审查和监督。

【行政复议应诉】①案件办理。收到行政复议申请282件，决定受理265件、不予受理17件，办结238件，综合纠错率42%以上。②行政应诉。办理市政府行政应诉一审案件137件，二审案件83件。做好泰安中央商务区等重点项目建设行政诉讼案件60起应诉工作。③规范化建设。制定《关于加强行政复议纠错工作的通知》《泰安市行政诉讼败诉报告办法（试行）》，建立行政诉讼败诉报告制度。加强行政复议应诉队伍建设，举办全市行政复议应诉人员培训班，邀请省法制办人员讲授行政复议、行政诉讼实务。落实行政复议应诉岗位人员资格管理制度，为1000名行政复议应诉工作人员颁发资格证书。

（杨　凯）

【概况】2016年，全市公安机关围绕全市中心工作，强化警察意识、问题意识、应急意识，以全面深化公安改革为动力，以深化基层基础工作为支撑，以公安铁军建设为保障，维护社会大局持续稳定。在山东省公安厅2016年度19个考核项目中，市公安局获优秀11项、满分3项，位列本序列第1名。市公安局被评为省级文明单位、普法依法治理工作先进单位、打击涉盐违法犯罪工作先进单位，被市委、市政府表彰为科学发展综合考核先进单位、2016年度全市政风行风建设先进单位、全市社会治安综合治理工作先进单位等。

9月12日，副省长、省公安厅党委书记、厅长孙立成（左七）到泰安调研公安工作。市委常委、政法委书记郭德文（左五），副市长、市公安局局长鞠向群（左三）陪同活动　　（李　英　摄）

【反恐维稳】①反邪教斗争。打击邪教组织，创新应用信息化手段，破获案件17起。总结提炼的转审工作法得到中央防范办、公安部和省公安厅肯定，在全国推广。②应急处突能力建设。加强隐蔽力量建设，通过情报线索采集平台搜集线索1.5万条，重大涉稳事件预警率100%。③安保维稳。完成各级“两会”、C20、G20会议等重大活动安保维稳任务81批次，确保重要节点社会秩序平稳。做大做强市、县两级整建制专业化特巡警队伍，常态化屯警街面、武装巡逻，围绕重点部位，实施特警武警联勤巡逻，形成覆盖全市的“一体化”应急处突体系。组织多警种异地拉动，完成“山东—2016”（泰安）反恐演习。

【打击刑事犯罪】①严打违法犯罪。创新实施“单元作战”“合成作战”“精准追逃”等一系列工作机制，开展打击“黄赌毒”“黑恶”霸痞、多发性侵财犯罪等专项行动。全市立刑事案件10150起，下降3.44%，破获刑事案件7619起，抓获犯罪嫌疑人5241人，查处治安案件2.66万起，侦破泰山区刘某某系列盗窃电动车案、肥城市倪某某等人重大系列电信诈骗案、新泰市重大持枪抢劫案等一批大要案。②整治治安。加大打击传销行动，破获“惠民工程”特大传销案件，全市基本杜绝传销活动，泰安市被评为全省首批无传销城市。侦办“黄赌”类刑事案件66起，行政案件442起，分别下降54.17%、17.84%。开展打击“黑恶”霸痞专项行动，打掉恶势力团伙117个，判决“黑恶”犯罪人员195人。开展打击多发性侵财犯罪专项行动，破获侵财类案件5493起，抓获侵财类违法犯罪嫌疑人1370人，打掉侵财犯罪团伙111个。打击毒品违法犯罪活动，破获涉毒刑事案件212起，抓获涉毒犯罪嫌疑人233人，强制隔离戒毒59人，缴获毒

8 月 5 日，举办泰安市公安机关应急拉动演练（李英 摄）

品 16.8 千克，铲除罂粟 2961 株。③打击食品药品与环境犯罪。破获食品药品环境案件 266 起，抓获犯罪嫌疑人 354 人，李某某等人制售有毒有害食品案被评为全省食品领域 10 大经典案例。④打击经济领域犯罪活动。立经济类犯罪案件 503 起，抓获嫌疑人 204 人，破获新中国成立后泰安市案值最大的邹某购买和使用假币案，侦破的“306”特大转让土地权专案、岱岳区王某某特大虚开增值税专用发票案，获 2016 年度全省案例讲评三等奖。

【治安防控网络建设】①立体化防控。优化扁平化指挥调度、网格化布警、等级化动态勤务、警情导巡、快速反应处置等工作机制，构建“专业化＋社会化”巡防体系。在重要节点、案件高发时期，组织开展携犬巡防、特警武警联勤联巡。依托派出所社区警务，总结提升治保主任驻所联勤、校园固定勤务等传统经验，创新推进社会化巡防力量建设，建立行业协会、志愿者等巡防队伍 7 类，形成群防群治新局面。②网络社会防控体系建设。制定《泰安市网络与信息安全信息通报工作机制》，累计发现处置网上有害信息 3629 条，上报互联网情报 8843 条、舆情研判信息 1.2 万条，分别增加 43.1%、44.8%。推进网安实战化建设，建成电子数据取证实验室 7 个，电子数据取证工作延伸到 172 个基层所队，在全省率先完成省、市两级网安情报信息会商研判视频系统建设。③现代警务指挥体系建设。制定《泰安市公安局关于建立情指一体化工作机制的实施意见》《关于全市公安机关建立完善指挥长机制的工作意见》，推行指挥长制度，构建合成作战指挥调度机制，强化实战型指挥中心建设。全市“110”指挥中心系统接到报警 73.5 万件，处置警情 19.18 万起，调解纠纷 2.7 万起，受理群众求助 2.36 万起，打击现行犯罪 246 起，抓获犯罪嫌疑人 1564 人。与各应急联动单位配合处置水、电、气等应急事件 130 起。

9 月 1 日，公安干警在青年路实验小学执行校园固定勤务活动

（李英 摄）

【服务民生】①交通管理。开展安全隐患大排查快整治严执法集中行动、“平安行·你我他”等专项行动，全市道路交通事故起数、死亡人数、受伤人数、财产损失分别下降 4.94%、6.35%、3.78%、6.87%，“平安行·你我他”行动排名居全省第一位。②消防管理。开展消防安全综合治理、消防车通道专项整治、冬春消防安全治理等专项行动，成立全国首支消防无人机飞行编队。全市发生火灾事故 1435 起，消防部队出动警力 1.46 万人次。③城市环境治理。开展“文明交通行动计划”，集中宣传活动 15 次，发放宣传材料 6 万份。新建、翻新各类标示标牌、交通信号灯和基础设施 1000 套，新装路口信号灯 8 处，更换行人灯 48 处，安装交通诱导屏 20 块。④便民措施。在全省率先推出免费采集出入境证件照片服务，累计为群众节约办证费用 40 万元。落实车驾管改革措施，完善网上约考、就近面签、内部转档、考官接考、当地制证等便民举措，升级改造民生警务平台，推出重名查询、车辆违法查询等便民措施，办结民生诉求 11.41 万件。

【公安基层基础】①基础信息化建设。整合全市23个社会部门1700万条数据资源，研发“泰山云海”超级智搜工具，数据资源总量76亿条。全市反恐大数据中心建成使用，警用无人机建设初具规模，“图侦联合作战平台”入选全省公安机关20项精品做法。②警犬技术建设。全市有警犬227只。泰安市被确定为全国唯一的警犬技术建设市级示范点，警犬技术建设工作经验在全国推广。③执法规范化建设。制定《泰安市公安局处置治安重点领域敏感警情工作规范》，为一线民警处置敏感警情提供依据。运行执法办案闭环管理系统，推进受案立案改革，提升执法规范化水平。面向社会公开聘任法律顾问6名，强化执法外部监督。④基础设施建设。建成启用特巡警训练基地，新配“剑齿虎”装甲车、突击攀登车、泰瑟激发器、拐弯枪等一批车辆装备。建设警史馆，收集、展出文物资料2400件。（王海涛　刘　丽）

【概况】泰安市人民检察院辖基层检察院6个、派出检察院1个，派驻检察室33个。全市有检察干警776人（市检察院机关155人），其中检察员495人、助理检察员29人、书记员72人、法警44人。全市57个先进集体和个人获省级以上表彰，其中市检察院及6个基层检察院均被评为省级文明单位，新泰市检察院被评为全国检察宣传先进单位，宁阳县检察院被省院评为无违法违纪责任事故先进单位、全省未检示范基层院、全省优秀基层检察院，肥城市检察院和宁阳县检察院被评为山东省档案工作科学化管理示范单位，全市24个基层派驻检察室获评省一级检察室。

【惩治预防职务犯罪】立查职务犯罪案件116件151人，其中，贪污贿赂案件96件108人，立案人数上升7.5%。渎职侵权案件20件43人，判决实刑率上升6.7%。立查大要案96件，查办县处级以上干部8人，科级干部24人，6名行贿人被依法追究刑事责任。承担上级交办重大案件，依法查办国家工商总局原副局长孙某某涉嫌贪污、受贿、巨额财产来源不明案。开展“检察官联系重大项目”活动，对5个重大建设项目开展职务犯罪同步预防，提供行贿犯罪档案查询4386次，帮助解决涉法问题100个。举办预防宣传和警示教育讲座115场次，接受警示教育4.5万人次。推行预防职务犯罪年度报告制度，撰写案例分析报告、调研报告27篇。

【刑事犯罪检察】依法批准逮捕各类刑事犯罪嫌疑人796件1027人，提起公诉2540件3719人。参与打击严重暴力犯罪专项行动，突出打击严重影响社会治安和群众安全感的犯罪，批准逮捕202件246人，起诉472件659人。严惩制售假药劣药、有毒有害食品和破坏环境资源犯罪，批准逮捕16件24人，起诉63件169人。参与整顿和规范市场经济秩序，依法办理非法集资、信用卡诈骗、合同诈骗等犯罪90件191人，办理强迫交易、非法经营等犯罪35件61人。落实宽严相济刑事政策，探索和谐执法方式，对111名情节轻微的犯罪嫌疑人依法作出不捕不诉决定。办理各类信访案件1924件。

【诉讼监督】加强刑事立案和侦查活动监督，监督立案47件，监督撤案47件，追捕71人，追诉180人。开展破坏环境资源和危害食品药品安全专项立案监督活动，监督行政执法机关移送涉嫌犯罪案件18件20人，监督立案5件5人。加强刑事审判监督，抗诉刑事案件16件，法院改判或发回重审11件。强化

10月30日上午，全市全面推开司法责任制改革检察官入额考试在泰安长城中学考点进行，全市检察系统338名检察官参加考试。省检察院党组成员、反贪局局长黄敬波到考试现场进行巡视。市委常委、政法委书记郭德文，市院党组书记、检察长苏金森等陪同活动　　（叶丛中　供）

刑事执行监督，刑事执行部门纠正监管违法 41 件，办理羁押必要性审查案件 97 件，提出变更强制措施 97 件。依托派驻检察室，组织社区服刑人员脱管漏管和监管安全专项检察，纠正违法 49 件，建议收监执行 14 人。强化民事和行政诉讼监督，审查民事行政诉讼监督案件 235 件，依法受理 68 件，提出和提请抗诉 11 件，提出再审检察建议 18 件。办理新型案件 324 件，其中行政执法监督案件 139 件、审判活动监督案件 47 件、执行监督案件 92 件、调解监督案件 5 件，挽回经济损失 1.6 亿元。按照省检察院部署，开展虚假诉讼、环保执法和道路交通执法专项监督活动，向相关部门提出检察建议 27 件。

【司法规范化建设】 推进规范司法行为专项整治工作，建立问题清单制度，组成 7 个督导组开展专项督导检查，梳理不规范问题 391 项。抓好案件质量评查，评查案件 377 件，发现问题 166 个，提出整改意见 30 条。召开人大代表座谈会 24 次，邀请人大代表视察工作 11 次。加强与公安、法院、律师协会等部门沟通协调，就案件审查标准、证据把握、法律适用等深入研讨，达成共识，提高案件办理质量。

【检察信息化建设】 以“互联网 +”为依托，加强侦查情报信息系统建设和应用，推动职务犯罪侦查从传统人力型向现代科技型转变。执行律师执业保障制度，推行律师网上预约、网上阅卷系统，为律师查询、阅卷提供“一站式”服务，接待律师 1039 人次，提供案件信息查询 841 项。深化新媒体宣传平台建设，市检察院和 6 个基层检察院全部成立新媒体工作室，开通官方微信、

6 月 2～3 日，最高人民法院在泰安召开先行调解与速裁工作座谈会，市法院在会上作典型发言　　（周敏敏　摄）

微博，及时公开检察机关重要信息。深化检务公开，推行案件信息公开系统，发挥案件信息公开对促进规范执法的倒逼作用，发布案件程序性信息 4670 条，法律文书 1677 份。

【检察基层基础建设】 加强 33 个派驻检察室规范化建设，对其中 8 个检察室重新布局改造，新建的市检察院派驻高铁新区检察室投入使用。派驻检察协助办理职务犯罪案件 98 件，独立或协助办理批捕、公诉和诉讼监督案件 84 件，化解矛盾纠纷 395 件。围绕辖区特点，形成“惠农检察室”“生态保护检察室”“产业园区检察室”等特色检察室，保障特色产业和区位发展。加大派驻检察室“信息超市”建设，完善惠农资金、农村低保、社区矫正、行政执法等数据库，为群众提供信息查询 1100 次，发现职务犯罪线索 59 条。　（叶丛中）

【概况】 全市法院收案 59913 件，结案 59952 件，结案标的额 142.04 亿元，分别上升 8.04%、8.31% 和 22.99%，其中市中院收案 7078 件，结案 7102 件，分别上升 32.08%、26.15%。全市法院有少年审判、家事审判、刑事审判节点管理、多元化解矛盾纠纷等 10 项（条）工作经验被最高法院简报、《人民法院报》刊发报道或在省级以上会议作典型发言。有 13 个集体、46 人获省级以上表彰。市中院获全国青少年维权岗和全国法院立案工作、联络工作先进集体及全市普法依法治理工作先进集体称号，继续保持省级文明单位，市中院党组被市委评为五星级党组织，涌现出全国岗位学雷锋标兵、全国模范法官、全国法院办案标兵等先进典型。

【刑事审判】 全市法院审结一审刑事案件 2639 件，判处罪犯 3825 人。依法严惩严重暴力和多发性侵财犯罪，审结杀人、放火、抢劫、盗窃等案件 1547 件。审理上级指定管辖的国家工商总局原副局长孙某某、菏泽市原副市长刘某某贪污贿赂案等职务犯罪案件 97 件。审结非法经营、危害食品药品安全犯罪等案件 187 件。审结电信网络诈骗犯罪案件 51 件，发布全市法院电

9月27日，全市司法责任制改革动员会议召开，市委书记、市人大常委会主任王云鹏对全市司法责任制改革工作提出明确要求　（马　跃　供）

信网络诈骗典型案例，遏制电信诈骗犯罪蔓延势头。创新参与社会治理方式，强化少年审判工作，协助推进社区矫正、回访帮教工作，参与特殊人群社会管理，打造和谐稳定的社会环境。

【民商事审判】　全市法院审结一审民事案件1.68万件，审结婚姻、赡养、继承等案件8834件。审理涉环境保护民事案件，审结劳动合同、劳动保险案件934件。审理一审商事案件1.72万件，标的额70.29亿元，其中涉重点建设项目土地征用、拆迁补偿等敏感性、群体性案件83件，借款、保险、票据等案件9971件，商标权纠纷等各类知识产权案件299件，涉外商事案件23件。

【行政审判】　全市法院审结资源、城建、房产、治安等一审行政案件822件，审查非诉行政执行案件857件，审结国家赔偿案件20件。深化机制创新，建立行政案件相对集中管辖、非诉行政案件“裁执分离”以及行政争议协调和解等制度，行政案件协调撤诉率在50%以上。与市政府法制部门建立信息反馈机制，推动行政机关将落实司法建议情况纳入行政考核体系，司法建议反馈率升至95%。

【执行工作】　市委办公室、市政府办公室印发《关于支持人民法院基本解决执行难问题的意见》。全市法院执结各类案件1.56万件，标的额62.38亿元。落实失信被执行人名单制度，累计向社会发布“老赖”信息2.35万人。与相关部门联合印发《办理拒不执行判决、裁定刑事案件若干问题意见》，移送公安机关处理15人，给予刑事处罚8人。加强执行指挥中心建设，强化与公安、房管、银行等部门网络对接和信息共享，查控被执行人财产。查控财产信息8万件次，执结案件2500件。

【司法改革】　完成首批员额法官遴选任务，全市法院遴选出员额法官383名。深化“以审判为中心”审判模式建设，探索建立新型审判团队，在每个基层法院均设立以优秀法官命名的法官工作室，承办法官对授权范围内的案件依法自主作出裁决，并签发裁判文书。成立专业法官会议，为法官办案提供指导和咨询建议，审判委员会研究案件数量大幅下降。落实法院院长、庭长办案制度，法院院长、庭长办案占案件总数的52.84%。加强对案件审限及流程管控，严格落实对干预案件记录问责规定，确保管理监督不缺位。

【司法为民】　落实立案登记制度改革，加强诉讼服务中心实体化改造，市、县两级法院全部设立诉调对接中心。投入资金700万元改造审判科技法庭，投入专项资金新建人民法庭5个。完成指导分流室、人民调解室、法官工作室、司法确认室“四室”建设，建成多功能司法拍卖大厅，发挥律师代理申诉制度作用，在基层推行巡回审判、车载法庭、远程视频庭审等做法。推行法院领导带头接访和承办法官约谈制度，法院领导接访154次。对追索赡养费、抚养费及农民工讨薪等案件，完善快立快审快执“绿色通道”，保护弱势群体合法权益。加大司法救助力度，对困难当事人救助30万元，缓减免诉讼费90万元。

【司法公开】　依托“三大平台”（审判流程公开平台、裁判文书公开平台、执行信息公开平台），公开司法信息。上网公开裁判文书2.91万份，召开新闻发布会11次，发布典型案例40起，直播庭审14次。加强人民陪审员工作，拓展人民陪审员“一职多能”，推动其由单一陪审向调解、宣传、联络等复合职能转变，全市人民陪审员一审参审率85.65%，提升人民陪审员制度公信度和司法公信力。组织法院开放日活动，累计到法院视察参观2000人次。　（马　跃）

司法行政

【概况】 2016年，全市司法行政系统狠抓公共法律服务体系、执法规范化、基层基础和干部队伍建设，多项业务实现新突破。受理矛盾纠纷1.27万件，调处成功1.24万件，办理法律事务11.32万件，提供法律援助2571件，开展法律知识宣传讲座2036场次。市司法局被评为全国“六五”普法依法治理工作先进单位、省级文明单位，获泰安市志愿服务工作优秀组织奖。

【法制宣传教育】 做好“七五”普法启动工作，组织执法机关、司法机关和普法志愿者队伍，利用法治宣传月、创建文明城市等节点，深入农村、社区、企业、机关、学校等单位开展法律宣传和咨询活动；在泰安电视台播放公益普法广告，开设《法治之窗》《法律在线》等法治节目，以案说法，提高普法宣传效果。打造“互联网+法治宣传”阵地，利用“今日头条”“泰安普法”微博等方式发布普法讯息，增强法治宣传吸引力和感染力。开展法治泰安、法治县（市、区）、依法行政示范单位等创建工作，提高部门、行业依法治理水平，推进农村、社区管理工作规范化、法治化。

【基层基础工作】 ①矛盾纠纷排查化解。强化党委、政府主体责任，在县（市、区）、乡镇（街道）建立健全联席会议制度。印发《关于对人民调解实行网格化管理的实施意见》，按照“谁主管、谁负责”和“属地管理”原则，在县（市、区）推行人民调解网格化管理模式。推进矛盾纠纷排查调处从实体平台向“互联网+”延伸，在宁阳县试点安装“矛排通”软件，实现调解现场随时定位、纠纷情况及时上报、信息取证及时上传。组织开展“大排查大调解”活动，坚持县每月、乡镇每半月、村每周集中排查化解一次矛盾纠纷。全市受理矛盾纠纷1.27万件，调处成功1.24万件。②司法所建设。市综治委、政法委印发《关于进一步加强全市司法行政基层基础建设的意见》，要求各县（市、区）达到建设标准，并在机构设置、基础设施等方面落实标准。推行司法所、法律服务所“两所共建”模式，引导基层法律服务工作者参与人民调解、法律服务、法治宣传，实现职能整合。各县（市、区）司法局创新考核评优机制，将普法依法治理、人民调解等工作实行细化、量化百分制考评，采取分等次考核。③社区矫正。推进社区矫正工作机构规范化建设，全市6个县（市、区）司法局全部加挂社区矫正管理局牌子。依托村居（社区）司法行政工作室，发放社区服刑人员监督卡，实现“社区矫正工作社区抓”目标。开展社区服刑人员脱管漏管专项检查活动，加强对服刑对象动态管理，防止脱管漏管。全市接收社区矫正人员累计1.12万人，累计解除7919人。

【法律援助】 落实《山东省法律援助条例》，深化法律援助便民示范窗口建设，扩大法律援助事项范围，提升服务质量。市司法局建立法律援助大厅，在市中级人民法院设立联合调解援助中心，方便群众就近申请法律援助。开展公证、司法鉴定法律援助工作，健全完善相关制度，让法律援助惠及更多困难群众。办理法律援助案件2571件，结案数2123件，解答法律咨询1.61万人次，发放法律援助宣传资料8万份。

【司法鉴定】 开展司法鉴定“诚信规范为民”系列教育活动，加强对鉴定机构资质审查、执业能力审查、执业场所审查，组织全市司法鉴定机构参加司法鉴定能力验证，开展案卷评查和规范化建设检查活动，规范司法鉴定执业行为，提升鉴定质量。全市7家司法鉴定机构、49名鉴定人办理司法鉴定案件3679件，采信率达96%以上。

9月13日，全省司法所建设工作会议在新泰市召开　（刘 康　摄）

【律师业务】 印发《泰安市法律服务业转型升级实施方案》，明确总体要求及发展目标，加快推进全市律师等法律服务队伍从传统法律服务业向现代法律服务业转型升级。全市律师担任政府、机关、企事业单位等常年法律顾问 1141 家，办理刑事案件 3621 件、民事案件 1.20 万件、行政案件 386 件、非诉讼案件 3261 件，咨询代书 2.30 万件，义务法律咨询 5321 人次，律师业务收费 9653 万元。

【公证业务】 全市公证机构围绕赋强公证、保全公证、多元化纠纷化解机制，拓展公证业务领域，优化业务发展结构，推进公证执业规范化、标准化、信息化建设。完善考核奖惩力度，组织全市 7 家公证处工作人员开展“零错证、零投诉、零上访公证员”活动，推动公证管理工作规范高效开展。办理各类公证事项 2.32 万件，业务收费 520 万元。

【国家司法考试】 2016 年国家司法考试泰安考区坚持“依法治考、从严治考、热情服务”原则，制定《2016 年泰安市国家司法考试组织实施工作方案》和《应急预案》，对考务工作作出具体安排。考试时间为 9 月 24 ～ 25 日，设置泰安长城中学考点 1 个、考场 52 个。泰安考区报名考生 1534 人，比上年增加 150 人。泰安考区国家司法考试通过 159 人，通过率 10.4%。（尹　健）

【概况】 全市受理案件 436 件，增长 103%；案件标的额 10.24 亿元，增长 28.5%。案件审限结案率、调解和解率分别为 96.4%、50.1%，增长 0.2%、13.6%，被法院撤销或不予执行的案件为零（全国约为 1%）。

【宣传推行】 ①主流媒体宣传。在《泰安日报》开设“仲裁专栏”，两周一期；利用《泰安晚报》4 个整版，报道仲裁创新发展纪实。7 月份，《大众日报》刊发《打造“公信如泰山”的仲裁服务品牌》署名文章。各县（市、区）分会举办行业培训、印制宣传册子，提高仲裁社会认知度。市仲裁办编印《民商事仲裁基础知识读本》，向党政机关和企事业单位、律师所赠阅。②仲裁知识宣讲。市仲裁办组织人员到泰安厦门物业公司、基金担保公司讲解仲裁知识。新泰分会组织金融系统召开座谈会，普及金融仲裁知识。新泰农商银行借款合同全部约定仲裁条款。③仲裁分支机构建设。推行分管县（市、区）长担任分会会长、县（市、区）法制办（局）筹建分会和仲裁发展促进会分支机构建设模式。泰安仲裁委新泰工作室改建为新泰分会，肥城市、东平县成立仲裁分会和有社团法人资格的仲裁发展促进会，泰山区、岱岳区、宁阳县相继成立仲裁分会，实现仲裁分支机构县（市、区）全覆盖。④仲裁试点。3 月，国务院法制办将泰安仲裁委确定为全国仲裁“两化”（案件受理多样化、纠纷处理多元化）试点单位，是泰安市首次承接国家层面的仲裁改革试点任务。市仲裁办制定实施方案，拓展受案范围，在受理的案件类型中，除常规的建设工程、房地产、货物买卖等合同纠纷外，增加较多的有银行金融借款、民间借贷、股权转让、物业服务、政府投融资争议等，改变传统的仅受理商事案件的单一局面。市级 8 个部门（开发区）提交仲裁案件 20 件，内容涉及土地出让、招商引资、工程建设、政府投融资、历史遗留问题等。金融类仲裁案件 50 件，在办案中，综合运用调解和解、邀请仲裁、仲裁确认等方式方法，改进单一裁决手段，增添实务中的争议解决方式和服务类别。⑤合同文本约定调研。4 ～ 5 月，以建设、房地产、金融、国资管理等行业和大中型企业为重点，对重点行业和领域合同文本的仲裁约定情况逐一摸底。

【仲裁业务】 ①实施“公信如泰山”服务品牌。实行立审分离、审监分离，实行全程动态监督，从案件受理、收费减免、秘书办案、办案时限等方面明确和规范办案的有关事项。完善仲裁员指定机制，凡案情复杂、标的额较大的案件均定 3 人庭。发挥专家咨询委员会作用，5 件疑难复杂案件向专家征求意见，确保案件公正合理。②仲裁委换届。7 月，召开泰安仲裁委四届一次会议，重新选聘仲裁员 210 名，组成仲裁委领导机构，审议通过《泰安仲裁委员会仲裁规则》等章程规则、制度办法，研究部署第四届仲裁委员会工作任务。10 月 27 日，举办第四届仲裁委员会仲裁员培训班，仲裁员 200 人参加培训。③裁决书核阅制度。设立裁决书多层核阅制度，加强各个层级责任意识，裁决书的制作规范、统一。④发挥仲裁案例指导研判作用。编发国有土地出让纠纷和政府投融资借贷纠纷案例业务简报 2 期，指导各分会开展此项工作，确保审理统一性。⑤做好与法院的工作衔接。把当事人的财产保全、证据保全落到实处，把案件执行落到实处。（安　鲁）

编校　王云勇　　审稿　曹成义

武 装

泰安军分区

【概况】 泰安军分区坚持首位固根本、抓中心谋打赢、抓基层夯基础，抓整治肃风气工作思路，部队建设保持良好发展势头。军分区干休三所被军委国防动员部表彰为安全稳定工作先进单位，泰山区人武部被省人社厅、省军区司令部和省人防办联合表彰为全省人民防空先进集体，并被省征兵办表彰为征兵工作先进单位，新泰市人武部被省军区表彰为兴武建功先进单位，肥城市人武部党委被省军区党委表彰为先进团级党委，宁阳县人武部被省征兵办表彰为征兵工作先进单位，军分区政治部被省军区政治部表彰为新闻报道工作先进单位。发表稿件74篇，其中中央级36篇（重要稿件18篇），省级稿件38篇。

【政治工作】 组织改革强军主题教育，倡导国动文化，组织开展纪念长征胜利80周年系列文体活动，增强军营文化氛围。开展形势政策教育和经常性思想教育，定期对重要岗位人员政治考核，官兵思想更加纯洁巩固。落实党管武装制度，支持国防建设“双十佳”评选和双拥共建活动，泰安市第6次被命名为全国双拥模范城；坚持民主集中制原则，落实党内生活制度，自上而下开好专题民主生活会。开展“守党规、严纲纪、正品行”学习教育，举办纪委、政法委书记培训班，开展多种形式的警示教育，部队作风建设持续向好。重视待安置退休干部教育管理，完成退休干部移交地方安置任务。

【军事工作】 ①战备训练。严格战备制度，规范联合作战值班秩序，加强战备值班分队、应急力量建设，完善作战方案计划和应对突发事件预案，做好神州十一号载人飞行应急搜救备勤，完成保障战区地形勘察、省军区黄河东平湖防汛勘察等任务。14名民兵信息员受到省军区通报表彰。抓好以应急分队为重点的训练演练落实，东平县人武部参加省军区防汛考核总评优秀。组织军事理论研究，撰写的理论研讨文章在省军区国防动员系统重大理论研究中获奖。②安全管理。坚持常抓常议、合力共促，落实周巡查、月抽查、季检查等常态化制度。开展“学法规、用法规、守法规”“四清两统”“百日安全”等活动，进行警示教育。组织安全技能培训和纪律整顿，提升官兵法纪意识和安全防范能力。抓好“人车枪弹密”等重点工作隐患排查整治，落实省军区“禁酒令”和《私家车管理办法》，组织好兵员复退工作。③战备设施建设。组织召开全市军事设施保护工作会议，对所属14条坑道全面清理维护，提升国防战备工程长期使用效能。

【国防后备力量建设】 ①后备力量能力建设。围绕聚焦打赢信息化条件下局部战争要求，提升国防后备力量应急、应战、保障服务3种能力，加强重点领域专业队伍建设，市县两级投入资金63.4万元完善应急分队装备器材，成建制动员能力提高，迎接省军区整组检查验收。②国防动员指挥规范化建设。调整国防动员指挥机构成员，开展国防动员潜力调查，统计数据5万条。开展国防动员重大理论和现实问题研讨，形成的理论成果在全省交流。③构建新型后备力量体系。落实省军区“临沂会议”精神，树立编组出战斗力思想，开展民兵预备役组织整顿，拓展编组领域，企业编兵比例超过1/3；规范化组织民兵预备役整顿和考核验收，对25个基层单位民兵组织进行抽查点验，合格率100%。④征兵工作。按照“一季征兵、全年准备”要求，突出高校征兵主阵地，印发《泰安市事业单位专项招聘大学生退役士兵实施办法》，完成年度征兵任务，大学生征集比例51.3%，超出省征兵办公室任务数的6%。⑤双拥共建和支援老区建设。对革命老区开展帮扶建设，定点联系贫困户32户。

【后勤装备保障】 迎接北部战区审计局经济责任审计，组织团级单位财务帮抓检查，财经管理更加严格。抓好重点领域清理整治，停止有偿服务项目，做好基本建设项目和房地产资源整治，后勤管理更加有序。重视装备仓库安全建设，更新升级安防设施，定期组织军警民联合演练。落实武器装备管理制度，严密组织装备归建，加大动态武器和库存弹药管理力度。 （彭　鹏）

武警泰安市支队

【概况】 武警泰安市支队遵循内涵式发展总要求和稳中求进总基调，抓看齐、抓中心、抓两侧、抓作风、抓两翼、抓保障，完成年度各项工作任务，部队呈现稳中求进的发展态势。支队荣立“三等功”14人，一大队二中队记集体三等功，支队被总队表彰为基层建设先进支队，1个大队级单位被表彰为基层建设先进大队，4个中队级单位被表彰为基层建设先进中队。

【军事工作】 以练兵备战、干好维稳工作为己任，从严从难实战化训练，提升“三哨”（练哨兵、研哨法、强哨位）活动质量效益，完善“五防一体化”（物防、技防、人防、联防、犬防一体化）建设，完成总队执勤减员增效试点任务，构建实案化战备体系。出动兵力2381人，完成等级警卫、“两会”和泰山安保、专项看守、城市武装巡逻等各类临时勤务203起，处置送押犯脱逃事件1起，抓捕杀人犯罪嫌疑人1人。支队被总队表彰为正规化执勤优秀单位，二中队被总队表彰为正规化执勤标兵中队，1人被总队表彰为优秀参谋长，支队司令部被总队表彰为先进司令部。

【政治工作】 重视强军兴军战略思想，学习更自觉，教育重改造，文化常熏陶，官兵维护核心、看齐追随信念坚定，争当“四有”革命军人追求蔚然成风。支队5名战士入学提干，“E网打近”微电影被武警部队评为优秀作品奖，1人获中央电视台军事·农业频道“谁是战士之星”栏目比赛优秀奖，足球队进入总队“强军杯”4强，舞台剧《八班》参加总队文艺会演。支队政治处被总队表彰为先进政治机关，支队纪委被总队表彰为先进纪委，二大队六中队指导员被总队表彰为“四会”（会搞思想调查和计划安排教育、会运用现代化教学手段备课讲课、会做思想工作、会进行心理教育疏导）政治教员。以老实抓经常打基础为信条，做好经常性基础性工作落实，用《各级各类人员工作标准化规范》促进履职尽责，用精准帮扶后进推动平衡发展。

【后勤工作】 投资1883万元，建公寓楼、训练场、车库，修营房，购营具，添战备物资，实施伙食精细管理，严格枪弹、车辆、财经等各项制度落实，为中心工作提供强劲支撑。推进军民融合保障，加强通信、机要、装备等建设，巩固执勤阵地、提高训练场配套设施。支队被总队表彰为机要密码工作先进单位和安全行车先进单位，支队2名战士被总队表彰为红旗驾驶员，后勤处1人被总队表彰为“三心”（事业心、责任心、进取心）事迹典型，支队后勤处被总队表彰为先进后勤机关。 （常　晨）

公安消防支队

【概况】 全市公安消防部队忠诚履行职责，不断提高消防监督和灭火救援能力，顺利完成各项消防安保任务。支队连续14年被评为省级文明单位，连续7年被山东省公安厅党委表彰为全省公安消防部队先进党委，7项工作在全国、全省会议上作经验交流，工作做法13次被山东省公安消防总队、公安部消防局简报刊发。在全省整建制特勤中队实战化比武中获第一名，支队军政主官被山东省公安厅党委评为“一对好主官”。

【思想政治工作】 坚持政治建警，开展“改革强警”主题教育和“两学一做”学习教育，举办“信仰与信念”专题讲座，创办政工微信平台和交流群，在全国率先推广消防职业化教育，支队编写的《民主集中制读本》收录进《公安消防部队思想政治教育系列读本》，并下发全国消防部队。开展“老兵回警营”“典型聚泰山”等纪念活动。泰山中队被评为公安现役部队先进基层党组织，先进事迹收录进西安政治学院解放军英模馆，成为消防部队首例。部署集中教育整顿活动，拍摄制作8部廉政微电影在全市展播，营造风清气正、团结奋进的良好政治生态。

11 月 8 日，泰安市举行“十万烟感进家庭”暨 2016 年消防安全宣传月启动仪式，副市长、市公安局局长鞠向群（左五）出席启动仪式。宣传月期间，免费发放 10 万个独立感烟火灾报警器　（王锦波　摄）

【火灾防控】 全市火灾起数同比下降 39%，火灾损失下降 49%。提请市政府开展九小场所综合治理，联合政府各部门开展“三项重点”治理、夏季消防检查、G20 峰会安保等专项行动 7 次，检查单位 1.5 万家，整改隐患 1.6 万处，责令三停 106 家，临时查封 54 家，支队法制科被公安部消防局评为全国优秀消防法制部门。全市安装独立式感烟报警器 1.5 万套，在超额完成任务基础上，投资 320 万元启动“十万烟感进家庭”活动。在主流媒体开通火灾防控专栏，组建 9 个媒体采访组集中曝光重大火灾隐患单位 33 家，部署“十万书信寄平安”消防主题书信大赛等惠民宣传活动，提升群众消防安全防范意识。

【部队建设】 坚持“战斗力是唯一标准”，开展岗位练兵 9 次，举办比武竞赛 2 次，创新科学体能、分级分岗、整建制中队、全勤指挥部、无预案拉动、熟悉避险、有烟内攻 7 大类实战化训练，制定指挥员、战斗员、驾驶员、供水员、通讯员、安全员 6 大类训练达标制度，开展本级无预案拉动演练 294 次、全勤指挥部演练 30 次、通讯演练 23 次，推广以“量化”为基础精细化战评，提升部队作战能力。建立消防、交警应急救援联动机制，对 26 个资料库、2 万份资料集中规整，解决作战信息收集、应用难的问题。全市消防部队接警出动 4258 次，抢救人员 424 人，保护财产价值 5 亿元。

【后勤保障】 抓住经费、队站、装备三项建设，推动支队整体工作和部队建设创新发展。将美国政府贷款、车辆装备购置、基础设施建设等重点项目纳入财政预算，印发经费资产审批、网上银行使用管理、经济合同签订权限等规定，规范财务工作制度。磁窑、范镇、楼德 3 个消防站建成投入使用，肥城、中天门、高铁新区 3 个消防站正在建设之中，对特勤、东关、迎胜、徂徕山 4 个消防站进行改造。新建市政消火栓 620 个，建成微型消防站 1700 个。全市累计购置高精尖消防车辆 29 部，购置无人机 25 架，库存个人防护装备 1.5 万套。创新研发装备库（室）数据智能管理系统，规范装备管理经验做法在全省后勤工作会议上作典型发言。（路　燕）

【概况】 全市人防系统以完善人防指挥通信体系、健全防护工程体系和加强人防训练演练为重点，推进人防建设与经济社会深度融合发展，各项工作均超额完成年度目标任务。对上争取到位人民防空建设专项资金 1200 万元。全省人防工程建设管理工作现场会在泰安市召开，市人防办介绍经验做法。泰安市被省国防动员委员会表彰为全省人民防空先进城市。市人防办创建为省级文明单位，新泰市人防办、东平县人防办创建为市级文明单位。岱岳区人防办、新泰市人防办、肥城市人防办被省人社厅、省军区司令部、省人防办表彰为全省人民防空先进集体，3 人被表彰为全省人民防空先进个人。在第七次全国人防会议上，市人防指挥信息保障中心被国家人防办表彰为全国人民防空先进单位，1 人被表彰为全国人民防空先进个人。

【人防组织指挥和训练演练】 修订完成市、县（市、区）、有关乡镇（街道）三级人民防空方案，进度走在全省前列。制定《关于深入推进人民防空改革发展的实施意见》，组织开展市级领导机关人防疏散基地建设，徂徕山疏散基地建设完成招标控制价评审、招标文件发布。大津口疏散基地向省人防办报送选址请示。组织“泰防—2016”信息化装备运用综合演练、人防系统及人防专业队骨干共同科目训练理论培训、“9·18”警报试鸣和社区居民疏散演练。调整全市重要经济目标单位，建立健全相关档案，开展防护演练。

9月18日，在泰山区东七里社区组织开展“2016年防空警报试鸣暨社区应急疏散演练”（曾湘莲 摄）

【人防指挥通信体系建设】 展开市级“三位一体”（人防基本指挥所、地面应急指挥中心和机动指挥所三位一体）人防指挥所升级改造，展开信息系统、机动指挥所、智能化控制、消防、装修等项建设施工。建设过程中，在全省人防系统率先使用全分布式传输系统、多媒体集群通信系统等高新技术，开发综合指挥调度管理平台。组织实施人防警报通信网建设，完成年度新增和改频升级警报器任务。展开市级人防电子政务内网建设，推进县（市、区）地面指挥中心、北斗导航定位系统、第三代军用短波通信指挥网建设。

【城市地下空间规划建设和管理试点】 根据省住建厅、省人防办部署和泰安市《关于开展城市地下空间规划建设管理试点工作方案》，完成在建及竣工人防工程摸底调查，编制完成《泰安市人民防空建设规划》《高新区中心区人防工程控制性详细规划》等规划草案和“信息化战争泰安市城市威胁环境划分研究”等专题4个，组织相关单位完成内部评审。

【结建防空地下室审批与易地建设费征缴】 全市批准修建防空地下室面积，征缴防空地下室易地建设费分别完成年度目标任务的238.6%和239.4%。指导县（市、区）加快推进防空地下室建设，各县（市、区）批准修建防空地下室增长69.8%，将各县（市、区）易地建设费征缴标准统一，各县（市、区）易地建设费征缴增长37.8%。

【单建人防工程建设】 901人防工程、1401人防工程完成竣工验收，1101人防工程完成主要施工任务。1601人防工程完成项目立项、可行性研究等。开展消除人防工程空白县工作，督促指导东平县人防办开工建设结建工程2处，1处单建人防工程恢复施工。

【人防工程安全监管】 加强在建人防工程质量监督，办理人防工程质量监督登记18个，安全监督登记1个，开展质量安全巡查抽查220次，制发监督文书90份、整改通知书3份。新增人防工程竣工验收面积完成年度目标任务的125%。履行单建人防工程安全监督管理职责，抓好901、1101、1401等在建单建人防工程安全监督工作。

【工程管理和开发利用】 督促人防工程使用单位签订《人防工程使用协议》和《人防工程维护管理协议》，明确使用及维护管理责任，收取平时使用费278万元，新增平战结合工程开发利用面积完成年度目标任务的176.6%。落实早期人防工程治理计划，重点抓好6507、6508工程治理。开展市级人防工程标识牌悬挂试点工作，人防工程悬挂工程标志、标识2处。

【行政执法】 组织执法巡查62次，现场检查19个新建民用建筑项目审批办理情况。加强执法与行政审批衔接配合，发挥执法手段督促结建项目及时开工建设，易地建设项目按时足额缴纳易地建设费。加大对违法违规项目查办力度，下达催缴通知书14份，制作工作笔录和勘验笔录17份，督促按时足额缴纳易地建设费2525万元。

【宣传教育】 开展人防宣传教育示范学校、示范社区和示范企业创建活动，建成标准化、规范化示范单位33家。对全市61所初中学校、2万名学生组织开展人防知识教育，授课率、受教率、及格率均达到95%以上。结合“5·12”防灾减灾日、“9·18”警报试鸣日，组织开展系列宣传教育。在《中国人民防空》《齐鲁民防》《泰安日报》等媒体上发表人防宣传稿件41篇。

（梁 波）

编校 王云勇　　审稿 曹成义

经济管理

发展和改革

【概况】 2016年，全市实现生产总值3316.8亿元，增长7.2%。三次产业结构比例调整为8.5 ：44.8 ：46.7。完成一般公共预算收入206.7亿元，同口径增长3.6%。全年粮食总产262.1万吨；规模以上工业增加值增长6.9%；实现服务业增加值1550.4亿元，增长8.7%。完成固定资产投资2899.6亿元，增长10.7%。实现社会消费品零售额1462.8亿元，增长9.9%。完成进出口总额134.6亿元。城镇和农村居民人均可支配收入分别达到30299元、14428元，分别增长7.7%和8.3%。市发展和改革委员会（简称市发改委）继续保持省级文明单位称号，被市委、市政府表彰为2016年度科学发展综合考核先进单位，被市委表彰为2016年度“五型”机关建设示范单位，被市政府表彰为2016年度政务信息工作先进单位。

【重点项目和重大工程】 6个省重点建设项目完成投资79.9亿元，占年度计划的103.3%。135个市级重点建设项目完成投资560.8亿元，占年度计划的102%。100个前期推进项目中有62个开工建设。新策划亿元以上项目135个，总投资1700亿元。一批支撑撬动能力强的重大项目实现突破进展，总投资100亿元、规划装机6×300千瓦的徂徕山抽水蓄能电站工程开始筹建，可行性研究勘察等前期工作加快推进；总投资200亿元、规划装机2000千瓦的新泰采煤沉陷区光伏领跑技术基地进入国家“光伏领跑者计划”，获国家能源局批复年度建设规模500兆瓦；北控清洁能源集团有限公司、晶科电力有限公司等5家企业完成项目备案，部分项目开工建设；青兰高速泰安段、济泰高速公路等重大交通设施项目获省发改委核准并开工建设；中兴电力东平电厂、济泰城际铁路等项目前期工作加快推进。

【规划计划编制】 编制完成全市“十三五”规划，组织泰安城区产业发展和空间布局规划编制，协调推进编制专项规划33个，完成2012年后全市招商引资和大项目建设情况调研。制订2017年度经济社会发展计划，提请市人代会审议通过。加强经济运行形势监测分析，每季度召开部门联席会议、县（市、区）及有关企业座谈会议，形成季度经济运行形势分析报告，提报市委、市政府研究。

【对上争取和对口支援】 组织进京“双对接”活动2次，对接落实项目102个、无偿资金15.65亿元。争取中央和省系统内无偿资金10.64亿元，支持产业发展、基础设施及民生领域项目53个，其中安排省区域战略推进专项资金1.51亿元，争取国家资源枯竭城市转移支付资金2.47亿元。争取三批国家专项建设基金额度19.51亿元，签约落地10.5亿元，支持棚户区改造、水利交通等基础设施、增强制造业核心竞争力等领域项目11个。泰山投资有限公司等4支企业债券被国家发改委批准发行，总募集资金36.5亿元。泰山区被纳入国家级重点生态功能区，新泰市成为全国首批农村产业融合发展试点示范县，岱岳区、宁阳县成为全国奶牛养殖大县种养结合整县推进试点县（每年每县中央补助2000万元，连续补助3年），新泰市、东平县成为首批国家农村饮水安全巩固提升工程项目县（中央投资2000万元）。做好对口支援岳普湖县和扶贫协作巫溪县工作，投入援疆资金1.85亿元，援建岳普湖县项目26个；投入资金399.3万元，援建巫溪县3

9月1日，列入黄河滩区居民迁建一期工程的老湖镇滨湖社区基本建成
（杜 梅 供）

处整村移民集中居住点，安置高寒边远山区农户100户、380人。

【服务业发展】 三次产业结构比例由2015年的8.5∶46.3∶45.2调整为8.5∶44.8∶46.7，服务业增加值占生产总值的比重提高1.5个百分点，形成以服务经济为主导的发展新格局。全年实现服务业增加值1550.4亿元，增长8.7%；实现服务业税收112.8亿元，占全部税收比重48.3%。泰安市第六次被省政府表彰为服务业发展先进市。市委印发《服务业发展三年行动计划（2016～2018年）》，市发改委牵头编制实施18个服务业重点行业和领域转型升级方案。争取国家和省服务业引导资金1450万元，重点支持公共服务平台建设。抓好省市重点服务业集聚区和32个市级服务业重点项目建设。2家服务业企业负责人被评为泰山产业领军人才。协调推进服务业综合改革试点等重点工作落实。

【重点领域改革】 ①经济管理改革。市经济体制改革专项小组协调推进重点任务19项，市政府印发《关于深入推进供给侧结构性改革的实施意见》，提出重点任务和政策措施50条，推进供给侧结构性改革。煤炭行业退出煤炭过剩产能339万吨，炼钢、水泥熟料和子午胎产能综合利用率达79.28%，超额完成省下达的目标任务。牵头开展全市排查整治"地条钢"等违规违法行为专项行动。②行政管理改革。深化行政审批制度改革，加强行政权力清单动态管理，完善投资项目在线审批监管平台，建立事中事后监管体系。完成党政机关公务用车制度改革，妥善做好司勤人员分流安置、取消车辆处置、公务交通补贴发放等工作，开通公务直通车，保障公务出行便利。③公共资源交易改革。初步建立全市统一的公共资源交易平台体系。加快社会信用体系建设，市政府印发《泰安市社会信用体系建设规划（2016～2020年）》，制订失信联合惩戒和守信联合激励办法，建立"信用泰安"网站，实施行政审批和行政处罚"双公示"。

【区域经济发展】 加快济泰一体化建设，推动基础设施互联互通，济泰东部高速公路开工建设。积极参与"一带一路"建设，筛选确定在"一带一路"倡议20个沿线国家或地区投资项目28个，组织相关企业参加省"一带一路"倡议战略高层对接洽谈会等活动。深化对外开放合作，市公安消防支队利用美国政府贷款5600万元、市中医医院利用北欧投资银行440万欧元项目投入使用，为部分企业申请进口设备免税4100万元。为11家企业申请农产品进口关税配额，下达棉花配额1.24万吨、玉米配额7096吨。组织参加准海经济区、陇海兰新经济促进会、"西博会""西洽会"。

【推进生态文明建设】 市委印发《关于加快推进生态文明建设的实施方案》，指导各县（市、区）制订能源消费总量控制和煤炭消费减量替代工作方案，组织39家企业参与全国碳排放权交易市场建设。发展新能源产业，加快全市新能源汽车推广应用，开展国家新能源示范城市创建和国家级分布式光伏发电示范区建设，争取省2016年光伏电站建设规模指标108.5兆瓦，安排光伏电站项目10个。新能源装机容量685.6兆瓦，占全部电力装机比重12.9%。

【民生保障】 编制实施《泰安市"十三五"易地扶贫搬迁工作规划》，争取无偿资金2747万元，落实信贷资金7550万元，列入2016年搬迁计划的7个安置区项目全部开工建设。黄河滩区居民迁建一期试点工程28栋住宅楼全部完成主体封顶；二期试点工程开工建设，到位省以上补助资金7447万元。首批国家光伏扶贫项目共安排东平县村级光伏电站（含户用）建设规模1.35兆瓦。争取国家和省无偿资金4045万元，支持基础教育"全面改薄"（全面改善贫困地区义务教育薄弱学校基本办学条件）和解决“大班额”问题、养老、文化、旅游等领域 11 个项目。加快推进采煤塌陷地综合治理，全面完成省下达的压煤村庄搬迁阶段性任务，排查民房斑裂补偿涉及村庄 50 多个。（葛宗泰）

国有资产监督管理

【概况】 2016 年，全市国有资产监督管理工作坚持一手抓监管、一手抓发展，国资国企“十三五”规划实现良好开局。年末，全市国有及国有控股企业共计 233 户，净增加 2 户；资产总额 1671.5 亿元，增长 28.0%；所有者权益 494.4 亿元，增长 19.9%。其中，市属企业 137 户，增加 17 户；资产总额 974.4 亿元，增长 27.1%；所有者权益总额 321.0 亿元，增长 28.2%。年内国有资产收缴入库 1.9 亿元，比年初预算增长 22.7%。市国资委继续保持省级文明单位称号，获全省国资监管系统先进集体、全市安全生产工作先进单位称号。

【市属国有企业经济运行】 年内，市属国有参控股企业累计实现营业收入 256.6 亿元，利润 30.1 亿元，利税 40.5 亿元，分别增长 6.4%、17.6% 和 19.1%。其中，市国资委所属参控股企业实现营业收入 129.3 亿元，利润总额 20.4 亿元（不含华能泰山股权转让收益），实际上交税费 13.5 亿元，分别增长 8.2%、18.5% 和 49.0%。

【国资平台建设】 年内，国泰民安投资集团累计完成投资 9 亿元，涉及工业、高科技、金融、服务业、房地产、文化等各大板块，成为全市国资对外合作、自身发展的平台。分别投资 50 亿元和 15 亿元，组建金融控股集团和融资担保公司，打造市政府调控经济发展、服务实体企业的运作平台，金融控股集团实现担保额突破 60 亿元，化解区域金融风险、促进实体经济平稳运行。

【经营业绩考核与薪酬管理】 综合运用专项审计、社会满意度调查、问题反馈整改等手段，提升企业管理水平，规范负责人薪酬体系，实现国有资产保值增值。完善国有企业负责人经营业绩考核与薪酬管理体系，按照竞争类、公共服务类、功能类 3 大类对市属 16 家企业进行考核，考核结果 A 级 5 家、B 级 7 家、C 级 4 家。

【深化国资改革】 发挥国有资本“四两拨千斤”撬动作用，通过增资扩股、产权转让、项目合作等多种形式，发展混合所有制经济，打造泰安皆瑞金属科技有限公司、山东拜科通新材料科技有限公司、山东国信健康科技有限公司等混合所有制企业。加快资本证券化步伐，泰山石膏股份有限公司整体上市，通过资产重组实现国有股大幅升值，所持股权价值由原账面值 5.2 亿元升值为市值 14 亿元。加强市属企业财务监督管理，印发《加强市属企业财务监督管理工作的意见》《加强市属企业审计监督工作的意见》《市属企业财务等信息公开暂行规定》等文件，构建财务审计立体监督体系。印发《市属企业财务总监管理办法》，向 5 家出资企业委派财务总监。建立市属国有企业职业经理人、外部董事、外部监事人才库，健全法人治理结构。

【招商引资和重点项目建设】 年内，参控股企业累计完成重点项目投资 35 亿元。编制《泰安国资国企改革发展规划(2016～2020)》《泰山旅游集团五年发展规划》，确定产业发展方向和项目投资重点。其中，总投资 10 亿元的高端粉末冶金净成型暨 3D 打印项目落地建设，依托美国工程院院士、中国工程院外籍院士、获得美国能源部劳伦斯奖——美国总统奖的刘锦川科研团队，技术世界领先、填补国内空白。市政府与深圳华大基因签订战略合作协议，建设全省唯一基因检测中心，打造大健康产业平台。发挥央企、省企合作发展领导小组作用，加大对上协调争取力度。其中，市政府与中国运载火箭技术研究院签订战略合作协议，推动航天技术成果在泰安转化。泰山玻纤新区建设累计投资 50 亿元，新区产能突破 30 万吨。新上一批服务业和民生项目，其中国泰民安投资集团投资 2 亿元入股新泰农商行，成为单一法人股最大股东。泰山保安服务公司投资建设的金融外包服务基地项目投产，打造全市唯一拥有金融押运及守护资质的智能化金库群。泰山宾馆整体租赁项目引进达美酒店管理公司装修改造，投入运营。长城驾校训练基地、东岳检测线搬迁改造等一批重点项目投产，培植了新的经济增长点。

【国资国企基础管理】 规范国有企业产权登记，年内完成全市 280 户企业国有产权重新占有登记资料录入、审核上报和汇总分析，健全内部产权管理体系。通过对 85 个市直部门管理的近 200 家企业进行摸底调查，制订《市级经营性国有资产集中统一监管实施方案》。全系统安全生产形势持续稳定。

7月6日，市委副书记、代市长李希信（后排右四），副市长、市国资委党委书记展宝卫（前排右一）出席市政府与深圳华大基因科技有限公司战略合作签约仪式　　（刘锦多　供）

【改制企业民生保障】 加大改制遗留问题解决力度。年内，国资系统13家破产清算企业665名退休职工独生子女父母，协调落实一次性养老补助858万元。国资中心与市慈善总会联合成立慈善基金，拓宽民生实事保障渠道，搭建服务民生保障平台，打造“困难职工之家”服务品牌。

【县级国有资产监管】 宁阳县成功发行非上市公司公司债券7亿元，在推行资源资本化、资本证券化、融资多元化方面实现突破。市高新技术产业开发区发挥国有资本引领带动作用，泰山控股公司参股市金融控股集团，泰山创业投资公司成为“省级科技企业孵化器”和“省级众创空间”，泰山科技有限公司打造中国泰山高端人才创业基地。泰山区、肥城市推进经营业绩考核与薪酬管理工作，岱岳区印发《区属企业监事会管理暂行办法》，东平县加强国有企业重大事项管理，提升国有资产管理水平。

（李国庆　刘锦多）

工商行政管理

【概况】 2016年，全市工商系统做好“放、管、服”文章，服务发展大局，依法推进事中事后监管。市工商局继续保持省级文明单位称号，先后被市政府评为政务信息工作先进单位、提案承办先进单位、政务公开先进单位；市工商局景区分局南天门工商所保持全国青年文明号称号，被国家工商总局人事司确定为基层建设工作联系点。1人获评“2016年全国工商和市场监管部门优秀法治人物”，3人被国家工商总局评为企业登记工作成绩突出窗口工作人员，1人获全市十大杰出青年称号。

【商事制度改革】 10月1日，全市正式实施企业“五证合一、一照一码”登记制度。12月1日，个体工商户营业执照和税务登记证“两证整合”登记制度在全市全面落实。2016年，全市新增各类市场主体4.8万户，增长0.8%；新增注册资本883.2亿元，增长57%。全市实有市场主体29.03万户，增长6.75%；注册资本4063亿元，增长53.88%。引导市场主体开展年报公示，全市2015年度企业年报公示率为87.74%、个体工商户年报公示率为77.32%、农民专业合作社年报公示率为93.15%。利用“双随机”开展公示和年报信息抽查，抽查市场主体6532户，873户市场主体被依法列入经营异常名录或标记为经营异常状态。

【商标战略】 深化“5S商标服务模式”，省工商局在全省系统推广。邀请全省商标品牌知识巡回宣讲团到泰安宣讲，组织140家企业负责人参加“企业如何制定商标战略”“品牌培育与提升”等专题培训。全市新申请注册商标3100件，新增中国驰名商标5件、省著名商标15件。泰安市被国家工商总局确定为全国25个注册商标专用权质押登记申请受理点之一，是山东省唯一一个定点城市，并为泰安、济南、潍坊、济宁等地企业办理商标权质押8件，融资2.3亿元。

【助推供给侧结构性改革】 提升“守合同重信用”企业公示质量，公示国家级“守合同重信用”24家、省级216家、市级201家。落实小微企业扶持政策，运用动产抵押、股权出质和商标专用权质押，帮助企业融资200亿元。引导小微企业、个体工商户和专业市场党组织开展“三亮”（亮身份、亮岗位、亮承诺）活动，组织“工商局长进非公企业讲党课、讲政策，促发展”活动，与市委组织部、市委党校共同举办全市工商系统非公企业党建指导员“两学一做”学习教育培训班，培训非公企业党建指导员86名。2名个体工商户被评为“全国先进个体工商户”，参加全国先进个体户表彰大会，受到李克强总理接见。

【市场监管执法】 开展整治不正当竞争突出问题专项执法行动，立案查处公交、供水、气象等行业不正当竞争行为。泰安市在省工商局召开的公平交易执法办案现场会上作典型发言。加大商标专用权保护力度，查处各类侵犯商标专用权和制售假冒伪劣商品案件78件。查处虚假违法广告行为，查办广告违法案件20件。开展网络市场监管专项行动，核查969户平台网店、27户非法主体网站，网上经营主体建档1.53万户。深化“红盾护农”行动，组织农资商品质量定向监测15次。开展成品油集中抽检5次，抽取样品1148个，全市535个加油站实现抽检全覆盖。保持打击传销高压态势，泰安市被命名为全省第一批“无传销城市”。

【消费者权益保护】 组织开展“3·15”国际消费者权益日纪念活动，召开媒体座谈会，实名发布消费维权典型案例。宣传新《中华人民共和国消费者权益保护法》和《侵害消费者权益行为处罚办法》等法律法规。组织金融消费教育暨大学生金融知识竞赛，在山东亚奥特乳业有限公司、泰山啤酒有限公司、泰安蒙牛乳业有限公司设立消费体验基地3个，利用媒体适时发布“消费警示”48期、130条。开展消费侵权行为专项整治，抽检儿童服装、纸制品等8大类250批次商品。适应“12315”并线新形势，完善分流转办制度，受理消费者申投诉4200件，为消费者挽回损失258.7万元。

【法治工商建设】 修订权力清单，市工商局确认行政权力336项，其中行政处罚272项、行政强制20项、其他行政权力44项。加大执法指导和监督力度，聘请法律顾问，开展重大疑难案件研讨4次，转办行政复议案件8件，办理行政应诉案件1件。市工商局作为国家工商总局法治工作基层联系点，完成《基层法治工作联系点规范化建设研究》课题。全省工商系统基层法制工作联系点座谈会在泰安市召开，市工商局进行交流发言。（张　军）

12月29日，市工商局部署开展“净市场、惠民生”元旦春节市场专项整治行动。图为启动仪式　　（张树臣　摄）

物价管理

【概况】 年末，全市有价格管理机构7个，在编干部职工178人，其中市级管理机构1个，在编48人，县（市、区）级管理机构6个，在编130人。2016年，打造“阳光物价、民生至上”服务品牌，各项工作扎实推进。市物价局连续7年被省文明委评为省级文明单位。

【价格调控】 ①价格监测预警。全年向上级主管部门报送监测数据2万条、分析报告58篇，向市委、市政府报送价格信200条，编发简报、快讯59期。新增公立医院药品和医疗服务费用监测报告制度。②价格调节基金。按照国家要求，2月1日起暂停征收价格调节基金。③价格调查研究。完成泰山女儿茶等特色农产品成本收益调查10项、农民存售粮等常规调查6项，报送市政府和上级主管部门调研报告20篇。④价格宣传。通过网站、微博发布价格政策信息680条，每日在《泰山晚报》、泰安电视台、“泰安·价格通”和泰山“幸福e家园”网站公布价格行情。

【价格改革】 ①医药价格改革。推进市级公立医院价格改革，理顺医疗服务价格，取消药品加成，调整医疗服务收费项目1936项，新增6项，取消1项；放开知名专家诊查费等医疗服务价格132项；推进医疗服务按病种收费方式改革，制订急性阑尾炎等11个病种和7个中医优势病种的收费标准。②放开部分价格管理权限。将重要物资储备价格等127项政府定价项目管理权下放给企事业单位。③精简审批事项。按照国家要求，取消丙级价格评估机构资质认定审批事项。

【价格服务】 ①举报投诉受理。完成“12358”价格举报热线向“12345”民生服务热线平台迁移，受理价格投诉、举报、咨询1660起，实施经济制裁8.74万元。②成本监审。完成小安门水库供水成本等成本监审项目3个，监审总金额1.67亿元，核减不合理费用1227.77万元。③价格认定。办理涉纪价格认定案件2件，标的额3.52万元；办理刑事价格认定案件822件，标的额2671.30万元；办理其他价格认定案件265件，标的额1936.30万元，未出现复核案件。④服务平台建设。完善“泰安·价格通”公共信息服务平台，新入驻农贸市场6个、医院2个、景点5个，新增“菜篮子”品种40个，增加15万种商品和2万种药品的在线实时查询服务。⑤价格指数编制。做好与泰安峰松物流公司联合编制“中国泰安公路运输价格指数”前期准备工作。

【价费监管】 ①公共服务性产品价格管理。落实国家、省关于居民生活用电峰谷分时电价、水泥企业用电阶梯电价等一系列电价政策；上报新泰市中穆新能源科技有限公司等6家新建光伏发电企业上网电价申请并获批；审核泰安中科环保电力公司2015年第四季度和2016年前三季度可再生能源上网电量折算资料，为企业落实补贴997万元；核准新增停车场15家；调整城乡公交线路票价，批复10条新设公交线路票价；延长高铁站前通道免费停车时限至20分钟；制订生猪屠宰加工服务收费标准和市房管局公共租赁住房租金标准；验收11家公办幼儿园收费标准公示情况；批复岱庙等4处到期景点门票价格。②行政事业性和经营性收费清理。落实上级收费项目精简政策，免征18项，取消10项，放开29项；审核市直部门行政事业性收费项目，公布《2016年泰安市市直部门行政事业性收费项目目录》；清理政府定价涉企经营服务性收费项目，公布《泰安市政府定价涉企经营服务性收费目录清单》。③节假日市场价格检查。重大节假日期间派出检查人员200人次，检查经营单位300家，发放宣传资料1000份、赠送标价签10万枚，规范不正当价格行为30起，对1家涉嫌价格欺诈商场罚款5万元。④明码标价整治活动。将物业服务行业纳入明码标价整治范围，在汽车4S店、商品房开发企业和金融电信单位开展明码标价“回头看”活动，约谈拒不执行明码标价规定商品房开发企业11家、汽车4S店6家。⑤价费专项检查。开展涉企收费检查，全面检查具有强制垄断性涉企经营服务性收费资质单位以及代行政府职能的社会团体、中介机构，检查执收单位15家、二级收费单位10家，未发现乱收费行为。开展药品价格专项检查，检查药品营销单位100家，对2家违反药品价格政策医院罚款23.66万元。开展国家、省取消和减免的18个收费项目落实情况跟踪检查，没有发现违规行为。开展商品房明码标价检查，检查开发经营单位40家、房屋中介机构10家，责令6家开发企业限期整改。⑥案件查办。查处价格违法案件51件，实施经济制裁176.84万元，其中没收违法所得147.89万元，罚款28.95万元。

【网格化市场价格监管】 在泰安城区重点区域推行“网格化”市场价格监管模式，建立“责任区、管区、片区、网格”4级工作机制，将泰城划定为3个责任区、9个管区、11个片区、21个网格，上门指导经营户3022户并登记建立价格诚信档案，发放宣传资料5000份、标价签10万枚。

【马铃薯目标价格保险】 6月21日，在肥城市12个镇（街）开展春季马铃薯目标价格保险试点，选定6家保险机构参与承保，试点地区7452户菜农参保，投保面积10.81万亩，参保率98.5%。春季马铃薯价格出险后，参保农户每亩获赔114.29元，赔偿总金额1235.47万元。 （王　涛）

质量技术监督管理

【概况】 2016年，市质量技术监督管理部门实施质量强市战略和名牌战略，抓好特种设备、工业产品质量安全和质监执法工作，夯实标准化、计量、检验检测技术基础，推进质量泰安建设。市局机关、市局稽查局、市计量所继续保持省级文明单位称号，市纤维检验所连续保持全国纤维质量监督先进单位称号；市局被市委、市政府表彰为全市政风行风争先进位先进单位；市局稽查局被确定为省级依法行政工作联系点。市局在全省质量技术监督工作会议上作典型发言。1人被中央文明办评为“中国好人”。

【质量强市战略】 新增山东名牌32个，其中山东名牌产品26个、山东服务品牌6个，总数位列全省第四，山东名牌产品数量位列全省第三。特变电工山东鲁能泰山电缆有限公司、泰安航天特种车有限公司获得第六届山东省省长质量奖提名奖，实现省长质量奖组织奖零突破。组织2016年度泰安市市长质量奖评选工作。

【标准化工作】 市政府印发《关于深化标准化工作改革 提升泰安标准化建设水平的意见》，建立标准化协调推进机制，统筹标准化改革各项工作任务。市区两级财政拿出205万元对2015年度标准制修订单位进行奖励。省机械产品再制造、省土工材料标准化技术委员会落户泰安市。岱岳区大陡山村成为省地方标准《生态文明乡村（美丽乡村）建设规范》颁布实施后全省首个通过验收的“美丽乡村”农业综合标准化示范区。推进国家级旅游服务综合标准化示范市，以及循环经济、服务外包、医疗保险等国家级标准化项目建设。强化企业产品标准自我声明公开和监督制度，完善事中事后监管，296家企业1635项产品标准进行自我声明。

【特种设备安全监察】 市政府印发《关于全面加强特种设备安全工作的通知》，将特种设备安全列入市政府安全专项督导活动，明确特种设备安全各方责任，打造特种设备多元共治格局。开展集中行动、专项督导月等专项检查，排查安全隐患。检验各类特种设备4.25万台，监督检验率100%，定检率98.6%，排查特种设备安全隐患万余条。推进“安如泰山”特种设备安全科学预防体系创建活动，防控特种设备生产、使用、检测检验环节的安全风险。

【工业产品质量监督】 ①监督抽查。开展市级产品质量监督抽查，

2016年“5•20”国际计量日活动期间，省质监局局长张宁波（左一），市委副书记、市长王云鹏（左五），副市长徐思虎（左四）参加活动

（朱新宇　摄）

抽查13大类、273家企业产品、302批次，合格292批次，产品抽样合格率96.7%。国家、省累计抽查全市169家生产企业183批次产品，主要覆盖低压成套开关设备、电线电缆、化肥、农药、危化品等产品，总体抽样合格率为90.7%，连续多年稳中有升。开展化工行业危化品企业产品、钢铁、水泥去产能产品、油品等质量专项检查。②持续强化许可证监管。通过采取企业报告主体责任落实情况、完善企业档案、定期监督检查、专项检查等措施对获证企业实施分类监管，314家获证企业被纳入分类监管。

【计量管理】 全省“5•20”世界计量日宣传活动启动仪式在泰安市举行，活动现场开展宣传、咨询、免费检测等活动。开展寄递物流行业、餐饮业、超市、加油机、医疗卫生、机动车安检机构等行业计量专项检查以及安全防护计量器具、新闻出版领域使用法定计量单位情况监督检查。落实节能目标责任，做好重点用能企业数据网上直报工作。

【检验检测能力建设】 全市首家国家级质检中心——国家再制造机械产品质量监督检验中心落成，计量所新建综合实验楼投入使用。完成各类棉花公证检验36万吨，桑蚕干茧公证检验3600吨，生丝120批。棉花公证检验现场工作模式得到中国纤维检验局高度认可，2016年在全国专业纤维检验会议上作典型发言。列入国家科技支撑计划的“建筑工程质量检测器组综合校准装置研发”和“顶板动态仪校准规范和设备研发”2项成果通过科技部成果鉴定。“再制造机械零部件表面质量的分析与检测”获得国家质检总局科技成果立项。

【泰山国际特种设备协同创新战略联盟成立】 10月20～22日，2016首届泰山国际特种设备展览会在泰安市举办。该展会为全国首个综合类特种设备展会，参展单位312家，参观人数2万人，布展面积超过2万平方米，达成意向交易额、投资额30亿元。中国特种设备安全与节能促进会等6大国家级行业组织、省特种设备协会同步举

办“1+10”高层论坛、技术交流活动。展会期间发起成立泰山国际特种设备协同创新战略联盟，推动中国特种设备科技成果转化平台上线运营，搭建起服务特种设备产业发展的科技成果研发和合作交流平台。中央电视台、新华社、央视网、《中国质量报》《中国化工报》《大众日报》、山东电视台等对展会进行报道。

【依法监管】 ①推进依法行政。加强案件审理工作，严格执法程序，抓好案件审查及办案重点环节的指导、把关、督查。运用电子信息化执法办案系统，随机确定执法人员和执法对象，记录执法全过程，及时公开案件信息，推进“双随机一公开”工作。市质监局被省政府法制办确定为省级依法行政工作联系点，为泰安唯一一个市直部门。②规范行政审批。办理各类行政许可受理、审批、变更、注销等事项1026项，被列为省质监局行政审批改革试点单位，承接省局下放的行政许可事项。 （武　雪）

【概况】 至年底，市、县（市、区）有食品药品监督管理行政管理机构9个（含高新区和泰山景区）、乡镇食品药品监管所88个；食品药品稽查机构7个，食品药品检验机构5个，药品不良反应监测机构1个。在职干部747人，其中市食品药品监督管理局机关在职工作人员39人。市食品药品监督管理局保持省级文明单位称号。

至年底，全市有食品生产加工企业461家，食品经营单位2.53万户，其中零售单位1.97万户，批发单位824家，批发市场7个，农贸市场33个，集贸市场313个，大型商场、超市（经营面积1000平方米以上）51家。餐饮服务单位1.24万家，医药生产企业15家，药品批发企业23家，药品零售企业1917家，药品使用单位3400家，医疗器械生产企业26家，医疗器械经营企业524家，保健食品经营单位1990家，化妆品经营企业1102家。

【创建省级食品安全城市】 2月22日，市政府召开常务会专题研究创建省级食品安全城市工作。市政府成立创建省级食品安全城市工作领导小组，由市政府主要领导为组长，5位分工领导为副组长，26个市食品安全委员会成员部门、两区政府主要负责人为成员，实行项目化管理工作机制。5月，省食品安全委员会办公室在新泰市召开全省食品安全先进县（市、区）创建工作现场会，推广新泰市创建工作经验。

【食品生产】 实施风险分级分类监管，全市食品生产企业信用档案建档率和监管信息公开率均达到100%。全年开展飞行检查12次，约谈27家企业负责人，发现问题72个。全市规划建设小作坊园区5处，21家食品生产企业实现电子追溯。

【食品流通】 开展食用农产品市场质量安全监管，全市12个食用农产品批发市场建立快检室，27个农贸市场及166家大中型商场超市全部配备快检设备。开展“食品快检进市场”和“你点我检”活动，全年开展食用农产品快检1470批次，全市建立食品销售信用档案1.2万份。

【餐饮服务】 采用“双随机一公开”机制对全市学校食堂开展集中互查，并举行新闻发布会。打造餐饮安全示范街区5条，创建样板示范店50家，评选“群众满意餐饮店”20家，创建省级清洁厨房2018家。组织开展网络订餐专项行动，检查餐饮单位726家，规范提升271家，平台下线528家。

【保健食品化妆品监管】 推进保健食品经营许可和化妆品换证工作，全市80%以上的保健食品经营企业核发“食品经营许可证”，40%以上的经营企业建立监管信用档案。完成保健食品化妆品的国家级抽检、省级抽检任务，首次开展保健食品化妆品市级抽检工作。

【药品监管】 健全完善责任落实机制、突发事件应急机制、日常监督与诚信评价机制，加强麻醉药品、精神药品、易制毒化学品等特殊药品监管。对高风险品种、基本药物品种企业开展定期约谈，提升企业GMP规范生产水平。在高风险药品、中药、特殊药品、医疗机构制剂和药品生产配制检验环节，开展药品生产质量提升行动。开展疫苗经营使用情况检查，重点排查规范全市疫苗经营企业2家、疾控部门10家、接种单位128家。开展流通使用全领域专项整治和示范店评选活动。受理审查药品连锁经营企业总部13家，完成零售企业药品GSP认证730家，药品零售企业信用等级评定1535家。

【医疗器械监管】 推进医疗器械整治，开展全市民营医疗机构药械使用质量安全大检查。完成医疗器械产品注册申请真实性核查26个，检查医疗器械生产企业47家次，

6月18日，举行2016年全市食品安全宣传周暨创建省级食品安全城市宣传活动启动仪式　（王玉梅　摄）

经营企业477家次、使用单位779家次，警告、责令整改126家。

【专项整治】　开展羊肉及其制品、桶装饮用水、进口食品、网络订餐平台及网络食品经营和含麻黄碱类复方制剂、药品流通领域违法经营行为、民营医疗机构药械、装饰性彩色隐形眼镜等专项整治，全年出动执法人员9.8万人次，检查食品药品生产经营单位4.17万家次，下达整改通知书5000份，立案查处违法行为3722起，罚款及没收物品价值1300万元，移交司法案件或线索13起。

【“12331”投诉举报】　全年接受投诉举报咨询2472件，受理办结率、回复反馈率、群众满意率全部达到100%。完成国际登山节等重大活动食品安全保障任务150起。

【食品药品检验检测】　以公众消费量大、风险隐患大、社会关注度高、抽检中发现问题较多的食品药品为重点，完成食品评价性抽检、监督抽检和风险监测2564批次，完成药品评价性抽检和监督抽检952批次。

【药品不良反应监测】　推广应用药品不良反应报告审核制度与数据标准化辅助管理系统。加大新的、严重药品不良反应监测，全年收集上报药品不良反应报告7448例，医疗器械不良事件病例报告1781例。

【社会共治】　推行“双随机一公开”抽查办法，设立“创新奖”，利用“食品安全宣传周”“食品法律知识五进”等系列活动，组织各类宣传教育9000次，发放宣传材料3.2万份，举办讲座270次。建立与媒体联动工作机制，加强合作，实现24小时舆情监控。印发《食品安全举报奖励办法》，明确最高奖励金额30万元。成立餐饮行业协会，鼓励协会参与监管，引导消费者增强监督意识，形成全社会齐抓共管良好局面。（王玉梅）

安全生产监督管理

【概况】　年末，全市有安全生产监督管理（以下简称安全监管）机构8个，其中，市级1个、在职人员25人；县（市、区）级7个、在职人员78人。县（市、区）均建立安全生产监察大队，配备安全生产执法人员84人，乡镇（街道）均成立安全管理办公室或安全监管所，安全监管人员359人。2016年，市安监局打好“安如泰山”科学预防体系建设攻坚战，全市安全生产形势保持持续稳定。全年发生生产安全事故115起，死亡89人，各行业领域均未发生较大以上生产安全事故，为全省未发生较大及以上事故的两个市之一。4月28日，泰安市被确定为全国预防重特大事故试点城市。市安监局连续6年被评为省级文明单位。

【安全生产责任落实】　坚持安全生产与经济社会发展同步规划、同步部署、同步落实，实行“四个纳入”，即安全生产控制指标纳入全市科学发展目标考核体系，安全生产目标责任纳入各级党政班子和领导干部政绩评价体系，安全生产政策法规纳入干部教育培训计划，安全生产重大问题纳入党委政府重大事项督查范围。编写完成安全生产“十三五”规划和职业病防治规划，并纳入国民经济和社会发展总体规划。市政府与各县（市、区）及市政府安全委员会成员单位签订安全生产目标管理责任书，层层明确安全生产目标任务。市委、市政府先后召开安全生产会议25次，调度听取、研究部署安全生产工作。狠抓企业主体责任落实，全市开展“企业安全生产主体责任全面落实年”活动，细化企业、董事长到岗位员工等安全责任7大类62条。按照“一县一册”要求，对各级排查摸底的6751家企业，逐一明确行业主管、专业监管部门。严格考核奖惩，年初，对未突破控制指标、工作成绩

6月16日，举办泰安市第十五个"安全生产月"安全生产宣传咨询日活动。副市长、市公安局局长鞠向群出席活动并讲话　（魏世民　摄）

突出的24家先进单位、20名先进个人予以通报；开展企业安全生产管理标兵评选，每两年命名一批企业安全生产管理标兵，颁发证书和奖金。市政府提级调查处理工商贸事故2起，落实责任追究和整改措施。

【安全生产隐患治理和监督检查】成立22个行业检查组，突出矿山、道路交通、建筑施工、危险化学品、消防、特种设备、金属冶炼、有限空间等行业领域，在全市所有辖区、所有行业领域和所有生产经营单位压茬开展全覆盖检查整治。全市排查整治各类安全隐患11.6万条，市政府挂牌督办重大隐患28处，并全部督促整改。依法督促整改隐患3.24万项，立案处罚58起，停产整顿企业26家，取缔关闭34家；开展由省执法组、市陪检组并吸收专家和媒体记者参与的省级联合执法活动，检查企业40家，发现问题304条；开展全省安监系统异地执法检查活动，聘请专家参与执法，随机抽查企业60家，发现问题806条，责令停产3处，发现重大事故隐患21项，立案调查55项。建立"政府主导、立体协同、专家支撑、执法跟进"的执法新机制，全市检查涉氨制冷企业139家，发现隐患3249条，责令停产整顿32家，关闭取缔44家，立案232起。2016年，全市累计执法检查企业生产经营行为1.9万起，立案634起，罚款1450万元。

【安全生产基层基础】建立完善信用体系，印发《生产经营单位安全生产不良记录"黑名单"管理暂行规定》，对企业9种失信、违法等行为实行"黑名单"管理，通报市发展改革、人力资源社会保障、税务、银行、证券、保险等相关部门单位以及生产经营单位所在县（市、区）。全市有765家企业达到三级以上安全标准化，其中煤矿、危险化学品、非煤矿山、烟花爆竹企业全部达到三级以上安全标准化。强化宣传教育培训，市政府安全委员会向2.2万家生产经营单位发出《致企业主要负责人的一封信》；加大宣传力度，印发挂图1万套、单行本2万册；"安全生产月"期间，开展安全警示教育、知识竞赛、"安全发展忠诚卫士"演讲比赛等活动；累计培训企业负责人、安全管理人、特种作业人员3.3万人。充实市级安全生产专家库，专家人数达到128名，涵盖化工、矿山等领域。开展青年示范岗创建活动，评选优秀班组48个、"十佳班组、班组长"10个，创建国家、省、市级安全文化示范企业63家。加强应急管理，设立危险化学品卸载基地；指导8家企业开展安全生产应急管理示范点创建，加强应急装备和设施建设，10家企业评为省级安全生产应急管理示范单位。全市171家高危行业企业基本信息和安全生产情况、850家企业应急预案、2000家企业执法检查情况录入数据库。加强安监队伍建设，开展执法队伍标准化创建活动，举办安全生产执法竞赛，提升监管执法能力和水平。安全生产监管执法经费纳入财政保障范围，6个县（市、区）全部落实安全生产监管岗位津贴。

【安全生产长效机制】与中国科学院、中国地质大学等单位密切合作，开展"安如泰山"文化品牌下的地方政府安全生产科学预防体系创建工作，12个子体系全部完成，通过国家安监总局验收。"智慧安监"综合监管信息化平台建设项目一期工程完成。年内，市政府组织月督导活动12次，排查整改事故隐患650余条。实行企业"ABCD四等十级"安全等级评定，探索开展评反面典型、抓后进单位活动，黄牌警告企业57家，实行为期半年的重点管理。加大检查频次和力度，检查结果抄报财政、金融等部门，督促企业补齐安全生产短板，提升安全管理水平。　（郝贞明）

审计

【概况】 年末，市、县（市、区）审计机关7个，审计工作人员228人。市、县两级审计机关审计单位204个，查出违规问题金额11.95亿元，促进增收节支3.62亿元，移送司法机关、纪检监察机关和有关部门处理事项6件。提交综合报告和信息专报141篇，向被审计单位提出建议被采纳152条，促进制定整改措施136项。市审计局连续7年获得省级文明单位称号。

【预算执行审计】 重点关注财政资金的安全和使用效益，揭示财政资金在管理、分配、使用等方面存在的突出问题，提出改进建议。结合部门预算执行审计，加大对中央八项规定精神以及省委、市委相关规定落实情况的监督力度，开展“三公”经费、津补贴发放等专题审计。围绕财政体制改革目标任务，将财税管理、部门预算执行审计与专项审计相结合，加强项目间协调联动，审计预算执行部门198个，延伸审计相关单位74家。

【民生项目资金审计】 对精准扶贫、农村饮水安全、社会救助资金、医疗保险基金等开展审计和调查。审计专项资金总额20.51亿元，发现侵害群众利益金额4770万元，反映政策落实、资金使用、项目管理等方面存在的突出问题和风险隐患。

【经济责任审计】 实行审计对象分类管理、离任经济责任事项交接等制度，建立起市县联网、分级管理的经济责任审计对象数据库，推进工作规范开展。审计中，统筹审计力量，创新审计方式，实行混合编组、上下联动，突出权力与责任两个重点，共审计领导干部105名，接受省审计厅委托审计省管干部7名，查出违规问题金额12.57亿元。

【政府投资项目审计】 审计政府投资重点项目174个，审减金额1.72亿元。市审计局对已竣工26个项目进行结算审计，在中介机构初审的基础上审减2283.56万元。对市复员退伍军人精神病院改扩建工程和市政中心人防工程进行竣工决算审计，在关注工程造价的同时，拓展审计内容，审查项目决策、立项审批、建设程序、招投标、验收使用和竣工财务决算等情况，审减工程造价251万元。对援疆资金和建设项目进行跟踪审计，重点关注援疆资金的拨付、审批和使用以及建设项目的程序执行、工程进度、项目结算等情况，审计援疆资金1.38亿元，确保援疆资金安全高效使用。抓好建购职工住房专项审计整改落实，市直部门28个问题、县（市、区）72个问题全部整改完成。整改问题资金5.32亿元，清退住房13套，纠正违规使用周转房10套。

【领导干部自然资源资产离任审计】 年内，市审计局和岱岳区、宁阳县审计局开展领导干部自然资源资产离任审计试点工作，重点揭示资源资产管理和生态环境保护等方面存在的突出问题。12月，市委办公室、市政府办公室印发《关于开展领导干部自然资源资产离任审计试点工作的实施意见》，加强和规范试点工作。

【内部审计】 年末，全市有内审机构226个，内审人员644人，完成审计项目2833个，提出意见建议被采纳2060条，促进增收节支4.24亿元。

（杨　宁）

统计

【概况】 年内，市统计局连续9年被省文明委授予省级文明单位称号，连续7年被市委、市政府授予科学发展先进单位称号，连续4年在全市创新项目评比中获市直部门突出奖，连续4年被市委授予“五型”机关建设示范单位称号，获得机关作风和政风行风先进单位称号。在全省统计系统综合考核中，再次被省统计局表彰为先进市统计局和全省统计系统文明单位。年内，局机关党总支作为市直机关唯一的机关党组织，被市委推荐到省委组织部参加全省先进基层党组织评选。6个县（市、区）统计局全部创成并保持全省统计系统文明单位，泰山区、肥城市、东平县统计局保持省级文明单位称号。

【数据质量】 印发《泰安市统计局开展“数据造假、以数谋私”专项治理工作方案》，采取自查和重点抽查相结合的方法，开展自查自纠，严肃查处发现的统计违法问题。修订《全市统计数据质量管理办法》，提高统计数据质量管控的制度化、规范化和标准化，完善优化重点专业、重要指标、重大节点的数据联审机制。

【统计改革创新】 组织专家对养老服务业增加值测算结果进行全方位论证，较为客观、准确地反映行业发展状况、规模，为党委政府制订相关政策提供决策依据和信息支

5月6日，市统计局举办“读讲一本书”交流会　（张　涛　供）

撑，为全省、全国开展此项工作提供可借鉴经验。实现固定资产投资统计改革平稳过渡，5000万元及以上项目的报送渠道从层层汇总上报转变为联网直报，提升项目申报成功率。协调网上直报与电力部门数据口径，推进能源统计核算由消费端向供应端平稳过渡。完善能源经销企业统计改革，将重点能源经销企业实物量统计纳入能源统计月报，增强数据代表性。建立《服务业企业统计台账制度》，实施电子商务平台联网直报，做好平台名录信息甄别、清查及增补工作，电商平台统计起步良好。

【统计服务】 ①“精准化”服务。年内，撰写统计分析227篇，精准研判经济发展形势，为宏观调控、经济调节提供统计支撑，被各级机关和新闻媒体采用137篇，政务信息被市以上采用193篇，均为历年最好成绩。编辑发行《“十二五”泰安经济发展统计报告》，为全市经济社会发展五年计划实施成效的总结提供参考依据。②“大众化”服务。做好宏观统计各项数据的发布和解读，强化统计快报、月报、公报、摘要、年鉴等传统载体作用，完善“数据泰安”综合数据信息平台功能，定期在腾讯、新浪微博发布信息。开通“泰安统计”微信公众平台，实现统计服务“时时在线”。与市广播电视台合作，在《泰安新闻》中推出《数据之窗》专题栏目，简洁明快、生动形象地发布统计信息。③“双向化”服务。借力中国统计开放日、政风行风访谈栏目等，听取市民对统计工作的意见和建议。完成全市城乡群众文化生活满意度、行风评议、中小学生课业负担等9项调查任务，完成调查样本2.8万个，为政府和民众之间搭建畅通的双向“连心桥”。

【第三次全国农业普查】 市政府印发《关于开展第三次农业普查工作的通知》，成立普查工作领导小组。会同市政府督查室进行农业普查专项督查，普查机构、人员、经费和办公场所落实到位。完成三级“两员”普查业务培训，召开全市第三次农业普查宣传工作会议，开通全市第三次农业普查网站和微信公众平台，主流媒体刊登或播发《泰安市第三次农业普查清查摸底公告》。

【人口抽样调查】 成立1%人口抽样调查领导小组，落实数据质量控制办法、目标责任管理等工作制度，完成抽样框整理、调查试点、两员培训、入户登记、事后质量抽查等环节任务。

【统计基层基础建设】 ①加强统计基本单位名录库建设。与编制、民政、税务、工商、质监等部门联合转发《关于印发新修订的〈山东省基本单位名录更新制度〉的通知》，理顺部门行政登记资料按月报送制度，依据各部门提供的资料，及时做好新增、变更、注销基本单位的维护和更新，将基本单位名录库工作延伸到街道和经济较发达的乡镇统计站。②做好企业统计星级管理工作。印发《关于做好统计星级单位管理工作的通知》，强化组织领导、申报评定、星级单位复查、组织验收工作。　（张　涛）

编校　赵　兵　　审稿　周美广

经济合作 项目建设

招商引资

【概况】 2016年，全市招商引资继续保持平稳增长。全市新开工重点产业项目762个，引进到位市外资金298.6亿元，增长13.6%，超额完成年初制定的目标任务。其中，新开工总投资亿元以上项目546个，到位市外资金253.7亿元，增长21.2%。①工作指导新转变。招商引资工作指导上实现"四个转变"（实现由注重数量向注重质量效益的转变，由招商引资向选商选资的转变，由注重引进项目向引进项目、人才、技术并重的转变，由注重引进新项目向注重发挥本地企业招商主体作用的转变），引导全市各级树立产业招商理念，创新招商方式，重点发展优势和主导产业，培育战略性新兴产业，促进全市企业做强做优做大。②招大引强新成效。新开工建设项目中，总投资5亿元以上项目192个，其中，泰山玻纤年产20万吨玻纤第四条生产线、北汽国泰汽车产业园、新巨丰无菌包装材料生产、青兰高速连接线物流基地、洸河生态保护与综合利用、明升达退城入园等15个项目总投资超过20亿元。③项目结构新优化。围绕转变经济发展方式，调整优化经济结构，增创发展新优势，注重引进新兴产业项目和现代服务业项目。新开工基因测序及大数据分析研发生产、威高集团高端医疗器械生产、超高分子量聚乙烯纤维、绿业硅谷生物科技、光伏发电等新兴产业类项目占比达到19.2%；"互联网+"和金融类项目成为项目建设的新亮点，现代服务业项目占比达到33.7%，推动全市经济结构调整和产业优化升级。④招才引智新进展。实施大众创业，万众创新"双创"战略，优化创业环境，注重科技成果转化，引进微软云暨移动应用孵化基地、甲骨文大数据研究院等战略合作项目，培育高新技术企业，使人才与项目、引资与引智高效融合。打造研发创新平台，推动中国复合材料产业技术研究院落户泰安，实现"政、产、学、研、用"结合，提升经济发展的科技含量。

【对外联络】 邀请亚太经合组织八国国家工商会在泰安举办投资与贸易推介座谈会，围绕投资贸易政策、投资环境、合作领域和项目进行洽谈和交流，受到企业欢迎。加强与中国复合材料学会、美国航空运动协会、中国老年学会、中国检验检疫协会等行业协会的联系，就泰安复合材料研究院、航空运动项目、会展项目合作达成合作协议。加强与各地工商联、山东商会、驻鲁异地商会的联系，探索经济发展新常态下的合作模式，共同为企业搭建交流合作的平台，推动投资贸易合作。

【服务工作】 加强与各县（市、区）、市直有关部门联系，策划包装对外招商项目120个，重新设计制作重点产业宣传片、会展城市宣传片和《中国·泰安》宣传画册，为全市、园区、企业对外宣传、推介项目。开展服务企业、走访调研活动，完善与重点企业的联系和沟通机制，了解企业的实际状况，做好落地项目的跟踪服务，组织山东能源重装、力博重工等5家矿山装备制造企业赴神华宁煤集团开展技术交流活动，推动激光熔覆设备、矿井废水处理、辊齿式煤矸分离筛等产品与神华宁煤集团达成采购意向，意向总金额达2亿元。做好出证认证工作，全年签发一般原产地证、优惠原产地证、证明书、使馆认证等商事证明书6868份。

【2016中国泰安投资合作洽谈会】 9月8日在泰安举办。市委书记、市人大常委会主任王云鹏，市委副

9月7日，2016泰安市经济合作项目推介会在泰安举行　（赵传勇　供）

书记、市长李希信，市政协党组书记、主席辛显明，市人大常委会第一副主任、党组书记陈刚出席会议。加拿大驻山东商务处首席代表胡珀，台湾贸易中心青岛代表处代表张优良以及境外山东商会、部分省（市）山东商会、驻鲁异地商会参加投资合作洽谈会。境内外客商670人参加投资合作洽谈会的各项活动，其中来自美国、法国、加拿大、意大利、澳大利亚、日本、新加坡等国家和中国香港、中国台湾地区的客商158名；来自央企、国内知名民企、上市公司及外省（市）山东籍企业家等境内客商520名。

9月8日，在泰山国际会展中心举行的2016中国泰安投资合作洽谈会集中签约仪式上，集中签约项目57个。其中，内资项目47个，总投资607.25亿元（市外投资600.1亿元）；外资项目10个，总投资11.79亿美元（市外投资10.98亿美元）。该次洽谈会与往届相比特点突出。①签约项目突出实效性。重点邀请有洽谈意向的客商、央企和知名民营企业，提报签约项目136个，其中57个项目参加集中签约仪式。总项目中内资项目126个，总投资967.8亿元，其中市外投资957.53亿元；外资项目10个，总投资11.79亿美元，其中市外投资10.98亿美元。②签约项目质量高结构优。签约工业项目35个，包括先进制造业项目7个、新材料类项目8个、生物医药类项目6个、节能环保类项目10个、传统优势产业类项目4个；现代服务业项目22个，包括商贸物流类项目5个、信息技术类项目7个、生活服务业项目10个。③参会客商实力强层次高。境外客商有美国安侨投资集团、意大利联合圣保罗银行、澳大利亚澳中贸易集团和中国香港鼎鹏金融投资集团、中国香港康弘控股集团、中国台湾陈氏引擎集团、中国台湾三艾健康科技股份有限公司等。境内知名企业有中建交通建设集团有限公司、中国华能集团、中铁建工集团有限公司、中国铝业公司、中国节能环境保护集团、中核新能源投资有限公司、中国伊利资源集团、北京中高投资集团有限公司等；商协会有欧美科技文化促进会、加拿大山东商会、德国山东商会、美国泰山总商会、澳大利亚商业协会中国代表处、中国香港山东商会泰山分会、中国台湾青年菁英协会、浙江省浙商文化促进会、华夏徽商联盟、中国绿发会绿色未来专项基金、美国航空公司运动协会等；科研院校有清华大学、北京理工大学、北京工业大学、北京工业大学生命科学与生物工程学院等。

【2016泰安市经济合作项目推介会】 9月7日在泰安举办。参会的20家单位分别推介交流合作项目60个，其中县（市、区）和市直10家单位集中推介了生物医药产业园、锂电产业集群、文化旅游健康产业园等44个项目。10位商会会长和企业家介绍企业近期计划投资的领域与项目。通过创新推介方式，实行双向互动，明确双方合作的目标和方向，提高了对接洽谈的针对性和实效性。

【2016(南京)泰安经济合作洽谈会】 12月27日在泰安举行，全国157家行业协会、展览公司参加。围绕“对话会展、把脉泰安”进行对话交流。对话环节由新展国际传媒总裁、中国城市展览业协会联盟副主席赵伟主持。来自大连市会展业协会、全国城市农贸中心联合会、北京振威展览有限公司、武汉智博展览策划有限公司、泰山国际会展中心等会展专业人士就会展业发展方向、发展重点、“会展+旅游”等展开交流研讨。

【亚太经合组织国家投资与贸易政策推介会】 9月12日在泰安举办。亚太经合组织8个国家的代表分别介绍所在国的营商环境、优惠政策及热门投资行业等情况，来自泰安的电力、钢铁、机械、纺织、食品、化工、医疗、建筑、汽车制造等领域的80家企业代表参加推介会。通过对接交流，客人了解泰安的经济、社会发展情况，领略到泰安独有的

12月27日，举行2016（南京）泰安经济合作洽谈会签约仪式（赵传勇 供）

文化底蕴和人文风情，与泰安市企业达成初步合作意向。（赵传勇）

对口支援

【概况】 2016年，泰安市承担山东省规划援建岳普湖县项目26个，投入援疆资金1.85亿元。投入巫溪县援建资金399.3万元，帮助巫溪县开展以移民和基础设施建设为重点的整村扶贫工作，建成峰灵镇邓家湾、天元乡天宝村、乌龙乡林场村3个移民集中居住点，安置高寒边远山区农户100户、380人。

【产业合作】 组织有关县（市、区）、企业参加中国新疆喀什·中亚南亚商品交易会、中国（重庆）国际投资暨全球采购会。会同市援疆前方指挥部等单位组织“内地企业岳普湖行”等活动，2016年有6个项目签约落户岳普湖县，带动喀什及周边地区8000人就业。扶持巫溪县小微企业12个，带动203户贫困户脱贫增收。

【智力支持】 开展“手拉手、心连心”结对共建活动，协调泰安东岳中学、色也克乡中学等8家单位结对共建。市发改委、市委组织部、市援疆前方指挥部印发《2016年对口支援岳普湖县干部人才援疆实施建议方案》《关于落实2016年泰安市对口支援岳普湖县干部人才援疆工作任务的通知》，安排紧缺实用型人才24名到岳普湖县服务。安排岳普湖县60名基层村干部和30名农村致富带头人赴山东考察培训。在巫溪县开展农村实用技术培训1500人次。在新泰市举办为期2天的重庆忠县农村致富带头人培训班，培训人员77人。会同市妇联、市援疆前方指挥部组织岳普湖县维吾尔族30个家庭代表60人到泰安市开展“鲁喀维汉一家亲”联谊活动。

【交流合作】 编制完成《泰安市东西扶贫协作和对口支援工作方案》《泰安市扶贫协作巫溪县专项规划（2016～2020年）》。6月，泰安市党政代表团赴岳普湖展开调研活动。按照省委、省政府关于县县精准结对的要求，确定肥城市与巫溪县结对帮扶，组织肥城市政府赴巫溪县考察调研2次，精准对接巫溪县需求。12月，在重庆石柱县参加为期一周的鲁渝扶贫协作研讨班，研究确定“十三五”扶贫项目。按照省委、省政府关于做好援疆志编纂工作的部署要求，会同市史志办赴喀什岳普湖县、麦盖提县、疏勒县实地调研，对接1997年后泰安市援疆工作情况，协调与日照、东营市援疆前方指挥部及当地史志办、发改委、组织部等部门开展援疆志供稿工作。（葛宗泰）

重点建设项目

【概况】 年内，分两批筛选确定市级重点建设项目135个，总投资1669.2亿元，年度计划投资549.6亿元，实际完成投资560.8亿元，完成年度计划的102%。其中，6个项目纳入省级重点建设项目，总投资125.3亿元，列入项目个数和质量均好于往年，年度计划投资77.3亿元，完成投资79.9亿元，占年度计划的103.3%。100个前期推进项目62个开工建设。新策划亿元以上项目135个，总投资1700亿元。实行重点项目“月调度、月通报、半年检查、年终通报”制度，修订《市重点项目管理考核办法》，开展县（市、区）重点项目、前期推进项目、策划项目年度考核。加强项目推介工作，编印《泰安市策划项目汇编（2016）》，在第三十届泰山国际登山节暨2016中国泰安投资合作洽谈会上发布推介。开展业务培训，邀请山东省宏观经济学院专家就“十三五”规划和区域经济发展进行专题辅导和解读。加强政府、银行、企业交流合作，举办“泰安市首届金融产品展示会暨银企洽谈会”。加大重点项目扶持力度，印发《泰安市重点项目实施“先交后

北汽国泰汽车产业园位于新泰市，规划建设越野汽车、新能源汽车、重型卡车、农机制造四大功能板块，着力打造链条完成、配套完善、具有市场核心竞争力的汽车产业基地。由北京汽车制造有限公司与国泰集团合资建设的越野汽车项目被列为山东省“十三五”规划重点建设项目，年产5万辆的越野汽车生产线已进入试生产阶段　　（司　刚　摄）

返”优惠政策工作流程》，为10家具备返还条件的重点项目企业办理优惠政策返还款3110万元。

【3D打印暨高端粉体净成形项目】该项目总投资2.8亿元，规划占地5.4万平方米，总建筑面积3.8万平方米，主要建设生产车间、办公楼及其他配套设施。项目建成后，年产粉末冶金净成形制品及3D打印制品10962吨，可实现年销售收入4.2亿元，利税1亿元以上。

【加华制药药品保健食品建设项目】该项目总投资1亿元，规划占地4000平方米，总建筑面积1.5万平方米，主要建设提取车间、制剂车间及辅助设施，其中新建4层生产制剂车间1万平方米。设计生产规模为年产复肝宁颗粒3000万袋、更年灵胶囊1.5亿粒，可实现年销售收入20亿元、利税3亿元。

【大明科技新材料项目】该项目总投资5.5亿元，规划占地10.7万平方米，建设现代化厂房、研发试验中心、综合办公楼，打造生产高端不锈钢、碳钢深加工生产线。项目达产后，年实现销售收入47亿元以上，利税3亿元以上，带动周边相关产业和上下游产业集群发展。

【泰安国际物流产业园项目】项目计划总投资14亿元，占地27.4万平方米，主要建设综合楼、海关监管中心、保税监管仓库、物流电子信息中心、配载仓库、快速中转库及附属配套设施等。建成后预计实现年销售收入2.3亿元，税收4000万元，新增就业岗位500个。

【春雨软件园项目】项目计划总投资3亿元，占地面积3.9万平方米，总建筑面积11万平方米，主要进行健康科技研发、计算机软硬件开发、软件外包服务等业务，打造全省一流的软件科技研发基地。

【年产50万平方米1000千牛~1800千牛高强聚酯纤维柔性网项目】该项目计划投资1.1亿元，占地2万平方米，总建筑面积2.5万平方米，主要新建2号、4号、5号车间，新购置生产设备30台套。建成投产后，生产能力将达到年产高强聚酯纤维柔性网50万平方米，年可实现销售收入3000万元，新增利税500万元。

【新泰市采煤沉陷区光伏发电示范基地】项目总投资200亿元，占地8000公顷，规划建设光伏电站30个，总装机容量2000千瓦，其中2016年规划建设光伏电站7座，总装机容量500千瓦。项目建成后，年可实现销售收入77.7亿元，利税12.7亿元，实现资源城市的根本转型。

【医卫用生物质新材料及制品产业化项目】项目总投资16.4亿元，规划占地10万平方米，建筑面积10.1万平方米，拟建设医卫用生物质新材料及制品产业化生产线及其他附属配套设施。建成达产后，可年增销售收入165亿元、税收12亿元。

【东平湖库区移民避险解困二期工程】项目总投资6.7亿元。涉及东平县4个乡镇的6个片区，规划总用地60.6万平方米，安置总建筑面积69.5万平方米，安置4855户、1.47万人。该项目的实施对于解决库区棚户区居民住房困难现状，提高当地居民生活质量，改善其生活环境，共享改革发展成果具有良好的社会效益。　（葛宗泰）

编校　赵　兵　　审稿　周美广

农 业

综 述

【概况】 2016年，全市农业增加值295.1亿元，比上年增长4.7%（现价比）；农村居民人均可支配收入1.44万元，增长8.3%。全年粮食播种面积545.77万亩，总产262.11万吨，单产480.26公斤。市农业局继续保持省级文明单位，被市委表彰为“2016年度‘五型’机关建设示范单位”。

【农业结构优化调整】 以提高质量和效益为中心，加快农业结构调整步伐，重点发展有机蔬菜、泰山茶等特色农业。至年底，全市新植茶园0.3万亩，茶园总面积3.8万亩。全市蔬菜及食用菌面积199.61万亩，总产772.4万吨。新增泰山区省庄镇小津口村、岱岳区祝阳镇、新泰市楼德镇、肥城市边院镇、东平县银山镇南堂子村省级“一村一品”示范村镇5个,总数达到11个,“全国一村一品示范村镇”7个。

【农产品质量安全监管】 省、市农产品抽检合格率均在98%以上。省级农业标准化基地达到46个。新认证无公害农产品5.7万亩、绿色食品6.1万亩、有机食品1.02万亩，总面积分别达到212.9万亩、124.3万亩、37.9万亩。肥城桃和天宝樱桃获得农业部农产品地理标志认证，农产品地理标志总数达到8件。强化农资打假护农工作，全年累计出动执法人员3434人（次），检查种子生产经营企业、肥料经销企业、农药经营门店及市场等4283个（次），处理各类违法案件48件，挽回经济损失96万元。

【新型农业经营主体培育】 强化引导扶持，规范发展，家庭农场、农民合作社等为代表的新型经营主体快速发展。年内，新增农民合作社564家，总数达7457家，其中国家级示范社26家、省级102家、市级334家；新增家庭农场719家，总数达到3155家，其中省级家庭农场示范场5家、市级62家。

【农业产业化经营】 实施财政惠农信贷通业务，全年累计发放贷款3090万元，有效支持龙头企业的发展。全市新上规模以上农业龙头企业50家，总数达到920家，其中国家级、省级、市级农业龙头企业分别达到3家、32家和360家。规模以上农业龙头企业销售收入达880亿元。

【农业科技创新与推广】 实施新型职业农民培育、科技培训、西部经济隆起带农业专家服务基地等农民实用技术培训项目，累计培训农民20万人次。以提高农业科技进步贡献率为目标，引进示范推广新技术新成果12项，新品种30个。实施科技项目带动，评选产生2016年度市级农牧渔业丰收奖17项；获国家级农牧渔业丰收奖1项、省级3项；获市科学技术进步奖3项。

【生态休闲农业建设】 推广水肥一体化、清洁生产技术，实施好耕地质量提升、生态循环农业示范、化肥农药零增长等项目（活动），提高化肥、农药利用率，农作物秸秆综合利用率达87%。成功申报肥城市为山东省休闲农业与乡村旅游示范县；新泰朝阳洞旅游开发有限公司为山东省休闲农业与乡村旅游示范点；新泰市新甫街道办事处上松山村为山东美丽休闲乡村；东平县水生植物景观为齐鲁美丽田园；岱岳区红河谷生态旅游有限公司为山东省生态休闲农业示范园区。

【农村经济改革】 农村土地承包经营权确权登记颁证工作通过省级验收，被评为优秀等次。年内，全市完成农村土地承包经营权确权登记

2016 年泰安市农业科技成果获奖情况

表 6

项目名称	获奖等级	完成单位（个人）
强筋高产小麦新品种泰山 27 选育及高效栽培技术推广	市科技进步一等奖	泰安市农科院
白首乌良种选育与应用研究	市科技进步二等奖	泰安市农科院
山东冬绿肥植物优选及利用技术研究与示范	市科技进步三等奖	泰安市农科院
优质高产小麦新品种泰山 27 选育及配套栽培技术推广	省农牧渔业丰收奖二等奖	泰安市农科院
花生有害生物绿色防控关键技术集成与推广应用	省农牧渔业丰收奖二等奖	泰安市农科院
小麦玉米持续高产精准施肥技术研究与推广	省农牧渔业丰收奖三等奖	岱岳区土肥站
设施蔬菜有机基质栽培标准化技术体系建立与应用	全国农牧渔业丰收奖二等奖	泰安市农科院

颁证的村 3443 个，占有地村数的 98.8%；颁发承包经营权证书 115.37 万本，占有地农户总数的 98.7%。搭建土地流转服务平台，全市共设立土地流转服务中心 87 个，实现县、乡服务全覆盖，全市农村土地承包经营权流转面积 164.35 万亩，占农户承包面积的 35.62%。农村“三资”（资金、资产、资源）管理水平进一步提升。泰山区、新泰市、肥城市被评为全国“三资”管理示范县，岱岳区、宁阳县、东平县被评为全省“三资”管理示范县。开展农村集体产权制度改革试点，全市有 45 个乡（镇、街道）、839 个村开展了农村集体产权制度改革工作，其中 535 个村完成改革任务。

【农村政策落实】 组织实施耕地地力保护补贴，以核定小麦种植面积为依据进行补贴，补贴资金 3.2 亿元；对全市种粮大户和种植粮食家庭农场补贴 1083 万元；小麦、玉米、花生、棉花政策性保险投保面积 391.5 万亩，县以上补贴资金 4741.3 万元。各项强农惠农富农政策得到落实。开展农业行业扶贫，全市农业系统扶贫工作取得良好成效。全市投入贫困区域的资金达 1957.17 万元，惠及贫困户 1.92 万户，贫困人口 3.47 万人，贫困户受益金额 1228.7 万元，贫困农户脱贫致富能力增强。

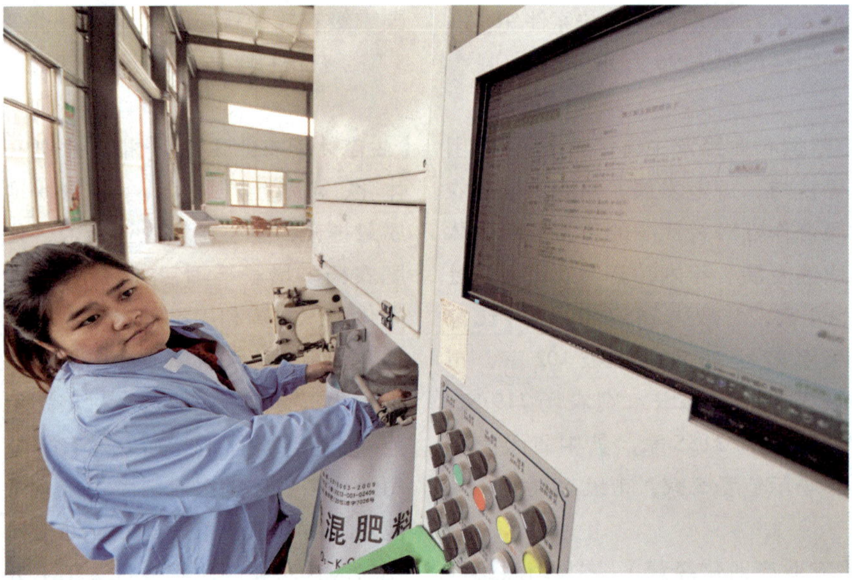

肥城市测土配方智能配肥服务中心由肥城市天泽农业科技有限公司兴建，集智能化、精确化、信息化、定制化于一体，是省内同行规模最大的配肥中心。智能配肥中心利用肥城市农业局测土配方施肥大数据，结合智能配肥机为农民提供精准配肥服务，满足农民群众多样化施肥需求。中心根据农民提供的地块信息，通过智能触控平台查询系统获得该地块配方，经过智能配肥机终端，自动生产配方肥料，经化验合格后，配送到达指定地块。中心聘请院校专家组成农化队伍为群众提供后续施肥指导服务，确保配方肥达到预期效果 （司 刚 摄）

【农业招商引资和项目建设】 实施走出去战略，加强农业招商引资，依托进京“双对接”“泰山国际登山节投资洽谈会”等活动，积极争取上级部门和社会各界对农业的支持。全市对上争取到位资金 10.09 亿元，增长 5.5%；产业招商项目到位资金 18.11 亿元，增长 5.5%。参加国家、省级农产品交易会，共计达成产品销售合同、协议 58 个，金额 5.4 亿元。其中山东弘兴玉米开发有限公司的“绿环”牌食用玉米淀粉，荣获第十四届中国国际农产品交易会组委会产品金奖。

（张洪燕）

【农业综合开发】 全年争取到位项目 40 个，总投资 1.74 亿元。其中，土地治理存量项目21个，总投资9931万元；产业化经营项目19个，总投资7514万元。集中财政资金5276.93万元，扶持省、市级贫困村198个，建设旱涝保收田4.39万亩。建设高标准农田5.97万亩，帮扶农民专业合作组织12个，扶持农业龙头企业7家。扶持的土地治理项目，新增和改善灌溉面积13.42万亩，新增节水灌溉面积13万亩，新增粮食生产能力1511.42万公斤，项目区年直接受益农业人口14万人，农民人均增收500元以上；扶持的产业化经营项目，年新增总产值13.51亿元，年新增增加值12.81亿元，年新增利税1.63亿元，直接受益农业人口18万人，直接受益农民年增加纯收入总额4.3亿元，年新增就业人数6320人。农业综合开发工作综合绩效考评位列全省第二，被评为全省绩效考评优秀单位；在财政部驻山东专员办组织的对2014年农业综合开发项目验收监管和2015年高标准农田建设项目绩效评价中得到中央奖励资金300万元。（刘　文）

种植业

【概况】　全市农作物播种面积934.98万亩。其中，粮食作物面积545.77万亩，总产262.11万吨，单产480.26公斤；油料作物面积75.46万亩，总产22.72万吨，单产302.3公斤；棉花面积6.93万亩，总产0.65万吨，单产94.2公斤；生麻面积823亩，总产98.63吨，单产119.8公斤；烟叶面积38亩，总产6.93吨，单产182.4公斤；药材类面积1.65万亩；蔬菜及食用菌面积199.61万亩，总产772.4万吨，单产3869.5公斤；瓜果类面积4.29万亩，总产13.21万吨，单产3075.8公斤；其他作物8.11万亩。

【粮食生产】　全市粮食播种面积545.77万亩，总产262.11万吨，单产480.26公斤。其中，夏粮收获面积265.15万亩，亩产467.33公斤，总产为123.99万吨；秋粮收获面积280.62万亩，单产492.2公斤，总产138.12万吨。开展粮食高产创建，组织实施12个粮食高产创建示范方项目，建设面积27万亩，全部通过省级验收，全市示范方面积达到142万亩。粮食高产创建示范方项目区小麦、玉米两季合计亩产达1155.6公斤，超额完成省农业厅确定的1100公斤计划任务。

【特色产业】　发挥蔬菜产业在农民增收中的重要作用，大力发展蔬菜产业，全市蔬菜及食用菌面积达199.61万亩，总产772.4万吨，单产3869.5公斤。其中，有机蔬菜面积达到36万亩。做大做强茶产业，新发展茶园0.3万亩，全市茶园种植面积达到3.8万亩，其中可采摘茶园2.5万亩。泰山茶干茶年产510吨，产值3.7亿元。

【植物检疫】　①加强植物检疫宣传培训。开展农业植物检疫宣传月活动，活动期间，全市设立宣传点30个，组织张贴、悬挂标语、条幅135条，发放宣传资料1.5万份，现场咨询3014人次，在农贸市场设置植物检疫宣传栏40块，举办培训班7期，培训人数达479人次。②搞好检疫性有害生物和重大植物疫情调查防控。全市先后出动120

2016年泰安市粮棉油菜生产情况

表7　　　　单位：万亩、公斤/亩、吨

名称	粮食			棉花			花生			蔬菜及食用菌		
	面积	单产	总产	面积	单产	总产	面积	单产	总产	面积	单产	总产
合　计	545.77	480.3	2621140	6.93	94.2	6527	74.91	302.3	226430	199.61	3869.5	7724090
泰山区	6.75	488.4	32960	0.01	81.7	9.80	0.03	245.0	70	6.51	2485.4	161937
岱岳区	97.85	490.6	480076	0.61	85.6	524.73	9.57	300.3	28753	65.37	3783.8	2473564
新泰市	83.34	477.8	398209	0.43	81.5	352.88	33.48	294.9	98742	36.47	4214.2	1536813
肥城市	111.17	484.4	538509	1.01	97.4	985.05	3.75	259.0	9715	45.15	4096.2	1849660
宁阳县	118.30	478.8	566391	0.24	110.9	265.93	21.59	320.7	69226	28.40	3636.7	1032759
东平县	128.36	471.3	604994	4.62	95.0	4388.83	6.49	307.1	19924	17.71	3780.5	669356

说明：文中粮食数据均为国家统计局山东调查总队公布数字

人次，分别对500个冬暖式大棚、10万亩陆地大田作物开展扶桑绵粉蚧、瓜类果斑病和黄瓜绿斑驳花叶病毒病等疫情普查。③抓好检疫登记管理。先后对五岳泰山种业有限公司、农大种业、山农种业、鲁中种业等单位的小麦、玉米、黄瓜、萝卜、大葱制种田进行产地检疫，产地检疫面积1.58万亩；签发植物检疫证书726份；新办理和换发检疫登记证7家。

【农作物病虫害防治】 全市病虫草害发生3416.54万亩次，防治3233.09万亩次，占发生的94.63%，比上年提高0.31个百分点。其中，病害发生1007.62万亩次，增加137.43万亩次；虫害发生1573.77万亩次，减少248.65万亩次；杂草发生800.15万亩次，增加4.25万亩次；飞蝗、农田鼠害发生35万亩次。通过防治，全市共挽回粮食损失43.35万吨，棉花791.97吨，油料3.12万吨，水果8.87万吨，蔬菜176.66万吨。①搞好病虫害监测预警。开展病虫害系统调查和大田普查，加强对小麦、玉米、蔬菜、花生等作物病虫害的规范调查，突出对东亚飞蝗、条锈病、麦蚜等突发性、暴发性、流行性重大病虫害的监测预警。全年编发病虫情报96期，电视预报10期。②做好病虫害防控工作。针对麦蚜、条锈病、黄化叶病毒病、赤霉病、灰飞虱、黏虫、玉米螟、东亚飞蝗等重大病虫害，指导农民适时开展防治，严防突发性、迁飞性、流行性重大病虫在全市范围内的暴发成灾。全年共发布技术意见60次。③推进专业化统防统治工作。全市共有植保专业化防治组织186个，其中在工商局登记注册75个，从业人员4628人，统防统治面积达到387.9万亩次。

林果业

【概况】 全市共完成成片造林9400公顷，森林覆盖率达39.56%，实现林业产业总产值430.5亿元。宁阳蟠龙山森林公园被批建为“国家森林公园”，市林业局被全国绿化委员会、人社部、国家林业局表彰为全国绿化先进集体，连续第6年通过省级文明单位复核考评，被泰安市委、市政府表彰为全市科学发展先进单位、“五型”机关建设示范单位。

【林业生态建设】 重点开展城区绿荫行动、山区灭荒行动、绿网提升行动和绿美乡村行动“四大建绿行动”，集中实施城区绿色空间、荒山绿化攻坚、绿色廊道、森林镇村、河湖湿地景观林、破损山体植被恢复“六大生态绿化工程”，创新投融资机制，国家森林城市建设水平得到新提升。全市完成成片造林9400公顷，占市年计划的141%；完成“三边”绿化426公里；新建高标准农田林网6800公顷。岱岳区大陆山村获全国生态文化村称号。

【林业产业建设】 以提质增效、转型升级和脱贫攻坚为主线，抓好特色经济林、苗木花卉、林产品加工、林下经济、森林旅游“五大优势产业”。全市新发展特色经济林面积6133.33公顷，其中千亩（66.67公顷）以上的规模开发片25处，全市经济林总面积突破11.33万公顷，产量达到106万吨；经济林标准化生产示范园达到230个，其中国家级核桃示范基地1个、省级标准化示范园10个、全省“十佳”旅游观光果园4个。全市新增高档苗木花卉面积613.33公顷，总面积达到2.75万公顷，其中千亩以上的苗木基地达18个，全市省级苗木花卉强镇达到9个。加快泰山“四大名药”（何首乌、四叶参、黄精、紫草）产业化开发，总开发面积达133.33公顷。全市林下经济开发面积达3万公顷。完成各类果品监督抽检

6月初，泰安市夏粮收割相继展开。农民抓住天气晴好的有利时机抢收小麦，确保颗粒归仓。图为6月4日，大型收割机在宁阳县伏山镇张行村的麦田里作业　　（赵文文　摄）

和风险监测848批次，合格率达100%。全市规模以上林业龙头企业379家，其中省级37家、市级105家。注册国家地理标志商标7件。新泰市被确定为全国林下经济基地县，岱岳区被列为全省唯一一个省级现代农业板栗示范县。在第十三届中国林产品交易会上，荣获金奖19个、银奖23个，金奖及奖牌总数全省第一。毛楝产业开发面积达200公顷，规模居全国首位。

【林业改革】 全市新增林权抵押贷款1.5亿元，累计发放林权抵押贷款达到6.5亿元，居全省第一位；完成政策性森林保险参保面积4.34万公顷，保险金额5.44亿元。全市林业专业合作社总数1579家。其中国家级示范社3家，省级示范社62家。全市林业专业合作社入社农户达到7.71万户，总经营林地面积6.19万公顷。争取国家战略储备林基地面积8067公顷，居全省第一位。营造徂徕山林场、腊山林场后备资源林80公顷。完成森林抚育作业面积2.67万公顷。推进徂徕山高海拔植物园建设，引进高价值、观赏性木本植物196种、高寒观赏花卉13种，建设面积14.67公顷。

【森林防火工作】 深化消防队伍、扑火装备、物资储备“三项建设”，全面推进以“六网”（路网、水网、电网、阻隔网、监控网、管护网）为重点的防火基础设施建设。投入3000万元，以泰山、徂徕山等国有林场为重点，启动实施引水上山、以水灭火工程建设。在全省森林防火能力建设电视会议上，泰安市作典型发言。在全省第二届森林消防专业队伍技能竞赛演练活动中，泰安市代表队再次获得第1名。

10月10日，全国绿化委员会副主任、中国林学会理事长赵树丛（前排右一）实地察看新泰市西张庄镇万路达毛楝良种繁育圃、莲花山国家森林公园以及泉沟镇美丽乡村建设情况。市委书记、市人大常委会主任王云鹏，市委常委、秘书长宋洪银陪同活动 （王国梁 摄）

【林业有害生物防控和湿地保护管理】 坚持飞机防控与人工防控、生物防控相结合，完成飞防作业面积26.67万公顷。组织开展松材线虫病疫情、松树冻害、苗木市场及涉木单位“三项普查”专项整治行动，完成普查面积2.43万公顷，调查取样265份，未发现松材线虫病疫情。加大湿地保护与修复力度，投资160万元，组织实施青云湖、洸河两处省级湿地公园保护和恢复工程；引进社会资本12.8亿元，开展大汶河国家湿地公园生态保护工程；加快推进东平湖国家湿地公园的退鱼还湿工程建设，还湿面积达1666.67公顷。全市纳入保护体系的湿地面积2.67万公顷，湿地保护率由37.87%提高到52.66%。

【林政执法管理】 严格执行采伐限额管理制度，强化林地监管保护和重点工程占用林地许可服务，加强森林公安队伍建设，提高执法办案能力。开展“青山保护”专项行动，出动执法人员1000人次，依法查处各类非法侵占林地案件174起。全市共办理林木采伐许可证1.21万份，采伐蓄积16.6万立方米；办理占用林地项目19件，占用林地面积348.93公顷；办理“12345”便民服务热线转办事项17件，均按时给予答复。全市森林公安机关查处涉林案件287起，其中涉林刑事案件19起、涉林行政案件265起。

【科技教育培训】 针对群众脱贫、致富需求，聘请北京林业大学、山东农业大学、省果科所等高层次专家教授，采取进村入园、课堂授课、田间传授、以会代训等方式，开展林果技术大培训。全市举办各类林果技术培训班389场（次）、培训林果农3.5万人次。深化与高校院所的科技合作，创建市级科技示范园30个，推广林果新品种48个、新技术52项。发挥带动作用，组建科研创新团队10个，建设科研平台14个，青檀新品种选育取得突破，通过国家林业局审查验收；与北京林业大学合作研究的“三种特色木本花卉新品种培育与产业升级关键技术”项目，获得2016年度国家科技进步二等奖。泰安市乡土观赏树种种质资源库荣获国家级林木种质资源库称号，成为全省5个国家林木种质资源库之一。

【林业招商引资和产业扶贫】 对上争取项目资金3.4亿元，对外招商引资到位资金15.4亿元。其中，泰山山系森林防火重点火险区综合治理三期工程项目总投资2485万元，为国家一次性投资最大的森林防火基建项目。争取中央和省国有林场改革补助资金5000万元，居全省第一位。整合项目资金，加大扶持力度，为东平县落实扶贫项目18个，到账政策扶持资金2176.7万元，比上年增加882万元，增幅68.1%；筹措资金167万元，帮扶5个新建移民社区开展绿化美化工作。在全市87个省、市级重点贫困村新发展特色经济林1180公顷，占全市新增总面积的19%，帮助2579户、5292名贫困人口实现增收。

（张海平）

【概况】 全市水利渔业总投资28.9亿元，争取省级以上无偿资金14.38亿元，征收各项水利规费2.9亿元。全市完成各类水利渔业工程7070项。新增灌溉面积1万公顷，发展高效节水灌溉面积1.33万公顷。解决23.32万农村人口饮水安全问题。治理水土流失面积64平方公里。完成水产养殖面积1.14万公顷，水产品产量9.25万吨，实现产值17亿元，渔民人均收入2万元。发放渔船油价补贴2009万元，发放移民直补资金2亿元。投资6300万元，实施南水北调东平湖蓄水影响处理工程项目28个，通过南水北调东线工程向东平湖生态补水1.5亿立方米。市水利渔业局被市委、市政府表彰为“‘五型’机关建设示范单位”。

【水利投资】 全年策划上报9大类41个水利渔业项目，落实对上争取项目37个，总投资23.9亿元，争取省级以上无偿资金14.38亿元，比上年增长5.1%。其中，落实防汛抗旱项目5个，争取省以上资金2657.5万元；南水北调项目1个，争取省以上资金6275.41万元；渔业项目3个，争取省以上资金2629万元；水土保持项目4个，争取省以上资金2905万元；农村水利项目10个，争取省以上资金1.74亿元；河道治理项目6个，争取省以上资金2245万元；移民项目5个，争取省以上资金9.27亿元；水库水闸除险加固项目1个，争取省以上资金2288万元；雨洪资源利用项目2个，争取省以上资金1.19亿元。黄河滩区居民迁建二期试点工程，争取省以上资金2796万元。

【防汛抗旱】 国家、省、市组织防汛督查检查7次。投资485万元的山洪灾害防治项目通过省级验收。争取山洪灾害资金150万元，实施无线专网通信二期工程，新建基站3个。年内，完成4个抗旱规划项目建设，2014～2016年10个国家抗旱规划项目全部完成，完成投资8223万元，年增加抗旱应急供水量341万方，改善扩大灌溉面积5473.33公顷。7月19～23日，泰安市发生强降雨，全市平均降雨155.5毫米，大汶河出现入汛以来的第一次洪峰，最大洪峰流量1360秒立方米，大汶河干流闸坝实行联合调度，确保洪水安全下泄。7月21～23日，黄前水库流域普降大暴雨，平均降雨395毫米，黄前水库雨量站24小时最大降雨量295.2毫米。全市耕地受旱面积、人畜饮水困难数量均较常年同期明显偏少，至5月上旬，全市最大受旱面积7200公顷，干涸水库86座，2372眼机电井出水不足，全市投入抗旱人数1.1万人，抗旱资金1500万元，未出现因旱人畜饮水困难。

【水利工程建设与管理】 投资6325万元的月牙河水库增容工程，在全省2015年立项的雨洪资源利用项目中第一个完成验收并投入使用；投资6426万元的桑安口水库工程正式蓄水运行；投资3.9亿元的91个东平湖蓄水影响处理工程项目，86个竣工交付使用。胜利水库“一库两闸”除险加固一、二期工程完工，完成投资9000万元。完成687座水库大坝注册登记，编制687座水库大坝应急预案和106座水库的调度规程；编制完成2017～2019年小型水库除险加固规划，共规划加固小水库267座，总投资4.08亿元。新泰市小型水库管理体制改革连续两年在省水利厅考核验收中评定为优秀，岱岳区、肥城市、宁阳县入围省2016年新增小型水库管理体制改革试点县，全市87%的小型水库纳入改革范围，年内试点小型水库维修养护工作全部完成，完成投资658万元。大河水库通过国家级水利工程管理单位复核验收，3个省级管理单位通过复核验收，10座小型水库达到市级规范化管理单位标准。

【农田水利项目县建设】 6个县（市、区）全部纳入农田水利项目

6月6日是全国增殖放流活动日。由泰安市水利和渔业局、泰山管委主办的泰山螭霖鱼增殖放流活动在泰山桃花峪龙湾风景区举行，2万尾泰山螭霖鱼回归自然。图为工作人员放生螭霖鱼　（隋　翔　摄）

县建设范围，2015、2016两个年度建设任务全部完成，完成投资2.8亿元，新建及维修渠道68.7公里，建设各类小水源工程1353处，发展高效节水灌溉面积1.33万公顷，在省级验收考核中，6个县（市、区）全部获得优秀等次。岱岳区、宁阳县、东平县、肥城市2017年度农田水利项目县投资计划获批，总投资1.1亿元，新泰市成功申报新增农田水利项目县。投资1160万元的中央预算内小型农田水利设施维修养护项目，完成建设任务并通过验收；投资151万元的岱岳区、肥城市2个新型经营主体高效节水灌溉示范项目完工，发展高效节水灌溉面积40.4公顷。宁阳县东引汶灌区节水配套改造项目通过省级验收，肥城市安孙灌区和东平县戴庙引黄灌区完成建设任务。肥城市、岱岳区在全国高效节水灌溉示范县建设交流会议上作典型交流发言。

【农村饮水安全】 新泰市、东平县、肥城市、宁阳县入围2016年度中央和省级农村饮水安全巩固提升项目县，投资7352万元，完成23.32万人饮水安全巩固提升。争取省级农村供水消毒设施专项配套资金182万元，购置消毒设施138台套。代表全省迎接水利部督导组对新泰市、东平县农村饮水安全巩固提升项目的督导检查。编制《泰安市农业水价综合改革实施方案》，完成3333.33公顷年度改革任务。

【中小河流治理】 中小河流治理继续保持全省第一。投资2409万元的肥城市东金线河项目在全省率先完成。新泰市中小河流治理重点县西周河项目水利类工程全部完成。市级标准化堤防样板工程宁阳鹤山段完工。投资1亿元的新泰柴汶河标准化堤防（长15公里）开工建设，肥城、东平完成年度建设任务。

【水生态文明城市创建】 印发《关于加快推进水生态文明城市建设的工作方案》。争取国家级河湖连通工程补助资金1217万元。创建水生态文明城市规划的160个项目，已完成113个，其中重点示范项目24个，完成20个。编制完成《泰安市“五水共治”总体规划》（2016～2020年）和《泰城生态水系规划》初稿。投资124.2万元实施黄前水库水源地保护第4期工程，安装护栏网8000米，外运垃圾4000立方米。肥城翦云山省级水利风景区通过省专家组评审验收。

【水资源管理】 泰安市在省政府最严格水资源管理考核中列全省第一位，实现“三连冠”，并获“十二五”期末考核第1名。东平县全省水资源管理规范化建设示范县顺利通过省水利厅验收，获奖励资金15万元。泰安市成为全省首批水资源管理规范化建设示范市，6个县（市、区）中有4个成为全省示范县，数量位居全省前列。完成区域用水总量行业水权分配和大型灌区取水许可发证工作。征收水资源费7300万元，开展水资源论证94个，换发取水许可证17个，核减水量100万立方米。

【水行政执法】 市水利渔业局获批全省水政执法信息化建设试点单位。作为全市唯一一个被确定为全省综合执法试点的市直部门，重组市水政监察支队，编制由5名增加至10名，完成试点任务。水政执法信息化建设列入全省试点，完成2016年建设任务。搭建水政执法信息化建设平台，在全市范围内配备60个移动执法终端，实现水政执法全过程记录。开展城区自备井专项整治行动，封停自备井102眼。对城区范围内25家桶装饮用水企业取用水情况进行全面排查，对12家未办理取水许可证企业开出责令停止违法行为通知书，限期补办取水许可手续或封闭取水井。

【河砂管理】 全年征收河砂税费2.01亿元。完成河道采砂经营权第

13 期出让工作，批准采砂场 79 处，比上年减少 12%；出让河砂 313 万方，收取出让金 2400 万元。全市 83 处砂场停采，清理采砂现场 110 处，撤离采砂机具 360 台套，签订禁采安全责任书 110 份。全年稽查运砂车辆 4000 车次，下达执法文书 176 份，刑事拘留 5 人，批捕 2 人，网上追逃 1 人。完成监控系统以及河砂税费征收系统升级改造。

【水土保持】 实施 5 个省以上水保治理项目，治理水土流失面积 64 平方公里。新泰被确定为国家水土保持重点县，争取投资 750 万元。新增岱岳区徂徕和肥城安临站 2 个省级水保治理项目。对 114 家生产建设单位开展建设项目水土保持工作专项监督检查 299 次。全年征收水土保持补偿费 1597 万元。组织京杭大运河东平湖、大清河航道工程、王家院水库等 54 个项目的水土保持方案审查审批工作。《山东土石山区水土保持植被优化配置技术研究》成果获 2016 年度大禹水利科学技术三等奖，并被推选中国水博览会上展出。

【移民后期扶持】 总投资 10.19 亿元的东平湖库区移民避险解困试点二期工程完成建筑面积 34.27 万平方米，完成投资 34.5%。将东平县 2 个乡镇、15 个村、1.12 万名移民纳入第三批避险解困试点帮扶范围，争取省以上资金 2.8 亿元。争取移民专项扶贫资金 6410 万元，规划项目 248 个。安排移民后期扶持结余资金 1543 万元，重点对 45 个贫困村进行扶持。帮扶 1.07 万名贫困移民脱贫，占全市贫困移民总数的 73%。争取专项资金 1400 万元，在全市范围内选择 7 个基础设施较完善、生态和文明基础较好、具有一定产业基础的移民村作为试点，开展美丽移民村建设。全年发放移民直补资金 2 亿元。

【渔业生产】 全市养殖面积 1.14 万公顷，完成水产品产量 9.25 万吨，实现渔业总产值 17 亿元，渔民人均收入 2 万元。全年发放渔船油价补贴 2009 万元。投资 50 万元建立大银鱼省级种质资源保护区。投资 100 万元实施“黄河鲤”种业提升工程，引进黄河鲤亲本 3000 公斤。新建 3 个科技示范基地，带动渔户 1472 户。完成 2017 年现代渔业发展平台储备项目申报，申报现代渔业园区 1 个，标准化健康养殖基地 4 处，3 个县申报渔技推广项目主推技术 6 项。完成泰安市四大家鱼水产种质资源场项目可研报告的编制、项目申报工作，并获农业部批复立项，获得扶持资金 500 万元。岱岳区、宁阳县实施鱼菜混养推广项目，每亩增效 20% 以上。完成农业部、省、市级年度水产品抽检任务，产地合格率 100%。开展水产品质量安全和渔用投入品专项整治活动，检查生产经营企业 31 家，出动执法人员 97 人次，查处问题 8 家，责令整改 8 家。东平湖鲤鱼被农业部评定为国家农产品地理标志登记保护产品。全市认证基地 24 个，品种 31 个，产量 3 万吨，面积 2 万公顷，认证面积占全市养殖面积的 67%。投入 420 万元，放流鲢、鳙鱼等苗种 1590 万尾、螃霖鱼 15 万尾。 （焦　健）

【概况】 全市牛、羊、猪、禽存栏量分别达到 33.26 万头、181.23 万羽、215.58 万头和 3616.42 万羽，分别下降 17.7%、3.2%、4.5% 和增长 3.7%；出栏量分别为 18.87 万头、290.26 万只、374.10 万头和 9185.34 万只，分别下降 5.9%、9.4%、5.9% 和增长 5.1%。肉蛋奶总产量 113.03 万吨，畜牧业产值 190.89 亿元，占农业总产值的 36.9%。市畜牧兽医局继续保持省级文明单位。肥城畜牧站被评为全国畜牧技术推广示范站。

【畜牧产业化】 加快现代畜牧业示范园区和标准化养殖示范场创建，争创岱岳区、宁阳县为山东省现代畜牧业示范区，鑫基牧业为山东省现代生猪产业示范园，新增国家级标准化示范场 4 个、省级 16 个，累计创建国家级示范场 25 个、省级 107 个、市级 600 个。市级产业化重点畜牧龙头企业 101 家、省级 12 家、国家级 2 家。其中，在齐鲁股权、“新三板”挂牌上市企业 3 家，宝来利来建成泰安首个国家地方联合共建实验室，荣获“中国水产业最值得信赖动保品牌”“中国水产行业推动企业”两项大奖；蒙牛和亚奥特成为泰安市纳税百强企业，亚奥特乳业年产值突破 5 亿元，荣获山东人最信赖的食品品牌称号，与银宝成功入围山东省首批知名农产品企业产品品牌。全市畜牧合作社达到 1050 家，其中国家级示范社 8 家、省级 27 家、市级 61 家。

【奶业生产】 全市奶牛存栏 20.33 万头，奶产量 45.80 万吨，奶牛存栏量和奶产量连续 10 年位居全省第一位。在全国率先开展牛奶价格指数保险试点，牛奶价格指数保险在全市推广，为 21 家大型奶牛养殖场承保的 1.18 万吨生鲜乳赔偿 236 万元，赔付率为 200%。新增承保牛奶 1.5 万吨。

4月7日，副市长周桂萍（前排右二）到岱岳区夏张镇天鹅湖调研观光旅游畜牧业和动物疫病防控工作　　（彭彤彤　供）

【特色畜牧业】 发展食草节粮型畜禽和特色畜禽养殖。泰山大黑山羊养殖场达到200家，数量达到25万只，泰山黑猪订单式生产模式获得认可，生产规模和产品效益进一步扩大；新泰市先后引入梅花鹿、水貂、鸵鸟、孔雀等特色品种，形成以莲花山养蜂园、宁鑫孔雀养殖基地、杞农梅花鹿养殖场为代表的特色养殖龙头、基地；东平县指导建成小尾寒羊、鲁西黄牛良种扩繁基地，规模肉牛肉羊养殖场100个，麻鸭养殖场20个，全县毛皮动物总兽群达180万只。新增省级畜牧旅游示范区3家，累计达到15家，数量全省第一。全市存养蜜蜂4万群，蜂蜜产量3000吨，蜂王浆100吨，蜂业产值过亿元。肥城建成全市第一个种蜂场，为全市及周边省市每年提供上千只的良种蜂王；岱岳区建成徂徕山有机蜂蜜生产基地，泰山区着力培植蜂产品物流园，推动蜂产品市场流通。

【动物疫病防控】 完成春秋两季重大动物疫病集中免疫工作，重点对高致病性禽流感、新城疫、口蹄疫等5种重大动物疫病进行强制免疫，统筹做好人畜共患病及H7N9流感防控，确保全市应免畜禽免疫率、挂标率100%，主要动物疫病免疫抗体群体合格率超过农业部规定标准，全年没有发生重大动物疫情。市政府办公室印发《泰安市病死畜禽无害化处理实施意见》，新泰市和岱岳区的病死畜禽无害化处理场建成并运行。全市统计上报无害化处理病死猪5617头，落实无害化处理补贴资金44.936万元。全市有执业兽医登记备案的动物诊疗机构24家，其中泰山区14家、新泰市3家、肥城5家、宁阳1家、东平1家。执业兽医报考人数243人，通过65人，通过率26.7%。

【生猪屠宰监管】 加快畜禽屠宰企业转型升级和资格清理审核，组织开展“畜禽屠宰企业飞行检查”“生猪定点屠宰企业资格审查”等专项整治行动，全市进行飞行检查88次，处罚4.3万元，关停不合格场点12个。开展生猪屠宰监管“扫雷行动”，严厉打击无证屠宰、屠宰病死猪、注水或注入其他违禁物质等违法行为，全市侦办案件34起，捣毁私屠滥宰窝点22个，没收猪肉1817公斤，罚款13.437万元，净化畜禽屠宰行业和市场。

【畜产品安全监管】 开展“瘦肉精”、生鲜乳违禁物质、兽用抗菌药、饲料质量安全、畜禽屠宰等5大专项整治行动，加强风险隐患排查，加大监督抽检力度，严厉打击违法违规行为。全市出动执法人员8600人次，检查相关生产经营单位7800个，查处违法违规31起，罚款9.94万元，吊销证照10个；全年抽检兽药、饲料、生鲜乳、畜产品1363批次，瘦肉精、三聚氰胺等违禁物质实现零检出，平均合格率98.83%；认证无公害畜产品产地448个，产品142个，认证数量位居全省第二位；亚奥特、银宝、金兰、晴好、兴岳、鑫基6家企业被评为“食安山东”畜产品品牌引领企业。全市所有生鲜乳收购站和生鲜乳运输车实行二维码扫描和在线出证，实现生鲜乳收购、运输的实时监管。

【兽药发展】 规范兽药市场秩序，重点开展兽用生物制品整治、兽药生产经营的规范化建设及兽药使用、兽药抽检等工作。在全市落实兽药经营告知制度，完成告知兽药经营者140家，复核兽药经营者告知产品1981个。在全市推广“兽药监管追溯平台”，选取规模较大、基础较好、经营品种较集中的兽药经营单位进行“兽药管理综合信息系统”的先行试点，全市90%以上的经营业户完成信息化设备配备，实现兽药经营“信息数据化、监管实时化、服务网络化”。加大对兽药生产经营环节的监督检查，抓好过程管控，打击生产、经营假劣兽药行为。

【饲料生产】 全市饲料总产量230万吨，总产值45亿元。新建饲料生产企业14家，全市饲料生产企业总量达95家，备案生产许可证102个。嘉吉饲料（泰安）有限公司成为泰安市第二家通过农业部验收的示范企业。岱岳区和肥城市列入国家级“粮改饲”项目县，分别争取项目资金1000万元和500万元。全市各类饲料作物、牧草种植面积2826.67公顷，其中饲料专用玉米1680公顷。全市农作物秸秆青贮290.3万吨，其中全株玉米青贮141.1万吨，占农作物秸秆青贮总量的48.6%。（彭彤彤）

农业机械

【概况】 全市农机总动力486万千瓦（从2016年开始剔除农用运输车动力数）；种植业耕种收综合机械化水平达86.4%。争取国家农机购置补贴资金1亿元，落实资金9221万元，补贴各类机械4972台（套），受益农户3880户。全市新增农机合作社64个，总数达到534个，拥有合作社社员7801人，新增省级示范社4家，新增市级示范社12家，累计45家。全市农机合作社托管土地面积1.87万公顷，作业服务面积25.4万公顷，服务总收入4.2亿元。至年底，拖拉机8.6万台，增长2.9%；联合收获机1.8万台，增长8.9%。小麦机收、机播水平稳定在99.9%以上；玉米机收面积16.5万公顷，机收率达到93.6%，机械化玉米直播面积16.93万公顷，机播率96%。完成对上争取资金1.25亿元，增长7.17%；引进重点项目6个，产业招商实际到位资金7.9亿元，增长5.8%。

【农机科技推广】 推广玉米贴茬直播和秸秆综合利用机械化技术。谷物联合收获机1.2万台，增长7.1%；玉米联合收获机7298台，增长11.1%；粮食烘干机械87台（套），增长29.8%。肥城市小麦深松分层施肥精播机械化技术推广项目和宁阳县玉米缓控释肥“种肥同播”机械化技术推广项目在省农机局绩效考评中评定为优秀。全市新增粮食烘干机械20台套，增长29.8%，达到87台套；烘干粮食近37.6万吨。推广花生联合收获机62台，花生机收面积3.33万公顷。

【农机深松整地作业】 新增100马力以上大型拖拉机680台，达到5457台；新增深松机186台，达到2738台；新增耕整机351台，达到1.37万台。至年底，全市共完成土地深松整地作业7.46万公顷，其中作业补助项目3.27万公顷，落实补助资金1960万元。

【农机科教培训及修配管理】 落实省财政专项资金42万元，补助培训新型职业农机手500人次。举办培训班165期，培训各类农机人员2万人次。建设区域性农机维修服务中心22家，建成农机4S店9家。核发农机维修技术合格证420个，完成职业技能鉴定1140人。

【农机安全监理】 开展农机安全生产领域“打非治违”和专项整治、农机安全生产领域隐患排查治理、农机安全生产大检查督查行动、“平安农机”示范创建等活动。全市农机“三率”（挂牌率、持证率、检验率）水平稳步提高，挂牌率、持证率和年审率分别达75%、76%和78%。

（刘含赟）

2月2日，全市农机化工作会议召开　（刘含赟　供）

编校　冯宪谟　　审稿　高兴学

工业 信息产业

工业综述

【概况】 年内，全市工业企业践行创新、协调、绿色、开放、共享发展理念，继续坚持稳中求进工作总基调，推动工业转型升级、提质增效。全市规模以上工业增加值增长6.9%，高于全省平均水平0.1个百分点。全市规模以上工业企业1906户，完成主营业务收入5885.4亿元，下降6.2%，实现利税543.4亿元，下降11.8%，实现利润368.5亿元，下降11.6%。规模以上企业亏损面为5.35%，同比增加0.52个百分点；亏损企业亏损额为15.98亿元，增长0.42%。

【工业生产】 全市工业用电量完成133.16亿千瓦时，增长5%，高于全省0.85个百分点，增速居全省第6位。其中，轻工业增长11.38%，重工业增长6.11%。①强化实体经济，减轻企业负担。市政府印发《关于大力支持实体经济发展的意见》，在产业、科技、金融、财政、政策和奖励6个方面，制订政策措施54项。42家企业进入山东省电力直接交易试点，争取用电规模54.38亿千瓦时，为企业节约电费2.72亿元。②强化要素保障，保证经济运行。对全市100家重点企业进行调度，同时选择30家企业填报全省工业经济运行监测分析系统，科学组织经济运行。针对困难行业、困难企业进行专项监测分析，帮助企业解决实际问题。③强化电力生产，保障供需衔接。开展大范围有序用电方案用户走访工作，督促企业合理安排生产。按照“有保有限”原则，科学制订错峰、避峰和计划用电方案，做到“限电不拉路、错峰不减产”，将缺电损失降到最小。④强化应急管理，监管重点领域。准确掌握全市应急物资生产企业的最新情况，提高应急管理水平。强化长输油气管道“安如泰山”安全生产科学预防体系创建，全年开展隐患检查10次，检查隐患50处；完成鲁宁线改线工程，消除全市长输管道隐患。健全民爆行业科学预判和分级管控体系，排查治理各类安全隐患40项，整改率100%。

【骨干企业培植】 年内，全市规模以上工业企业实现主营业务收入过亿元的工业企业1022户，其中过10亿元的达到98户；利税过千万元的企业达到982户，其中92户企业实现利税过亿元。以区域拉动力强、行业竞争力强、财税贡献能力强为标准，在培植标准、培植目标等方面给予政策支持，全市工业形成大企业拉动、骨干企业支撑、科技成长型企业多点撬动的产业发展组织结构。

【重点行业】 年内，煤炭、钢铁行业主营业务收入分别增长3.5%、7.18%，非金属新材料行业下降1.2%，纺织服装行业下降4.9%，食品行业下降6.2%，输变电设备行业下降6.74%，化工行业下降9.98%，汽车行业下降12.63%。

煤炭行业 由于实施去产能政策以及进入冬季供暖期，煤价大幅回升，煤炭行业主营业务收入呈现增长，达到661.79亿元，增长3.5%，盈利5.97亿元。

纺织服装行业 在山东岱银纺织集团股份有限公司等龙头企业的带动下平稳发展，行业累计实现主营业务收入500.79亿元、利润30.85亿元，分别下降4.9%、5.01%。

输变电设备行业 增幅略降。全年累计实现主营业务收入451.74亿元，下降6.74%；实现利润33.44亿元，与2015年持平。

汽车行业 增幅下降。全年累计实现主营业务收入、利润分别为303.93亿元、26.04亿元，分别下降12.63%、16.46%。

化工行业　尿素市场行情低迷，产能过剩，市场需求疲软，价格降到历年最低。全年行业累计实现主营业务收入、利润分别为524.68亿元、23.32亿元，分别下降9.98%、31.45%。

非金属新材料行业　发展较平稳。行业累计实现主营业务收入、利润分别为510.71亿元、47.61亿元，分别下降1.2%、4.19%。

食品行业　平稳发展，增幅下降。全年累计实现主营业务收入、利润分别为525.6亿元、32.94亿元，分别下降6.2%、10.25%。

钢铁行业　受益于钢材价格有所回升，钢铁企业经营状况普遍好转，扭转上年全行业亏损的局面。2016年，行业累计实现主营业务收入182.25亿元，增长7.18%；实现利润14.98亿元，增长24.69%。

电子信息行业　年内，全市信息技术产业（制造业、软件业）统计内规模以上企业统计内规模以上企业101家，实现主营业务收入187.2亿元，下降14.19%；实现利税14.06亿元，下降13.02%；实现利润8.68亿元，增长1.16%。

【企业管理】 推进规模企业规范化公司制改制工作，按照企业主导、政府引导、示范引领、加强推广、因企制宜、分类指导、夯实基础、注重创新的原则，引导企业创新管理、提质增效。全年改制企业200家，超额完成年度目标。引导企业实施管理现代化创新成果，引导企业加强管理，挖潜降本，推动企业加快发展。重点实施企业管理创新项目20项，获第四届山东省企业管理创新成果奖2项。

【企业家队伍建设】 加强企业家队伍建设和企业经营管理人才的能力提升工作。新泰市在全省企业家队伍建设工作会议上作题为《创新求变，转型突破，以工业联盟助推企业家二次创业》的典型发言，介绍工业联盟建设工作经验。泰开电气集团有限公司公司赵文林、山东石横特钢集团有限公司张武宗被列入省50位重点企业家名单。强化企业家教育培训，组织、参加各类形式培训（班）10期、3100人次，其中省经信委组织的境外培训班6人、2期山东省中青年企业家培训班11人、2期浙江大学企业经营管理研修班130人。

【技术创新】 建设泰安特色的塔型科技创新体系，夯实创新“塔基”，全年实施技术创新计划1000项以上。其中，356项列入山东省技术创新计划，项目数居全省第5位；新认定省级技术中心12家，省级技术中心数量过百家。①市级创新型企业评选。11家企业受市政府表彰。2个共性技术研发及推广应用项目列入省工业提质增效升级专项资金支持，7家企业被列入省首台（套）技术装备及关键核心零部件名单，全年申请省首台套保险补偿资金1000万元。泰山玻璃纤维有限公司、山东康平纳集团有限公司入围工业和信息化部144个智能制造综合标准化与新模式应用项目。对97家省级企业中心进行年度考核评价，增强企业自主创新能力和核心竞争力。②“产、学、研”合作交流。整合创新资源，组织企业利用多种合作交流平台，通过展览展示、推介交流、合作洽谈、人才交流等形式，创新合作机制，加强与同行业企业、上下游企业及科研院所等外部创新资源的有机联系，探索新形势下“产、学、研”合作新模式。中国科学院“染料敏化太阳能电池技术”在泰安市建设全球首条染料敏化太阳能电池产业化生产线、山东三和维信生物科技有限公司与浙江大学药学院“天然植物提取技术项目”转化等成为产学研创新合作示范。③汇聚创新人才资源。与市人才办、科协等部门开展泰山英才汇聚行动、重点产业类领军人才评选、企业技术创新工作培训等专项活动。山东泰鹏环保材料股份有限公司范明等4人人选2016年度领军人才，鲁普耐特国际著名绳索专家尼克•奥尼尔入选省泰山产业领军人才，德国工业4.0专家赫尔佐格教授担任泰安智能制造高级顾问，力博科技周满山、众志电子李松和入选国家万人计划，海斯摩尔胡光敏入选国家创新人才推进计划。④品牌培育。在全市拥有省级以上技术中心的企业中，围绕名品、名牌、名企，组织开展品牌培育试点工作。全市新认定中国驰名商标3件，申报山东省著名商标15件、山东名牌产品54个。华鲁锻压获首届“省长杯”工业设计大赛银奖。

【技术改造】 年内，全市工业在建技术改造项目819项，累计完成投资821.7亿元，增长6.3%。新开工技术改造项目525项，累计完成投资451亿元。竣工技术改造项目280项，当年累计完成投资293.8亿元，项目累计完成投资478.3亿元，可新增销售收入619.4亿元、利税221.9亿元。在建过亿元技术改造项目234项，当年完成投资440.5亿元，占全市技改完成投资的53.6%。①投资规划。重点做好100项重点工业项目、全市在建过千万元项目、列入省千项项目调度等项目调度和分析工作。对重大技改项目，实行一月一调度、一季一通报，推动项目加快实施。②项目核准备案管理。全年为工业企业技术改造项目办理核准、备案项目71个，项目总投资83亿元，其中市级核准项目1个、市级备案项目1个；办理进口设备免税项目4个，项目总投资1.7亿元人民币，引进进口设备95台套，用汇额1686万美元。③项目资金扶持。组织3批、计23个项目申报专项建设基金项目，5个项目获得国开行低息贷款额度4.13亿元、1个项目获工信部强基工程项目扶持计划资金1960万元；7个项目被列入省工业提质增效升级专项资金项目，获得扶持资金740万元；3个项目被列入山东省重点行业升级改造项目，获得贷款贴息资金1719万元；3个项目获重点骨干行业贷款贴息专项资金项目贷款贴息346.1万元，申报项目5个。4个项目获"机器换人"技术改造专项扶持资金390万元，获得扶持项目数量居全省第一位。建立市级工业提质增效升级专项资金820万元，切块用于新兴产业和重点传统行业技改项目，集中资金集中扶持。

9月9日，省委常委、常务副省长孙伟（前排中）到泰安调研。市委书记、市人大常委会主任王云鹏（前排右）陪同活动　　（王国梁　摄）

【两化融合】 全市"两化"（信息化、工业化）融合发展水平指数达到63.4，较上年提高10.8，全省排名第7位。①提升信息产业服务支撑能力。全年全市信息技术产业主营业务收入实现187.2亿元，对传统工业的服务支援能力提升。在全省率先实施推进云计算和大数据创新发展和软件、信息技术服务业转型升级，明确全市2020年信息产业发展目标，确定全市发展大数据和云计算产业"一个中心两个园区"规划布局，促进产业规模扩大、优势企业聚集、创新能力提升。②"两化"深度融合。年内，参加全省"两化"融合评估的100家规模以上工业企业全面完成评估任务，6家企业列入工业和信息化部"两化"融合管理体系贯标试点企业，2家企业列入省"两化"融合管理体系贯标试点企业，1家企业列入工业和信息化部"两化"融合管理体系贯标服务机构。重点实施的20个互联网工业示范项目全年完成投资17.8亿元，占计划投资的70%；100个重点规划项目完成50个，占重点规划项目的50%。③智能制造再添新军。制造领域在建材、化工、纺织、食品、冶金等流程，应用工业电商新模式、新业态，使资源配置优化、在线优化、生产管理精细化和智能决策科学化水平得到提升。山东中天实业有限公司开发2000米数字化煤层气钻机，实现钻机打井过程的数字化、数据分析智能化和设备监控维护网络化，可完全替代国外同类产品；路德工程材料公司通过在土工格栅中植入光纤光栅，导入预警系统，实现对工程的实时监测、安全预警。行业电子商务平台、消费品生产企业电商平台、网络销售公司帮助企业完成战略投资、品牌培育、网上销售、物流配送的整合。④"智慧泰安"建设。市政府印发《关于加快推进"智慧泰安"建设的指导意见》，无线城市试点、市民一卡通、数字泰山、数字城管、电子政务等重点领域信息化建设项目相继建成投入使用。泰安高新技术产业开发区、肥城高新技术产业开发区、泰山科技产业园（泰安泰山科技有限公司）被确定为全省智慧园区建设试点单位。光网城市建设取得阶段性成果，3G网络已实现有效覆盖区域连续覆盖，4G网络实现城区、高铁、高校及主要交通干线的连续覆盖；光纤实现全市各行政村全覆盖，提前完成年度信息化扶贫任务。全面完成国防信息动员和网络与信息安全检查相关任务，提高了对网络与信息安全事件的应对处置能力。

【节能降耗】 泰安市入选山东省高效环保煤粉锅炉试点示范城市和国家工业领域煤炭清洁高效利用示范城市，获得奖补资金1000万元，成为全国8个入选城市之一。全市万元GDP能耗下降超过5%，超额完成年度目标任务。对99个市级工业领域新、改、扩建项目进行节能评估审查。9个高效煤粉锅炉应用改造类项目和1个高效煤粉锅炉行业技术中心列入省煤炭清洁高效利用重点项目。岳华能源洁净煤加工和煤仓储项目投资10亿元，为全省首家煤粉制备中心。新泰市节能环保产业示范县（市）、宁阳县开发区节能环保产业基地通过省复核，泰安市成为全省节能环保产业基地最多的市。30家机构获省太阳能集热补贴，年可节约标准煤1000吨。加快大宗工业固体废物资源化利用，路德新材料公司“高性能塑料土工合成材料资源综合利用产业协同发展示范工程项目”入选工业和信息化部资源综合利用产业协同发展示范工程。超威电源公司清洁生产提升改造项目获工业和信息化部2016年度高风险污染物削减行动计划奖励资金486万元。

泰安双驰汽车有限公司主要产品包括改装奔驰威霆7座商务车、奔驰凌特324旅居车、奔驰凌特524房车、皮卡车、新能源汽车。公司拥有国内先进水平汽车四大工艺生产流水线，是泰安市唯一一家具有“冲压、焊装、涂装、总装”四大汽车工艺齐全的汽车制造企业。设计年产轻型货车5万辆、年产商务车改装3000辆、新能源低速电动车5万辆产能

（司　刚　摄）

【工业招商引资和重点项目建设】①坚持高层次招商。与中国运载火箭技术研究院签订战略合作协议，与5家企业实施合作，推动航天技术成果在泰安转化；与华能集团、中材集团签订战略合作协议，建设光伏发电和投资20亿元的玻纤制品产业园；与深圳华大基因签订战略合作协议，建设全省唯一基因检测中心；投资10亿元的高端粉末冶金净成型暨3D打印项目，跨入世界领先高科技领域。②战略性新兴产业建设。电子信息产业重点抓好20亿元的浪潮云计算中心、5亿元的肥城昌盛5000吨锂正极材料等10个项目，总投资90亿元；神农智谷大数据产业园投资35亿元营造大数据产业链的聚合孵化效应。生物制药领域重点抓好11亿元的泰邦生物科技园、8亿元的肥城苏博生物医药产业园等10个项目，总投资70亿元；投资2亿元的山东海天智能纯意念康复机器人研发制造项目填补国内空白。新能源领域重点抓好50亿元的华能泰山光伏产业、11.2亿元的新能源箱变研发生产线等10个项目，总投资50亿元；投资22亿元晶泰星LED光源模组项目打造全省光伏产业样板区。现代物流领域重点抓好10亿元的嘉和物流园、7.5亿元的速恒物流园等10个项目，总投资90亿元；投资2.5亿元的峰松电子“无车承运”项目获得全国试点。

（韩　念）

•行业管理•

【协会建设】指导创建行业协会140家，基础协会达2000家，会员企业2万家，基本覆盖全市重点行业和新兴行业。47家行业协会发起“重信守诺，奉献社会、成就梦想”系列活动。开展慈善捐助、扶贫开发、走访慰问等活动100次。连续5年开展行业“领军企业、领军人物”宣传活动。开展“每月一谈”活动24期，“周末闲话”100期。指导行业协会开展“四个一百”活动（即百场信息交流、百场管理培训、百场展览博览会、百场技术咨询活动），开展信息交流160场，管理培训150场，展览博览会140场，技术咨询160场。举办国际绳网产业高端论坛等“十大会展”活动。

【平台建设】建立泰安市行业行情网站，创办微信公众号。建立微信交流群30个，参与交流行业企业、协会3000家。为全市1500家中小微企业和个体工商户累计提供26亿元融资担保服务，30家企业借助平台实现转型升级。抓住“一带一路”倡议机遇，组织30家行业企业参加迪拜杰贝阿里自贸区海外交流路演活动，达成合作交流项目10项。与市委组织部等部门合作，组织180家行业协会、企业参加企业管理培训。顺应“互联网+”发展

趋势，举办“互联网时代”企业转型升级、大数据应用分析等活动。

【企业改革改制】 行办系统有企事业单位52家，职工7234人。开展党员组织关系排查，涉及52户企事业单位、1650名党员。有46家企事业单位完成改企转制，安置职工7146人，累计解除企业债务11亿元、兑付职工权益2.3亿元。建立行办系统大病医疗专项补助基金，对因病致困家庭进行专项补助。探索五金站、物贸公司宿舍等危房改建工作。完成10个改革撤销机关、17个破产改制企业共142栋宿舍的清理整治工作。 （邵 振）

【概况】 2016年，规模以上工业企业中采矿业企业81户，比上年减少4户；采矿业实现主营业务收入810.5亿元，增长1.4%，占规模以上工业企业的14.0%；利税49.8亿元，下降32.2%，占规模以上工业企业的9.4%。 （武 军）

• 地方煤矿 •

【概况】 至年底，全市境内有地方管理煤矿24处，年核定生产能力1810万吨。其中，市县直接监管煤矿18处，年核定生产能力990万吨；实际生产原煤719.84万吨，实现商品煤销售收入29.63亿元。

【安全生产】 全年实现安全生产，未发生原煤生产责任事故，连续11年控制在市政府下达的考核指标内。①落实安全生产责任。市、县、矿层层签订安全目标责任书，以开展“企业安全生产主体责任落实年”活动为主线，实行安全生产约谈主要负责人制度，全面自查和检查督导。②隐患排查治理。开展安全生产隐患集中整治和“回头看”专项行动，全市排查治理各类安全隐患2000项，对排查出的各项隐患落实隐患治理的责任、措施、资金、期限、应急预案和监控措施。投入资金4346.23万元进行整治。③安全基础建设。对精品岗点、精品作业点、精品采区“三精”工程建设标准实施动态达标管理，带动全市质量标准化工作提升，8个煤矿被命名为安全质量标准化一级矿井，10个被命名为安全质量标准化二级矿井，达标率100%。④安全培训和行政执法。全年培训特种作业人员2875人，安全管理人员665人，全员培训1.88万人次。开展执法检查103矿次，查出问题585条，停止作业工作面3个，提出建议14条，整改率达到100%。

【产业结构】 按照“做大做强煤炭主业，积极发展非煤产业”的思路，推进结构调整。①省外资源开发。省外煤矿以托管和开采服务业输出为主，10个省外权属煤矿生产原煤286万吨，提升企业的整体效益。②非煤产业。非煤产业逐步由安置型向效益型、由传统型向环保型发展。全市煤炭系统共有非煤企业79家，实现销售收入106.8亿元。③煤机产业集群发展。以煤机协会为平台，以产业联盟为支撑点“两轮驱动”，打造“互联网+煤机”服务平台。全市规模以上煤机制造企业发展到80家，年实现产值过百亿元。④煤炭清洁高效利用。对上争取财政资金300万元，引导企业加快发展洁净煤项目，6家洁净水煤浆企业年生产能力150万吨；山东恒丰矿业集团和鑫国煤电公司投资的洁净型煤加工项目综合生产能力已达60万吨以上，被确定为市级清洁煤配送保障企业。组织联合执法检查，取缔散煤销售摊点59个，没收淘汰小微炉灶5102台。

【科技创新】 年内，完成科技投入6000万元，占销售收入的2.1%。省、市、县、矿四级安全监管平台投入使用，实现24小时时时在线监测。推进煤矿技术改造，新上综采1套、掘进机2台，在籍综采机组15套、掘进机26台，采掘机械化程度分别达到75%、94%。华宁集团开展“创新创效工程”，创新项目70项，年创综合经济效益6000万元。煤炭企业与高等院校、科研院所开展多种形式的科技攻关活动，解决制约企业发展的难题。委托山东科技大学对40个煤矿的水情水害进行普查，提出治理建议方案。（沈 扬）

• 山东能源新汶矿业集团 •

【概况】 山东能源新汶矿业集团有限责任公司是以煤炭、煤化工、物流贸易、现代服务业为主体产业的大型企业集团。1956年建企，是山东省第一个千万吨矿务局。1997年12月，经原煤炭部批准改制为公司制企业，1998年3月注册成立新汶矿业集团有限责任公司，同年下放山东省管理。2011年山东能源集团成立，新矿集团成为其权属企业。有员工7万人，资产总额1073亿元，煤炭产业拥有资源储量214.5亿吨，矿井33对（生产矿井25对，基建矿井8对），核定产能8974万吨。发展地域扩展到山东省境内的菏泽、德州、济南等7个市，省外新疆、内蒙古、陕西、安徽等7个省（自治区）。拥有国家级企业技术中心、煤矿充填开采国家工程实验室、博士后科研工作站、泰山学者岗位和院士工作站等技术创新平台。先后荣获全国“五一”劳动奖状、全国企业文化优秀奖，并获全国资源综合利用先进单位、国家西部大开发突出贡献集体等称号，是国家矿产资源综合利用示范基地、国家第一批循环经济试点企业。

【运营管控】 理顺内部管控体制。按照依法合规、实现集团整体收益最大化的原则，对相关单位销售代理费收取标准、资金占用利息收取标准、统筹外费用负担方式、物资采购管理、设备租赁管理、单位抹账管理等内部管控模式进行优化调整，提高风险防控力度。专题听取13家单位的投资、对外运营及关联项目工作情况，提出反馈意见86项。实施以科学降本、安全降本、极致降本为原则，以管理降本、科技降本、设计降本、模式降本、政策降本为路径的“低成本文化”，实现全员、全要素、全过程深耕细作降成本。2016年，吨煤成本同比降低45.29元，实现降本创效10.7亿元。

【安全生产】 贯彻落实新《中华人民共和国安全生产法》，理顺明确安全主体、主管和监管3个责任，完善集团公司、权属单位两级安全生产委员会。深化风险预控，延伸管控内涵，突出安全重点管控、安全监督检查、关键节点监管、要害部位防控4个重点，并严格执行24小时值班、领导干部下井带班、中层管理人员跟班等制度，提高现场安全掌控力。层层细化6级、268个工种、6189个岗位的安全生产责任制，做到凡事有标准、凡事有人管、凡事有监督、凡事有考核。

7月14日，山东索力得焊材有限公司、肥城腾达实业有限责任公司移交签字仪式在索力得公司举行。此次移交标志着肥城矿业集团改革重组成果渐次落地，矿区社会职能移交进入实质操作阶段　　（李文军　供）

【控员分流】 年内，处级管理人员由560人减至422人，减幅25%；副总师由234人减至146人，减幅38%；科区级管理人员由5336人减至1978人，减幅63%；机关管理人员由3447人减至1318人，减幅62%；科级机构由1027个减至548个，减幅47%；年减少管理费用支出4亿多元。实行劳动用工制度改革，全年控员分流1.59万人。

【创新工程】 ①生产矿井颠覆创新。确定研究项目8项、实施项目220项，共计228项颠覆创新项目。②人员管控颠覆创新。实行人事制度改革，集团公司处级领导人员净减138人，减幅25%；各单位副总师净减88人，减幅38%；科区级管理人员净减3358人，减幅63%；机关管理人员净减2129人，减幅62%；科级机构净减479个，减幅47%。实行用工改革，用6个月的时间，分3轮在省内主要生产矿井和部分地面单位有次序、分阶段推行劳动用工改革工作，减员分流1.6万人。

• 山东能源肥城矿业集团 •

【概况】 山东能源肥城矿业集团有限责任公司系国有大型一类企业，位列中国企业500强。1959年建企，1960年后陆续投产，1998年改制创立肥矿集团，2004年划归省国资委管理，2010年成为山东能源集团六家权属矿业集团之一。主要产业有煤炭生产、铝业、电力、煤化工及物流贸易等，旗下全资子公司4家、控股子公司4家、参股公司5家。其中，控股的债转股企业山东东岳能源公司下辖全资子公司5家、分公司8家、参股公司6家。发展地域涉及山东、河北、内蒙古、青海等地。

【试点工作】 年内，承担省委、省政府、省国资委、山东能源集团推动供给侧结构性改革试点工作，完成能源集团下达的考核指标。设计债务重组、资产重组、人员重组“三路同行”，扶持政策落地与社会职能移交、历史遗留问题解决“两翼并进”的路径。扶持政策相继实施，富余人员分流基本结束，“四方协议”签订，债务重组方案落地，肥矿煤业注册成立，新老公司完成资产分割，社会职能移交及历史遗留问题处置取得较大进展。企业负债率由最初的150%降至79%，人均产能提高25%，人工成本影响吨煤下降至少50元。

【生产经营】 有序退出低效无效矿井，销号亏损企业，盘活闲置多年的泰铝、平铝厂区，实现租赁经营，非煤及经费单位比预算节支1.8亿元。成立矿业服务公司，实行公司化运营。托管内蒙三矿，全年创收超亿元。完善重点要素管控，划分现场重点、生产线，点线结合落实安全网格化和责任区。创新集控新模式，应用于安全生产、经营管理，多业务报表数据综合展示，预算管理、风险预警、对标提升成为常态。

（李文军）

【概况】 2016年，机械制造业（通用设备、专用设备、汽车制造业、铁路、船舶、航空航天和其他运输设备制造业、电气机械及器材制造业）593户，比2015年减少44户，实现主营业务收入1675.0亿元，下降10.2%；实现利税169.3亿元，下降20.7%。主要产品中，起重设备85.7万吨，下降9.9%；变压器5188.3万千伏安，增长4.0%。（武　军）

【泰山集团股份有限公司】 国家级重点高新技术企业，集工业锅炉、电站锅炉、压力容器、变压器、高压开关、电线电缆、余热制冷机组等产品研发、制造、销售与技术服务为一体，是科技部认定的电力电器产业化基地骨干企业和国家电网定点企业。“泰山牌”商标是中国驰名商标、中国工业锅炉行业最具影响力品牌。

企业始建于1952年。1992年12月，成立泰山锅炉压力容器集团总公司。1994年11月，更名为泰山集团股份有限公司。注册资金1亿元，总占地面积102万平方米，总资产40亿元，旗下拥有泰山锅炉公司、威海石岛重工有限公司、山东鲁能泰山电力设备有限公司等13家全资和控股子公司。下设国家级技术开发中心1个、省级技术开发中心2个，各类专业技术人员1100人，拥有A级锅炉制造资质，A1、A2、A3级压力容器设计制造资质，Ⅰ级锅炉及各类压力管道安装资质等，行业内率先通过ISO 9001质量管理体系认证、ISO 14001环境管理体系认证、OHSAS 18001职业健康安全管理体系认证、美国ASME体系认证和电能产品PCCC认证。

集团产品分为三大板块，即锅炉、电力设备和压力容器。锅炉板块主要以泰山锅炉公司为主体，形成集锅炉主机、辅机、安装、运营、服务为一体系统，产品主要客户群包括电力系统、供暖系统、军队系统、煤炭系统、铁路系统、化工系统、厂矿企业等。电力设备板块以鲁能电力设备公司为主体，主要生产变压器、高压开关等产品，产品广泛应用于电力、化工、冶金、煤炭、航天基地、热点、水电、工业园区、机场、部队装备等。压力容器板块以石岛重工为主体，主要生产各类型压力容器，主要客户群集中在煤化工、石油化工、精细化工、核电、冶金、医药、海上石油装备以及新能源等领域。

【泰开集团有限公司】 产品涉及电网电气、专用汽车、低压电器、环保设备、精密铸造、机器人等多种行业，为全国完全具备550千伏及以下电压等级输变电设备总成套供货、电站工程总承包交钥匙能力的

泰开核电智能成套开关设备项目由泰开集团子公司泰开成套电器有限公司投资建设。公司自主研发、生产的智能电网开关设备、核电智能开关设备、海洋石油平台的中低压开关设备、风电光伏新能源高压美式箱变等多个高新技术产品，实现从车间到生产线到产品的全智能化，成为国际一流的核电、智能成套设备研发制造生产基地　（司　刚　摄）

大型企业集团。产品销往全国，并出口到60多个国家和地区，在印度、印尼、美国、加拿大先后成立公司。拥有自主专利820项，“泰开”商标被评为“中国驰名商标”。

公司先后被评为国家火炬计划重点高新技术企业、全国五一劳动奖状、全国守合同重信用企业、全国就业先进企业、国家火炬计划泰安输变电特色产业基地骨干企业、全国双爱双评先进企业、全国模范劳动关系和谐企业、全国模范职工之家等多种称号。

【泰安华鲁锻压机床有限公司】 全国专业生产大型数控板料成形装备的行业龙头企业。前身为建于1968年的国营企业泰安锻压机床厂，2003年改制为民营企业。数控船用卷板机、高强度板料矫平机、水平下调三辊卷板机、全自动四辊卷板机等新系列产品完全替代进口，产品处于国内垄断，达到国际先进水平。公司研发的数控船用卷板机达到21米长，服务于大连造船厂、江南造船厂、葫芦岛造船厂、武汉造船厂等全国几十家大型造船企业；高强度板料矫平机为军工、工程机械、造船、有色金属等行业解决众多技术难题，实现重大突破；大型三辊四辊卷板机最大卷板厚度达到400毫米，在核电工程、压力容器中广泛应用。公司是国家级高新技术企业、中国机床工具工业协会锻压分会副理事长单位，承担国家科技重大专项和多项火炬计划项目、国家重点新产品，多次获得省、市科技进步奖。研发投入平均占比高达5.9%，新产品产值比重高达60%。年内，“一种船用卷板机挠度的自动补偿装置”发明专利技术获得省专利奖二等奖，是泰安市首家获此殊荣的企业。

【泰安力博重工科技股份有限公司】 国家级重点高新技术企业。公司成立于2005年4月14日，注册资本11961万元，员工530人，其中科技人员190人，占地40万平方米。公司先后获中国行业排头兵企业、山东省创新型试点企业、山东著名商标、山东名牌等称号。

公司专业从事带式输送机应用研究与设计，在长距离变坡、转弯、多点驱动带式输送机、大倾角上运带式输送机、大倾角下运带式输送机、线摩擦带式输送机的研制与控制方面具有国内领先水平。代表产品有YNRQD系列液体黏性软起动装置（专利产品）、KPZ系列自冷盘式制动装置（专利产品）、缓冲扭矩式断带抓捕器（专利产品）、限矩式安全型逆止器（世界首创）、高密封高寿命低噪声托辊（专利产品）、可控制动托辊（世界首创）、ZYJ系列液压自动拉紧装置、自动化控制系统等。此外还研究开发了矿山机电类附属产品，如高分子耐磨托辊、高耐磨钢缆托轮、缓冲床、清扫器、除冰装置等，技术达到国际先进水平。国内长距离弯曲带式输送机的市场份额超过50%，主导产品的销售额占全国同类产品销售收入市场份额的60%以上。至2016年，公司申报并获得国家专利160项，承担国家级技术项目7项，省级科技创新项目近30项，通过山东省鉴定项目20项。获国家级、省部级科学技术发明奖20项，其中获国家技术发明二等奖1项、山东省科技进步奖一等奖2项、中国机械工业科技进步一等奖1项。

3月27日，中国重汽泰安五岳50辆油田专用全驱牵引车交付沙特阿拉伯，交付车辆缓缓驶出厂区。图为交车仪式　　（司　刚　摄）

【山东能源重型装备制造集团】 该企业以煤机装备制造、再制造为主体，兼营化工装备、节能环保装备、不锈钢制造等业务，主要面向煤矿客户开展采掘、支护、运输、洗选、提升等单机及成套装备的设计、制造、维修与再制造服务。产业范围涉及山东、北京、内蒙古、新疆等省内外地区，主要产品包括掘进机、采煤机、刮板机、皮带机、液压支架、装车站、加压过滤机、压滤机、动筛跳汰机，关联配套电机、减速机、圆环链、钢丝绳、高压胶管、密封件、输送带等关键零部件，拥有年产千万吨采掘工作面成套装备制造与再制造能力和洗选厂建设项目总承包能力，再制造、掘进机、装车站、智能加压过滤机等相关技术、产品在国内处于领先地位。产品应用于国内主要产煤区与纺织、医疗、电子、冶金等行业以及码头、火车站、社区等场所，并出口到10个国家。

【泰安路德工程材料有限公司】 系国家高新技术企业、国家级守合同重信用企业，成立于2002年4月。员工380人，拥有专业技术人才68人，其中具有高级职称人数7人，具有中级职称人数45人，大专以上学历人员达到职工总数的30%以上。主要生产各类高性能复合材料，用于铁路、公路、机场道路的路基增强加筋，水利堤坝除险加固，隧道、地铁、城市轻轨及矿山巷道支护等工程领域，替代传统的金属网，属于结构功能性新材料。产品通过质量管理体系认证、环境管理体系认证、知识产权管理体系认证、矿用产品安全标志认证、欧盟CE认证。拥有“山东名牌”产品3项、中国驰名商标1件，山东省著名商标2件。

该公司在高新区投资5.36亿元，实施高强智能集成化复合材料生产建设项目，占地10.18公顷，规划建筑面积12.79万平方米，购置相关生产及检测设备36台（套）。2016年5月28日，综合研发楼竣工，1.9万平方米；4个生产车间、1个成品仓库、28条生产线已投入运行。

【海力财富集团有限公司】 该公司注册资本5亿元，资产总额30亿元。员工7280人，各类工程技术人员1200人。控股山东同创汽车散热装置股份有限公司、华鸿汽车制动部件有限公司、中美合资国美联航空部件维修有限公司等子公司10余家。先后获中国最具成长性企业、中国诚信企业、山东省管理创新优秀企业、山东省自主创新型企业称号。汽配产业是北汽福田、奇瑞汽车、江淮汽车、陕重汽、东风柳汽、吉利汽车、重庆力帆等国内知名企业的战略核心供应商。合作参与2000多种新型配套汽车散热器的同步设计开发。采取自营出口和代理出口的方式，产品销往美国、加拿大、日本、韩国、中东、澳大利亚、新加坡等国际市场。

【特变电工山东鲁能泰山电缆有限公司】 始建于1956年，是中国最大的电线电缆制造企业之一，国家级高新技术企业，拥有国家级企业技术中心和国内最大的交联电缆屏蔽试验大厅。公司先后被评为中国机械工业质量信得过明星企业、全国质量管理先进企业、国家级安全企业、出口创汇明星企业等称号，是山东省技术监督局确认授权的山东省电线电缆质量监督检测中心，通过国家AAAA级“标准化良好行为企业”认证审核，拥有进出口自营权。公司可以生产国内最高电压等级、最大截面的电线电缆产品，主导产品为750千伏及以下的交联电缆、塑力缆、控制电缆、电器装备用电线电缆等6大类400个型号，2万种规格。主要生产及检测设备达到了世界先进水平，居全国同行业领先水平。

2016年，公司实现销售收入28亿元，完成现价产值29亿元，实现合同签约38.5亿元，缴纳税金1.18亿元，人均利润同比增长54%。新增国家授权实用新型专利7项，至年底共有专利36项。

【概况】 2016年，化学工业企业141户，比2015年年减少9户，实现主营业务收入524.7亿元，下降10.0%；实现利税30.8亿元，下降38.2%。主要产品中，化肥（折纯）101.2万吨，下降20.8%；化学农药原药（折有效成分100%）3.1万吨，下降1.3%。 （武 军）

【瑞星集团股份有限公司】 国家级重点高新技术企业，全国最大的化肥生产企业和药用葡萄糖生产基地，山东省重点骨干民营企业，山东省改革开放三十年优秀企业，是集肥料生产与销售、粮食收储与加工、土地流转、金融服务、科技研发、国际贸易为一体的大型现代化农业集团公司。公司有职工5000人，其中大专以上学历人员3000人，中高级职称以上人员500人。公司占地2平方公里，总资产100亿元。2016年实现销售收入110亿元，生产尿素200万吨，尿素、葡萄糖效益居全国同行业第一位。主要产品为尿素、复合肥、甲醇、乌洛托品、硬脂酸、甘油、淀粉、葡萄糖、兽药、饲料、苜蓿草等，建有世界最先进的粉煤气化和化肥生产装置。拥有南非PROFERT公司、山东润银生物化工股份有限公司、山东祥瑞药业有限公司、山东瑞星国际贸易有限公司、山东佳源农牧科技有限公司、福富物流有限公司、东平润银小额贷款有限公司等子公司。

【肥城胜利化工有限公司】 2008年11月成立，为独立法人企业，由山东信发集团投资10亿元建设，是信发集团的产业配套项目。公司注册资金为8000万元，现有固定资产8.75亿元，职工人数为200人，主营业务为：工业散湿盐、干燥盐、饲料添加剂氯化钠的生产销售，公司生产的蒸汽及电力主要以自用为主。2016年实现销售收入3.78亿元，实现净利润 8116 万元，上缴税金 7554 万元。建有 100 万吨 / 年五效真空制盐生产线和 150 万吨 / 年五效真空制盐生产线各 1 条，其中 150 万吨 / 年真空制盐生产线是全国单线产能最大的生产线。建有 40 万吨 / 年干燥盐生产线 1 条。每年可生产工业散湿盐 230 万吨、工业干燥盐及饲料添加剂 40 万吨。

【山东瑞福锂业有限公司】 该公司为新能源高科技企业，成立于 2010 年 11 月，注册资本 7000 万元，是中国锂行业协会副会长单位，也是全球第一家锂云母提锂生产企业。主营电池级碳酸锂和工业级碳酸锂，联产氟硅材料、氢氧化铝、钾盐、铯铷盐等产品。公司研发中心拥有博士 1 人，硕士 10 人，大专以上学历 30 人。获得专利 12 项，其中授权发明专利 3 项，实用新型 5 项；承担国家级项目 1 项，省级项目 3 项，市级项目 5 项。“一种低温法从矿石种提锂的生产工艺”分别获中国专利优秀奖、山东省专利二等奖以及山东省技术发明二等奖。

【泰安圣奥化工有限公司】 该公司为江苏圣奥化学科技有限公司投资设立的全资子公司，注册资本 1000 万元，员工 383 人，其中科研技术管理人员 150 人，大专以上学历 146 人。是国内生产规模最大的橡胶防老剂及中间体 RT 培司生产基地之一，RT 培司催化氢化项目在中国和多个国家取得 10 余项专利。2016 年实现销售收入 4.5 亿元，利润总额 4760 万元，实现税收 3600 万元。橡胶防老剂 4020 及中间体 RT 培司的年生产能力分别为 3.5 万吨、3 万吨，全球用户遍及欧洲、中东、亚洲、拉丁美洲、澳洲等地区的 40 个国家，与国际轮胎巨头前二十强的绝大多数公司有稳定的业务关系。

【山东瑞泰化工（集团）有限公司】 该公司为民营股份制大型精细化工企业集团，有员工 700 人，固定资产 3.2 亿元，占地面积 26 万平方米。下属泰安瑞泰纤维素有限公司、山东瑞泰热电厂、肥城金泰化工有限责任公司。主要从事纤维素醚系列产品、药用辅料等深加工产品的研制开发、生产、销售和进出口贸易，主导产品有甲基纤维素、羟乙基纤维素、羟丙基纤维素、羟乙基甲基纤维素、羟丙基甲基纤维素、乙基纤维素、乙基纤维素水分散体、药用彩色包衣粉、羟丙基纤维素邻苯二甲酸酯等。产品广泛应用于医药、化工、建材、食品、化妆品、塑料、军工等领域，分别作成膜剂、黏结剂、分散剂、稳定剂、增稠剂等。公司拥有自营进出口权，产品除畅销国内市场外，还远销德国、加拿大、印度、东南亚、中东等国家和地区。

【山东一滕新材料股份有限公司】 该公司为山东一滕集团有限公司下属子公司。山东一滕集团有限公司是集新材料、钢结构、房地产、医药流通等产业于一体，并涉及装饰工程、信息咨询、资本运作、专业设计等多个行业和领域的大型综合型民营企业集团，有职工 5000 人，下属子公司 9 家。是省级重合同守信用企业、全省诚信守法企业、中国专利明星企业、国家高新技术企业。

山东一滕新材料股份有限公司是一滕集团龙头企业，始建于 2003 年 8 月，有员工 800 人，其中拥有博士、硕士研究生及高级工程师 20 人，大学本科以上技术人员 116 人，专门从事新产品开发研究的科研人员 65 人。2016 年主营业务收入 19.6 亿元。公司主要生产纤维素醚系列产品，其主导产品有羟丙基甲基纤维素（HPMC）、聚阴离子纤维素（PAC）、年产量分别为：1.5 万吨、1 万吨。应用领域为油田、食品、医药、日化、建材、涂料、陶瓷、纺织、印染、造纸等行业。综合经济指标在全国同行业前列，山东省同行业居首位。公司拥有纤维素醚自主知识产权，是北京理工大学的科研与应用研发基地，是中国纤维素醚的重点生产厂家，也是全国唯一既生产离子型又生产非离子型纤维素醚的企业。

【概况】 2016 年，建材工业（非金属矿物制品业）221 户，比 2015 年减少 15 户，实现主营业务收入 510.7 亿元，下降 1.2%；实现利税 62.8 亿元，下降 15.5%。主要产品中，水泥 805.0 万吨，增长 17.9%；石膏板 15978 万平方米，下降 27.1%；玻璃纤维纱 49.5 万吨，增长 12.3%。 （武　军）

【泰山玻璃纤维有限公司】 该公司为专业从事玻璃纤维及复合材料制品研发、生产、销售的国有大型企业，注册资金 24.29 亿元，资产总额 125.06 亿元。在职员工 7200 人，研究生以上 50 人，本科 610 人；高级工程师 20 人，工程师 152 人；拥有山东省中青年突出贡献专家 3 名，省首席技师 2 名，68 人次获国家、省级科技奖励。主导产品无碱玻纤无捻粗纱系列等 8 大类 1500 多个品种产品，应用于建筑、交通

4月15日，市委副书记、市长王云鹏（左三）到岱岳区调研安全生产工作。图为市长王云鹏在泰山石膏有限公司与工人交谈 （朱新宇 摄）

运输、新能源、石油化工、电子电器、压力容器、基础设施等国民经济各领域，远销美国、西欧、加拿大、中东、南非等70多个国家和地区。在美国设立“CTG北美国际贸易有限公司”，在南非建有短切毡加工基地。2016年，泰山玻纤营业收入、利润、税收、出口创汇分别实现40.9亿元人民币、4.5亿元人民币、3.2亿元人民币和2.3亿美元，分别同比增长7.13%、29.3%、15.1%和7.8%。

【泰山石膏有限公司】 该公司是全球最大的纸面石膏板生产企业，年生产能力18亿平方米，石膏板护面纸30万吨，轻钢龙骨12万吨，装饰石膏板1亿平方米。公司拥有资产77亿元，49家子（分）公司。公司主要产品有各种规格的纸面石膏板、装饰石膏板、护面纸、轻钢龙骨、水泥缓凝剂及相关配套产品等5大类60多个品种。主导产品“泰山”牌系列纸面石膏板及系统产品作为新型轻质建筑装饰装修材料，产、销量居世界第一位，国内市场占有率达45%以上，“泰山”牌纸面石膏板被评为中国名牌产品，“泰山”牌商标被认定为中国驰名商标。拥有山东省唯一的石膏技术研究中心，全国机械冶金建材系统职工创新工作室1个，全国机械冶金建材系统李冰式模范班组1个，泰安市科技创新团队1个，近20年来复合增长率高达近30%，连续4年利润均超10亿元。

【概况】 2016年，食品加工制造、饮料业60户，比2015年减少2户，实现主营业务收入134.8亿元，下降5.8%；实现利税15.4亿元，下降19.8%。主要产品中，白酒8440.5万升，下降22.9%；小麦粉163.7万吨，下降5.3%；乳制品28.6万吨，增长3.8%；软饮料21.4万吨，增长4.6%。 （武 军）

【山东泰邦生物制品有限公司】 原山东省生物制品研究所于2002年重组成立的合资企业，系国家定点、山东省唯一的以血液制品为主，集科研、生产、经营一体化的国家级高新技术企业。控股公司于2009年在美国纳斯达克转板上市，是国内唯一在美国上市的血液制品企业（交易代码：CBPO），市值达30亿美元。公司注册资本为1.6亿元人民币；资产负债率约为10%～15%，连续多年被各大银行评为优质客户。员工500人，其中专业技术人员占90%，研究生以上学历52人。2016年，实现销售收入15亿元，增幅20%，创税1.6亿元，科技研发投入持续3年超过销售收入的6%，企业综合效益处全国同行业前三甲。

【山东京卫制药有限公司】 该公司是中国最大的药用喷雾制剂生产企业，也是最大的吸入用药（吸入气雾剂、吸入粉雾剂、雾化吸入液）生产企业，主要产品包括呼吸系统吸入用药、中枢神经系统用药、皮肤粘膜用药等。有员工760人，大专学历以上人员占职工总数的比例为69%。2016年实现销售收入4.5亿元，增长12%；实现利润5259万元，增长20.9%；实际缴纳税金4872万元，增长45.6%；产品外贸出口1820万美元，与上年基本持平。

公司是国家级高新技术企业、山东省企业技术中心。2016年公司科研投入3584万元，增长151%。专业研发团队120人，其中博士学历2人，硕士研究生20人，专职科技研发技术人员已占公司职工总人数的20%。三年间公司申报专利11项，授权6项；获得新药证书2项，获新产品临床试验批件25项；主导起草国家食品药品监督管理总局注册标准10项，获批2项，参与起草国家药典标准1项，获批1项；获批省技术创新项目15项。无氟

5月8日，京卫制药生产车间工人在进行药品的封装　　（司　刚　摄）

硫酸沙丁胺醇气雾剂产业化项目获得山东省科技进步二等奖。产品出口澳大利亚、新西兰、俄罗斯、巴西、智利、马来西亚、泰国等50多个国家和地区。呼吸系统吸入药产品在国内市场的占有率始终保持领先地位；中枢神经系统抗抑郁症用药草酸艾司西酞普兰片在国内同类产品中市场占有率位居第一，2016年单产品销售收入已突破2亿元。

【山东宝来利来生物工程股份有限公司】 该公司是中国最早研究和生产动物微生态制剂的企业，是中国最大的动物微生态产品供应商和全球领先的生态技术及其解决方案服务商，国家级高新技术企业、博士后科研工作站，全国动物微生态行业首家获欧盟市场准入企业，成立于1996年8月，注册资本3880.5万元，于2015年1月19日“新三板”挂牌，股票代码：831827。主要生产饲料级微生物添加剂、生物饲料、生物制品等。全国拥有30多个销售机构，产品销售全国并出口到欧盟、美国、韩国、新加坡等国家和地区。开发生产酶益生素、肽菌素、乳酸芽孢M3、霉必吸等动物微生态制剂8大系列、120余规格产品，针对畜禽、水产、反刍等不同动物养殖品种。先后承担国家“863”项目6项，承担国家发改委绿色农用生物高技术专项、工信部重点产业振兴及技术改造项目、国家科技部创新基金项目，山东省自主创新成果转化重大专项等省级以上项目50余项，每年承担自主研发课题30余项。有授权国家发明专利11项，实用新型专利1项，另有26项发明专利进入实质性审查阶段。

【泰山酒业集团股份有限公司】 1949年建，为新中国建立后境内第一家国营企业。1952年，更名泰安专区酒类专卖事业处泰安酿酒厂，此后，先后更名为山东泰安酒厂、泰安市酒厂、泰安县酒厂、泰安酿酒总厂、山东泰山生力源集团股份有限公司，2011年5月更名泰山酒业集团股份有限公司。1998年，公司通过ISO 9001国际质量体系认证。2000年，“泰山特曲”被中国食品工业协会评为中国18家白酒新秀著名品牌，是省内唯一享有此殊荣的白酒企业。先后荣获“中国白酒工业经济效益十佳企业”“中国食品行业百强企业”“中国酿酒行业先进企业”“全国酿酒行业劳动关系和谐企业”“AAA级信用企业”“2008年度山东省轻工企业50强”等称号。在中国品牌研究院发布的《第三届中国最有价值商标500强》中，“泰山牌”白酒商标榜上有名，以8.14亿元的商标价值成为山东白酒唯一入选该排行榜的企业。在“2008山东酒业总评榜”上，泰山特曲继续保持山东十大名酒第一名。

【山东泰山啤酒有限公司】 1979年，泰安酒厂以啤酒生产车间为主筹建泰安啤酒厂。1980年建成，年设计生产能力5000吨。1988年，啤酒生产能力2万吨。1997年，啤酒生产能力15万吨，产品销量12万吨，“克利策”牌啤酒被授予省名牌产品称号。1998年10月通过ISO 9002国际质量体系认证。2000年改制为泰山生力源集团啤酒有限公司。到2002年12月，该公司发展成为香港恒捷印务有限公司持股61.54%、东莞虎彩印刷有限公司持股22.59%、泰山生力源集团啤酒有限公司持股15.87%，年啤酒生产能力15万吨。“克利策”商标被省工商局认定为省著名商标。

【山东银宝食品有限公司】 1980年建，原名肥城县肉联厂。1985年，肥城县肉联厂获得对苏联和中国香港、澳门的出口注册。1992年，成为美国麦当劳公司在中国大陆唯一的猪肉供应商。1994年，为国内第一批对新加坡出口注册企业。1995年，在国内第一家开办“放心肉”连锁店。2000年，改制为肥城银宝食品有限公司，并组建肥城银宝集团。2001年，“银宝”牌猪肉被认定为中国国际农业博览会名牌产品，并获得 ISO 9001 国际质量体系认证、国际皇冠质量认证。2002 年，通过 HACCP 国际质量认证，被北京市政府确定为鲜猪肉进京定点屠宰企业，被农业部批准为国家农业产业化重点龙头企业。

【山东光大日月集团】 该集团创建于 1998 年 10 月，经营占地面积 133.33 公顷（2000 亩），总资产 30 亿元，有员工 3000 人。旗下拥有山东光大日月油脂股份有限公司、山东光大肥业科技有限公司、山东光大科技发展有限公司、山东光大绿源食品科技有限公司、山东光大日月集团置业有限公司、青岛光大天一商贸有限公司、安徽光大农副产品有限公司、新疆新光油脂有限公司、新疆光大山河化工科技有限公司、新疆前进光大油脂有限公司等多家子公司，是一家以油脂和食品加工为基础，以精细化工和生物有机肥生产为主导，不断延伸产业链条，逐步向高科技领域发展的现代化集团企业。先后荣获“国家级扶贫龙头企业”“省级（兵团级）农业产业化重点龙头企业”“山东省农产品加工骨干企业”“山东省守合同重信用企业”“山东省诚信企业”“山东民营企业百强”“全国放心粮油进农村进社区示范加工企业”等称号。企业通过“高新技术企业”认定，其研发中心被评为省级技术中心。主要产品为“智育”“光大智育”“光大”牌系列食用油，“智育”牌红花籽油软胶囊，“鸥唛”牌奶油、花生蛋白粉、“光大田园”牌有机肥、复合肥、有机无机复混肥、专用肥，“英瑞”“赛璐王”牌系列淀粉醚、纤维素醚以及“西域山河”“西域雪莲花”牌精制棉、棉浆粕、纤维素醚、淀粉醚等。近几年先后承担各级各类科技计划 10 项，其中“优质油料作物产业化开发”项目被科技部列为富民强县专项行动计划，“年产 30 万吨生物有机肥复合肥”项目被列为国家星火计划，“东平县 20 万亩优质油料作物产业化开发”项目被列为省科技厅科技特派员示范工程。获得授权 45 项，其中发明专利 26 项。

【概况】 2016 年，纺织、服装业 209 户，比 2015 年减少 1 户，实现主营业务收入 500.8 亿元，下降 4.9%；实现利税 45.3 亿元，下降 16.9%。主要产品中，服装 11405.4 万件，下降 5.3%；布 70047.4 万米，增长 9.4%；纱 22.4 万吨，下降 5.5%。

（武　军）

【山东岱银纺织集团股份有限公司】 该公司集纺织、服装、进出口贸易、跨国生产经营于一体，集团下设岱银纺织公司、岱银进出口公司、岱银毛纺公司、雷诺服饰公司、岱银新宇公司等，并在海外设有岱银纺织马来西亚公司、岱银斯里兰卡服饰公司两大生产基地及美国雷诺时尚公司、加拿大贸易公司等数家分支机构。企业注册资金 1.25 亿元，资产总额 25 亿元，员工 1 万名，拥有 40 万纱锭、1 万头气流纺、1000 台织机、3500 台（套）缝制设备的生产规模，年产棉纱 8 万吨、毛呢 300 万米、牛仔布 3000 万米、服装 500 万件。系全国棉纺织行业竞争力排名前 20 强企业、全国服装双百强企业、中国优秀民营企业、国家纺织品开发基地、山东省重点工业企业集团、山东省百强民营企业。2016 年，实现销售收入 40.8 亿元人民币，实现利润 1.29 亿元人民币，税金 1.11 亿元人民币，进出口贸易额 2.3 亿美元，同比分别增长 2.6%、20%、8.2%、3%，各项经济指标均超额完成计划。

【泰安如意科技时尚产业有限公司】 该公司为山东如意集团旗下企业，集时尚创意、科技研发、高端制造为核心的大型服装设计研发制造企业，职工 1000 人，注册资本 5.06 亿元。2016 年，1 人获“山东省青年职业技能大赛（服装定制工）”一等奖，并代表山东省参加全国“振兴杯”青年职业技能大赛。1 人参加山东省首届“省长杯”工业设计大赛中成功入围决赛。如意设备团队被评为 2016 年度泰安市创新班组，并被认定为“山东省创新班组”。

【山东华兴纺织集团有限公司】 该公司始建于 1987 年，是全国纺织服装 500 强企业，国家高新技术企业，中国航天事业合作伙伴。产品分为纤维类、制品类、终端类三大类八大系列数百个品种，主要包括 7s–120s 各种棉纺、混纺纱线系列产品；工业级、食品级及医疗级纯壳聚糖纤维系列产品；壳聚糖纤维混纺纱线、针织、机织面料系列产品；壳聚糖纤维混纺热风、水刺、针刺无纺布系列产品；壳聚糖纤维抗菌内衣系列产品、家纺类系列产品；壳聚糖纤维面膜、卫生巾、纸尿裤等卫生系列产品；壳聚糖手术服、缝合线、膜类等医疗系列产品。

拥有山东省院士工作站、博士后工作站、省级企业技术中心、省级工程研究中心；申报各种专利 120 项，获得授权的国家发明专利 7 项，国际发明专利 5 项，实用新型专利 70 项；参与起草制订国家或行业标准10项；公司先后获全国纺织工业劳动模范先进集体、全国纺织十二五期间十大创新企业、国家级守合同重信用企业、全国青年文明号等称号。总投资10亿元的生物新材料智能纺一期项目建成投产，为世界上首条生物新材料智能纺生产线。海斯摩尔产业化项目被列入国家重点扶持项目，两次获得纺织行业最高荣誉——“纺织之光”科技进步一等奖。总投资16亿元的医疗用生物质新材料及制品产业化项目，入选2016年山东省重点项目，成为泰安市6个入选项目中唯一的现代工业项目。

【山东康平纳集团有限公司】 该公司是国家技术创新示范企业、国家高新技术企业。成立于1998年，注册资本9100万元。2016年总资产32亿元，员工1300人，集团拥有国家认定企业技术中心、国家国际科技合作示范基地、重点实验室、院士工作站、工业设计中心等国家省部级研发机构，先后承担完成“863”计划、科技支撑计划、智能制造专项等80项国家省部级科研项目，荣获国家省部级科技进步奖11项，其中国家科技进步一等奖1项。拥有专利技术150项，其中发明专利21项；参与制订国家、行业、地方标准20项。康平纳牌面料和染整机械是山东省名牌产品，康平纳商标是中国驰名商标。

康平纳毛纺拥有高档羊绒面料等十二大系列上千个品种的毛纺产品，自2008年连续被列入中国毛纺行业竞争力10强，成为中国毛粗纺企业稳居10强之列的唯一品牌，毛纺产品市场占有份额行业内排名第一，2016年代表中国毛粗纺最高水平参加全球顶级纺织面料展览会法国pv展。

康平纳机械相继开发研制了筒子纱数字化自动染色成套装备、智能筒纱生产物流及包装系统、全自动染料/助剂配送系统、立体仓库及智能物流系统、纺纱设备自动化系统升级改造、纺织行业专业机器人制造等6大系列40多个品种的高端印染及后整理设备，已在40家企业推广应用，成为纺织印染企业改造升级、提高生产效率和产品质量的首选装备。其中“筒子纱数字化自动染色成套技术与装备”，荣获2014年度国家科学技术进步一等奖，成为中国纺织机械史上第一个国家科技进步一等奖。以该技术装备为基础建设的“筒子纱染色智能工厂”被列入2015年国家首批智能制造试点示范项目；作为总集成商与如意集团等多家单位联合建设的“纱线染色智能化工厂”被列入2016年国家智能制造新模式应用示范项目。

【山东傲饰集团】 1955年建，原名肥城县城关被服合作社。1964年改为肥城县被服厂。1983年3月改名为肥城县服装厂。1997年组建为山东傲饰集团有限公司，并通过ISO 9002国际质量体系认证，成为集服装、印刷包装、商业为一体的肥城市首家省级企业集团。企业以服装生产、房产开发、印刷包装、酒水经营为主导，兼营塑料制品、节能电器、喷胶棉、商贸流通等多种产业，主导产品“傲饰”牌西服和“康王河”牌酒双双荣获“山东名牌”和“山东省著名商标”称号。企业通过ISO 9002国际质量体系认证、ISO 14001国际环境体系认证和SA 8000社会责任体系认证。

【概况】 2016年，冶金工业16户，比2015年减少1户，实现主营业务收入182.2亿元，增长7.2%；实现利税19.0亿元，增长22.3%。主要产品中，生铁328.2万吨，增长10.7%；钢材480.0万吨，增长4.0%；粗钢354.1万吨，增长12.9%。

（武　军）

•石横特钢集团有限公司•

【概况】 2016年10月，山东石横特钢集团有限公司更名为石横特钢集团有限公司。该公司（以下简称石横特钢）是集焦化、烧结、球团、炼铁、炼钢、轧钢、发电、机械制造、钢铁物流、民间资本管理于一体的股份制大型钢铁联合企业。注册资本10亿元，有员工5000人；拥有炼铁高炉3座，炼钢转炉3座，高速线材生产线1条、棒材生产线2条；主要产品有建筑钢材、锚杆钢筋、精轧螺纹、圆钢、电力角钢等。拥有肥城石横焦化有限公司、济南黄河特钢有限责任公司、肥城石横特钢民间资本管理有限公司、新疆昆玉钢铁有限公司、肥城泰顺房地产开发有限公司、肥城桃乡物流有限公司、肥城市桃都新能源有限公司、肥城石横特钢车辆拆解有限公司、山东阿斯德科技有限公司等子公司。综合经济实力名列中国企业500强之列，山东企业100强前列。2016年生产经营创造公司历史最好效益水平，实现利润14.2亿元、入库税金6.2亿元。其中，吨钢利润401元，单位产品效益继续保持行业领先地位；实物劳动生产率、人均年收入实现持续增长，获

5 月 10 日，市级老同志和市委老干部工作联络员参观考察石横特钢集团有限公司 （李慧星　供）

评 2016 年中国钢铁企业综合竞争力特强企业。

【生产经营】 全年完成铁产量 328 万吨，钢产量 355 万吨，钢材产量 384 万吨，焦炭产量 95 万吨，人年实物劳动生产率达到 775 吨钢。主要经济运行指标有较大突破，流动比率 185.8%、速动比率 168.7%，均列行业第 1 位，资产负债率 38.6%，位列行业第 2 位。实现降本总额 2.07 亿元，创历史最高水平，财务费用上年增利 5500 万元。产品与市场开发有突破，销售建材产品 277 万吨，销售型材总量 54.8 万吨。人力资源管控工作主动有效，全年实现优化人员 506 人。所产热轧带肋钢筋、锚杆用热轧带肋钢筋、“黄特”牌热轧中型角钢三个产品，继续保持山东名牌产品称号。

【工程建设】 以降低生产成本，提升市场竞争力为出发点，加快企业的转型升级，重点进行炼钢厂转炉改造项目、饱和蒸汽发电项目建设等技改工程。为实现能源平衡，提高公司整体效益及长远竞争力，启动循环经济提效改造项目、石横焦化制备阿斯德原料气项目。饱和蒸汽发电项目回收富裕低压蒸汽，减少能源浪费，提高能源利用率。2016 年完成 30 项大项修任务，保证设备安全稳定运行；吨钢维修费实现 52.49 元，下降 21.92 元。

【企业管理】 把握“产品适应市场的能力、企业的盈利能力和创新能力”三条生命线，提升企业综合竞争力。确定核心业务管理模式 58 个，建立科学的立项、管理、评审、奖励模式，提升企业各方面的动力和活力。6 月 22 日，国家发改委调研组开展“优化工业产品供给结构，做好去产能加减法”专题调研。7 月、11 月，山东电视台《山东新闻联播》记者分别就“供给侧结构性改革”“精细化管理”等进行采访报道。11 月 29 日，山东省经信委组织宣传报道团对董事长张武宗进行专题采访，《中国经济时报》《大众日报》等多家媒体记者参加活动，并刊登采访新闻。2016 年，石横特钢获“泰安市商务工作先进单位”称号，董事长张武宗获“2016 中国经济年度人物”称号。

【技术管理】 2016 年度确定重点经济技术指标 66 项，有可比性重点经济技术指标 52 项，其中达到先进水平 27 项，达到领先水平 18 项。11 月 22 ～ 25 日，质量 / 环境 / 职业健康安全管理体系通过北京国金衡信管理体系认证有限公司的监督审核，保持认证资格。全年发布技术创新项目计划 177 项，确定“十三五技术研究课题”127 项；鉴定验收 2015 年度公司级技术创新成果 95 项，发放奖金 67.6 万元；6 项科技成果通过鉴定验收，其中 2 个项目鉴定为国际先进水平、3 个项目鉴定为国内领先水平、1 个项目鉴定为国内先进水平。“圆钢切分轧制工艺技术的开发与优化”等 7 个项目列入 2016 年山东省经信委技术创新项目计划。“ϕ 12mm ～ ϕ 32mm500N/500E 澳新标带肋钢筋开发及工艺优化”项目获山东省冶金科技进步一等奖；“左旋精轧螺纹锚杆钢筋开发”“炼钢化学成分精准控制的研究与实践”2 个项目获山东省冶金科技进步二等奖；“转炉金属料耗极限值研究与实践”“热风炉自动烧炉技术的研究与应用”2 个项目获山东省冶金科技进步三等奖。向国家知识产权局申请专利 36 项，其中发明专利 21 项、实用新型专利 15 项，11 项实用新型专利获授权。

【循环经济】 年内，烧结工序能耗、高炉工序能耗、转炉工序能耗、轧钢工序能耗均低于国家产品能耗限额标准，位居行业先进水平或先进平均水平。投资 7 亿元，在各生产系统建设安装环保设施，在用除尘器100台（套），烟气脱硫装置2套，噪音治理设施100台（套），水循环利用和废水处理系统40台（套）；环保设施与主体生产设备同步运行率100%，实现生产全过程污染预防控制，未发生环境污染事故。坚持绿化与美化相结合，可绿化面积45.9万平方米，绿化率达90%。获“泰安市节能突出贡献企业”称号，并列入省电力直接交易试点用户名单。9月29日，董事长张武宗获评“2015山东循环经济年度人物”并现场登台领奖。

【企业文化】 连续3年颁发“张武宗董事长教育基金”，用于奖励优秀学生和业绩突出的教师。投资89.5万元对生活区取暖及房屋进行维护。投资180万元改善员工子女的教育环境和教育质量，将石横特钢厂学校办成肥城市一流学校。2016年表彰特殊贡献项目10个、劳动模范12名、立功嘉奖人员281名，奖励人数和奖励额度创历史之最。推出季度党员明星169人次，授予3个党支部“2015年度先进党支部”称号，授予60名党员“2015年度优秀共产党员”称号；评出“贤内助”22人，“五好家庭”10户，“公益活动先进者”15人，“好婆婆”、“好儿媳”各6人。至年底，累计向社会捐款3000万元，投资650万元，承建肥城晒书城主体项目，交付地方政府。9月，组织5983人开展“慈善月”捐款活动，捐款率99.38%，被泰安市慈善总会授予首届“泰安慈善奖”称号。（李慧星）

金属制品业

【概况】 2016年，金属制品业101户，比2015年减少10户，实现主营业务收入274.4亿元，下降4.5%；实现利税23.6亿元，下降18.7%。主要产品中，金属切削工具31.4万件，下降25.6%；锻件18.3万吨，增长0.3%。（武军）

【山东九鑫机械加工有限公司】 该公司为九鑫集团下属子公司。九鑫集团是集日用化妆品和五金工具制造的综合性集团公司，旗下有8家子公司，有员工1660人，2016年完成销售收入3.7亿元。公司主要产品有呆扳手、两用扳手、梅花扳手、活络扳手以及各种管钳和断线钳，其中呆扳手全国产量最大，产品被评为山东省名牌产品，产品商标是山东省著名商标、中国驰名商标，获“中国消费品市场同行业十大主导品牌”称号，并获五金制品协会工具五金分会副理事长单位和“中国五金工具三十强”首批十强企业称号。产品占据国内三分之一的市场份额，并出口到欧美、日本、俄罗斯、韩国、阿联酋、巴基斯坦等20个国家和地区。

【山东山口钢管集团有限公司】 该公司专业生产高频焊管和冷轧带钢，产品形成六大系列500个品种，行销全国20个省、市和地区，并出口到英国、非洲、北美等30个国家和地区。2003年，该公司新上GH200、GH450大型空心型钢生产线2条，专业生产80×80～450×450×4～16毫米的钢结构用管，成为全国第一个生产450×450×16毫米大型空心型钢的厂家，填补中国大型空心型钢生产的空白。

海工科技国际绳网产业生态园，位于东平县滨河新区规划扶贫产业园，总投资15亿元，年生产各类绳网10万吨，是全省重要的高端绳网制造研发基地。该产业项目由鲁普耐特集团投资建设，引进欧洲先进的智能化PLC生产线，研发和生产军事装备、航空航天、海洋作业、体育休闲所需的各类新材料高强度高性能绳网产品（司刚 摄）

橡胶和塑料制品业

【概况】 2016年，橡胶和塑料制品业86户，比2015年减少5户，实现主营业务收入180.1亿元，下降4.2%；实现利税17.0亿元，下降22.2%。主要产品中，橡胶轮胎外胎（轮胎外胎）2445.2万条，下降24.4%；塑料制品23.2万吨，下降14.7%。 （武　军）

【鲁普耐特集团有限公司】 国家高新技术企业，成立于2002年，注册资本1.17亿元，产品涵盖绳、网、线、带四大类别，应用于农林牧渔、工业电力、交通运输、海洋工程、船舶游艇、矿山开采、国防军工、航空航天、安全防护、应急救援、体育户外、娱乐休闲、建筑五金、家居日用、工艺装饰等领域，产品出口到欧洲、美国、加拿大、日本、澳大利亚、南美、中东以及非洲等80多个国家和地区。是国内规模最大、产品类别最齐全、技术研发实力最强的绳网研制商。公司有直属分厂4家、子公司5家以及省级工程技术研发中心1个，员工数量超过1000名。“鲁普耐特”商标获得“山东省著名商标”称号，公司的消防安全绳和游艇绳产品被评为“山东名牌”产品。公司共成功申报国家专利286项，其中，授权发明专利4项，实用新型授权61项，进入实审公开的发明专利110项。参与制定国家标准6项，主持牵头行业标准制定7项。

【山东新巨丰科技包装有限责任公司】 该公司是主要从事无菌包材及灌装机的研发、生产、销售、安装和技术咨询等业务，成立于2007年10月，注册资金1亿元。一期工程投资2亿元，年产无菌包装材料2.88万吨，无菌灌装机110台。随着生产规模的不断扩大，年产量将达到6万吨、300台。主要产品为无菌纸塑包材和无菌灌装机。无菌纸塑包材是新巨丰公司拥有自主知识产权的国家发明专利产品。无菌灌装机为公司自行研制开发，拥有各项专利成果30项，打破国外企业在中国的垄断局面，填补国内市场上的空白。

电力生产与供应业

【概况】 2016年末，全市电力、燃气、自来水的生产和供应企业有规模以上工业企业29户，与2015年持平，实现主营业务收入61.2亿元，增长5.3%，实现利税8.8亿元，下降26.3%。 （武　军）

【国网新源山东泰山抽水蓄能电站有限责任公司】 该公司于1999年7月注册成立。位于泰安市西郊、京沪铁路北侧，为国家重点建设项目。工程总投资43.26亿元，分为上水库系统、厂房系统、水道系统和下水库系统。上水库为樱桃沟上游扩挖、填筑土石方而成，水库总库容1128万立方米。安装4台25万千瓦立轴单级混流可逆式水泵水轮机组，年发电量13亿千瓦时。首台机组于2006年7月11日正式投产，10月11日2号机组投入商业运行，12月7日3号机组投产，4号机组于12月20日并网，实现“三投一并”的目标，增强山东电网调峰、填谷、调频、调相和事故备用功能，有效利用高达460万千瓦的夜间用电低谷电能，每年节约标准煤43.4万吨，节约燃油25.5万吨，提高电网运行效率。电站工程先后通过竣工验收和工程审计，获得中国建筑行业“鲁班奖”（国家优质工程）。公司获全国电力行业质量奖、电力企业管理认证优秀企业、山东省优秀电力企业等称号，继续保持全国文明单位、全国“安康杯”竞赛优胜单位称号。

12月23日11时42分，4号机组发电工况解列，2016年度发电量达到13.38亿千瓦时，提前8天完成全年发电量任务，增长188%，实现发电量跳跃式式增长。年内，4台机组发电启动1967次，抽水启动1408次，平均日均启动达到9.4次，在迎峰度夏中创下单日启动49台次，启动成功率100%的新纪录。至年末，实现安全生产3825天。

【国电石横发电有限公司】 中国国电集团公司大一类企业。始建于1962年，占地298公顷。有职工1913人。6台机组运行，总装机容量1920千瓦，固定资产85亿元。先后获全国文明单位、全国精神文明建设工作先进单位、全国五一劳动奖状、全国模范职工之家、国际一流火力发电厂、全国企业文化建设十佳单位、中国国电集团公司绩效贡献特别奖等称号。11月7日，该公司通过中国国电集团公司安全文明生产标准化验评。

2016年，面对电力市场“双低双降”（降电价、降利用小时、低电量增长率、低负荷率）的新态势，该公司提高市场应对能力，树立“电量就是生命线”理念，动态跟踪电量计划完成情况，利用调峰需求等有利因素积极争取电量计划，提高机组运行负荷率和利用小时。抓住电量营销、精细管理、安全管控等关键因素，稳运行、控指

12月2日，市政协副主席张甲军（前排右三）考察全市供电工作发展情况
（刘峰 供）

标、抢发电、多发电，提前实现全年发电量。6月22日，1号至4号机组月度电量计划超前时间进度8.5%，5号至6号机组超前时间进度4.8%。在运的五台机组，全天负荷率平均达到87.39%，其中1号机组、3号非“R”模式机组负荷率达到95%，创2016年单日负荷率最高纪录。12月25日，三期机组完成发电量39.06亿千瓦时，在线利用小时数5904小时，提前6天完成全年发电量目标任务，实现安全效益完美收官。

• 国网泰安供电公司 •

【概 况】 国网泰安供电公司始建于1973年，下辖职能部室11个、业务支撑和实施机构7个，以及4个县(市)供电企业，有员工4034人。担负着为全市560万人口、210万户客户及7762平方千米区域的安全供用电任务。泰安电网以220千伏电网为主网架，网内有500千伏变电站3座，市（县）公司所属35千伏及以上变电站149座、总容量1266万千伏安，35千伏及以上输电线路383条、4506千米，10千伏配网线路869条、1.00万千米，公用配变1.45万台、总容量411万千伏安。至年末，全市全社会用电量184.24亿千瓦时，公司实现连续安全生产6682天。年内，获全国“安康杯”竞赛优胜单位、山东省思想政治工作优秀企业、山东省职工技术创新竞赛示范企业、山东省内部审计机构先进单位、省电力公司先进单位、省电力公司班组建设先进单位等荣誉称号。2名员工分获山东省富民兴鲁劳动奖章和省公司劳模称号，3个专业分获省公司大讲堂冠军赛二、三等奖，2家单位分获全国学雷锋活动示范点、全国工人先锋号称号。

【安全生产】 强化安全生产主体责任，明确本质安全102项工作重点。推进“织牢安全网”和“三查三强化”专项行动，排查整改问题隐患104项537条。坚持“一停多用”，完成涉及42座变电站、184条输配电线路的467项检修任务，消除缺陷176处。开展配网管理提升年活动，改造治理老旧线路145条，治理重过载配变694台，消除低电压用户2.5万户。推广智能运检，开发应用巡检APP终端，无人机“立体化”巡视“三跨”区段104次。开展电网联合、火灾疏散等应急演练16次，编制修订25项专项应急预案，提升应急防范和处置能力。坚持“一风险一预警”，发布七级及以上电网风险预警258次，出动保电人员1342人次，成功应对283.8万千瓦电网负荷新高，完成全市“两会”、泰山国际登山节等重要保电任务59次，实现除夕夜“零停电”目标。2个班组分获全国安全管理标准化示范班组、全国“安康杯”竞赛优胜班组称号。

【电网发展】 全年新建改造35千伏及以上线路340.3千米、变电容量52.6万千伏安，完成“十三五”时期电网规划修编并纳入全市经济社会发展规划纲要，500千伏新泰站按期竣工送电，彻底解决泰安东部电网结构薄弱问题。110千伏南湖站投入运行，解决城区南部供电瓶颈。9项工程分获国网和省公司优质工程，110千伏邱家店站获省公司安全质量管理流动红旗。公司被评为省公司电网工程建设立功竞赛先进单位。推进全市9个电力迁改工程，新一轮农网改造投资13.65亿元，完成7888眼机井通电和487个中心村电网改造任务，新建改造10千伏线路1198公里、低压线路6543千米，新增更换变压器3003台，户均容量由1.61千伏安提升至2.01千伏安，5项工程分获国网百佳工程、省公司优质工程称号。

【优质服务】 对接22个工业园区，开展“门对门”“一对一”服务。

实施自备替代发电，完成热泵采暖示范项目5个，实现电能替代7.82亿千瓦时。推进"车联网"平台建设，建成充电站31座，投运充电桩480台。并网光伏电站10座18.77万千瓦、分布式电源634户5100千瓦。"全时段、全类型、全区域"开展配网不停电作业9511次，减少停电29.5万时户。推进配网抢修指挥平台实用化应用，抢修时长和工单数量分别下降87.8%和21.8%。更换表箱1.47万个，计量装置持续规范，智能表及用电信息采集保持全覆盖。深化"互联网+"营销服务，完成3万户"多表合一"建设应用，推广电e宝等自有电子化交费渠道15万户。强化营销基础管理，历时2年完成全市210万电力客户信息普查。推进星级供电所创建，肥城仪阳、宁阳泗店、东平城区3个供电所被评为四星级供电所。东部新区供电所被评为全国用户满意服务之星班组。（孙 涛）

【无线电管理】①无线电管理执法。开展"黑广播"和"伪基站"整治专项活动，查处违法人员治安处罚6人，刑事拘留人员10人，查扣非法广播设备68套，打掉广播窝点13个，"黑广播"内容广告销售信息15个，诈骗伪基站设备3套，抓获犯罪团伙3人。全年查处各类无线电干扰干扰32起，其中航空干扰2起、军队干扰1起、国际电联干扰1起、卫星电视干扰8起、非法广播电台20起。全年为各类统一考试保障16次，排查可疑信号56个，压制作弊信号10个，查处作弊人员2名，没收各式作弊设备2台。②无线电频谱资源管理。根据《民用机场与地面航空无线电台电磁环境测试规范》，对泰安机场3个预选地点进行电磁环境测试，保障未来机场的无线电通信安全。加强业余电台的管理，对全市业余无线电爱好者进行无线电管理法规、技术培训，组织80名业余无线爱好者进行应急通信演练赛。③无线电管理宣传。开展"世界无线电日""无线电管理宣传月活动"，与泰山实验中学联合举行无线电管理宣传进校园活动暨无线电第二课堂教育基地揭牌仪式，为学生作科普知识讲座。学校师生及业余无线电爱好者参观无线电管理宣传展和无线电仪器、技术设备展览及测向操作演示等。

【中国联通泰安分公司】2016年实现"省级文明单位"17连贯，8月再获省级"守合同重信用企业"称号。

经营发展　加快创新型业务发展，实现"互联网+产品"与传统产品的融合发展。年内，泰安联通将出口带宽由320G扩容至640G，扩建70%以上容量的IDC机房，满足日益增加的用户数据业务需求，确保智慧泰安向更广领域、更高水平拓展。结合大数据挖掘和归集，开发法务通、智慧工地、智慧校园、移动采编、云桌面、企业私有云等项目，批助力政务、惠及民生的信息化产品成功上线。

网络建设　聚焦4G建设，打造匠心网络。利用铁塔资源共享契机，加快4G网络建设，发布"沃4G+"。投资4000万元，新建4GLTE基站300多个，开通进度名列全省前茅。市区和县城城区面积覆盖率98.6%，AAA级以上景区、乡镇驻地实现LTE信号连续覆盖，高铁、高速等重要交通干线里程覆盖率98.9%，行政村覆盖率85.1%。启动并全面完成第一批GSM农村广覆盖工程，解决435个行政村G网覆盖，G网覆盖率达到98%。

客户服务　专注"品质+服务"，通过宽带免费提速至最低20M、宽带测算达标以及宽带480限时服务，打造联通宽带优质服务的品牌，提升用户的使用感知。提升20M以上宽带接入体验，开展用户提速营销，为用户提供4K超清视频等差异化产品，泰安联通手机营业厅使用用户数由年初的10%提升到目前的25%，整体业务发展量增长153%。开展实名制补登工作，多途径多方法联系用户进行实名制资料补登记，确保用户通信服务不受影响。（杜 鹃）

【中国移动泰安分公司】2016年，公司连续15年保持省级文明单位称号。公司团委被评为中央企业五四红旗团委、泰安市五四红旗团委，公司工会获"中华全国总工会全国模范职工之家"称号，七彩假期青年志愿服务项目获全省青年志愿服务项目大赛金奖、全国铜奖。

网络运营　累计投资6.1亿元完成4G四期工程建设，4G基站达到4705处，实现4G网络在市县城区、乡镇驻地、高速高铁重要交通干线、泰山景区及95%以上村庄的全覆盖。持续推进4G网络向"4G+"演进，实测下载速率达200M/mbps以上，提升VOLTE网络质量，接通率99.71%，切换成功率99.51%，为用户打造特有的高质量网络体验。实施"宽带中国"战略，累计投资2.5亿元开展光纤宽带建设，完成5840处区域、192万户家庭用户宽带覆盖，客户数超过33万户。

业务发展　完成运营收入15.7亿元，2016年纳税总额1.8亿，获

1月20日，泰安市智慧教育云平台启用仪式在泰安举行。副市长成丽（左三）、中国银行山东省分行副行长王仁堂（右三）、中国移动山东公司集团客户服务中心总经理杜伟（左二）等出席启动仪式 （魏蔼秋 供）

得泰安市首届“最美纳税人”称号。移动客户总数超过370万户，4G客户累计到达158万户。实施“提速降费”政策，按照国家逐步取消漫游费的要求，推出“长市漫”一体化套餐。以“4G+宽带”为依托，围绕“智慧泰安”建设规划，打造泰安市智慧教育云、网警WIFI监控、价格通、掌上报税、矛排通、食药通等平台，建设宁阳县“健康云”平台、东平县人民医院无线诊疗项目，实现“互联网+”战略有效落地。

客户服务　落实实名制，实名率达到100%。按统一标准对营业网点进行装修、布置，积极防控垃圾短信，使客户免于垃圾短彩信干扰。健全服务考核体系，以价值服务推动市场健康发展。2016年整体客户满意度及NPS保持较好水平，业内领先达7.4个百分点，全省排名居前，被评为行业纠风先进单位。

（魏蔼秋）

【中国电信泰安分公司】　市场经营　2016年收入完成率100%，全业务收入增长9%，全省排名第5位，天翼累计新增用户完成率120.2%。助力互“联网+”行动，提供综合信息服务。针对智慧城市、智慧园区做了大量调研、技术分析、商务运营模型设计等前期工作。与泰安市云计算中心的物联网领域的战略合作，与农业局、民政局、纪委、检察院等合作实施农技宝、加密通讯等信息化项目。

客户服务　响应国家宽带提速降费号召，开展提速降费专项行动。光网宽带率先实现100M高品质带宽网络，有效降低网络资费，率先取消手机长途漫游费，下调国际漫游资费，持续提升服务水平。严格实施实名登记工作，2016年底实名率达到100%。履行社会责任，进行“防诈骗”公众教育和宣传引导。畅通社会监督举报渠道：在本地客服和“10000”建立通信诈骗举报受理流程；在门户网站和网厅对外公布热线举报方式，定期以短信向用户发送警示短信。

网络建设　加快实施“宽带中国”国家战略，加强4G网络覆盖，推进“光网城市”建设。2016年，移动网络共投资1.1亿元，新增室外基站300处，室内分布系统120处。泰安地区人口覆盖率达到99.5%，总体区域覆盖率达到98.6%，整体移动网络覆盖良好。集中优势资源进行光纤宽带建设和老旧小区改造工程。全年投资1.2亿进行光纤入户，完成改造老旧小区和新建小区1623个。（田　倩）

【中国铁塔股份有限公司泰安市分公司】　2014年12月5日成立。年内，聚合资源利用和通信环境融合，聚力网络覆盖和城市环境改善，聚焦行业效益和社会效益提升，打造友好、信任、合作的客户服务关系，实现创新高效发展。“互联网+”信息惠民通信基础建设工程列入新泰市委、市政府2016年为民所办十件实事，“互联网+”通信畅通工程列入宁阳县委、县政府2016年为民要办12件实事。

工程建设　全年建设完成通信基站1372个，通信基站达5546个，资产规模8.24亿元。新泰滨湖路北转盘基站工程获山东省通信行业协会2016年度山东优质工程项目一等奖。

网络维护　坚持“100%客户响应、100%服务达标”目标引领，提升网络维护能力。全量维护站址规模达5429个，各项维护考核指标全部达标。完成第30届泰山国际登山节、泰山景区国庆旅游黄金周、第三届泰山国际马拉松、重要节假日和暴雨雷电灾害天气的应急通信保障，赢得市政府和电信企业肯定。（郭　建）

编校　赵　兵　　审稿　周美广

交通 邮政

交通综述

【概况】 年末，全市交通运输系统在职职工1.08万人。市交通运输局辖县级单位2个、副县级单位6个、正科级单位3个、副科级单位1个、管理国有企业1个、监管民营企业1个。全系统坚持创新、协调、绿色、开放、共享五大发展理念，统筹做好稳增长、调结构、促改革、惠民生、防风险各项工作，推动综合交通基础设施加快成网，推动运输服务提质增效升级，推动行业软实力持续提升，努力当好经济社会发展先行官。市交通运输局被交通运输部表彰为“全国交通运输行业文明单位”，被市委、市政府表彰为“2016年度全市科学发展综合考核先进单位”，被市委表彰为“2016年度‘五型’机关建设示范单位”，11个单位继续保持“省级文明单位”称号。

【交通基础设施建设】 全年完成交通建设投资19.3亿元，是年度目标的152.1%，其中，公路建设完成投资10.6亿元、场站建设完成投资1.98亿元。实施国省干线公路升级改造，完成路网改建、养护大中修里程83.6公里，全市干线公路综合优良路率90.35%。加快农村公路建设，新建和改建农村公路346.8公里，完成投资2.6亿元，全市农村公路通车里程1.4万公里，行政村通油路率100%。年末，全市公路里程1.53万公里，比上年增加165.7公里，公路密度每百平方公里197.7公里。按行政等级划分，国道10条、535.8公里，省道9条、680.8公里，县道90条、1504公里，乡道2103.4公里，专用公路27.6公里，村道1.05万公里；按技术等级划分，高速公路6条、238.8公里，一级公路286.8公里，二级公路1616.7公里，三级公路1591.3公里，四级公路1.15万公里。

【依法行政】 推进法治交通建设，明确交通运输行政执法主体和行使职权，规范权力运行流程。强化执法监督检查和评议考核，提高交通依法行政能力。推进基层交通执法“三基三化”（基层执法队伍职业化建设、基层执法站所标准化建设、基层管理制度规范化建设）和“四统一”（统一执法标识标志、统一执法证件、统一执法服装、统一执法场所外观），完成全市交通运输执法证件和执法服装统一工作。加大执法人员教育培训力度，组织交通运输行政执法文书制作培训，培训执法骨干80人。建立执法人员网上集中考试机制，组织全系统1242名执法人员开展网上法律法规知识集中考试。规范行政审批服务，市本级实施和承接上级的38项行政审批事项，集中纳入市政务服务中心受理，并全部纳入山东政务平台实现网上办理。市行政审批中心交通窗口办理审批事项1.23万件，事项办结率、群众满意率100%。年内，市交通运输局被评为“全市依法行政先进集体”“全省交通运输行政执法评议考核优秀单位”。开展旅游客运市场、客运出租市场、普通货运市场专项整治，完善投诉举报快速反应机制，办理行政复议应诉案件，规范道路水路运输市场秩序。开展运输企业质量信誉考核和营运驾驶员（船员）诚信考核，增强运输业户守法经营意识。依法加强路政、运政、航政管理，检查营运车辆26.2万辆次，查处违章违规车辆1.18万辆次。加强治超站点规范化建设，完善路面监控网络，干线公路车辆超限超载率控制在4%以下。依法加强交通建设市场管理，强化工程质量监督，规范建设市场秩序。

【运输经济】 年末，全市有道路旅客运输经营业户15家、道路货物

11月1日，省交通运输厅党组书记王玉君（前排左二）调研青兰高速泰安至东阿段建设情况。市委副书记、市长李希信（前排左一）陪同调研

（刘宗刚　摄）

运输业户数5853家，客运营运线路399条，年平均日发2450班次；全市客运车辆保有量1412辆，货物营运车辆2.02万辆，中型以上载货汽车比例60%；全市集约化客运线路62条，集约化客车比例49.09%。拥有跨省运输经营的国内水路运输企业4家，船舶运力6.07万载重吨；拥有市内水上旅游运输企业8家、1344客位，水上旅游船舶全部实现公司化运营。年内，全市公路水路运输完成客运量2965万人、旅客周转量19.2亿人/公里，货运量6796万吨、货物周转量148.8亿吨/公里；泰安城区完成公交客运量9148.5万人次。完成春节假期运输和重大节假日运输保障及应急运输任务。

【客运行业管理】 优化旅客运输组织结构和经营结构，推动道路客运集约化、规模化经营，全市集约化线路62条、客车677辆，集约化客车比例49.09%。加强道路旅客运输经营许可，审批县际班线经营行政许可15个，延长省际包车、市际班线车辆营运年限55个，调整班线客运包车4个。健全营运客车市场退出机制，推广应用清洁能源客车，鼓励和引导运输企业发展高档节能环保型客车，清退到期营运客车180辆。全市清洁能源客车299辆，占客车总数的21.68%。规范道路运输企业客运车辆车籍地登记管理，变更车辆登记地址246辆。调整泰安交通宾馆汽车站、泰山汽车站功能，实现班线客运、公交客运独立发车。开展客运联网售票工作，全市14个三级以上汽车客运站实现市内车票互售互检。开展道路旅客运输市场专项整治活动，加强道路客运市场秩序监管，严查未经许可擅自从事道路旅客运输经营、客运车辆超员超载、站外揽客、不按站点停靠等违法违规行为，规范市场秩序，提高服务质量。

【货运行业管理】 推进货运公司化改造，发展新型货运组织方式，培育道路货运龙头企业，加快物流企业功能整合，推进传统道路货运向现代物流转型。加快运力结构调整，发展厢式、冷藏、罐式、集装箱等标准化货车，推广甩挂运输、多式联运等现代运输方式。开展普通货运企业资质、货运车辆信息清理工作，清理超期经营、无车空户货运业户317家、车辆1262辆。推进市属普通货物运输业户许可下放。开展货运企业质量信誉考核，评定AAA级优秀企业11家。发展甩挂运输等先进运输组织方式，全市甩挂运输车辆216辆。扶持发展交通物流，做好峰松电子科技有限公司纳入全国无车承运人平台试点争取工作。开展交通运输行业危爆物品寄递物流清理整顿和矛盾纠纷排查化解专项行动，落实寄运物品先验视后封箱、寄递物流活动实名登记等制度，规范行业管理。加快道路运输与邮政和快递业融合发展，完善农村交通物流网络。扶持现代物流园区项目建设，山东中物国际物流有限公司物流园区一期工程开工建设。强化重要时段、重要节假日期间货运保障及危险货物运输安全监管，储备应急运力，完成重点物资运输保障任务。

【客运出租行业管理】 开展行业服务质量提升活动，加强客运出租市场秩序整治，严厉打击出租汽车违法违规运营行为，累计检查车辆1600辆次，查处违规出租车120辆次。加大违规出租车投诉处理力度，查处各类网络、电话投诉违规出租车90辆次，吊销严重违规经营驾驶员服务资格6个。继续开展出租汽车改色换型工作，完成改色换型1215辆，占全部车辆的94%。开展“泰山文明号”服务品牌创建活动，提高服务标准，拓展服务项目，组建“爱心车队”“雷锋车队”等品牌车队，开展“爱心送考”“关爱孤寡老人”等系列社会公益活动，提升客运出租行业形象。稳步推进客运出租行业改革，起草《泰安市网络预约出租汽车经营服务管理暂行办法（征求意见稿）》，完成部门征求意见、风险评估、合法性审查等环节，待市政府审核通过后发布实施。

【机动车维修行业管理】 规范行业管理，严把市场准入关口，行政许可权限下放县级道路运输管理机构。推动全市汽车维修企业达标定级，加强对从事营运车辆二级维护企业认定。年末，全市有各类汽车维修业户 647 家，其中，一类汽车维修业户 24 家、二类汽车维修业户 184 家、三类汽车维修业户 439 家，检测企业 6 家。开展维修检测企业质量信誉考核，评定 AAA 级汽车维修企业 33 家、AA 级汽车维修企业 218 家、A 级汽车维修企业 341 家、B 级汽车维修企业 24 家。依法注销 7 家，改建 1 家。落实《道路运输车辆技术管理规定》，回（答）复业户各类咨询 300 次。加强安全管理，对符合条件的 38 家维修企业，建立“一企一册”，明确企业的安全生产主体责任和管理部门的监管责任。加强汽车维修喷漆废气治理，开展汽车维修喷漆废气专项整治活动，出动执法人员 121 人次，签订取消露天喷烤漆承诺书 157 份，查处相关问题 183 项，下达整改书 112 份，取缔从事喷烤漆业务企业 21 家。加强车辆二级维护上线监管和车辆技术等级评定检测管理，完成营运车辆技术等级评定 2.1 万辆，二级维护备案 3 万辆次。落实《道路运输车辆燃料消耗量检测和监督管理办法》，新许可车辆油耗达标车型核查合格车辆 1651 辆。年末，全市清洁能源、新能源汽车保有量 6421 辆，占全市营运车辆的 28.4%。

【机动车驾驶员培训管理】 加强机动车驾驶员培训管理，改造升级计时培训管理系统。全市 30 所驾校实行“先学后付、计时收费”驾培服务模式，占驾校总数量的 60%。建立教练员“黑名单”制度，对违规教练员实行系统禁用。落实《机动车驾驶员培训机构资格条件》《机动车驾驶员培训教练车技术要求》国家标准，全市达标驾校 47 所。严格《培训记录》审核、签章程序，全年审核签章 12.32 万份。组织开展驾培市场专项整治，查处违规培训教练车 75 辆，依法取缔违法驾校培训点 53 处。开展驾校质量信誉考核，评定 AAA 级驾校 10 所、AA 级 29 所、A 级 3 所、B 级 3 所。加强道路运输驾驶员从业资格管理，核发证件 3957 个。开展道路运输驾驶员诚信考核和继续教育工作，继续教育培训 5.6 万人。做好新版“道路运输从业资格证”启用和换发工作，换发证件 9217 个。

【车辆超限治理】 贯彻落实交通运输部《超限运输车辆行驶公路管理规定》，建立治超工作目标责任制和追究制，明确县（市、区）政府治超工作主体责任，推行追踪处理和“一超四罚”（一经发现超限超载车辆，各有关部门将依情形分别对货运车辆、车辆驾驶人、运输企业、货运场所经营者予以处罚）工作机制。加强执法队伍建设，规范执法行为，全年没有出现违法违纪案件、公路“三乱”问题和省级以上投诉案件。开展整治公路货车违法超限超载行为专项行动，加大国省道和重点县乡道路、高速公路主要出入口等重点部位流动检查力度，保持路面执法高压态势。健全治超源头管理网络，建成岱岳区、新泰市、肥城市 II 类超限检测站。严格执行国家超限超载认定标准和卸载标准，安装完成岱岳区化马湾站、泰山区温泉路停车点、市交通运输局黄前治超站、新泰羊流治超站、宁阳稽查大队执法点停车卸货监管系统。全市累计出动行政执法人员 8 万人次，执法车辆 1.5 万辆次；检查客、货运输车辆 26 万辆次，查处违章车辆 1.16 万辆次。其中，查处超限超载运输车辆 8226 辆次、卸货 1.8 万吨，查处脱落扬撒车辆 2466 辆次，查处违规危化品运输车辆 445 辆次，查处违规运营客车 890 辆次，干线公路车辆超限超载率控制在 4% 以下。

【平安交通建设】 落实安全生产行业监管责任和企业主体责任，健全隐患排查治理、暗访抽查、约谈等工作机制，夯实安全生产基层基础。推进“安如泰山”科学预防体系创建，加强汽车客运站、道路客运、危化品运输、水上运输、施工现场等薄弱环节的源头管理和隐患治理，推行岗位风险清单管理，梳理企业安全风险点 1300 项，风险管控和隐患排查治理双重预防机制初步建立。强化安全生产宣传教育，举办安全管理培训班 39 期，培训干部职工 1800 人次。推进“平安运输”“平安公路”“平安工地”建设，开展安全隐患大排查严执法快整治集中行动，抽查企业 587 家次，下达执法文书 468 份，纠正问题 699 个，整改隐患 866 条，停业整顿道路运输企业 2 家，取缔水运企业 1 家，安全生产形势持续稳定。加强应急救援队伍、应急车辆、应急物资保障，组织开展东平湖水上应急救援演练、道路运输应急拉练、公交应急反恐、公路防汛抢险等应急演练活动，增强交通应急处置能力。加强工程质量管理，严格规范参建单位和从业人员的行为，强化施工全过程质量控制，交通建设项目合格率100%。全系统各项安全指标均低于省交通运输厅和市政府下达的预控指标，市交通运输局被省政府表彰为“安全生产先进单位”。

【交通文明行业创建】 加强基层党的建设，推进“五化五星”基层服务型党组织、“五型”机关创建和“七个规范化”党支部建设工作，市直交通运输系统基层党组织被市委评为“四星级”党组织2个、“三星级”党组织6个，30个党支部被市委、市直机关工委确定为“规范化”党支部，市交通运输局党委被市委评为“五星级党组织”“全市2015～2016年度先进县级党委中心组”。104国道改建工程指挥部被省委表彰为“山东省先进基层党组织”。开展党组织隶属关系和党员组织关系集中排查，确定基层党组织115个，在册党员2849名。围绕创建全国文明城市，整治路容路貌、车容车貌、站容站貌和不规范经营行为，提升行业文明程度和服务质量。加强文明单位创建，持续开展“创建文明城市，交通当好先行”活动，打造“红叶服务”“泰山百合”等一批服务品牌。落实全面从严治党主体责任，开展党风廉洁警示教育，抓好作风建设，增强党员干部“四个意识”，推动全面从严治党向纵深发展。严格干部队伍管理，开展领导干部个人事项报告、干部档案专项审核、干部因私出国管理、职业资格清理规范等工作。加强交通综合治理，开展新闻宣传工作，稳步提升交通运输行业群众满意度。 （张　文）

【概况】 至2016年年底，全市公路里程15343.6公里，比上年增加165.7公里，公路密度每百平方公里197.7公里。按行政等级划分，国道10条、535.8公里，省道9条、680.8公里，县道90条、1504公里，乡道2103.4公里，专用公路27.6公里，村道10492公里；按技术等级划分，高速公路6条、238.8公里，一级公路286.8公里，二级公路1616.7公里，三级公路1591.3公里，四级公路1.15万公里。

【高速公路建设】 配合山东高速集团有限公司、齐鲁交通发展集团有限公司加快推进高速公路项目建设，全市高速公路在建项目4个、183.8公里，青（岛）兰（州）高速公路泰安至东阿段项目，征地拆迁工作基本完成，项目全线展开大面积施工。济南至泰安高速公路、宁阳至梁山高速公路、京沪高速改扩建项目先期控制性工程开工。青（岛）兰（州）高速莱芜至泰安段、新泰至台儿庄高速公路、新泰至宁阳高速公路、京台高速泰安段扩容工程等前期工作进展顺利。青（岛）兰（州）高速泰安至东阿段是国家高速公路网的重要组成部分，起点位于（北）京台（北）高速与泰（安）新（泰）高速交叉的泰山枢纽立交，途经岱岳区天平、夏张和肥城市仪阳、桃园、石横5个乡镇，进入济南平阴县境内。泰安段全长47.082公里，按双向六车道高速公路标准建设，总投资约60亿元。济（南）泰（安）高速公路起点位于济南市绕城高速公路与二环东路南延交叉处，与济南绕城高速设置互通连接后，向南展线，自济南市柳埠镇进入泰安市境内，向南途经泰山景区黄前镇、岱岳区山口镇、泰山区邱家店镇至泰安高新区徂徕镇，依次

2016年泰安市公路通车里程情况

表8　　单位：公里

技术等级 行政等级	合计	高速公路	一级公路	二级公路	三级公路	四级公路	等外路
国道	535.8	158.7	186.6	190.5	—	—	—
省道	680.8	80.1	41.1	463.5	96.1	—	—
县道	1504	—	36.6	604.8	625.7	236.9	—
乡道	2103.4	—	8.4	114.8	417.4	1562.8	—
专用路	27.6	—	—	—	23.3	4.3	—
村道	10492	—	14.1	243.1	428.8	9726.9	79.1
合计	15343.6	238.8	286.8	1616.7	1591.3	11530.9	79.1

上跨 103 省道、243 省道（环山路东延）、341 国道、莱泰高速、辛泰铁路、汶河，在徂徕镇东北部衔接泰（安）新（泰）高速公路。线路全长 56.5 公里，按双向六车道高速公路标准建设，总投资 110 亿元，其中，泰安境内全长约 32.5 公里，总投资约 54.5 亿元。宁阳至梁山高速公路项目东起泰安市宁阳县磁窑镇，与（北）京台（北）高速相接，向西途径宁阳县磁窑、蒋集、伏山、鹤山等乡镇，穿济宁市汶上县北部乡镇后，经东平县彭集、沙河镇、州城等乡镇，至梁山县跨黄河东堤后到达鲁豫界，与河南省台辉高速豫鲁界至范县段相接。路线全长 113.306 公里，采用双向四车道高速公路标准建设，估算投资 106 亿元，其中泰安境内全长约 77 公里，估算投资 80 亿元。京沪高速公路莱芜至临沂（鲁苏界）段改扩建工程起于京沪高速公路与高速公路滨新线交叉设置的莱芜枢纽处，向南基本按照原路线走向改扩建，个别路段改线，途经莱芜市和新泰市龙廷镇、青云办事处、汶南镇等乡镇后进入临沂，在鲁苏界省际收费站与京沪线江苏段顺接。按双向八车道高速公路标准建设，线路全长 232 公里，总投资约 236 亿元，其中泰安境内全长约 33.6 公里、投资约 35 亿元。

10 月 12 日，市委书记、市人大常委会主任王云鹏（前排左二）考察 104 国道界首至满庄段改建工程建设情况，副市长陈湘安（前排左一）陪同活动 （江卫昌 摄）

【普通国省道建设与养护】 全年完成普通国省道建设投资 10.6 亿元，完成路网改建、养护大中修里程 83.6 公里。105 国道东平平阴界至流泽桥段改建工程进展顺利，完成年度投资 1.56 亿元。薛（家岛）馆（陶）线肥城仪阳至石横段改建工程完成投资 1.4 亿元。薛（家岛）馆（陶）线卧牛石至仪阳互通立交段中修工程，新（泰）枣（庄）线寺山至新泰平邑界段和莱（芜）肥（城）线岱岳莱城界至范镇段大修项目 3 个大中修工程完工。肥（城）梁（山）线东平大羊至梁山界段大修工程超额完成年度计划，完成年度投资 7719 万元。加强养护基础工作，推行精细化和预防性养护，全市普通国省道优良路率 90.35%，一二类桥梁比例 99.15%。实施科技兴路战略，开展技术攻关，《半刚性沥青路面内部损伤探测与确认技术》和《泰安市一级、二级公路改造工程典型路面结构研究》分别获得中国公路建设行业协会科技创新成果一、二等奖。加强 QC（质量控制）管理，市公路局工程一处养护中心获“泰安市创新型班组”称号，物资中心 QC 小组获得 2016 年山东省公路学会交通行业质量管理小组一等奖；工程二处维修中心 QC 小组《“见缝插针”提高桥梁裂缝修补合格率》、平安路 QC 小组《提高施工现场用电规范化水平》获山东省交通运输行业优秀质量成果二等奖，维修中心 QC 小组荣获“山东省交通行业质量信得过班组”“2016 年度全国优秀质量管理小组”称号。

【路政管理】 依法维护路产路权，完成路政巡查 177 万公里，查处路政事案 359 起，实施行政处罚 470 件。加强路政许可，建立完善许可事项库，办理路政许可 4027 件。做好重大涉路工程现场勘察和方案审查以及许可事项的事中事后监管。加强路政执法队伍建设，开展业务素质培训和军事化训练，基本实现路政管理执法标志、执法证件、工作服装、执法场所外观“四统一”。加强收费公路管理，全年普通路桥实现通行费收入 2725 万元。10 月 31 日，济（南）微（山）线 城坝路桥收费站停止收费，顺利完成撤站工作。开展路域环境综合整治和桥下空间专项整治，累计清理非公路标志 2196 块，占路集市、乱搭乱建、经营摊点 1328 处。

【104 国道界首至满庄段改建工程建成通车】 104 国道界首至满庄段改建工程，是市委、市政府决定实施的一项重点交通工程。于 2013 年 5 月立项，2014 年 10 月 1 日开工建设，2016 年 10 月 9 日交工验收，2016 年 10 月 12 日正式通车。

104 国道天平立交　　（张海宁　摄）

该工程北起济南市长清区境内界首桥北约 400 米处，连接省道莱肥路、薛馆路、泰商路和在建的青兰高速公路，在岱岳区满庄镇西河北村东，并入现 104 国道，全长 28.12 公里，按一级公路标准建设，路面宽 21 米，双向四车道，主线设大桥 2 座、中桥 5 座、小桥 2 座、天桥 4 座、涵洞 77 道、通道 3 个、互通立交 3 个、分离立交 3 个、平面交叉 45 个。累计完成路基土石方 386 万立方米，铺筑沥青混凝土 9.8 万立方米，完成投资 10.6 亿元。项目建成通车后，扩增泰城发展空间 100 平方公里，进一步优化全市路网结构，缓解泰安城区交通压力。

【农村公路建设管理】 推进“四好（建好、管好、护好、运营好）农村路”建设，新建、改建农村公路 346.8 公里，完成建设投资 2.6 亿元，是年度目标的 162.5%。推进交通精准扶贫工作，完成 89 个贫困村公路扶贫建设任务，累计新建改建扶贫道路 115 公里，完成投资 4295.9 万元。配合推进黄前水源地保护综治工作，完成道路建设 29 公里，修复水毁桥涵 2 座 25 延米，完成投资 1596.5 万元。开展农村公路示范工程建设，建设示范工程 5 个、34.9 公里。肥城市被列入全省第三批村级公路网化示范县建设范围，计划三年完成投资 2.2 亿元，改造农村公路 365 公里。加大公共财政养护投入，健全公共财政投资体制和运行机制，全市农村公路预防性养护完成投资 5046.4 万元。开展路域环境整治，查处路政事案 241 起，完成整治 2853 公里。推动农村公路路田分家、路宅分家，打造“畅安舒美”通行环境。全市农村公路列养率 100%，综合优良路率 81.4%。

【公路安全生命防护工程】 继续组织实施公路安全生命防护工程，整治公路安全隐患，健全安全生命防护设施，加强组织推进、督导考核和约谈问责，持续提升公路安全出行环境。普通国省干线公路方面，完成泰（安）商（老庄）线滂河桥危桥改造、山（海关）深（圳）线莱（芜）肥（城）线隐患路段处治和泰（安）曲（阜）线 4 座桥梁护栏更换 3 项安全整治提升工程。农村公路方面，累计完成投资 6.56 亿元，完成县乡公路隐患整治里程 2504.4 公里，占计划整治里程的 109.2%，比国家要求提前四年完成建设任务目标。全市农村公路共增设防撞护栏 373.7 公里，标志标线处置 1984 公里，交叉口综合处置 1908 处，警示诱导设施处置 4.32 万处，加装黄闪灯 2413 个。（张　文）

城市公共交通

【概况】 至 2016 年年底，泰安城区拥有公交线路 85 条，公交车 1710 辆，公交站点 500 米半径覆盖率达 80.83%，公交网络覆盖率、出行分担率分别达 80.83%、21.18%，全年完成公交客运量 9148.5 万人次。

【城市公交管理】 发布实施《泰安市公共交通专项规划修编（2015 ～ 2020 年）》。推进公交优先发展，加快公交车辆增新扩容，优化公交线网布局，推进公交线路向居民小区、旅游景区、学校及泰城周边乡镇（街道）延伸，提升公交服务承载能力。泰安城区新增公交车 215 辆，新开通公交线路 19 条，优化调整公交线路 24 条、转换经营主体 4 条。泰山区、岱岳区所有乡镇通达公交。开通旅游公交专线、通勤公交和定制公交，方便到泰安游客和机关工作人员出行。完成泰安城区居民出行抽样调查及乘客问卷调查。继续实施一小时免费·优惠换乘、延时服务、残疾人和 65 岁以上老年人免费乘公交等惠民措施，提高公交社会服务满意度。推进交通一卡通建设，泰安市通过交通运输部交通一卡通二级商用密码申请。

【公交场站建设】 健全完善城市公交基础设施，京沪高铁泰安站公交枢纽一期工程综合业务楼、车队车间、修理车间、倒班宿舍等4个单体建筑全部完工，配套设施完成招标，二期工作顺利推进；高新区公交客运集散中心综合业务楼主体完成建设；方特欢乐世界公交枢纽建设方案通过审核并取得用地规划许可，夏张公交停保场土地手续办理顺利推进。年内，建成公交枢纽站3个、公交首末站停车场8个、公交港湾（站亭、牌）165个、公交充电站33个。（张　文）

【概况】 年末，全市旅游航道通航里程达177.54公里，旅游码头17个，拥有跨省运输经营的国内水路运输企业4家，船舶运力6.07万载重吨；拥有市内水上旅游运输企业8家、1344客位。

【水上运输行业管理】 加强水上运输市场管理，严格监管水运企业经营资质。开展水路运输企业经营资质核查，核查水运企业19家、货船87艘、6.07万载重吨，旅游客船51艘、1344客位。推动水运企业运力结构调整，推广应用标准化船舶，拆解老旧运输船舶6艘，过闸小吨位船舶1艘，加装污水处理装置船舶1艘，全市环保型船舶发展到116艘，比例超过90%。推行海事管理规范服务，严格办理行政许可，梳理行政职能157项，办理海事业务1130件，新（换）发船员适任证书783件。加强水上现场执法检查，实行东平湖、黄河浮桥、大清河巡查和现场监管，强化船舶出航管理，打击各类违法违章行为，出动海巡艇150艘次，巡航3750公里，现场纠正违章行为30起，水运秩序良好。加强水上交通安全监管，完善水上应急救预案体系，组织开展水上应急消防演练，提高应急反应能力和救助水平。年末，全市旅游航道通航里程177.54公里，旅游码头17个，拥有跨省运输经营的国内水路运输企业4家，船舶运力6.07万载重吨；拥有市内水上旅游运输企业8家、1344客位。

【港航基础设施规划建设】 推进东平湖湖区航道、大清河航道、泰安港港口作业区等项目建设。东平湖区航道和大清河航道完成环评、规划选址、土地预审、洪评、维稳、水土保持、文物选址、项目评估等前期工作，湖区航道完成立项和初步设计。《泰安港总体规划》环境影响评价及涉及的国家级水产种质自然保护区影响论证、市级东平湖湿地自然保护区调整等工作完成，报省政府批复。泰安港东平港区规划建设银山、老湖、彭集3个作业区，设置泊位87个，港口岸线9925米，占地面积460公顷。彭集（戴村坝）、老湖两作业区《工程可研报告》编制完成。东平湖湖区航道采用内河Ⅲ级航道标准，起点位于八里湾船闸上游引航道，终点设置在银山、老湖作业区，全长15.5公里。大清河航道采用内河Ⅲ级航道标准，起点设置在彭集作业区，终点接湖区航道，全长33.3公里。（张　文）

【概况】 境内有铁路6条，营运里程316.25公里。其中，京沪线北起界首入境，南到宁阳县南驿站前石桥村出境，营运里程58.51公里，为国家Ⅰ级干线双线电气化铁路；泰（山）肥（城）支线起点为京沪线泰山站，终点为肥城湖屯站，营运里程49.34公里，为单线铁路；磁（窑）莱（芜）线西起京沪线磁窑站，东至新泰北师店出境，营运里程84公里，为国家Ⅰ级单线铁路；辛（店）泰（山）线由岱岳区范镇站入境，在泰山站与京沪线接轨，营运里程27.2公里，为国家Ⅰ级单线铁路；东（都）平（邑）铁路起点为磁莱线东都站，在新泰放城站出境，营运里程45公里；京沪高速铁路泰安市境内长52.2公里。泰安市境内形成以京沪线和京沪高铁为主干线，辛泰线、磁莱线、泰肥支线和东平线分布东西两侧的铁路网。

【泰山火车站】 地处京沪干线中段，车站中心里程京沪线555千米+864米处，是泰肥支线的起点，辛泰线的终点。北端衔接大河站，西端衔接天平店站，南端衔接洪沟站，东端衔接上高镇站，是济南铁路局管内二等中间站，办理客货运输业务，是泰安市的重要窗口单位。车站4个方向接发列车，日均接发列车314列，其中，货物列车175列，旅客列车139列（办理客运业务99列，其中，上行49列，下行50列）。车站行车设备为K5B计算机联锁，设正线3条，到发线10条，货物线5条，固定调车机一台（东风5型）。年末，车站下设综合技术室和3个车间，有干部职工383人（各级管理人员25人），其中运转车间135人、客运车间183人、货运车间48人、综合后勤人员11人、站级管理人员6人。车站有旅客候车室2座，建筑面积4032平方米，设自动扶梯2部，垂直电梯1部。售票大厅1处，面积1125平方米。旅客站台3座，一站台（基本站台）长520米、宽14米、高1.25米，二站台长642米、宽8.3米、高0.5米，三站台长550米、宽8.2米、高1.25米。天桥1座，长84.8米、宽6米。地下通道1座，长37.3米、宽4米、高2.6米。货物仓库4座，总面积5128平方米，货物站台2座。

全年旅客发送量为386.5万人，日均1.06万人，旅游旺季最高日发送旅客达2.70万人。年旅客到达量为402万人。全年货物装车3467车，发送货物13.03万吨，日均发送货物357吨；货物卸车6168车，货物23.13万吨。（孙启峰）

【概况】 2016年，全市有邮政营业场所137个，邮筒（箱）289个，邮政报刊亭25个，村邮站456处，三农服务站1350个，便民服务站3712个；全市邮政行业快递企业115家，其中有快递业务经营许可证企业32家、分支机构83家，快递网点655个。快递网络乡镇网点覆盖率100%。全年，验收新建住宅楼房、住宅区信报箱0.41万个，增长12%，新增智能快件箱215组。

全市邮政行业业务总量10.58亿元，增长54.91%，邮政行业业务收入8.38亿元，增长35.71%。其中，全市快递业务量3902万件、业务收入3.69亿元，分别增长111.04%、81.72%；同城业务收入累计完成0.75亿元，增长310.73%；异地业务收入累计完成2.25亿元，增长54.34%。快递业务量和业务收入占全省比重提升明显。

【邮政业规划编制】《泰安市“十三五”规划纲要》纳入邮政业发展政策利好，首次将邮政、快递设施定位为城市基础设施；《泰安市邮政业“十三五”规划》获市政府批复同意，并纳入全市“十三五”重点专项规划。

【邮政市场秩序规范】 坚持提升邮政普遍服务，建立县域邮政服务定期评价体系；强化日常监督检查，全年检查快递企业（含备案分支机构）115家次，出检280人次，对快递企业违法违规行为立案21起，罚款人民币金额34.1万元，停业整顿企业1家；重视消费者申诉工作，为消费者挽回经济损失3.22万元。

【新泰市县级邮政监管机构揭牌成立】 加强与新泰市委、市政府的沟通联系，在新泰市委推荐人选的基础上，做好新泰市局主要负责人的选拔任用工作。11月8日，省邮政局党组和新泰市委、市政府共同为新泰邮政管理局及新泰市邮政业发展服务中心揭牌。

【邮政业基层党建全覆盖】 按照“管行业必须管党建”的要求，聚焦邮政行业改革发展面临的热点难点和群众反映强烈的问题，制订《关于发挥主管部门党组织作用，加强全市邮政行业基层党建工作实施方案》，通过实施“百日攻坚行动”和邮政业党员“双亮”工程，推进党建全覆盖工作。该项工作被省直机关工委作为全省唯一一个行业党建案例进行推广。

【校园快递规范化管理】 联合综治、公安部门发布全省首个《高校校园内快递业务营业网点清理整顿通告》，组织召开全市高校校园快递规范管理工作会议，探索建立规范高校校园快递经营管理的新模式，提升校园快递安全保障水平和服务质量。

【“邮安泰山”安全文化体系建设】 通过“营业场所标准化、处理场地规范化、操作程序安全化”三化建设，研究提出“邮安泰山”安全文化体系建设，重点推进三项工程（落实企业安全生产主体责任工程、安全文化理念体系创新工程、安全生产应急救援建设工程）；制作“邮安泰山”公益宣传片8部，部署设计“邮安泰山”口袋安全画册、悬挂条幅等系列文化宣传品；在泰安邮政速递物流、圆通快递、韵达快递3家企业完成试点工作，向全市邮政、快递企业全面推广。

【智能快件箱建设】 泰安市被列为山东省智能快件箱试点城市，商务、公安、财政、规划、住建、邮政管理等6部门印发《泰安市推进城市共同配送末端网点（智能快件箱）建设的实施方案》，加快智能快件箱布局建设工作，破解末端配送难题；探索建立“快递+特色农产品”模式，促成山东顺丰速运有限公司在泰安市召开“樱桃推介会”，与其签订战略框架协议，将泰山核桃、东平湖咸鸭蛋、宁阳大枣等特色农产品入驻“顺丰优选”等知名电商平台，开辟农民增收新途径。

【企业安全生产主体责任落实】 将2016年确定为“寄递企业安全生产主体责任落实年”，成立工作领导小组，要求企业加强基础安全管理，规范安全管理台账，完善安全设施，确保合法经营。组织参与“安全生产月”“国际禁毒日”和“反恐宣传日”等活动，提升人民群众依法用邮、安全用邮意识。落实“三个100%”制度，召开全市寄递渠道“三个100%”制度推进暨安全管理领导小组座谈会、全市寄递企业主体责任暨“三个100%”制度落实推进培训会，增强企业红线意识，强化部门协作。组织全市寄递企业开展一年期以上面单集中销毁工作，销毁7.2吨、870万份，保证寄递信息安全，维护消费者合法权益。

【市邮政业智库建设】 协调发改、交通等10家政府部门和高等院校，组建市邮政业发展专家指导委员会，集中各方面智慧、凝聚各方力量，对全市邮政业发展建言献策，推动邮政业健康科学发展。

（邵小庆）

【中国邮政集团公司泰安市分公司】 2016年，全市邮政实现业务收入4.9亿元，完成省公司摘档计划的105.8%，增长17.5%，进度、增幅均居全省第3位。市公司继续保持省级文明单位称号，顺利通过市直机关先进党组织四星级基层党组织考评复审，被评为“全国通信行业用户满意企业”。市公司档案室被命名为“省一级档案室”。4个县（市）局继续保持市级文明单位称号。宁阳分公司被评为山东省“守合同重信用企业”，是全省所有市县分公司中唯一获此荣誉的分公司。新泰分公司工会被授予“山东邮政模范职工之家”称号，是全省5个获此荣誉的县级邮政工会之一。

邮政经营　全市邮政储蓄存款208.8亿元，市场占有率10.7%，居全省第5位；新增市场占有率20.6%，居全省第4位。包裹快递业务发展综合评价居全省第1位；全年日均寄递量突破5295件，“仓配一体化”带动电商快包加速发展。全城达业务正式对外承诺，日均寄递量1000件。农村电商不断扩展，至年底，买卖惠电商平台累计发展供应商445家，注册零售商5460户，全年实现订货额1.4亿元，完成计划的130%，居全省第4位。“互联网+”创新能力提升明显，全市建设微信平台11个，粉丝数量突破20万人，累计实现线上收入596万元。微信营销项目获得全省邮政营销创业大赛总决赛一等奖。在集团公司组织的吸粉活动中，泰安分公司成为全省唯一入围全国吸粉30强的市分公司。推进社群营销，全市建微信社群238个，粉丝数2.7万人，实现营业网点全覆盖。出台大数据运营实施方案，按照“营销项目+整合数据+综合平台”的组织模式，开展数据库综合营销项目18个，实现收入168万元。

服务水平提升　深化服务三农、服务民生工程，新增示范田39万亩，完成计划的130%；新增合作社25个、会员1.51万户，开展“三送”活动400场，惠及农户11万户。成功入围市商务局、邮政管理局智能快件箱运营主体企业，入围市城市管理委员会社区便利店项目承办企业。全市累计建设便民服务站3712个，其中，达标站点1973个，达标率53%，高于全省平均水平。累计安装智能包裹柜39台，完成计划的108%。借鉴江苏徐州警邮合作经验，选取下港支局为警邮合作示范网点，在支局内部设立交警便民台席，提供警邮联动服务，推动邮政网点转型。全年代收费1185万笔、8.4亿元，实现收入700万元；代开国税发票4844笔、税金822万元，实现收入41万元；简易险出单726单，实现保费10万元。开展关爱留守儿童等公益活动。全年投入4450万元，改造营业网点29个，购置营业网点3个、仓储用地1个；建设“三位一体”仓储体系，建成市仓1个、县仓4个、镇仓25个；新增POS机2300部、CRS/ATM机52台，实现自助服务全覆盖。机要通信继续保持质量全红。

企业管理　完善专业经营体制机制，完成以客户为导向的市、县经营组织架构改革。完成包裹快递经营机制改革。结合全岗位双定，完成机构编制调整。完成党委和纪检监察工作机构调整工作。实施网运投递改革。邮速两网资源整合、县域“三合一”工作走在全省前列。全面布局快递包裹网络，全市建设营揽投部8个，开通同城邮路4条，支撑包裹快递业务发展。全年处理邮件434万件，邮车运行210万公里安全无事故。170名投递员参与“带车加盟”，逐步解决买卖惠商品、分销产品配送及电商小包揽投难问题。投递质量指标、快递包裹当日妥投率、自提量占比等指标居全省前列。加强人力资源管理，调整各级领导班子配备，开展“领导力提升”和党性教育培训，建设高素质领导干部队伍。选派10名领导干部、管理人员上下交流、到外省交流。开展选人用人专项检查工作，完成助理职务人员清理工作。全面实施大学生支局长选拔培养工程，4人被评为全省第二批首席高技能人才，39人被聘为初级人才专家职务。完成全岗位双定工作，进一步压缩管理及生产辅助、内部处理等岗位人员，增加包裹投递、农村电商等岗位人员。建立弹性定员模式，支撑旺季发展。完成4个批次、890人次的职鉴考试。规范财务管理，梳理成本管控、重点成本报账、报账时限等关键环节，出台成本费用集中管控等系列文件办法，使财

3月25日，中国邮政集团公司总经理李国华（前排左三）考察东平分公司接山支局买卖惠仓库　（姚　娟　供）

务基础工作更加规范。集中核算与ERP系统平稳过渡。开展2015年绩效审计、三十佳县分公司绩效审计、领导人员经济审计。全年审减工程费用300多万元。开展服务质量提升月活动，加强视察及管控岗位履职能力提升、考核，未出现违章收寄、违规经营等问题，邮件全程时限准时率达到97%以上，省公司客户满意度测评得分95.33分，居全省第2位。加大监督检查力度，强化问题整改，严格绩效考核，完成“两节”“两会”、G20峰会等重大活动期间的安全保障工作，全市邮政安全生产无事故。

党建廉政建设　修订“三重一大”决策制度及配套制度，出台纪检监察日常管控考核办法、党纪政纪处分决定执行工作暂行规定等，规范工作流程。开展“四风”问题整治回头看，接受省公司党组对泰安邮政的巡视和2015～2016年度党风廉洁建设责任制检查考核。完成对3个县(市、区)分公司的约谈、4个县（市）分公司的党风廉政建设责任制专项检查考核。开展党风廉政宣传教育月活动，组织“党规党纪在我心中、党员标杆在我身边”系列主题活动，省公司廉政法规知识考试参考率、合格率均100%。纪检部门全年参与选人用人、招投标等事项的监督14次，组织新提任人员任前廉政考试8人次、任前廉政谈话23人次。新泰分公司探索联合党支部建设，在支局建立13个联合党支部，形成“区域统筹、联动共建、无缝覆盖”的基层党建工作格局，实现党组织活动全覆盖。

和谐企业创建　加强企业文化和文明建设。持续开展优秀共产党员、先进单位、先进个人等评先树优工作，坚持“每日正能量”宣传，凝聚起加快发展的正能量。落实民主管理制度，出台职工代表大会实施办法，按时召开职工、会员代表大会。关心关爱员工，累计投资270万元，建设标准化职工小家66个，改善一线职工生产生活条件；为从业人员新增重大疾病保险；报销员工补充医疗费用49万元，其中离退休人员44万元；开展各种送温暖、送清凉、金秋助学、文体活动；网点轮休占比100%，营业、投递、内部处理等岗位人员均能保证每周休息1天，95%以上员工实现带薪休假，员工满意度得分97.57分，企业的凝聚力、向心力提升。　（姚　娟）

编审　袁立轩

商贸流通 对外及对港澳台经贸

综 述

【概况】 2016年，全市实现社会消费品零售总额1462.8亿元；实现外贸进出口总额134.6亿元，其中出口108.8亿元、进口25.8亿元；实际到账外资及港澳台资金34.1亿元，增长10.6%。新签对外承包工程合同额3.3亿美元、完成营业额4.12亿美元，分别增长0.4%、7.7%。①商贸流通。社会消费品零售总额增长9.9%。商贸流通业实现增加值566.7亿元，占GDP的比重17.1%，占服务业的比重36.6%，对GDP增长的贡献率16.2%，对服务业增长的贡献率29.6%。②外贸增长。全年实现进出口134.6亿元，其中出口108.8亿元，占全市生产总值的3.3%。全市新增进出口获权企业255家，新增发生进出口业务企业225家。全市有外贸进出口业绩的企业662家，增加27家，其中有出口业绩的企业606家，增加21家，进出口5000万美元以上的企业4家。泰安东升服装公司被认定为省级外贸综合服务企业，新泰市德泰跨境电商产业园被认定为省级跨境电商产业园，山东冰清电子商务公司被认定为省级跨境电商实训基地。③利用外资及港澳台资金。全年新批准设立外商投资企业61家，实际到账外资及港澳台资金34.1亿元，增长10.6%，总量居全省第8位；当年批准当年到账外资及港澳台资金25.6亿元，到账率46.7%，占全市总量的74.9%。世界500强企业投资项目累计8家。④外经贸合作。全年新签订对外承包合同30个，合同额3.3亿美元，居全省第5位；完成营业额4.12亿美元，总量居全省第6位，增长7.7%。全年派出各类劳务人员3182人次，居全省第7位，增长11.5%。新增对外承包工程企业2家，总数达19家；新增境外投资主体11家，境外投资企业达68家，完成境外投资备案审核额1.91亿美元。⑤开发区转型升级。全市6个省级以上经济开发区累计完成固定资产投资842.81亿元、公共财政预算收入73亿元，分别增长8.7%、4.95%；实现出口额8.68亿美元，增长5.23%。累计共新批准入区项目284个，其中内资项目262个，港澳台项目13个，外资项目9个，批准入区项目合同总额602.95亿元，增长0.27%。

（和沐雯）

商务活动

【概况】 整理招商项目130个，编印招商引资材料1000份。聘请安永、普华永道2家咨询机构策划一批高端招商项目；先后与商务部投促局、纽约山东商会等8家境内外机构签订委托招商协议。组织参与中国·香港山东周、厦门中国投洽会、跨国企业山东行、华商会及赴英国、加拿大、新加坡等欧美、东南亚近20个国家和地区开展经贸活动。

【2016百家知名外商泰安行】 9月6～9日，泰安市举办第三十届泰山国际登山节暨2016百家知名外商泰安行活动。邀请来自境内外客商600人次，覆盖美国、加拿大、法国等11个国家和地区。其间举办泰安市开发区推介及重点项目发布会，利用PPT介绍和展板洽谈方式对泰安市各开发区进行推介宣讲、重点招商引资。2016中国泰安投资合作洽谈会集中签约仪式上，签约项目19个，总投资11.2亿美元，合同利用外资9.4亿美元。

【2016中国跨境电商生态大会】 9月7～8日，泰安市联合阿里巴巴、

3月16日，副省长夏耕（右三）到泰安市调研农村电子商务工作。市委常委、副市长周桂萍（左三）陪同活动　　（和沐雯　供）

泰安网商协会成功举办“中国跨境电商生态大会暨智慧外贸示范县发布盛典”。该次大会主要是在外贸发展新形势下，就如何建设“智慧外贸”以及未来跨境电商的发展方向等主题，进行深入研究探讨，并权威发布智慧外贸示范县的维度标准及先锋县域名单。　（和沐雯）

消费品市场

【概况】 全市实现社会消费品零售总额1462.8亿元。从地域来看，城镇实现1293.1亿元，增长9.8%；乡村实现169.7亿元，增长10%。从行业来看，商品销售实现895.4亿元，增长12.8%；餐饮销售实现138亿元，增长15.9%。

【市场运行和消费促进】 全市重点调度的26家商贸流通企业实现销售总额235亿元，增长4.5%；重点调度的16家批发市场实现交易额570亿元，增长6.3%。

年内，印发《泰安市批发零售餐饮业转型升级实施方案》，举办全市批发零售餐饮业转型升级培训班，对全市重点批发零售企业和有关协会等120人进行授课。做好市场运行监测工作，举办全市内贸流通统计监测信息员培训班，累计培训200人次。组织全市60家重点批发零售及餐饮企业先后参加第十七届中国美食节采购对接会暨山东国际标准食材推介会、山东农商互联大会，达成合作意向500个，意向成交金额过千万元。协调银宝、富源商贸等应急储备承担企业开展储备肉、储备糖自查工作，确保应急物资储备质量。积极推动文明城市创建，共制作文明禁烟、文明用餐等各类标识5000个。

【电子商务发展】 以市政府名义印发《泰安市加快电子商务发展实施方案》，编制《农村电子商务发展规划》，引导全市电子商务发展。全市已建成电商园区15家，全市电子商务村镇级服务站达3585个，农产品交易额59.3亿元。肥城市继新泰市之后成为“省级电子商务示范县”。在2016中国淘宝村大会上，泰安市有6个村被阿里巴巴评为中国“淘宝村”，1个乡镇被评为中国“淘宝镇”，全市淘宝村总数8个，居全省第3位。全年电子商务交易额达727亿元，增长25%，其中电子商务网络零售额193亿元，增长43%。

【市场体系建设】 年内，泰安市入选全国冷链物流示范城市，泰安芝麻开花信息技术公司被确定为全国智慧物流配送示范企业，泰安先锋冷链物流服务公司被认定为全国农产品流通冷链标准化示范企业，泰安市被列入省级共同配送试点城市。全市共培植国家级社区商业示范社区3个，省级社区商业示范社区21个，市级社区商业示范社区20个。推进智能快件箱“四进工程”（进社区、进楼宇、进机关、进学校），泰安市被列为省级试点，并获得资金扶持。确定3家承办企业，建成并投入使用203组，超额完成年度工作目标，扶持资金拨付到承办企业。

【特殊行业管理】 加大对典当、拍卖、二手车等特种行业的监督管理力度，组织开展典当、拍卖行业非法集资风险排查活动，全面整顿二手车市场，提升商务领域特殊行业监管水平。全年完成典当业务1098笔，典当总额16.9亿元。全市有拍卖企业22家，拍卖场次269场，成交金额18.3亿元。加强黄标车、老旧汽车回收拆解工作，全年回收黄标车、老旧汽车2065辆，完成各项任务目标。

【商务综合执法】 全年开展6次专项检查，出动执法人员280人次，执法车辆80车次。在典当、再生资源回收、二手车市场、劳务合作等新领域开展执法试点。联合多部门开展“车用燃油专项整治”活动。对各县（市、区）单用途商业预付卡检查情况进行有效督察。先后举办全市商务综合行政执法培训班和全市打击侵权假冒工作培训班，组织县市区赴国家商务执法试点单位进行考察学习，提高商务执法干部的综合素质和执法水平。（和沐雯）

粮 食

【概况】 年内，全市完成最低保护价收购12万吨，社会粮食收购总量达503.5万吨。全系统招商引资完成7.84亿元。泰安市粮食局被山东省精神文明建设委员会复审为2016年度省级文明单位；被山东省财贸金融工会委员会评为山东省财贸金融系统工会工作先进单位。

【粮食收购】 组织人员对夏、秋粮产购情况进行调查摸底。夏粮收购期间，市粮食局、农发行泰安分行、中储粮泰安直属库，建立联席会议制度，成立夏粮收购工作领导小组，对夏粮收购工作进行全面安排部署，根据对夏粮市场价格的跟踪监测情况，按规定程序及时启动预案，按最低保护价（2.36元/公斤）敞开收购农民交售的粮食，完成最低保护价收购12万吨，全市社会粮食收购总量503.5万吨。

【储备粮油管理及仓储设施建设】 抓好储备粮油规范管理，完善地储粮管理制度，在“购、运、检、管、熏、轮、销、效”8个环节严加管理，认真组织市级储备粮油轮换工作，保证粮油储存安全，做到质量良好、管理规范、数量真实。推进粮油储备信息化发展，投资106万元建成泰山库数字粮库试点项目；投资78万元建设泰安市粮食流通管理云平台；粮食信息化建设居全省前列，省粮食局在泰安召开现场会推广全市经验。推进农户科学储粮工程，完成农户科学储粮示范仓2500个，争取省级以上补贴65万元。

【粮食产业发展】 积极发展产业园区，打造泰安粮食产业发展新高地。新泰市新易泰粮食物流园、肥城市金洲粮食批发市场、宁阳县鲁粮物流园都已规划建设完成，推进粮食产业发展。全系统招商引资完成7.84亿元。

8月18日，市委副书记、市长李希信（中）召开全市商务工作座谈会，市委常委、副市长周桂萍（右二）参加会议（和沐雯 供）

【监督检查和粮食执法宣传】 完善粮食监管机制，建立随机抽查规范事中事后监管机制，组织人员参加省、市有关部门培训学习，全市有98人获得监督检查资格，落实行政执法经费50万元。完成粮食库存检查任务，对中储粮泰安库和全市地方事权11家企业，40个储存库点进行检查，检查原粮81.55万吨。组织开展粮食收购政策专项检查、政策性粮食销售出库检查、粮食流通市场秩序、粮食流通统计制度执行情况专项检查，全市组织监督检查人员1350人次，检查粮食经营业户1568家，对19家企业下达责令限期改正通知书。

【粮食应急体系建设】 年内，分别对岱岳区、东平县、新泰市、肥城市上报的粮食应急体系建设项目进行审核把关，修订完善，推荐上报，全部经省粮食局审核批准进行建设，全年省财政拨付建设资金600万元。至年底，在省庄镇建设泰安城区粮油应急配送中心、宁阳县泰安鲁粮面粉有限公司升级改造项目已完成，通过市县两级验收。岱岳区、东平县、新泰市、肥城市建设项目资金拨付到位，岱岳区主体工程已完工，东平县已完成招投标。

【粮食安全责任制考核】 在全省率先出台《关于认真落实粮食安全行政首长责任制的实施意见》，印发《关于开展粮食安全责任考核工作的通知》等文件，成立考核工作机构，启用“泰安市粮食安全责任考核工作组办公室”印章。通过召开会议、制订印发《泰安市粮食安全责任考核工作方案》《关于开展

2016年度粮食安全责任考核工作的通知》等系列文件，对2016年度全市粮食安全责任制考核工作进行全面部署和安排，为责任考核工作奠定良好的基础。　（李　慧）

盐　业

【概况】 全年实现营业收入1.84亿元，完成年度计划的100.5%；利润总额1663万元，完成年度计划的120%；净利润1199万元，完成年度计划的115%；上缴各项税金1380万元。年内，组织开展“庆祝食盐专营20周年”系列宣传活动、“制贩假盐专项治理行动”“餐饮用盐专项整治行动”和“盐产区集中治理行动”。

【盐业行业管理】 ①修订完善生产企业销售饲料盐、工业盐监管规定。针对市场出现的饲料盐、工业盐冲击食盐市场的案例的不断增加的实际，明确生产企业销售饲料盐、工业盐信息登记制度、信息报送制度，及时掌握盐产品流向，严禁进入食盐市场，冲击入口食盐。②加强入企服务力度。配合省盐务局盐政行管处完成辖区制盐许可证的年检工作。组织召开盐政工作座谈会、行业安全生产、行业统计工作会议，安排落实相关工作。③做好行业内制盐企业安全生产监管工作。严格落实安全生产主体责任，层层签订安全责任书，组织开展安全生产月活动，使企业安全生产网格化、实名制和安全风险预判、隐患排查治理工作落到实处。

【食盐专营】 ①确保专营指标落到实处。在认真调查市场的基础上，细化各项任务指标，不定期对各单位的进行督导，确保任务指标落到实处。②满足不同消费需求。在低钠海藻盐基础上，提高弱碱性食盐、澳盐、海晶盐等不同食盐品种的宣传推广力度；适当增加不同品质、不同档次和价位的食盐品种，满足不同消费需求。③建立食盐市场服务体系。对部分县区盐业市场推行“网格化”管理，责任到人、考核到人，逐步完善相应的送销、回访、服务等制度机制，建立起良好的食盐市场服务体系。全年销售各类非专营用盐（含液体盐折吨）4.88万吨。其中，食盐2.43万吨，完成全年计划的94.4%；小包装精盐1.7万吨，完成101.6%。专营用工业盐29.74万吨，完成计划的133%；小工业盐1.74万吨，完成计划的94.85%。

【盐政执法】 ①联合执法。贯彻落实《山东省盐业管理条例》，加强与公安、食药等部门的协作配合，明确联席会议交流机制，组织开展“制贩假盐专项治理行动”“餐饮用盐专项整治行动”和“盐产区集中治理行动”。②宣传普及食盐专营知识。以庆祝《食盐专营办法》颁布实施20周年为契机，进行集中宣传。在各（县、市）区人员密集的文化广场、商场门口等开展“泰安盐业食盐专营巡展”宣传，各分公司利用“微信关注号”进行政策解读。通过泰安电视台、报社等媒体，发布关于“加强盐业市场监管确保食盐安全的通告”及相关盐改政策解读。③查处违法行为。全年查处涉盐违法案件1903起，其中联合办案223起，移交司法机关24起，端掉制假窝点5个，查获假包装案23起，查获假包装3540个，行政拘留4人，刑事拘留22人，判刑2人，没收私盐301.6吨，罚款121.91万元。　（王延学）

烟草专卖

【概况】 泰安市烟草专卖局（公司）下辖泰山、岱岳、新泰、肥城、宁阳、东平6个县（市、区）烟草专卖局（营销部）、卷烟物流配送中

年内，泰安烟草公司开展“消费者在哪里，我就在哪里”活动。图为8月26日，工作人员（右）调查消费者需求，介绍新品卷烟（范盛有　摄）

4 月 30 日，省烟草专卖局（公司）党组书记、局长、总经理吴洪田（左二）到泰安市调研（赵 冰 摄）

心和泰安泰山壹伍叁贰物联商贸有限公司，服务卷烟零售户 1.99 万户。2016 年，全市共销售卷烟 15.04 万箱，单箱销售额 2.44 万元，上缴税金 6.09 亿元。

【烟草营销】 按照“调状态、稳销量、提结构、育品牌、转职能”的工作思路，推进卷烟市场营销工作。实行货源分周轮转投放和“一户一策”投放策略，把握货源投放的主动权，确保零售价格坚挺、社会库存合理。以鲁产卷烟和细支卷烟为培育核心，协同山东中烟开展营销活动，全年销售鲁产卷烟 7.66 万箱，占总销量的 51%；着力培育细支卷烟，共销售细支卷烟 4257 箱，同比增长 109.7%。研发“E 通宝”系统，探索手机订货，为零售户订货和货款结算提供便利。

【专卖管理】 制订《层级分析运用指导意见》，加大市场监管和检查力度。全年查获案件 2804 起，同比增长 7%；查获非法卷烟 2379 万支，同比增长 53%；查获总案值 806 万元，同比增长 14%。保持“打假破网”高压态势，全年共破获符合公安部、国家局标准的网络案件 7 起，市场控制力和净化率提升。

【企业管理】 开展“浪费点查找改善”活动，改善 201 项“浪费点”；优化配送线路，核减 7 辆送货车，终端送货车装载率达 70% 以上；严格费用管控，落实“审慎理财，适度从紧”要求。开展重点帮扶和专项突破工作，带动各项管理工作的全面提升。开展“考促帮”工作，组织优秀管理服务站达标评比活动。完善薪酬动态管理体系，组织实施员工岗位考核，根据考核结果动态调整员工薪酬。实行专项考核切块工资分配，分解切块各县级局（营销部）工资总额，兑现考核奖惩，发挥薪酬激励作用，促进履职尽责。

（范盛有）

【概况】 全市供销系统实现销售总额 124.38 亿元，增长 31.69%；利润总额 1.32 亿元，增长 28.16 %。对上争取无偿资金到位 2147 万元，增长 11%；招商引资到位资金 1.62 亿元，增长 12.5%。年内，全市供销系统开展资金互助合作社 10 家，累积发放互助资金总额 7480 万元。市供销合作社在全省供销合作社系统综合业绩考核中获得优胜单位特等奖（位列全省第 2 名）。被省文明委评为省级文明单位，被省供销社评为安全工作目标管理先进单位。

【基层组织体系建设】 新建县级区域性农民合作社联合社 3 家、乡镇级区域性农民合作社联合社 80 家；新领办、创办农民专业合作社 92 家，改造提升基层社 20 家，重新组建新泰乡镇基层社 21 个，新工商注册东平乡镇基层社 12 个，全市实现涉农乡镇基层社全覆盖。在东平彭集街道探索开展以农民入股为主、选聘能人任主任、民主发起组建、产业项目支撑的密切与农民利益联结的新型基层社组织创新。肥城市社被评为全国百强县级社，宁阳东疏供销社等 8 家供销社被评为全国标杆社，新泰齐云花生合作社等 5 家被评为供销总社示范社。新泰齐云花生专业合作社入选 2016 中国合作经济年度成就奖——“50 家双佳农民合作社”。

【现代农业规模化服务】 全年累计完成土地托管服务面积 10.89 万公顷（其中全托管 2.4 万公顷），山区丘陵经济作物 2000 公顷；完成测土面积 12.67 万公顷、智能配肥 12.2 万公顷、植保飞防作业 10.73 万公顷。①建设为农服务中心。新建综合性为农服务中心 22 个，累计建设 50 个，占涉农乡镇的 72.4%。制订《关于加快推进为农服务中心建设的实施意见》，对

12月22日，省供销社主任于庆峰（右三）到泰安市调研　　（王　昆　供）

每个为农服务中心至少扶持30万元，并给予3年贷款贴息。新泰翟镇、楼德，宁阳东庄，东平彭集、接山等一批功能全、效益好的为农服务中心相继投入运营。全市实现了县级农业服务公司全覆盖。②提升为农服务水平。新增植保飞机66架、智能配肥设备58套。日烘干能力达到1480吨、仓储能力2.89万吨。服务对象覆盖包括种粮大户、家庭农场、专业合作社、农业龙头企业在内的各类经营主体4901个。

【社村共建】 推进社农结合、社社合作、村社共建，服务经营主体4801个，参与社村共建村累计达1812个，共建项目平均每村1.92个，村集体平均增收2.75万元，村民人均增收200元。新泰下盐店村、宁阳王家店村、东平周林村被评为全省“党建带社建、社村共建”示范点。

【现代流通网络建设】 ①发展农村电子商务。年内，泰山区、岱岳区供销社分别成立电子商务公司，全市累积成立县级电子商务公司6家，实现县级电子商务公司全覆盖；建成肥城易回收、新合作网上商城等自营县域电商平台7个，东平湖产品、肥城桃等特色网店236家，经营额达到11.5亿元。宁阳县供销社作为首批与省社“供销e家”电商平台对接的县社之一，被省供销社确定为全国供销总社股权投资试点企业，其“供销e家”宁阳网上商城已正式上线运营，实现网上销售额2000万元。②构建为农服务流通网络。新建岱岳区龙居园农产品展销中心；新改造岱岳区良庄蔬菜批发市场，全市批发市场累计达11个；推进供销大集加盟店项目，规范加盟店6739家；全市城乡社区服务中心达65个，新建及改造农村综合服务社3612家，占行政村的90%。建成日用品、农资和农产品等各类连锁经营网点7428个。

【精准脱贫】 全市供销系统认领建档立卡贫困人口2793户、5340人，全年共帮助1623户、3041名贫困人口脱贫，完成50%以上的脱贫任务。其中，依托合作社脱贫1237人，依托共建村脱贫1273人，依托为农服务中心脱贫372人。市供销社制订参与精准脱贫实施方案和考核办法，争取各级精准扶贫资金327万元。东平全面参与6个湖区乡镇11个移民社区服务中心建设，规划建设湖产品批发市场1个，安置贫困人口就业和提供生活服务。新泰依托土地托管，采取“公司＋合作社＋贫困户”，实施产业融合分类扶贫。宁阳发挥扶贫资金效用，开展畜禽、食用菌等特色产业项目扶贫。

【对上争取和产业招商】 向上级主管部门争取扶持项目14个，其中总投资650万元的为农服务中心项目13个，总投资177万元的精准扶贫项目1个；争取供销总社及省财政农业综合开发项目10个，总投资达1320万元。年内产业招商新建项目9个，总投资5.2亿元，其中过亿元项目有4个，分别是泰山新合作日用品配送中心、新合作供销大集、肥城供销大厦和东平日用品连锁配送中心。

【安全生产与统筹统保】 全年组织隐患排查21次，查改各类事故隐患133起，无重大安全隐患，整改率100%。年内，举办系统内安全管理培训班，87人参加培训，全员通过安全管理能力测试，保证系统内安全生产管理人员持证上岗率100%。全年实现统筹收入（不含交强险）418.11万元，完成省供销社年度计划的127%。　（王　昆）

丝　绸

【概况】 2016年是山东省桑蚕产业发展规划（2014～2020年）实施的第三年。全市桑蚕业以“产业发展，农民增收”为总体工作思路，围绕年度目标任务，加快科技创新，强化生产管理，积极应对各种不确定因素，克服春季中毒、夏季高温、秋季雹灾和环境污染对桑蚕生产的影响，完成全年各项工作任务。全市现有桑园面积4000公顷，生产收购鲜茧5000吨，蚕茧收购均价（领先全省和全国收购价格）每公斤42.95元，蚕农茧款收入2.15亿元，成龄桑园亩桑产茧平均收入5500元，户均收入8500元。蚕茧产量继续居全省第一位且连续16年保持全省第一，蚕茧质量全国领先，单产、效益居全省领先水平。

【典型培植】 针对劳动力短缺和蚕农老龄化趋势，重点突出“省力化、高效益”这个核心，推广机械化和轻简化系列技术和设施，总结推广一批栽桑养蚕科技水平高、经济效益好的蚕桑重点乡镇、村、专业户的典型经验，提高典型示范样板引导和辐射带动作用。积极培育蚕农合作组织，使其成为技术服务的主体，并坚持市场主导、政府引导，推行“企业+基地+合作社+农户”的产业化发展模式，强化技术指导和服务，培植种桑养蚕专业户，积极引导农民实施土地转让、置换、出租，促进桑园成片规模种植，促进现有桑园得到有效利用，以此带动全市蚕桑产业的发展。

【抗灾救灾】 ①减少蚕中毒灾害损失。随着大气环境的经常性污染，蚕大面积中毒现象频发。春季在小蚕共育分蚕后，全市桑园陆续遭受因防治蚜虫形成的大面积污染蚕中毒（损失在20%以上）；夏季发生了飞防污染慢性积累中毒；设施农业区域（蔬菜大棚附近）桑园不断发生熟蚕不结茧中毒。针对每次中毒事件，市丝绸公司都迅速请专家鉴定指导、查找毒源、采取尽可能的解毒补救措施，最大限度地减少蚕农损失。②抗高温多湿抓好夏蚕生产。夏季由于飞防结束较晚，夏蚕推迟饲养，遭遇持续高温，造成蚕儿体质下降后期发病，严重影响夏季生产。丝绸系统全体技术员进村入户，做好技术指导，最大限度地减少蚕病而造成的损失。③抗雹救灾。9月11日下午，岱岳区部分乡镇遭受到冰雹袭击，200公顷桑园受害，桑树叶片受损严重者枝条上的叶片全部被砸碎脱落，受灾500户。灾情发生后，市丝绸公司立即组织人员前往现场查看受灾情况，制定技术措施，指导蚕农救灾。对破损和坍塌的养蚕大棚，救助蚕农及时修补或重建，帮助受灾蚕农调剂蚕和桑叶，调配蚕用营养饲料，把灾害降到最低程度。

【科技下乡】 实施“科技下乡”活动和“蚕桑科技入户”工程，结合全市新型职业农民培训，强化对蚕农的技术培训。年内全市累计举办各种类型培训班681场次，培训蚕农3.19万人。针对农村养蚕劳动力不足的实际情况，推广桑树截枝轮伐、桑园黑地膜覆盖、新型回笼火墙加温灶次。给养蚕户下发技术指导“明白纸”3万份。针对桑加温、养蚕大棚内铺地膜覆土隔湿、方格蔟自动上蔟等实用高效的蚕桑生产新技术，引进推广切桑机、伐条机等新型机械化设备，依靠科技进步实现蚕桑增效，农民增收。

（刘艳华）

【概况】 中国石化山东泰山石油股份有限公司下辖6个县片区公司，3家全资子公司（青岛华孚公司、京鲁公司、宏晟公司），1家控股公司（肥城绿能公司），1家联营公司（兖州金奥绿源燃气公司）。在营加油（气）站170座，其中自营自管站30座，已纳入委托管理的加油站140座，在营加气站1座、加油加气站4座，加气未投营站3座。油库1座，年吞吐量90余万吨，总存储量5万立方米。年内，全市成品油销售49.05万吨（其中零售42.12万吨，直分销6.93万吨）；销售天然气390万立方；实现非油品营业额1.23亿元，毛利额1731.2万元，综合毛利率14.1%；实现销

3月26日，中国石化泰安分公司工作人员开展志愿服务活动（姜 锋 供）

售收入 27.67 亿元，毛利 2.48 亿元，报表利润 1607 万元。

【经营管理】①提升增量创效空间。强化高标号汽油销售，加大 98 号汽油布点和销售，完成高标号汽油销售 6.49 万吨，增幅 14%。打造柴油核心增量站，率先在全省开展大桶灌装限时优惠，全年累计开展大桶灌装优惠 723 站次，拉动柴油销量 0.43 万吨。强化加油卡站内、站外营销，开展上门办卡“一条龙”服务，锁定终端客户。全年举办各类非卡点、站外营销 245 次，新增客户 9 万余家，累计充值额 11.5 亿元，新增客户增长 213%，绑卡工作位居全省系统内第一。做实门店销售，塑造易捷品牌特色，重点商品销售 5463 万元，增长 166%，占便利店总营业额的 44.5%；推广柴油车尾气处理液，实现营业额 286.6 万元；扩大海龙牌燃油宝销售，实现营业额 459 万元，增长 25.4%；利用微信营销及电子券销售非油品，带动店面销售额 2793.3 万元。②激发提质增效新动能。将现场管理标准化细化为加油站、油库“两个”层面和作业环境标准化、员工形象标准化、服务规范标准化“三个”单元，提升现场管理水平，确保建章立制常态化，解决油库各类安全隐患 11 大项；对重点商品、98 号汽油、高标号汽油等重要考核指标，拟定吨油销售标准，实施日监督。整理印发《泰山石油员工手册》，分条线从工作流程、工作制度等方面，明确一线员工各岗位的标准化操作步骤、风险防控措施和奖惩考核责任，实现员工“上标准岗、干标准活、交标准班”。③优化网点发展。加快关停歇业站复营进度，7 座加油站恢复营业。肥城绿能 3 站、宁阳第 6 加油加气站建成并投营，城区 44 站、宁阳 17 加气站充装证通过专家评审。130 座加油站完成液位仪项目，完成 10 座加油站汽服项目建设。④夯实基础管理。从完善 HSE 管理体系入手，完善规章制度，着重抓好隐患排查和治理，借助“我为安全作诊断”“安全生产月”活动和标准化建设，排查并彻底整改安全隐患，全面提升加油（气）站和油库的安全管理水平。健全数质量制度建设，完善管理体系；严把计量关，确保降耗增效，严把质量关，加强油品出入库管理，加大抽检力度，确保质量安全，连续 29 年实现安全无事故。

（姜　锋）

【概况】泰安出入境检验检疫局全年检验检疫出入境商品 7269 批，货值 3.22 亿美元，受出口一般工业品调出法检目录及国际市场需求持续不振等因素的影响，批次增长 3.27%，货值增长 4.76%。检出不合格货物 339 批，3103 万美元，分别增长 94.63% 和 115.3%。年内，局机关获得省级文明单位、泰安市开放型经济管理服务先进单位称号。

【出境货物检验】检验检疫出境 7014 批，货值 2.7 亿美元，批次和货值分别增长（下同）3.63% 和 14.82%。①农产品出口。出境农产品 4735 批，1.8 亿美元，增长 9.4% 和 23.64%，批次和货值分别占出入境总量的 65.71% 和 66.81%。其中，检验检疫出口蔬菜产品 2841 批次、4.48 万吨、1.15 亿美元，分别增长 6.4%、9.3%、35.3%。检验检疫出口竹木草制品 589 批，1009.1 万美元，主要贸易国家涉及荷兰、英国、德国、挪威、比利时、法国、日本等多个国家和地区。检验检疫出口饲料及饲料添加剂 870 批，4758.9 吨，1.31 亿美元。产品主要有氯化胆碱、苏氨酸、狗咬胶、益生素、黄粉虫及黄谷穗、玉米蛋白粉共 7 种产品。检验检疫出口保鲜板栗 456 批次、1.1 万吨、货值 2325.2 万美元，分别增长 4.11%、-3.83%、-2.93%。②加工食品出口。蔬菜罐头出口 66 批，899 吨，货值 225.3 万美元，产品主要出口丹麦、比利时、西班牙、德国、法国等欧洲国家；出口西梅罐头 27 批，188.8 吨，货值 63.77 万美元，主要出口日本；板栗罐头出口 20 批，94.21 吨，货值 42.31 万美元，主要出口日本；地瓜淀粉和地瓜粉条共出口 78 批，3222.7 吨，货值 326.32 万美元，主要出口韩国。检验检疫出口动物源性食品 25 批，123.64 吨，46.18 万美元，分别下降 27.88%、67%、67.95%。③工业品出口。检验检疫出口危包使用鉴定 1103 批，增长 4.6%，数量 76.7 万只，增长 4.2%。对危包进行性能检验 122 批，增长 27.1%，数量 18.1 万只，增长 27.6%；送实验室周期检测 31 批次，增长 14.8%。检验出口苏丹产品总计 53 批、390.3 万美元，分别增长 17.8% 和 45.2%。具体到产品类别，机电产品共出口 43 批，货值 374.9 万美元；化工产品出口 10 批，货值 15.4 万美元。出口产品未出现退货、通报等情况。监装出口苏丹商品 17 批，以 20 尺标准箱计共监装 35 标准箱。出口苏丹产品主要包括轮胎及自卸车、半挂车等。

【进境货物检验】检验入境货物 255 批，货值 5177 万美元，分别下降 5.9% 和 28.12%。检出不合格货

7月8日，泰安检验检疫局开展“食品安全周”进社区宣传活动。图为检验检疫工作人员对市民进行进口食品安全讲解　　（蒋　钰　供）

物65批，货值2048万美元，分别增长4.84%和152.92%。检疫进口农副产品57批，货值1350万美元，分别下降5%和17.27%。检验进口工业品198批，货值3828万美元，下降6.16%和31.3%。检验进口棉花40批，3.9万包，8265吨，1340万美元，不合格进口棉花39批，对外索赔金额共计31万美元，占进口货物总值的2.31%。共检验进口医疗器械12批，货物总值315.8万美元，经检验检疫发现，检验不合格商品批次1批，检疫不合格商品1批。

【国境卫生检疫】 完成出入境人员体检9330人次，减少25.71%；预防接种8602人次，下降3.27%。检出1887个病例，其中活动性肺结核6例、艾滋病1例、性病16例、肝炎464例，其他病例1400例。

【出入境木质包装】 处理出境木质包装349批次，14.49万件。在“山东出境货物木质包装标识管理系统”监管处理出境木质包装9.63万件，其中热处理8.89万件，溴甲烷熏蒸处理7392件。木质包装主要出口国家涉及以色列、泰国、韩国、澳大利亚、马来西亚、荷兰、巴西等国家和地区。

【产地证签证】 签发出入境检验检疫签原产地证书1万份，货值4.26万美元，分别增长17.47和16.35%。其中一般原产地证签发3472份，货值1.5亿美元，分别下降6.36%和4.89%。普惠制原产地证书2272份、7635万美元，分别下降15.03%和18.75%；区域性优惠原产地证书4347份、2亿美元，分别增长96.88%和54.43%。

【实验室检测业务】 完成农产品检测业务量1674批次，3162项次，样品数3.89万个。其中，法定检验198批，273项次，样品数526个；食品安全监控655批，1388项次，样品数7429个；社会委托821批，1501项次，样品数3.09万个。按照商品分类，农产品检测为1600批，3034项次，样品数1.58万个。

【完善监督工作机制】 开展执法工作质量督察检查，通过督察发现各类问题548个，问题发现率较上年增加3倍。针对发现的问题，及时加以整改。加强重点商品、敏感企业的监管和布控，全方位提升电子监管的应用水平。组织开展退运商品的调查，完善退运及通报调查程序建设，强化出口退运货物追溯调查工作，全年收到国外退运24批，完成21批退运调查。建立出口食品备案评审员随机监管机制，全年共监管进口粮谷10批、10.2万吨；监督抽查进口汽车配件2批、进口小家电3批；出口载重轮胎1批，摩托车轮胎2批。

【服务发展】 持续推进技术性贸易措施工作，组织完成技术性贸易措施年度影响调查，上报技术性贸易措施信息180条，编发技术性贸易措施专刊10期。巩固出口农产品示范区成果，提升特色产业集聚效应。泰安市有1个国家级示范区和2个省级示范区，占6个县（市、区）的50%，为泰安出口食品、农产品提供安全、放心的原料供应。培育以技术、品牌、质量、服务为核心的出口竞争新优势。帮扶东平县水浒湖产品有限公司松花蛋首次出口到印尼，帮扶泰安三益生物有限公司成为中国首批出口美国介质蝴蝶兰企业。严格落实行政审批制度改革，省检验检疫局委托办理的5项行政许可事项全部顺利承接，已经取消3项行政审批事项全部落实到位。进一步缩短检验检疫流程，为企业提供更加便捷高效的服务，进口棉花同比平均流程缩短46%，进口电气装置同比平均流程缩短62%。

【出口货物退运】 泰安辖区内出口退运货物调查25批，退运货值212.8万美元，增幅分别为19.1%

和109.7%。退运法定检验检疫货物8批，略有减少，占总批次的32%；退运非法检货物17批，均为工业产品，增加41.7%，占总批次的68%。退运食品类货物7批，下降11.1%，货值27.05万美元，增加3.2%，占总货值12.7%；退运饲料1批，货值2673.75美元；退运工业产品17批，增加30.7%，货值185.48万美元，增加146.5%，占总货值87.2%。退运货物共涉及16个国家，其中欧盟（8批）、美国（4批）、日本（4批）、韩国（2批）4个国家（地区）退运批次为18批，占退运总批次的72%。（蒋　钰）

【概况】 泰安海关共监管进出口货运量187.09万吨、货值63.52亿元；全年审核报关单1.83万份，征收税款2.14亿元。继续保持省级文明单位和省级青年文明号荣誉称号。

【服务地方经济】 ①优化通关环境，提高通关效能。年内进出口24小时通关率分别达84.28%、99.41%，高于同期全国平均水平和济南关区平均水平。②推进加工贸易管理无纸化。辖区38家企业完成加工企业辅助管理系统接入，接入率达58%，备案加工贸易手册359份、备案货值6834.85万美元。③优化政策扶持，支持技术改造和科研开发。落实减免税政策，全年办理减免税审批222份，减免税款3401.52万元。④提升服务水平。坚持“5+2”24小时预约通关制度，确保通关顺畅无阻，全年共加班96人次、380小时，审结报关单4000票。⑤强化外经贸分析。定期向市委、市政府及涉外部门提供专题分析报告，全年编发《海关简报》11期。

【深化改革】 参与全国通关一体化改革，推进通关无纸化改革，全年审结报关单1.83万份，通关作业无纸化率达到98.65%。落实“双随机”查验要求，随机布控率达95.96%。推进关检合作“三个一”（一次申报、一次查验、一次放行）改革，报关单“一次申报”率达100%。推行汇总征税政策，引导符合条件的企业申请适用汇总征税模式，平均每月可为企业减少资金占压376万元。

年内，泰安海关开展“内务规范强化月”活动。图为5月6日，工作人员进行训练　（张　成　供）

【税收征管】 全年征收税款2.14亿元。引导符合条件的企业开展汇总征税，年内，2家企业开展汇总征税业务，涉及报关单319份、税款4512.94万元。开展税政调研，上报“提高玻璃纤维制品出口退税率”课题。

【实际监管】 强化后续监管，开展保税核查57起，核查有效率29.8%；开展稽查作业9起，查发问题率89%，稽查追补税款64.38万元。落实海关企业信用管理改革和企业注册“简政放权”各项要求，积极开展国际海关AEO互认，发起高级认证企业重新认证3家。强化风险分析，固化季度业务分析制度，强化HL2008系统应用，全年系统警示风险移出率为100%，风险监控处置率为98.9%，有效率68%，补征税款330.21万元。

【打击走私】 针对重点领域、重点商品进出口形势和走私态势，持续保持高压严打态势，扎实推进“国门利剑”专项行动。办理注册超期变更简单案件43起，办理擅自外发加工、伪报进口保税料件数量等一般案件3起，缉私补税2.5万元，行政罚没收入7.4万元。（张　成）

编校　冯宪谟　　审稿　高兴学

旅游业 会展业

旅游业

【概况】 全市接待游客6278.18万人次，实现旅游消费总额661.64亿元，分别增长8.43%和13.63%。泰山景区实现进山进景点游客573万人次，实现门票、索道、客运等收入11.3亿元；方特、宝泰隆、太阳部落、天乐城、温泉城等新上旅游项目逐渐形成气候和规模，接待游客584.1万人次，实现门票收入6.5亿元。泰安市入选国家全域旅游示范区创建名单，中国旅游城市数字资产榜第5位，获同程网2016十大休闲度假旅游目的地、2016十大国际度假旅游目的地桂冠。泰山名列中国旅游景区数字资产榜第2位，并获2016同程旅游十佳达人体验旅游景区。

·旅游开发·

【旅游规划编制】 年内，完善旅游规划体系，以规划引领旅游产业发展，编制完成《泰安市旅游业发展总体规划》。委托山东省旅游规划设计院，基本完成《全市“十三五”旅游发展规划》《泰安市乡村旅游发展总体规划》编制工作。指导县（市、区）加强规划引导，泰山景区慢城项目通过初步论证，徂汶景区编制完成《基础设施专项规划》《旅游专项规划》。

【旅游项目建设】 泰安旅游集散中心、徂汶湿地、泮河休憩带、掌平洼乡村旅游等10个项目开工建设，天颐湖旅游度假区、中南威尼斯红酒街、蓝海御华大饭店等12个项目竣工并开业运营，培育多个旅游要素聚集区，整体提升碧霞湖、天颐湖、不夜城等10个重点旅游功能区。天颐湖旅游度假区引进战略投资者和专业管理团队，建设泰山花海、梦想小镇、古典汽车博览馆、飞行体验馆等高端休闲体验项目，“十一”假期重装开业。谋划推进途远特色休闲度假酒店落户泰城，建设全省首个住宅酒店产业化基地。引导社会资本投资旅游实体经济，大汶口古镇、白佛山、圣地农庄等20个投资大、影响力强的项目进展顺利。泮河景观休憩带面向游人开放，宝泰隆旅游度假区地上配套游乐项目、鲁商国际社区特色商业街装修施工，大汶口国家考古遗址公园核心区和古镇开发全面铺开。莲花山旅游度假区莲花小镇、泰山九女峰乡村旅游度假区、东平白佛山文化旅游区、肥城春秋古城等现代休闲度假区建设，为全域旅游注入新的活力，拓展新的空间。全市纳入省级重点旅游项目库的在建项目35个，投资在1亿元以上的旅游大项目32个，规划总投资780.26亿元，完成资金投入89.07亿元，增长111%。泰山慢谷、徂汶通用航空旅游、大汶口古镇保护开发等22个项目签订框架性合作协议。

【乡村旅游发展】 推动乡村旅游提档升级，实施乡村旅游“点、片、圈、带、面”发展措施，争取省级乡村旅游发展专项资金800万元，推进重点乡村旅游开发。组织乡村旅游带头人120人赴中国台湾、韩国、日本民宿开展学习交流活动，培训乡镇、民俗旅游村干部及新业态带头人800人次。对50个村进行调查摸底，实施旅游精准扶贫，完成32个省级旅游扶贫村建档立卡工作，制定扶贫村乡村旅游发展对策，争取旅游精准扶贫资金200万元。里峪村200余户年接待游客4万人次，实现收入200万元；上高庄园游客年接待游客5.2万人次，实现收入500万元。全市发展国家和省级工农业旅游示范点59家，省级旅游强乡镇35个，省级旅游特色村72个，精品采摘园20个，星级“农

4月28日，2016“平安泰山”泰安全域旅游推广联盟成立暨“旅游+”主题营销活动启动仪式举行　　（袁　泉　摄）

家乐”264家。岱岳区里峪村、肥城市刘台村、东平县塘坊村和南堂子村被评为中国乡村旅游模范村。

【海外及中国港澳台旅游市场促销】 全市接待入境游客38.53万人次，增长4.13%，入境游客消费2.43亿美元，增长3.27%。按照“积极跟进和主动出击相结合”的原则，发挥各种营销平台的载体作用，以日韩旅游市场促销为关键点，以发东南亚和中国港澳台市场为着力点，以欧美旅游市场促销为结合点，长线操作，短线突破，创造性地开展国际旅游市场营销工作。①日韩市场。与北京亚细亚传媒有限公司对接，邀请日本年轻人最受欢迎的人气歌手组合，在日本秋叶原演唱泰安旅游歌曲日文版《家园》。随省旅游局促销团赴日本开展旅游交流活动，与韩国山岳旅行社合作策划包装新泰莲花山登山之旅专项旅游产品，并举行2016新泰莲花山中韩户外登山活动启动仪式。借助韩国“好客山东”首尔旅游营销中心，发放大量泰安旅游宣传手册。②东南亚和中国港澳台市场。赴新加坡、泰国曼谷进行旅游交流活动，加强与新加坡、泰国大旅行商的合作，推广宣传以“水浒之旅、赏花之旅”为主题的精品旅游线路。组织内地修学联盟大会暨游学推广活动，中国港澳游学组织机构、中小学校长、10省市游学联盟成员单位150人，对泰安市的游学旅游精品线路产品进行实地考察。③美国市场。以“中美旅游年”为契机，举办泰安旅游推广联盟洛杉矶联络处挂牌仪式暨中国鲁菜文化美食节。海外华裔青少年“中国寻根之旅”美国代表团一行齐聚泰山，开启泰安寻根之旅，策划推出“中华泰山成人礼”、国学之道研学旅游之旅、“弘扬泰山文化、争作敢当少年”游学之旅、儒家文化深度体验之旅等文化旅游产品。④组织世界旅游发展大会泰安旅游考察活动。毛里求斯共和国第一副总理兼旅游和对外交通部部长沙•杜瓦尔，瓦努阿图共和国副总理兼旅游、贸易、商务部长乔•纳图曼等出席世界旅游发展大会的50余名与会贵宾和代表到泰安考察。策划组织“魅力泰安”“风雅泰安”“好客泰安”等集文化交流、旅游推广和贵宾礼仪于一体的主题旅游推广活动，提升“中华泰山、天下泰安”的国际影响力。⑤邀请国际旅行商考察踩线。组织涉旅企业参加第十二届海峡旅游博览会、2016北京国际旅游博览会、第十一届海峡两岸台北旅展、成都国际旅交会和中国国际旅交会。邀请亚细亚传媒、CCTV百集大型系列节目《远方的家——长城内外》摄制组、亚洲旅游营销有限公司、韩国媒体考察团、中国台湾山东旅游专家课程编辑工作组考察团、韩国“山东旅游专家”课程编辑工作组、德国媒体考察团、泰国旅行商考察团、新加坡媒体拍摄团、波兰京杭大运河线路考察团到泰安市考察旅游资源。参加省旅游发展委员会组织在美国国家地理频道制播纪录片和宣传片活动。在“欧洲时报”开辟第三十届泰山国际登山节专版。

【国内旅游市场促销】 年内，接待国内游客6239.65万人次，同比增长8.45%，国内游客消费629.61亿元，同比增长13.72%；居民出游前后消费15.69亿元，同比增长12.81%。将泰山玉元素融入泰安三日游宣传片，在中央电视台一套《朝闻天下》和四套《中国新闻》持续播放。以“旅游+”为抓手，融合各种社会旅游资源，加大宣传推介力度，巩固提升国内旅游客源市场。“旅游+体育”，组织参与泰山国际登山比赛、泰山春季半程马拉松、T60环泰山跑活动；“旅游+养生”，举办泰安首届国际太极拳大赛；“旅游+动漫”，组织拍摄全国首部旅游城市动画剧《少年石敢当》；“旅游+音乐”，制作退出摇滚版和民谣版《家园》，面向北京、上海、杭州、昆明、重庆进行宣传推广；“旅游＋交通”，在全市1292台出租车顶灯位置投放“中华泰山天下泰安”中英文广告；“旅游＋美食”，东岳山庄有限公司提报的泰安煎饼在首届中国金牌旅游小吃中获金牌；“旅游＋研学”，泰山皮影《石敢当大战黄狼精》在首届全国少儿皮影展演中获金奖，与泰山区17所学校建立合作，开展每周2场皮影戏进校园活动，完善中华泰山成人礼产品体系，培育发展文化旅游、生态保护、爱国主义、寻根祭祖等精品研学旅行示范基地。强化旅游目的地与客源地间的融合，建立京沪高铁城市旅游联盟、世界遗产城市旅游联盟、京杭大运河城市旅游联盟、省会城市群旅游联盟、黄河旅游目的地城市共建联盟等区域旅游合作机制，构建3小时旅游圈。联合省会城市群旅游联盟城市赴沈阳、长春、哈尔滨开展专题旅游促销。举办“激情跨越•2016世界人文最高峰泰山——世界自然最高峰珠穆朗玛峰平安祈福之旅”活动，组织自行车骑行团从泰安骑行至西藏，途经山东、河南、陕西、四川、西藏5个省、40多个城市，历时35天，行程4000多千米，涉及人口6600万，沿途发放泰安旅游宣传资料，让更多的地方、更多的人了解泰安旅游和泰安平安文化。参加北方旅游交易会、上海市第十七届旅游销售洽谈会，推介宣传泰安“三日游”“乡村游”等主题旅游产品。利用九江、南昌、青岛等省内外城市到泰促销时机，宣传泰安旅游资源。

【编制旅游新产品】 围绕祈福文化主脉，以平安文化为主题，以“平安泰山”为品牌，打造经典旅游线路。设计“登泰山，保平安”泰山祈福二日游、“中华泰山，天下泰安”祈福休闲三日游、“平安泰山，慢游泰安”文化体验三日游三条经典旅游线路。设计以“全家深呼吸”为主题的徂徕山清新“空气游”旅游项目，推出绿色“森”呼吸线路、清新温泉沐浴线、清新运动滑雪线等旅游线路，打响徂徕山“天然氧吧”主题旅游品牌。设计制作泰安福袋，重编出版《天下泰安全域旅游攻略》，对书中吃、住、行、游、购、娱的内容进行更新调整，重新加入全域旅游、魅力乡村等篇章，在星级酒店大厅及客房内摆放。

【新媒体营销】 成立泰安全域旅游推广联盟，涵盖旅游业、互联网、文化艺术、文化科技、金融、通讯、交通、体育等行业，包括北京、广东、山东等地的近百家涉旅单位，开启全域旅游营销模式的序幕。成立山东省旅游行业协会旅游航拍分会。“天下泰安”公众号影响力倍增，发送文章822篇，被国内各微信平台转发头条文章772篇。移动公司向外地游客推送旅游服务短信600万条。

【旅游商品研发】 组织参加国家旅游局、福建省人民政府联合主办的第二届海峡两岸旅游文创商品大赛，泰安市选送的商品获1金、1银。申报省级旅游休闲购物街区2家。设计“平安泰山”标识并发布。9月，举办平安文化旅游商品开发营销研讨会，邀请业内知名专家进行专题授课，分别从旅游商品创新设计开发、地域文化特色旅游商品创新设计、旅游商品市场营销、知识产权保护等方面详细指导。组织2016桃木旅游商品发展研讨会，从国家旅游局、中国旅游协会、中国美术学院等邀请专家授课，结合肥城桃木商品发展现状，围绕旅游商品发展趋势及品牌化发展、产品设计、雕刻技艺提升就桃木商品开发创新度进行研讨。举办2016中国泰安（泰山）平安文化旅游商品大赛系列活动，省内外近200个系列的1000件实物作品参赛，参观游客和市民近万人，评出金奖6个、银奖12个、铜奖30个、优秀奖45个。举办2016全国桃木旅游商品创新设计大赛，20个省、自治区、直辖市的200多家企业和个人参赛，有桃木如意、桃木宝剑、桃核微雕等十几个系列1000个品种、5000件桃木实物作品和200件设计作品参与终评与展览。组织山东工艺美术学院、泰山职业技术学院、山东服装职业学院等高校有针对性地对特定县域和行业文化及资源进行定向设计，征集设计稿件400件，并在旅游商品大赛期间进行专项评比。

【泰山国际登山节】 2016年，以“辉煌三十年喜庆”为主线，以“传统”、“亲民”和“聚集人气、扩大影响”为宗旨，以全域旅游为统领，全面整合产业资源，充分发挥泰安旅游文化的最大优势和影响力，精心创意策划、组织开展“魅力泰安”第三十届泰山国际登山节开幕式暨泰山国际登山比赛起跑仪式、“活力泰安”经贸合作新高地和“天下泰安”全民旅游大舞台3大板块、20多项旅游、经贸、文化和体育等主题活动。策划开展全民旅游大舞台、泰安（泰山）平安文化旅游商品大赛、国际旅游航拍大赛、世界旅游小姐暨泰安旅游城市形象大使大赛、第六届泰山石敢当文化节暨泰山石敢当文化大集、“慈孝心•儿女情”吴彦凝放歌泰山暨电影《我与母亲的那段日子》首映音乐会等旅游节庆活动。创新举办“泰山之邀、梦圆泰安”全球网络抢票活动，

5月15日，泰山—珠穆朗玛峰平安祈福之旅在天地广场开启（王 瑜 摄）

组织25家景区向海内外游客赠送价值584.5万元免费门票5.71万张，20天获2460万名网民参与和关注，涉及7个国家和国内31个省市。

• 旅游资源 •

【概况】 泰安市旅游资源丰富，重要景区景点有120多处，除最著名的泰山之外，在自然遗产方面还有国家森林公园徂徕山、腊山、金牛山，省级森林公园莲花山、神童山，省级风景名胜区八百里梁山泊水域以及被列入《世界吉尼斯大全》的肥城十万亩桃园、被誉为“天下斗蟋第一虫”的宁阳蟋蟀园等。在文化遗产方面有国家重点文物保护单位大汶口遗址、岱庙、冯玉祥墓、白佛山隋唐石窟造像、泰山齐长城、泰山古建筑群等；省级重点文物保护单位有徂徕山映佛岩《般若波罗蜜经》刻石、山西会馆、明代三朝元老萧大亨墓、徂徕山抗日武装起义革命遗址、宁阳颜庙颜林、东平司里山等24处；省级优秀历史建筑有宁阳禹王庙以及和圣柳下惠墓、史圣左丘明墓、商圣范蠡墓、黄巢兵败退守遗址黄巢寨及衣冠冢黄巢墓、穆桂英生长地穆柯寨、大字鼻祖洪顶山高僧安道一摩崖经刻及全国民俗旅游定点村埠阳庄等。至年末，全市有A级景区45家，工农业旅游示范点59家，省级旅游强乡镇、特色村107个，采摘园31个，开心农场7个。

全市旅游资源分布主要以市区为中心，呈放射型分布。北为泰山，城区主要有岱庙、蒿里山、灵应宫等名胜古迹；泰山区主要有汉明堂遗址、老县衙旅游文化街、方特欢乐世界、花样年华景区、宝泰隆旅游景区、啤酒生肖乐园、埠阳庄民俗旅游村、白马石民俗村、泰山文化广场、叶家庄旅游特色村、泰山国际花木城等；岱岳区主要有太阳部落、泰山温泉城、天乐城、岳海新天地、天颐湖、徂徕山滑雪场、大汶口国家考古遗址公园、萧大亨墓、文姜城遗址、黄巢寨、无梁殿、桥沟温泉、上泉古泉群、蒙牛乳业泰安工业园、齐长城民俗文化区等；新泰市主要有莲花山、青云山、峙山、和圣园、朝阳洞、九顶皇山、墨石山、太平山、掌平洼、上豹峪等；肥城市主要有陶山、范蠡墓、十万亩桃园、左丘明墓、云蒙山、翦云山、牛山、春秋古城、望鲁湖等；宁阳县主要有神童山、千顷枣林、蟋蟀园、文庙、颜庙、颜林、堽城坝、文庙、复圣文化旅游区等；东平县主要有东平湖、腊山、白佛山、司里山、戴村坝、稻屯洼、月岩寺、黄石崖、洪顶山经刻等。

【泰山风景名胜】 主要分布在南起泰安古城南门（包括蒿里山、灵应宫），东南、西南以环山路为界，北到灵岩寺，总面积171平方千米范围内，主景区面积125平方千米。景区内有山峰156座、崖岭138座、溪谷130余条、潭池瀑布64处。泰山自然风光优美、壮观，其景观特点以雄为主，兼有“奇、险、秀、幽、奥、妙”的特点。泰山游览区分岱麓游览区（丽区）、中路游览区（幽区）、西路游览区（旷区）、岱顶游览区（妙区）、后石坞游览区（奥区）、桃花峪游览区（秀区）和灵岩游览区。

岱庙　又名东岳庙、泰岳庙、岱岳庙，俗称泰庙，是古代祭岱的主要场所。位于泰山南麓泰城红门路南端，是泰山中路登山起点。庙内有古建筑和仿古建筑186间，碑碣184块，汉画像石48块，古桧、侧柏212株，观赏植物292种。新中国建立前，由道士管理。新中国建立后，曾为泰山管理机构驻地，后为泰安市博物馆。1988年被列为全国重点文物保护单位。主要景点有遥参亭、正阳门、天贶殿、汉柏院、东御座、唐槐院、后花园等。

灵应宫　碧霞元君的下庙，原名天仙祠。位于市区灵山大街西段北侧。创建年代无考，明万历年间奉敕拓建，赐额此名。2002年重修。

蒿里山　位于泰山之阳，汉代以前，蒿里山被称作“高里山”，《汉书》有汉武帝“亲禅高里”的记载。魏晋时期，始有“蒿里”之称。古代，人们视蒿里为死后灵魂的归宿之处，故汉魏间即有名为“蒿里行”的丧歌。蒿里山为泰山（泰安）地府—人间—天堂“三大空间”的地府所在。蒿里山曾建有蒿里山神祠，又名森罗殿，创建年代无考。1992年，被国务院批准列入泰山总体规划开发景点。

丽区 即岱麓游览区，指的是泰山南麓东起王母池、西至樱桃园一带清幽明丽的游览区域。岱麓地处山城结合部，依山临市，环山公路贯通东西，环境优美，风景秀丽，气候宜人。主要景点有岱宗坊、王母池、范明枢墓、普照寺、烈士祠、五贤祠、三阳观、樱桃园、冯玉祥墓等。

幽区 即中路游览区，是泰山主景区。登山道路是在唐玄宗登封泰山古御道的基础上拓建而成的，自泰山山门岱宗坊始，至岱顶南天门，全长8.5千米。石阶七千，峰回路转，林荫夹道，溪瀑争流，亭台楼阁，风景幽深。沿途两侧碑碣题刻触目皆是，风景名胜最为集中。主要景点有关帝庙、红门宫、万仙楼、革命烈士纪念碑、斗母宫、经石峪、中天门、朝阳洞、十八盘、南天门等。

旷区 即西路游览区，是指自西溪谷口大众桥至中天门的游览区域。西路游览区峰峦起伏，群峰耸立，谷深峪长，潭静瀑飞，林木繁茂，景色旷秀。主要景点有天外村广场、黑龙潭、扇子崖、元始天尊庙等。

妙区 即岱顶游览区，是自南天门至玉皇顶面积约0.6平方千米的游览区域。攀越十八盘，登上南天门，就算进入了“天府仙界”。此处，“日近云低”，“只有天在上，更无山与齐”。虚无缥缈的月观峰，金碧辉煌的碧霞祠，直插云天的玉皇顶，扑朔迷离的无字碑，都使人感到神秘莫测，妙不可言。岱顶集中了泰山自然风光与名胜古迹的精华，是游览泰山的高潮所在。主要景点有天街、碧霞祠、唐摩崖、玉皇庙、孔子庙、日观峰、东天门、探海石、爱身崖、仙人桥、月观峰、西天门。

奥区 即后石坞游览区，是以岱阴后石坞为中心的游览区域，南起玉皇顶，北至元君庙，东起天烛峰，西至北天门，面积约5.5平方千米。后石坞自古即被称作岱阴第一洞天。奇峰耸秀，怪石嶙峋，峰险谷深，旷远清幽。步行道“独足盘”环绕其间，为明万历年间所辟。沿“独足盘”攀登，行愈远，路愈险，山愈奇，景愈胜。主要景点有丈人峰、北天门、独足盘、八仙洞、后石坞、元君庙、九龙岗、天烛峰、谷山玉泉寺、周明堂遗址、锦绣谷、齐长城。

秀区 即桃花峪游览区，位于泰山西麓，因旧时桃林满谷而得名，分上下两段，上段称桃花源，下段为桃花峪。这里奇峰垒列，林深涧曲，豁达空旷。峪底公路，逶迤10千米。沿途千潭叠瀑，万壑汇川，丹英饰涧，纷飞如雨。主要景点有桃花源、猛虎沟、彩带溪、后寨门、吴道人庵、桃花峪谷口。

【《中华泰山·封禅大典》大型实景演出项目】 2008年11月筹建，2009年5月开工建设，2010年4月27日首场演出。该项目由东岳泰山旅游集团和阳朔帅元旅游文化策划有限公司合作建设，总投资2.6亿元，总建筑面积1.7万平方米，其中剧场1.34万平方米、综合服务设施3600平方米，剧场舞台1.08万平方米、观众席2600平方米，日常容纳观众2200人，最多容纳观众2700人。配套建设小型停车场1000平方米，大型停车场8000平方米。演出以泰山帝王文化、封禅文化为主题，再现历代帝王封禅场景，充分展示泰山的“国山”价值与内涵。演出总策划由中国大型山水实景演出创始人之一的梅帅元担纲，集国内知名的创作、编导、舞美、音乐、灯光设计人才及先进元素，演出阵容由506名专业和群众演员组成，打造世界一流视听效果和演出盛宴。该项目弥补泰山旅游夜间项目的空白，拓展和深化泰山独特的自然与历史文化旅游资

3月26日，《中华泰山·封禅大典》2016首演 （王文正 摄）

源，同时与泰山古镇毗邻，形成一条文化产业链，带动了泰山文化旅游发展。

【环山路景观大道】 环山路东起天烛峰，西至桃花峪停车场，全长26千米，是泰山的保护线、重要的旅游线、泰城重要的交通线和代表泰安形象的景观线。环山路是打通泰山东、中、西部的连接线，可以西接桃花峪景区，东连泰山方特欢乐世界、天烛峰景区，中间连接藏佛寺、蓄能电站、旅游经济开发区、樱桃园景区、市政大楼、天外村、普照寺、红门景区、虎山公园、白马石民俗村等景区景点，还可串接虹桥宾馆、丽景广场酒店、工行培训中心、泰山宾馆、世行培训中心、宝龙温泉大酒店等10家三星级以上宾馆。环山路景观大道是泰安城市的一条风景带，既可沿途参观景点，也可以欣赏泰城、泰山景色，以及用餐、休闲等，给游客提供了更多选择。环山路景观大道完善了泰城现代化风景旅游城市的功能，进一步优化城市路网结构，并有效起到山城分界线的作用，有利于加强对沿山建筑物的控制，强化对泰山的保护。

12月15日，市委副书记、市长李希信（中）到徂徕山汶河景区调研项目建设进展情况。市政府特邀咨询李际山（右二）参加调研（朱新宇　摄）

【徂徕山汶河景区】 徂徕山汶河风景区位于泰城东南部，西临泰山温泉城，总面积293平方千米，景区内徂徕山与大汶河山水相依，生态、历史、文化资源禀赋优良。徂徕山是国家AAA级景区、国家森林公园，世界地质公园，面积约109平方千米，为山东省第二大林场。主峰太平顶与泰山玉皇顶相距30千米，海拔1028米，植被覆盖率92.4%。大汶河绕徂徕山西北流过，每年径流量约10亿立方米，是黄河下游最大的支流，也是南水北调东线工程重要的水源补给地。经过前期的综合治理，在景区内形成回水长度20千米、水域面积11平方千米、蓄水量4000万立方米的水面和面积12公顷的湿地景观，2014年被评定为国家级湿地公园，2015年被评定为国家级水利风景区。景区内的桥沟温泉，是唐代御封八大温泉之一的“乾封汤”，水温高、水量大、水质好。经初步探明，地下热水面积约16公顷，混合水温可达45℃，经专业部门检测，含有20多种对人体有益的微量元素和矿物质，达到医疗价值标准和矿泉水命名标准。

景区的人文历史资源丰富。大汶河是泰安人民的母亲河，孕育了6000年历史的大汶口文化，是中国古代文明发端的标志。景区是著名的泰山石敢当文化和碧霞元君信仰的源出地，民俗文化、道教文化、帝王文化具有深度发掘的潜力。位于汶河北岸的古博城，2013年10月入选山东省第四批省级文物保护单位名单。其始建于春秋，扩在秦汉，盛于隋唐，历经2000余年，一直是泰山周边郡县治（府）所在地，也是历代帝王到泰山封禅时的行宫所在地。徂徕山古迹众多，唐代大诗人李白曾在徂徕山隐居6载，纵酒酣歌，以诗会友，与山东名士孔巢父等6人世称“竹溪六逸”，留下了“秋波落泗水，海色明徂徕”等千古佳句，创造了文坛上久负盛名的友情文学现象；距今逾千年历史的徂徕书院，与金山、岳麓、石鼓并称宋初四大书院，其创办人徂徕先生——石介是宋代儒家理学的奠基人之一，被誉为新儒学的开拓者和创立者。大寺遗址为国家级文物保护单位，1938年1月1日，在徂徕山大寺举行抗日武装起义，成立八路军山东抗日游击队第四支队。徂徕山抗日武装起义纪念碑和徂徕山革命遗址等，成为开展爱国主义教育的重要场所和红色旅游的经典线路。年末，存寺庙3处，碑碣54块，摩崖刻石113处，古树名木千余株。

【泰山方特欢乐世界】 该项目是国内最大、科技含量最高的第四代文化产业主题公园。2008年12月27日开工建设，2010年5月开门纳客。

园内主要建有方特乐园、飞越极限、恐龙危机、生命起源、星际航班、未来警察、海螺湾、聊斋等高科技娱乐项目30多个。运用现代计算机、模拟仿真、自动控制、数字影视、光学与声控等高科技手段，向游客展示包括泰山文化在内的中华5000年文化，游客在虚实结合、亦真亦幻、动感交互的世界中，穿越历史、现代与未来三重空间，感受“新时空”带来的全新旅游体验。2010年，被全国旅游景区质量等级评定委员会评为AAAA级景区。

【泰山花样年华景区】 位于泰山区省庄镇，是集娱乐、观光、采摘、餐饮、展销功能于一体的大型农业旅游文化项目，突出兰花产业、休闲旅游和泰山文化主题，主要建设路通花卉、泰安三益、会展大厅、梦幻花都、天合乐园、热带风情、未来田园、欢乐剧场等项目，总规划面积200公顷，其中未来田园项目综合运用国内最先进的无土栽培技术，通过立体化、园林化和异形化的艺术塑造，集中展示当代中国农业发展的最高水平；梦幻花都项目采用世界上最先进的设计理念和声光电等新科技成果，打造以花卉为主题，集欣赏、娱乐、体验、科普于一体，由绚丽空间、花样童年、幽兰奇域三部分组成的现代科技馆；热带风情项目集餐饮娱乐、园林艺术、兰艺展示等功能于一体，丰富“吃、购、娱”旅游要素；天合乐园主要建设为室外婚纱摄影主题公园。2010年，被全国旅游景区质量等级评定委员会评为AAAA级景区。

【泰山宝泰隆旅游景区】 景区总占地128万平方米，以地下漂流观光与地上休闲娱乐为主题，有地下裂谷探险、地下溶洞观光、东海龙宫观光、地下溶洞暗河漂流、候鸟放飞观赏、地上湿地观光、地上游乐等游玩项目。同时配套建设完成游客服务中心、生态停车场、自助餐厅、宾馆与酒店等旅游基础服务设施。产品涵盖观光娱乐、休闲度假、餐饮购物、文化体验、特色演出五大模块，是集吃、住、行、游、购、娱于一体的大型综合性绿色环保休闲度假区。2013年9月，景区正式对外开放，先后被评定为国家AAAA级旅游景区、中国风景名胜区协会会员单位、山东省文化产业示范基地，地下溶洞漂流项目通过大世界基尼斯认证，获封“最长的无动力暗河溶洞漂流”之最。

【泰安老县衙旅游文化街】 位于通天街中段，占地1.33公顷，经营面积1.7万平方米，由老县衙旅游商品街、泰山国际青年旅舍、泰安风味老街及萧大亨故居纪念馆4部分组成，其中旅游商品街的旅游商品超市购物面积936平方米，集中展销泰安特色旅游纪念品、工艺品、土特产品、旅游用品及宗教、帝王、民俗、水浒、自然风貌、土特产等千余种系列产品；非物质文化展演区邀请市手工艺大师现场表演泰山皮影等非物质文化遗产。泰安风味老街挖掘泰安地方风味饮食，创造性地开设泰山婚庆大典，将泰山的封禅文化、豆腐文化、茶饮食文化进行有机融合，充分展示“老街•老滋味，老街•老风情”的独特魅力，打造“游在泰山、住在泰安、吃在老街”的全新旅游概念。2010年，被全国旅游景区质量等级评定委员会评为AAA级景区。

【埠阳庄民俗村】 位于邱家店镇东南。此地民风淳朴、物产丰富，是典型的中国北方乡村。20世纪80年代，成为泰安市民俗旅游观光点。中外游客到村中，吃农家饭、睡农家炕、干农家活，日出而作、日落而息，体验泰山脚下农民的日常生活，可谓其乐融融。1998年，被国家旅游局定为华夏民俗旅游村。2000年，被省政府定为民俗旅游村。

【太阳部落旅游区】 位于泰山南麓，徂徕之侧，汶河之滨，是大汶口文化的重要发祥地，为国家AAAA级旅游景区。2013年，一期工程建成开放，2014年二期项目建成开放，2015年完成三期项目规划。太阳部落以大汶口文化为主线，以情景体验的形式，将史前文化和游乐项目有机融合，使远古文明的场景在游客面前真实展现，是中国首家体验史前文明的特大型文化主题公园。旅游区分为时光穿越、梦回大汶口、洪荒探秘、洪荒历险、情定大汶口、金乌古镇六大版块，由时空隧道、文明之光、地心历险、猿古大战、盘古狂叫、女娲补天、共工的愤怒、山洪暴发、洪荒漂流、高空斗牛、水龙王、远古大战、狩猎归来等40余个主题项目组成，运用现代化高科技手段，将大汶口文化的精髓融入其中，真实再现大汶口时期的生产生活场景，让游客走进古老的洪荒神话，亲身体验史前文化。

【泰山温泉城】 占地面积40公顷，规划建筑面积15万平方米，是集温泉养生、商务休闲、生态旅游为一体的国家AAAA级山地森林旅游景区及度假酒店。分为温泉区、国际会议接待中心区、温泉度假酒店客房区、十大景观苑区以及综合服务配套区五个功能区，其中温泉区每天最大接待容量可达到1万人次，主要建设温泉综合服务楼、温泉露天园区和汤屋汤院区。其中，温泉综合服务楼为温泉区的接待中心，主要配置有室内游泳馆、SPA水疗馆以及一系列康体休闲娱乐设施；温泉露天园区以温泉综合服务楼为中心依山而建，山下为动感温泉区，设有海浪池、通天瀑布池、洞府鱼疗池、七彩儿童池等，山上为文化温泉区和养生温泉区，设有岱岳禅汤、独尊神汤、何首乌汤、墨玉泉、石板泉等60多个功能各异的温泉泡池；汤屋汤院区位于温泉露天园区的西侧，设有中式、日式、南洋式等30余栋汤屋汤院。泰山温泉城温泉出水温度50℃左右，最大出水量为3800立方米/天。通过权威部门检测，该温泉水属优质天然高硫高纳的硅氟复合型医疗热矿水，温泉热水中富含对人体有益的氟、溴、锶、锂、硼酸、硅酸、磷酸等微量元素，经常在此沐浴，可以起到延年益寿的作用。

【天乐城旅游休闲区】 国家AAAA级旅游景区，位于满庄镇，占地面积37公顷，是以盐文化、室内水上游乐和休闲养生为主题，与泰山文化及地方民俗特色完美融合，集商务会议、特色餐饮、康体娱乐、生态旅游、休闲度假于一体的大型综合旅游度假中心。天乐城休息区主要建设有天乐城水世界、田雨润华国际酒店、盐浴漂浮体验中心和快捷商务酒店，其中天乐城水世界总建筑面积2.6万平方米，是舒适度极佳的室内四季水上娱乐项目；田雨润华国际酒店是集商务会议、康体娱乐于一体的五星级酒店，建筑面积4.2万平方米，设中高档客房222间，拥有大中小型多功能会议室11个；天乐城盐海神汤以盐文化为主题，集盐海漂浮、泥疗、盐疗、温泉养生等多项功能于一体，在这里人们可以自然漂浮在水面上，一年四季尽享“盐海”奇景。

【天颐湖旅游度假区】 位于泰山南麓，徂徕山西侧，大汶河之滨，毗邻大汶口文化发祥地。景区规划面积16平方千米，水面面积5.2平方千米，是泰安南部最大的水面。2010年12月被评为国家级水利风景区，2011年5月被评为国家AAA级旅游风景区。音乐喷泉东西长度160米、南北跨度12米；亲水式沙滩2处，7万余平方米；儿童职业体验场馆——梦想小镇，建筑面积1万平方米，主要包括室内职业体验馆、室外职业体验区和外围休闲娱乐区3个组成部分，设有51个职业体验单馆，主要面向3岁至15岁的少年儿童群体；泰山花海项目占地面积133公顷，沿天颐湖东岸线呈带状分布，以花卉观赏、游览为主，融入爱情、婚拍元素，集科普、休闲、娱乐、运动于一体；飞行体验馆项目主要包括室内娱乐风洞飞行体验和表演、室内跳伞培训、模拟飞机驾驶娱乐和教学、餐饮娱乐和外场热气球观光等组成，面向3岁至50岁左右的游客；婚纱摄影基地位于天颐湖泰山花海景区南侧，摄影基地主体建筑面积近万平方米；游艇码头5个，购置大型游船和小型游船，并配备安全巡逻艇，可让游客尽情享受水上娱乐。

【徂徕山滑雪场】 坐落于风景秀丽的徂徕山麓，是集滑雪、滑索、高尔夫、拓展、休闲娱乐、餐饮为一体的大型四季旅游景区。有初、中、高级雪道4条，高山缆车1条，德国进口管式滑道1条，托牵缆车3条，雪道宽120米、长800米、最高坡度30度，配备国际先进的造雪、压雪设备和完备的配套服务设施。雪场内设有雪上飞碟、马拉爬犁等娱乐区，并为儿童开设了专业的滑雪场地，乘坐高山观光缆车可以近距离欣赏梅花鹿，真正做到赏雪、玩雪、娱雪的全方位功能。景区春、夏、秋三季新上拓展训练、高尔夫练习场，让游客在高山滑行之余尽情体验休闲乐趣。

【天庭乐园】 AAA级景区，位于城区西部、天平湖畔，占地面积0.2平方千米，建筑面积近2万平方米，为国家AAA级旅游景区，建有休闲、娱乐、餐饮、儿童活动四大功能区。有美人鱼、空中飞舞、弯月飞车、滑草、滑沙、滑索、海盗船等游乐设施，是泰城西部休闲娱乐的主要场所。

【大汶口国家考古遗址公园项目】 规划面积390公顷，涵盖大汶口遗址、大汶口古镇、大汶口明代古石桥等历史文化遗迹。一期工程主要建设三区（遗址公园门前服务区、遗址展示区和大汶口古镇区）、一带（滨河景观带）、一节点（大汶口文化博物馆），其中遗址公园门前服务区主要建设门前景石及标志性建筑、主题雕塑、广场及水系，整个广场采用大理石面铺装，水系引入大汶河水、自入口的泰山石叠水而下，最终汇入最南侧的日火山雕塑流进大汶河；遗址展示区总面积30公顷，展示自1959年后4次考古发掘的墓葬189座、房址21座、灰坑120余座、陶器3000余件等；大汶口古镇区，主要对大汶口镇山西街等6个村进行保护性开发建设，涉及2676户、8000人；滨河景观带主要建设1100米防护堤、景观绿化工程及文化墙工程；大汶口文化博物馆展示、陈列面积2600平方米，以文物陈列、图片展示、全息影像、多媒体演示、互动体验等形式，采用声光电结合的表现手法，向公众展示距今约6100年至4600年的大汶口文化的起源、发展、内涵及其在中华文明史上的重要地位。项目建成后，将成为传播、传承中华源文化的教育基地。2005年5月，稻屯洼被建设部评为国家城市湿地公园。

• 旅游管理与服务 •

【智慧旅游平台建设】 整合全市旅游资源，走访景区及星级酒店、旅游商品企业，就电商营销合作及技术平台问题进行对接，与11家景区、60家酒店达成合作意向。开通泰安旅游天猫官方旗舰店，组建旅游电商及大数据建设团队，研究制定平台建设方案，争取旅游电商发展扶持引导资金，确保电商平台开发建设稳步推进。组织开发天下泰安企业号微信平台，向市财政局、市政府电子政务办公室提交企业号建设方案，开展政府采购流程。泰安旅游政务微博粉丝量29.84万人，在人民网、新浪网、腾讯官方微博上发布各类资讯信息1575条次。

【旅游安全监管】 开展旅游行业科学预判分级管控、旅游企业安全主体责任落实、安全生产隐患大排查快整治和极端天气预警防范工作。印发《泰安市旅游行业科学预判分级管控预防重特大事故工作方案》，建立“科学预判、分级管控”工作机制，从根本上防范各类事故发生。按照“分级属地”和“网格化、实名制”的要求，对辖区内旅游企业开展调查摸底，逐一明确主管部门，做到不留盲区、不漏一企，完成“一企一册”登记（每个企业独立登记造册），完善企业安全管理台账。印发《关于深入开展企业安全生产主体责任落实情况专项执法检查的通知》，与全市160家旅行社签订2016年度旅游安全生产责任书，责任险投保率100%。印发《泰安市旅游系统安全生产隐患大排查快整治集中行动方案》《全市旅行社安全隐患大排查快整治专项执法检查暨旅游市场秩序综合整治方案》，在全市旅游系统开展安全隐患大排查、快整治集中行动。出动执法人员180人次，检查旅行社160家，配合相关部门检查酒店、景区50家。

【旅游市场整治】 健全完善《关于建立城市管理联合执法机制、优化泰城城市秩序工作的意见》《泰安市城区旅游市场秩序整治联动工作实施意见》，形成多部门联合执法协调机制，对“拦车拉客、尾随兜售、无照经营、强买强卖、欺客宰客、导游人员未经委派私自从事导游活动、非法从事旅游客运、出租车客运等违法行为”以及乱搭、乱放、乱摆等不文明行为进行集中整治。各级旅游执法部门开展执法行动90次，出动执法人员560人次，其中开展联合执法行动30次，开展节日旅游市场秩序综合整治、假日期间旅游市场秩序专项整治和百日整治行动等。查处和纠正违法违规行为150起，查处拦车拉客人员18人，查扣“黑车”50辆，涉嫌非法营运车辆95辆，违规旅游车14辆，分别由公安机关和有关部门给予治安处罚和罚款、批评教育的处理。清理流动摊点、尾随兜售人员260人次，纠正和规整占道经营业户12家，对5家沿街经营业户乱搭乱摆放等行为进行批评制止。检查旅行社127家、饭店33个、景区（点）87个、导游员80人。对69家旅游合同签订不规范和旅游档案管理、安全管理制度落实不到位以及涉嫌虚假宣传等行为的旅行社下达责令改正通知书，处理旅游投诉66件，为游客挽回经济损失2万元，结案率、游客满意率均为100%。

【旅游满意度提升工程】 根据中国旅游研究院公布的游客满意度季度调查报告，逐项分析，找差距、查不足，撰写调查分析报告，对存在

9月6日，2016中国泰安（泰山）平安文化旅游商品大赛颁奖仪式在泰山国际会展中心举行（郑 燕 摄）

的顽疾问题进行责任分工，将10余项工作任务分解至责任部门，印发领导小组文件进行部署，对整改落实情况定期进行督查，发布整改落实通报，确保游客反映的问题得到改进、有效解决。针对存在的问题，开展旅游景区景点及周边市场秩序整治，对物价管理、环境卫生、旅游秩序等影响旅游满意度相关要素进行综合治理。第一季度，泰安市在全省游客满意度排名中居第2位。

9月6日，参与2016网络抢票活动等待验票的游客 （黄跃华 摄）

【旅游标准化建设】 根据中期评估专家组工作意见，调整工作思路，制定项目验收筹备工作方案，科学调整全市旅游服务综合标准体系，健全旅游服务标准要素，增强旅游服务综合标准体系的实用性。突出泰安旅游特色，扩大试点单位和标准覆盖范围，增加特色餐饮、旅游购物、乡村旅游等元素，丰富“好客泰山人，满意在泰安”服务品牌体系，加大旅游标准化推广实施力度，确保覆盖面。

【文明旅游工作】 ①宣传文明旅游。印发《2016年全市旅游行业文明旅游工作实施意见》《泰安市旅游行业文明劝导志愿服务活动方案》《泰安市旅游局关于创建全国文明城市工作实施方案》，与市文明办联合转发《省旅游局、省文明办关于组织开展好客山东“文明旅游，文明待客”主题活动的通知》《2016年泰安市旅游行业文明旅游工作实施意见》。召开文明旅游联席会2次，对文明旅游工作进行部署。印发维护旅游形象、争当文明使者倡议书，印制文明旅游招贴画、宣传折页、服务承诺书、宣传单5万份，制作节俭用餐文明提示桌牌1500个，旅游投诉标示牌、核心价值观立牌300个。②开展文明旅游评选活动。开展“文明使者、美德游客”“最美领队（导游）”和文明旅游先进单位评选活动，3名导游和3名游客获国家旅游局中国好导游、中国好游客称号，8家单位和30人获省旅游局全省文明旅游先进单位和个人称号。③开展旅游志愿服务。发展文明旅游志愿服务队伍100人，开展志愿服务活动3次，制作志愿者马甲、帽子100套，展板20块。

【A级景区管理】 开展A级景区、省级旅游度假区、省级原生态景区、汽车露营地示范营地、中医药养生示范基地等申报、评级工作。年内，全市申报AAAA级景区4家，申报AAA级景区15家，申报AA级景区9家，全部通过评审。

【旅行社管理】 加强旅行社质量监管工作，完善审批、备案程序，做好旅行社业务受理工作。新成立旅行社4家、分社2家、旅行社营业部7家，注销旅行社5家，泰安市海峡国际旅行社获出境社资质，成为泰安市第三家出境社。办理许可证发放、变更等业务20多次，办理领队证12人次。举办全市旅行社经理培训班，为企业发展提供智力支持，引导企业转型升级。

【旅游饭店管理】 分析了解旅游酒店行业的经营情况，帮助酒店适应市场需求变化，克服政务接待“瘦身”后行业面临的困境。开展星级饭店复核和暗访，加大对饭店评星、星级服务质量督查力度，强化星级饭店的退出机制。复核暗访酒店40家，注销2家。3月24日，在华美达大酒店召开全省旅游监管工作西部片区会议，来自全省西部片区9个市的分管领导、监管科科长和监察支队负责人及省旅游局分工领导参加会议，市旅游局就旅游监管工作作专题汇报。6月22～23日，在肥城市举办全省星级旅游饭店卫生规范培训班，参加培训的全省三星级和二星级旅游饭店负责人300人。

【导游队伍管理】 全市导游员参加年审1249人，通过年审1168人，暂缓通过年审81人。重新制作发放导游证IC卡33人，更新导游证

IC 卡信息 162 人，办理导游员跨省市调动手续和换发与补办导游证 143 人。

【旅游行业协会】 加强行业协会自律，促进旅游产业健康发展，完成市旅游协会的换届工作。在全市旅游行业中开展“诚信经营、优质服务”活动，向全市旅游行业发出倡议书。组织部分景区、旅行社、饭店等行业与旅游企业代表 21 人赴韩国进行宣传推介活动。成立泰安旅游景区协会、泰安市旅游研究院、泰安市乡村旅游协会，组织协会企业开展旅游精准扶贫。（张作祥）

【概况】 泰安市于 1987 年 9 月举办泰山国际登山活动，活动期间举办工农业产品展销会、技术贸易洽谈会等，体现“文体搭台、经贸唱戏”。20 世纪末期举办过全国性的汽车配件展销会、糖酒订货会等活动，2013 年成功举办中国（泰山）国际矿业装备与技术展览会，会展活动逐步面向国际化、专业化。2015 年 1 月，泰山国际会展中心投入运营，当年举办会展活动 81 场，展览总面积 35 万平方米，接待观众 75 万人次。2016 年全市举办各类会展活动 138 场，其中展览活动 34 场，会议、论坛、赛事等 104 场。

会展活动 2016 年，动漫展、汽车展、茶博会、服装服饰商品直销展、农副产品特色食品展、丝绸服装商品博览会等消费品类展会陆续举办，中国（泰山）国际矿业装备与技术展览会、泰山国际特种设备博览会、泰山国际福祉暨康复设备博览会等高端会议也相继举办。会展活动针对当前热点领域和重点行业布局，策划立意更高，组织运作更加专业，活动数量明显增多，活动质量大幅提升，呈现量质齐增态势。

专业展会 众多专业性展会相继举办，呈现出较强的活力和竞争力。其中，2016 中国（泰山）国际矿业装备与技术展览会，被中国城市会展协会联盟评为“中国区域性品牌展会”，成为仅次于北京煤机展、位列全国第二的煤机类展会；2016 中国学前教育峰会暨中国学前教育用品博览会，全面展示学前教育所需的各类产品和技术，为中国学前教育幼教从业者与幼教企业搭建沟通交流的平台；2016 年第一届泰山国际福祉暨康复设备博览会，展示残疾人、老龄人衣食住行、医疗康复、娱乐用品等设施设备；2016 山东省教育装备博览会暨第三届校服设计大赛，为全省教育装备行业搭建观摩交流的高端平台；第十二届泰山苗木花卉交易会，交易额 0.8 亿元、合同额 1.3 亿元、意向额 1.9 亿元。

高端会议 泰安市逐步完善会议设施，陆续承接大型高端会议，会议市场价值显现。中国产业用纺织品行业协会绳（缆）网分会成立大会暨第三届国际绳网产业高端论坛，中国工程院院士蒋士成、俞建勇，以及国内外 300 位行业领导、专家、企业负责人参加，以“新常态下的绳网现状与展望”为主题，共商中国绳网产业的健康发展；2016 中国学前教育峰会暨中国学前教育用品博览会，峰会作为领域内政府支持、规格最高的专业会议，成为各地教育局每年例行参加的学习会议之一，来自国内及中国台湾、法国、日本等 20 名顶级幼教专家学者到会授课，为广大学前教育教师和企业加强学习与交流、拓展业务活动，提供良好机会；泰山老年健康论坛由 11 位院士和国外 19 位专家，以及众多国内著名老年医学、生物医学、临床医学专家，围绕慢病与健康中国、慢病与老年医学、慢病与中医养生等多个领域作 60 场学术讲座，是泰安市近年间医疗养老养生领域最高层次的论坛。

促进产业发展 会展业的发展，推动相关产业发展更具活力。中国（泰山）国际矿业装备与技术展览会依托泰安市矿机装备制造产业而创办，扩大了泰安市煤机装备制造基地的知名度，推动泰安市企业与境内外知名矿业企业的投资贸易合作，促进煤机装备产业发展壮大；泰山国际福祉暨康复设备博览会，促进全市残疾人事业的发展，促成“泰山辅具产业园”的落地，该项目将打造覆盖全省乃至全国的辅助器具产业聚集地，促进泰安市相关产业创新发展；泰山国际特种设备博览会，促成国家再制造机械产品质量监督检验中心、国家工业锅炉质量监督检验中心和国家塔式起重机质量监督检验中心落户泰安市，促成泰山国家级特种设备产业基地“智慧谷”的建设，推动特种设备制造业转型升级发展。

营造发展氛围 全市大力发展会展产业，开展招展引会，特别是全市会展业发展大会召开后，各级各部门发挥自身优势，主动加强与上级部门单位、行业协会的联系对接，积极引进会展活动落户泰安市，泰安市形成发展壮大会展业的良好氛围。

【全市会展业发展大会】 3 月 1 日召开。市委副书记、市长王云鹏出席会议并作重要讲话。各县（市、区）政府分管负责人，市直及省属以上驻泰有关单位主要负责人，各县（市、区）、泰山景区、泰安高新区、旅游经济开发区商务、旅游、经济合作系统的主要负责人，有关行业协会、商协会负责人，部分会展及相关企业代表参加会议。会议动员全市各级各部门进一步统一思想、提高认识，积极招展引会，加大扶持力度，优化会展环境，努力将泰安建设成为在国内具有影响力的会展名城。会上发布《泰安市会展活动便利化服务流程》，全面提高会展服务管理水平，规范全市会展活动秩序，促进会展业健康快速发展。

3月1日，全市会展业发展大会召开　（高炜　供）

【场馆设施】①泰山国际会展中心。位于泰安时代发展线中段，占地面积9.93公顷(149亩)，建筑面积8.3万平方米，停车场车位600个，整体造型由4个方鼎组成，寓意“盛世金鼎、国泰民安”之意。会展中心主体建筑长180米、宽160米、高24米，地上两层，地下一层，西侧为特殊展厅和会议中心，东侧为综合展厅，中间为贯通建筑南北的展览、会议前厅。展览部分首层为东侧9600平方米的综合展厅及西侧4900平方米两层通高的特殊展厅，二层为9600平方米的综合展厅，中间通过南北向的共享中庭相连接。展览馆内的大型会议设施位于会展中心主体的西北部，包括高标准的1200人大型会议厅、带同声翻译系统的300人国际报告厅、小型会议室8个及大型多功能厅1个。②肥城会展中心。始建于2011年10月份，由南京农业大学未来农业研究所形象创意设计，山东建筑大学建筑规划设计研究院建筑设计，北京中高集团以BT模式投资建设。会展中心总投资2.6亿元，总建筑面积为1.83万平方米，其中地上一层建筑面积9370平方米，二层建筑面积6530平方米，设备控制室建筑面积2460平方米，能布置标准展位800个，室外前后广场铺装面积3.4万平方米。会展中心连续两届举办中国（肥城）国际有机农产品博览会、肥城名特优农产品展示会和多个展会活动。中心拥有先进的网络通讯系统，内设400多个网络端口，配有高档的LED屏幕、灯光和音响设备，可以实现与省市电视台同步直播；设有接待室、会议室，为接待贵宾或召开会议提供了便利条件。③东平体育会展中心。中心位于贯中大道(同望山街相连）与宿昌路交界处，占地4.9万平方米，建筑面积2.86万平方米，政府总投资2.6亿元。体育会展中心主体为3层，主要由体育馆、展览厅、地下游泳馆三部分组成。体育馆建筑面积0.99万平方米，座椅3502席（固定座椅2658个、活动座椅844个）。比赛场地以篮球比赛为主，也可作为羽毛球、排球、乒乓球等单项比赛场馆，同时能够满足国家级单项室内比赛和中、小型文艺演出要求；展览厅建筑面积0.7万平方米，由地上一层两个展厅和地上两层的两条环廊组成。净空高度分别为23米和17米。室内展览厅主要用于东平各项建设成果的展览、展示等活动；地下一层建筑面积1.17万平方米，分别有长50米、宽25米八泳道恒温游泳馆、台球房、棋牌室、足疗养身馆等和地下停车库、中央空调机组、管道、配电设施等组成。户外广场共3万平方米，其中0.5万平方米为灯光水景池。　（高　炜）

【泰山国际会展中心展会活动概况】泰山国际会展中心管理有限公司成立于2014年6月，设营销部、工程部、服务部、办公室、北京公司和计财部。2016年办展会127场，其中国际级展会11场、省级展会3场，展览总面积超过40万平方米，接待观众100万人次。

招商招展　年内，泰山国际会展中心营销部多次赴北京、上海、浙江、江苏等地招展，召开泰山国际会展中心推介会，与意向展览公司洽谈合作。依托市经合局、教育局、残联、驻泰安高校等部门（单位），招揽国内知名的品牌展会。2016中国学前教育用品博览会暨中

表 9

2016 年泰山国际会展中心重点展会活动情况

活动名称	策展单位
2016 第三届中国（泰山）国际矿业装备与技术展览会	泰安市经济合作局
2016 首届泰山国际特种设备展览会	泰安市质量技术监督局
2016 山东省教育装备博览会暨第三届校服设计大赛	泰安市教育局 泰安传媒集团
2016 中国学前教育峰会暨中国学前教育用品博览会	泰安市教育局 泰安传媒集团
2016 春季、秋季泰山国际车展（两届）	泰安传媒集团
2016 山东泰山国际旅游博览会暨泰山国际马拉松用品及装备展	泰安传媒集团
2016 中国泰安（泰山）平安文化旅游商品大赛	泰安市旅游局
2016 第一届泰山国际福祉暨康复设备博览会	泰安市残疾人联合会
第十六届全国印刷包装机械物资展销会	泰安市文化广电新闻出版局
山东省第二届中外酒（器）文化博览会	中外酒文化协会泰安联谊会
泰安动漫文化节——岱萌祭	泰安市岱萌文化传媒有限公司
苏杭丝绸服装服饰博览会（三届）	北京市鹏寰东方国际展览有限公司
2016 年泰安消费品博览会	泰安市智源锐柏营销策划有限公司
首届泰山国际茶文化博览会	泰安市泰山茶博城管理有限公司
泰山国际茶博会、艺博会、珠宝展（两届）	青岛天天向上会展有限公司
泰安市首届金融产品展示会暨银企洽谈会	中国人民银行泰安市中心支行
泰安市人民政府与山东省财金集团“1+N”战略合作签约仪式	泰安市财政局
北京汽车制造厂有限公司与泰安国泰集团战略合作签约仪式	新泰市人民政府 新泰市果都镇人民政府
2016 中国泰安投资合作洽谈会	泰安市经济合作局
2016 国际老年健康论坛·泰山	泰山医学院
国泰民安 2016 中华民族敬天祈福大典传统文化交流大会	泰安市人民政府
相信未来——大型青少年励志公益讲座	泰安新东方学校 泰安传媒集团
泰安市首届少儿戏剧艺术节	泰安市委宣传部 泰安市教育局
金宝贝音乐会	金宝贝早教集团
2016 泰山国际卓尔音乐节	泰安传媒集团
泰山秋歌——泰安市书画名家小品邀请展	泰安市书法家协会
北京人文大学书法学院师生作品巡回展	泰安市书法家协会
2016 泰山国际太极拳赛	泰安市人民对外友好协会泰安传媒集团
2016 第三届泰山国际马拉松赛	泰安传媒集团

10月20日，2016首届泰山国际特种设备展览会在泰山国际会展中心开幕。图为国务院参事张纲（前排左四），省政府副省长王随莲（前排左三），市委书记、市人大常委会主任王云鹏（前排左五）参观核心展区

（张 通 摄）

国学前教育峰会（爱立方）、2016第一届泰山国际福祉暨康复设备博览会、2016中国（山东）教育装备展、2016老年健康论坛•泰山、全国印刷包装机械设备展销会等展会先后在泰山国际会展中心举办。

自办展会 围绕泰安市优势产业，着力开展自办特色展会。其中，2016首届泰山国际特种设备展览会是该中心首个自办展会，展会为期3天，布展面积逾2万平方米，参展单位达312家，参展观众达2万人，同期举办11场论坛、报告会及技术交流活动，启动运营中国特种设备科技成果转化平台、泰山国际特种设备智慧谷项目，开展一系列经济技术交流、项目签约和成果交易活动，得到与会领导、嘉宾、参展参会单位的赞誉，为今后自办展会积累了经验。

优质服务 该中心着力提升展会服务水平，实现全年展会服务零投诉。成立设计公司，通过独特的设计加大展品搭建、场馆广告的创收力度；开展展具租赁业务，进行市场化营销；加强对会议的开发，到外地拓展以会带展的展会活动；延伸会展产业链条，加强与旅游、餐饮、住宿等产业的对接，形成会展产业发展同盟，寻求合作共赢。

（李 铮 王蔼茹）

【2016中国（泰山）国际矿业装备与技术展览会】 8月31日至9月2日在泰山国际会展中心举办。展会由中国国际贸易促进委员会和中国煤炭工业协会支持，中国煤炭机械工业协会主办，泰安市政府和山东省科技厅、山东省煤炭工业局、山东省贸促会、山东能源集团、兖矿集团、山东科技大学联合承办，山东省煤炭机械工业协会、泰安市经济合作局（泰安市贸促会）、泰安市煤炭工业管理局、泰安传媒集团和武汉智博展览策划有限公司具体执行。展览面积4万平方米，参展企业530家，专业观众3万人次。展会以“矿业装备聚集泰山、科技创新引领未来”为主题，以投资、合作、交易为主要内容，集中展示国内外最先进的科研成果与技术在矿业装备领域的推广，涉及勘探装备技术、选矿装备技术、采矿装备技术、矿山通用装备、煤转化装备技术、矿物加工设备技术、矿山安全装备技术、矿山节能环保设备技术、矿山其他部件及设备等，其中山东能源重装集团的千万吨级无人采掘工作面、山东名盾公司的全国首台套乳化液泵站、中国矿业大学（北京）国家大学科技园的SDCS智能自组态分布式监控系统、澳大利亚HMS公司的自动操作车等属于领先技术。展会期间举办“煤炭大讲堂”走进山东暨2016中国煤炭清洁高效利用高峰论坛，论坛围绕国家“十三五”规划确定的“煤炭清洁高效利用”重大工程项目，邀请行业领导、专家和业内翘楚，围绕煤炭清洁高效利用开展交流研讨，探讨研究煤炭经济形势和应对策略，为煤炭工业科学发展提出思路。展会还推出中国煤炭机械“十二五”成果展、中国煤炭机械工业协会煤炭机械制造科技峰会、煤炭行业交易洽谈会、煤炭机械装备制造业创新引领发展研讨会暨泰安煤机洽谈会、装备企业新产品新技术发布会等多项配套活动。

【2016泰山第十二届中国泰山苗木花卉交易会】 10月16～18日，在泰安国家农业科技园区（花样年华景区）举办。活动由山东省林业厅、泰安市人民政府、山东农业大学、山东省农业科学院、泰安市林业局主办，泰安市泰山区人民政府、泰山区林业局承办，泰安市江山园林有限公司、山东泰安国家农业科技园区协办。该届苗木花卉交易会吸引全国各省、直辖市、自治区的苗木绿化行业参展客商1000家，

参观洽谈业务人员3万人次，是苗木界最具影响、人气最旺、展出效果最好的园林绿化盛会之一。

（高　炜）

【2016首届泰山国际特种设备展览会】 10月20～22日在泰山国际会展中心举办，布展面积2.2万平方米，其中馆内面积1.5万平方米、馆外面积7000平方米，参展单位312家，参展观众2万人次，同期举办论坛、报告会及技术交流活动11场。展会期间，当场签订战略合作协议和贸易合同16项，达成采购意向50项，意向交易额超过10亿元；达成意向投资合作项目18个，意向投资额20亿元。其中，山东省特检集团、市质监局与岱岳区人民政府三方签订特种设备高新技术产业智慧建设合作项目，规划土地面积3平方公里，预计总投资额将达50亿元；上海欢颜焊接机器人当场成交机器人20台，与30家企业达成购买和企业人员培训意向，中国重汽集团泰安希尔博装备有限公司召开新产品发布会，当场签订2台大型吊车的购买合同；凯尔菱电（山东）电梯有限公司与2家企业达成购买意向；山东恒升智能停车系统有限公司与两家房地产企业达成立体车库合作意向。

【2016山东省教育装备博览会暨第三届校服设计大赛】 9月17～19日在泰山国际会展中心举行。博览会由山东省教育厅、泰安市政府主办，山东省教育技术装备服务中心、泰安市教育局承办，山东省教育装备行业协会、山东省学校后勤协会协办。大会划分信息化校园、现代教育设备和图书、学校后勤设施三个主题馆以及校园安全、特殊教育两个专题区，省内外和泰安市知名教育品牌计219家教育企业参展，展位1067个，参观人数3万人次。博览会上，现代教学技术装备和创新校服设计融科技、创新、智慧于一体，“比特实验室”独立自主研发的产品“水果钢琴”，通过敲击水果就能演奏出美妙的乐曲。“泰安市智慧教育云”展示了“云”的技术与“地”的实践。

【2016中国学前教育峰会暨中国学前教育用品博览会】 8月12～14日在泰山国际会展中心举办，主题为“关注成长，共筑未来”。博览会展区面积2万平米，标准展位1000个，观众人数2万人次。该会由教育部关心下一代工作委员会、国家新闻出版广电总局印刷发行司指导，中国教育装备行业协会、泰安市人民政府主办，山东省电化教育馆、泰安市教育局、中国教育装备行业协会幼教装备分会、北京东方美景展览有限公司、北京一展兴会展有限公司联合承办。爱立方、亿童、建荣、楚楚文教、乐博士、腾讯、哈灵、瑞华电子、东方信达、洪恩童恩幼教科学联盟、希沃等200家知名幼教品牌参会。全面展示学前教育所需的幼儿园玩教具、学前教育信息化、幼教及早教机构、幼儿图书音像、幼儿园日用品、园服、园舍建设及办公设备、安全及卫生保健用品等方面的产品或技术。

【2016春季、秋季泰山国际车展】 2016年春季、秋季两届车展，展期4天，展区面积2.5万平方米，每届车展吸引60家经销商、4s店参展，展商带来热门车型数百辆，两次车展吸引参观人数均在6万人次，车辆成交数均在1200台，均实现广告收入300万元。

【2016中国泰安（泰山）平安文化旅游商品大赛】 9月6日，2016中国泰安（泰山）平安文化旅游商品大赛颁奖暨平安泰山标识发布仪式在泰山国际会展中心举行。大赛由中国旅游协会旅游商品与装备分会支持，山东省旅游行业协会、泰安市人民政府主办，泰安市旅游局、泰安市泰山玉产业发展管理中心承办。省内外200个系列近千件实物

9月17～19日，2016山东省教育装备博览会暨第三届校服设计大赛在泰山国际会展中心举行　　（张　通　摄）

作品参赛。评出碧霞职能珠宝、泰山玉智能手链、桃木文房系列、泰山保平安系列等金奖作品7件，评出银奖12个、铜奖26个、优秀奖50个、定向设计奖25个。

【2016第一届泰山国际福祉暨康复设备博览会】 9月6日在泰山国际会展中心开幕，国内外100家厂商参展，参展人数3万人次。作为国内首个以康复设备为主题的国际博览会，泰山国际福祉暨康复设备博览会搭建了康复设备生产、研发、销售、服务的平台，为相关产业创新发展、提高残疾人辅助器具服务保障水平发挥促进作用。

【第十六届全国印刷包装机械物资展销会暨泰山全国印刷高峰论坛】 9月28～30日在泰山国际会展中心举行。由泰安市印刷协会承办，全国各地200家印刷机械厂和800家印刷企业参加展出，6000名专业观众、设计师、包装艺术系学生和市民观众参观。该次活动是泰安市行办发动协会力量，吸引国家级展会在泰安举办的。

【2016老年健康论坛·泰山】 9月23～25日在泰山国际会展中心举行。来自各国和国内医疗、教学、科研、基层卫生机构和从事老年医学、预防保健、护理康复、慢病管理、健康管理等专家、学者、医护人员，以及养老健康服务和相关健康产业的领军人物、专业人员、企业家参加论坛，参观的厂商代表和市民2000人次。论坛以大健康为引领，以“慢病防治与健康服务”为主题，倡导宏观与微观、理论与实践、传承与创新辩证统一的新理念，科学把握慢病与老年健康的本质特征，围绕慢病与健康中国、慢病与老年医学、慢病与医学模式、慢病与分级管理、慢病与中医养生、慢病与医养结合、慢病与信息化等领域所面临的深层次问题，着眼于新的实践和新的发展进行深度解析，搭建高层次的国内外合作交流平台。

【2016第三届泰山国际马拉松赛】 10月30日上午8点在泰山国际会展中心开赛。现场参赛选手1.78万人。赛事还通过“咕咚线上跑”开通线上泰马赛事，19.27万人同步进行线上跑比赛。赛事首次设立“赛中赛”，即“泰山警察马拉松邀请赛”和“中国法律人马拉松邀请赛”，组委会提供单独号段，两项邀请赛参加人数1000人。全国商学院系统商界精英组队首次参赛。德国、爱尔兰、芬兰、英国、肯尼亚、埃塞俄比亚、南非、韩国等21个国家的外籍选手参赛。

12月27日，泰安会展合作洽谈会暨首届“会展＋旅游”泰山论坛举行
（张 通 摄）

【2016中国泰安会展合作洽谈会暨首届“会展＋旅游”泰山论坛】 12月27日在泰山国际会展中心举行。全国行业协会、展览公司计157家参加会议。大会邀请中国会展经济研究会常务副会长储祥银、中国会展经济研究会学术指导委员会常务副主任陈泽炎、中国会议酒店联盟常务副会长武少源解读当前会展业发展趋势和前景，进行主题演讲。与会代表围绕会展业发展方向、发展重点、“会展＋旅游”等展开交流研讨。（高 炜 武新宇）

编校 张云霞　　审稿 曹成义

建设　环保

城乡规划

【概况】 年末，市规划局有干部职工479人，其中国家注册规划师26人，具有中、高级专业技术任职资格人员占专业技术人员总数的60％以上。局机关被评为“省级文明单位”“2016年度全市科学发展综合考核先进单位”“全市信访工作先进单位”“2016年度‘五型’机关建设示范单位”。

【规划编制】 《城市总体规划》修改通过省市各项审查审议程序，省政府已报国务院待批。名城保护规划修编成果通过住建部组织的专家评审。新一轮城市总体规划修编已启动。风貌特色、雕塑和地下综合管廊等专项规划编制完成并通过市政府批复。编制并通过市政府批复控制性详细规划49项。

【规划研究】 依据总体规划、专项规划和相关技术规范，超前开展规划编制研究。编制完成《“十三五”期间重点建设项目策划》方案；深化居住区公共服务设施配套比例研究，制订居住项目中各类公共服务设施的配建标准；开展《泰安古城研究》，提出古城复兴策划。

【规划管理】 执行建设项目规划建筑设计方案专家论证制度，加强方案审查。整理完成2016年度优秀建筑设计方案项目库，为设计单位提供参考。执行优化发展环境各项规定，实现规划审批提质增速。年内，受理建设项目1075项，核发“一书三证”（建设用地规划许可证、建设工程规划许可证、乡村建设规划许可证和建设项目选址意见书）517件、规划条件79件，审查（批）意见通知书565件。开展“一张图系统”数据整理及入库工作，引进无人机航测系统，辅助开展城乡规划管理工作。制订《重大行政执法决定法制审核规定》《建设项目批后管理责任追究暂行规定》等规范性文件。

【规划监察】 围绕“防控新增、消减存量”目标，按照“党政领导、属地负责、综合治理、司法保障”原则，牵头组织开展治理违法建设工作。坚持“边摸底边治理、控新治旧同步”，推行“全覆盖、全时段、无缝隙”治理，加强日常巡查，强化批后管理，对在建项目执行规划情况严格检查。采取动员自拆、协助拆除和强制拆除等多种形式，加大违法建设拆除力度。年内，对规划审批的207个项目1814个建筑单体进行批后监督检查，立案查处76个项目，结案59个；查处违法建设420处117万平方米；全市拆除各类违法建设921处59万平方米。违法建设发案数下降20%，结案率提高5个百分点。

【招商引资项目建设】 按照“招商引资项目建设年”要求和“指挥部加部门”的推进机制，牵头组织实施财源街中央商务区、历史文化轴、时代发展线及过街天桥建设工程，指挥部全体人员放弃节假日和双休日，全力以赴，加快工程推进。招商引资和融资工作有新进展。占地24.53公顷（368亩）概算投资60亿元的金融商务区项目启动建设，年内，融资到位资金28亿元。财源街中央商务区工程，完成房屋征收2100处31.5万平方米，占总量的99%；开工11栋回迁楼，9栋封顶，回迁小学和十二帝街项目完工，中南财源门项目完成地质勘探。历史文化轴工程，实现回迁，完成房屋征收359处8.5万平方米，占总量的99%；岱北文化公园施工图设计完成。时代发展线工程，泰山会展中心及室外广场项目按照规定时限完成工程结算审计工作；片区内房屋征收遗留问题取得新进展。环山路王母桥过街通道和金山路过街天桥建成并交付使用。参与市、区各重点工程，加强对接、超前服务，保障项目建设。（韩长清）

住房城乡建设

·综　述·

【概况】 2016年，全市住房和城乡建设（以下称住建）系统坚持推进新型城镇化建设，完成所承接的6项省委、省政府重点推进工作和牵头负责的城镇化、铁路沿线综合整治、农村改厕等多项重点工作，提升民生保障水平，加快行业监管改革创新步伐，完善城市管理运行体制。召开全市城市工作会议，泰安市被列为大城市试点、山东省海绵城市建设试点，2016年年底，全市常住人口城镇化率、户籍人口城镇化率达59.06%、50.25%。市住建局被评为“2016年度科学发展综合考核先进单位”“全市信访工作先进单位”“2016年度‘五型’机关建设示范单位”“全市安全生产先进单位”“全市信息工作先进单位”“全市档案管理工作先进单位”，继续保持“省级文明单位”称号。

（李　燕）

【依法行政】 对住建局行政权力、责任事项全部实行清单管理，在编制完成住建部门“行政权力清单”和“部门责任清单”的基础上，对权、责清单重新梳理和调整完善。组织完成年度执法人员考试和执法队伍清理工作。组织局系统行政执法人员参加各类培训200人次，利用山东省行政执法监督管理平台完成执法证年审540人。做好新申领执法证人员培训和考试工作，全年新考取省行政执法证23人、获得行政复议应诉资格证20人、获得听证主持人证5人；注销不符合条件的执法证27个，加强执法队伍规范化、常态化管理。对自2014年后的行政审批制度改革落实情况进行自查，对照国务院和省取消下放的行政审批事项逐条梳理，摸底排查，市住建系统承担24项行政审批事项全部得到有效落实，完成简政放权任务。（邱海燕）

8月2日，市委书记、市人大常委会主任王云鹏（右一）等领导调研高铁新区开发建设情况

（王国梁　摄）

【新型城镇化】《泰安市新型城镇化发展规划（2015～2020）》颁布实施。召开全市城镇化领导小组成员会议，部署2016年度省新型城镇化考核各项工作。2016年底全市常住人口城镇化率、户籍人口城镇化率分别为59.06%、50.25%；全市实现16万名农业人口转移市民化及城中村城边村原有居民市民化，超额完成年度任务。泰安市被省政府确定为大城市试点，肥城市为中等城市试点，宁阳县为Ⅰ型小城市试点，肥城市石横镇为新生小城市试点，岱岳区满庄镇、宁阳县磁窑镇为重点示范镇，徂徕山汶河景区汶水小镇、岱岳区大汶口水上石头古镇、新泰市羊流智能起重小镇、东平县老湖水浒影视小镇4个镇为省级特色小镇。新泰市西张庄镇被评为全国第一批特色小镇、省级绿色生态示范城镇。全市开工建设农村新型社区431个，建成并入住397个，受益群众24万人，被评为省级示范社区7个。（李　薇）

【精准扶贫】 成立市住建局脱贫领导小组，做好贫困村贫困户及建档立卡贫困户的危房改造和农村改厕，推进全市精准扶贫工作。印发《泰安市2015～2017年农村危房改造工作实施方案》《关于进一步推进农村改厕工作的实施意见》等文件，加强住建系统行业工作调度和信息报送，实行月报告、季督查，定期组织县（市、区）召开工作分析会，开展专项督查，推进建设系统脱贫攻坚工作开展；顺利通过市扶贫办2016年度扶贫工作督查考核。（李　薇）

【地下管廊和海绵城市建设】 ①地下管廊。编制并实施《泰安市城市地下综合管廊专项规划》，确定全市地下综合管廊近期及远景规划；印发《泰安市人民政府办公室关于推进城市地下综合管廊建设的通知》，对省政府下达泰安市的建设任务分解落实。至年底，全市开工建设地下管廊项目3个，建设长度6.9公里，建成6.0公里。②海绵城市。获批山东省海绵城市建设试点城市，获得专项奖励资金4148万元。编制《泰安市海绵城市专项规划（2016～2030）》，印发《泰安市人民政府办公室关于加快推进海绵城市建设的实施意见》，划定徂徕山景区（面积约70.85平方公里）和东部老城区（面积约7.45平方公里）作为试点建设区。全年泰安城区开工各类海绵城市建设项目15个，实际形成海绵城市汇水面积26.15平方公里。 （杨　晨）

【建筑产业化】 印发《关于加快推进建筑产业化的意见》，确定将装配式建筑技术作为全市推进建筑产业化的主要实现形式，重点推广应用装配式钢筋混凝土结构、钢结构体系。以棚户区改造、保障性住房、城中村改造、解决中小学大班额项目、幼儿园、医院、地下管廊等建设项目为示范，引领和带动全市建筑产业化快速发展。由市内三家企业联合成立的泰安市联强新材料科技有限公司与长沙远大住宅集团合作，建立泰安市首个住宅产业化基地。项目总投资11亿元，年生产能力300万平方米，年销售额20亿元。一期工程投资4亿元，引进装配式建筑构件生产线6条，年生产能力120万～150万平方米。

（张　斌）

【建设工地扬尘治理】 以房建工程、市政工程“两个现场”为重点，通过封闭管理、车辆冲洗、场区硬化、覆网防尘、设置喷淋设施、视频监控、设立扬尘治理公示牌等措施，加大施工现场扬尘监管力度。全年泰安城区监督检查在建建筑工程204项、单体1118家，下发扬尘隐患整改通知书169份、停工通知书151份，提出整改意见1758条。投资1.25亿元，实施泰山大街、擂鼓石大街、长城路“三路绿化提升”工程。完成公共绿地裸露土地绿化8.2万平方米，栽植乔木1.52万株，灌木26.2万株，模纹204.4万株，宿根花卉130.5万株、7270.5平方米，草坪9.5万平方米，攀缘植物2850株。印发《泰安市住房和城乡建设局重污染天气应急预案》，组织重污染天气应急演练；采取应急响应措施7次。开展以房屋建筑、市政工程、房屋拆除工程等施工现场为整治重点的泰安城区建设扬尘专项整治活动，整治泰城城区工程项目169个，累计对施工现场6.2万平方米的土堆及暂不回填的土方采取覆盖措施，对已覆盖的18万平方米的土堆及暂不回填的土方进一步强化覆盖；每天对15万平方米施工面增加洒水抑尘频次；对已设置的8.3万平方米的施工围挡进一步维护。 （张　斌）

【铁路沿线综合整治】 成立铁路沿线综合整治领导小组，召开治理专题会议，全面治理铁路沿线违法建设、废弃房屋、广告牌匾、彩钢瓦房、垃圾废弃物等重点问题，推进造林绿化工作。全市所辖6个县（市、区）及高新区铁路沿线环境治理规划编制工作完成，通过省住建厅审查；累计梳理问题657项，完成整治537项，整体完成率达81.73%。累计投入资金2280万元，清理垃圾32.29万立方米；拆除违法建设1.46万平方米，治理废弃建（构）筑物54处、5130平方米，完成率91.6%；绿化面积19.59万平方米，完成楼体、房屋立面粉刷1.24万平方米，拆除各类违章标牌、宣传广告932块。 （李　薇）

【房屋征收】 坚持依法依规、公平公正开展国有土地上房屋征收各项工作，保障市重点工程项目建设顺利进行。①拟定《泰安市国有土地上房屋征收与补偿办法》。组织调研组外出赴青岛、江苏盐城等9个城市开展调研学习，收集课题40个、好经验9条，在此基础上拟定出《泰安市国有土地上房屋征收与补偿办法》，规范依法征收、保障维护征收人合法权益。②保障市重点工程建设。参与万官大街东段、跨京沪铁路立交桥等重点工程项目建设，全年完成房屋征收5.95万平方米，按受理时限对80个工程项目出具勘察书面意见。组织对灵山大街中段道路建设工程80户被征收人回迁分房，分4批次完成分房82套，所有被征收人顺利入住新房。③安全推进房屋拆除和扬尘治理。与泰山区、岱岳区、泰山景区、徂汶景区、高铁片区和泰安城区各重点工程指挥部签订《安全生产与扬尘治理目标管理责任书》，完善《房屋拆除工程安全生产管理应急预案》，排查存在安全隐患和扬尘治理不到位的施工现场90处，现场整改60处，按程序下达《拆除工程停工整改通知书》24份、《拆除工程扬尘治理整改通知书》58份。④维护社会和谐稳定。妥善处理房屋征收信访案件，全年接待群众来访38件、66人次，办理中纪委巡查组转办信访事项1件，回复“12345”便民

11月30日，市委副书记、市长李希信（前排左二）调研高铁泰安站出站口改建工程建设情况。副市长陈湘安（前排左三）参加调研

（朱新宇　摄）

服务电话6件，在泰安建设信息网征地拆迁栏目发布房屋征收信息12条。（高　媛）

【行业安全】全市住建系统行业安全管理工作围绕安全生产控制指标，突出企业主体责任和部门监管责任到位，重点抓好建筑施工安全、市政施工安全、公用事业安全、城市安全，严防较大及以上安全事故发生。全市房屋建筑和市政施工领域发生生产安全事故1起，死亡2人，安全生产形式保持平稳态势，被市政府表彰为“全市安全生产先进单位”。全年全市住建系统召开安全生产工作会议11次，及时传达贯彻落实上级安全生产会议精神，组织制定和落实各项防范措施。印发《关于做好春季及全国“两会”期间全市建设系统安全生产工作的通知》《关于做好夏季房屋建筑施工安全生产及防汛工作的通知》《关于做好国庆节期间全市住建系统安全生产工作的通知》《2016年防汛工作意见》等系列安全生产文件。制订印发《泰安市建筑业企业开展企业安全生产主体责任全面落实年活动实施方案》《泰安市住建局直管企业安全生产主体责任落实情况专项执法检查实施方案》，召开企业安全生产主体责任全面落实年活动专题会议，组织企业开展自查自纠，实地监督检查施工企业22家，对16家安全生产主体责任落实不到位的下达《责令限期改正通知书》，提出整改意见96条。加强房屋建筑工程施工现场及燃气热力等企业安全生产检查，全年组织安全大检查8次，累计检查建设项目630项、单体2316个，检查市政工程、燃气站点等109处，排查治理隐患3100项，落实整改资金800万元。印发《泰安市住房和城乡建设局关于建立完善风险科学预判分级控管和隐患排查治理双重预防机制的通知》，梳理供水、城镇燃气、热力、排污地下管网、公园景区、广场及建筑堆场7大方面的安全风险预判内容和工作目标，确定25大类381项风险点，完成95家非建筑施工企业“一企一册”、76家建筑工程“一项目一册”风险点的排查登记，建立住建系统生产经营单位安全生产风险点名册。加强特种作业人员培训，落实施工企业对农民工、临时工进行岗前三级安全教育，组织培训企业主要负责人、项目负责人、专职安全员等管理人员1500人，培训考核特种作业人员1280名。（高　磊）

【职工培训】全年组织岗位培训考核30班次2.28万人，其中，建筑业岗位培训1.7万人（包括省内首批住建领域现场专业人员继续教育换证考核、安全三类人员考前培训和继续教育、特种作业人员安全技术培训考核），住建行业岗位培训5800人（包括全市房地产开发、建筑节能、燃气安全、建筑企业劳务管理实务、职业技能及建设类专技人员继续教育培训等）。组织二级建造师执业资格报名考试5283人；受理一级、二级建造师执业资格注册1187件；协助做好园林项目经理向二级建造师过渡考试报名103人，勘察设计工程师考试报名资格审验389人。（阴　莉）

【城建档案】推进城建档案法规体系建设，开展建设工程和城建档案执法检查，严把工程建设报签和竣工关口。贯彻落实建设工程档案“两书一证”制度，全年签订《山东省建设工程档案移交责任书》117份，签署《山东省建设工程档案预验收意见书》87份，发放“山东省建设工程档案合格证”67份。严格工程竣工档案验收，全年验收单体工程300个；实行重点工程竣工验收备案制度，全年接收重点工程档案13项。加强地下管线工程档案归集管理，全年接收地下管线工程档案21项。整理审核接收档案，全年接收工程档案8000卷，接收建设工程

招标投标档案1626卷，著录档案信息7288卷。利用现有库房空间，通过政府采购程序在一楼库房安装智能型档案密集架30列（195节）。做好档案库房各项安全管理，加强城建档案、文书档案管理和机要保密、安全生产以及信访维稳等各项工作。加快城建档案信息化进程，推进馆藏档案数字化工作，将馆藏档案数字化二期外包给专业数字化公司，完成档案数字化加工项目（二期）工程，著录扫描7000卷档案。举办2016年度城建档案管理员培训班，300人参加培训；经培训考试合格者，由市城市建设档案馆（处）统一颁发“泰安市城建档案管理员岗位培训合格证书”。全年，接待来馆利用查阅档案408人次，调卷565卷次；配备大型图纸复印机和数码复合机，为到城建档案馆查档群众和单位提供图纸免费复印服务。（尚宇青）

·城市建设·

【泰安城区重点工程】 道路工程。推进万官大街及上跨京沪铁路立交桥、泮河大街、佛光路改造、东岳大街东延、温泉路南段、紫欣路、博阳路立交桥等城市道路工程建设，完善城区交通路网，打通道路微循环，拓宽城市框架。万官大街工程被评为“山东省市政工程安全文明工地”。绿化提升工程。实施擂鼓石大街、长城路、泰山大街绿化提升工程，栽植各类乔灌木3万株，栽植各类花卉、模纹、草坪等10万平方米。市政基础设施。超额完成高新区和高铁新区新建燃气管网任务；改造燃气老旧管网1410米；国电联网工程全线贯通，新增供热能力1560万平方米；启动第三污水处理厂至第四污水处理厂的冯庄河污水管网建设工程。河道整治。针对奈河南北高差大、雨季过后蓄水困难等问题，通过建设蓄水池、改造中水管线、增设橡胶坝等技术手段，将中水引入奈河，建成景观用水自循环系统，实现水资源节约利用，打造出一年四季水长流的景观效果；梳洗河生态水系改造工程完成前期手续，开工建设。（杨　晨）

【城市供气】 完成范镇至邱家店次高压管线第三路气源，完成省庄、范镇、仪阳等乡镇社区天然气置换。全市天然气中高压管道500公里，新增中高压管道40公里，全年供应量达4.8亿立方米，全市6个县（市、区）城区实现天然气全覆盖，其中肥城市成为全省首个铺设至所有乡镇的县级市。先后建成和升级改造CNG、LNG加气站12个。全年，新增居民用户4.1万户、商业用户155家、工业用户5家，新增供气量1235万立方米，终端用户群体突破60万户。新增次高压和中压管网32公里，低压管网126公里，各类管网总长度2000公里。

【城市供水】 从平阴县引黄河水通过泵站加压输送至泰安城区，完成200公顷（3000亩）的地表附属物清理和地勘工作；施工图设计全部通过评审；完成第一标段22公里清水管线材料采购、施工和监理招标。投资1.7亿元，实施小安门水库、彩山水库和环湖水厂等应急引水工程建设，新增水源2000万立方米。新增消防栓1022座、维修更换275座，铺设消防管道82.2公里。

【城市供热】 敷设国电龙潭路主管网至鲁邦大河热电公司、灵山大街、城建热电南湖大街供热主管网21公里，建设联网中继泵站1座。升级改造南关热源厂，新增替代供热面积188.7万平方米，减少二氧化硫排放210吨，减少二氧化氮排放120吨，销售收入增长17.1%，减亏31.47%。完成“汽改水”，淘汰燃煤小锅炉和“煤改气”，扩大空气源热泵技术、光伏发电等新能源技术供热规模，直接实现泰安城区西区400万平方米面积的高温水供热，节约标准煤炭1.40万吨、减排灰渣

11月4日，市委副书记、市长李希信（中）实地调研城市冬季供热准备情况。副市长陈湘安（左三）参加调研　（朱新宇　摄）

4039.25吨、烟尘453.63吨、二氧化硫24.81吨。

【市政管理】维修更换路灯3950盏次，维修箱变106台次，更换杆体电器检查窗门402套，砌筑路灯检查井348套，排除隐患箱变106处。对泰城31条道路、1300基路灯进行新建增设和改造完善，增设创业大街、博阳路、望岳西路南段路灯设施。维修道板1万平方米道路设施，沥青割缝1.05万米，拆除沥青路面6050平方米，沥青路面摊铺碾压8.1万平方米，整修沿石3600米，路障石2679个。整修雨水篦子4700套，整修雨污水检查井盖420套，疏通管道2公里，挖运淤泥956立方米，铺设污水管线120米。（吕　睿）

【城市园林绿化】至年底，泰安市建成区绿地率39.6%、绿化覆盖率45.02%，人均公园绿地面积22.22平方米，提升城市绿荫覆盖率和生态宜居功能。绿化提升建设。推进泮河大街、擂鼓石大街、长城路、泰山大街绿化提升等工程建设，增加绿荫覆盖，提升绿化档次，凸显区域特色，打造“山、水、松、石、竹”园林特色。全年栽植完成各类乔灌木46.94万株，宿根花卉138.29万株，模纹材料260万株。龙潭路景观提升项目被山东省住建厅评为“2016年山东省人居环境范例项目”。推行规范化管理和标准化服务，高标准做好苗木修剪、病虫害防治、浇水保洁等养管措施，落实数字化巡查、督办、整改，做好金山、蒿里山山林防火工作。围绕迎接第三十届泰山国际登山节和国庆节，在城区主要道路、重要节点全面展开鲜花组摆、立体花卉造型安装，集中栽植各类花卉80万株；在城区过街天桥和主干道路灯杆悬挂绿植鲜花2万株。编写完成《泰安市区行道树应用及管理调研报告》等多篇调研报告。承担完成的专项计划《常绿阔叶树种引种、筛选与应用研究》被泰安市人民政府评为“2016年度泰安市科学技术进步二等奖”，荣获“第五届淮海科学技术创新奖二等奖”。开展青年志愿服务活动，联合市公路局、传媒集团等企事业单位开展绿化共管共养，联系泰安一中、泰师附校、学院附中等学校进公园展开绿化宣传，组织“文明花开进我家”系列活动。（刘　哲）

9月初，为迎接登山节、国庆节的到来，市园林局开展泰城绿地花卉景观建设，包括重要节点立体花卉造型安装和部分主干道花箱摆放，共栽植各类花卉60万盆。其中，在擂鼓石大街、东岳大街及岱宗坊等位置增设花箱78组，并特别选用色彩艳丽、花期长、季节性强的花卉品种，提升了绿化观赏效果，营造了节日气氛。图为望岳东路与擂鼓石大街路口处已布置好的花卉景观（隋　翔　摄）

【城市污水处理】全年处理污水5891万吨，污水集中处理率96.5%，其中第一污水厂处理污水1341万吨、第二污水处理厂处理污水3543万吨、第四污水厂处理污水1007万吨。第四污水处理厂经过调试，6月出水稳定达到一级A排放标准。第一污水处理厂被授予全省城市污水处理厂“十佳运营单位”称号。①污水处理厂监管。建立、健全污水处理厂监管制度和目标考核制度，制订保障城市污水处理厂正常运行的生产管理制度、安全生产制度、水质检验制度和安全运行应急预案。定期检查考评污水处理厂的实际运行情况。②城市排水管理工作。重点巡查公用管网，监督自建管网运行情况，监督排水户排污情况，确保城区污水全部通过污水管道进入污水处理厂集中处理。公开排水许可工作流程，严格办理程序。办理污水申请排入排水管网259件、污水排入排水管网许可133件、城镇住宅小区内部排水与污水处理工程竣工验收53件，办结市政府便民服务电话140件、数字化城管电话13件。③污水处理费征收。探讨收费方式方法改革，基本实现一户一档，依照程序，按时收费，定期跟踪，动态管理。全年征收污水处理费5200万元。④河道管网巡查。采取重点巡查和

泮河大街干净整洁有序、环境优美。图为7月17日的泮河大街　　（王文正　摄）

抽查结合的方式，巡查排水管网和排水户的排水基本情况，及时处理违法排水行为，全年巡查单位100家。集中排查整治市区排水管网及奈河、梳洗河、凤凰河等12条河道上的60个排污口。　　（王全文）

·城市环境·

【城市管理】 2016年，市城市管理局被评为“市级文明单位”“机关作风和政风建设先进单位”“全市政府系统信息工作先进单位”“市政府便民电话工作先进单位”。①执法工作。城区容貌整治：开展“除陋习、治六乱”百日整治行动，清理占道经营1.2万处、乱贴乱画1.1万处、乱堆乱放9600处、乱拉乱挂4000处，拆除乱搭乱建110处、7800平方米，恢复绿地6处，回填绿化种植土40立方米。借助市文明城市创建工作时机，整改环境卫生、市容市貌、户外广告、油烟噪声、建筑工地等城市管理问题2000项。油烟噪声整治：推进油烟净化器和降噪隔音设施安装工作，集中整治油烟噪声扰民行为。安装油烟净化器316台，查处焚烧垃圾80处，查处夜间施工噪声和商业噪声扰民行为1400处，整治室内烧烤违法行为120处。建筑工地整治：督促工地进出口道路硬化200处，设置围挡300处，检查车辆2000辆次，查扣无证运输车辆300辆，处罚乱倒垃圾行为120起。督促商户规范施工行为500起，处罚未设围挡和随意堆放建筑垃圾等违法行为37起。社区便利店设置：按照“政府引导，企业运作”的模式，建设使用御碑楼、东关、科大、卧虎山中街社区便利店4个。社区便利店增设水、电、气、暖等多功能自助交纳终端设备，增加家电、家政维修、家政保洁、配钥匙、开换锁、修拉链等群众服务项目。户外广告整治：专项整治城区道路两侧路名指示牌、灯箱标牌等各类落地式广告，拆除无设置手续的各类违规落地广告480块，拆除其他各类广告500块、1万平方米。清除擅自搭设舞台180处，乱挂条幅、彩旗等宣传品1600处。执法保障工作：完成重大项目建设、各类检查调研及重大节日保障工作180次。②投诉接处。接处办理群众投诉上访案件，办理人大代表建议案1件，政协委员提案13件，受理各类投诉案件6600件，案件回复率100%。在市政府群众诉求事项办理工作中荣获2016年度综合考评第1名。③管理体系机制。建立目标责任体系，按照《关于加强泰城长效管理的实施意见》的总体要求，划定市级调度监督考核、区级实施主体、街镇（社区）网格基础管理三个层级，细化分解目标责任。建立标准规范体系，制订下发《泰安市城管执法工作规范》《泰安中心城区环境管理工作规范》等规范性文件；编制《环卫作业标准图集》，建立10大类171项环卫作业标准。建立考核评价体系，根据《泰安市城市管理工作考核办法》，综合考核责任主体城市管理工作完成情况。落实日常监管机制，调度处置市相关职能部门（单位）、区政府（管委会）、街道（镇、中心）的城市管理工作，受理各类城市管理事项48.6万件，编发日报273期、周研判48期，督办各类问题1.5万件。落实联合执法机制，协调联动市、区、街道三级开展联合执法行动，组织大型联合执法行动45次，出动执法人员7500人次；整治室内烧烤违法行为120处，没收落地灯箱3900块，收缴扣押各类物品210车，证据保全各类物品6800件，拆除违法建筑130处、2.7万平方米，教育训诫500人。

（郭洪省）

【环境卫生】 ①深度保洁作业。市级管理31条道路全面推行深度保洁作业，主要道路地面尘土每平方米不超过5克、可见垃圾停留时间不超过5分钟，深度保洁道路总长度161.6公里，车行道保洁面积394万平方米，人行道保洁面积151万平方米。②垃圾清运处理。清运生活垃圾27.5万吨，日均清运生活垃圾750余吨，增长4%；市区31条路机械化作业覆盖率100%，环卫机械化作业里程62万公里，增长46%；城肥收处服务7090车。③源头垃圾分类。利用垃圾中转站开展源头垃圾分类工作，69座中转站设置垃圾分类桶460只，收运市民大件垃圾182车、1600件。④环卫设施建设管理。组织建设节能公厕10座，采购8立方米移动压缩设备10套、果皮箱1000个、电动巡检车100台。监管焚烧处理生活垃圾42.8万吨，增长30%，日均焚烧处理垃圾1000吨；监管处理餐厨垃圾3.8万吨，增长40%，日均收集处理餐厨废弃物100吨。⑤环卫事件督导。查办处理环卫事件14.8万件，处理环卫督导377次，协调处理各类求助、投诉、咨询2130件，办结率和群众满意率均达100%。承担市城管指挥中心网格巡查任务，发现、报告各类城市管理事件52万件。⑥环卫利民项目。开通“96009669”橘红环卫24小时服务热线；建立泰安环卫微博和微信公众平台；制订城区环卫联络员制度；实施生活垃圾静音收运服务；实施大件垃圾免费上门收运服务；实施“五小”门店上门服务；升级公厕服务和果皮箱管理工作；免费开放市民课堂；推进废旧衣物循环利用。⑦环卫职工业余生活。先后开办环卫工人学习论坛3期，举办第22届环卫工人节庆祝活动，全市各类环卫工人歇脚点500家。⑧环卫宣传。各类媒体刊登播放宣传稿件126篇，编发环卫信息36篇。运用环卫微博、环卫微信公众号等新媒体加大环卫工作宣传力度。（刘淑锋）

【指挥调度】①系统建设和软件开发。综合运用遥感技术、地理信息系统等现代科技，优化升级户外广告管理子系统、市政设施管理子系统、环卫管理子系统和防汛子系统。建立信息采集、任务派遣、处理核查、综合评价等运行程序7套。②远程监控和动态监管。安装重点区域和路段固定高清摄像头46个，安装流动巡查车载监控设备4辆；建设电子政务专网，实现泰安城区城市管理数字化全覆盖；建设无线专网，实现系统平台、“管E通”移动终端和视频监控设备无线网络互联；建设市直相关职能部门、区直部门单位和街道（乡镇）信息接收终端27个，实现城市管理信息共享。③数据库建设。研发数据分析软件，综合分析多发易发事件，及时提供准确数据和科学依据。④精细化管理。设立专职信息采集队伍，利用“管E通”采集、上报和核查城市管理信息；配备中心受理员队伍，及时派遣、限时处理、指令核查城市管理事件；组建片区管理队伍4支，利用无线监控巡查车辆，加强动态监管。⑤拓展信息采集渠道。新拓展督导巡查队伍、12345转办、群众投诉举报、领导交办批示、人大代表和政协委员及社会各界反映等信息采集渠道6个。⑥搭建公众互动平台。建立中心门户网站，接受社会各界的监督和评价；推出“全民城管”APP，实现精准报件；制作发放便民服务卡，鼓励“城事人人管”。⑦实施分类管理。1类区域的网格，每日巡查次数不少于4次；2类区域的网格，每日巡查次数不少于3次；3类区域的网格，日巡查次数不少于2次。受理转办城市管理事项48.6万件。（朱　玲）

【户外广告】加强门头牌匾的管理，受理报件申请1018份；加强大型户外广告的保洁、维护和巡查等管理工作，制订完善安全管理应对预案；遇大风等恶劣天气，提前告知有关单位做好防范准备并加强巡查，下达电话和短信通知20次；调查摸底城区落地广告，制订《关于对城区落地式广告进行专项整治的实施方案》，整治各类落地户外广告。组织公益广告宣传，协调有关单位利用各类户外广告牌以及沿街LED电子显示屏，开展户外公益广告宣传，全年安排“创建全国文明城市”等公益广告800处。

（王荣之）

·高铁新区建设·

【概况】市城市发展投融资管理中心是市委、市政府着眼加快城市开发建设步伐，扩大投融资规模，提高资金使用效益而设立的正县级事业单位，于2008年成立，隶属市建设局管理；2014年市城市发展投融资管理中心的隶属关系由市住建委调整为市政府直属事业单位。其主要职责是组织实施城市重点建设工程的发展规划和年度建设计划，负责城建重点工程的立项报批手续、组织实施和监督管理工作；筹集、管理和使用城建重点工程资金，承担城建具体项目的投资、管理以及拆迁安置用房建设的组织实施和监督管理；负责对重点工程建设项目控制范围内的土地进行整理、熟化、收储以及开发工作，进行项目直接投资或招商引资等合作开发经营等。2016年，市城市发展投融资管理中心被评为“省级文明单位”“全省信访工作先进集体”“2016年度全市信访工作先进单位”“爱国拥军模范单位”。

12月17日，大汶口明石桥远眺（隋 翔 摄）

【土地和房屋征收】重点拆除片区影响回迁、基础设施和公用设施建设的合法住宅，保障房屋拆迁与规划建设协调推进。全年拆除各类建筑面积320万平方米，清理腾空土地1333.33公顷（2万亩），全额发放居民拆迁补偿资金15亿元。

【重点工程建设】加强道路、水、电、气、暖、绿化、环卫等基础设施和医疗卫生、学校、文化娱乐、社区服务等公共服务设施建设，同步完善城市功能，拉动泰安城区西部发展。全年重点安排南片区棚户区改造工程、万官大街建设工程、泮河水系综合治理工程、南片区路网建设工程、学校建设工程、医疗项目建设、高铁出站口改造工程、开元盛世·和园项目、高铁游客服务中心项目、高铁南片区纵一路综合管廊工程等10个重点工程，完成投资109.4亿元。

【土地运作和投融资】先后完成土地报批600公顷（9000亩），收储土地148公顷（2220亩），完成高铁片区万官大街以北各地块的整合工作。至年末，高铁南片区可集约开发用地466.67公顷（7000亩），已整理可开发出让土地200公顷（3000亩）。获得国开行棚户区改造贷款资金规模51亿元，为全省融资规模最大的单体项目。与各类金融机构合作，灵活运用银行短融资金。利用泰安通宇民间资本管理公司平台，启动2亿元规模的二期专项资金募集。

【经济发展和招商引资】年内，高铁片区棚改实现各类税费18.33亿元，其中税收1.16亿元、各类规费3.07亿元、土地出让金14.1亿元。参与全市各类专题招商活动，先后赴香港、青岛重点招商，达成意向引资额50亿元。（李德龙）

·县乡建设·

【村镇建设概况】全市完成村镇建设总投资120亿元，6个县（市、区）城乡环卫一体化全覆盖达标率100%。全市87%的乡镇建有污水处理厂（设施），新泰市、肥城市入选“全国农村生活污水治理示范县”。市财政于7月将省级城镇化资金按照每个试点600万元的标准对新泰市、肥城市两个试点予以补助，重点用于支持试点地区开展农村污水治理规划编制、在线运行监管平台建立和污水处理管理运行等工作。至年底，全市纳入乡镇污水处理项目84个，87%的乡镇建有污水处理厂（设施），完成投资5.04亿元；2个镇被评为“省级宜居小镇”，5个村被评为“省级宜居村庄”，5个村被评选为“省级传统村落”。全年农村危房改造1750户，竣工1132户，省政务信息、省住建厅简报专门推广泰安市危房改造做法。完成农村无害化厕所改造6.44万户，超额完成年度任务。开展农村供暖情况专题调研，摸清全市农户取暖中存在的问题，探索引导农村文明取暖的途径、方式和工作思路。新泰市西张庄镇被确定为全省首批农村地区供暖试点镇。（李 薇）

【泰山区城乡建设】城市建设 全年拆除各类房屋30万平方米，腾空建设用地30公顷（450亩）。策划实施片区开发项目35个，完成投资102亿元，总开工面积273.1万平方米，其中，新开工面积99万平方米，续建面积174.1万平方米，竣工136万平方米，开工、竣工面积和完成投资分别完成年计划的102%、107%、103%。双龙路、佛光路、迎春路、东湖路、黄前西干渠路、紫欣街、环山路绿道、北上高大街、万官大街东段、万官大街中段10条道路和万官大街上跨京沪铁路互通立交桥工程已进入房屋拆迁、土地腾空阶段，全年拆除各类住宅、经营用房、学校等236户11.58万平方米，征收土地14.53公顷（218亩）；丈量房屋396户16.6万平方米，土地27.66公顷（415亩）。

村镇建设 完成农房建设

擂鼓石大街绿化提升工程是2016年重点城建工程。图为擂鼓石大街新貌（李燕 供）

3360户、危房改造418户。农村改厕，省庄镇完成1280户、邱家店镇完成1009户。对辖区内博阳路以东在建工程的施工许可手续办理情况开展拉网式检查3次，下达责令停止违法行为通知书25份；办理施工许可证1件。完成全区126个行政村的人居环境信息录入，建成新型农村社区23个。省庄镇和邱家店镇建成污水治理项目15处，其中污水管网省庄和邱家店2处、污水处理站7处、氧化塘6处；完成铺设污水收集管道50.1公里，7个村庄铺设管道接入第三污水处理厂。

住宅与房地产业　区属房地产开发业完成开发投入27.37亿元，销售面积81.22万平方米，销售收入30.76亿元，上缴税金4.14亿元。审核完成1616套经济适用房和3280套公租房申请任务，向全区1624户廉租住房货币补贴申请户发放补贴318万元，办理廉租住房货币补贴申请户变更手续157份。开展城市老旧建筑安全排查和城市房屋安全大检查，查出危房1266处，面积31.38万平方米。改造老旧小区8个，争取省奖励资金1700万元。棚户区改造4个项目482套，七里、新华等棚改项目实施模拟搬迁。对全区69家到期房地产开发企业统一进行资质延续、注销及注销限售材料初审，严厉查处房地产企业违规销售和违反基本建设程序的行为，规范房地产市场秩序。初审77家物业服务企业资质材料，指导14个小区召开首届业主大会，为12个物业项目出具物业质量保修金免交证明。

建筑业　全区建筑施工企业98家，其中施工总承包企业52家专业承包企业46家。对27家初次申请、增项、升级、注销企业的资料进行初审上报，已批准25家。受理完成88家企业的资质信息变更。完成区属85家企业新版建筑业企业资质证书的换证工作。做好市场监管和诚信一体化平台信息录入工作，完成85家企业注册数据及信息验证工作，正常启一体化平台。与全区各街道镇、局属单位、各施工企业层层签订年度安全生产管理目标责任书，开展建筑施工安全生产“大、快、严”集中整治行动，对房屋建筑工程开展全覆盖、无缝隙、多轮次、不间断的安全巡查，治理消除安全隐患。针对建筑起重机械、模板支撑系统等易发、频发安全事故的特点，不定期开展重点部位环节的专项整治行动，对违规违法行为实行“零容忍”。全年累计监管安全报监在建工程205项、单体572个、面积563万平米，新办理建筑起重机械产权备案457台，安装告知125台，拆卸告知166台，使用登记150台；累计下达安全隐患整改通知书600份，其中停工整改通知书236份，提出安全隐患5194条。规范质量监督和竣工备案工作，住宅工程全部实行分户验收，城区内建设工程质量监督覆盖率和竣工合格率均100%。完善监督检测管理体系，全年接受检测业务委托1.2万份，完成检测试验1.9万次，出具检测报告8000份，检测报告结论准确率达100%。全年监督质量报监工程259项、面积180.36万平方米，其中新开工工程118项、建筑面积68.6万平方米，办理竣工验收备案工程72项，建筑面积37.48万平方米；办理规划区外工程项目质量监督手续19项，建筑面积1.88万平方米。完成建设领域现场专业人员继续教育网上培训460人，建筑业职业技能培训1012人。全年受理农民工上访投诉18起，涉及农民工160名，金额1100万元。开展农民工工资专项检查活动，累计检查施工项目51项、有效工程单体156个，下达隐患整改通知书48份，停工整改通知书3份。对有严重拖欠农民工工资行为的1家区外企业和1名项目负责人清出泰山区建筑市场。规范工程招投标监督和合同备案管理，加强建筑施工扬尘治理。

【岱岳区城乡建设】 建筑房地产业 全区建筑施工企业79家，其中施工总承包企业40家、专业承包企业32家、劳务分包企业7家，分别占建筑施工企业的51%、41%、8%；晋升资质企业2家，新培育建筑业企业10家。全区房地产开发企业56家，其中，一级资质2家、二级资质1家、三级资质5家、四级资质14家、暂定资质34家，分别占4%、2%、9%、25%和61%；新培育房地产开发企业5家。全年建筑业完成税收2.92亿元，完成年初计划任务的232%，增长53.7%。房地产业完成开发投资额34.1亿元，完成年初计划任务的189%，增长17.6%；在建施工面积347.48万平方米，增长26.3%；新开工面积53.33万平方米，下降13.5%；竣工面积132.72万平方米，增长46.9%；实现税收5.53亿元，完成年初计划任务的557%，下降5.7%。

行业管理 以岗位培训和职业技能培训为抓手，加强建筑职业培训，全区建筑业企业关键岗位人员、建筑民工职业技能培训600人，“三类人员”（建筑施工单位的主要负责人、项目负责人、专职安全生产管理人员）岗位培训和年审698人（次），建造师职业资格注册、延续、变更和注销等68人，房地产企业从业人员岗位资格培训200人。督办施工图审查建设项目57个，面积237.4万平方米。监督完成招投标项目117项，建筑面积372.2万平方米，中标总造价14.5亿元；办理直接发包备案项目26个，面积43.5万平方米，合同价4.6亿元。完成养老保障金征收707万元，完成年度任务的151.1%。新建项目全部实现网上一体化平台申报审批和发放施工许可证书，审批并发放建设项目施工许可证书50个，建筑面积43.4万平方米。执法检查涉及建设工程94处、单体172处、建筑面积106万平方米，下达责令停止违法行为通知书105份，封停工地48处。监督工程455个、建筑面积487万平方米，工程竣工验收208个、建筑面积135万平方米，办理备案工程71个、建筑面积32.6万平方米。安全监督检查新开工地137个、单体490个、面积410万平方米，监督检查跨年度工地70个、172个单体、120万平方米。下达安全隐患整改和扬尘治理通知书470份、停工通知书195份，提出整改意见7400条。行政处罚强行施工单位5家，罚款7万元。全区建筑工地基本达到防尘治理目标要求，全区安全形势持续稳定。创建省级优质结构工程2个、市级优质结构工程16个、创建省级安全文明优良工地4个、市级安全文明优良工地10个、市级文明小区3个。召开全区建设领域农民工工资清欠专项整治工作会议，下发《关于开展建设领域农民工工资清欠工作专项整治的实施方案》，对本辖区工程项目和施工承包企业进行全面检查、集中整治，全区排查在建项目总承包企业建筑工地76个、建筑面积200万平方米，排查出2个建设项目的3家承包企业存在拖欠民工工资现象，督促责任单位及时整改完成。全年协调处理农民工工资投诉案件71起，清偿拖欠农民工工资4180.67万元，惠及民工2272人。

村镇建设 全区15个乡镇，其中14个建制镇、1个乡，603个行政村，人口85.12万人，地域面积1495.65平方公里，建成区面积59.25平方公里。满庄镇、大汶口镇、山口镇、范镇、祝阳镇、夏张镇、道朗镇、房村镇8个乡镇的总体规划通过市政府审批。农村新型社区规划139处，已有98处开工建设，入住人口10万人。全区村镇建设总投资21.53亿元。农村住房建设完成5518户，总投资4.09亿元，完成年度计划的126%；建成供水管道726.85公里，集中供水覆盖率95%；建成污水处理厂2座，建成农村新型社区污水处理设施23处，新铺设污水管网65.36公里；新修、维护乡镇、村级道路736万

金融商务区 （李 燕 供）

龙潭路景观提升项目被山东省住建厅评为2016年山东省人居环境范例项目。图为龙潭路龙泉飞瀑 （李 燕 供）

平方米；新增绿化面积265万平方米；新建镇驻地公厕22座，新增镇驻地及村级公园、健身场所67个。争取危房改造任务1350户，危改数量连续两年居全市第一，争取中央和省、市各级扶持资金2448万元，其中解决省级、市级贫困村中符合危房改造条件的贫困户398户、解决区扶贫办建档立卡的贫困户200户。印发《岱岳区2016～2018年农村改厕实施方案》，年内16个乡镇（街道）农村改厕工作全部完成。

城中村及棚户区改造　城中村改造项目开工建设回迁楼44栋，建筑面积42.94万平方米。棚户区改造9个项目开工，争取国家、省棚改补贴资金6700万元。

房屋征收与拆迁　全年完成拆迁户数2040户，拆除各类房屋面积51万平方米，安置村民回迁400套回迁楼，面积3.6万平方米，发放补偿资金2亿元。

对上争取和招商引资　全年对上争取项目8个，争取资金3.60亿元，到位资金1.13亿元。其中，农村改厕项目到位资金852.58万元，农村危房改造项目到位资金1665.04万元，特色小镇项目到位资金200万元，省级传统村落项目到位资金40万元，重点示范镇项目到位资金800万元，绿色农房示范项目到位资金35万元，棚户区改造项目到位资金6713万元。招商引资2亿元，其中，韩国现代新型建材投资0.5亿元、三源农超中心投资1.5亿元。登记备案招商引资项目3个，分别是农村厕所改造和污水处理一体化、节能保温砖、远东大酒店。完成项目策划10个。

【新泰市城乡建设】　至年底，城市建成区面积69.2平方公里，城市人口53万人，城镇化率59.84%。

城市建设　滨湖新区7条主次干道路完成路基施工12公里，3座桥梁已竣工；完成水系连通工程引水闸主体、天权湖、天璇湖坝体及烟霞溪、落虹溪生态堰施工，尚品滨湖新居西区保障房完成主体工程，滨湖小学及青云中学艺体馆、图书楼主体工程已施工建设，平阳社区等4个村居26栋回迁楼已施工建设。完成府前街中段、新矿路东段等3条道路整体改造，实施青云路中段等4条道路人行道改造，铺筑沥青路面13.58万平方米，铺装人行道11.4万平方米，实现弱电光缆入地105.6公里，富山路、借庄路等4条道路已进行路基施工及管道安装，建设地下缆线管廊4.2公里。滨湖新区寨山路、重兴路等三条道路完成地形整理、苗木栽植，继续实施“花满新城”工程，摆放各类草花60万盆，全年城市新增绿化面积21万平方米。推进生活垃圾焚烧发电厂建设，主厂房、汽机除氧间等主体工程已施工建设；完成城市生活垃圾综合处理场一期垃圾填埋区封场工程，整理封埋生活垃圾6.8万立方米，处理渗滤液6000吨、雨污水3.9万吨；完成生活垃圾处理场黑臭水体治理。2座公厕分获中国环境保护产业协会最美公厕文化奖、最美公厕创意奖。

城市管理　智慧城市，8月份，通过接入安全网关、防火墙等安全防护设备，将全市公安、国土、林场等23个部门单位的重点地段视频资源全部接入数字化城管指挥中心，实现各有关部门联动；实施城区免费WiFi建设项目，完成城区8大公园广场、市政府、行政服务中心、汽车南北站等热点区域90处无线AP的安装工作，基本实现热点地区无线网络全覆盖；完成全市党政机关办公自动化系统研发，并在住建系统试运行。创建国家节水型城市，完成节水专题纪实片拍摄编辑，编制完成《新泰市城市节水专项规划（2015～2030年）》并通过市政府批准实施，制作完成国家节水型城市申报材料4卷5册2900页，于11月3日通过国家节水型城市现场考核验收。数字化城管，数字化城管指挥中心受理各类案件2184件，其中巡查及监控发现1818件，“12319”热线受理366件，立案率91.8%，处置率86.7%，结案率92.1%，派发核查案件1441件，已核查1322件，核查率91.7%。修补路面9.15万平方米，修补更换人行道花砖6.07万平方米，调整新安路沿石5.64万米，实施道路沥青灌缝14.15万米，排水管清淤6.73万米。治理裸露地面18万平方米，新增行道树5000株。组织人员对人行道、门店前、学校门口等薄弱环节的卫生专项整治，加强树穴、果皮箱、垃圾桶、下水道口等细部管理，对公厕、转运站、果皮箱等设施维修维护，环卫设施完好率98%。

村镇建设 委托省城乡规划设计院编制完成《新泰市城乡排水工程专项规划》，并通过专家评审。加快推进人口市民化规划编制工作，通过前期数据采集和实地调研，规划初稿基本完成。21个乡镇街道新增硬化道路长度72公里，栽植苗木64万株，新安装路灯469盏，新建休闲广场87个，新建各类供水管网22公里、污水管网27.7公里。督促指导有关乡镇制订特色小镇创建方案和创建计划，并组织申报，西张庄镇被评为全国首批特色小镇和省级农村供暖试点镇，羊流镇被评为省级特色小镇。26个村被评为山东省绿色村庄，翟镇柳家庄村、羊流镇官路村被评为第三批省级美丽宜居村庄。印发《新泰市农村改厕工作实施方案》，制订印发《新泰市农村无害化卫生厕所改造考核验收办法》，全市18个乡镇289个村已启动改厕工作，完成改厕2.12万户，超额完成全年改厕任务。上半年完成2015年剩余存量危房改造任务907户，下半年开工建设危房改造520户，竣工292户。

房地产业 开工建设保障性住房项目17个、4209套，开工率100%。至年底保障住房基础施工1704套、主体施工100套、内外装修1400套、基本建成553套。发放住房补贴118户，保障人数306人、保障面积4590平方米。细化房屋权属登记工作程序，缩短办理时限，实现受理登记快速化、数字化、简单化、一体化。开辟“直通快办通道”，优化服务企业。结合“未验先用”工程整治专项活动，下达《责令停止违法行为通知书》15份。开展综合执法检查，实地检查开发企业40个。对全市59家物业服务企业实施日常动态监管，对全市物业服务小区的公共区域保洁、公共秩序维护、公共绿化养护、公共部

新泰市西张庄镇镇区鸟瞰 （李 燕 供）

位与共用设施设备维护等方面重点检查，提高物业企业为民服务水平。

建筑业　全年完成建筑业产值42.3亿元，出省产值2.8亿元，建筑业增加值10.4亿元，上缴税金1.56亿元。监督招标工程78项，中标金额8.74亿元。开展建筑市场秩序专项整治活动，检查在建工程51项，下达责令停止违法行为通知书19份，停工1处。签订《建筑企业防范处置拖欠农民工工资目标承诺书》64份，建设实名制管理系统。开展农民工工资支付专项检查，检查企业20家，下达责令停止违法行为通知书22份。调处拖欠工资案件71起，金额1635万元，涉及农民工1558人，批捕恶意欠薪2人，1家劳务企业清出新泰建筑市场。推荐省级安全文明小区1个、示范工地2个、优良工地2个、泰安市安全文明工地10个。推行“三化一覆盖”管理模式和网格化管理制度，实施日常安全检查，检查在建项目120项次，单体工程440个，下达限期整改通知书90份，停工整改40份。实施互联网+监管技术，督促3个项目安装远程视频监控，6台塔吊安装“黑匣子”和摄像头，实现24小时远程实时监控。完成公路局宿舍、西都社区等居住建筑节能改造31.06万平方米，对上争取资金2800万元。加快推广太阳能光热建筑一体化应用，至年底，全市新建建筑太阳能热水器安装建筑面积120万平方米，户数达1.1万户。

7月15日，天平湖大桥的西侧护栏改造工程施工现场　（王文正　摄）

【肥城市城乡建设】　新型城镇化　印发《肥城市关于推进新型城镇化发展的意见》，将新型城镇化建设列入对各镇街区的科学发展考核。肥城市先后被确定为省级新型城镇化综合试点、省级中等城市试点，石横镇被确定为省级新生小城市试点，潮泉镇和潮泉镇柳沟村分别获得省级第三批宜居小镇、宜居村庄荣誉称号。先后编制完成《肥城市新型城镇化规划(2016～2020年)》《肥城市农村新型社区和新农村发展规划（2016～2030年）》《海绵城市专项规划》《地下综合管廊专项规划》和《农村生活污水治理规划》。继续实施“气化肥城”，所有镇驻地实现天然气全覆盖，农村天然气用户超过1万户。完成2015年度652户的改造任务，补助资金全部发放到户；2016年度260户的改造任务已完成140户。完成农村厕所无害化改造1万户，超额完成年初确定的任务。编制《肥城市铁路沿线环境综合治理规划》，开展铁路沿线环境综合治理活动，清理垃圾点6处，其中绿化4处。“三个市民化”任务按期完成，实现农业人口转移市民化2.80万人，其中城中村、城边村人口市民化1.2万人，农村居民就地市民化5065人，外来务工人员市民化1.09万人。

城市综合承载能力　①重点城建项目。文化中心、电视塔项目完成主体建设；沿河古建全面完工，经过两次公开拍卖，出售45套商铺，面积1.64万平方米。先后铺开龙山南路、向阳西街、龙山中路东延、规划支路等新建道路建设，凤山大街南延完成招标工作。②城市基础设施。继续实施城区供热管网改造工程，完成DN700主管网铺设，实现以向阳街为分界，石横电厂热源和福宽生物热源分区域供热的格局；全年铺设各类管网10公里，完成新技校、御景园等换热站建设6座，新增供热面积150万平方米，城区集中供热覆盖面积超1000万平方米。完成向阳街（泰临路—肥桃路段）大修改造；累计维修道路约2.1万平方米，人行道板约8600平方米，路沿石4000米，对城区雨水管道全面疏通，清挖雨污水井5000座/次，维修疏通管线1300米，检查更换雨污水井（盖）1000套，安装信号灯4组。完成城区路灯及配套设施摸排工作，制定了改造方案，共更换配电低柜13台、电缆8500米、灯杆68根，新装路灯150盏。完成向阳街供水管网改造，新建孙牛路新技校等路段的管网，铺设管网3公里。通过国家住建部供水水质督察，水质综合合格率多年保持100%。③城市生态环境。投资1700万元，完成一级路绿化工程，绿化面积30万平方米；完成泰西大街、龙山路、工业三路等10条道路绿化补植工作，补植各类乔木1000株，花灌木11.2万株，绿化裸露土地面积6万平方米。对龙山河、范蠡公园、孙牛路两侧康王河道进行水生态治理，实施"清淤""堵污""补水""养源"四项举措。加快推进康龙污水处理厂扩能改造项目实施，项目已完成招标工作；加强对污水处理厂监管力度，累计处理污水2574万吨，城市污水处理率91%；征收污水处理费1485万元，增加26.9%；加大污水管网维修力度，累计疏通污水管道7930米，改造工业二路、军民街等处污水管道247米，清理检查井615座，新建向阳街、长山街等处检查井28座。④住房保障。棚户区改造，筹集上报棚户区改造项目19个、3096套，占年初计划任务的219.3%，已全部开工建设；基本建成各类保障性住房2426套，任务完成率135.7%；审核分配经济适用住房167套，公共租赁住房195套，发放廉租住房租金补贴5.03万元；2017年，列入省级棚改计划的项目37个、9861套（其中货币化安置项目6个），计划数量约占泰安市计划总量的1/3，位居全省县市区前列。对32个老旧小区的二级管网实施改造，完成6个老旧换热站的改造工作，分户控制改造6500户，物业小区自管换热站均收归城市热力公司管理。完成明桂花园小区、地税局宿舍等7个小区600户的自来水户表改造工作。开展既有建筑节能改造，完成农信家属院3.4万平方米改造工作，通过省级验收。联合市国土局、质监局等7家单位印发《关于开展既有多层住宅加装电梯工作的指导意见》，完善小区功能，被省住建厅确定既有住宅加装电梯试点市，是试点城市中唯一一个县市级。

行业经济 ①建筑业。全市完成建筑业总产值231亿元，增加值57.6亿元，分别增长5.6%、5.5%，其中外出施工产值完成190亿元；完成5家建筑企业资质升级、10家企业资质增项和3家三级资质企业的取证工作；全市有建筑资质企业107家，其中，一级资质企业12家、二级资质企业56家、三级企业资质26家、劳务企业13家；累计办理施工许可证121件，收缴农民工工资保证金2300万元、劳保费用1450万元；开展各类建筑市场专项执法检查26次，检查在建工程单体166个，受理农民工投诉举报案件39件，清理拖欠农民工工资1060万元。②房地产业。印发《肥城市人民政府关于促进全市房地产市场平稳发展有关问题的通知》，新设立开发企业资质初审上报4家、批准4家。受泰安委托核查企业办公场所32家，交叉审核泰安其他县市区房地产开发企业资质申报材料31家；修订完善《肥城市商品房预售合同备案管理办法》，全面实施《山东省新版商品房买卖合同》示范文本，审查签订开发建设合同书19份，合同建筑面积97万平方米；核发开发经营权许可22份，建筑面积114万平方米；核发商品房预售许可30份，面积71万平方米，办理预售许可延期55份；办理商品房合同网上备案确认6150份，销售面积73万平方米，发布许可事项公示信息52条。审查签订商品房预售资金监管协议24份；审查核准商品房预售资金使用材料55份，资金27亿元。③质量安全。落实"一岗双责"和建筑质量终身制，成立安全生产监管领导小组和11个安全生产监管小组，推行风险分级管控和隐患排查治理两个体系建设。办理监督注册手续工程351项，面积213万平方米；竣工工程212项，竣工面积170万平方米；备案工程134项，面积98万平方米；预拌混凝土合同备案138项；监理合同备案131项，工程竣工验收合格率98.6%；创出"省优质结构杯"工程3项、"泰山杯"工程1项、泰安市优质结构工程17项、泰安市优良工程11项。

5月5日，泮河大桥施工现场　　（李燕　供）

9月29日，泰安市农村无害化厕所改造推进会议召开　　（李　燕　供）

开展“安全生产月”、中秋、国庆等安全大检查活动6次，检查工地316项次，查出隐患2044条，下达隐患整改通知书102份，停工整改21项次。先后开展燃气、热力安全大检查5次，组织联合执法10次，自主排查20次，查处各类安全隐患130处，对查处的隐患，全部下达安全隐患排查整改通知书，并限期进行整改。④建筑节能。执行新的建筑节能和绿色建筑设计标准，推动市中医院东院、市委党校、高级技工学校、保障性住房实施绿色建筑的建设。完成节能审查备案79项、面积179万平方米，验收43项、面积113万平方米，返还新型墙体材料专项基金268万元。⑤物业管理。印发《关于加强物业承接查验工作的通知》《关于社区物业管理职权下移和调整相关业务办理流程的通知》《关于公布肥城市城区普通住宅物业服务收费基准价格和有关问题的通知》等文件，理顺管理体制，规范普通住宅物业服务收费和管理行为。办理前期物业管理项目20个，项目规划会审20个，办理物业承接查验项目18个。收缴物业质量保修金3004万元，归集住宅专项维修资金2.48亿元，支用850万元。

项目管理　抓好全市建设工程招投标系列文件、施工合同备案、监督管理，以及全省建筑市场监管与诚信信息一体化平台运行、管理、维护工作。全年完成招标工程24项，工程总价约1.16亿元；完成招标备案59项，合同备案142项，工程面积295万平方米，金额约30.8亿元，上传备案合同139项。在全市房地产开发项目中实施竣工综合验收备案制度，全年审批备案项目61个，建筑面积255万平方米，竣工综合验收备案项目19个，建筑面积89万平方米。办理各类审批服务事项1352件，其中企业注册审核340件、工程电子化登记180件、城市建设工程规划许可113项面积311万平方米、村镇建设工程规划许可68项面积52万平方米、城市建设用地许可36项面积117万平方米、村镇建设用地许可20项面积25万平方米、质量监督等其他审批事项592件。收取各项规费9066.12万元，其中，城市配套费1951.3万元、村镇配套费715.8万元、供热配套费3677.96万元、供水专项配套费1660.73万元、供气专项配套费352.64万元、墙体节能费707.7万元。

【宁阳县城乡建设】　重点工程　宁阳大道中段南侧主路面水泥稳定砂铺设已完成，铺设雨水管1320米、污水管290米。经四路南段已铺设灰土垫层500米、水泥稳定砂400米、雨水管400米、污水管400米，垒砌雨水井18个、污水井24个。完成北桥街、南关路、杏岗路改造提升工程。完成兴隆街东延、欣街东延项目主路面和辅道罩油工程。洸河生态建设工程至年底开挖土方86万立方米、绿化面积68万平方米，整平道路19公里，营造水面1100亩，栽植乔、灌木6万株，建设管理房及厕所9座。

县城环境　在华阳大街、七贤路、金阳大街、海力大道新建道路护栏29.8公里，城区累计修复路沿石180处、透水砖260块、检查井盖39处。全年完成华阳大街东段、欣街路中段、新区四路、郭台路北段、清风路北段绿化建设及兴隆街（建设路—海力大道）绿化改造，栽植各类乔木3000株、花灌木2万株、模纹植物4万株，种植草坪1.2万平方米。铺开蟋都花园、含秀园、寻桂园、宁磁南路与郭台路交叉口绿地、杏岗路与文化街交叉口绿地建设工程。全年新建公共绿地5.52万平方米，至年底，城区绿地率37.95%，绿化覆盖率44.23%，人均公共绿地面积15.92%。

统筹城乡一体发展　发挥磁窑镇、华丰镇2个省级“百镇建设示范行动”示范镇的示范引领作用，至年底2个示范镇完成地方财政收入3.72亿元，固定资产投资53.25亿元，村镇建设投资3.12亿元，基础设施投资1.67亿元，公共服务设施投资7017万元。危房改造累计完成535户。健全完善全县城乡环境容貌综合整治管理机制、运行机制和投入机制，实行定期不定期督导、暗访检查，对发现的脏乱差现象在全县范围内通报，在电视台曝光。

民生保障水平 供水加压站完成建设并投入正式运营，供水大厦开工建设。探索多元化投资形式，引进安徽盛运公司合作焚烧发电项目，一期工程处理日700吨，至年底，一期工程已完成整体工程的75%，实现垃圾无害化处理。推进中水回用项目建设，实现废水资源化。铺设由县污水处理厂至垃圾处理厂约23公里的中水回用管网以及23公里污水管网，全年已完成19公里的管线铺设施工，完成工程量80%。全县境内管道燃气企业4家，新建中压燃气管网14公里，新增天然气居民用户3800户、企业用户6户，城市天然气普及率42%。城区新增供暖主干管网3.6公里，新增集中供热面积25万平方米，供热普及率60%。

行业管理 全年完成建筑业总产值32亿元，实现利税2.56亿元，外出施工总产值2.6亿元。开展“工程质量治理两年行动”、“大排查快整治严执法”等活动，检查在建工程项目52项，下达安全隐患整改通知书204份，申报“泰山杯”工程1项、泰安市优质结构工程12项、优良工程7项，申报省级安全文明优良工地1项。新增房地产开发暂定资质等级企业1家，晋升资质等级1家，全年完成投资12.36亿元，商品房施工面积154.86万平方米，其中新开工面积46.24万平方米，竣工面积30.48万平方米。

【东平县城乡建设】 **城市建设** 加强白佛山文化产业园建设，投资4.8亿元，建设完成大雄宝殿、天王殿、钟鼓楼等重点景观及占地2.3万平方米的园中园项目，新增人工湖5个；铺装广场平台9个；新栽植银杏、枫杨、山茱萸、雪松、柳树等大规格园林苗木1万株，花灌木10万株；修整道路1.5万平方米；铺设天然气管道1500米，供水、供电等管网5000米，完善基础设施，提升园林景观效果。青峰山实验学校建设，已完成投资1300万元，完成5家单体工程基础工程。投资3200万元，实施10处城市边角绿地改造提升工程、沿街绿化提升工程和主干道行道树的补植和城区背街小巷的绿化整治工程，新增、改造绿地面积约15万平方米；新栽植各类苗木数量500株，补植城区主干道行道树450株；治理裸露土地面积0.8万平方米。至年底，城区绿化覆盖面积1100公顷，绿地面积1050公顷，绿化覆盖率、绿地率分别为48%、38%，人均公共绿地面积17.5平方米。

小城镇建设 把小城镇建设作为发展东平经济的载体和切入点，出台各种优惠政策、措施，鼓励农民进入小城镇务工、经商和定居，重点加快园区建设，引导农村二、三产业向城镇集中，鼓励大中型工商企业到中心镇建立营销网络，加快全县城镇化进程。至年底，全县4个乡镇（办事处）被省委、省政府确实为省级中心镇，形成了西部以银山镇为中心、东部以县驻地为中心的城镇体系。加强绿色村庄建设，3个村庄入围山东省首批绿色村庄名单，1个镇与1个村分别被评选为宜居小镇和宜居村庄，3个村被省住建厅批准为省级传统村落，接山镇朝阳庄村被住建部等七部门列入中国传统村落名录。做好各项基础服务工作，服务以脱贫攻坚“三大工程”为重点的12个移民社区建设。

建筑业 新建工程70项，建筑面积210万平方米，建筑业产值21.9亿元，增长11%。推行电子化招投标，全年非国有资金投资项目合同备案32项，总合同金额14亿元；国有资金投资项目投标监管65项，中标金额4亿元，公开招标率100%；办理竣工验收备案11项，一次性验收合格率100%；开展“打非治违”等专项行动，严格监督执法，全年累计检查项目426个次，房屋施工质量检测鉴定265个，立案查处违法违规案件8宗，下达隐患整改通知书276份（其中停工整改109份），提出整改意见2300条；下达督办建设手续函13份，对无施工许可擅自施工的项目下达停工通知10份，下达行政处罚决定书25份，全年未发生一起质量安全死亡事故。调整优化企业结构，鼓励企业多元化经营，扶持企业做大做强。根据《泰安市建筑市场主体违法违规行为考核标准》，定期考核施工企业，8家公司申办新资质，1家企业资质增项，36个公司资质变更，4家装饰装修企业资质证书完成换证。69家开发建设单位和57家施工单位已申请注册，175个项目已录入完善工程信息。全县建筑工程施工总承包、水利水电工程施工总承包、市政、输变电、装饰专业等资质配套较全，系统化管理完善，竞争能力增强。

惠民工程建设 完成农村危房改造402户，发放补助资金533万元。其中，“五保户”20户，帮扶资金36万元；低保户170户，帮扶资金255万元；贫困户151户，帮扶资金211.4万元；修缮户61户，帮扶资金30.5万元。将部分农村危房改造工作因地制宜地纳入移民避险解困工程、黄河滩区搬迁工程、易地扶贫工程、新农村建设等项目建设，实施统建。与接山镇朝阳庄村异地扶贫搬迁项目相结合212户，与银山镇南堂子社区、平湖社区移民社区搬迁项目相结合38户。农村卫生厕所改造完成5400户，其中建档立卡贫困户260户，涉及全县14个乡镇（街道）的25个村，提前完成改厕任务。

【高新区建设】 城市建设　新建道路2.48公里、污水管线6.44公里、雨水管线3.88公里、桥梁1座、污水处理泵站1座、路灯710基、10千伏路灯箱变8台，更换路面井盖472座。

城市管理　全区有“六纵七横”为主要框架的道路骨干网总长度101公里，城市绿化面积208.3万平方米，城市道路保洁面积246万平方米，凤凰河公园水域保洁面积20万平方米。建成垃圾压缩中转站3座（日处理能力180立方米）、公厕3座、污水处理泵站3处（日提升污水能力1.4万吨2座、一体化泵站1座），设置各类垃圾箱、果皮箱2000个；配有垃圾清运车辆12台、道路机扫车10台（无尘式、湿扫式、洗扫式）、洒水车10台，城市道路洒水、机扫覆盖率90%，建立“村收集、镇（街道）管理、区运输处置”的三级生活垃圾无害化处置体系。

建筑业　监督工程项目36个，单体工程209个，总建筑面积142万平方米。办理建设工程质量监督、安全监督手续149宗，建筑面积89.66万平方米，工程造价18.15亿元。办理施工许可37宗，建筑面积86.94万平方米，工程造价15.39亿元。办理竣工备案41宗，建筑面积23.55万平方米，工程造价3.29亿元。创建省文明（示范）工地4个、省优质结构杯工程3个、“泰山杯”工程1个。组织春节后复工检查、安全月检查以及建筑施工起重机械、综合执法检查、冬季质量安全检查等专项检查，结合日常安全巡查，下发安全隐患整改通知书284份，提出安全隐患1456条，其中下达责令停工通知书61份。新办理建设工程质量监督备案手续147份，建筑面积102万平方米，下发质量隐患115份；安排各阶段质量监督验收、巡查175次。招标备案项目45个，发布预中标公示40个，建设规模106万平方米，中标价19亿元。招标范围涵盖建设工程内的勘察、设计、监理、施工、园林绿化、污水处理、电力工程以及与建设工程有关的货物类招标项目。根据规范属地化管理原则，对于工商登记变更营业地址的建筑业企业实行属地化管理，在申请营业地址变更前督促其到相关区属涉管部门履职，服从属地部门管理。原隶属建设部管理的泰安金桥交通工程有限公司（公路交通工程专业承包交通安全设施分项资质），原隶属山东省建设厅管理的泰安腾飞实业有限公司（电力工程施工总承包贰级）纳入到高新区属地管理。完成25家建筑业企业换发带有二维码的新资质证书工作及统一社会信用代码证变更登记工作。

【概况】 全年完成总产值552亿元，实现增加值159亿元，实缴税金15.8亿元，企业利润总额30.2亿元，出国出省施工产值195亿元。收缴建筑企业劳保金1.97亿，收缴新型墙材专项基金2738.16万元。受理拖欠工资投诉142起，金额5256万元，涉及民工人数2606。7项工程获得山东省建筑工程“泰山杯”奖，21项工程获得省级优质结构工程奖，2个小区获得省级安全文明小区、6个施工现场获得省级安全文明标准化示范工地、19个施工现场获得省级安全文明标准化优良工地。　　（张　斌　边乐林）

【勘察设计管理】 全市勘察设计企业总数64家，增加4家，有1家单位升甲。主行业为工程勘察的单位有14家，主行业为工程设计的有35家，专项资质单位10家，设计施工一体化资质5家。勘察设计行业从业人员2200人，从业专业技术人员1800人，注册人员370人，专业人员及注册人员人数增加明显。全年召开建筑工程初步设计审查审会议21次，完成学校、医院、幼儿园等抗震专项审查128项；执行政府购买施工图审查服务，完成审查1698项（单体），总建筑面积1367.69万平方米，下发施工图设计文件审查合格书1289个，勘察文件审查合格书364个。6月29日，泰安市第一家BIM研究所由泰安市建筑设计院有限责任公司成功组建。9月，《泰安市抗震防灾减灾规划》经通过省级评审。启动东平县抗震规划编制工作。　　（丁　阳）

【建筑市场秩序】 ①建筑市场规范。下发《关于开展建筑工程项目先办证后缴费试点工作的通知》，进一步简政放权，提高审批效率，有5批47个项目经政府批准列入试点范围。正式启用新版建筑工程施工许可证，实现所有项目建设手续网上办理，系统统一发证，实时网络查询，与全省工程项目数据库同步更新。全市在建房屋建筑工程项目993个，建筑面积3101.5万平方米，工程造价448.4亿元，全市办理施工许可证的项目625个，建筑面积1446.3万平方米，工程造价237.1亿元。将企业入省、入泰备案制改为网上信息登记制，办理电子化登记建筑业企业1052家、工程项目1067个。②建筑市场监管。制订《泰安市建筑市场主体违法违规行为考核管理细则》《建筑市场主体违法违规行为考核标准》，建立健全考核评价体系，考核结果与投标信用考核得分挂钩，及时上网公开并记入企业信用档案，实现建筑市场和施工现场管理的联动。全年监管建设项目204个，建设面积1060.4万平方米，工程造价173.56亿元。市区所有工程实现监管全覆盖。下达责令限期改正通知书29份、责令停止违法行为通知书282份、安全隐患整改通知单346份，其中，停工160份，提出整改意见2031条；全年罚款281万元，追缴费用2.27亿元，其中墙改基金1037万元、养老保障金4683万元、综合配套费1.7亿元。③建筑市场整治。组织企业开展自查自纠，抽查施工企业66家，对16家安全生产主体责任落实不到位的企业下达《责令限期改正通知书》，提出整改意见96条。开展建筑起重机械专项整治，规范市场和安全行为，防范事故的发生；办理建筑起重机械产权备案3875台、建筑起重机械安装（拆除）告知178台次、使用登记87台次。落实安全生产许可证管理制度，对43家企业的安全生产生产条件进行审查。联合市文明办开展创建泰安市“十佳安全文明工地”活动，对2个申报市级安全文明小区的项目检查验收，对17个申报省级安全文明工地的项目初验。完善施工现场远程视频监控系统，134个施工项目和20家商混企业安装使用远程视频监控系统。印发《泰安市清理规范工程建设领域保证金工作实施方案》，开展清理规范工程建设领域保证金工作。开展建筑领域农民工工资清欠专项整治工作，受理建筑业农民工欠薪举报投诉案件216起，涉及金额9443万元，涉及人数4583人，妥善处置各类上访事件。返还劳务工资保证金34个项目、8862.9万元，会同市财政、人社部门使用380.5万元劳务工资保证金支付弘盛现代城项目的农民工工资。④文明施工。强化施工现场围挡，对泰安城区在建项目现场围挡逐一排查，建立问题台账，对不符合要求的现场围挡全面整治，整治围挡墙6290米，更换破损布缦广告围挡256幅，城区内47个在建项目更换公益广告围挡9600平方米，全市公益广告围挡2.80万平方米。加强现场扬尘整治，制订全市城区房屋建筑工程现场应急预案，引导各施工单位根据现场实际出台切实可行的扬尘治理专项方案，现场出入口硬化率达100%，洗车台设置率达100%。全年下达扬尘治理整改通知书147份、停工117份，通过信息平台发布雾霾扬尘预警5次，增加场区硬化6440平方米，完成覆网防尘8.5万平方米，清理建筑垃圾17.6万立方米。（张　斌　边乐林）

7月30日，全省建筑施工安全生产暨工程质量治理两年行动和城市防汛执法检查反馈会召开（李　燕　供）

【建筑工程质量】 落实参建单位质量终身责任制，执行法定代表人授权书、项目负责人承诺书、竣工永久铭牌的“两书一牌”制，项目竣工档案资料统一移交城建档案管理。开展建筑工程“质量月”活动，对全市在建工程开展混凝土强度、钢筋保护层厚度专项实体质量抽查。开展两年行动执法检查，检查房屋建筑工程204项，建筑面积1060.4万平方米，下达责令限期整改通知书29份、责令停止违法行为通知书282份；下达安全隐患整改通知书346份，其中，停工整改通知书160份，提出安全隐患整改意见2301条；下发扬尘隐患整改通知书169份、停工通知书151份，提出整改意见1758条；行政处罚单位56家，罚款281万元。通过政府采购方式确定3家工程监理单位，对泰城城区建设工程项目实施鉴定督查。全年受理新注册监督工程632项，建筑面积560.73万平方米，工程造价100.31亿元；办理竣工验收备案工程352项，完成建筑市场监管与诚信信息一体化平台上线工程231项；受理质量投诉118起，办结118起，办结率100%；参与评选市级优良工程36项，市级优质结构工程110项；组织住宅分户验收1.04万户，增长14.4%，分户验收率100%，监督抽查2557户，监督抽查率24.65%；全年承接检测业务7.9万组，出具检测试验报告9.02万份，收取检测费用2090万元。改进混凝土超声检测设备，完善基桩承载力检测项目，将可承载配重块能力由原来的500吨提升至1200吨以上，填补全市基桩检测能力的空白。检测中心扩项认证工作通过初步审核，扩项后检测能力达390个产品、3100个参数，成为全省17个地市中具备项目参数能力最多最全的市级建设工程质量检验检测机构。全年监督市政工程14项，其中道路工程8项，桥梁工程5项，水利工程1项。对泰安市第一座大跨径斜拉桥——徂汶新区泮河大桥全过程质量监控。

（张　斌　马　振）

【建筑工程招标投标管理】 监督完成泰安城区内招标（备案）工程项目213项，划分为290个标段，总合同价70.44亿元。其中，房建工程项目60.51亿元、监理项目0.96亿元、市政工程及其他项目8.97亿元；房建工程总建筑面积288.94万平方米。完成招标工程项目102项，划分为155个标段，总招标控制价42.23亿元，总中标价38.84亿元，通过招标降低工程造价3.39亿元，下浮率8.02%。其中，房建工程项目29.18亿元、监理项目0.69万元、市政工程及其他项目8.97亿元；房建工程总建筑面积128.69万平方米。完成非国有投资工程项目合同备案111项，划分为135个合同段，总合同价31.60亿元。其中，房建工程项目31.33亿元、监理项目0.27亿元；房建工程总建筑面积160.25万平方米。加强工程项目招投标活动监管，强化对招标备案、招标文件审查、开评标、合同备案等关键环节的监管；强化招投标活动事中事后监督，推进非国有投资项目合同备案管理制度；强化电子招投标建设，加大招标类信息的公开力度，推进实现招投标流程和监管电子网络化运行；强化投诉、举报查处工作力度，严厉打击弄虚作假、围标串标等违法违规行为。加强招标代理机构及其从业人员管理，严格招标代理机构资格初审管理，加强招标代理机构行业管理；完善招标代理机构信用评价机制，完成“工程建设项目招标代理机构信用评价标准和评分细则”的修订；建立招标项目代理责任制，在招标文件编制、组织开评标过程中对项目负责人进行责任追究，规范招标代理从业人员行为。加强评标专家管理和评标专家库建，40名新增专家取得了山东省建设工程评标专家资格，其中市级专家库新增22人；对234名任期届满的评标专家进行资格复审，155名专家通过资格延续。建立统一开放招投标市场，取消外地招标代理机构入泰登记制度，外埠招标代理机构进泰承揽业务，全部通过“全省建筑市场监管与诚信信息一体化平台”申报办理；进一步简化非国有投资项目合同备案手续，优化办事流程，强化事后监督，实现招投标监管由“事前”向“事中事后”监管的转变。强化招投标违法行为投诉、举报案件处理，依法调查处理举报、投诉案件4起，调查转包挂靠案件1起，督办建设单位处理异议3起，组织评标委员会复核会议3次，维护招投标当事人的合法权益。

（李　岩）

【工程建设标准造价管理】 对招标单位、具有资质的工程造价咨询单位编制的工程招标控制价审查，全年审查80个大型工程的招标控制价。分别于3月、6月、9月、12月发布全市人工成本和建筑材料价格信息，涉及21种人工成本信息和1650种建材价格信息，按要求上报省建设厅定额站。编辑发行《工程造价信息》4期6000册。受理工程造价从业人员各类注册申请材料123人次。加强工程计价依据的日常管理，通过现场解答及电话咨询等方式解答工程计价依据在使用上的疑难问题，加强工程造价纠纷调解，维护工程计价依据的合理使用。完成非国有资金投资项目合同价备案项目74个，建筑面积191.9万平方米，涉及工程合同造价31.8亿元。7月，组织召开《建筑物移动通信基础设施建设规范》宣贯会议，全市建设、施工、监理、设计等单位200人参加。12月，印发《关于贯彻落实建筑物移动通信基础设施建设规范的通知》，明确移动通信基础设施和建筑物的“四同步”原则，规范全市基础设施建设；对全市35家造价咨询企业信用评价，规范全市工程造价咨询市场秩序。

（高　飞）

【建设领域节能减排】 执行居住建筑节能75%、公共建筑节能65%设计标准，推行建筑节能全过程闭合式管理模式。全市新建建筑节能强

首个装配式建筑基地落户泰安。图为7月27日，市委副书记、市长李希信（中），副市长陈湘安（左二）出席签约仪式　　（李　燕　供）

制性标准执行率，设计阶段和施工阶段均达100%，全市累计建成节能建筑4661万平方米；推进绿色规划，科学安排城市空间布局，推行绿色建筑设计标准，全市绿色建筑设计标准执行率达100%，全年新增绿色建筑317.33万平方米；申报省级改造示范项目，泰山新兴元项目、海普凤凰城项目、新泰市香格里拉项目获得2016年度省级绿色建筑示范工程，新泰市西张庄镇获得省级绿色生态示范城镇，7个项目获得绿色建筑评价标识，新增绿色建筑评价标识面积109.69万平方米，新增4个山东省绿色施工示范项目，鲁商中心项目被评为山东省智慧住区示范项目，面积为1.46万平方米的泰安鲁商中心G7号楼获得山东省被动超低能耗建筑示范工程，该项目是泰安市第一个被动式建筑项目；既有居住建筑供热计量及节能改造累计完成534万平方米，其中完成2016年改造面积60.42万平方米；全年完成公共建筑节能改造面积7.6万平方米。加强完善节能检测系统管理，升级改造设备，通过购买服务的方式，聘请专业机构负责全市建筑节能监测数据中心管理，数据上报准确及时，保证建筑节能检测系统的正常运转；全年新增太阳能光热一体化建筑266万平方米、新增地源热泵53.92万平方米，年节标煤3.95万吨。　　（庞　菲）

【概况】 2016年，全市房产管理系统坚持稳中求进发展总基调，以促进民生住房保障为主线，坚持围绕中心、服务大局、履职尽责，重点抓好商品房去库存、棚户区改造和住房保障建设、老旧住宅小区综合整治改造、房屋安全管理，全市房地产市场持续健康平稳发展，关系民生住有所居、安居乐业的各项住房保障和房产管理事业顺利实施。年内，市房管局被评为“全省保障性安居工程建设劳动竞赛优秀组织单位”“2016年度‘五型’机关建设示范单位”“全市政府信息公开工作先进单位”“市政府便民服务电话受理工作先进单位”“全市综合治税和地方税收保障工作先进单位”，继续保持“市级文明单位”称号。

【住房保障】 年内，全市新开工建设保障性住房和棚户区改造住房项目65个、2.46万套，开工率100.77%。其中，货币化安置3776户，货币化安置率为15.36%；购买商品房408套作为公租房，公租房任务完成率204%；连同结转项目基本建成公共租赁住房、棚户区改造2.02万套，基本建成率127.02%；新增租赁补贴153户，租赁补贴任务完成率127.5%。年内，交付使用经济适用住房1516套，分配公租房2500套，入户普查各类保障房5400户，取消保障资格家庭520户，其中，停发补贴441户、退出保障性住房79户，确保公共资源公平善用。12月8日，市棚改服务中心正式建成启用，入驻房地产开发企业18家，商品房项目24个，筹集商品房安置房源6150套，可提供“政策咨询、房源展示、网上选房、现场签约”的“一站式”服务功能，方便市民选购商品房、加速货币化安置。

【房地产去库存】 出台《关于促进全市房地产市场平稳健康发展的意见》，打通保障房和商品房通道，多措并举消化房地产库存。至年底，全市库存商品房为706.53万平方米，库存商品住房为502.19万平方米。其中，市区商品房库存面积275.42万平方米、2.54万套，环比下降3%，同比下降25%；商品住房库存面积172.34万平方米、1.51万套，环比下降6%，同比下降37%，去化周期为8个月、同比缩短10个月。

6月4日，技术人员进行建筑工程实体抽测　（李　燕　供）

【老旧小区改造】坚持从实际出发，科学编制老旧小区整治改造五年计划；按照“一区一策”原则，分类制定改造方案，提高改造效率，落实保障措施，实现长效管理；强化督导考核，组织相关单位召开联席会议40次，协调解决老旧小区改造中的重点、难点问题70项，及时调度检查。自2015年以后，开工实施36个项目，涉及849栋楼、3.47万户居民，至年底完工项目10个。

【房产交易和产权管理】制订房屋交易、登记业务制式答复意见18项，完成各类房屋登记4.77万件，发放房屋权属证书及登记证明3.30万件，新建房屋初始登记面积162.08万平方米。升级房产交易信息平台，完成二手房交易合同网签备案3908份，打印抵押完成证明4143份。

【房产中介和预销售管理】办理房地产中介机构备案18起，受理14家异地房地产估价机构在泰安执业的申请，完成房地产估价机构资质延续、变更的资质核准12起。推出二手房中介网签系统，构建房地产中介机构监管体系。市区发放商品房预售许可证133个、预售面积233万平方米，办理商品房合同备案2.94万套、备案面积353万平方米。强化预售款、交易资金监管，全年签订商品房预售资金监管协议147份，预售资金合同备案3.01万份，预售资金交存金额111.95亿元；审核商品房预售资金使用申请3885份，核准拨款金额105.12亿元。组织开展泰安城区房地产开发企业商品房众筹专项检查、泰安城区房地产销售市场互联网金融风险专项检查、泰安城区房地产市场秩序专项检查3次房地产市场专项检查，遏制房地产市场的违规销售行为，规范房地产市场秩序。

【房屋安全管理】全面启动城市房屋安全隐患整治工作，下达解危通知书79份，解危178处、建筑面积4.9万平方米。组织开展全市房屋安全鉴定知识培训，提高房屋安全鉴定从业人员业务水平。加强完善城市房屋安全档案信息管理系统，录入房屋安全信息近4.39万条、面积5115万平方米，提升房屋安全信息化管理水平。

【公房和房屋租赁管理】制订《保障房（公房）维修管理暂行规定》，成立维修管理工作领导小组，健全房屋维修事前审批制度和维修支出审计制度，完成各类维修800户，维修及时率100%。加强房租收缴预算管理，实行银行代收房屋租金，综合运用法律手段加大陈欠租金收缴力度，完成公房租金收缴660万元。办理市区房屋租赁登记备案1821起，租赁面积14.87万平方米。

【物业行业管理】全年审核发放163家物业企业资质证书，初审8家申报二级资质的物业企业材料，组织、初审1家一级和2家二级资质物业企业办理资质变更手续，为9家外地物业企业办理备案手续，注销51家物业企业三级资质证书。现场监督前期物业管理招标活动35次，签订29个项目的物业管理用房和经营性用房规划建设协议，为24个项目出具前期物业管理落实证明。市区交存维修资金6331万元，审核18个项目维修资金支用申请，支出资金721万元；市区交存保修金638万元，退还3个保修期满项目保修金306万元。　（邢曙光）

住房公积金管理

【概况】年末，全市有住房公积金管理机构9个，其中，市级管理中心1个、县（市、区）管理部6个、矿业集团分中心2个，在职人员59人。全市归集住房公积金29.58亿元，占年初计划的110%；累计归集住房公积金198.8亿元，归集余额85.9亿元；全市缴存单位3480个，缴存职工39.8万人。提取住房公积金 55.9 亿元。其中购房、租房提取 12.39 亿元，偿还贷款提取 4.36 亿元，职工退休提取 3.08 亿元，其他提取（含释放结余资金）36.07 亿元；累计提取住房公积金 112.8 亿元。发放个人住房公积金贷款 26.6 亿元，完成计划的 280%，增长 77%，贷款户数 7423 户；累计为 6.6 万户职工发放个人公积金贷款 116.8 亿元，贷款余额 66.4 亿元。全市实现住房公积金增值收益 2.42 亿元，增值收益率 2.4%，高于部、省下达的 1.5% 的指标水平。市中心服务大厅荣获省级“三八红旗集体”称号。

【公积金归集扩面】 在经济下行压力增大、归集工作难度加大的情况下，争取有关部门的支持配合，强化征收管理，推进制度扩面，有的放矢地开展催建催缴工作。新增缴存单位 350 个，新增缴存职工 8264 人，全年新增公积金 1.6 亿元。创新征收管理机制，加大银行协助归集力度，召开管委会会议，通报上年度工作完成情况，签订目标责任书，促进征收任务完成。

【信贷管理】 贯彻落实关于调整贷款政策、优化办事流程的政策文件以及住房城乡建设部与省住房和城乡建设厅关于释放资金的相关要求，降低贷款门槛，减少审批层次，提高办事效率和服务水平，个人公积金贷款额度大幅跃升，超额完成全年贷款计划。加强日常信贷业务管理，年内办理一次性冲还贷业务 293 户，结清金额 1825 万元；审批通过按揭楼盘 61 个，办理按揭贷款 10.6 亿元；召开贷审会 11 次，通过贷款材料 95 份，涉及金额 4120 万元；办理异地贷款 223 笔、6938 万元；发放项目贷款 1000 万元，累计发放 2.92 亿元，支持全市保障房建设项目 7 个。强化逾期贷款管理，加强源头控制，严把贷款材料审核关，把风险控制在业务受理的最前端；严格贷后管理，定期分析还款信息，对出现的不正常情况及时处理，把逾期风险消灭在萌芽状态；开展逾期贷款催收，降低逾期率，年末全市贷款逾期率 0.34‰，低于国家规定的标准。

【提高资金使用效率】 根据住房和城乡建设部和省住房和城乡建设厅关于足量释放结余资金、结余资金降幅达到 65% 以上的要求，召开专题业务会议，研究政策，开展大量调查研究，制定《关于释放住房公积金结余资金的实施意见》等，明确目标任务，定期通报进度。制定《关于进一步扩大住房公积金提取的通知》，规定凡是没有公积金贷款、担保的缴存职工均可一次性提取公积金账户余额的 50%。年内释放住房公积金 82.5 亿元，支持职工住房消费。

【财务监督管理】 抓好公积金会计核算工作，确保账账相符、账实相符、账表相符，为公积金管理决策提供准确数据资料。做好零余额资金管理工作，及时结转到期定期存款，加强资金效益核算，提高资金使用效率，使公积金增值收益达到最大化。合理调度资金，在优先保证正常支取和贷款的前提下，保证市中心及各分支机构释放资金的需要，使中心各项指标达到省住房和城乡建设厅的要求。落实省委、省政府办公厅《关于强化公用经费管理严肃财经纪律的意见》，严格执行经费预算及各项财务制度，确保各项支出的正确性、合规性。做好三公经费报销工作，制定《关于差旅费报销有关问题的补充通知》，完善经费报销的有关规定，严肃财经纪律。

【防范骗提骗贷行为】 针对可能存在的骗提骗贷公积金的行为，印发《关于加强住房公积金业务管理、切实防范骗提骗贷风险的实施意见》等文件，制定防控预案和对策措施。实行中心党组成员联系点制度，加强对各分支机构业务的监督指导。加强宣传，印制防范骗提骗贷风险的通告，在市中心及各分支机构服务大厅张贴，在市电视台、

4 月 1 日，泰安市住房公积金管理委员会召开会议，审议通过市公积金管理中心工作报告及相关审议事项 （杜继祥 供）

中心网站及各公共场所发布。规范各缴存单位开户行为，制定《关于规范住房公积金缴存登记和个人账户设立手续的通知》，防范利用虚假手续开户缴存的行为。加强自查自纠，对2015年1月至2016年5月的8245笔信贷业务进行全面检查，对发现的问题及时纠正，全面整改。加强人员教育监督管理，制定《关于进一步加强人员管理的意见》《关于进一步加强党风廉政建设的意见》《关于进一步加强党员教育管理监督的意见》，从思想认识、制度机制等方面夯实防范风险的基础。

【提升管理服务水平】①加强服务大厅建设。推进各分支机构服务大厅的建设工作，新汶矿业集团、肥城矿业集团、东平县、肥城市、宁阳县的服务大厅建成投入使用，岱岳区服务大厅完成装修，新泰市服务大厅完成购置工作，泰山区服务大厅购置列入2017年预算。②创新服务举措。召开全市住房公积金服务工作会议，完善“12329”服务热线和舆情分析制度，加强与职工群众的交流互动，受理热线电话18153件，形成周报52期，月分析报告12期。市中心及各分支机构创新服务举措，增加服务项目，简化办事手续。③加大宣传力度。年内被省住房和城乡建设厅采用稿件17篇，《大众日报》采用3篇，《住房保障与住房公积金报》采用10篇，《住房公积金研究》采用3篇，《泰安日报》采用27篇，《泰山晚报》采用10篇。编发《住房公积金信息》43期，发布信息86篇。利用泰安日报“住房公积金专栏”，每月2～3期，宣传公积金政策、中心工作动态等。做好各类咨询提问回复，回复市政府网站问题42条、市政府“12345”便民服务热线295条、泰安民生网问题166条、中心门户网站问题739条。

【信息系统运行维护管理】①完善系统应用程序。修改完善归集、贷款、财务等核心业务系统程序181处，解决各科室、分支机构上报的业务需求40份；与伟奥公司对接，完善“冲还贷”业务程序，保证试点运行并逐步上线；完成银行实时通信接口升级、缴存账户跨归集点转移和跨归集点冲还贷业务账务处理、电子签章模块建设等工作，加强机房服务器巡检及数据库维护；配合提取50%业务，优化完善系统程序，保证提取工作顺利进行。②加强硬件运维管理。对中心机房硬件网络设备及配套设备实施每天8次日常巡查维护，开展机房应急处置演练，定期完成中心备份设备的巡查维护，保障与相关银行、相关部门的网络连通，加强对中心各科室计算机软件、硬件、网络的日常管理维护。③做好省“12329”服务平台工作。参与省“12329”服务平台试点建设工作，参加相关专题培训，对接程序开发，完成联合测试。10月，接入省“12329”服务平台，为拓展公积金服务领域奠定基础。（杜继祥）

国土资源管理

【概况】年末，全市国土资源系统有县（市、区）国土资源局（分局）7个，国土资源所87个，市局下设正县级事业单位1个、副县级事业单位4个，内设科（室、馆、中心）22个；全系统有干部职工1090人，其中科级以上干部237人。年内，全市国土资源系统履行新的职责定位，严格贯彻落实国土资源管理各项方针政策，改革创新，各项工作取得新成绩。市国土资源局市局顺利通过“全国文明单位”复查，被省国土资源厅表彰为“全省国土资源系统先进集体”，连续10年获得“全市科学发展考核先进单位”称号，连续8年被市委、市政府表彰为“‘五型’机关建设先进单位”。

【土地资源管理】全市国土总面积77.62万公顷，其中农用地58.38

9月19日，工作人员（左）向市民（右）发放不动产权证书（王文正　摄）

8月23日，市长李希信专题听取国土资源工作汇报　　（裴　鹏　供）

万公顷（耕地36.40万公顷、园地3.97万公顷、林地10.92万公顷，其他农用地7.09万公顷），建设用地13.04万公顷，未利用地6.19万公顷。①保障经济社会发展用地。全年报批建设用地1480公顷，保障104国道改线、青兰高速、引黄入泰、大汶河开发、保障性住房、教育“改薄”和解决“大班额”等省市重点项目用地。②严守耕地红线。全市耕地面积36.4万公顷，基本农田31.6万公顷，超额完成省政府下达的目标任务。完成3个土地综合整治项目的验收工作，整治总规模680公顷，建设高标准基本农田610公顷，新增耕地39.56公顷。完成60个高标准基本农田建设项目验收，总投资7.59亿元，建成高标准基本农田3.15万公顷，增加耕地1150公顷。③土地资产管理。泰安城区储备土地65宗、面积379.13公顷；出让经营性土地24宗、面积4.30公顷，实现土地出让金收入16.44亿元。④节约集约用地。开发利用空闲土地223宗、920公顷。监管土地242宗、41.24公顷，完成土地检查核验项目14个。⑤土地执法监察。开展2015年度卫片执法检查，发现违法用地1049宗、129.6公顷，违法占用耕地比例为4.93%。所有违法用地全部立案查处，实现“零通报、零约谈、零问责”目标。⑥不动产统一登记。9月19日前，市本级及各县市全部实现不动产统一登记，全市设立办事大厅8个，服务窗口77个。至年末，有1.6万宗房产或土地申请不动产登记，办理符合规定的不动产登记1.1万宗。⑦信息化建设。升级完善信息化系统的功能和性能，完成机房和网络改造，扩容和更新存储设备。深化信息化成果应用，通过各业务系统办结业务1.85万件。加强政务信息公开，完成门户网站的改版升级，通过网站主动公开政府信息500条，网站点击量122.45万次。

【矿产资源管理】 全市矿产资源种类齐全、分布较广，具有优势矿产多、资源储量大的特点。①矿产资源监督管理。建立矿产督察体系，聘任专兼职矿产督察员18人。建立群众举报及企业互检机制，成立矿产资源安全生产专业委员会，制订创建方案，推进矿产资源安全生产科学预防体系建设。征收矿产资源补偿费1050万元、采矿权价款6624万元。②强化矿产勘查储量工作。完成省国土资源厅委托的16项探矿权的审批，对9个正在实施的探矿权项目进行督查。推进财政出资地质勘查项目实施，完成勘查项目5个。完成25个压矿报告初审和27个储量检测报告备案。③实物地质资料管理。加强岩芯库建设，实施岩芯库扩容，库容增加到4万米，至年末入库钻孔140个，岩芯总长2.2万米。④科技管矿。投入资金1500万元，完成科技管矿二级平台建设，对全市262处矿山实施远程监管，实现矿产资源开发的网格化管理，做到“天上看、地上查、地下控、网上管”的全方位、多形式监管。⑤地灾防治、矿山地质环境治理和地质遗迹保护工作。市政府印发《泰安市地质灾害防治方案》，落实汛期值班、险情巡查、灾情速报、应急处置、群测群防等工作制度及相关措施。开展矿山地质环境治理恢复，完成“三区两线”可视范围内废弃矿山治理项目9个，治理面积2180公顷。推进地质公园建设，全市8个省级地质公园全部揭碑开园。争取中央财政资金1400万，实施泰山地质遗迹保护项目。利用《泰安日报》宣传报道全市9个地质公园。

【测绘管理】 年内，全市具有测绘资质证书的测绘单位47家。①“十三五”基础测绘规划。市政府成立领导小组，落实专项经费，编制完成“十三五”基础测绘规划。②数字县市建设。数字宁阳和数字东平设计方案通过专家评审，外业数据采集工作已开展，硬件设备安装调试完毕。③提供测绘地理信息服务。加快行政挂图编印，东平县、宁阳县、新泰市、肥城市、岱岳区已完成并印刷出版，市级地图已完成二审校对。服务重点项目建设，为泰安机场等项目建设提供翔实的基础地理信息数据。④测绘市场监管。举办地图审核、测量标志管护培训班，提高测绘管理人员素质。开展地图市场保密检查，加强测量标志管护，维护测绘市场秩序。

（裴　鹏）

·泰山玉保护发展·

【概况】 市泰山玉产业发展管理中心（以下简称中心）系正县级全额事业单位，核定编制16人，内设科室4个，主要职责是负责泰山玉的管理、保护和开发，培植壮大泰山玉产业。中心坚持“以玉为本、以文为魂”，把握发展规律、搞好战略布局，围绕资源管控、品牌创建、宣传推介、人才引培等重点工作，推动泰山玉产业快速健康发展。年内，中心被评为“省级文明单位”。

【资源管控】 实行生产、定价、销售、安保“四分离”的管理模式，形成了互相监督、互相制约、公开透明的工作机制；通过建立电子监控平台系统、设置二层围栏、采取片区联防等方式，强化泰山玉资源保护；严格落实安全生产责任制，加强安全宣传教育培训，矿山安全生产平稳运行；完善济南境内泰山玉矿区土地征用及采矿手续办理，加强资源有效储备和源头控管。

【品牌创建】 将泰山文化与玉文化相结合，初步形成“稳如泰山”“福佑平安”“泰山敢当”等三大系列为主的作品和产品；启动地理标志产品申报工作，保护泰山玉地理标志产品；举办首届“泰山玉杯”玉雕大赛研讨会，策划实施“天工奖”颁奖晚会暨泰山玉推介会，扩大泰山玉业内影响力；参加上海国际珠宝首饰展览、中国国际珠宝展并设立主题展示区，提升泰山玉的美誉度；组织经营业户参加“天工奖”“玉华奖”等业内奖项的评选，全年泰山玉作品先后获得行业奖项20个。

【宣传推介】 利用电视台的平台优势和传播优势，在中央电视台、泰安市电视台投放泰山玉形象广告；强化市内宣传，在市内主要交通干道、公交站点、公交车体、高速路口高炮等广告位投放泰山玉户外广告48个；通过联合举办泰山玉杯歌手大赛、承办平安文化旅游商品大赛、为国际登山比赛设计制作泰山玉材质奖杯奖牌、为泰山抢宝活动定制泰山玉大奖等方式，提升泰山玉公众形象。

【人才引进和培养】 到南阳、苏州、扬州等产能过剩、玉雕人才富余的产业基地引进人才，全年吸引各地玉雕人才1000人从事泰山玉雕工作，其中省级玉雕大师20人。加强与高职学院、职业技工学校合作，设立与产业需求紧密对接的专业型职业教育，累计培养本地人才199人。立足泰山玉产业实际，制定人机结合的玉石雕刻发展思路，泰山玉玉雕新模式试点工作展开。

【产业规模】 全国各地到泰安从事玉雕加工经营人员有1万人，泰山玉经营企业(户)1000家，各类门店、摊位、加工户2000家。通过引导和扶植，涌现出泰山大观、遇石记、泰山玉研发公司等一批初具规模的经营企业（户），初步形成石分石—界首、岱庙—泰山文化广场、泰山玉都、石腊河市场等泰山玉的主销基地。泰山玉全年交易额达5亿元，产业集聚效应初显。

（张昭澎　王　乾）

【概况】 年内，全市蓝天白云天数较上年增加18天，重污染天数减少10天，二氧化硫、二氧化氮、PM10、PM2.5分别较上年改善9.8%、2.6%、10.9%、8.6%，四项污染物综合指数在全省内陆城市位列第一位。南水北调东线市域沿线水质稳定达标，主要河流断面大汶河王台大桥、东平湖COD、氨氮浓度分别为17.75毫克/升、0.14毫克/升和17.73毫克/升、0.11毫克/升，同比“十一五”末分别改善1.9%、53%和6.5%、50%，按此评价，全市主要河湖水质达到地表水Ⅲ类标准，完成年度主要污染物新总量减排目标。

【环境质量治理】 大气环境治理 市政府启动实施“蓝天工程”二期行动，开展大气污染防治“十大行动”。①开展重点行业大气污染治理。督促全市电力、水泥、钢铁等重点行业、企业加快实施脱硫脱硝和除尘改造，年内完成列入2016年省大气污染防治二期行动计划的项目98个，完成率位列全省第2位。深化重点行业挥发性有机物治理，全市48个工业VOCs项目按期完成治理。淘汰各类燃煤锅炉、炉灶681台，泰城禁燃区10吨以下燃煤锅炉全部淘汰，国电石横电厂等7台燃煤机组实现超低排放，开展清洁散煤推广和劣质散煤淘汰工作。②划定污染控制区。将全市大

3月18日，市政府召开全市环保工作大会暨大气污染防治十大行动动员大会，市委副书记、市长王云鹏出席会议　　（王　斌　摄）

气污染物排放控制区划分为核心控制区、重点控制区和一般控制区三类，分类开展治理。③开展油烟整治。城区在巩固露天烧烤整治成果的基础上，将油烟整治范围扩大至机关和学校食堂，累计安装油烟净化器316台。泰山景区专门开展“景点焚香”污染治理。④加强机动车尾气治理。开展机动车“油品升级”，严查“冒黑烟”车辆。⑤强化扬尘控制。加强建筑施工和道路运输的扬尘防控，实行31条道路机械化保洁全覆盖。⑥积极应对重污染天气。全年启动重污染天气预警8次，督促有关企业落实“一厂一策”限产停产方案，春节前后发起“不燃放烟花爆竹”倡议，实现“削峰降速”。

水环境治理　①加快“水十条”落地。编制《泰安市落实“水污染防治行动计划”工作方案》和《水体达标方案》，明确全市消除劣Ⅴ类水体的路线图和时间表，规划实施工程86个。②强化水污染治理。加大黑臭水体治理力度，全面清查并封堵直排口，基本实现重点乡镇及园区污水处理全覆盖，城市污水处理厂排放达到一级A标准。③抓好农业污染治理。在肥城市开展养殖污染治理试点，在东平湖实施退渔还湖，并推广生态养殖模式。④兴建人工湿地提高治污效果。围绕东平湖兴建湖滨带大清河段、州城街道、汇河等5块湿地，至年末，全市累计建成人工湿地3.98万亩，部分区域连片发展，增加纳污自净能力，推动河湖水质稳步提升。⑤加强水质监测的监督考核。新增水质监测断面5个，全市累计设置监测断面18个。

【生态环境建设】　①生态红线初步划定。涉及水源涵养红线区11处、生物多样性红线区10处，总面积812平方公里，占全市面积的10.47%。对黄前水库周边石材加工业户等开展集中整治，加强饮用水水源地环境保护。②加强农村环保与生态创建。农村环境连片整治实现县市区全覆盖，策划实施整治项目215个，已建成或开工项目204个。新泰市被评为省级生态市，肥城市生态市创建工作通过省级验收。③规范自然保护区建设。调整徂徕山自然保护区规划，督促省级自然保护区开展自查自评，全面调查分析环保工作方面存在的问题，查处各类违法违规问题。④强化生态文明宣传教育。组织开展环保“十进”“生态文明宣传月”、全市中小学生水课堂、环保小卫士评选、泰安十大环保新闻评选等各类宣教活动，深入企业、社区、学校等宣传生态文明和绿色理念。发挥新闻媒体的主阵地作用，在《泰安日报》等开办“泰安环保”“蓝天工程”专栏，加强环保自媒体建设，泰安环保官微发布微博6000条，拥有粉丝11万人，被评为全省环保系

6月5日，市环保局等单位联合在南湖公园开展纪念“六五”环境日暨生态文明宣教“十进”志愿服务启动仪式　　（王　斌　摄）

8月2日，全省流域生态环境保护工作会议在泰安市召开，省环保厅党组书记、厅长张波（左二），市委副书记、市长李希信（右二），副市长陈湘安（右一）出席会议　　（王　斌　摄）

统最具影响力十大政务微博之一。制订实施《泰安市企业环境信用评价办法》和《泰安市环境信用红黑榜制度》，引导企业自觉诚信守法。

【环境安全保障】①开展专项检查。开展重金属、环境激素类化学品、草甘膦或分散染料、尾矿库、农村垃圾污染环境等调查，全面了解污染产生来源及数量，为决策监管提供依据。先后组织开展环境安全隐患大排查快整治严执法集中行动和排查整治非法排放、倾倒、处置危险废物违法犯罪等专项行动，全面整治环境隐患。②强化危废监管。探索引入“互联网+”技术信息化手段，在医疗废物处置中心安装视频监控设施，在所有医疗废物运输车上安装GPS定位设备，实现对全市医疗废物运输处置的实时监管。③加强环境应急管理。强化应急预案管理，至年末，全市完成备案企业248家，比上年新增53家。举办2016年全市环境应急实兵演练暨监察监测技术比武，提升环境应急能力。④修订完善《泰安市环保局辐射事故应急预案》，全年现场检查辐射单位103家次，对8家存在问题的单位责令限期整改，年内全部按期整改到位。

【环境执法规范化建设】①深化行政审批“放管服”改革。在严把审批关的同时，取消建设项目环境影响预审制及试生产审批，加强对环评机构的管理，对原登记表项目进行备案管理，全年市本级审批建设项目164个，验收项目89个，拒批不符合环保要求的建设项目11个。加快环保违规建设项目的清理整顿工作，年内全市62个列入名单的项目全部清理完成。②严格执法监管。坚持“双随机抽查”与“错时执法”相结合，环保等有关部门继续联合开展环保专项行动，与莱芜等周边地市开展“异地”互查；加强与司法部门“行刑衔接”，严厉打击环境违法犯罪行为。年内，全市实施行政处罚384起，处罚金额3940.67万元。其中，实施按日连续处罚6起，限产停产2起，查封扣押2起，移送行政拘留案件53起，涉刑案件23起。环保、检察部门联合开展“环境信访突出问题”专项督察，解决一批环境难点问题。

【环境科研、监测】①环境监测。完成对重点污染源、饮用水源地、地表水断面、空气环境、土壤环境、环境噪声等的日常监督监测和应急监测任务，全年取得人工监测数据3.8万个。②监测能力建设。市环保监测站通过山东省检验检测机构资质认定复审及扩项的现场评审，新增90个项目、1042个参数的检测能力。③环境科研。完成《泰安市大气中细颗粒物污染特性深度分析及来源解析研究》，并通过专家论证。继续开展环保部3项标准制修订项目研究工作。　　（王　斌）

编审　袁立轩

泰山景区 开发区

泰山综述

【概况】 泰山，古称东岳，又名岱山、岱岳、岱宗、泰岳，为五岳之首，位于山东省中部，绵亘于泰安、济南、淄博、莱芜四市之间，东西长约200公里，南北宽约50公里。主峰玉皇顶海拔1545米，位于泰安市境内，北纬36° 16′，东经117° 6′。

泰山的形成经历了一个漫长而复杂的演化过程，经受了泰山运动、加里东运动、华里西运动、燕山运动和喜马拉雅运动5次地壳运动的强烈变革，经历了太古代、元古代、古生代、中生代和新生代5个主要地质历史阶段的改造，保留了丰富而典型的地质遗迹。泰山岩群其原岩为超基性、基性火山岩和火山质凝灰岩组成的科马提质绿岩构造，是华北地区最古老的地层，记录了自太古代以来近30亿年漫长而复杂的演化历史，是中国早前寒武纪地质研究的经典地区。泰山北侧区域被确定为华北寒武系标准剖面，在地质学史上占有重要地位。在新构造运动的影响下，泰山不仅有雄伟厚重的轮廓，而且保留有典型的断裂、褶皱、韧性剪切带、重力滑动构造以及“桶状构造”等复杂的构造遗迹。泰山以典型、完整、系统、稀有、科学的内涵，记录着地球的地质历史、地质事件和形成过程，向世人展示博大精深的自然魅力，可谓地质科学的万卷丛书。

泰山是一座文化名山。泰山地区是中国古代文化重要发源地之一，在5万年前的旧石器时期，泰山周围已经有人类活动的踪迹，在母系氏族社会阶段就显露出文明的曙光。在5000年前的新石器时代，泰山南麓的大汶口文化、北麓的龙山文化，不仅影响到山东，而且影响到黄河中下游的广大地区。泰山吸引了众多的文化名人，历代诗人墨客纷至沓来，朝山览胜，赋诗撰文，留下丰富的文化精品。孔子、管仲、司马迁、张衡、诸葛亮、曹植、李白、杜甫、刘禹锡、苏东坡、欧阳修、范仲淹、王世贞、姚鼐、郭沫若等都挥笔疾书，留下浩如烟海的颂岱诗文，孔子《丘陵歌》、曹植《飞龙篇》、李白《登岱六首》、杜甫《望岳》、苏辙《灵岩寺》、姚鼐《登泰山记》等都是不朽的名篇佳作，把游人从山神崇拜引向游览观赏、求知审美的方向。

泰山总面积426平方公里，规划面积171平方公里。泰山风景名

10月11日，市委书记、市人大常委会主任王云鹏（前排左三）陪同省里老领导赵志浩（前排左二）等考察工作　　（王国梁　摄）

6月30日，由清华大学国家形象传播研究中心主办的“2016数字话旅游—中国目的地旅游与国民形象论坛”在清华大学举办，泰山景区荣获“中国旅游景区数字资产榜”第二名　　（范宏亮　摄）

胜主要分布在南起泰安古城南门（包括蒿里山、灵应宫），东南、西南以环山路为界，北到灵岩寺。根据景点分布区域，主景区又分为登天、天烛峰、桃花峪、樱桃园、玉泉寺、灵岩寺6个景区。景区内有山峰156座、崖岭138座、溪谷130条、潭池瀑布64个，此外还有旭日东升、晚霞夕照、黄河金带、云海玉盘、雾凇雨凇、碧霞佛光等自然奇观。泰山自然风光优美、壮观，其景观特点以雄为主，“雄、奇、险、秀、幽、奥、妙”兼有。

泰山属暖温带季风性气候，四季变化明显，山顶夏季平均气温17℃，最高气温29℃，年平均降水量1042.8毫米。泰山树草葱茏，鸟语花香，有植物1136种，中草药资源丰富。古树名木繁多，百年以上的古树名木有2万株，其中有6株2100年前的汉柏、1300年前的唐槐、被誉为国宝的600年前的盆景松树“小六朝松”、500年前的望人松。山上有野生动物200种。螭霖鱼、鹿角菜、何首乌、苹果、板栗、核桃、山楂等土特产誉满中外。泰山被誉为“活着的世界自然遗产”。

泰山与西岳华山、中岳嵩山、北岳恒山、南岳衡山合称“五岳”，而泰山以“五岳之首”“五岳独尊”称誉古今。泰山积淀中华民族5000年的历史文明，是华夏历史文化的缩影，是中华民族的象征，是文化与自然遗产融为一体的典范。1982年，泰山被国务院公布为第一批国家重点风景名胜区。1987年12月，被联合国教科文组织列入中国首例、世界首批文化与自然双遗产名录。2005年9月，被国务院批准为国家地质公园。2006年1月，被中央文明办、建设部、国家旅游局评为全国文明风景旅游区；9月，在北爱尔兰举行的第二届世界地质公园大会上，获得世界地质公园称号；11月，泰山景区“爱护遗产、享受遗产、传承遗产”的宗旨成功入选山东省服务名牌。2007年，泰山成功入选首批国家AAAAA级旅游景区，被中国书法协会命名为首座中国书法名山。2008年，泰山被山东省文化厅命名为首批山东省文化产业示范基地，顺利通过全国文明风景旅游区全面复核。2009年，泰山AAAAA级旅游景区通过省级复核并列入国家免检单位；“爱护遗产、享受遗产、传承遗产”的宗旨蝉联山东省服务名牌；泰山景区被评为第十一届全运会的文明服务窗口先进单位。2010年，泰山景区被中华环保联合会、中国旅游协会景区分会授予全国低碳旅游实验区称号，泰山景区系统连续4年获全市十大文明行业称号。2011年，泰山景

11月4日，由山东省台办、泰安市台办和泰山景区联合举办的“华夏文明 薪火相传”2016年台胞青年“中华泰山成人礼”体验活动在岱顶大观峰举行　　（吴克欣　供）

区通过“全国文明风景旅游区”复审，被中央文明办授予全国文明单位称号，被国家标准化管理委员会授予首批国家级服务标准化示范单位；《泰山传说》入选第三批国家级非物质文化遗产。2012年，泰山景区被国家旅游局等六部门列入全国文明燃香试点单位，被国家体育总局命名为“国家级全民健身登山基地”，被授予国家级风景名胜区保护管理执法工作优秀单位称号并入选山东十佳文化旅游品牌。2013年，被国家质检总局、国家旅游局联合授予“全国旅游服务质量标杆单位”称号，获“中国最美地质公园”“中国最令人向往的地方”、首批“中国楹联名山”、“好客山东贺年会年味最浓景区”、山东省服务名牌等称号，被中央台办、国务院台办列为“国家级海峡两岸交流基地”,并列入联合国教科文组织“国际绿色名录”试点景区。2015年，泰山入围首批“中国森林氧吧”榜单。2016年，获全国“旅游服务最佳景区”称号，列“中国旅游景区数字资产榜”第二名。泰山景区南天门管理区党支部被授予全国先进基层党组织称号。

12月14日，市委副书记、市长李希信（前排中）到泰山景区和徂徕山林场实地查看森林防火工作，强调要时刻绷紧森林防火这根弦，全面强化防火宣传、火源管理、能力建设和应急处置，确保全市森林防火形势安全平稳。市委常委、副市长周桂萍（前排左），泰山景区管委会主任姚霆（前排右）参加活动　　（朱新宇　摄）

【“华夏文明 薪火相传”台胞青年“中华泰山成人礼”体验活动举办】“我宣誓：从今天开始，以诚信对他人，以孝心对父母，以热心对社会。因为有我，人民将更加幸福。因为有我，家园将更加美好！成人有志，青春万岁！”6月3日，台湾的42名学子在泰山大观峰宣誓成人，体验“华夏文明 薪火相传”台胞青年“中华泰山成人礼”活动。该次活动由海峡两岸旅游交流协会主办，山东省旅游行业协会、泰山景区承办，学生来自台湾辅仁大学、台北市私立高中等多所学校，属于“2016‘华夏文明 薪火相传’台湾青年学生赴大陆游学活动倍增计划”的一部分。泰山景区于2008年8月推出“中华泰山成人礼”主题活动，结合“平安文化”“泰山精神”，辐射带动学生客源群体，加强对中国港澳台地区及欧美等国的境外推广，把泰山办成成人礼仪必选地。截至2016年，共接待香港大学、美国康州姊妹学校、北师大附中、南京师大附中、昌乐二中等多所学校近400次成人礼专场活动，近10万名学生参加。该项活动多次被省台办评为“山东十大涉台活动”。

【泰山被国家旅游局评为“旅游服务最佳景区”】　10月9日，国家旅游局发布十一假日旅游“红黑榜”，泰山景区被评为“旅游服务最佳景区”。10月1日0时至10月7日24时，泰山景区接待进山进景点游客32.14万人次，各项设施、服务均经受住考验，实现“安全、秩序、质量、效益”四统一的目标。①安全保障。修改完善景区游客量智慧研判机制和旅游秩序维护Ⅰ、Ⅱ、Ⅲ级响应模式，按照“决不将隐患带进节假日”的要求，开展安全生产“大、快、严”集中行动，节前整改安全隐患77处。假日期间，实行全员上岗，加开26个售检票口，增设5000米疏导围栏，启用9条分流盘道，186辆旅游车高效运转；协调公安、消防、特巡警、武警等326名官兵充实一线力量，与2000名干部职工混合编组，实现全时段、全覆盖旅游秩序维护和安全保障，妥善处置游客伤病等应急突发事件32起。②秩序维护。以“四点两线”（天外村、红门、桃花峪、天烛峰和环山路、泰明路）为重点，开展旅游市场综合整治。监督环山路、观光路、红门游览路、岱庙等区域178家经营单位诚信经营、文明服务，明码标价率达100%。开展环卫、食药专项检查，下达监督意见书85份、责令整改通知书38

份。整治规范停车场，硬化停车场1.6万平方米、新增停车位932个、重划车位线2190处、安装反光警示条400根、新增消防安全设施28套。与市交通、旅游、公安、城管等单位协调联动，把旅游服务、管理、执法、宣传延伸到城区，查处各类违法违规行为410次、查处无证导游和非法导游36人次、查堵违规进山人员2363人。③营销宣传。做好与中央、省、市各级各类媒体的对接，突出重点抓外宣。9月7日，中央电视台新闻中心派摄制组入驻泰山景区，拍摄大型国庆献礼片《江山多娇》，将泰山列为开篇之作重点报道246秒，国庆期间在央视各频道循环播放。新华社《数说国庆|景区热度TOP5泰山三亚上榜单》浏览量超过60万次，被国内网易、搜狐、新浪等50家知名网站转载。实施靶向营销，泰山韩国营销中心参加2016年釜山国际博览会；开拓西北市场，赴西安、银川组织“奔向泰山之巅”路跑活动；参加2016广东国际旅游产业博览会，对文化自然景观、中华泰山成人礼、泰山冠军登山赛、东岳庙会进行深度推介，被评为优秀展示奖；做好台湾民间社团促销，员林至贤宫助学基金会国庆节期间考察泰山，并在大津口乡开展第6次助学活动；强化大型团队的宣传促销和服务保障措施，假日期间有4批500人以上团队进山游览。④服务承诺。公开承诺“决不让游客在泰山受委屈”，游客满意率达99.25%；抓好智慧泰山建设，实现Wi-Fi全覆盖，继续与携程、同程、驴妈妈合作网上售票，为游客提供免费智能语音讲解等服务。坚持“投诉不出景区”，与国家、省、市旅游投诉平台无缝对接，第一时间处理纠纷。高铁站至景区旅游公交专线运载1.72万人次，岱庙—红门—天外村小环线运载6000人次。5个游人中心、1个投诉处理中心、8个投诉站、7个医疗救助站充实人员、高效运转；启用无线广播、LED大屏、服务咨询热线和40个咨询服务点，第一时间为游客提供全方位信息服务；驻泰安志愿服务组织每天安排100人开展咨询讲解、医疗救助、卫生保洁等服务；增加临时路段保洁人员156人、公厕临时保洁人员56人，确保垃圾日产日清、全日保洁和旅游公厕24小时双岗服务；联合白象食品公司开展“泰山公益——带走行动”，向游客免费发放环保袋5万条，倡导健康生态旅游，营造文明舒适旅游环境，全面展示泰山良好形象。

10月15日，首届海峡两岸“中华民族敬天祈福”大典在天外村广场举行
（苏 昱 摄）

【泰山景区“三工”慈善基金成立暨书法作品义拍活动】 12月18日上午，钱绍武、杨辛“守望泰山大爱无疆”泰山“三工”慈善基金拍卖会在岱庙信道堂举行。钱绍武是全国著名的雕塑家、书法家、画家，有“中国雕塑第一人”称号；北京大学教授杨辛，是国内著名美学家。拍卖会对二人亲自创作的10幅书法作品进行公开拍卖，分别是钱绍武的《泰山颂》《望岳》《竹石》，杨辛的《泰山颂》《爱莲说》《七绝•荷花》、“唐人诗句”、《夏日南亭怀辛大》、“松涛”“赠泰山友人”。另有杨辛“赞绍武老友”书法作品1幅，作为拍得钱绍武《泰山颂》的附赠作品，不参与拍卖。该次拍卖活动定性为慈善义拍，拍卖所得的539万元全部注入钱绍武、杨辛泰山“三工”慈善基金，专项用于表彰、奖励、帮扶为泰山保护管理作出贡献的林业工、环卫工、挑山工等人员。慈善基金成立后，由景区工会负责制定对泰山“三工”表彰、奖励、帮扶各项工作计划，报请两位同意后实施；由景区慈善协会管理泰山“三工”基金。泰山景区慈善协会每年请会计师事务所对泰山“三工”基金使用情况进行审计，及时向社会公布。

【“全国新年登高健身大会”华东主会场活动在泰山举行】 12月25日，由中华全国体育总会主办，国家体育总局登山运动管理中心、国家体育总局体育彩票管理中心、山东省体育局、中国登山协会、泰安市人民政府承办，泰安市体育局、泰山风景名胜区管理委员会协办的“‘中国体育彩票’2017全国新年登高健身大会”华东主会场活动在岱庙厚载门举行。上午9时，全国各地3000名登山爱好者从岱庙厚载门出发，沿红门路上行，直到终点中天门景区，全程5公里，海拔高度差690米，计2399个台阶。该届大会是第22届，主题为“新年登高、健身悦心、事业出彩；全民健身、幸福生活、健康中国”。该次活动在浙江江山、北京八达岭分别设立南、北中心主会场，在东北、华北、华东、华南、华中、西南、西北设立7个区域主会场，其他22个省级单位各设立省级主会场，实现全国31个省（区、市）全覆盖，全国参与总人数近百万。

（吴克欣）

4月21日，2016泰山东岳庙会启会仪式在岱庙举行。图为启会仪式文艺演出

（苏 昱 摄）

泰山景区管理

【概况】 泰山景区党工委、管委会代表市委、市政府对景区范围内的经济、行政和社会事务实行统一领导与管理。景区管委会机关设15个局室，辖红门、中天门、南天门、竹林寺、樱桃园、桃花峪、桃花源、天烛峰、玉泉寺、灵岩、巴山、虎山12个管理区和泰山票务交通管理处、博物馆、文物店3个基层单位，并统一管理辖区内1个乡（大津口乡）、13个行政村（居）、2.07万人。景区内设有泰山景区公安分局、工商分局、地税分局、国税局以及1家集团公司——东岳泰山旅游集团有限公司。年内，实现进山进景点游客573.0万人，实现门票、客运、索道等收入11.3亿元。其中，进山游客404.5万人，门票收入4.3亿元；景区客运安全运送游客555.6万人次，收入1.67亿元；泰山索道安全运送游客334万人次，收入3.34亿元。

【市场营销】 适应客源市场分众化、差异化拓展趋势，按照“保传统、拓新兴，创品牌、增渠道，调结构、提质量”思路，全力实施立体营销、靶向营销、事件营销、会展营销、文化营销。加大与主流媒体合作力度，“全媒体”营销宣传多点开花，国庆献礼片《江山多娇》及《国宝档案·封禅泰山》等专题片在央视播出，《风景名胜》免费出版《不一样的泰山》，开通“天下泰山”周刊、“每周泰山”“直播泰山”“时景泰山”栏目，微信服务号上线运行，“国家级摄影创作基地”挂牌。在韩国首尔等5个城市设立营销中心，签订3年输送22万人的合作协议，境外客源市场开拓实现新突破。组织开展泰山东岳庙会、泰山冠军登山大奖赛、“平安文化中国行——碧霞元君巡九州”、玉泉寺祈福节暨发呆大赛等节庆活动，泰山成人礼被列入国家旅游局“‘华夏文明 薪火相传’台湾青年学生赴大陆游学活动倍增计划”。强化电子支付等智慧服务功能，深化与同程网、携程网、驴妈妈、去哪儿等OTA电商合作，拓展网络售票渠道，景区荣获“中国旅游景区数字资产榜”第二名。

【文化产业】 2016东岳庙会4月21～25日在岱庙举办。主题为“逛东岳庙会 祈平安福贵”。在保留泰山“非遗”展示、民间竞技、戏曲演出等传统特色项目的基础上，突出庙会文化主题，推出燕青打擂、开城门、古代捶丸再现、东御座乾隆行宫游等展示项目，增加香道、茶道、泰山公益大讲堂等互动参与性文化体验项目，力求传统与创新有机结合。该届庙会延续台湾信众泰山行、中韩文化交流周等活动，台湾元素、韩国元素已与泰山庙会深度融合，成为庙会活动中的一大亮点。举办2016“泰山佛光杯”“泰山冠军”中国泰山登山大奖赛揭幕赛和桃花源公路登山挑战赛，3000名运动员参赛；深化产业运作，举办优速快递、新华保险、金德管业等多场企业专场活动，1万名企业员工参加；在西安和银川举办“奔向泰山之巅”西安城市趣味路跑活动，作为“泰山冠军”创新比赛形式的延伸比赛。新浪山东、新浪西北、泰山景区官网、中国旅游集团公司官网对活动全程进行微博直播，近20万人次关注，千余人积极评论，取得良好宣传效果。“中华泰山成人礼”活动注重加强中国港、澳、台地区和欧美等地的境外推广，深入开发研学产品，分别举办“华夏文明 薪火相传”“海峡两岸 情重泰山”“泰山成人礼 孔子故里行 黄河入海游”台湾青少年体验式交流系列活动和两批“中华泰山成人礼”欧美大型修学团活动等，举办成人礼、修学游专场活动60场，接待学生1万人。

8月20日，泰山景区“国家级摄影创作基地”挂牌仪式在天外村广场举行。该基地为来自中央及省市各级媒体的新闻摄影记者、世界各地的摄影家和爱好者搭建一个新的学习交流互动平台，为泰山文化、自然景观、地质奇观的保护、传承和发扬光大提供新的契机。市委常委、政法委书记郭德文（左五），泰山景区管委会主任姚霆（左四）出席活动（苏 昱 摄）

【旅游环境与服务】 树立“重心在基层，游客是上帝，群众是衣食父母”的大服务意识，公开承诺“决不让游客在泰山受委屈”。开展“春雨行动”，投入500万元改善一线工作环境，推出网上审批、自助导游等便民服务措施。泰山总体规划通过省住建厅专家评审，启动世界地质公园再评估，泰安“十三五”规划纲要编制完成。开展创城和违法建设治理行动，管理执法实现景区城区无缝对接。创新假日旅游秩序维护分级响应和游客量智慧研判机制，泰山被国家旅游局评为“十一”黄金周“旅游服务最佳景区”。扩大泰山游览证办理范围，增开高铁至景区旅游公交专线及“天外村—红门—岱庙”公交环线，设立高铁站游人中心，开通客运服务热线，为游客提供“零换乘、一站式”服务。成立“三工”慈善基金，慈善拍卖筹资539万元。开展“跟着劳模登泰山”等公益活动，倡导文明环保出行。完善投诉处理和每月会商机制，投诉量下降37.2%。1家商户被评为“全国先进个体工商户”。

【泰山景区南天门管理区党支部被评为全国先进基层党组织】 南天门管理区地处1500多米的泰山之巅，有工作人员88人，其中党员56人。该支部是华东地区海拔最高的党支部，他们发挥支部战斗堡垒和党员示范引领作用，推动泰山旅游事业的发展。①讲政治。健全规章制度，创新教育培训方式，提高班子的战斗力、凝聚力、协调力和执行力，锻造政治素质过硬的党员队伍，培树20名先进典型，用身边事教育身边人，营造干事创业的良好氛围。②善创新。推行“党建+”模式，实行党建区域化、网格化管理；推行党员服务承诺制度，开展党员示范岗、党员经营示范点、党员责任区等创建活动，每年为游客寻找失散家人600次、找寻失物100次、提供义务咨询10万次。③能战斗。发挥党建引领作用，组织党员突击队、党员工程组、党员指挥部，完成多项急难险重工程；年清运垃圾2800吨，栽植各种绿化苗木4万株；加强节假日和应急突发事件处置能力，年处置游客疾病发作、摔伤等突发事件100多起。④肯奉献。每逢节假日，舍小家、顾大家，放弃与家人团聚，坚守一线，在平凡岗位中默默奉献着青春，确保泰山连续28年无火灾、无重大安全事故。“七一”期间，南天门管理区党支部书记陈和义作为受中共中央表彰对象的代表赴京参会，参加庆祝建党95周年大会，现场聆听习近平总书记重要讲话，受到中央隆重表彰。 （吴克欣）

·文物保护·

【概况】 泰山有保存较好的古建筑群26处、寺庙58座、古遗址128处、碑碣1239块、摩崖石刻1800处。泰山古建筑群整体呈现古代自然崇拜的信仰形式，涉及儒家文化建筑形式、皇家祠庙建筑形式、道家文化建筑形式、道家延伸的民间民俗信仰及地狱神魔文化建筑，是中国山岳信仰建筑的最早起源及最具代表性的名山范例。泰山碑刻时代之连续性、艺术之精湛、构景之巧妙都堪称一绝，著名的有秦《泰山刻石》，汉《衡方碑》《张迁碑》，晋《孙夫人碑》，南北朝《经石峪金刚经》，唐《纪泰山铭》，宋《青帝碑》，元《天门铭》，明《洪武碑》，清《摩崖碑》等。

【保护工程】 年内，完成岱庙天贶殿屋面维修、院落地面修缮、玉泉寺大殿修缮、古建筑群扶拢勾抹等多个文物保护项目。岱庙消防、安防、防雷（一期）3个项目投入运行。完成文物保护标志说明牌更换工程前期论证。开展泰山古建筑群消防设施维保、防雷年检、电气检测等多个维修保养性项目，消除文物消防安全隐患；针对泰山古建筑高山灭火特点和“一分钟快速反应要求”，完善泰山防控体系，该做法被省文物局推广。推进经石峪抢险加固、南天门、后石坞庙、碧霞祠、岱庙城墙、红门宫、关帝庙等10个争取国家、省级资金项目方案的编制。《泰山古建筑群消防安全百项工程》《泰山世界文化遗产监测预警系统一期工程》《岱庙石质文物保护工程》《南天门防雷工程》《玉皇庙防雷工程》5个项目方案按国家文物局批复意见修改上报。“泰山世界遗产保护利用提升工程”列入全省文物事业“十三五”规划基本任务，王母池被省委统战部推荐为“全国和谐道观”。 （吴克欣）

·林木管理·

【概况】 泰山林场1948年正式建场，总面积1.2万公顷（18万亩），地跨济南、泰安两市，与4个区、6个乡镇（办事处）、68个行政村接壤，森林覆盖率达82.6%，植被覆盖率达94.6%。有古树名木1.81万株，隶属27科45种，其中一级古树名木1821株，被列入遗产名录的有23株，已命名的古树（或古树群）60株（处）。1992年，泰山林场被林业部批准为国家森林公园；1999年，山东省人民政府确定泰山林场为生态公益型林场。泰山林场行政与泰山景区管委会合署办公，业务主管为泰安市林业局，泰山风景名胜区的主体部分就隶属于泰山林场。

【森林防火】 完成防火隔离带清理135公里、林缘153公里、林道726公里、重点火险部位林地清理2000公顷（3万亩），新购置德国斯蒂尔风力灭火机63台，购置防火服、二号工具、呼吸器、方位灯等防火物资4000件套。完成总投资2600万元的水灭火一期工程，建设补水泵房1个、高位水池1座、中间水池4座，铺设消防主管道8.8公里、浇洒支管线2.7公里，建控制室1个、10千伏变压器1处，铺设输电线路3800米以及消火栓、洒水栓等设施，工程区域内666.67公顷（1万亩）森林得到有效保护。完成投资240万元的防火智能监控一期工程建设，在红门、竹林寺、樱桃园、桃花峪4个管理区山前重要路口路段、坟头墓地、火灾易发区域建设智能视频监控系统、自动语音警示系统、双光谱火灾探测系统，年内投入使用。

【森林健康】《泰山林场森林经营方案》获全国林业优秀工程勘察设计项目一等奖。完成1000公顷(1.5万亩）森林抚育间伐，健全完善古树名木健康档案，建立古树名木监测管理系统，加强重点古树名木监测管理，完成竹林寺对生松、玉泉寺一亩松等77株古树的保护任务。抓好以松材线虫病、美国白蛾防控为重点的林业有害生物防控工作，全年完成病虫害防治2600公顷(3.9万亩）次，实现连续9年将美国白蛾挡在景区之外、连续29年有虫不成灾。为1.19万公顷(17.86万亩)生态公益林全部办理政策性森林保

泰山成为全国生物多样性监测项目（蝴蝶）观测首批样区。图为8月12日，工作人员进行蝴蝶调查 （薛巍 摄）

险，保险公司对遭受低温冻害的黑松、赤松林赔付 99.4 万元。依法加强森林资源管理，开展“保护青山”专项行动，对各类破坏森林资源违法行为进行排查，严厉打击，维护森林资源安全。（吴克欣）

·行政执法·

【概况】 2004 年，泰山景区在全国风景名胜区中率先实行相对集中行政处罚权，成立泰山管理行政执法局，依法行使包括规划建设、风景名胜、卫生环保等 14 大类 538 项行政执法权。泰山管理行政执法局成立后，采取“条块结合、以块为主、责任主体唯一”的管理执法模式，实现行政执法全覆盖、无空档。

【专项整治】 以“四点两线”（天外村、红门、桃花峪、天烛峰和环山路、泰明路）为重点区域，持续进行旅游秩序、建设秩序、经营秩序、环境卫生综合整治，开展查堵违规进山、整治“黑车”野导、拆除违法建设、查处违规私采山泉水、打击违法盗采山石等专项行动 30 次，出动力量 2000 人次，查处“黑车”27 辆，查堵驴友等违规进山人员 5230 人，补缴票款 12 万元，拆除各类违法建设 60 处、3552.9 平方米，填埋私自打井 6 处，关停违规卖水点 20 户，查处盗采山石现场 2 处。

【投诉处理】 与国家旅游局“12301”旅游投诉平台对接，建立快捷高效的扁平化旅游投诉处理协作机制，市级以上旅游质监部门受理到的有关景区案件，通过网络第一时间转办处理；探索“互联网 +”投诉方式，在景区官方微信设置“一键投诉”，提高投诉处理的实效性与互动性。坚持投诉处理月分析、季通报，强化站点培训、源头预防、指导调度和监督考核，年内受理投诉 54 起，下降 37%，案件受理率、办结率、反馈率、回访率、满意率均达 100%，实现“投诉不出景区”的目标。（吴克欣）

6 月初，岱庙天贶殿屋檐维修工程开工。针对天贶殿四面檐头、大连檐、瓦口外闪变形严重，望板部分轻微槽朽，部分檐椽、飞椽椽头腐烂的残损情况，为加强天贶殿的保护，岱庙景区采用檐头揭瓦的维修方案，采用错槎揭取方式，将破碎的琉璃瓦和变形腐烂的大连檐、瓦口、望板更换，本着“最小干预”原则，保证维修后檐口瓦面的安全稳定。图为 6 月 13 日修缮现场（隋翔 摄）

【概况】 恪守绿色发展理念，在《泰山总体规划》统驭下，紧紧抓住严格规划、综合整治、设施改善、绿化美化、精细管理等关键环节，按照“中路持续改造提升，东西两翼打造‘慢生活’休闲区”的思路，持续加大旅游项目建设力度。年内，展开引水上山暨给排水系统建设、泰山文化挖掘传承工程等项目，完成投资 4000 万元。

【重点项目建设】 按照“中部优化吸引人、两翼突破留住人”的思路，坚持人无我有、人有我优、人优我特，着力把产品产业、景区景点做大做精，加快推进旅游转型升级。研究确立虎山公园扩建工程、引水上山暨给排水系统建设工程、东西两翼“慢生活”休闲区建设、泰山文化挖掘传承工程、泰山世界文化遗产保护利用提升工程、农村改水改厕工程 6 个重点建设项目，分别成立指挥部，明确责任、从严督查、迅速推进。完成“泰山慢谷”总体规划，“泰山慢谷”项目被列入全市投资过 100 亿元两大景区之一。碧峰寺服务中心投入使用，蟠桃园改造项目达成合作意向。投资 1800 万元展开引水上山暨给排水系统一期工程，岱顶蓄水量超过 1.2 万立方米。《泰山文库》完成首批出版书籍编纂。虎山公园扩建工程拆迁安置全部完成。推进黄前水库水源地综合整治，完成农村饮水工程方案编制及天龙、南马套水库清淤加固。调整项目决策程序，完成投资1300万元的110项基础设施维修和应急改造工程。

【景区新农村建设】 加大村级组织运转经费保障力度，投资70万元完成7个财政扶持项目；落实村级组织运转经费和村“两委”干部报酬待遇补贴110万元，达到每村9万元标准。聚焦“精准扶贫”，对217户、499名贫困人员实施一对一帮扶，实现脱贫174户、391人，完成总体任务的80%。投资600万元扶持四大名药、泰山茶、螭霖鱼等现代高效农业和特色养殖业，13个村（居）集体经营性收入达4800万元，每村都达到5万元以上。加大教育卫生民政等社会事业投入，推进基础教育综合改革，实施大津口中学扩建和小学迁建工程，大津口幼儿园完成主体工程和内部装修。 （吴克欣）

泰安市泰山索道运营中心

【概况】 泰安市泰山索道运营中心（简称中心）是2003年年底由原泰山索道公司改制而成，主要负责泰山中天门、桃花源、后石坞3条客运索道的安全运营、维护和管理等工作。年内，所属3条索道接待游客340万人次，实现运营收入3.4亿元，比上年增长3%。中心通过“省级文明单位”复核。中天门索道站职工刘勇，长期致力于社会公益活动，创办“泰安市手拉手”公益组织，入选“泰安好人榜”和“山东好人榜”，被市文明办、团市委等部门联合授予“泰安最美志愿者”称号。

5月31日，工作人员进行索道支架检修维护 （瞿祥耀 供）

【安全生产】 制定实施《2016年度安全生产目标与实施计划》，层层签订安全生产目标管理责任书，组织96次安全生产大检查和15次专项安全检查。坚持安全生产标准化，严格执行设备检修维护制度，开展设备安全评价。完成中天门索道减速机、主电机更换等10项重大设备更新改造。印发《索道站夜间值班巡查管理制度》，扩大视频监控范围，提高自身防范能力。开展安全生产隐患“大排查快整治严执法”行动，排查、治理安全隐患10处。加强防火宣传和火种检查，加大索道支架沿线管控力度，印发《索道站消防设施定期巡检、维护保养制度》，加强对水灭火系统的检查维护，落实索道车厢封闭运行措施。开展中天门、桃花源2条索道机电骨干人员互换值班交流，提高机电人员对不同索道的认识和理解。组织开展PLC（可编程控制器）、可控硅学习研讨，找到中天门索道PLC故障原因。加强专业技术人员培训教育，邀请ABB中国公司专家讲授可控硅传动系统原理，到泰安汽修厂培训柴油机拆解、保养及故障维修，安排部分年轻机电人员到泰安技师学院学习基础理论技能。

【运营管理】 ①增加有效运营时间。早上开车运营的时间与看日出游客集中下山的时间保持衔接一致。减少大风、雷雨等恶劣天气的索道停运时间，健全特殊天气运营工作应急预案，通过技术手段加强对大风、雷电的防范和预判，保证大风、雷电过后索道能及时恢复运营。将日常的设备检修维护工作放到每天运营结束后进行，对用时较长的检修维护项目进行统一规划、集中实施，尽可能减少设备检修维护对运营时间的挤占。客流高峰期间，包括周六、周日、小长假，春节和国庆节两个黄金周，以及农历“三月三”“三月十五”等泰山民俗节日，索道尽可能早开车、晚停运，最大限度延长运营时间。3～10月，中天门、桃花源运营时间合计比上年同期增加400小时，增长9%。②提高索道运营效率。通过增加岗位人员数量、优化服务流程、加强培训教育等途径，在客流高峰期间落实“满厢定员”要求，减少游客排队等候时间。③发挥桃花源索道分流作用。健全完善中天门、桃花源索道联动机制，发挥桃花源索道分流作用，减轻南天门站下行运营压力，尽可能减少游客因排队时间过长、放弃乘坐索道造成的损失。年内，桃花源索道分流游客14万人次，比上年增加4万人次。4月分流游客2.8万人，5月分流2.3万人，国庆节分流近3万人。④加强客流高峰期管理。索道站职工每天工作时间超过12小时，周末和节假日长达15小时。每个双休日，中心领导和机关职工轮班到中天门帮助工作。每逢节假日，职工全员上岗，特别是春节、“五一”“十一”3个重大节日，中心领导、索道站全体职工和机关部分人员在山上住勤，春节、国庆节两个黄金周，有的职工要在山上连续工作10多天，全年累计安排机关职工到中天门索道帮助工作超过2000人次。⑤延伸和深化运营服务标准化。开展国家级服务标准化试点，研究细分游客在不同状况下的心理特征、行为表现和服务需求，制定相应的精准应对措施。⑥完善精细服务规范。在中天门、桃花源两条索道站增加银联卡售票窗口，结束泰山索道不能刷银行卡购票的历史。重大节假日提前向社会公开索道弹性运营时间，方便游客根据索道运营时间安排行程。坚持以项目建设带动服务设施完善和服务功能提升，实施游客通道拓宽加固等基建项目建设，改善旅游服务环境。

【信息化建设】 ①优化改造计算机网络。将网络系统中心机房由索道站迁移至机关，形成以中心机关、中天门、桃花源下站为骨干的办公环网，开发设计与办公网相对独立的票务专网。②密集布局网络监控。调整和充实索道线路设备、站内设施和站房周边重点区域的网络视频监控，满足索道设备管理和运营服务管理需求。与泰山景区管委会合作，实现景区视频监控与中心视频监控的资源共享。③个性定制自动售检票系统。更新改造自动售检票系统，建成票务综合管理平台等四大业务模块，建成以环型票务网络为特征的售检票系统局域核心网。④综合集成吊厢智能管理系统。研究开发集吊厢摆角监测、吊厢内有人无人判断、相邻吊厢间距监测、吊厢GPS定位等多种智能监测管理功能于一体的索道吊厢智能管理系统，并将多项功能集中于吊厢内视频终端和控制室电脑终端。

【行业交流】 参加行业标准规范的起草和修订3次，为中国索道协会组织的索道专业技能培训班讲课2次。受中国索道协会委派和邀请，安排2人对国内8家索道企业安全生产标准化进行评审验收。为临沂天蒙山索道培训职工2批次。参加西部索道年会，提交交流论文7篇。参加中国索道协会三届三次理事会和论坛，提交论文24篇，7篇论文被评为协会2016年度优秀论文，2篇论文作现场交流发言，优秀论文和大会发言论文数量均占总数的1/3。（瞿祥耀）

泰安国家高新技术产业开发区

【概况】 泰安高新技术产业开发区（以下简称泰安高新区）是国务院批准的国家高新技术产业开发区，北依泰山，南临大汶河，规划面积50平方公里，管辖面积118平方公里，辖北集坡街道办事处、45个行政村、7个居委会，常住人口8.99万人。根据泰安市新一轮城市总体规划，泰安高新区的功能定位是以发展现代工业、高新技术产业为主导的现代化园林旅游城市新城区。泰安高新区党工委、管委会作为泰安市委、市政府的派出机构，在辖

4月20日，泰安国家高新区第二届高端人才、高新技术、高科技项目洽谈会暨云计算与大数据产业国际高峰论坛举行。集中签约重点项目33个，其中世界500强项目3个、外资项目8个、创新平台项目12个；引进高端人才52人，其中“两院”院士5人、国家“千人计划”专家11人、泰山学者5人、博士以上高科技领域领军人才28人（陈丽君 供）

11 月 22 ～ 25 日，全市招商引资和项目建设检查考核会议召开。图为与会人员到泰安高新区现场检查（司刚 摄）

区内统一行使市级经济、行政和社会事务管理权，为客商投资、企业发展和职工群众生产生活提供服务。年内，泰安高新区完成固定资产投资 115.1 亿元，增长 14.4%；规模工业实现主营业务收入 313.2 亿元，增长 14.9%；规模工业利税 25.5 亿元，增长 10.3%；利润总额 16.4 亿元，增长 11.5%；区级公共财政预算收入 20.5 亿元。

【创业创新】 实施创新驱动战略，年内新增研发平台 16 个，总数达 110 个，其中国家级 6 个、省级 37 个。新增孵化企业 97 家，毕业企业 11 家。逐渐形成"苗圃—孵化器—加速器—产业化园区"完整的科技企业孵化体系，建成和在建孵化面积 40 万平方米。区内有"泰山创客""三味茶间""融智汇"等众创空间，其中"泰山创客"获批国家级众创空间。全区新申请专利 450 件，其中发明专利 51 件；授权专利 300 件，其中发明专利 48 件。新引进海内外高端人才 62 名、归国创业团队 14 个。年末，区内高端人才达95名。其中，两院"院士"27 人，国家"千人计划"专家、长江学者、泰山学者等相当层次人才 58 人，博士以上高层次创新创业团队 68 个。

【泰山创客空间被科技部认定为国家级创客空间】 泰安高新技术创业服务中心成立于 1997 年，2001 年被科技部首批认定为国家级科技企业孵化器。该中心以加速科技成果转化、培育科技企业和企业家为己任，按照"人才、项目、产业、科技、金融"一体化的思路，注重围绕产业打造"创业苗圃 + 孵化器 + 加速器"的创业孵化服务链条，有效集成科技创业孵化资源和服务，构建协同创新和开放创新的科技服务体系，立足泰安实际，形成以国家级泰安创业中心为龙头的人才创新创业梯次网络孵化培育体系，营造科技型创业企业和科技创业领军人才的成长环境。租赁闲置厂房建设泰山创客空间，入驻创新团队企业 5 家。2016 年 2 月 15 日，泰山创客空间被科技部认定为国家级创客空间。

【招商引资】 以高端化、产业化、集群化、特色化为发展方向，聚焦先进制造业、战略性新兴产业、现代服务业项目，加快发展创新型经济。发挥中国泰安国际登山节暨经贸洽谈会和"高端人才、高新技术、高科技项目"洽谈会两大平台作用，紧扣产业链高端和尖端技术，紧盯世界 500 强、国内 100 强、大型央企和行业领军企业重点招商。全年新引进项目 65 个。投资 80 亿元的泰山医养教健康产业园区、投资 20 亿元的新能源汽车动力系统研发生产、投资 20 亿元的泰开新能源箱变和工业机器人及智能制造自动化、投资 3500 万美元的香港康途医药物流园等一批大、高、外、新项目签约入区。其中，新能源、生物医药等战略性新兴产业和创新平台类项目达 46 个，占比 70% 以上。

【项目建设】 完善项目建设指挥部总牵头、委领导包保、工作组推进、部门联系、项目建设主管部门全程服务的联合机制，对区域拉动力强、行业竞争力强、财税贡献力强的项目进行重点支持督导，形成项目推进整体合力。新开工盛德大业新材料产业园、中国物流泰安国际物流产业园、高端粉体净成形暨 3D 打印等项目 28 个，计划总投资 181.9 亿元，其中过 10 亿元项目 4 个；新竣工或投产投运泰开核电智能开关、普瑞特太阳能、路德新材料等项目 27 个，计划总投资 263.5 亿元，其中过 10 亿元项目 6 个。

【盛德大业新材料产业园开工建设】 项目计划总投资 30 亿元，规划占地 33.33 公顷（500 亩），其中一期占地 11 公顷（160 亩），总建筑面积 30 万平方米。新建德国西门子金属压拉高精度全自动化机组生产线 14 条、新材料涂敷自动化机组生产线 15 条、金属涂层自动化机

10月28日，大明国际年产80万吨金属新材料精密深加工项目开工仪式在泰安高新区举行 （陈丽君 供）

组生产线10条。产品涵盖镀锌板、马口铁、彩涂板、家电板等系列，品类由薄到超薄级、高精度，并吸纳引进部分下游终端产品生产企业，拉长产业链条。计划5年内全部完成投资计划，建设成集各类高端金属板材制品深加工、科技研发、物流配送、信息化服务等于一体的特色产业基地。

【大明国际金属新材料精密深加工项目开工建设】 项目由在香港上市的大明国际控股有限公司投资建设，计划总投资6亿元，占地11公顷（160亩）。新上高端不锈钢、碳钢等新材料精密深加工生产线，关键设备从意大利、瑞士、日本等国家引进，自主研发能力强，产品技术、工艺和生产能力先进，能为中外客户提供及时高效、品种齐全、质量优良的高端不锈钢、碳钢深加工系列产品。一期项目计划2017年竣工，可有效带动周边相关产业和上下游产业集群发展。

【泰开核电智能开关研制项目竣工投产】 该项目总投资12.2亿元，规划占地36公顷（535亩），设计建筑面积28万平方米，其中自动化装配一车间单体建筑面积13.61万平方米。项目配置自动喷塑生产线、激光焊接机器人、注塑机、屏蔽试验室、振动试验台等先进的生产和试验检测设备2281台（套），实现从车间到生产线到产品的全智能化。公司生产的核安全级中低压智能成套开关设备由集团自主研发，技术水平国际先进，填补国内空白，完全替代进口，已安全运行于方家山、福清核电站，开创百万级核电机组使用国产开关柜的先河。

【路德高强智能集成化复合材料生产项目一期竣工投产】 该项目计划总投资7.4亿元，占地10公顷（152.7亩），规划建筑总面积16万平方米。公司注重研发投入、科技创新，与中国科学院长春应用化学研究所合作共建国家级蠕变性能检验检测中心，自主研发生产的高强智能集成化复合材料，拥有多项发明专利，属于国家863计划重点支持的结构功能性新材料，科技含量高，具有成本低、抗拉强度大、耐酸、耐碱、耐腐蚀等优越性能。产品广泛应用于公路、铁路、机场、隧道、地铁、城市轻轨及矿山巷道支护等重大工程领域。

【企业发展】 按照高端化、产业化、集群化、特色化的导向，加快发展创新型经济，初步形成输变电设备、矿用装备、汽车及零部件、生物医药、电子信息等主导产业，其中输变电设备、矿用装备、汽车及零部件三大主导产业实现主营业务收入216亿元，增长22%。泰开集团、山能重装、航天特车、重汽五岳、京卫制药等行业龙头企业和骨干企业，加快技改扩规、新上项目，保持健康发展态势。改造提升传统产业，众诚自动化公司引进国际先进的研发、实验设施和专业技术人才，新开发通用变频器系列产品，打破欧美技术垄断。矿山装备产业上市企业尤洛卡公司，通过收购并购、产业转型等方式，抢占军工行业阵地和大众应用市场。重汽五岳、重汽希尔博等企业均加快新产品研发，谋求逆势突破。年内新增上市挂牌企业3家，总数达12家，后备资源企业30家。深化银企合作解决资金难题，促成区内30家企业达成银企合作意向9.52亿元，实现到位资金5.96亿元。

【泰安华鲁锻压机床有限公司获山东省科技进步一等奖】 该公司始建于1968年，是国家“高档数控机床与基础制造装备”科技重大专项承担单位、国家高新技术企业、中国机床工具工业协会锻压机床分会理事单位。公司主要产品有大型数控卷板机、高强度板料矫平机、开卷矫平剪切生产线、折弯机、剪板机等，广泛应用于航母制造、大飞机制造、大型船舶、核电、高铁、航空航天、军工、风电水电、桥梁、压力容器、汽车、机车、石化、钢结构、工程机械等金属板料成形行业。公司综合经济效益指标居同行业前茅，2015年、2016年连续两年列入“中国机床工具行业30强企业”。公司高度重视技术创新，建设国家级产业技术创新战略联盟、山东省大型数控成形机床示范工程技术研究中心、首批山东省院士工作站、山东企业技术中心、山东省工业设计中心、泰安市数控金属成形机床产业技术研究院等高端科技创新平台7个。2016年，获山东省科技进步一等奖、首届山东省“省长杯”工业设计大赛银奖、山东省专利二等奖。

【泰安航天特种车有限公司获山东省省长质量奖提名奖】 该公司是中国航天科技集团公司一院控股企业，致力于军用、民用重型超重型特种车的发展，产品驱动型式从4×4到18×10，载重从5吨至100吨，已形成军、民两大支柱，8大系列100个品种，是国内重型、超重型特种车行业的领军企业，产品出口至10个国家和地区。公司贯彻“质量就是生命、质量就是胜算”的理念，秉承“报国强军”的使命责任，践行“追求至善至美，只做对军队、国家、社会有价值的事情”的企业核心价值观，高度重视产品质量与品牌建设，弘扬工匠精神，以航天质量双归零为手段，践行“严、慎、细、实”航天工作作风，走“专、精、特、优”的产品发展路线。2016年，实现产值18.3亿元，获山东省富民兴鲁劳动奖状和山东省省长质量奖提名奖。

【泰安五岳专用汽车有限公司参与国家军用标准制定】 该公司是中国重汽集团有限公司的全资子公司，是山东省“高新技术企业”，地处泰安市高新技术产业开发区，是最早通过ISO 9001质量体系认证、国军标GJB 9001质量体系认证和3C认证的企业之一，是一家集军品、民品、军民两用于一体、具有60多年发展历史的军工企业。公司研制的特种车辆及军用装备已装备部队，产品性能达到军队战术技术指标的要求。2015年3月，中国重汽集团泰安五岳专用汽车有限公司与中国人民解放军蚌埠汽车士官学校合作，起草《新造民用集装箱运输车国防要求》和《新造民用低平板运输车国防要求》2个国家军用标准。泰安五岳公司技术中心项目组人员和蚌埠汽车士官学校专家教授多次进行技术交流，寻求最佳解决方案。为验证标准的准确性和合理性，五岳公司专门制造两台分别符合两个标准要求的科研样车，并申报国家车辆产品公告。其间，项目组蚌埠汽车士官学校专家教授共同进行4次修改，并向军内外有关专家征求意见，逐步完善，两个标准于2016年3月完成终稿，上报批准并发布。两个标准的制定，对集装箱运输车和低平板运输车等车型的设计生产及使用提供指导。

【新城区建设】 年内，完成凤天路北延伸段建设工程，打通高新区与高铁片区联系的快速通道；实施正阳门大街下穿京沪铁路立交桥工程，提升与主城区的通行能力；优化“七纵七横”120公里的骨干道路网，实现公共基础设施配套。年末，区内有泰山医学院、山东财经大学东方学院、山东医药技师学院、山东服装职业学院、山东中西医结合大学等高等院校，在校师生8万人。推进以泰安一中新城校区、泰安市实验学校万境水岸小学、泰安一中实验学校、山东师范大学附属中学与华新公司联合办学等为代表的教育项目，以市中心医院高新区院区、市妇幼保健院新院区为代表的医疗卫生项目，以中国五矿城市综合体、奥特莱斯、香港永诚利商业广场等为代表的现代服务业项目，以峰松物流、中国物流泰安产业园、泺亨物流等为代表的现代物流项目，提升高新区的城市配套水平和公共服务能力。改造提升石灰官庄、对臼、凤凰、龙泉和洪沟家园5个回迁社区，推进文明城市创建工作，对臼社区获市级“生态文明乡村建设先进社区”称号，石灰官庄社区获市级“文化活动先进村(社区)”称号。（陈丽君）

【概况】 该区是1995年经山东省人民政府批准设立的省级旅游度假区，总规划面积23.9平方公里。辖区内有15个行政村、7034户、1.93万人，分别隶属于岱岳区粥店和天平2个街道办事处。3.5平方公里的天平湖位于中心位置，区域环境优美，区位优越，交通便捷。2002年10月，泰安市委、市政府设立旅游经济开发区党工委、管委会，作为市委、市政府的派出机构，负责对规划区域进行管理和开发建设。2016年，泰安旅游经济开发区管理委员会围绕建设旅游和谐新区的目标，办好业务知识讲堂和党风廉政建设讲堂，干好招商引资、项目建设、民生改善3项工作，实现思想境界、干事能力、环境质量、群众满意度4个提高。全年完成地方财政收入3.03亿元，比上年增长23.1%。继续保持“省级文明单位”称号。

4 月 26 日，天平湖畔，青山如屏，碧波荡漾，绿柳婆娑，一派生机盎然的景象　（赵文文　摄）

【盘活项目】 采取协商解除合同、以商招商、政府收购、收回项目用地、合资参股等措施，盘活浪潮、泰山龙曦等“停滞”项目 5 个，收回价值 6.82 亿元（按原用地性质）的项目用地。3 月，旅游经济开发区、二十里埠村、玉环府房地产开发公司签订三方协议，确定由旅游经济开发区负责二十里埠旧村改造工程开发，并将原计划给玉环府房地产开发有限公司的 12.87 公顷（193 亩）土地收归旅游经济开发区，按原用地性质计算，该地块市值达 3.78 亿元。4 月 18 日，市政府召开专题会议研究泰山不夜城项目，同意该项目规划方案。12 月 6 日，市政府与浪潮集团签订战略合作协议，浪潮集团投资 20 亿元，对软件园进行升级扩建，建设云计算、大数据中心。12 月 20 日，国泰民安集团签订收购中国宋庆龄基金会泰山海外华人休养中心项目协议。

【城市管理】 坚持“日巡查、周检查、月汇总、年奖惩”等考核制度，区内道路、绿地路面保洁率、草坪覆盖率、树木成活率均保持全市较高水平。投资 1000 万元，先后补植绿化苗木 8 万株，清理垃圾 18.95 万吨、占道摊点 130 处、乱搭乱建 120 处，粉刷墙面 1.2 万平方米，建设围挡 1.6 万米，并对区内部分路段进行道路硬化和修补。加强天平湖周边综合整治，环湖污水主干管网北线工程 w5 ~ w16 段、天平北街道路管网工程完工，天平湖路、环湖路、府东路开发区路段路灯亮化工程完工。

【项目建设】 推进不夜城项目和桃花源路建设，解决部分影响项目建设的问题。督促中青旅实业公司拨付拖欠的工程款 3000 万元。组织力量对泰安岱岳房屋开发有限公司投资的民族风情园项目进行评估审计，该项目占地 50.6 公顷（759 亩），涉及周边 7 个村，年末开始拆迁。泰山美墅项目 17 栋星级产权式度假酒店主体完工。省南水北调工程泰安调度中心供地手续已完成，开始办理规划建设手续。投入启动资金 10 万元，开发建设苗圃 3.33 公顷（50 亩），引导村民培育绿化苗木。

【社区建设】 创新社区建设运行机制，变委托项目公司代建为开发区直接管理，推行“监理审计人员与社会群众双监督、质量技术小组与现场考核小组双保障”工作机制，让群众代表直接参与工程建设的监督管理环节。年末，四号社区小学及配套工程交付使用，一期及配套工程完工，二期 13 栋住宅楼封顶，三期施工队伍进场施工。一号社区（西黄社区）纳入 2017 年省棚户区改造计划，该地块控规编制完成。西黄高铁 26 户回迁楼主体完工。二十里埠旧村改造一期 9 栋多层回迁楼入住，二期工程 6 栋高层回迁楼及幼儿园完成主体工程的 70%。对上争取帮扶资金 260 万元，用于大陡山凤凰湖生态旅游工程建设，拉长旅游链条，保护生态环境。

（马　帅）

编校　戚淑娟　　审稿　周美广

财政 税务

财 政

【概况】 全市有市、县（市、区）、乡镇（街道）三级财政机构101个，其中市级财政机构1个，县（市、区）级财政机构6个，市高新技术开发区财政机构1个，泰山风景名胜区管理委员会财政机构1个，旅游经济开发区财政机构1个，乡镇（街道）财政机构91个。在职职工1343人，其中具有高级技术职称的100人、中级技术职称的358人。全市有会计人员7.6万人。按现行财政体制，全市一般公共预算收入，加税收返还收入、各项转移支付、债务转贷收入、上年结余、调入资金，减各项上解、债务还本支出和调出资金后，全市一般公共预算总财力为343.5亿元，减去当年一般公共预算支出330.6亿元和补充预算稳定调节基金3.9亿元，结转下年支出9亿元。市财政局继续保持“全国文明单位”称号。2017年4月，在全市科学发展表彰大会上，市财政局被市委、市政府表彰为2016年度科学发展综合考核先进单位、全市信访工作先进单位。

【财政收入】 全市一般公共预算收入完成206.7亿元，同口径增长3.6%，完成调整预算的100.2%。市级税收收入中，增值税32亿元，完成预算的117%，增长30.5%；营业税22亿元，完成预算的90.1%，下降17%；企业所得税12.1亿元，完成预算的102.9%，增长13.3%；个人所得税4.9亿元，完成预算的115.4%，增长28.9%；其他税收收入74.4亿元，完成预算的99.3%，增长1.5%。非税收入61.3亿元，完成预算的96.3%，增长1%。

【财政支出】 全市一般公共预算支出330.6亿元，增长1.1%，完成调整预算的105.4%，其中一般公共服务27.9亿元，完成预算的109.3%；国防和公共安全17.2亿元，完成预算的109.3%；教育64.8亿元，完成预算的100%；科学技术3.4亿元，完成预算的98.3%；文化体育与传媒4.6亿元，完成预算的104.1%；社会保障和就业51.4亿元，完成预算的107.6%；医疗卫生与计划生育38.2亿元，完成预算的106.4%；节能环保7亿元，完成预算的108.5%；城乡社区事务29.9亿元，完成预算的116.7%；农林水43.9亿元，完成预算的114.5%；交通运输9.4亿元，完成预算的105.4%；资源勘探信息等11.7亿元，完成预算的115%；商业服务业等、金融及援助其他地区4.3亿元，完成预

12月29日，泰安市人民政府与山东省财金集团“1+N”战略合作签约仪式在泰山国际会展中心举行 （高 磊 供）

2016 年泰安市公共财政预算收入情况

表 10　　　　单位：万元

预算科目	调整预算数	决算数	完成预算（%）	比上年增长（%）
收入合计	2063467	2067106	100.18	3.60
税收收入	1426185	1453681	101.93	4.75
增值税	273602	320118	117.00	30.45
其中：改征增值税	110540	103867	93.96	225.12
营业税	244078	219981	90.13	−16.99
企业所得税	117092	120525	102.93	13.33
个人所得税	42854	49443	115.38	28.86
资源税	80481	80553	100.09	−4.66
城市维护建设税	71386	69702	97.64	4.90
房产税	39737	38588	97.11	−6.53
印花税	15495	14600	94.22	−5.98
城镇土地使用税	137760	132681	96.31	1.29
土地增值税	107581	114802	106.71	19.16
车船税	19793	21188	107.05	19.47
耕地占用税	200099	193629	96.77	18.21
契税	76227	77871	102.16	−32.87
非税收入	637282	613425	96.26	0.97
专项收入	101328	92919	91.70	−13.37
行政事业性收费收入	151553	163907	108.15	9.53
罚没收入	62847	57608	91.66	14.23
国有资本经营收入	20000	2453	12.27	−87.35
国有资源有偿使用收入	274395	250008	91.11	−0.80
捐赠收入	1423	4850	340.83	19.22
政府住房基金收入	19726	23955	121.44	11.97
其他收入	6010	17725	294.93	436.15

算的 106.8%；国土海洋气象等 2.9 亿元，完成预算的 73.4%；住房保障 7 亿元，完成预算的 93.3%；粮油物资储备事务 5492 万元，完成预算的 114%；国债利息 3.7 亿元，完成预算的 199.7%；其他支出 3.2 亿元，完成预算的 34.6%。

【预算执行】 ①收入质量不断改善。通过强化分析调度、强化堵漏增收、强化激励约束等手段，促进财政收入尤其是税收收入的稳步增长。全市税收收入完成 145.4 亿元，同口径增长 4.8%；税收比重达到 70.3%，居全省第 10 位，分别提高 1.1 个百分点（可比口径）、前移 5 个位次。②支出结构不断优化。全市财政拨款安排的“三公”经费支出，压减 5808 万元，下降 19.8%，集中更多财力保工资、保运转、保民生、保改革。全市一般公共预算中用于民生事业的支出 264.1 亿元，占财政支出的比重达到 79.9%，确保民生政策全面落实，保障标准提高。全市安排对下各项税收返还和转移支付 129.7 亿元、地方政府债券 102.6 亿元，分别增加 4.1 亿元、49.5 亿元，缓解了基层财政困难。

【财源建设】 按照“财政 + 基金 + 金融”的运作模式，吸引撬动金融和社会资本投向促发展、培财源领域，着重支持区域拉动力强、行业竞争力强、财税贡献能力强的企业发展壮大。对接山东省财金集团，与市政府举行“1+N”战略合作签约仪式，涉及具体合作项目 16 项、总金额 525 亿元。落实省政府 20 条稳增长政策、30 条降成本政策和泰安市支持实体经济发展的 15 条财政政策，全年为企业减免税收 53.7 亿元。通过政银合作保证金，撬动银行贷款 13 亿元，支持各类

2016 年泰安市公共财政预算支出情况

表 11　　单位：万元

预算科目	调整预算	决算数	完成预算（%）	比上年增长（%）
支出合计	3137132	3305875	105.38	1.13
一般公共服务支出	255112	278942	109.34	1.49
国防支出	8117	9331	114.96	55.93
公共安全支出	148992	162411	109.01	14.92
教育支出	647669	647517	99.98	−0.47
科学技术支出	34851	34247	98.27	−16.90
文化体育与传媒支出	44622	46447	104.09	−7.59
社会保障和就业支出	477507	513547	107.55	11.80
医疗卫生与计划生育支出	358868	381817	106.39	5.23
节能环保支出	64817	70335	108.51	−13.52
城乡社区事务支出	255866	298558	116.69	−13.11
农林水支出	383128	438705	114.51	13.36
交通运输支出	88823	93648	105.43	−18.28
资源勘探信息等支出	102079	117352	114.96	−33.39
商业服务业等支出	38516	40604	105.42	13.27
金融支出	1438	931	64.74	−26.64
援助其他地区支出	300	1472	490.67	8.00
国土海洋气象等支出	39680	29132	73.42	−35.38
住房保障支出	71775	66967	93.30	12.37
粮油物资储备支出	4818	5492	113.99	12.47
国债付息支出	18379	36702	199.70	443.33
其他支出	91775	31718	34.56	27.68

企业 50 余家；通过泰山科技创业资金、创业担保贷款基金，发放担保贷款 2.8 亿元、财政贴息 1700 万元，帮扶 4600 人；通过农村集体经济发展基金、财政惠农信贷通、涉农贷款增量奖励以及小额贷款保证保险，撬动银行贷款 8.5 亿元，重点支持农业龙头企业、新型农村经营主体、农村种养大户发展；通过过桥还贷、融资租赁，为企业提供周转资金 18.2 亿元，缓解企业融资难问题。

【政府投融资】 对接国家开发银行、农业发展银行，市级总平台争取到位政策性贷款 41.7 亿元，支持棚户区改造、大班额项目和农村道路安全防护工程等推进。探索平台公司市场化运作路子，通过参与高铁片区、徂汶景区等开发建设，收储土地 782、33 公顷。推广 PPP 模式，联合省财金集团，在全省设立首支市级 PPP 基金，规模达到 80 亿元；全市储备 PPP 项目 70 个，总投资额 1115 亿元，其中 4 个项目入选财政部第三批示范项目，5 个项目入选山东省第二批示范项目。严格落实政府债务限额管理等规定，加大存量债务置换力度，全市争取置换债券资金 213.7 亿元，确保了年度到期本金全额置换、以后年度部分债务提前置换。

【保障民生】 ①教育方面。拨付资金 7 亿元，确保城乡义务教育生均公用经费、“两免一补”（免杂费、免书本费、补助寄宿生生活费）政策落实到位，惠及学生 51 万名；筹集资金 29 亿元，支持中小学大班额项目建设、义务教育学校“全面改薄”（全面改善贫困地区义务教育薄弱学校基本办学条件）。②社保方面。城乡居民养老保险基础养老

市财政局工作人员到帮扶村调研走访（高磊 供）

金，由每人每月85元提高至100元；失业保险金统一提高至每人每月950元；城乡低保标准和“五保”供养标准，分别较上年提高200元、500元。③医疗卫生方面。城乡居民基本医疗补助标准，由每人每年380元提高到420元；基本公共卫生服务项目年人均财政补助标准，由40元提高到45元；全面承担市医改办“总牵头、总协调”职责，研究拟定全市《关于进一步深化医药卫生体制改革的实施意见》，全面启动城市公立医院综合改革。④住房方面。市以上财政拨付资金6.7亿元，开工建设棚改项目65个、住房2.5万套；推进住房制度改革，将专项维修资金本息余额近1.5亿元移交市房管局管理，将审计建购住房整改资金3.47亿元全部收缴至同级财政。⑤“三农”（农业、农村、农民）方面。推进精准扶贫和精准脱贫，整合使用各行业、各级次、各渠道扶贫资金10.7亿元；加大农业综合开发力度，共实施土地治理项目28个，产业化经营项目30个，总投资1.6亿元；拨付资金5.4亿元，实施一事一议项目1056个、完成农村无害化厕所改造6.4万户；发放政策性农业保险、农业支持保护、种粮大户奖励等补贴资金9.6亿元，促进农业增产、农民增收。⑥环保方面。筹集资金1.3亿元，重点治理挥发性有机污染物、工业粉尘、工地扬尘等，提升大气污染防治效果；拨付资金3.5亿元，重点支持县乡道路、国省道危桥的改造和养护；拨付资金5.3亿元，支持海绵城市建设、新型城镇化试点、城市用水用热用气改造等。

【财税改革】 健全完善政府预算体系，市县两级转列一般公共预算的政府性基金扩大至13项，市级国有资本经营预算调入比例提高到19%。建立跨年度预算平衡机制，编制2016～2018年中期财政规划，市级预算稳定调节基金规模扩大至2.4亿元。推进预算信息公开，市县两级按时公开2016年政府总预算和92个市直部门、524个县级部门的部门预算及“三公”经费预算，特别是将部门预算公开范围扩大至所有使用财政资金的非涉密部门。加快建立县级现代预算制度，宁阳县和东平县先后被确定为全省现代预算管理制度改革试点县。推进税制改革，5月1日起，全面推开营改增试点，将建筑业、房地产业、金融业、四大行业2.7万家企业纳入试点范围；7月1日起，全面实施矿产资源税从价计征。结合上级政策，研究制定市以下收入划分改革方案，将省级下划的增值税和改征增值税全部下划县级，与中央五五分成。

【财政管理】 ①支出管理。加快支出进度。盘活存量资金，市直收回部门结转结余资金4.4亿元、财政暂付款11.4亿元。深化国库管理制度改革，将支付方式由直接支付为主调整为授权支付为主，明确预算单位的执行主体责任。加强财政评审，市直评审项目252个，评审额52.1亿元，审减资金5.3亿元。加强政府采购管理，全市政府采购规模达到91亿元，节约资金7.3亿元，节支率7.4%。②政府资产管理。在全市范围组织开展行政事业单位资产清查工作，清查单位2522个，清查资产468.6亿元，资产净增9.3亿元。做好配置审核、资产处置、资产管理工作，审减配置计划2.51亿元、完成资产处置及出租收入9093万元。③监督检查。全市组织实施会计信息质量、非税收入收缴、惠农补贴资金发放和小金库治理等17项检查，查出违规违纪资金2.4亿元。④会计管理。组织实施全市第二批会计领军人才选拔培养工作，入选省高端会计人才培养的人数达到20名，市级会计领军人才达到103名。加强会计人员服务，组织做好各类会计考试、会计继续培训、珠心算实验教学等工作。（高磊）

• 国家税务 •

【概况】 年末，全市纳入国税系统管理的纳税人共10.94万户。完成国税税收收入104.71亿元，增长15.4%，增收13.94亿元。其中，国内税收收入完成102.7亿元，增长18.3%，增收15.89亿元；市以下地方级收入完成39.11亿元，增长55.8%，增收14亿元。市国税局获2011～2015年全省普法依法治理工作先进单位、全省营业税改征增值税工作先进集体、2016年全省税收调查工作先进单位、全市政风行风建设先进单位、2016年度平安建设先进单位称号。2017年4月，在全市科学发展表彰大会上，被市委、市政府表彰为2016年度科学发展综合考核先进单位，被市委表彰为2016年度“五型”机关建设示范单位。

【依法行政】 ①全面落实税收优惠。落实出口免抵退税、结构性减税以及鼓励高新技术企业发展、扶持小微企业发展等各项税收优惠政策50亿元。②开展法治国税建设。做好普法依法治理工作，以创建法治税务示范点为抓手，推进市、县、分局三级依法治税工作开展，肥城市国税局被评选为全国法治税务示范基地。③推行税务行政审批改革。深化执法全过程记录，提升法律服务水平；加大执法监督力度，加强督察内审、巡视、监察等协调配合，优化内控机制建设工作职责，落实税收执法责任制，对过错行为进行责任追究7项。④严厉查处涉税案件。稽查471户次，入库税款1.76亿元。

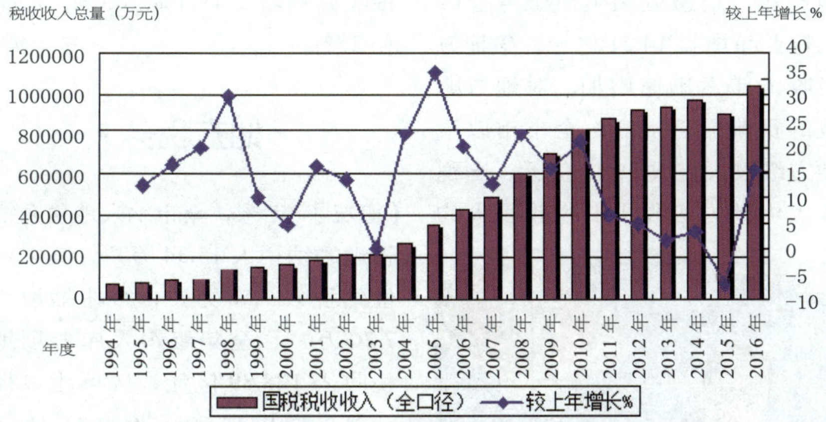

图1　1994～2016年泰安市国税收入完成情况

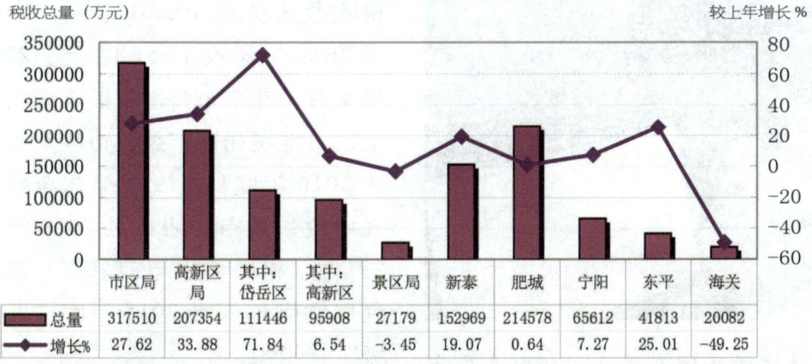

	市区局	高新区局	其中：岱岳区	其中：高新区	景区局	新泰	肥城	宁阳	东平	海关
总量	317510	207354	111446	95908	27179	152969	214578	65612	41813	20082
增长%	27.62	33.88	71.84	6.54	-3.45	19.07	0.64	7.27	25.01	-49.25

图2　2016年泰安市国税收入分县（市、区）完成情况

【税收征管】 ①税收征管改革。开展税收征管体制改革调研，优化完善市局重点参与、县局集中重点应对、分局一般应对和提醒的评估应对模式。②税收风险管理。应用增值税发票管理新系统，落实总局推送的15批次风险应对任务；加强所得税重点事项风险防范和专项评估，其中股权转让入库税收1.5亿元；通过风险提醒、纳税评估、大企业自查和评估、反避税调查、税务稽查等风险应对方式，实现税款3.14亿元，其中评估2499户次，入库税款1.29亿元。③各税种管理。开展营改增政策效应分析，实时监控分析试点行业税负变化情况；落实消费税改革，做好政策调整前后的衔接过渡；强化车辆购置税基础数据利用，做好预期未申报数据的核查工作；建立全省所得税管理系统泰安运维基地，解决汇算清缴及全省各地市提报问题；落实出口退税工作规范，推广出口退税综合服务平台，实现90%的纳税人采用网上平台进行申报；强化大企业税源监控分析，建立全市大企业管理服务清册，推进大企业税收管理专业化进程；扎牢反避税工作基础，构建“走出去”企业快速响应服务机制。

【纳税服务】 ①推进24小时自助办税服务厅建设。在高新区国税局先行试点基础上全面推开，多次迎接国家税务总局、山东省国税局及其他单位的观摩考察。②推进“便民办税春风行动”。抓好全省国地税业务通办和网上业务全省通办，开展“银税互动”、大走访等服务活动，提升纳税人满意度，在国家税务总局和山东省国税局满意度调查中取得优秀成绩。③“互联网+税务”取得新进展。深化涉税资料版式文件示范工程应用，在国家税务总局组织的项目评选中居第一档。

【营改增试点全面扩围】 争取地方党委、政府和财政、地税等部门支持配合，完成户管移交、信息确认、发票发放、税控发行、纳税申报以及宣传培训、舆情防控等各阶段、各环节重点工作，确保2.7万户试点纳税人顺利开票、申报。市国税、地税联合联动、采取分行业、分类别、分层次开展纳税人培训，设立营改增办税服务厅，推广自助办税，加强综合调度平台建设等，提升试点工作质效。市国税局货物和劳务税科、市区国税局、肥城市国税局被表彰为山东省国税系统全面推开营改增试点工作突出贡献单位。

【金税三期优化版上线】 完成三轮业务测试，开展培训操作演练、预约纳税人试办业务等重点工作，确保全市金税三期换版的平稳顺畅。双轨试运行期间，优化版录入业务10.7万笔。

【推进国税、地税合作】 开展国税、地税合作示范区建设，肥城市、泰山区分别被确定为全国、全省国地税合作办税县级示范区；探索深层次、多环节国地税党建协作；建立税警联络机制办公室，推动综合治税平台建设，借助三方涉税信息增加税款2.96亿元。

【年度税收分析】 ①税收收入加快增长，税收规模实现历史性突破。全市税收规模突破100亿元大关，创历史新高，扭转了2011年后收入规模连续徘徊的局面，国内税收增速较全省（14.6%）快3.7个百分点。②全面营改增顺利推进，改征增值税征管逐步加强。5月1日，建筑业、房地产业、金融业和生活服务业四大行业全面纳入营改增范围，全年入库营改增税收收入18.79亿元，其中建筑业、房地产业、金融业和生活服务业四大行业净增收14.21亿元。③地方级收入比重迅速增加，对地方财政的贡献显著提高。全市市以下地方级收入完成39.11亿元，国税收入中地方级收入占税收收入的比重达到38.1%，提高9.2个百分点。④税收结构明显改善，税收质量进一步提升。全市完成服务业税收42.78亿元，完成装备制造业税收15.45亿元，分别增长23.9%和16.5%，增收8.26亿元和2.19亿元，占税收收入的比重达到40.9%和14.76%，提高2.85和0.15个百分点，成为拉动全市税收增长的主要动力。⑤区域税收全面增长，县市税收加快回升。受工业经济税源恢复和改征增值税持续增加因素影响，全市各县（市、区）税收收入均有较快增长，其中泰山区、岱岳区、高新区、景区税收全年分别增长27.62%、71.84%、6.54%和16.98%，市辖区税收占全市国内税收的53.75%，占比首次超过50%。县（市、区）税收回升速度加快，新泰市、肥城市、宁阳县、东平县工业税收形势好转，全年税收分别增长19.1%、0.6%、7.3%和25%。 （苏 军）

4月11日，肥城市桃园镇的山东汇功建设集团有限公司领取泰安市第一份营改增增值税专用发票 （司 刚 摄）

·地方税务·

【概况】 年末，全市纳入地税系统管理的纳税人15.34万户，其中单位纳税人7.58万户，个体纳税户7.76万户。全年组织入库各项地税收入128.89亿元，按可比口径计算，增长14.6%，增收16.46亿元，其中纳入财政预算的地方级税收收入完成105.61亿元，增长12.26%，增收11.51亿元。2017年4月，在全市科学发展表彰大会上，市地税局被市委、市政府表彰为2016年度科学发展综合考核先进单位，被市委表彰为2016年度“五型”机关建设示范单位。市地税局党组被评为2015年度“五星级”党组织。

9月2日，泰安市首届“最美纳税人”颁奖典礼举行　　（苏　军　摄）

【税收管理】 推进“三证合一、一照一码”（工商营业执照、组织机构代码证和税务登记证三个证照及对应的三个代码合并为新营业执照和统一社会信用代码）改革，建立风险防控机制，推送税收风险任务1.44万户次，入库税款2.6亿元；深化社会综合治税，共获取综合治税信息3.6亿条，代征地方税收7980万元。抓好反避税、非居民税收管理、“走出去”企业服务与管理，开展外资企业走访季活动。研发土地增值税管理软件，通过软件征缴土地增值税1.39亿元。深化国税、地税合作，联合实施税收征管、政策执行、税务稽查，全市委托国税代征城建税及教育费附加3760万元。抓好股权期权税收监控，增收企业所得税3.13亿元，增收个人所得税1.44亿元。对契税、房产税、土地使用税实施“以证控税、以地控税”，入库土地使用税13.25亿元，全员全额明细申报率99.4%。突出高收入人群重点管理，受理12万元以上个人所得税自行申报8749人，应纳税所得额40.09亿元，补缴税款813万元。

【征管改革】 落实《深化国税、地税征管体制改革方案》，继续拓展国税、地税合作广度，服务深度融合、执法适度整合、信息高度聚合局面逐步形成，肥城市被公示为全国百佳国税地税合作县（市、区）级示范区。5月1日全面推开营改增，向国税部门整理移交营改增纳税人5.77万户，发票、税控、减免税等信息15万条。10月8日，“金税三期”在泰安市上线。

【依法行政】 组织实施“法治建设年”活动，推行执法留痕制度，开展政策法规交互平台建设，创建法治示范基地，闭环管理改进的法治建设新模式逐步形成。建立税警协作新机制，开展税收专项检查和整治。健全完善政府主导、部门参与的税收共治新格局，文章《泰安市强化税收共治，积极推进地方财源建设》被省政府办公厅刊发。

【纳税服务】 继续开展“为经济发展献良策，为纳税业户办实事”活动，与市银监局、市国税局联合27家银行开展“银税互动”，对31家企业授信1.79亿元，协助贷款9085万元。抓好入鲁民企点对点服务管理，落实小微企业、创新创业等税收优惠政策，为全市1.63万家小微企业减免地方各税6673万元。

【年度税收分析】 ①地税收入与经济关联度下降。受营改增政策影响，地税征管范围大幅收窄，所涉及税种主要是土地使用税、房产税、车船税等财产行为税，与经济发展关

2016年泰安市地税收入分县（市、区）完成情况

表12　　单位：万元

单 位	税 额	增长（%）	增加
合 计	1288869	−5.87	−80353
泰安市地方税务局直属征收分局	152998	12.99	17594
泰安市地方税务局泰山分局	143954	−15.07	−25545
泰安市地方税务局岱岳分局	117260	−15.25	−21094
肥城市地方税务局	268359	7.96	19789
新泰市地方税务局	287484	−5.08	−15371
宁阳县地方税务局	76692	−22.02	−21650
东平县地方税务局	77851	−32.98	−38308
泰安市地方税务局经济开发区分局	151503	5.87	8404
泰安市地方税务局泰山风景名胜区分局	12768	−24.63	−4172

2016年泰安市地税收入分税种完成情况

表13　　单位：万元

项　目	税　额	增长（%）	增加
总　计	1288869	−5.87	−80353
国内税收收入合计	1226084	−6.27	−81959
增值税收入	3187	—	3187
营业税	252278	−38.34	−156863
企业所得税	103402	46.98	33049
个人所得税	123602	28.85	27676
资源税	80552	−4.66	−3937
城市维护建设税	69701	4.89	3251
房产税	38587	−6.54	−2699
印花税	14600	−5.98	−928
城镇土地使用税	132682	1.29	1692
土地增值税	114802	19.16	18457
车船税	21190	19.48	3455
耕地占用税	193630	18.22	29837
契税	77871	−32.87	−38136
其他收入合计	62785	−0.58	−364
教育费附加收入	30537	2.47	737
地方教育附加	20356	2.48	493
文化事业建设费收入	3	−50.00	−3
残疾人就业保障金收入	1576	−0.44	−7
税务部门罚没收入	172	244.00	122
地方水利建设基金	10141	2.67	264

联度相对较低。②中央级收入好于地方级。受5月后营业税变成分享税影响，中央级收入大幅增长，增幅远远超过地方级。中央级收入完成15.17亿元，增长52.01%，增收5.19亿元；市县级收入完成11.37亿元，下降10.42%，减收13.22亿元。地方级税收收入完成105.61亿元，按照可比口径，增长12.26%，增收11.53亿元。③三产增长明显快于二产。第二、三产业提供全口径收入比重为44.52∶54.34，比重分别较上年提高1.47个百分点和下降1.8个百分点。主要是营改增导致地税收入中第三产业比重下降造成。④地税收入与上年口径不可比。5月后，营业税改为中央级和地方级五五分成，导致收入分级次口径不可比；地方政府为保基数和争取更多地方利益，加大营业税清理力度，1～5月营业税同比增长57.78%，6月起全市征收2.88亿元，营业税存在着大量不可比因素。6月以后，营业税改征增值税，由国税部门负责征收，导致收入总量不可比。⑤各征收单位增减不一。全市9个征收单位6个减收，3个增收，其中东平县地税局下降32.98%，减收38308万元，降幅和减收额居全市之首。泰山分局、岱岳分局、宁阳县地税局减收超2亿元，肥城市地税局、直属征收局、高新区分局增收。⑥主体税种比重大幅下降。虽然两个所得税大幅增收6.07亿元，代征增值税增收3187万元，但受营业税大幅下降影响，三大主体税种完成48.25亿元，占全部地税税收收入的37.43%，下降6.56个百分点。地方税种完成7.42亿元，增收1.10亿元，增长1.5%，占全部地税税收收入的60.65%，提高4.64个百分点。

（曹丙珂）

编校　张云霞　　审稿　曹成义

金　融

综　述

【概况】 2016年，全市有金融机构和金融组织160家。其中，银行业机构22家，存款余额3056.2亿元，驻泰安银行业机构表内贷款余额1936.7亿元，新增136.1亿元，增长7.6%；保险业机构53家，保费收入93.7亿元，增长30.5%，累计各项赔款32.2亿元；证券机构5家，开户总数40.73万户，累计成交额3022.39亿元，实现收入2.26亿元；小额贷款公司15家，融资性担保公司6家，民间资本管理公司30家，民间融资登记服务公司1家，典当行24家，融资租赁公司4家。

【资金支持】 年末，驻泰安银行业机构存款余额3056.2亿元，新增351.2亿元，增长13%，增幅居全省第8位。债券、股权等直接融资294.3亿元，增加74.7亿元，增长33.9%。全市工业流动资金贷款新增100.3亿元、中小企业新增51.9亿元、三农新增50.1亿元。

【政银企合作和招商引资】 精心筛选融资项目283个，需银行贷款624.8亿元。项目覆盖全市工业、三农、民生、旅游文化、商贸流通、城市建设等领域；1亿元以上的项目159个。银企合作签约金额291.5亿元，增加28.5亿元，资金到位率100%。开展第二季“千家企业百日行活动”。组织全市银行业机构走访企业1173家，为561家企业制定综合融资方案，新增授信25.7亿元。

【企业直接融资】 推动规模企业规范化公司制改制，全市符合改制条件的规模以上企业1410家中，累计改制342家，完成五年改制任务的49%；改制企业新增直接融资79.46亿元。继续实施“百家企业上市梯次培育计划”，16家在“新三板”挂牌；培育重点后备资源150家，其中境内外上市后备资源19家、“新三板”挂牌企业30家等。组织130家企业董事长、总经理直接参加资本市场对接，为300家企业进行上市挂牌、投融资政策解读；为41家企业解决股权优化、产权界定、PE等难题；编印《企业挂牌上市工作实施方案》《上市挂牌政策汇编》《香港韩国上市指南》。化解中小微企业贷款难题，实现“三个不低于”（贷款增速不低于各项贷款增速、贷款户数不低于上年、贷款审贷通过率不低于上年）。年末，新增贷款136.1亿元，增长7.6%。

3月24日，泰安市金融工作办公室、泰安市保险行业协会联合召开全市保险资金运用座谈会　（张　帅　供）

定向量身定做企业投融资计划，为康平纳等21家骨干企业制定符合企业发展的股权、上市融资规划。

【地方金融组织】 民间登记借贷服务模式全省推广。依托民间借贷登记服务公司，聚集两个省级交易中心泰安运营中心、地方新型金融机构、民间资本管理公司等，建立具有“普惠金融”特色的“金融超市”，打造在省内具有影响力的中小微企业投融资平台，成功交易1135笔、成交额2.3亿元，服务中小微企业2万家。年末，全市18家小额贷款公司、30家民间资本管理公司累计投放45.1亿元，成为缓解中小微企业融资难的重要力量。推进融资性担保机构壮大实力。弘泽融资担保注册资本由2亿元增到6亿元；国泰民安投资新设立3亿元的融资性担保公司；整合优化各类资源，成立注册资本50亿元的泰安金控集团，并由其出资成立注册资本15亿元的市融资担保公司，是全省规模最大的融资担保平台。年末，6家融资性担保公司在保余额76.5亿元，增加15.6亿元，增长25.6%。

【保险业与证券、期货业】 保险业发挥“社会稳定器”作用。年末，驻泰安53家保险公司保费收入93.7亿元，增长30.5%，累计各项赔款32.2亿元。农业政策性保险。小麦和玉米承包368.47万亩，保费收入5566.22万元；能繁母猪、奶牛和育肥猪承包47.9万头，保费收入2115.75万元；森林承包38.72万亩，保费收入208万元。证券、期货业。全市4家证券机构及13家营业部运行良好，累计成交额3022.4亿元，实现利润1.3亿元；1家期货业机构累计代理交易额147.3亿元。

【防范和打击非法集资】 开展“进村入户进社区”宣传活动，把提前防范落到实处。防范关口前移，通过金融机构在3600个行政村设立的网点、社区内900个网点发放宣传材料；开展防范非法集资宣传月活动；在泰安广播电视台、《泰安日报》《泰山晚报》开设专栏进行政策、法律和案例宣传，通过手机短信提醒居民增强风险防范意识和科学投资理念。突出专项整治，形成持续高压态势。突出重点，对投资类公司、农民专业合作社、网络借贷平台等开展风险排查。建立严密的防范和处置体系，完善监测预警、依法处置防范体系，分别建立县市区、监管部门的责任体系，横到边纵到底，不留死角和空挡。建立考核评价机制，作为科学发展的重要内容严格考核。加大政策指导和培训。制定《防范非法集资工作重点任务实施方案》《防范非法集资宣传月活动方案》《专项整治清理的意见通知》等，让各级熟悉、掌握防范非法集资的政策法规。请国家部际联席会议专家、省公安厅专家到泰安实地培训。 （马　峰）

中国人民银行泰安市中心支行

【概况】 该行坚持稳中求进总基调，适应把握引领经济发展新常态，以服务供给侧结构性改革为主线，贯彻稳健货币政策，强化金融管理和服务，全面推进依法治行、从严治行，持续推进泰安经济金融协调健康发展。年内，获得省文明单位、“齐鲁文化大道”品牌创建先进单位、省档案工作科学化管理先进单位、市政务信息工作先进单位等称号，被市委、市政府表彰为“2016年度科学发展综合考核先进单位”。

【金融运行】 年末，全市金融机构人民币各项存款余额3056.2亿元，增加351.2亿元，多增101.3亿元。①单位存款持续增加。全市单位存款余额1024.9亿元，增加117亿元，多增28.1亿元。上半年受财政集中上划养老保险和公积金提取政策放宽影响单位存款减少。下半年，各行普遍加大对公司客户的营销力度，单位存款有所回升。②个人存款保持较好增势。个人存款余额1946.5亿元，增加214.5亿元，增长12.4%。全市个人存款保持稳定增长，个人存款占全部存款增量的61.1%，成为存款增长的主力。

全市人民币各项贷款余额1936.7亿元，增加136.1亿元，少增72.8亿元。①短期贷款全年小幅增长。短期贷款余额859.9亿元，增加44.1亿元，少增42.6亿元。其中，全市个人贷款减少6.5亿元，少减9.3亿元；全市单位经营性贷款增加50.7亿元，少增51.9亿元。②中长期贷款增长乏力。全市中长期贷款余额971亿元，增加86.3亿元，少增7.1亿元。③票据融资稳步增长。全市票据融资余额101.2亿元，增加6.5亿元。

外币存款小幅上升，贷款小幅下降。全市外币存款余额32459万美元，增加8103万美元，多增10097万美元。全市外币贷款余额2748万美元，减少6646万美元。

【金融调控】 疏通金融支持实体经济渠道 制订《关于认真贯彻稳健货币政策，改进金融服务和外汇管

2016年泰安市银行业金融机构信贷收支情况

表14　　单位：万元

项目名称	年末余额	比年初增减 当年	比年初增减 上年	项目名称	年末余额	比年初增减 当年	比年初增减 上年
各项存款	30561935	3512427	2499512	各项贷款	19366775	1361197	2089510
境内存款	30557724	3512271	2500846	境内贷款	19366666	1361254	2089549
住户存款	19465356	2144509	1653230	住户贷款	5864556	832930	379304
活期存款	4930900	706822	446471	短期贷款	1416939	−65171	−158440
定期及其他存款	14534456	1437687	1206759	消费贷款	536815	65667	119418
非金融企业存款	6464887	920589	527724	经营贷款	880124	−130838	−277858
活期存款	3166349	457261	563002	中长期贷款	4447618	898100	537744
定期及其他存款	3298537	463328	−35278	消费贷款	3881808	871981	471698
广义政府存款	3946281	162628	241392	经营贷款	565810	26119	66046
财政性存款	162543	−86352	−119855	非金融企业及机关团体贷款	13502100	528324	1710245
机关团体存款	3783738	248980	361246	短期贷款	7181917	506595	1025851
非存款类金融机构存款	681201	284546	78500	中长期贷款	5262446	−35093	396707
境外存款	4211	156	−1334	票据融资	1011655	64694	283341
金融债券	60008	−3	60000	融资租赁			
其中：境外发行				各项垫款	46083	−7873	4345
卖出回购资产	94250	−103750	178000	非存款类金融机构贷款	9		
借款及非存款类金融机构拆入				境外贷款	109	−57	−38
联行往来（净）				债券投资	3824658	371561	835361
应付及暂收款	884650	10244	147669	其中：境外债券			
各项准备	663898	139389	111878	股权及其他投资	1602365	875927	317586
所有者权益	1105821	−65832	353087	买入返售资产	36000	36000	
其中：实收资本	681022		270056	存放非存款类金融机构款项	7		
其他	−2414375	−286260	723708	联行往来（净）	5622428	526370	841336
				其中：境内存放二级准备金	836805	20089	−44689
				金银占款			
				中央银行外汇占款			
				应收及预付款	207791	39159	−74827
				投资性房地产	365	−29	−29
				固定资产	295798	−3970	64917
资金来源总计	30956187	3206215	4073855	资金运用总计	30956187	3206215	4073855

说明：本表机构包括中国人民银行、银行业存款类金融机构

理支持全市推进结构性改革和经济转型升级的意见》，以服务供给侧结构性改革为主线，把贯彻稳健货币政策的着力点放在疏通金融支持实体经济渠道和优化金融资源配置上，加大对先进制造业、战略性新兴产业、传统产业升级改造等重点领域和薄弱环节的信贷支持。

金融支持“三农”和小微企业 加大货币政策工具运用，普遍下调法人金融机构存款准备金率0.5个百分点，额外下调东平沪农商村镇银行准备金率0.5个百分点，下调新泰、东平农行“三农”金融事业部准备金率2个百分点，累计发放再贷款、再贴现12.9亿元，增加6.2亿元，引导金融机构切实加大对“三农”、小微企业的信贷投放，并降低其融资成本。全市新发放贷款加权平均利率5.27%，下降0.98个百分点。

金融扶贫 制订全市金融助推脱贫攻坚实施意见和规划，明确金融扶贫工作任务。为东平农商行争取3000万元扶贫再贷款，支持当地发展扶贫特色产业和贫困户就业创业。全市各类扶贫贷款9.46亿元，覆盖贫困人口1.48万人。

推动金融产品创新和银企对接 4月21日，召开金融产品创新专题会议，鼓励金融机构加快金融产品和服务方式创新，开展存货、应收账款、股权、订单、知识产权、农村“两权”等抵（质）押贷款业务，推广供应链贷款模式。开展“金融服务企业百日行”活动，组织走访393家企业，推动银行与211家企业达成融资合作意向54.5亿元，融资金额满足率99.2%。泰安市中支推动金融产品创新情况被《金融时报》宣传报道。

推进农民住房财产权抵押贷款全国试点工作 肥城市农民住房抵押贷款余额6761万元，位居全省前列，有效盘活农村存量资产，激活农村经济发展活力。总行参事林铁钢一行到肥城市调研农民住房抵押贷款试点工作时给予充分肯定。

10月13日，泰安市银行行长联席会议召开 （张景浦 供）

支持外贸经济发展 优化外汇“一个窗口”服务工作，提高外汇审批质效，相关工作被《金融时报》宣传报道。督促金融机构落实各项外汇政策便利化措施，坚持“三个面对面”开展直通车服务，与企业面对面沟通交流、解释政策、解决问题，量身提供外汇政策支持，解决企业资金需求。推动跨境双向人民币资金池业务，帮助企业运用衍生产品管理汇率风险，开展人民币境外放款、跨境担保业务，支持企业“走出去”。

【金融服务】 贯彻落实普惠金融理念，坚持民生导向，制定金融服务民生实事清单，引导和督促金融机构为政府、企业和个人提供更加安全便捷的金融服务。

应收账款融资 9月5日，召开全市金融机构应收账款融资服务平台推广工作会议，推动重点企业加入应收账款融资服务平台，发挥产业链中核心企业辐射带动作用。年内，全市促成融资交易139笔，金额86.47亿元，初步缓解企业融资难、融资贵和担保难题。

POS贷业务 年内，全市累计办理POS贷924笔、金额1.69亿元，缓解中小微企业和农村个体工商业户的融资难题。

惠农支付体系建设 推进农村支付环境建设，规范助农取款服务点业务。年内，全市存量助农取款服务点1.03万个，安装助农取款机具1.59万台、转账电话1.25万台，覆盖全市3635个行政村。

电子商业汇票 推广电子商业汇票业务发展，加快票据电子化进程。年内，全市办理电子商业汇票1.07万笔，金额473.83亿元，位居全省前列。

国库业务 履行经理国库职能，拓展非税收入直缴入库和国库直接支付项目。年内，全市办理直缴入库3.3万笔、金额1.4亿元；办理直接支付108万笔、金额1.6亿元。

现金服务 开展人民币净化工程，做好1元硬币推广工作，组织金融机构做好贺岁普通纪念币、孙中山150周年诞辰普通纪念币的预约兑换工作。

社会信用体系建设 推进小微

企业、农村和校园信用体系建设。年内，创建信用乡镇26个、信用村1871个，建立农户信用档案80.7万户，相关贷款余额235亿元。拓宽征信查询渠道，办理各类信用报告查询12.5万笔。

【金融管理】 坚持依法从严治行，推进法治央行建设，提升金融管理水平。组织召开全市银行行长会议、金融管理工作暨货币政策外汇政策通报会议，加强窗口指导，部署金融重点工作。开展“依法治行从严治行”推进年活动，增强依法履职意识，提升金融管理水平。

金融稳定 推进存款保险制度实施，对12家法人投保机构开展风险评级工作，根据不同风险状况实施差别费率。完善重大信用风险报告制度，密切跟踪大型有问题企业风险及处置状况，坚守不发生系统性金融风险的底线。年内，对全市银行、保险、证券业机构开展综合执法和专项检查32次，作出行政处罚3笔。开展宏观审慎评估，对评为C类的4家金融机构约见谈话，提高稳健经营能力。

反洗钱工作 在全省率先制定《派驻地方法人金融机构反洗钱监管专员管理办法》，开展反洗钱法颁布实施十周年系列宣传活动，对5家机构开展反洗钱执法检查，完善重点可疑交易报告遴选机制，配合开展互联网金融风险专项整治工作，以及电信网络犯罪、利用离岸公司和地下钱庄转移赃款专项打击工作，向公安机关移交可疑交易线索8起。

支付结算管理工作 落实个人银行账户管理新规，建立涉案账户紧急止付和快速冻结机制，与市公安局联合举办打击电信网络犯罪工作培训班，组织开展非银行支付机构风险专项整治工作，对119家企业进行摸底排查，阻止违规开户开卡38起、诈骗案件59起。

金融消费权益保护 推进农村金融消费维权联络点建设工作，建立金融消费纠纷多元化解机制，实现纠纷调处、诉讼“一站式”服务，保护金融消费者权益。8月，总行金融消费权益保护局副局长孙天琦到泰安调研指导工作，对金融消保工作给予肯定。 （张景浦）

·中国银行业监督管理委员会泰安监管分局·

【概况】 该局有在职职工60人，设科室9个，辖新泰、肥城、宁阳、东平监管办事处4个，依法对全市银行业金融机构履行监管职责。2016年，按照“抓党建、守底线、促改革、优服务、提效能”的工作思路，应对复杂严峻的经济金融形势，加强监管能力建设，确保辖区银行业实现平稳运行。年末，全市银行业各项存款余额3046.88亿元，增长13.05%；各项贷款余额1938.59亿元，增长7.3%；实现净利润23.10亿元。督促辖内银行业加大对不良贷款的防控与化解力度，不良贷款余额、不良贷款率控制在较低水平，总体风险保持可控，未发生系统性、区域性的重大风险。辖内银行业统算拨备覆盖率129.08%，提高13.01个百分点，法人机构统算资本充足率13.86%。先后被银监会、山东银监局表彰为“政务信息报送先进单位”“优秀分局领导班子”“学习型组织标兵单位”，被市委、市政府表彰为“科学发展综合考核先进单位”“安全生产先进单位”“小微企业金融服务先进单位”，通过省级“文明单位”复评。

【支持地方经济发展】 市政府印发《关于大力支持实体经济发展的意见》《关于培植“三强”企业发展的意见》；组织辖区银行业开展第二季“千家企业百日行”暨“进走访”活动，走访企业1173家，为561家企业制定综合金融服务方案，新增授信25.73亿元；建立优先、鼓励、支持、维持、限制和制裁六类分策金融服务名单，优先、鼓励、支持类企业贷款余额分别增长22.81%、0.91%、4.36%，限制类贷款余额下降0.4%；紧抓小微企业金融服务工作，与国地税部门及各家银行共同搭建银税合作平台，实现小微企业贷款增速不低于各项贷款平均增速、小微企业贷款户数不低于上年同期户数、小微企业申贷获得率不低于上年同期水平的“三个不低于”目标；组织开展“支持创新创业‘金点子’和‘好项目’评选活动”，支持“大众创业、万众创新”工作和科创金融发展；深化普惠金融建设，开展精准扶贫工作，与市扶贫办对接，联合印发《关于加快推进小额扶贫信贷工作的通知》；推进农民住房财产权抵押贷款业务试点，涉农贷款增幅高于各项贷款0.87个百分点；落实金融扶贫责任制，推出“信保扶贫贷”等多个扶贫信贷品种，为建档立卡贫困户发放扶贫贷款1.25亿元；支持民生工程建设，支持棚户区改造6.8亿元，支持大班额建设28.24亿元。

【防控重点领域风险】 制定《泰安市银行业债权人委员会管理办法》《银行业债权人委员会考核评价办法》《大额授信联合管理试点工作实施方案》等制度，引导辖区符合条件的47家企业全部组建债权人委员会，涉及授信1327.39亿元；协调政银企三方，推进鲁中能源、

8月12日，山东省银监局局长陈颖（前排中）到泰安市调研，副市长展宝卫（前排右）陪同活动　（汪　洋　摄）

东顺纸业、阿斯德集团等企业风险化解，召开“新矿集团与辖区大型银行合作发展座谈会”，稳控风险局面；组织开展潜在风险客户的摸底排查，上线“担保圈风险识别监测与共享系统”，实现对担保圈的动态监测，加强对各类风险的监测预警，前瞻性做好风险防范。落实案防和安全生产主体责任，年初与各行签订《2016年度泰安银行业金融机构案防安保暨社会治安综合治理 安全生产 反恐防范工作责任书》，坚持与公安部门的案防安保联席会议机制，持续开展案件风险季度排查，组织756名员工开展禁止性规定知识测试，推进打击治理电信网络新型违法犯罪专项活动，保障安全稳定运行。与市金融办联合“双牵头”，做好P2P专项整治工作，全年未发生因内部违法违规引发的一、二类案件，社会融资风险传递及市场风险、流动性风险、信息科技风险、声誉风险得到控制。

【推进银行改革转型】 引导泰安银行深化“差异化、特色化”转型，取得资产证券化资格，直销银行正式上线，“微粒贷”等创新业务快速发展；新增设更加贴近企业和居民的小微支行18个，下沉服务重心，优化网点布局，县域及乡镇支行占比接近50%；济南分行获准筹建，迈出跨区域经营第一步；推进全面风险管理体系建设，严格违规责任追究处罚，增强管理能力。推动农信社银行化改革，开展基准日核查、筹建开业审查及整改验收等工作，4家农信社挂牌改制为农商行，完成银行化改革任务；督促省联社泰安办事处完善行业审计体系建设，实施改制机构风险防控和改革转型包干制度；实施监审联动，建立农商行监事会履职报告制度，加强审计监督，严格内部管理；坚持服务“三农”市场定位，强化业务创新发展，巩固银行化改革成果。建立《村镇银行合规发展联席会议制度》，督促发起行切实加强管理，做实主发起行救助制度，严防流动性风险。引导辖区法人机构主动顺应当前形势，面对深化金融改革和经营环境变化，持续深化改革转型。城商行、农商行法人机构摆脱在全省同质同类机构中发展落后的局面，走上健康发展的轨道。

【深化监管工作成效】 开展“两个加强、两个遏制”“回头看”工作，对8家机构实施监管检查，发现各类问题244个，对违规问题进行深入整改，对5家机构实施行政处罚，罚款100万元，对2名责任人进行行政处罚；致力于监管能力建设，建立目标制定、任务分解、督察督办、周调度月报告、考核评价等完整的管理链条，保证工作的执行力；开展“制度建设月”活动，新增或修订《监管履职问责实施细则》等制度22项，提升依法监管水平；加大调查研究力度，分局班子成员牵头带队开展调查研究，全年形成专题调研报告12篇，编发信息263篇；注重现场检查队伍建设和主查人培养，加强EAST系统推广应用，现场检查质量明显提升，分局1个项目、2名主查人被山东银监局评为优秀，为全省系统内最好；成立非现场监管委员会，坚持数据质量的考核通报，加强非现场监测预警，增强非现场监管的深度广度。严肃高管任职资格考试纪律，提升审批效率，保证市场准入的规范严谨高效。组织“金融知识进万家”宣传服务月、“送金融知识进校园”活动，综合运用多种媒体渠道宣传，受益人群50万人，在泰城高校校园宣传防范电信诈骗、校园贷等公益知识；规范分局信访投诉处置流程，信访投诉处置办结率100%，满意度保持在较高水平，以实际行动践行“为民监管”。

【加强监管队伍建设】 落实党委主体责任，研究制定《推进全面从严管党治党实施方案》，推进年度党建工作，做好巡视整改工作，开展“两学一做”学习教育，丰富“学习教育 +”实践活动主题，提升基层党建水平；严抓党风廉政建设，开展“尊党章守党规严党纪”主题活动、“反四风”专题季活动，督促党员干部自觉遵守党纪党规，运用好监督执纪的“四种形态”，开展廉政风险排查；组织开展形式多样的廉政教育，持续强化廉政意识，全年，未发现违规违纪行为，守住廉政风险底线；坚持正确的选人用人导向，做好中层干部提任工作；实施青年员工加快成长的“老带新、一帮一成长计划”和“青年员工精英提升计划”，开展“监管政策法规培训班”，组织形式多样的学习实践活动，在系统青年论坛、读书心得评选等多项竞赛中获得优异成绩。泰安金融团工委成立后，通过组织各类活动，强化泰安地区金融系统的团组织建设，增强凝聚力。

（汪　洋）

【中国农业发展银行泰安市分行】 该行辖市分行营业部和新泰市、肥城市、宁阳县、东平县支行 4 个，有职工 167 人，其中市分行机关 43 人。

年末，累计发放贷款 41.95 亿元，各项贷款余额 82.46 亿元，减少 10.24 亿元，政府债券置换 37.19 亿元，增加 26.96 亿元；不良贷款保持零余额。银行承兑汇票余额 1.01 亿元，重点建设基金投资 4.25 亿元。各项存款余额 42.9 亿元，增加 12.6 亿元；存款日均余额 39.6 亿元，增加 13.4 亿元；办理国际结算 1.52 亿美元；向地方上缴各类税金及附加 1947 万元；实现账面利润 1.6 亿元，增加 0.27 亿元。

5 月 19 日，农发行山东省分行党委书记、行长赵富洲到东平县考察农发行山东分行系统内首笔易地扶贫贷款支持项目——东平湖移民避险解困工程老湖镇凤凰家园社区

（张　帆　摄）

信贷业务　支持粮油收储，累计发放粮油贷款 5.06 亿元，其中发放小麦托市收购贷款 2.85 亿元，创市场化改革以来最高水平。力推中长期贷款业务，与市发改、财政、住建、交通等部门定期沟通，建立项目储备库，支持棚改、水利、农村公路、义务教育等项目，各支行（部）新项目营销工作取得实质进展，全行有 8 个项目获批、贷款 51.7 亿元。助力金融扶贫攻坚，制订《行业扶贫总体方案和 2016 年度工作计划》，到政府有关部门宣传、介绍农发行信贷政策。加大对省政府认定贫困县东平区域内项目支持力度，为该县申报易地扶贫搬迁项目专项贷款 19950 万元、基金 2850 万元，并对东平 3 亿元农村道路项目和 3.5 亿元义务教育改薄项目给予利率优惠。推动投资业务开展，加强政策宣传，找准业务着力点，坚持投贷结合原则，与市发改委对接，做好 2016 年三批重点建设基金项目的筛选上报和调查工作。制订《中国农业发展银行泰

2016 年中国农业发展银行泰安市分行各支行（部）基本情况

表 15　　单位：万元

支行（个）	职工人数（人）	年末存款		年末贷款	
		金　额	比上年增 %	金　额	比上年增 %
市分行营业部	40	180860	−2.16	506475	−0.13
新泰市支行	21	150006	116.14	142521	−36.06
肥城市支行	22	13404	24.77	50843	−5.18
宁阳县支行	19	31476	149.03	42369	−10.30
东平县支行	22	53314	113.73	82424	−14.22
合　计	124	429060	41.80	824633	−11.04

安市分行基金权益代表实施细则》，加强基金项目管理。年末，重点建设基金项目10个、投放到位金额4.25亿元，累计支取2.63亿元。

风险防控　开展“贷后管理年”活动，坚持从信贷业务审查、监测分析、制度落实等方面抓辅导、抓落实、抓整改，补齐信贷短板。实施信贷全流程标准化管理，制订实施资金支付管理办法，完善信用审批制度体系，提升办贷管贷水平。开展“严肃财经纪律、严格财务管理”专项整治活动，组织对市行机关财务管理工作进行全面自查和审计，防范财务风险。防控化解信贷风险。对存量客户坚持“扶优限劣、审慎发展”的原则，实施“分类管理、因企施策”，逐户制定风险防控处置预案，进一步强化担保措施。对确定不再支持的客户，向政府汇报，采取有效措施，策略退出。年内退出客户6家，收回贷款9900万元。增强经营意识和核算观念，提升经营效益。突出存款增效，开展“决战五月，冲击千亿”竞赛活动，存款增量16亿元，存款余额49.4亿元，创历史最高水平。加强非贷客户营销力度，国际结算金额首次突破1.5亿美元。坚持“有服务才有收费”原则，实现中间业务收入524万元，增加255万元。（张　帆）

【中国工商银行泰安分行】　该行辖县（市、区）支行7个，分行营业部1个，设置各类网点49家，离行式自助银行42家，职工998人。年内突出效益、质量工作导向，加大对实体经济支持力度，实现经营管理各项工作稳定向好。全年实现拨备前利润7.15亿元，增量、增幅全省系统内排名第5位；全年缴纳各项税金9879万元；系统内考核第七位。

存、贷款业务　年末，人民币全部存款余额305.05亿元，增加24.05亿元，增长8.56%。人民币各项贷款余额234.3亿元，各类融资发放261.63亿元。贷款余额、增量居四行第2位。其中，项目贷款余额38.9亿元，累计为辖内重点项目提供贷款15.45亿元，涉及传统产业升级改造、城市基础设施建设、医疗、旅游、教育、新能源、新材料等多领域；小微企业贷款余额24.69亿元，累计发放15亿元；累计办理票据贴现73.43亿元，增加12.01亿元；个人贷款余额96.84亿元，增加7亿元，累放额27.1亿元。开展“千家企业百日行”活动，实地对接企业融资需求，走访企业232家，发放融资6.29亿元。

互联网金融　建立互联网金融营销中心，发展电商平台、线上融资等业务。新增“融e行”客户10.7万户，“融e联”客户15.8万户，“工银e支付”客户14.2万户。年末，融e购平台房产业务推广，拓展房产商户3户，实现房产交易额5.13亿元；线上泰山门票销售实现2.5万张，交易额333.9万元，在实现融e购平台购票后，无须兑换实物门票，刷身份证即可进山。小微企业“网贷通”客户46户，增加19户，贷款余额3.14亿元。

渠道建设与优质服务　全年新建离行自助服务区10个，安装ATM设备28台，安装智能设备116台，实现全部营业网点智能化。

2016年中国工商银行泰安市分行各支行（部）基本情况

表16　　单位：人、万元

单　位	职工人数	人民币存款		其中：储蓄存款		人民币贷款		税金（含个人所得税）	
		余　额	同比增%	余　额	同比增%	余　额	同比增%	余　额	同比增%
市分行直管	331	536214	18.95	240137	16.3	497051	−12.27	2997	29.4
泰山支行	133	426938	−3.21	332179	8.22	205985	−14.75	882	−18.33
高新支行	61	195147	9.93	119387	7.44	146293	−15.33	577	−8.12
岱岳支行	62	201053	20.77	112160	20.22	116093	−19	467	−24.68
新泰支行	164	766095	8.47	490853	10.25	589436	15.43	2328	−0.6
肥城支行	135	598176	8.64	392654	8.06	437130	8.27	1543	−11.98
东平支行	45	140396	−8.8	136912	17.04	117759	−6.98	687	−8.03
宁阳支行	67	186508	14.17	108692	7.11	233253	6.3	398	−20.72
合　计	998	3050528	8.56	1932975	10.78	2343000	−1.75	9879	−1.09

2016 年中国农业银行泰安分行各支行（部）基本情况

表 17　　单位：人、万元

单 位	职工人数	年末存款		其中人民币储蓄存款		年末贷款		税 金	
		余 额	同比增 %	余 额	同比增 %	余 额	同比增 %	总 额	同比增 %
新泰市支行	269	968426	11.19	741478	11.51	863632	2.82	2304	−20.78
宁阳县支行	158	355843	13.82	251139	15.05	119531	9.27	365	−13.36
肥城市支行	243	760907	11.83	541326	13.29	544382	10.42	1609	−11.89
东平县支行	143	375032	11.19	236787	15.04	229759	34.43	475	−7.05
泰山支行	213	705271	11.33	517244	10.89	410851	21.09	1163	−22.61
龙泽支行	175	543503	13.24	383577	10.11	324904	8.80	970	−30.84
市分行营业部	49	414834	12.45	73009	17.05	241721	−31.90	—	—
高新区支行	19	62844	15.16	43093	16.78	28177	10.89	115	−2.46
岱岳支行	23	146993	45.57	59975	16.28	26868	26.17	88	−19.54
东岳支行	17	72542	8.08	26289	6.06	31555	−29.42	119	−10.49
岱宗支行	23	51344	14.11	34860	14.95	22541	11.10	66	−24.56
市分行直管	252	3258	46.76	—	—	14	−99.95	1026	−17.12
合 计	1584	4460797	12.83	2908777	12.41	2843933	3.67	8927	−26.84

开展“网点服务面貌整治季”活动，提升服务水平，建设文明规范服务标杆单位，肥城支行营业室被中国银行业协会授予“千佳示范单位”称号，肥城支行营业室、岱岳支行营业室两家网点被总行授予“五星级网点”称号。

风险管理　年内对 82 户企业综合运用清收压降、续贷、合同要素调整、贷款移位等方式化解缓释风险贷款 42 亿元。累计清收处置不良资产 5.46 亿元，其中，推进不良资产证券化工作，实现清收处置 1.63 亿元。

创优争先　营造全行创优争先良好氛围，全年获得市级以上奖项 100 项。其中，1 人被总行授予“第九届中国工商银行优秀青年”荣誉称号，被共青团山东省金融工作委员会授予“山东银行业青年岗位能手”荣誉称号。　（陈雪飞）

【中国农业银行泰安分行】　年内，各项存款、各项贷款总量、增量均居国有大型商业银行首位，实现拨备前利润 7.73 亿元，实缴税金 2304 万元。在全省农行年度考评中跃居第 3 位，首次进入 A 类行序列，被省农行党委授予“创建‘四好’领导班子先进集体”称号。

负债业务　各项存款余额 446.08 亿元，增长 50.73 亿元，多增 31.97 亿元，其中个人存款增长 32.24 亿元，多增 1.31 亿元；对公存款增长 18.49 亿元，多增 30.59 亿元。

资产业务　各项贷款余额 284.39 亿元，增长 10.07 亿元，居全省农行系统第 3 位。个人贷款增长 27.59 亿元，多增 16.41 亿元，余额 115.25 亿元。小微企业贷款增加 2.31 亿元。发放全省农行首笔“农民安家贷”、首笔“网捷贷”，大班额项目贷款、政府购买服务贷款实现有效突破。成功实施肥矿集团金融债务重组，不良贷款余额、占比实现双降，资产质量保持稳定。

中间业务　实现中间业务收入 2.67 亿元，增加 1247 万元，掌上银行、信用卡、现金分期、账户金、实物金、农银期缴保险等指标计划完成率均居全省农行系统首位。单位结算卡、票据池、理财资金托管、NRA 账户背对背信用证、跨境人民币资金池等新业务实现破题，成功上线水、电、气电子渠道缴费和银企直联项目。

服务“三农”加快“三农”产品和模式创新，扩大“三农”重点领域信贷投放，“三农”金融分部综合绩效考核居全省第 1 位。涉农贷款增加 16.22 亿元，增速 11%，高于全部贷款平均增速 7.35 个百分点。累计发放农户贷款 2.61 亿元，余额增加 6470 万元。加强农村现代支付体系建设，新增惠农卡有效客户6548户，总量为35.3万户，建成“银企共建升级版”服务点11个。加大金融扶贫工作力度，未脱贫建档立卡贫困户贷款余额4976万元，增加1669万元。

（刘冠银　许　兵）

8月3日，中国银行山东省分行在泰安召开网络金融论坛，省行党委书记、行长王锡峰及各市分行行长出席论坛　（姚晓军　摄）

【中国银行泰安分行】 该行辖属机构29个，在岗职工682人。其中，泰安城区网点总数16个，即：分行1个、管辖支行3个、经营性支行12个；各县（市）网点总数13个，即管辖支行4个、经营性支行9个。坚持“担当社会责任，做最好的银行”为目标，连续六年通过“省级文明单位”复审，连续七年被评为“执行外汇管理规定A级机构”，连续十年获得“反洗钱工作A级单位”称号。

负债业务　本外币公司存款日均余额223.32亿元，其中公司存款日均余额117.22亿元，四大行市场份额24.86%，提升0.22个百分点，列第2位；个人存款日均余额106.07亿元，四大行市场份额14.56%，提升0.32个百分点，列第2位；是四大行中唯一一个同时实现公司存款、个人存款日均市场份额提升的金融机构。

资产业务　本外币贷款日均余额182.62亿元，增加2.89亿元，列四大行第2位。开展“千家企业百日行”活动，对接大中小工商企业103家，全年公司贷款累计投放110亿元，在支持全市重点企业航天特车、泰山玻纤、泰开集团发展中，授信金额继续保持第1位。

国际业务　累计办理国际结算业务9.57亿美元，市场份额46.84%，提升7.85个百分点，列山东中行系统第2位；办理跨境人民币业务5.73亿元，市场份额33.89%，超出省行标杆3.89个百分点。办理远期结售汇1.12亿美元，市场占有率94%，在全市保持领先。全市前300名进出口客户中，有262家与中国银行建立业务联系，覆盖率87.33%。全

2016年中国银行泰安分行基本情况

表18　　单位：人、万元

单　位	职工人数	人民币存款		其中：储蓄存款		人民币贷款		税　金	
		余　额	较上年增%	余　额	较上年增%	余　额	较上年增%	余　额	较上年增%
市分行直管	255	490175	−3.55	147851	2.72	358457	−13.32	−4355	−214.79
泰山支行	62	157629	−11.95	97876	5.53	144282	−11.01	1727	−25.51
东岳支行	60	145984	3.02	106979	3.56	110857	−1.82	1090	−18.69
岱岳支行	70	231673	4.95	142970	11.27	182811	1.87	1661	−10.88
肥城支行	70	322020	4.77	137483	11.49	309295	−1.07	2916	−28.41
新泰支行	82	358390	−10.23	224368	11.77	373690	−10.50	3779	8.22
宁阳支行	52	162506	7.22	81328	10.49	60029	−33.28	889	13.68
东平支行	31	68847	−12.97	41209	7.96	202837	8.09	1205	−64.83
合　计	682	1937223	−2.50	980065	8.38	1742259	−7.12	8911	−29.81

年办理进出口结算业务1.77万笔，无纠纷、无差错、无投诉。

科学管理 开展“两学一做”专题教育，全行29个基层网点中独立设置党支部的有28个，党支部覆盖率97%。全省银行业案防法规及禁止性规定集中测试平均得分99.83分，取得泰安当地所有金融机构、山东中行系统内“双第一”的优异成绩。加强“平安中行”建设，保持“无案件、无事故”目标。

社会责任 选派“第一书记”扎根东平县葛针园村，实施精准脱贫；配合全市生态文明建设，定点帮扶岱岳区赵峪村。组建志愿者服务队，参与文明单位任管路口交通志愿服务活动。开展金融知识进万家，深入泰山学院、银座城市广场及主要社区宣传23次。（赵同健）

【中国建设银行股份有限公司泰安分行】 该行辖县（市、区）支行15个，营业网点45个；在岗人员总量1210人。紧紧围绕“三去一降一补”五大任务，将推进供给侧结构性改革作为全行转型发展的重要方向，服务泰安发展大局、助推实体经济成长，各项工作实现健康快速可持续发展。一般性存款时点余额271.12亿元，各项贷款余额188.50亿元，新型融资余额42.68亿元，中间业务净收入2.03亿元。

综合融资 紧盯泰安重大工程包项目，先后储备对公项目51个，项目总投资128.26亿元，其中固贷72.12亿元、流贷21.14亿元、投行业务35亿元。以“十大重点项目”和任务型团队为抓手，加快重点项目落地，全年累计投放流贷65.07亿元，办理表外资产业务18.26亿元，银企合作签约金额28.65亿元，到位金额52.12亿元，到位率181.92%。依托纳税、结算等大数据信息为57家小微企业提供信贷支持，利用重点平台和“五贷一透”产品等助力小微企业转型成长。综合性网点小企业信贷覆盖度70.3%，先后建成5个县（市、区）税易贷平台，率先搭建全省首个地市级“助保贷”平台，新增助保贷风险补偿金铺底资金1亿元，政银企三方合作达到新高度。

智慧社区 率先搭建全市首个

2016年中国建设银行股份有限公司泰安分行各支行（部）基本情况

表19　　　　单位：人、万元

单位	职工人数	人民币存款		其中：储蓄存款		人民币贷款		税金	
		余额	同比增%	余额	同比增%	余额	同比增%	余额	同比增%
分行直属	360	408638	1.20	242976	8.79	155769	−53.77	1172	−2.55
泰山支行	103	183301	0.61	118837	14.83	212674	13.98	603	−13.41
市中支行	105	251333	0.98	167585	14.10	82776	−15.39	395	−25.80
新泰支行	103	424753	−8.58	275409	8.63	330555	28.92	950	38.30
新汶支行	97	318982	14.63	196874	13.13	138289	−18.13	581	−33.14
肥城支行	131	452592	−5.82	252813	14.38	389487	−4.95	1315	−14.41
宁阳支行	47	112462	54.04	54945	33.76	71000	−6.28	246	−16.17
东平支行	42	89973	−14.57	42686	22.19	213689	36.64	564	−12.92
青年路支行	54	55877	8.76	29966	8.03	41941	−40.71	177	−55.24
东岳支行	45	85233	−28.41	28850	5.77	90340	−1.67	319	−29.28
岱宗支行	38	85781	−9.35	50422	8.70	79906	−28.86	300	13.95
农大支行	25	51285	6.36	34482	2.53	53875	−14.64	185	126.48
大河支行	30	119112	14.90	50651	2.79	11790	6.08	58	−76.73
高新支行	15	22572	37.01	15410	25.66	5262	−38.12	—	—
东城支行	15	31083	18.40	28775	12.90	3648	100.00	—	—
合计	1210	2692978	−0.12	1590683	11.99	1881001	−8.08	6863	−15.23

可任意扩展的社区综合应用服务平台，成功建设泰安市首个示范小区。以智慧城市建设和便民服务中心建设为契机，与笑脸科技和市城管综合执法局合作，推广新型智慧社区建设，先后建成智慧社区9个，实现智慧社区龙卡发卡2257张。

普惠金融 上线运行社保就诊卡项目，日均服务超过500笔，通过银医系统在医疗服务领域率先打造专业、高效、便捷的智慧服务品牌。上线市中心医院银医一卡通项目，率先实现诊疗卡自助发卡、查询、充值、结算和预约挂号等功能。完成医药技师学院等银校一卡通项目，为校方和广大师生提供金融便利和服务升级。持续深化云闪付POS称“菜篮子”工程、公交IC卡项目、代收费等民生服务，先后为岱东、岱北、五马、长城等市场布放闪付POS称超过300台，在功能上实现结算通和电子银行服务的批量联动；上线宁阳和肥城热力收费项目，为2000户县域百姓实现代收费服务;公交IC卡累计发卡6.4万张。

创新业务 通过创新融资模式和产品应用，创新模式搭建银企合作新桥梁。成功与建信租赁合作办理6亿元融资租赁，成为系统对公信贷转型典型案例。先后落地五单跨境业务，交易金额4000万。与境外建亚、澳洲分行合作，刷新全省投资移民业务大单新纪录，成为系统重点推荐的中收典型案例。与新加坡子行的合作，实现全省首单私享狮城业务。办理家族信托业务签约三单，交易金额8000万元，为客户个人高端客户提供专注、贴心的私人银行服务。与财政、公检法等部门开展创新合作，上线全省首家移动警务终端系统，创新探索代理中央、省、市、县四级财政国库集中支付业务，实现相关系统升级、上线。

风险管控 将信贷资产质量管控作为工作的重中之重，开展新发放贷款“回头看”活动，优化信用风险分类，组织风险排查20次，通过强化风险管理实现标本兼治，加强对区域性重要客户的金融支持和风险管控。完善信贷资产观察客户管理和化解工作机制，全年综合运用保全政策措施，累计化解问题客户75户，化解风险资金17.69亿元，处置不良贷款8.9亿元，四行排名第一。实行不良贷款核销项目名单制管理，核销不良客户39户，不良贷款2.29亿元。

渠道升级 按照“巩固城区、关注县域”的原则，成功试点推行两个旗舰和两个轻型营业网点转型，先后投入离行式自助银行8处，布放标版智慧柜员机81台和综合版智慧柜员机5台，智能设备网均标配达到2台以上。优化网点劳动组合、持续推进网点“两减两增”，加大网点人工服务全渠道引导，智慧柜员机迁移率79.76%，提升40%，系统排名第2。在全行开展“创环境、养习惯”活动，组织“环境净化日”“客户体验周”等系列活动，提升渠道整体效能与运营服务能力，营业网点创优呈现新风貌。落实移动优先战略，全年新签约企业网银活跃占比系统排名第2。善融商务入驻商户新增系统排名第5，善融商务交易量系统排名第一。

（王晨明）

5月13～14日，2016“建行杯”泰安市第一届企业运动会举办（王晨明 供）

【交通银行泰安分行】 该行辖县（市、区）人工网点9个，自助网点18个（含离行单体4个），在用现金类设备60台，非现金类自助设备30台。年内，实现净利润-18678万元，实缴税金2060万元。

存款业务 人民币各项存款92.64亿元，其中对公存款71.57亿元、储蓄存款21.07亿元。优化绩效考核导向，转变发展思路，着重把资源往低成本、高利润的方向调整，引导各营销人员主动提高低成本负债的增量。通过授信及多渠道融资等方式强化银政关系，落实新泰市政府小微企业扶持债的委贷银行和资金监管行，与泰安市财政局建立泮河大街项目融资合作，实现新泰市平阳河治理项目资金的投放。结合省行的公司板块行动，对公司板块专项行动开展实质性营销。细化目标客户，加强产品经理的直接营销，改善产品推进落后局面。成功营销山东岱银纺织集团公

2016 年交通银行泰安分行各支行（部）基本情况

表 20

单位：人、万元

单 位	职工人数	年末人民币存款		其中人民币储蓄存款		年末贷款	
		余 额	同比增 %	余 额	同比增 %	余 额	同比增 %
分行营业部	27	347556.77	51.40	45601.34	4.67	173976.82	50.76
岱岳长城路支行	13	40948.04	−18.13	17408.09	3.35	29962.62	151.33
岱岳支行	14	65037.99	57.51	19229.67	3.85	28483.14	78.62
岱北西路支行	13	56742.89	24.49	41367.36	76.40	56648.66	4.50
花园支行	12	31616.77	−43.07	20736.88	−9.75	13674.27	3.69
文化东路支行	11	69857.91	−47.62	18073.41	−6.78	30719.83	−39.88
向阳支行	15	41097.03	12.17	25595.56	12.70	13672.94	17.82
新泰支行	13	212574.04	166.10	16675.15	17.51	274306.81	8.68
肥城支行	12	62351.21	52.47	6059.32	11.38	102494.81	−3.96
合 计	130	926430.54	25.01	210746.78	3.18	723939.90	12.59

司的跨国资金池业务，提升综合化、国际化服务企业的能力。开展贵金属春节展销、基金推介会、保险沙龙、迎中秋贵金属感恩回馈活动、名家讲坛、沃德十周年峰会等一系列财富管理沙龙活动，从客户邀约、活动现场管理、活动后续跟踪等营销过程加强管理，实现财管中收同期大幅增长。开展企业行、社区行、校园行百场，服务当地市民，将金融服务送入千家万户。

信贷业务 年末，该行各项贷款余额 72.39 亿元，其中公司贷款余额 62.35 亿元、小企业贷款余额 7.69 亿元、个贷余额 2.35 亿元。

年内，紧盯行业龙头、国企骨干、利税大户、民企翘楚，梳理形成目标客户名单，拓展营销力度，在重点基础设施建设、消费结构升级和民生改善以及基押医校等领域，培育和扩大核心客户群体，加大信贷投放，做大做优资产业务。发展个人住房按揭贷款业务，优先支持刚性需求、自住改善型占比较高楼盘按揭贷款；紧跟居民消费观念发展和消费层次提升趋势，发展收入稳定、信用良好，在交行有稳定资产的优质个人客户 e 贷通 2.0 消费贷款。按照“有进有退、非减即加”的原则，减退加固高风险客户和业务，加强移位再贷和收回续贷管理，推进产能过剩、运行低迷行业的结构调整，保障各类资产业务稳健运行。（韩 恵）

【泰安银行】 该行有营业网点 61 个，其中营业部 1 家、支行 60 家，其中县域支行 26 家。年末，该行资产总额为 607.41 亿元，增加 103.45 亿元，增幅 20.53%；负债总额为 579.62 亿元，增加 100.48 亿元，增幅 20.97%，资产负债规模连续三年增幅超过 20%；各项存款规模 370.34 亿元，增加 55.64 亿元，增幅 17.68%，信贷规模 193.06 亿元，增加 27.91 亿元，增幅 16.90%；实现拨备前利润 12.04 亿元，增加 3.3 亿元，增长 37.72%；实现净利润 3.91 亿元，增加 5537 万元，增长 16.5%，实际上缴税金 3.1 亿元。

存款业务 年末，该行各项存款规模 370.34 亿元，增加 55.64 亿元，增幅 17.68%。其中，储蓄存款 184.66 亿元，增加 21.13 亿元，增幅 12.92%；对公存款 137.65 亿元，增加 31.78 亿元，增幅 30.02%；保证金存款 48.03 亿元，增加 2.73 亿元，增幅 6.03%。

贷款业务 年末，该行信贷规模 193.06 亿元，增加 27.91 亿元，增幅 16.90%。其中，纯贷款 181.03 亿元，增加 25.59 亿元，增幅 16.46%；公司类贷款 153.26 亿元，增加 11.60 亿元，增幅 8.19%；个人类贷款 27.77 亿元，增加 13.99 亿元，增幅 101.52%。票据贴现 12.03 亿元，增加 2.32 亿元，增幅 23.89%。

其他业务 该行银行卡累计发卡量 68.3 万张，电子银行客户数累计 20 万户，微信银行关注人数 12 万人，电子渠道交易笔数 238 万笔，

11月6日，泰安银行举办金融创新支持实体经济发展三十周年高峰论坛

（陈 潇 供）

业务转型升级。开展12.7亿元的产业基金及政府购买项目，首次与政府机构合作为全市“三强”企业开展“股权+债权”新型投融资业务。配套政府平台产品，协助融资担保公司及金控集团的组建。研发推出“变利贷”“接力贷”业务，开展“千家企业百日行”活动，企业走访率100%。构建大消费信贷，个人消费贷款产品数量上升至7种。全省首家推出微众银行联合贷款“微粒贷”网上贷款产品，累计放款31亿元。“村村通”业务稳步推进，全年建设银行卡助农取款服务点217家，辐射乡镇45个、行政村2800个，惠及农民30万人。联合泰安市共青团委、泰安市文明办推出首张联名卡“泰安志愿者卡”，正式上线泰山公务卡IC卡、DIY卡、老年安养卡和微商卡等全新卡种。风险管理体系渐趋完善，操作风险、内控合规、项目群、声誉风险和战略风险5个独立建设项目以及流动性风险、账户利率风险、非

自助设备数量241台，电子银行柜面业务替代率73.57%。

经营管理 经营形势良好。资产负债规模保持较快增速，存贷款规模稳步提高，盈利能力持续提升，多项经营指标位居全省城市商业银行的中上游水平。金融市场业务稳步开展，被评为2015年度山东省银行间市场A类成员，继续被人民银行评为自律机制基础成员，信贷资产证券化项目顺利获批，小微企业专项金融债发行项目正式启动。强化“金紫薇”理财产品品牌建设，年内创设理财产品596期，理财资产管理规模106.1亿元，理财签约客户3.56万户。推进传统公司零售

2016年泰安银行基本情况

表21　　单位：人、万元

单位	职工人数	年末存款		其中储蓄存款		年末贷款	
		余额	同比增%	余额	同比增%	余额	同比增%
管辖行一部	142	617899	12.57	328923	12.43	539747	10.37
管辖行二部	129	578834	16.02	331765	9.78	252128	15.08
管辖行三部	130	494911	7.56	227916	13.62	227632	−1.06
管辖行四部	140	521175	7.81	303450	9.09	188811	6.76
管辖行五部	129	501275	12.77	271019	5.25	133610	−19.89
管辖行六部	48	1256	—	1256	—	—	—
新泰管辖行	99	197568	14.65	131312	17.97	117363	77.99
肥城管辖行	83	198855	58.17	100252	48.15	70122	13.88
宁阳管辖行	77	89030	−2.14	48468	9.35	33887	22.22
东平管辖行	72	116380	−15.77	63540	17.44	126761	8.43
合计（含总部机关）	1378	3703400	17.68	1807911	12.40	1930648	16.90

零售内评体系三个统一建设项目顺利推进。精细化管理水平显著提升，财务管理水平提升，EVA 考核体系、FTP 定价机制逐步完善，成本控制效果明显，成本收入比全省最低。全年上线 21 个信息系统、升级改造 14 个信息系统，实现全年无重大科技事件发生。承办的“中小商业银行数据融合及客户画像应用与研究”课题获得中国银监会二类成果奖，成为山东省银行业在银监会历年课题研究成果中获得的最高奖项。网点建设。年内，一次性获批分支机构 20 家，创历史最多，首次获批济南分行 1 家。举办成立 30 周年系列活动，组织金融创新支持实体经济发展 30 周年高峰论坛，邀请国内知名金融专家到泰安授课。先后被金融时报评为“年度最具竞争力中小商业银行”，被中国银行业协会评为“文明规范服务示范单位”；在山东省金融企业绩效评价中被评为 AAA 级优秀金融企业，蝉联人民银行泰安市中心支行综合评价 A 级单位称号。

（陈 潇）

【山东省农村信用社联合社泰安办事处】 辖农村商业银行 6 家，营业部 6 家，支行 123 家，分理处 123 家，在岗员工 3522 人，其中大专以上学历的员工 3228 人，拥有中级以上技术职称的 674 人。年内，实现经营利润 15.62 亿元，增加 0.57 亿元。实缴税金 4.09 亿元，多缴 0.63 亿元。

存款业务 各项存款余额 761.43 亿元，增加 77.24 亿元，增长 11.29%，存款市场占有率 24.91%，新增存款市场占有率 21.99%。其中储蓄存款余额 686.84 亿元，增加 56.48 亿元；企事业存款余额 68.93 亿元，增加 17.83 亿元。

贷款业务 各项贷款余额 433.46 亿元，增加 24.37 亿元，贷款市场占有率 22.38%，全年累计投放贷款 482.3 亿元。涉农贷款余额 328.48 亿元，增加 24.88 亿元，多增 14.88 亿元，增幅 8.20%，高于各项贷款增幅 2.24 个百分点；小微企业贷款余额 117.21 亿元，增加 23.20 亿元，多增 12.01 亿元，增幅 24.68%，高于各项贷款增幅 18.72 个百分点；消费贷款余额 56.41 亿元，增加 9.27 亿元；抵质押贷款新增 8.23 亿元，新增占比 44.56%，抵质押贷款余额 166.19 亿元，余额占比 42.99%，提高 0.08 个百分点。

中间业务 实现中间业务收入 4366.27 万元，增加 426.34 万元。银行卡存量 238.4 万张，卡存款余额 66.57 亿元，增加 10.17 亿元；银联传统 POS 存量 6576 台，增加 576 台；新布放农金通 98 台，新增 ATM56 台，电子渠道替代率 68.08%；累计发行理财产品 229 期，募集资金 108.32 亿元。期末存续 72 期，存续规模 49.76 亿元；累计销售贵金属 9.7 万克；累计实现代理国际业务结算量 3125 万美元。

银行化改革 指导岱岳、新泰、肥城、东平 4 家未改制机构详细制定改革工作配档表，协调山东银监局及泰安银监分局有序推进改革各项工作。3 月上旬完成预审，3 月 10 日至 20 日完成验收，4 月 12 日取得筹建批复，5 月 13 日取得开业批复，5 月 18 日 4 家农商银行正式挂牌开业。至此，全市农村商业银行银行化改革工作全部完成。

（程 曜）

2016 年泰安市农村商业银行基本情况

表 22

单位：人、万元

单 位	在岗职工人数	年末存款		其中储蓄存款		年末贷款		税 金	
		余 额	增幅 %	余 额	增幅 %	余 额	增幅 %	总 额	同比增 %
泰山农商银行	580	952877	11.87	758682	10.21	649297	3.62	7219	1.23
岱岳农商银行	662	1773792	11.38	1637467	11.01	1026389	6.07	7605	42.69
新泰农商银行	713	1491213	12.13	1361425	7.27	868881	9.34	6818	0.50
肥城农商银行	582	1533437	10.87	1402588	7.64	797643	11.17	7522	31.22
宁阳农商银行	470	867688	10.89	759855	6.94	492187	−0.47	5942	−9.59
东平农商银行	482	995295	10.34	948357	10.61	500234	2.07	5699	84.84
办事处	33	—	—	—	—	—	—	123	−11.92
合 计	3522	7614302	11.29	6868374	8.96	4334631	5.96	40927	17.70

5月18日，市政府副市长展宝卫（前排右一），省农信联社党委副书记、纪委书记孙富军（前排左一）为4家农商银行揭牌　（翟　曜　供）

【中国邮政储蓄银行泰安市分行】该行坚持稳中求进的工作总基调，主动适应经济新常态，以提高发展质量和效益为中心，团结奋进，各项工作不断取得新突破。年末，全行资产总额310亿元，居全市第六位，年增59亿元，增幅为23.51%。全行各项存款294亿元，增加57亿元，增幅24.15%。贷款余额56亿元，年增10亿元，市场占有率为2.89%，提高0.34个百分点。

经营业务　应对利率市场化和互联网金融影响，多措并举，提升经营能力。年末，全行个人存款、公司存款、贷款总量三项重点业务年增均超过10亿，创历年发展最好水平。储蓄余额年增居全省第二位，点均净增4688万元，稳居全省第一位。对公存款净增4.91亿元，增幅25.52%。消费贷款新增市场占有率11.3%，居全市各金融机构第二位。

产品创新　推进新泰支行青云城区商圈、肥城支行“两菜一粮”特色支行建设。与山东高速集团开展信用卡ETC项目合作，优化用卡环境，推广移动展业，创新服务方式和营销渠道，提高客户体验。与市财政局、农业局合作，开办财政惠农信贷通业务，涉及良种培育、农畜产品加工等行业。搭建支持小微企业发展平台，与共青团合作，开展鲁青基准贷业务。开办政府信用贷款、房地产开发贷款，支持大班额、棚户区改造及地方开发建设。

内控机制　完善内控管理架构，内部控制各道“防线”职责更加清晰，制度体系和业务流程持续优化，内部监督力度显著增强，全面风险管理架构日趋完善。开展“合规能力提升年”活动，联合市邮政公司开展“检查同参与 合规共提升”活动，对高风险网点实行“名单制”管理，先后确定高风险网点15个，累计发现各类风险点124个。

风险防控　全面风险管理体系稳步推进，风险与内控委员会规范运行，开展各类风险的监测评价、识别预警及分析报告。加大不良贷款清收及呆账核销工作力度，年末，全行累计清收移交不良贷款1309万元，完成省行计划的187.02%。不良金额2689万元，不良率0.48%，下降0.10%。逾期金额2458万元，逾期率0.44%，下降0.15%。

2016年中国邮政储蓄银行泰安市分行各支行基本情况

表23　　单位：万元

单　位	个人总资产						对公存款	信贷业务			
	时点余额净增	理财保有量净增	国债销量	基金有效销量	代理保险销量	年增合计	年　增	小额年增	消费年增	个商年增	公司授信新增
新泰支行	20737	5823	2279	46	4152	33038	14318	−393	17596	−638	0
肥城支行	12297	4686	1931	879	4180	23972	9792	−900	19822	−737	0
宁阳支行	13067	4076	1530	133	1545	20351	38747	−1724	16280	102	60000
东平支行	12100	695	1114	−11	2274	16172	1842	565	6951	488	0
中心支行	18226	5066	7345	−30	3737	34343	−9444	−213	17679	−655	0
郊区支行	22023	2852	2815	149	5149	32988	−6133	349	13904	−356	25000
合　计	98450	23198	17014	1166	21037	160865	49122	−2316	92234	−1796	85000

3 月 26 日，中国邮政储蓄银行董事长李国华到泰安考察工作

（马启伟　摄）

精神文明建设　开展行风建设活动，制订创建文明单位规划，并以此作为加强精神文明建设和创建文明单位活动的主要内容，结合争创“青年文明号”“巾帼建功示范岗”等，开展省级文明单位创建工作。开展岗位廉洁和案件风险警示教育，全市 432 人参加各类教育活动，筑牢思想防线。组织劳动竞赛、技能比赛以及形式多样的文体活动，推进职工之家建设，关心职工生活，开展一系列“送温暖”活动。

（孙启伟）

【兴业银行泰安分行】　该行营业机构包括营业部、肥城支行、岱岳支行，以及光彩大市场、嘉德现代城、山景叠院、普照、东湖 5 家社区支行，设业务营销团队 4 个、管理部门 9 个；全行员工 145 人，其中编内 117 人、编外 28 人。

负债业务　年末，本外币一般性存款 67.53 亿元，减少 6.74 亿元。其中企业存款余额 58.7 亿元，减少 6.06 亿元；储蓄存款余额 8.75 亿元，减少 0.71 亿元。外汇各项存款余额 231.34 万美元，新增 120.25 万美元。其中，企业存款余额 82.3 万美元，减少 9.9 万美元；储蓄余额 149.04 万美元，新增 129.52 万美元。

资产业务　人民币贷款余额 41.5 亿元，增加 0.36 亿元。其中，人民币公司贷款余额 22.52 亿元，减少 8.54 亿元；零售贷款余额 18.78 亿元，新增 8.74 亿元。

中间业务　实现中间业务净收入 1265.27 万元，办理国际结算 2082 万美元，信用卡新增发卡 1.46 万张。

资产质量　年初，成立特殊资产经营部，重点处置不良余额、不良率和利润影响重大的问题客户。年末，该行不良贷款余额 3.22 亿元。

业务发展　支持地方经济建设。扩大信贷投放力度，支持泰安市重点项目建设，尤其是泰城整体规划建设、工业经济升级、服务业提档发展、生态文明建设、新型城镇化建设和民生工程等相关项目，助力建设“幸福泰安”。企业资金链风险化解。配合市政府、金融办、银监局等监管部门，支持信贷客户的风险化解事宜，保证企业正常运转。加大对小微企业支持力度。坚持业务创新。突出兴业银行特色，持续加大产品创新，发展微信支付、支付宝支付等移动支付业务，构建智慧城市、智慧泰安。以个人消费贷款为主打产品，发展普惠金融，促进消费升级，释放消费潜力，助力供给侧改革。针对市政府重点项目建设，通过资产证券化、项目收益票据、债权融资等多项创新工具，重点服务于关系国计民生的环保类项目。

（王元志）

1 月 16 日，兴业银行泰安分行“智慧泰山”微信服务号上线新闻发布会召开

（王元志　供）

【莱商银行泰安分行】 年末，该行辖分行营业部、新泰支行、岱岳支行、肥城支行、东平支行、宁阳支行营业网点6家，实现传统支行在6个县域网点全覆盖。合同制在编员工130人，本科及以上学历职工占比98.5%，研究生占比16.2%。全行资产总额31.05亿元，存款余额29.19亿元，贷款余额21.76亿元，累计发放贷款25.98亿元，存量授信客户495户，实现利润5809.3万元，缴纳各项税款1377.39万元。

信贷投放 秉承“廉洁速贷、阳光信贷”理念，支持实体经济。推进个贷业务，个人贷款户数190户，余额8249.38万元。助推小微企业发展，重点加大对新兴产业、绿色环保、科技、民生等领域的信贷支持，全行小微企业贷款户数145户，余额10.84亿元；推进“千家企业百日行”活动，“一对一”走访求实效，授信总额1.73亿元，累计为5家企业减费让利76.95万元。年末，外汇户数84户，完成国际业务结算量10225.6万美元。

资产质量 以提高资产质量为核心，践行“高质量发展”理念，加强风险客户调研，建立风险客户预报告制度，通过逐户分析、一户一策、提前预化、重点管控，年末，实现全行信贷资产“零不良”。

（韩 伟）

10月18日，济宁银行泰安泰山支行开业 （张 楠 供）

【济宁银行泰安分行】 年末，该行辖营业网点3个，24小时自助银行4个，自助设备15台，在岗人员75人。

存款业务 年末，存款余额7.25亿元，增加1.90亿元，增幅35.37%。其中，单位存款余额3.44亿元，增加1.26亿元，增幅58.04%；保证金存款余额1.92亿元，增加1.11亿元，增幅为135.57%；储蓄存款余额1.88亿元，较年初有所下降。2016年上半年新开办保函业务。

信贷业务 年末，贷款余额11.09亿元，增加5.76亿元，增幅为108.22%。其中，公司类贷款余额9.9亿元，增加5.19亿元；净额贷款余额9.38亿元，增加5.76亿元；小微企业贷款户数423户，增加20户；小微企业贷款增速142.77%，高于各项贷款增速34.55%；其中12月申贷率98.37%，增长3.77%，完成“三个不低于”指标。

业务发展 加大对小微企业发展的支持力度；开办应收账款质押贷款；进一步拓展市场，丰富业务品种，新开办保函业务、信用证业务以及经营性物业贷款；加强与地方政府项目合作，PPP项目取得突破；探索棚户区、大班额、特许经营权等政府购买服务类业务的运作模式，为今后发展政府平台类业务提供契机。10月，获得泰安金融青年支持创新企业的“金点子”和“好项目”现场展示和评选活动二等奖。

加强服务、提升技能 加强服务建设、强化技能管理，坚持“用心服务，微笑服务”的服务理念。被评选为第三届泰安金融微笑天使“最佳组织奖”单位，1名员工获得“最具亲和力天使”称号。在举办的泰安市银行业第一届业务技能竞赛中，获得团体三等奖。（张 楠）

【齐鲁银行泰安分行】 2015年6月，该行登陆“新三板”，成为全国首家在“新三板”挂牌的城商行。有员工70人，辖新泰支行。

年末，各项存款余额30.86亿元，增加16.6亿元，增长116%。各项贷款余额26.63亿元，增加19.74亿元，收息率100%，不良贷款为0。实现营业增加值7000万元，实现经营利润3000万元。累计上缴各类税收1000万元。跟进政府重点项目，围绕政府平台开展合作，累计开设机构客53户，累计投放贷款16.6亿元；支持市徂汶景区、市土地收购储备中心、市城建投公司、金控集团等市重点项目建设，完成泰安市第一笔中小学大班额改造项目贷款的发放；先后与当地多家优秀骨干企业实现业务合作，利用齐鲁银行总行在“新三板”上市的契机，率先在全市范围内发起成立“新三板泰山俱乐部”，推出“三板金融”专项金融服务产品；强化

11月22日，市委书记、市人大常委会主任王云鹏，市委副书记、市长李希信到齐鲁银行泰安分行调研工作　　（郝　政　供）

资产质量管控。坚持“扶优限劣”“好中选优”“小中选强”“小户做准”的标准，始终绷紧风险管控的弦。完成一般授信业务非应计贷款为0、逾期贷款为0、收息率100%的资产质量管控目标。　　（郝　政）

【天津银行泰安分行】　年末，员工77人。资产规模35.38亿元，各项存款34.63亿元，各类贷款33.03亿元，缴纳税金848万元，实现账面利润7000万元，设社区支行1家。

业务发展　对接市级、区级重点项目，加强与政府合作力度，加大对基础设施建设信贷支持。优化信贷资源配置，加大对本地小微企业支持力度，完成监管部门“三个不低于”目标。参加“金融服务百日行”“千家企业百日行”“进走访”等银企对接活动。被人民银行泰安市中心支行表彰为“年度金融机构综合评价A级单位”，被国家外汇管理局泰安市中心支局表彰为“年度外汇管理考评A类银行”，被总行表彰为“业务发展先进分行”。

良好服务　建立客户等待区、电子银行体验区、贵宾理财室等，设置柜员窗口互动式服务平板电脑、互动腕表，增设爱心窗口、绿色通道、爱心座椅、轮椅、急救包等便民服务设施；多次聘请专业服务培训讲师开展服务礼仪、客户沟通技巧培训，获得总行“最美厅堂”称号、泰安市金融微笑天使评选“最佳组织奖”。

文化建设　参加泰安市银行业业务技能竞赛，获得“团体三等奖”；提高员工服务水准和业务能力，获泰安市银行业协会“文明规范服务示范单位”称号；成立各类文体兴趣小组，参加“泰山国际马拉松”“泰安城市定向户外挑战赛活动户外”、“泰安市银行业篮球联赛”等一系列文体活动。　　（周　言）

【中国民生银行股份有限公司泰安分行】　该行辖营业机构1个，内设9个部室，员工58人。研究生及以上学历员工占比30%，党员占比55%。秉持“服务大众，情系民生”的经营理念，“创新进取、专业高效、共同成长”的核心价值观，致力于为泰安地区的企事业单位和广大人民群众提供优质高效的金融服务，助力当地实力经济发展。

存款业务　吸收各项存款余额28.42亿元，增加11.17亿元，增长64.72%，存款市场占有率1.1%。其中，储蓄存款余额2.79亿元，增长0.48亿元；对公存款余额26.01亿元，增长10.70亿元。

贷款业务　发放各项贷款余额29.43亿元，增长1.00亿元，贷款市场占有率1.5%。涉农贷款余额17.72亿元，增长0.28亿元，多增4.53亿元，增幅34.34%，高于各项贷款增幅21.71个百分点；小微企业贷

1月12日，天津银行党委书记、董事长李宗唐到泰安调研　　（周　言　供）

款余额3.52亿元，增长0.60亿元，多增0.23亿元，增幅6.99%，低于各项贷款增幅5.64个百分点。

中间业务 实现中间业务收入4366.27万元，增加426.34万元。银行卡存量238.4万张，卡存款余额66.57亿元，增加10.17亿元；银联传统POS存量6576台，增加576台；新布放农金通98台，新增ATM56台，电子渠道替代率68.08%；发行理财产品229期，募集资金108.32亿元。期末存续72期，存续规模49.76亿元；销售贵金属9.7万克；实现代理国际业务结算量3125万美元。（张嘉楠）

【上海浦东发展银行泰安分行】 该行设置营业网点2个，职工52人。年末，资产规模37.02亿元，新增贷款投放35亿元，实现拨备前利润6644万元，实缴税金770万元；全省系统内考核第3名。

负债业务 实现本外币一般性存款余额21.39亿元，增加10.22亿元，其中，单位存款20.32亿元，增加9.76亿元；储蓄存款1.04亿元，增加0.46亿元。

资产业务 各项贷款余额36.05亿元，增加25.10亿元，增量居全省第一位。其中，公司贷款余额33.03亿元，增加22.86亿元；个人贷款余额3.02亿，增加2.24亿元。

其他业务 举办“泰安金融同业业务座谈会”，与多家城农商机构开展了委托资产管理、理财资金托管、存放同业、理财产品购买与销售等业务合作。推出e企付、集团资金管理、结算性融资、在线账款管理等单位金融产品及“普发宝”“同享盈”等储蓄和理财产品。

助力小微企业发展 小微业务匹配专项贷款规模，针对小微企业流动资金贷款难，推出“靠浦e投”产品，累计发放资金2491万元。以“携手、成长、共赢”的理念服务于目标客户，年末，小微贷款结余2.66亿万元，新增2.56亿元，发放贷款4.07亿元，增速2436%，高于各项贷款平均增速；小微企业贷款户数79户，增长74户，小微企业申贷获得率79%。

优质服务 以服务客户为中心，扎实推进处理流程改造、规范化服务培训和技能练兵等，提高服务效率，提升服务水平，服务水平达到系统内A级网点标准。

（黄　磊）

【概况】 年末，驻泰安保险公司53家，其中财产险公司24家，人身险公司29家。新筹备开业公司6家，其中财产险公司2家，人身险公司4家。全市县级以下保险分支机构281家，其中财产险公司125家，人身险公司156家。全市保险从业人员4万人，增加1万人。

【行业发展】 全年保险业保费收入93.75亿元，增长22.14%。其中，财产险实现保费收入20.61亿元，增长13.63%；人身险实现保费收入73.14亿元，增长24.77%。累计各项赔款和给付支出32.24亿元，增长36.72%，其中，财产险赔款支出9.38亿元，增长12.66%，赔付率45.53%；人身险赔款（给付）支出22.86亿元，增长49.85%。在开展小麦、玉米等传统政策性农业保险和责任险的基础上，拓展领域，创新发展，首台套保险、助贷险、价格指数保险、环境污染责任险等创新险种陆续开办。农业险承保金额34.61亿元，保费收入1.19亿元，赔付8790.9万元。城镇职工大额医疗保险和城乡居民大病医疗保险，为全市400万名城乡居民提供医疗保险服务，理赔录入案件8.62亿件，赔款支出1.68亿元。

1月25日，泰安市保险业召开贯彻落实泰安市人民政府《关于加快发展现代保险服务业的意见》动员大会。3月24日，召开全市保险资金运用座谈会。会后，国华人寿、平安财险、平安养老、安邦财险等公司总部分管投资的相关领导到泰安调研重点项目资金需求情况，多家公司就市政地下管网工程、引黄入泰、旧城改造、养老地产等项目，达成初步意向，意向金额超百亿元。

【行业自律】 ①进行市场调研，及时了解行业动态。年初下发《关于对财产险公司进行财产险工作调研的通知》，根据业务规模分类对部分公司进行现场调研，全面了解和掌握市场状况。②及时召开各类会议，传达上级监管要求。组织签署《财产保险规范经营自律承诺书》，起草并通过《关于贯彻落实山东保监局规范当前市场秩序会议及文件精神的工作措施》。③完善自律措施，实施有效监督处罚。印发《泰安市车险违规经营实证举报办法》，加大处罚力度，督促各公司严格执行鲁保监办《山东保监局办公室关于严禁赠送加油卡等违规行为的通知》文件的相关要求。④开展泰安专业保险中介机构普查。对泰安辖内43家专业中介机构（含4家法人机构，涉及泰安市区、新泰市、肥城市、宁阳县和东平县）完成普查。⑤组织开展互联网金融风险防范和处置工作。成立防范和处置金融风险工作领导小组，制订《泰安

2016年12月泰安市财产保险业务情况

表24　　单位：万元

险种	承保数量/户/辆/笔		保险金额		上期保费	保费收入		同比增长（%）	赔款件数		赔款金额		赔付率（%）
	当期	累计	当期	累计	累计	当期	累计		当期	累计	当期	累计	
企财险	81.00	1655.00	209994.23	5643029.60	4892.45	144.00	5036.45	5.63	42.00	308.00	220.34	1706.11	33.88
机动车交强险	69228.00	612826.00	885864.14	7259839.94	45419.99	5853.21	51273.20	5.69	5497.00	51560.00	3065.36	27265.84	53.18
机动车商业险	57513.00	543023.00	3206065.33	35060317.86	109722.05	12387.77	122109.82	12.09	6933.00	73065.00	4792.49	50143.68	41.06
家财险	409.00	14081.00	11491.40	856144.95	826.40	47.62	874.02	12.02	545.00	3081.00	39.87	261.78	29.95
责任险	1305.00	16092.00	524154.54	10349150.27	5714.81	212.23	5927.04	53.90	105.00	886.00	138.44	1390.07	23.45
保证险	165.00	1276.00	55180.65	564302.80	3245.78	556.61	3802.39	521.34	23.00	90.00	126.51	775.98	20.41
工程险	—	42.00	—	218843.73	391.82	—	391.82	−7.57	4.00	32.00	30.11	199.86	51.01
货运险	2295.00	23665.00	66670.55	1306959.04	538.98	28.06	567.04	10.09	5.00	79.00	19.42	249.48	44.00
意外险	8986.00	169092.00	472999.32	7782911.87	3654.64	204.70	3859.34	17.71	178.00	1465.00	143.99	1345.61	34.87
健康险	2002.00	32297.00	74598.25	1488905.92	1687.69	19.70	1707.39	103.00	108.00	1037.00	53.40	541.60	31.72
农业险	75.00	60467.00	2036.10	346135.98	11799.93	96.80	11896.73	37.06	4377.00	20018.00	3003.98	8790.90	73.89
其他险	—	17.00	—	13081.46	7.16	—	7.16	−95.59	1.00	1.00	1378.03	1386.60	19365.92
小计	142059	1474533	5509054.511	70889623.433	187901.7	19550.7	207452.4	14.38	17818	151622	13011.939	94057.521	45.34

2016年12月泰安市人身保险业务情况

表25　　单位：万元

项目	保险种类	上期保费累计	保费收入（本月）			保费收入（累计）			同比增长%	退保支出（累计）	赔款支出（累计）				
			首期	续期	小计	首期	续期	小计			满期给付	死伤给付	医疗给付	年金支付	赔款支付
团体业务	人寿保险	5547.42	168.08	64.38	232.46	4865.64	914.24	5779.88	90.21	1082.22	423.07	329.51	10.02	2024.49	—
	意外保险	5468.23	480.25	0.40	480.65	5943.11	5.77	5948.88	16.27	0.20	—	—	6.10	0.33	1402.60
	健康保险	14446.99	−2172.05	8.02	−2164.03	12205.76	77.20	12282.96	11.32	147.24	—	10.94	347.69	0.22	9434.47
	分红保险	2084.82	63.06	3.57	66.63	1087.99	1063.46	2151.45	−9.49	686.01	298.07	6.99	64.70	8.49	—
	小计	27547.46	−1460.66	76.37	−1384.29	24102.50	2060.67	26163.17	21.32	1915.67	721.14	347.44	428.51	2033.53	10837.07
个人业务	人寿保险	110230.41	1631.27	5708.91	7340.18	50586.35	66984.24	117570.59	49.91	6588.09	5083.75	3011.72	2442.24	9715.77	3411.82
	意外保险	5806.59	439.66	227.23	666.89	3534.00	2939.48	6473.48	45.69	15.05	27.66	64.02	142.02	6.68	463.60
	健康保险	52588.02	1630.59	2311.13	3941.72	26294.79	30234.95	56529.74	57.30	712.81	75.85	535.82	3024.74	19.68	2599.37
	分红保险	198897.52	1243.99	8639.84	9883.83	50378.30	158403.05	208781.35	19.04	7632.02	6887.16	2310.99	481.00	8068.14	91.06
	小计	367522.54	4945.51	16887.11	21832.62	130793.44	258561.72	389355.16	32.35	14947.97	12074.42	5922.55	6090.00	17810.27	6565.85
银行业务	人寿保险	195697.56	5817.89	516.76	6334.65	194780.30	7251.92	202032.21	13.69	56576.69	18.08	214.30	28.80	1707.61	26.12
	意外保险	1362.33	121.62	0.23	121.85	1468.88	15.30	1484.18	75.34	2.35	—	—	30.61	—	53.59
	健康保险	1803.66	37.36	27.88	65.24	1696.51	172.39	1868.90	−30.37	2950.66	17369.51	71.13	148.90	56.04	113.32
	分红保险	106694.41	2210.96	1564.56	3775.52	75308.73	35161.19	110469.93	23.87	26841.65	140377.50	772.16	351.05	1870.69	2572.71
	小计	305557.96	8187.83	2109.43	10297.26	273254.42	42600.80	315855.22	16.80	84044.36	157742.38	1054.61	559.36	3634.34	2765.74
合计		700627.96	11672.68	19072.91	30745.59	428150.36	303223.19	731373.55	24.77	100908.00	170537.94	7324.60	7077.87	23478.14	20168.66

6月3日，全省防范打击保险诈骗犯罪现场推进会在泰安召开（张　帅　供）

市保险业防范和打击非法集工作方案》《泰安市互联网保险风险专项整治工作方案》，加强对公司和保险中介机构的宣传培训。根据《山东保监局办公室关于开展重点企业、网站风险排查的通知》要求，对泰安辖内1155家企业进行风险排查。⑥加强理赔工作标准化建设，提高理赔工作效率。按照泰政发〔2015〕18号《关于加快发展现代保险服务业的意见》文件要求，推进泰安市快处快赔中心的建设；做好理赔查勘模拟测评工作，督促公司做好理赔服务；理顺道路事故救助基金运行流程，明确各方责任。

【服务会员】①反保险欺诈。接受保险公司报送并向公安经侦方面移交的疑似保险欺诈案件线索97起（包括由山东车险信息平台提取、协会反欺诈办公室转交相关保险公司核查移送的可疑线索6起），公安方面，已核查完毕95起，其中立案8起，破案3起，抓获犯罪嫌疑人11人，为保险公司累计挽回和减少损失121万元。②诉调对接工作。年内重点做好保险纠纷诉调对接机制和保险纠纷调解组织的建立和完善。5月24日，印发《关于建立保险纠纷诉调对接机制的实施意见（试行）》文件，10月17日，协会与市司法局联合印发《关于成立泰安市保险纠纷人民调解委员会的通知》。③完善消费者权益保护的工作机制。全年处理保险投诉和保险咨询255件，其中电话咨询131件、来人来访25人次（含重访）、实际投诉总量124件，下降64.5%。在投诉中涉及财产保险的投诉有8件，占投诉总量的6.45%；涉及消费者的投诉有26件，占投诉总量的20.97%。销售人员离司接投诉94件，占投诉总量的75.8%。

【宣传工作】7月，围绕“一键保险 呵护无限”的宣传主题，倡导全行业开展为期1个月的宣传活动。7月8日，组织驻泰40家保险机构400人开展“彩虹定位跑”活动，开展保险“五进入”“说保险”及文化素材推广等活动，向群众发放“保险让生活更美好”宣传折页、预防非法集资手册、道路交通服务中心宣传彩页，普及保险知识，提高全国保险公众宣传日的认识度。年内，在泰安电视台《天天说道》栏目上播出3次共计6分42秒，在《山东保险信息》、山东保险信息网等省级刊物、网站上刊登信息29篇。（张　帅）

【中国人民财产保险股份有限公司泰安市分公司】2016年，该公司围绕“以计划为牵引、以双超为底线，打造7亿元泰安公司”的年度奋斗目标。年底，整体保费收入72718万元，增长17.83%，增长11004万元，顺利达成7亿元目标，公司实现了连续两年“每年增长一个亿”的奋斗目标。全险种累计支付赔款3.9亿元，立案结案率100.3%。上缴各类税金1.04亿元，增长19.16%。连续11年保持“省级文明单位”称号，获得“金融机构综合评价A级单位”“金融消费权益保护工作先进单位”称号和“山东治安保险工作二等奖”，被市委、市政府授予“政风行风建设先进单位”称号。

服务“三农”　拓展“三农”保险服务广度和深度，扩大农业保险覆盖面，提高保障程度。年末，政策性农险合计赔付8660万元，赔付率110.5%。

保障民生　推进医疗责任保险，缓解医患纠纷，维护全市社会的和谐稳定。开展养老机构责任险，提升社会整体养老服务质量。开展校园类责任险，为学校安全管理分忧解难。发展弱势群体团体意外险业务，为残疾人和贫困人员提供风险保障。年内，统保肥城市和岱岳区残疾人意外险，提供4.43亿元的风险保障。与泰山区扶贫办合作开办扶贫人员意外险业务，为4600名贫困人员提供2.98亿元的风险保障。

创新发展　发挥保险保障机制作用，促进全市畜牧业稳健发展。为70户奶牛养殖户办理牛奶价格指数保险，累计赔款206万元，降低投保养殖户的损失。

理赔提升　加强车险服务标准化建设，推广拇指理赔、极速理赔、

6 月 3 日，由中国人民财产保险股份有限公司泰安市分公司与市社会治安综合治理委员会联合举办的泰安市治安保险巡逻电动自行车配发启动仪式举行　（李　乾　摄）

小额伤人案件快处服务，简化理赔手续和流程，提高车险理赔时效。加快农村协赔服务队伍建设，发挥协赔人员的面对面服务优势，延伸理赔服务的触角，大幅度缩减农险理赔时间，帮助农户尽快恢复农业生产。围绕商业非车险重大出险案件，提供一整套、全流程的案件处理方案，最大程度减轻客户负担，化解社会矛盾纠纷。

文明共建　配合治安保险的开展，集中采购 350 辆治安保险巡逻电动自行车，配发到全市村居（社区）。独家冠名第三届泰山国际马拉松比赛，助力泰马品牌影响力提升，搭建全民健身的良好平台。协助市安监局组织“安全发展忠诚卫士”演讲比赛，参与赞助市交警支队、泰安电视台开办《天天早（晚）高峰》栏目。

助力脱贫　该公司立足自身优势，寻求与政府工作的契合点。7 月，向市政府报送《关于积极发挥职能作用服务全市脱贫攻坚战的报告》，市领导专门作了批示。新泰、肥城、宁阳、东平 4 个县（市）聘任 400 名贫困户担任保险“协保员”。联合市畜牧局开展扶贫慰问活动，为宁阳县西山阴村的贫困群众送去生活必需品。　（李　乾）

【中国人寿保险股份有限公司泰安分公司】　该公司设总经理室、综合管理部、人力资源部、监察部、财务部、客户服务中心、个险销售部、银行保险部、团体业务部、培训部、健康保险部 11 个部（室）；辖县市区支公司 5 家，专业化支公司 3 家，县域营销服务部 72 个，中介代理机构 428 个，员工 283 人，持证保险代理人 6563 人。全市系统有管理人员 283 人，持证保险代理人 9563 人，是泰安寿险市场销售人力规模最大的保险公司。

2016 年，泰安国寿实现总保费 15.31 亿元，是全市唯一一个年度保费规模突破 10 亿元的保险公司，市场占有率 26.76%，领先同业主要竞争对手 11.2 个百分点。在省公司年度考评中成绩为 AAA。

为全市大学生村干部和省直选派“第一书记”统一办理人身保险，为社会主义新农村建设提供保险保障服务。2016 年为 301 名村干部提高保险保障服务。“银龄安康”工程，全市投保老年人总数 28.37 万人，占应投保老年人总数的 44.3%。该工程累计参保人次达 190 万人，风险保额 150 亿元，累计赔付 1.9 万人次。参与城镇居民补充养老保险，累计代理各类企业年金业务 2.8 亿元，其中受托、投资和账户分别达成 9100 万元、9100 万元和 8300 户与市计生协合作，开展计划生育手术意外险项目，年末，全市有育龄绝育人群 2 万人次参保，占全市适龄投保人群的 90%。“学生平安保障”工程。全市有 700 所学校参保，投保学生总数 39 万人，占全市学生总数的 55.71%，年均赔付人次 3 万人次，赔付率 65% 以上。10 月 9 日，该公司与市妇联在肥城联合举行“爱心献姐妹，真情送安康”关爱贫困母亲保险捐赠仪式，为全市 600 名贫困母亲捐赠“关爱贫困母亲”意外伤害保险，总保额 3000 万元。10 月 31 日，由泰安市文明办、财政局、老龄办等部门共同主办，中国人寿泰安分公司协办的“中国人寿”杯泰安市第四届十大孝子评选活动颁奖晚会举行，倡导孝道文化、弘扬民族传统美德、促进社会和谐。　（颜　健）

【中泰证券泰安分公司】　该公司辖营业部 9 家，其中市区 4 家、县（市、区）5 家。有正式员工 113 人，全部具备证券从业资格，其中 28 人具备证券投资咨询从业资格。2016 年，实现营业利润 8989.42 万元，全年缴纳营业税及附加等各项税款总额 1556.89 万元，缴纳所得税税款总额 1312.78 万元，地税和国税

合计缴纳税款2869.67万元。

通道业务 全年分公司各营业部完成A股、基金交易总量1690.69亿元，实现佣金收入1.55亿元；各营业部客户资产总值108.39亿元，市场份额0.0633%，当地占比61.14%。

非通道业务 全年两融业务净收入0.8095亿元，两融余额6.8085亿元，新增两融账户205户。销售公募基金1.37亿元，私募产品2800万元，类固收产品保有量约2亿元。

机构业务 2016年新签约3单协同业务项目，其中"新三板"2单（德鲁泰、创宇环保），服务城投债（高新区城投债财务顾问）1单。完成挂牌"新三板"6单，当地占比为42.86%。并购重组1单，资管计划1单。推进银证合作（泰安银行、泰安农商行系统），调研企业并达成共识。

【中泰证券泰安分公司机构业务助力企业发展】 机构业务开展中树立竞合理念，加强合作、建立联盟。加强与银行、政府部门、已上市挂牌公司和拟挂牌企业间合作，争取新的业务机会。实施机构业务重点突破策略，明确重点做好场外市场、齐鲁股权挂牌项目拓展。依托政府、企业、总部，实现合作共赢，拓展外部业务合作渠道，与当地各大银行、非银行金融机构和中介机构建立业务战略合作联盟，同泰安银行、泰山农商行、肥城农商行达成业务合作意向。对储备企业分类推进，探讨创新合作模式，与当地已挂企业对接，深度挖潜合作机会，提升中泰证券的品牌效应。机构部注重内部培训，组建创新业务团队，取得齐鲁股权挂牌业务资格并起草下发齐鲁股权交易中心挂牌业务配套制度。组织参与可交换债业务、PPP项目资产证券化业务、投行委IPO、债券以及并购等机构业务培训交流，做好机构业务培训服务和合作承揽业务工作。（孔　谦）

【海通证券泰安营业部】 年内，泰安营业部被山东分公司列为四家旗舰营业部之一。年末，缴纳营业税及附加等各项税款总额979.19万元，其中缴纳所得税税款总额382.28万元，缴纳房产、土地、个人所得税等330.32万元。

通道业务 完成交易量607亿元，实现佣金及手续费收入3772万元，实现净利润2183万元，客户资产88.15亿元。

非通道业务 开立融资融券账户42户，融资融券账户实现净佣金收入403万元，息费收入1352.37万元，两融余额1.76亿元；快融宝业务息费收入164.81万元；IB业务年内开立27户，实现净手续费收入26.73万元；销售各类基金、理财产品12.98亿元。

机构业务 年内，接洽当地及周边地区企业，拓展大投行和财富管理业务，完成1家企业股权托管工作，新增股票托管市值20亿元，新增股权质押1.4亿元；跟踪服务发债企业，其中1家企业15亿元中票发行申报材料进入实质性审核阶段；推进优秀私募基金引入和产品创设，成功续期私募证券投资基金1亿元，完成1家股权投资基金及4只私募产品的开户落地工作。

（王琳琳）

编校　周　燕　　审稿　袁立轩

科技 教育

科技综述

【概况】 2016年，泰安市规模以上工业企业实现高新技术产业产值1727.54亿元，占规模以上工业总产值的比重28.30%。企事业单位主持或参与完成的科研成果获国家科技进步二等奖2项，省科技进步一等奖2项、二等奖8项、三等奖3项，省技术发明一等奖1项、二等奖1项，省自然科学三等奖1项。全市发明专利申请2000件，授权407件；每万人口有效发明专利拥有量2.41件。2015年全市研究与试验发展（R&D）经费（该数据为统计数据，一般延迟1年公布）76.26亿元，占GDP的比重2.41%，高出全省平均占比0.14个百分点。市科技局连续14年获省级文明单位，被市委、市政府表彰为“2016年度科学发展综合考核先进单位”，被市委表彰为“2016年度‘五型’机关建设示范单位”。

【区域科技创新体系】 印发《泰安市人民政府关于构建泰安特色塔型科技创新体系的意见》，调动全市各级各部门合力，共同推动科技创新体系建设。举办第三届泰安校（院）地科技合作对接交流暨泰山技术创新与转化联盟成立大会，凝聚国内30家知名高校、科研院所优质科技资源，组建泰山技术创新与转化联盟，作为泰安特色塔型科技创新体系“塔尖”中的“智囊团”和“资源库”，开展关键技术研发和科技成果转移转化服务；启动科技创新服务云平台建设，作为发挥“塔体”枢纽作用的重要依托和手段，推动全市企业与国内外优质科技资源精准对接；在全市重点产业领域认定和培育泰安市产业技术研究院78家，总数153家，作为提升“塔基”研发和承接技术成果能力的重要载体，围绕“研发、转化、交易、服务”等担负尖端技术工程化辐射推广任务。

【科技计划与科技成果】 全市获国家重点研发计划立项科技项目3个。获省重点研发计划立项38项，其中创新型产业集群专项立项2项、军民科技融合专项立项3项、重大关键技术专项立项3项。争取泰山产业领军人才（项目）支持资金808.3万元，4家省级农业科技示范园获省400万元建设资金扶持。山东康平纳集团主持完成的“智能染整技术及装备科技创新平台”获省科技进步一等奖；泰山林业科学研究院1人获泰安市科学技术最高奖；

7月29日，全市科学技术奖励大会召开。图为颁奖现场　（司　刚　摄）

2016年泰安市获省级以上科学技术奖项目

表26

奖项名称	项目名称	完成单位（人）
国家科技进步奖二等奖	三种特色木本花卉新品种培育与产业升级关键技术	泰安市泰山林业科学研究院（第六位）
	设施蔬菜连作障碍防控关键技术及其应用	山东农业大学（第二位）
省自然科学奖三等奖	纳米材料组装及对污染物检测与治理机理分析	艾仕云（山东农业大学）、殷焕顺（山东农业大学）、范 海（山东农业大学）、范鲁生（山东农业大学）、苏秀荣（山东农业大学）
省技术发明奖一等奖	超声测井仪研制及应用	曹茂永（山东科技大学）、范 迪（山东科技大学）、梁慧斌（山东科技大学）、王 毅（山东科技大学）、江 浩（山东科技大学）、孙农亮（山东科技大学）
省技术发明奖二等奖	无煤柱沿空巷道支护理论与关键技术	谭云亮（山东科技大学）、赵同彬（山东科技大学）刘学生（山东科技大学）、于凤海（山东科技大学）、宁建国（山东科技大学）、顾士坦（山东科技大学）
省科技进步奖一等奖	智能染整技术及装备科技创新平台	山东康平纳集团有限公司
	百万吨级作物营养双平衡缓控释肥料创制及应用	金正大生态工程集团股份有限公司、山东农业大学、山东省农业科学院农业资源与环境研究所、全国农业技术推广服务中心
省科技进步奖二等奖	新型腐植酸缓释肥料产业化关键技术集成与示范	山东农大肥业科技有限公司
	HT−L大型干煤粉加压气化关键技术研发及产业化	山东润银生物化工股份有限公司、航天长征化学工程股份有限公司
	抗逆辣椒砧木雄性不育系创制及新品种选育与应用	山东农业大学、中国农业科学院蔬菜花卉研究所、山东农业工程学院、北京农学院
	黄淮海区域种养业废弃物循环利用关键技术与应用	山东省农业科学院农业资源与环境研究所、山东农业大学、山东省农业可持续发展研究所、河北省农林科学院遗传生理研究所、河北省农林科学院农业资源环境研究所、石家庄金太阳生物有机肥有限公司、山东谷丰源生物科技集团有限公司
	优质饲草高效生产关键技术与精准化养畜应用	山东省畜牧总站、山东省农业科学院农业质量标准与检测技术研究所、山东省农业科学院农业资源与环境研究所、山东农业大学、山东双佳农装科技有限公司、乐陵市国宇农牧机械装备有限公司
	杨树人工林连作障碍机制及长期生产力维护关键技术	山东农业大学、山东省林业科学研究院、泰安市泰山林业科学研究院、山东省宁阳县国有高桥林场、山东省昌农农业科技有限公司
	地下水系统水资源调控与贫水区找水关键技术	山东省地矿工程勘察院、济南大学、中国地质大学（武汉）、山东省鲁南地质工程勘察院、山东科技大学
	煤矿采场覆岩空间结构演化机理研究及应用技术	山东科技大学、山东东山王楼煤矿有限公司、滕州市级翔（集团）级索煤矿、滕州市东大矿业有限责任公司
省科技进步奖三等奖	苹果高效授粉树新品种创制与应用	山东农业大学
	核桃主要性状遗传发育与抗炭疽病品种选育	山东农业大学
	煤与瓦斯突出的瓦斯含量作用机理及预测技术	山东科技大学、中国矿业大学

2016年泰安市争取省级以上重大科技项目

表 27

计划类别	项目名称	承担单位
国家重点研发计划	高浓度畜禽粪便沼气发酵技术示范工程	山东众成饲料科技有限公司
	增效复混肥料关键技术研究	山东农大肥业科技有限公司
	苹果专用缓控释肥生产与大面积示范	山东农大肥业科技有限公司
省重点研发计划（第一批科技攻关类）	企业创新大数据应用服务平台	泰安智同科技咨询有限公司
	应急产业用UHMWPE纤维土工复合材料研发	泰安路德工程材料有限公司
	脑控可穿戴康复机器人	山东海天能源有限公司
	超音速冷喷涂技术在背接触太阳能电池柔性导电背板上的应用	山东拜科通新材料科技有限公司
	TKEW电动汽车大功率智能无线充电系统	山东泰开自动化有限公司
	汉麻基抗菌型复合医用敷料研发	泰安市金飞虹织造有限公司
	小麦新品种泰山28节水节肥高产高效栽培技术研究	泰安市农业科学研究院
	辛酸层析工艺静注人免疫球蛋白产品开发	山东泰邦生物制品有限公司
	环保型绿色建造用复合材料模板的研发	肥城三英纤维工业有限公司
省重点研发计划（第三批）	生态肉鸭养殖关键技术研究与示范	山东众客食品有限公司
	椰糠在蔬菜栽培上的应用及其配套技术研究	山东长兴农业发展有限公司
	蒜粉深加工项目	泰安市四季丰利经贸有限公司
	汶农优质小麦良种研育及开发	泰安市汶农种业有限责任公司
	10000吨/年农用节肥菌项目	泰安市西贝隆基生物科技有限公司
	设施番茄新品种选育及优质安全栽培技术示范推广	泰安兴润生态绿园有限公司
	破伤风病毒抗体定量检测试剂（酶联免疫法）	泰安京泰生物技术有限公司
	马铃薯脱毒种薯快繁体系优化及优质新品种的培育	山东宇泰生物种业有限公司
	泰山景区龙生螭霖鱼繁育基地建设	泰安市泰山景区龙生螭霖鱼养殖专业合作社
	惠聚客本地生活电商平台	宁阳惠点每天惠电子商务有限公司
	曼地亚红豆杉新品种研发繁育及深加工	泰安市国山紫科红豆杉种植农民专业合作社

续表 27-1

计划类别	项目名称	承担单位
省重点研发计划（第三批）	室内环境净化治理制剂、机器设备研发、制造，室内环境治理	山东宝梵环保科技有限公司
	药食同源养心菜新品种选育及标准化种植	新泰市大自然野菜野生水果研究院
	多茶类加工型品种选育与配套技术研究	山东泰茶农业发展有限公司
	林下茶种植示范与推广	山东新泰惠美农牧发展有限公司
	优质樱桃引种栽培及沼液微灌水肥一体化技术研究与示范推广	新泰市心诚樱桃种植专业合作社
	北方茶叶优质高效生产关键技术研究与产业化示范	泰安市东兴农业有限公司
	四倍体泡桐新品种示范与开发	泰安乐呵蔬菜种植专业合作社
	猪抗菌肽的制备及其应用	泰安市盛茂牧业有限公司
	泰山黑猪优质肉猪精准化生产关键技术研究与示范	泰安巴夫巴夫农业科技有限公司
省重点研发计划（第四批）	脑控可穿戴康复机器人	山东海天智能工程有限公司
	煤矿安全生产中的重大隐患识别和预警系统研发	山东蓝光软件有限公司
省重点研发计划（重大关键技术）	智能节能输煤系统关键技术研发及示范应用	力博重工科技股份有限公司
	物联网技术的输配电设备智能监测与全寿命周期管理关键技术研究	山东金瑞电气有限责任公司
省重点研发计划（产业集群）	气体绝缘金属封闭开关设备	山东泰开高压开关有限公司
	节能配电变压器智能制造技术开发	山东泰开特变有限公司
	船舶复杂曲面智能制造装备研发	山东硕力机械制造有限公司
省重点研发计划（军民科技融合）	微纳米复合型超细粉体灭火剂及其灭火喷射装置的研发	山东国泰科技有限公司
	智能调平全自动翻转高精度卫星测控雷达车的研发	山东泰开重工机械有限公司
省自然科学基金计划	小偃麦种质的分子细胞学鉴定及抗白粉病基因的分子标记定位	泰安市农业科学研究院
	NF-κB/p53 信号通路在椎间盘髓核退变中的作用及机制研究	泰安市中心医院
	Metadherin 调控乳腺癌血管生成拟态及其分子机制的研究	泰安市中心医院
省自主创新及成果转化专项（结转）	基于三维 GIS 的矿山装备远程可视化控制系统	山东蓝光软件有限公司
省科技重大专项计划（结转）	棉短绒生化再利用制备高取代度纤维素醚产业化	山东一滕新材料股份有限公司

续表 27-2

计划类别	项目名称	承担单位
省农业科技发展资金	山东省农业科技园区建设资金使用实施方案(岱岳区)	岱岳区省级农业科技园
	山东省农业科技园区建设资金使用实施方案（新泰）	新泰省级农业科技园
	山东省农业科技园区建设资金使用实施方案（东平）	东平省级农业科技园
	山东省农业科技园区建设资金使用实施方案（肥城）	肥城省级农业科技园
省科技扶贫项目计划	猕猴桃有机化生产关键技术示范推广	泰安市泰山林业科学研究院
	平菇新品种与配套栽培技术试验示范	泰安市农业科学研究院
	大樱桃密植园改造与提质增效技术示范	泰安市泰山林业科学研究院
	大樱桃果实套袋技术研究与示范推广	山东省果树研究所
	元宝枫优质苗木繁育推广	泰安市泰山林业科学研究院
	核桃实生低产低效园良种改造及高效种植示范	泰安市泰山林业科学研究院
	丹参与百合大田种植技术研究	山东医药技师学院
	设施番茄新品种引进示范及高效栽培技术	泰安市农业科学研究院
	特色果树在观光采摘园中的应用与丰产栽培技术研究	山东省果树研究所
	梨良种选育及提质增产技术研究示范	山东省果树研究所
	泰山一号猕猴桃种植基地建设	泰安市泰山林业科学研究院
	核桃良种引进及繁育	泰安市泰山林业科学研究院
	泰安市鲁西黄牛繁育保种基地建设	泰安市畜牧兽医局
	泰安市科技扶贫信息管理系统建设及科技培训	泰安市科技信息协会
	池塘水质综合调控及节能减排技术推广	泰安市水产研究所
2016 年中科院科技服务网络计划农业科技领域山东试点项目	生猪生态高值化养殖技术集成与示范转化	泰安宏盛工业微生物有限公司
省人才计划资金	省扶贫开发重点区域人才支持计划服务基层（安秀荣等 21 人）	泰安市农科院等单位
泰山产业领军人才	战略性新兴产业创新类（张文）	新汶矿业集团有限责任公司
	科技创业类（丁新华）	山东蓬勃生物科技有限公司
	科技创业类（王传华）	山东龙美生物医学科技有限公司

泰安市2016年有效期内高新技术企业名单

表28

序号	高新技术企业	所属技术领域	区域
1	山东鲁燕色母粒有限公司	新材料技术	岱岳区
2	山东宏康机械制造有限公司	高新技术改造传统产业	岱岳区
3	泰石岩棉有限公司	新材料技术	岱岳区
4	山东西奥自动化系统工程有限公司	高新技术改造传统产业	岱岳区
5	泰安科诺型钢股份有限公司	高新技术改造传统产业	岱岳区
6	山东明佳科技有限公司	高新技术改造传统产业	岱岳区
7	山东阳光新材料科技有限公司	新材料技术	岱岳区
8	山东济海华元医疗科技有限公司	新材料技术	岱岳区
9	泰山石膏股份有限公司	资源与环境技术	岱岳区
10	山东省联合农药工业有限公司	生物与新医药技术	岱岳区
11	泰安汉威化工有限公司	生物与新医药技术	岱岳区
12	鲁普耐特集团有限公司	新材料技术	岱岳区
13	山东康盛医疗器械有限公司	生物与新医药技术	岱岳区
14	泰安现代塑料有限公司	新材料技术	岱岳区
15	山东润银生物化工股份有限公司	生物与新医药技术	东平县
16	新东岳集团有限公司	新材料技术	东平县
17	山东祥瑞药业有限公司	生物与新医药技术	东平县
18	山东光大科技发展有限公司	新材料技术	东平县
19	山东沃尔丰新能源工业有限公司	新能源及节能技术	东平县
20	山东三同塑纤有限公司	新材料技术	肥城市
21	山东鲁泰建材科技集团有限公司	资源与环境技术	肥城市
22	山东云宇机械集团有限公司	高新技术改造传统产业	肥城市
23	山东农大肥业科技有限公司	生物与新医药技术	肥城市
24	泰安瑞泰纤维素有限公司	生物与新医药技术	肥城市
25	肥城昌盛特种石墨有限公司	新材料技术	肥城市
26	山东泰鹏新材料有限公司	新材料技术	肥城市
27	肥城三英纤维工业有限公司	新材料技术	肥城市
28	山东众成饲料科技有限公司	生物与新医药技术	肥城市
29	泰安麦丰新材料科技有限公司	新材料技术	肥城市

续表 28-1

序号	高新技术企业	所属技术领域	区域
30	肥城联谊工程塑料有限公司	新材料技术	肥城市
31	山东泰鹏智能家居有限公司	电子信息技术	肥城市
32	泰安京泰生物技术有限公司	生物与新医药技术	肥城市
33	山东泰鹏环保材料股份有限公司	新材料技术	肥城市
34	肥城金塔酒精化工设备有限公司	新能源及节能技术	肥城市
35	山东一滕新材料股份有限公司	新材料技术	肥城市
36	山东瑞福锂业有限公司	新材料技术	肥城市
37	泰安众诚自动化设备股份有限公司	电子信息技术	高新区
38	山东泰开隔离开关有限公司	高新技术改造传统产业	高新区
39	山东泰开高压开关有限公司	高新技术改造传统产业	高新区
40	尤洛卡矿业安全工程股份有限公司	高新技术改造传统产业	高新区
41	山东蓝光软件有限公司	电子信息技术	高新区
42	山东大成电气有限公司	高新技术改造传统产业	高新区
43	山东泰开成套电器有限公司	高新技术改造传统产业	高新区
44	山东鲁能奥特科技有限公司	高新技术改造传统产业	高新区
45	泰安轻松表计有限公司	新能源及节能技术	高新区
46	泰安市路达试验仪器有限公司	高新技术改造传统产业	高新区
47	山东众志电子有限公司	电子信息技术	高新区
48	泰安中意重型工业设备有限公司	新能源及节能技术	高新区
49	山东欧瑞安电气有限公司	高新技术改造传统产业	高新区
50	山东晨晖电子科技有限公司	高新技术改造传统产业	高新区
51	山东岱阳重工机械有限公司	高新技术改造传统产业	高新区
52	山东泰开箱变有限公司	新能源及节能技术	高新区
53	山东泰开真空开关有限公司	高新技术改造传统产业	高新区
54	泰山恒信有限公司	生物与新医药技术	高新区
55	山东泰开自动化有限公司	新能源及节能技术	高新区
56	泰安磐然测控科技有限公司	高新技术改造传统产业	高新区
57	力博重工科技股份有限公司	高新技术改造传统产业	高新区
58	山东泰开变压器有限公司	高新技术改造传统产业	高新区
59	山东泰开电力电子有限公司	新能源及节能技术	高新区

续表 28-2

序号	高新技术企业	所属技术领域	区域
60	山东泰盈科技有限公司	电子信息技术	高新区
61	山东泰开电器开关有限公司	高新技术改造传统产业	高新区
62	山东泰华生物科技股份有限公司	生物与新医药技术	高新区
63	山东友和安泰信息技术有限公司	电子信息技术	高新区
64	山东以利奥林电力科技有限公司	新材料技术	高新区
65	尤洛卡（山东）深部地压防治安全技术有限公司	电子信息技术	高新区
66	山东泰开电缆有限公司	新材料技术	高新区
67	山东五岳电器有限公司	先进制造与自动化	高新区
68	山东京卫制药有限公司	生物与新医药技术	高新区
69	山东泰开特变有限公司	先进制造与自动化	高新区
70	山东泰开电器机构有限公司	先进制造与自动化	高新区
71	泰安航天特种车有限公司	先进制造与自动化	高新区
72	山东天路重工科技有限公司	先进制造与自动化	高新区
73	泰安东华合创软件有限公司	电子信息技术	高新区
74	山东华阳农药化工集团有限公司	生物与新医药技术	宁阳县
75	山东宁联机械制造有限公司	生物与新医药技术	宁阳县
76	海斯摩尔生物科技有限公司	新材料技术	宁阳县
77	山东华兴纺织集团有限公司	新材料技术	宁阳县
78	山东超威电源有限公司	新能源及节能技术	宁阳县
79	山东新合源热传输科技有限公司	新材料技术	宁阳县
80	山东省泰邦生物制品有限公司	生物与新医药技术	泰山景区
81	山东宝来利来生物工程股份有限公司	生物与新医药技术	泰山区
82	泰安巨菱钻探装备有限公司	高新技术改造传统产业	泰山区
83	山东科大中天电子有限公司	高新技术改造传统产业	泰山区
84	泰安华鲁锻压机床有限公司	高新技术改造传统产业	泰山区
85	山东恒通膨胀节制造有限公司	高新技术改造传统产业	泰山区
86	泰安启程车轮制造有限公司	新材料技术	泰山区
87	浪潮软件股份有限公司	电子信息技术	泰山区
88	泰山玻璃纤维有限公司	新材料技术	泰山区
89	山东沃尔重工科技有限公司	高新技术改造传统产业	泰山区

续表 28-3

序号	高新技术企业	所属技术领域	区域
90	泰安市大通前沿电子科技有限公司	电子信息技术	泰山区
91	山东泰开精密铸造有限公司	新材料技术	泰山区
92	泰安泰山工程机械股份有限公司	高新技术改造传统产业	泰山区
93	山东厚丰汽车散热器有限公司	新材料技术	泰山区
94	泰安路德工程材料有限公司	新材料技术	泰山区
95	泰安康平纳机械有限公司	高新技术改造传统产业	泰山区
96	山东泰开电器绝缘有限公司	新材料技术	泰山区
97	山东泰开互感器有限公司	高新技术改造传统产业	泰山区
98	山东视聆通讯有限公司	高技术服务业	泰山区
99	山东泰开电力开关有限公司	高新技术改造传统产业	泰山区
100	普瑞特机械制造股份有限公司	生物与新医药技术	泰山区
101	山东泰开电工电器有限公司	先进制造与自动化	泰山区
102	泰安协同软件有限公司	电子信息技术	泰山区
103	泰安泰山福神齿轮箱有限责任公司	先进制造与自动化	泰山区
104	山东国泰科技有限公司	先进制造与自动化	泰山区
105	山东省能源重型装备制造集团有限责任公司	高新技术改造传统产业	新泰市
106	山东新煤方舟科技有限公司	高新技术改造传统产业	新泰市
107	山东新煤机械装备股份有限公司	高新技术改造传统产业	新泰市
108	特变电工山东鲁能泰山电缆有限公司	新材料技术	新泰市
109	山东泰丰宝源数控机床附件有限公司	高新技术改造传统产业	新泰市
110	山东容力达矿用电器设备有限公司	高新技术改造传统产业	新泰市
111	山东润通齿轮集团有限公司	高新技术改造传统产业	新泰市
112	山东金恒力机械制造有限公司	高新技术改造传统产业	新泰市
113	山东良达发兴圆环链有限公司	高新技术改造传统产业	新泰市
114	山东能源重装集团大族再制造有限公司	先进制造与自动化	新泰市
115	山东春潮集团有限公司	新材料技术	新泰市
116	山东晶泰星光电科技有限公司	电子信息技术	新泰市
117	山东中玻节能环保发展有限公司	资源与环境技术	新泰市
118	山东瑞泰玻璃绝缘子有限公司	新材料技术	新泰市
119	山东泰山恒信开关集团有限公司	先进制造与自动化	新泰市

7月26日，中科院—山东省智能制造产业技术论坛暨科技成果对接洽谈会在泰安举办　　（凌　飞　摄）

评出市科技进步奖99项，其中一等奖9项、二等奖30项、三等奖60项，市技术发明奖1项，市专利奖40项。

【科技创新载体】 全市市级以上科技研发平台总数426家，其中省级企业重点实验室7家、省级工程技术研究中心40家(示范中心17家)、省院士工作站23家、省级国际科技合作平台22家。新增科技企业孵化器5家，累计23家，总孵化面积64万平方米，孵化企业620家。6家众创空间通过科技部备案，省级以上众创空间8家；5家“星创天地”获科技部首批认定。

【高新技术产业】 印发《关于促进泰安国家高新技术产业开发区加快发展的意见》，集聚各方面资源，向高新区建设重点倾斜。全市规模以上工业企业实现高新技术产业产值1727.54亿元，同比增长9.32%；占规模以上工业总产值的比重为28.3%，比上年提高1.45个百分点；比重提高幅度高于全省平均增幅0.21个百分点，居全省第5位。高新技术企业119家。新认定科技型中小企业142家，总数652家。国家火炬非金属新材料、输变电器材2个特色产业基地通过科技部复核。

【农业与社会科技】 选派第十批科技特派员51人，累计549人次，下达148项科技特派员科技项目，培育、引进和繁育新优特色品种102个，良种覆盖率98%。实施农业特色产业科技示范工程，建立精品园1万亩，制定标准化栽培技术规程21项。实施大樱桃提质增效配套技术开发工程，建立示范园1000亩，亩均增产100千克以上，优质果率超过90%；实施肥城桃提质增效工程，选取试验田30亩，推广起垄覆膜、施用有机肥、高光照技术，形成一套完善的肥城桃栽培技术规程；实施苹果高光效工程，建立示范园800亩，优质果率95%以上，亩均增收4500元。启动实施科技助推脱贫专项行动，组建65人科技精准扶贫专家服务团；选派科技指导员324人到464个贫困村开展技术帮扶，实现选派科技指导员覆盖所有贫困村的目标；整合涉农资金483万元支持贫困村85个。新建成省级农业科技园区3家，全市省级以上农业科技示范园累计6家，实现每县均有1家高层次农业园区的目标；新培育市级农业科技示范园25家，累计74家；泰安国家农业科技园区形成以苗木花卉产业为主导，辐射带动现代奶业、有机蔬菜、农业休闲旅游与泰山特色农产品开发等优势产业快速发展的局面，实现总产值13.63亿元。

【科技合作与交流】 全市签订科技合作协议69项，科技合作项目落地73项，预期经济效益35亿元；解决企业重大技术难题95项。与高校院所合作共建中科院、西安交大等技术转移转化分支机构7家，依托母体科技资源，面向全市企业开展技术转移、成果转化、合作研发、人才培养等科技创新服务。省大型科学仪器设备协作共用网络平台（泰安站）建设取得进展，入网企业600家，入网仪器设备600台（套），设备总值4.6亿元。举办中科院——山东省智能制造产业技术论坛暨科技成果对接洽谈会，齐鲁工业大学与肥城市政府、山东省科学院与宁阳县政府分别签订全面战略合作协议。

【知识产权管理】 全市发明专利申请2000件，同比增长2.4%；发明专利授权407件，同比增长24.5%；PCT（专利合作条约）国际专利申请4件。全市每万人有效发明专利拥有量2.41件，较上一年增长26.18%。新增省级知识产权优势培育试点企业11家，总数46家，14家企业晋升为山东省知识产权示范企业。查处假冒专利案件30件，同比增长20%；受理专利侵权纠纷案件13件，同比增长160%，全部结案。

【科技金融】 依托泰山科技创业资金，以贷款担保的方式，为 134 家科技型中小企业提供担保贷款 1.45 亿元；以贷款贴息的方式，帮助 140 家科技型中小企业、承担市级以上科技计划项目的企业获金融机构贷款 15.53 亿元，财政贷款贴息 300 万元。3 家企业成功在齐鲁股权交易中心“科技板”首批挂牌。1 家企业以 8 项专利权在融资担保有限公司质押后，从银行获得贷款 500 万元，成为全市首例专利权质押担保公司（非银行）成功贷款的案例。

【科技人才】 拓宽人才引进渠道，以签订协议、项目合作等形式引进高层次科技创新人才 181 人次，其中，中国科学院院士 7 人次、中国工程院院士 10 人次、“千人计划”专家 9 人次。柔性引进的人才数量占引进总量的 85% 以上。年内入选国家“万人计划”2 人，实现零的突破；入选国家创新人才推进计划 1 人、入选“泰山产业领军人才”3 人（科技类）。

【创新创业大赛】 组织“泰安银行杯”第二届创新创业大赛，市内外 70 家科技型中小企业和 102 个创业团队报名参赛，针对大赛中科技含量高、成长性好的企业和团队，给予创业辅导、创业投资、银行授信等多方位支持。13 家科技型企业和 1 个创新团队入选第五届中国创新创业大赛山东赛区决赛，获一等奖 2 项、二等奖 2 项、三等奖 3 项，获奖数占全省授奖总数 1/6；获全国行业决赛优秀奖企业 3 家。 （姚 文）

【概况】 市气象局继续保持省级文明单位荣誉，获省气象局授予的全省气象服务先进集体、全省预报业务管理先进单位、第七届全省气象行业职业技能竞赛优秀组织奖、全省市级城镇报 0 ～ 72 小时最高气温预报第一名。参加“山东—2016”(泰安）反恐演习，受到通报表彰。泰山气象站 1 人入选中国第 33 次南极科学考察队，并入选 2016 年泰安十大新闻人物。市气象局 1 人获全国气象科普讲解大赛一等奖。

气象防灾减灾 全年发布重要天气预报 90 期，灾害性天气预警信号 69 次，启动重大气象灾害应急响应 4 次。准确预报 1 月 22 ～ 24 日强寒潮天气。汛期暴雨、大暴雨天气多发频发。6 月 14 日、7 月 19 ～ 20 日、8 月 16 ～ 17 日出现 3 次全市范围大暴雨天气过程。5 个国家气象观测站出现大暴雨 8 站次、暴雨 16 站次；103 个区域气象观测站出现特大暴雨 2 站次、大暴雨 64 站次、暴雨 279 站次。黄前镇日降水量 311 毫米，创历史极值。7 月 19 ～ 20 日，泰山景区首次因暴雨红色预警信号停止售票。重大天气过程启动每小时 1 次的加密雨情服务，“泰安气象通”手机 APP 成为领导掌握天气信息的“掌中宝”，全市实现大雨之后无大灾。

公共气象服务 为泰安机场选址、徂徕山抽水蓄能电站规划等重大项目提供精细化气象资料服务。为泰山国际登山节、中国国际矿业装备展等重大活动，以及春运、高考、国庆等重要时段提供专项气象服务。发布泰山森林火险气象等级预报，成为泰山防火的“哨兵”。制作发布春播、三夏、秋收等各类为农服务材料 183 期。组织实施人工增雨雪作业 6 次。与武警泰安市支队签订突发事件预警信息发布协议，与泰安城市防汛办公室签订业

5 月 20 日 9 时 40 分许，泰安城区天空出现日晕奇观，太阳周围形成一个巨大的彩色光环，该光环持续长达近 5 个小时。据了解，日晕是一种大气光学现象，形成的原因是高空中出现了由冰晶构成的卷层云，卷层云中的冰晶经过太阳照射，发生折射和反射等物理变化，最终在太阳周围形成一个巨大的彩色光环。图为在岱顶拍摄的日晕奇观 （赵文文 摄）

务合作协议。国家突发事件预警信息发布平台发布重污染天气预警等非气象类预警信息4次。宁阳县伏山镇、新泰市放城镇获中国气象局授予的第四批标准化气象灾害防御乡（镇）。

气象业务与现代化建设　全市6个国家级地面气象观测站新增能见度、降水天气现象的自动观测和基本要素分钟级传输，新泰市、宁阳县、肥城市建成双套新型自动气象站。建成泰安城区大气电场监测与雷电预警系统、泰山气溶胶质量浓度观测系统、东平北斗地基增强系统基准站，新建自动土壤水分观测站6个、校园气象站1个，升级改造区域气象观测站25个。东平县气象局跨部门合作，与县农业局共建土壤水分观测站。建成市县两级区域站校准系统，完成ASOM（综合气象观测系统运行监控）平台装备信息采集。泰山气象站综合改善纳入全省气象部门气象现代化建设精品工程。泰安农业气象试验基地建设纳入山东现代农业气象保障服务工程，完成3.27公顷（49亩）土地租用和供水、供电、围栏、看护房等基础设施建设，安装农田小气候观测站。新泰市气象局新址开工建设，风云三号卫星省级应用站完成安装前准备。自立课题14项，获批省局课题3项，省局课题结题2项。

气象法规建设与社会管理　市政府和省气象局共同论证《泰安气象事业发展“十三五”规划》。气象工作纳入县（市、区）党委政府生态文明乡村考核，并列入全市农村工作会议表彰范围。推进防雷减灾体制改革，取消防雷设计施工资格管理；防雷检测市场化，由具有资质的公司实施防雷装置检测；将新（改、扩）建建筑物防雷设计审核与竣工验收行政许可项目移交市住建局，保留危化企业等特殊建设项目防雷设计审核与竣工验收行政许可。

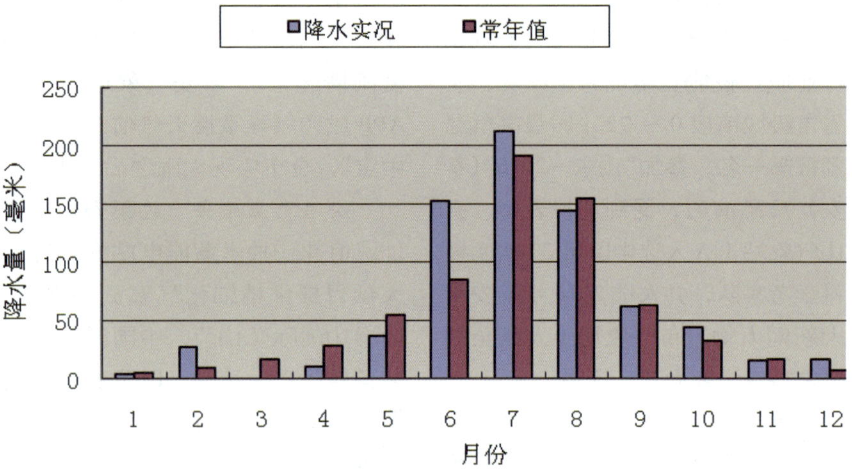

图3　2016年1～12月逐月降水量

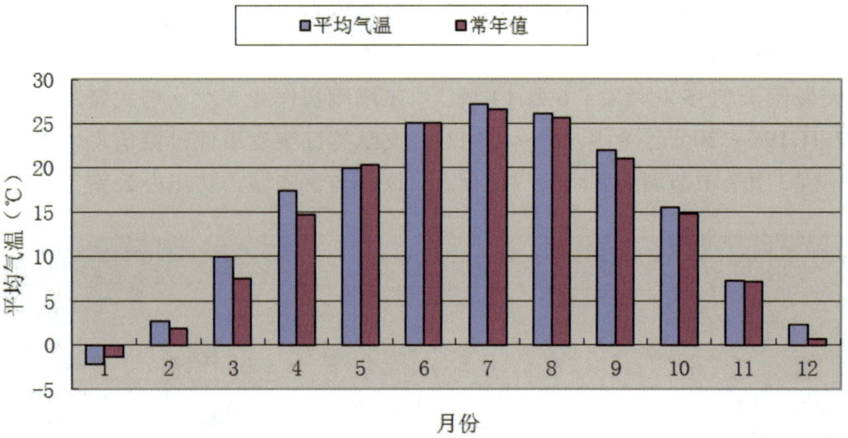

图4　2016年1～12月逐月平均气温

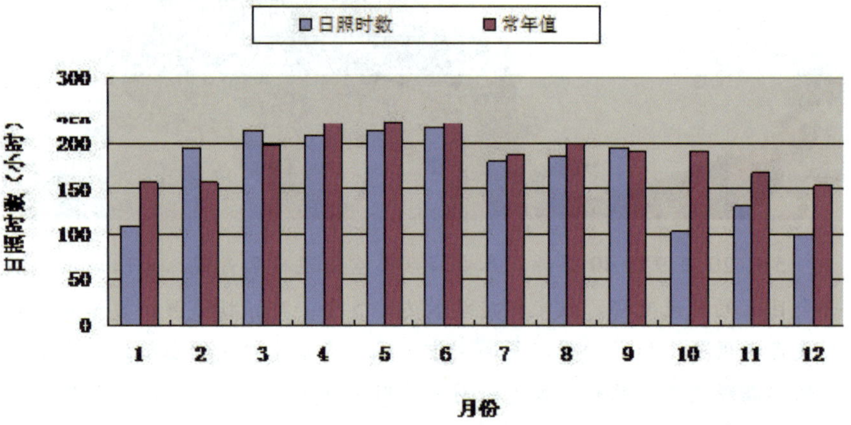

图5　2016年1～12月逐月日照时数

【气候概况与气候特点】　2016年，泰安市天气气候主要特点为：降水量正常略偏多，气温偏高，光照不足。

降水量　1～12月，全市平均降水量728.3毫米，较常年同期（664.5毫米）偏多9.6%，属降水正常年份。降水量时空分布不均，2月、6月、7月、10月、12月降水较常年同期偏多。其中2月较常年偏多202.2%、12月偏多144.3%、均属降水异常偏多月份，6月偏多78.9%，属降水显著偏多月份；其他月份降水量均较常年偏少，其中3月较常年偏少97.6%，属降水异常偏少月份；4月较常年偏少63.5%，属降水显著偏少月份。宁阳县年降水量637.4毫米，较常年（646.9毫米）偏少1.5%，为全市最少。泰安城区789.3毫米，较常年（685.6毫米）偏多15.1%，为全市最多。肥城市782.6毫米，较常年（645.7毫米）偏多21.2%。新泰市789.2毫米，较常年（730.0毫米）偏多8.1%。东平县643.3毫米，较常年（614.3毫米）偏多4.7%。

平均气温 1～12月全市平均气温14.5℃，较常年（13.6℃）偏高0.9℃，属气温偏高年份。1月、5月、6月、11月平均气温较常年偏低，其他月份较常年偏高，其中4月异常偏高、3月显著偏高。年极端最高气温36.5℃，7月30日出现在肥城市；年极端最低气温-18.3℃，1月24日出现在新泰。终霜结束于3月27日，初霜开始于11月1日。终雪结束于3月20日，初雪开始于11月23日。严寒开始于11月22日，大雾日数26天，大风日数2天，高温日数3天。

日照时数 1～12月全市平均日照时数2055.2小时，较常年（2313.3小时）偏少258.1小时，属日照时数偏少年份，为1951年后第3位少值，仅次于2003年的1974.7小时和2006年的2036.8小时。其中，2月、3月、9月日照时数较常年偏多，其他月份较常年偏少。日照时数最多的是肥城市2248.4小时，较常年同期（2281.3小时）偏少32.9小时；最少的是宁阳县1908小时，比常年同期（2272.7小时）偏少364.7小时。

2016年世界气象日期间，市气象局举办“减缓气候变化”主题签名活动

（蒋 蒙 摄）

四季气候概况 ①春季气候基本特征：气温偏高，降水显著偏少，日照不足。春季降水量为47.7毫米，较常年同期（99.5毫米）偏少52.1%，属降水显著偏少年份。春季平均气温为15.8℃，较常年（14.2℃）偏高1.6℃，属于偏高年份。春季全市平均日照时数638.3小时，比常年（680.1）偏少41.8小时。②夏季气候基本特征：气温接近常年略偏高，降水正常，日照接近常年略偏少。夏季平均降水量509.2毫米，较常年同期（431.2毫米）偏多18.1%，属降水正常年份。夏季平均气温26.1℃，较常年（25.8℃）偏高0.3℃。夏季全市平均日照时数584小时，比常年（614小时）偏少30小时，接近常年略偏少。③秋季气候基本特征：气温接近常年，降水接近常年略偏多，日照偏少。秋季全市平均降水量122.4毫米，较常年同期（111.8毫米）偏多9.5%，属降水正常年份。秋季平均气温14.9℃，较常年（14.3℃）偏高0.6℃。秋季全市平均日照时数430.6小时，比常年（551小时）偏少120.4小时。④冬季气候基本特征：气温接近常年，降水显著偏多，日照不足。全市平均降水量33.4毫米，较常年同期（21.9毫米）偏多52.5%，属降水显著偏多年份。冬季平均气温0.7℃，较常年（0.4℃）偏高0.3℃，属于正常年份。全市平均日照时数462.3小时，比常年（468.2小时）偏少5.9小时。

【主要气候事件】 ①年初强寒潮降温。受强冷空气影响，1月22～24日出现寒潮降温天气。1月23日和24日早晨大部地区最低气温在-15℃至-19℃，全市最低气温24日为新泰站-18.3℃，为1991年后气温最低值，1951年建站后第11位低值。泰山站最低气温出现在24日早晨-27.1℃，仅次于1958年的-27.5℃，各县（市、区）均出现阵风6级及以上的西到西北风。②年初、年末雾和霾天气频繁，空气污染严重。1月、12月雾和霾天气频繁出现，市气象台发布预警信号9期。12月18～22日，连续5天出现严重雾和霾天气，此次过程持续时间长、范围广，部分时段能见度较低、空气污染物浓度较大，为2016年最严重的一次雾和霾天气。③2月单日降水量突破历史极值。自1951年有气象记录起，2月最大单日降水量27毫米，1967年2月21日出现在肥城市；最大过程降水量32.5毫米，1990年2月17～18日出现在泰安站。2月13日，泰安站单日降水量37.2毫米，东平站单日降水量33毫米，降水量创历史同期单日降水量、过程降水量极值。④春季降水显著偏少。春季降水量为47.7毫米，较常年同期（99.5毫米）偏少52.1%。⑤强对流天气频发，6月风雹强度大，农业损失较重。6月13～15日、23～24日，泰安出现大风冰雹强对流性天气过程2次。6月13日、14日傍晚到夜间，受高空冷涡、黄河气旋的影响，出现范围最广、强度最强的一次对流性天气，大部地区出现雷电、8～9级大风、冰雹、短时强降水，其中东平站13日20～21时出现50.8毫米的短时强降水。据统计，全市受灾人口34.8万人，农作物受灾面积2.24万公顷，成灾面积1.91万公顷，房屋损坏272间，造成直接经济损失3亿元，其中农业损失2.9亿元。⑥夏季暴雨多强度强，降雨局地性、突发性强。6月份出现7站次暴雨，7月份出现5站次暴雨、8月份出现3站次暴雨。⑦阴雨寡照。1～12月全市平均日照时数2055.2小时，较常年（2313.3小时）偏少258.1小时，属日照时数偏少年份，为1951年后第3位少值，仅次于2003年的1974.7小时、2006年的2036.8小时。⑧秋末寒潮降雪结伴而至。受寒潮影响，11月21～23日，先后出现雨雪和大风降温天气。过程降温48小时最低气温泰安达到-8.4℃；最低温度出在肥城市-8.6℃；过程阵风最大5～6级。⑨平均气温偏高。1～12月全市平均气温14.5℃，较常年（13.6℃）偏高0.9℃，属气温偏高年份。1月、5月、6月、11月平均气温较常年偏低，其他月份均较常年偏高，其中4月异常偏高、3月显著偏高。⑩春季多大风天气。3月8～9日、28～29日、31日泰安大部地区风力4～5级、阵风6～7级。5月3日、6日、12日部分地区出现大风天气。（蒋　蒙）

5月11日，全市地震应急疏散演练在泰安高新区一中举办。图为消防官兵为演练总指挥、副市长成丽（女）介绍救援装备　（赵红明　摄）

【概况】 全市地震系统按照以基层基础为主题，以社会管理服务为主线，推进“三网一员”（地震宏观测报网、灾情速报网、科普宣传网，防震减灾助理员）体系完善延伸、应急避难场所拓展延伸、宣传教育突破创新，推动防震减灾事业实现新发展的总体工作思路，推进监测预报、震灾预防、应急救援和宣传教育体系建设。6月，印发《泰安市防震减灾第十三个五年规划》。市地震局被省地震局表彰为全省市级防震减灾工作目标考核优秀单位，新泰市地震局、东平县地震局被省地震局表彰为全省县级防震减灾工作目标考核先进单位，新泰市被中国地震局表彰为全国县级防震减灾业务工作考核先进单位。

【监测预报体系建设】 完善地震前兆观测手段，东平县体应变观测井纳入省局前兆观测网络，参加国家综合评比。完成地震烈度速报与预警工程项目泰安分项目基本站3个、55个一般站的台址勘选任务。指导东平县地震局投资30万元建设远程宏观观测系统，对全县骨干观测点实行24小时全方位、全天候远程视频监控。推进防震减灾“三网一员”（地震宏观测报网、地震灾情速报网、地震知识宣传网，防震减灾助理员）体系建设，全市88个乡镇（街道）3764个村（社区），完成88个乡镇（街道）3162个村（社区），完成率分别为100%、84%。

【震灾预防体系建设】 依法加强抗震设防要求审批管理，市县两级为197个一般建设项目提供地震动参数。协调省地震工程研究院完成东平湖库区移民避险解困工程老湖镇安置点、银山镇平湖社区安置点地震安全性评价工作。组织开展国家级地震安全示范社区和省级地震安全示范学校、企业申报工作，全市新认定省级地震科普示范学校 8 所（累计 35 所）、市级地震科普示范学校 16 所（累计 94 所），新认定省级地震安全示范企业 3 家（累计 6 家）、市级地震安全示范企业 7 家（累计 32 家），新认定国家级地震安全示范社区 4 个（累计 8 个）、省级 0 个（累计 18 个）、市级 12 个（累计 41 个）。

【应急救援体系建设】 5 月 11 日，市地震局牵头，联合泰安高新区、市教育局、武警泰安市支队、泰安公安消防支队、泰安蓝天救援队等部门（单位）在泰安高新区一中举办全市地震应急疏散演练。起草泰安市较大以上地震灾害应急处置桌面推演方案，开展领导小组桌面推演的前期准备工作。推进地震应急避难场所向村（居）延伸，全市村（社区）地震应急避难场所建设完成率 50%。

【防震减灾宣传教育】 加强与新闻媒体合作，继续在《泰安日报》、泰安广播电台开展专栏宣传，利用市委、市政府机关大楼楼宇电视和公交电视开展防震减灾知识宣传，加强对机关干部和社会公众的宣传教育。组织开展全国防灾减灾日宣传周活动。市地震局、市教育局联合在全市中小学开展“防灾减灾日”宣传周活动，与泰安基准地震台联合组织开展地震开放日活动，到泰安电力公司、华新社区、泰山医学院等单位开展防震减灾知识讲座。

（赵红明）

【概况】 年末，全市有各级各类学校 1876 所，在校生 94.97 万人，教职工 7.17 万人。其中，幼儿园 1143 所，在园幼儿 16.14 万人，教职工 1.5 万人，专任教师 1.12 万人；普通中小学校 697 所，在校生 60.91 万人，教职工 4.45 万人，专任教师 4.16 万人，其中小学 517 所，在校生 26.9 万人，教职工 1.91 万人，专任教师 1.83 万人；初中 150 所，在校生 23.4 万人，教职工 1.69 万人，专任教师 1.57 万人；普通高中 30 所，在校生 10.6 万人，教职工 8495 人，专任教师 7617 人。特殊教育学校 7 所，在校生 1117 人，教职工 289 人，专任教师 249 人。中等职业学校 20 所（不含技工学校），在校生 4.7 万人，教职工 3037 人，专任教师 2219 人。高校 9 所，在校生 13.1 万人，教职工 8808 人，专任教师 6415 人。全市以提高质量为核心，深化教育综合改革，促进教育公平，推进教育现代化进程，全市中小学全部完成办学条件标准化建设任务，完成国家义务教育基本均衡发展县创建任务，2 个县（市、区）分别创建为国家级社区教育示范区和实验区，2 个县（市、区）立项建设国家级农村职业教育与成人教育示范县。市教育局获市经济社会发展综合考核先进单位、“五型”机关建设先进单位、市政协提案办理先进单位、市政府信息工作先进单位等 30 项，连续 14 年保持“省级文明单位”称号。

【国家义务教育均衡发展县评估】 11 月 18 日，国家评估组宣布东平县通过国家评估认定，成为国家义务教育均衡发展县。2013 年，肥城市、宁阳县在全省首批通过国家评估认定，新泰市于 2014 年，泰山区、岱岳区于 2015 年分别通过国家评估认定。全市 6 个县（市、区）全部通过国家评估认定，提前一年完成省定目标任务。

【中小学办学条件标准化建设】 年内，东平县完成省中小学办学条件标准化工程建设任务，全市 6 个县（市、区）全部达到省定验收标准并通过验收。2012 年，泰安市启动中小学办学条件标准化建设工程，各级加大投入，强化措施，坚持高标准、全覆盖，中小学办学条件进入历史上较快的发展阶段。泰山区于 2012 年，肥城市、宁阳县于 2013 年，新泰市于 2014 年，岱岳区于 2015 年分别完成建设任务，全市 6 个县（市、区）全部达到省定办学条件标准化验收标准并通过验收。

【基础教育综合改革】 落实主体责任，实施项目管理，将基础教育综合改革内容细化为一级项目 7 个、二级项目 29 个、三级项目 83 个。推进以落实《山东省中小学德育课程一体化实施指导纲要》和改革教学内容、教学方法为主要内容的课程教学改革，推进以促进教育公平为宗旨的考试招生制度改革，推进以激发内部活力为目标的教育评价制度改革，探索推进校长职级制为核心的中小学管理体制改革、教师管理和培养培训制度改革、社会力量办学体制改革，推进社会参与教育监督体制构建，推进教育信息化建设。

【解决中小学大班额】 为落实《山东省人民政府办公厅关于解决城镇普通中小学大班额问题有关事宜的

8月12日，2016中国学前教育峰会暨中国学前教育用品博览会在泰安市举行　　（陈　阳　摄）

通知》，泰安市启动实施解决普通中小学大班额工程，计划用2年的时间全面解决全市中小学大班额问题。2015～2017年，全市计划扩增土地面积580.33公顷，新增校舍面积473.4万平方米，完成新建学校116所，改扩建学校290所；投入资金149.5亿元，新增班级5501个，新增学位25.27万个，选聘教师8102人。全市各级围绕"钱、地、人"等关键因素，落实政府主体责任，加强部门配合，强化协调推进。年内，全市解决大班额问题工作开工项目学校273所，完成资金投入38.3亿元，竣工学校183所，新增学位7.66万个，新增教师4058人。

【全面改善义务教育薄弱学校基本办学条件工作】 全市累计投入资金13.82亿元，开工项目888个，竣工项目725个，为382所学校购置教学、生活设施设备，力争2017年基本完成建设项目，提前一年完成规划任务。

【义务教育经费保障机制】 按照小学、初中每生每年710元、910元标准统一城乡义务教育生均公用经费拨款标准，其中泰山区、岱岳区、新泰市、肥城市、泰安高新区、泰山景区按照山东省教育示范县（市、区）小学、初中每生每年810元、1010元的拨款标准执行；落实特殊教育学校生均公用经费6000元标准；农村初中和小学家庭困难寄宿生生活费补助标准分别为1250元、1000元，享受补助学生占寄宿学生的比例提高到15%。发放各类学生资助资金4479.45万元，受助学生5.3万人次。

【教师队伍】 制定《泰安市〈乡村教师支持计划（2015～2020年）〉实施细则》《泰安市中小学校长职级制改革实施办法》，优化师资配置，开展教师交流轮岗，推进乡村教师队伍建设，新招聘教师65%以上安排到农村任教。制定《泰安市中小学校长教师培训规划（2016～2020年）》，完善教师培训体系和递进培养机制，培训教师6万人次。全市14人入围齐鲁名师名校长建设工程人选，2名教师获"2016齐鲁最美教师"称号。做好教师资格考试，面试考生4934人，通过教师资格认定3428人，对3822名新进教师进行资格注册。

【数字化校园建设】 推进"智慧教育·数字化校园"资源优化和应用创新，全市建成录播教室218间。制作微课程30万节，购置电子书包1.5万台，在400个班级开展微课、翻转课堂实验。利用泰安市智慧教育云平台备课、授课20万节次。学校均接入市教育专网，实现校校通，全市班班通100%。教师4.5万名、学生56.5万名在云平台注册，发表文章137万篇，上传资源60万件。教育信息化与教育教学深度整合，农村偏远学校共享优质教育资源，促进城乡教育一体化快速发展。

【语言文字工作】 举办首期普通话测试员培训班和首期骨干书法教师培训班，培训人员185人。组织普通话测试工作，参与测试1.2万人次。开展推广普通话特色活动，泰安市第十九届全国推广普通话周启动仪式在东平县举办。

【平安校园建设】 制定《全市学校安全风险科学预判分级管控和隐患排查治理双重预防机制》《全市学校校园及周边秩序整治工作方案》《2016年全市教育系统冬春火灾防控工作方案》等文件，全市中小学校投入资金1312万元，更新、配备安保器械3526件，安装红外线校园侵入报警系统102套，更换、增设高清视频监控1058个，设立校园警务室882个，4个县（市、区）建立统一视频监控平台，217所中小学校与公安"110"报警系统联网；全市中小学校配备专职保安1658人、兼职1850人；市、县两级举办各种安全教育管理培训112次，培训安全管理干部9862人次；协调公安部门，维护校园及周边治安交通秩序，提高校园“三防”（人防、物防、技防）建设和学校安全防范能力。开展治安保卫、交通、消防等专项排查整治行动5次；组织完成市直学校校舍加固项目5个，加固面积1.7万平方米。组织开展“我与安全”“守护平安幸福童年”“文明交通我见证”等为主题的各类活动，全市70万名中小学生参加活动。各级各类学校开展以防震、防火、防暴力侵害、防踩踏等为主要内容的应急疏散演练1.2万次，活动开展率100%。

【学生资助】 年内，市、县两级财政拨付、发放各类学生资助资金4479.45万元，受助学生5.3万人次，其中发放学前教育政府助学金1478.9万元，受助幼儿2.46万人次；发放普通高中政府助学金1823万元，受助学生1.83万人次；发放中职助学金500.3万元，受助学生0.56万人次；发放市属高校国家助学金677.25万元，受助学生0.45万人次。

【各类考试】 全市完成普通高考、春季高考、美术统考、研究生招生考试、普通高校专升本考试、高等教育自学考试、教师资格考试、高中学业水平考试、初中学业水平考试等各类考试26次，考生人数120万人次。全市18个高考考点全部被评为省优秀考点。

【素质教育】 高校自主招生人数居全省第一，7所高中进入自主招生全国百强。全省中小学田径运动会成绩连续三年位居全省第一。创建全国足球特色学校13所、全省健康教育示范校24所、全国青少年毒品预防教育先进学校1所。教育部首届全国青少年学生法治知识网络大赛泰安市初赛、复赛成绩均居全国第一，并获“杰出组织奖”。泰山博文中学获全国篮球传统项目学校比赛初中男子组第2名，泰山中学获全国体育舞蹈公开赛冠军、全国排舞联赛大集体自选组别冠军。在全市中学生田径联赛中，有46人次超上届联赛记录，10人次打破全市中学生最高纪录。全国目标教学30周年学术研讨及课堂成果展示会、华东六省一市物理教学专业委员会2016年年会、省高考生物研讨会先后在泰安市举办。

【国防教育】 举办泰安市高中学生军训成果展演，全市14所普通高中和6所职业中等专业学校代表队、1200名师生参加。10月15日，在宁阳县举行“新华书店”杯中小学“情系国防、同心共筑中国梦”国防教育主题演讲大赛，全市有25支中小学代表队75名选手参加比赛。组织军训征文比赛，参加市级比赛学生400名。

【对外交流】 举办中国泰山教育论坛暨首届新东方泰山国际教育展，参加学生及家长2000人。举办中俄校长高峰论坛，推进全市3所高职院校与俄罗斯3所知名大学签署合作备忘录。召开推进教育国际化工作座谈会和调研活动4次，推动市直4所学校参与中英伙伴学校计划。参加“南澳—山东”国际教育论坛并做主题发言。

【志愿服务】 成立泰安市教育志愿者协会，推广使用志愿服务云平台，市直志愿服务系统云平台完成注册7434人，推广使用公益护照，开展星级志愿服务认证，初步构建全市教育系统志愿服务组织网络体系。成立泰安市首家“爱心格子铺”，在农村偏远薄弱学校设立“牵手书屋”，举办贫困儿童泰城环保游、泰山公益大讲堂乡村行、外教进社区等系列活动，受益贫困学生8000人次。开展教育系统“最美志愿服务学校”“最美教师志愿者”“最美学生志愿者”“最佳志愿服务社团”和“最佳志愿服务项目”等“五个一百”（百名网络正能量榜样、百篇网络正能量文字作品、百幅网络正能量图片、百部网络正能量动漫音视频作品、百项网络正能量专题活动）评选推荐及事迹宣传活动。开展“中国·泰山—全球公益伙伴行动计划”“国际青少年公益论坛”等系列活动。 （景　婧）

【概　况】 全市有幼儿园1143所，在园幼儿16.1万人，教职工1.5万人，专任教师1.12万人。3～6岁幼儿入园率96%，年内，创建省级示范园幼儿园49所，全市省“十佳”、省级实验（示范）幼儿园164所，占比14.3%，市级规范化幼儿园406所，占比35.5%。普通中小学校697所，在校生60.9万人，教职工4.45万人，专任教师4.16万人。其中小学517所，在校生26.9万人，教职工1.91万人，专任教师1.83万人；初中150所，在校生23.4万人，教职工1.69万人，专任教师1.57万人；普通高中30所，在校生10.6万人，教职工8495人，专任教师7617人。小学、初中入学率100%。年内，新增市级规范化学校44所，全市市级以上规范化学校624所，占学校总数的89.5%，全市省级规范

2016年泰安市幼儿园基本情况

表29

单位	园数	在园人数		教职工		办园条件			
		总计	其中：女	总计	专任教师	占地（m²）	建筑面积（m²）	图书（册）	电子图书（册）
合计	1143	161431	75977	15007	11235	2933759	1247344	1610155	166795
泰山区	176	25647	12014	2720	1992	317677	178350	247195	71506
岱岳区	251	20356	9637	1955	1629	569666	217817	227049	32154
新泰市	275	36167	16431	3641	2635	711590	287679	355005	23261
肥城市	129	31241	14943	2553	2204	555282	255623	292803	18063
宁阳县	97	22427	10775	2056	1384	368114	145952	307496	13222
东平县	181	21358	10106	1500	1029	328991	125644	147427	627
泰安高新区	31	3977	1950	554	342	79859	35030	31400	5739
泰山景区	3	258	121	28	20	2579	1248	1780	2223

2016年泰安市小学基本情况

表30

单位	小学	教学点	毕业生数	招生数	在校生数	教职工		占地面积（m²）	建筑面积（m²）	图书（册）	计算机（台）	校园网（所）	电子图书（册）
						计	专任教师						
合计	517	153	61661	54511	269116	19130	18301	9526534.6	2269161.03	9395013	60092	516	389798
泰山区	56	5	10001	8277	40386	1913	1858	588377.7	238629.44	1148163	7179	56	81662
岱岳区	91	57	8857	6334	30450	2217	2181	1846904	397294.8	1254520	10206	91	50849
新泰市	144	37	16058	14175	73574	5532	4990	2724817.76	544631.1	2663403	16216	144	52494
肥城市	71	20	10307	8877	51185	3800	3608	1670335.63	436924.51	1754475	11225	71	113728
宁阳县	71	13	8142	8058	33887	3178	3039	1469045.31	384545.04	1506597	8355	71	17942
东平县	73	21	7163	7633	34832	2377	2340	1101543.2	226578.68	901029	5583	72	10361
泰安高新区	8	—	995	1086	4390	259	231	106184	34508.46	142895	1117	8	55262
泰山景区	3	—	138	71	412	54	54	19327	6049	23931	211	3	7500

2016 年泰安市普通初中基本情况

表 31

单位	校数	毕业生数	招生数	在校生数	教职工		占地面积（m^2）	建筑面积（m^2）	图书（册）	计算机（台）	校园网（所）	电子图书（册）
					计	专任教师						
合计	150	59453	60558	234231	16896	15667	7055058.82	2492481.73	8999859	42374	148	532928
泰山区	21	9172	9716	37829	2502	2259	827824.21	291446.93	1437825	7437	21	106000
岱岳区	28	10087	9094	37527	2485	2390	1428028	481161.1	1281908	7664	28	35012
新泰市	30	14934	15741	60308	4291	4175	1379888.66	526338.29	2469277	9475	30	19805
肥城市	28	10242	10170	32147	2885	2524	1244458.5	429952.37	1656227	8339	28	286300
宁阳县	18	7406	7636	32127	2351	2150	981987.15	408927.16	1156045	4591	18	54433
东平县	21	6720	6979	30006	2068	1909	926914.3	297736.88	846662	4116	19	4478
泰安高新区	3	769	1072	3780	266	212	239013	49237	128595	616	3	21900
泰山景区	1	123	150	507	48	48	26945	7682	23320	136	1	5000

2016 年泰安市普通高中基本情况

表 32

单位	校数	毕业生数	招生数	在校生数	教职工		占地面积（m^2）	建筑面积（m^2）	图书（册）	计算机（台）	校园网（所）	电子图书（册）
					计	专任教师						
合计	30	36668	35525	105812	8495	7617	3142802.8	1671408.48	4380222	16731	30	74568
泰山区	4	6758	6368	19154	1597	1452	466325	222230	541476	2464	4	27561
岱岳区	5	5571	5024	15198	1055	1010	425395	332188	734130	2241	5	5300
新泰市	6	7893	8125	24303	1858	1636	795295.3	402902.46	1124221	3915	6	6816
肥城市	6	6895	6463	19423	1611	1369	484720.36	227716.87	1026318	3925	6	16241
宁阳县	4	4698	4469	13524	1165	1082	528140.64	297660.15	651976	1825	4	11415
东平县	4	4853	5013	14147	1184	1052	377926.5	164111	206101	2261	4	6635
泰安高新区	1	—	63	63	25	16	65000	24600	96000	100	1	600

6月30日，泰安市举办首届少儿戏剧艺术节。图为参演节目《小狼肖恩》剧照（司 刚 摄）

化学校 184 所，占中小学总数的 26.4%。特殊教育学校 7 所，在校生 1117 人，教职工 289 人，专任教师 249 人。省级规范化学校 3 所，市级规范化学校 4 所，残疾儿童少年义务教育普及率 95%。

【学前教育三年行动计划】 加快实施《泰安市第二期学前教育三年行动计划（2015 ～ 2017 年）》，加强幼儿园建设，年内计划新建、改扩建幼儿园 132 所，实际完成 138 所，完工率 104.55%，投资 2.89 亿元，新增幼儿学位 1.99 万个。启动实施学前教育机构登记注册工程，落实新建小区配套幼儿园建设政策，全市新建城镇小区配套幼儿园 32 所，全部为公办幼儿园。开展省级示范园创建活动，49 所幼儿园通过省级示范园专家组验收。

【普通中小学招生制度改革】 深化高中考试招生制度改革，印发《关于做好 2016 年中小学招生工作的通知》《关于 2016 年初中学生学业考试工作的实施意见》《关于 2016 年高中段学校招生录取工作的实施意见》等，完善高中段学校招生改革，在招生计划上，保持中等职业教育与普通高中大体相当，保证初中毕业生能够接受高中段教育；在指标生分配上，比例保持 60% 以上；在综合素质评价运用上，C 等以上才能报考普通高中，B 等以上才有指标生资格；在鼓励学校特色办学上，继续开展学校自主招生、艺体特长招生、中外合作办学和高中与高校合作办学等模式；在志愿填报上，继续实行“先出成绩、后报志愿”。实施义务教育学区制，设置学区 123 个，其中泰山区 9 个、岱岳区 26 个、新泰市 26 个、肥城市 25 个、宁阳县 15 个、东平县 19 个、泰安高新区 2 个、泰山景区 1 个，各学区初步建立学区理事会。

【泰山德育品牌活动】 坚持立德树人，落实《泰安市中小学生德育综合改革实施方案（2015 ～ 2020 年）》，印发《关于加强中小学生成长指导中心建设指导意见》《关于进一步加强家庭教育工作的实施意见》《关于进一步加强中小学社团建设的指导意见》《关于关于进一步做好全员育人导师制的工作通知》，结合文明城市创建，开展“四德工程”“我们的节日”“读书成长”“泰山国学小名士”“文明出行”等系列主题教育实践活动。启动实施“中小学文明校园”创建活动，开展第二批中小学心理健康教育特色学校评选活动。

【特殊教育】 落实《泰安市特殊教育提升计划（2014 ～ 2016 年）》，加强特殊教育全部纳入教育体系的建设，随班就读支持保障体系基本建成，全市义务段随班就读学生 429 名，实行“一人一档”。开展送教上门，104 名残疾儿童享受送教上门教育服务。完善医教、康教结合特殊教育服务体系，各县（市、区）均建立残疾儿童入学鉴定和咨询委员会。开展“康教结合”项目实验，4 所特教学校列为省级实验学校，每所学校获项目资金 100 万元。特教学校生均 6000 元公用经费全部落实，市特殊教育中心建设进展顺利，主体建筑全面开工，预计 2017 年建成启用。（景 婧）

中等职业教育与成人教育

【概况】 全市有中等职业学校 20 所，在校学生 4.7 万人，教职工 3033 人，专任教师 2219 人。创建国家级示范校 4 所，5 所学校立项山东省示范性中职学校建设，省级规范 6 个县（市、区）实现全覆盖。民办性质学校 316 所，在校学生 6.4 万人，其中幼儿园 289 所，在园幼儿 4.1 万人；中小学学校 24 所，在校学生 2.1 万人；中等职业学校 2 所，在校学生 2000 人；民办高校 1 所。

【职业与成人教育】 2 所学校立项山东省首批示范性中职学校建设，2 所学校创建为省规范化中职学校，4 个专业创建为省级中职学校品牌

2016 年泰安市中等职业学校基本情况

表 33

单位	校数	毕业生数	招生数	在校生数	教职工		占地面积（m^2）	建筑面积（m^2）	图书（册）	电子图书（册）	计算机（台）
					计	专任教师					
合计	20	47156	14928	18168	3033	2219	2188400	1082213	1272799	12092	11112
泰山区	10	18759	4779	6696	959	634	1011748	541557	449882	4188	4450
岱岳区	1	5774	2057	1298	364	301	239000	118351	136047	260	1561
新泰市	2	4943	2078	1313	480	287	186735	96605	241472	1232	1191
肥城市	3	5143	2231	1400	490	394	106248	114335	217898	32	1299
宁阳县	1	5043	1418	3188	363	323	377329	66625	70300	100	1633
东平县	2	4354	1326	1668	230	207	133340	71939	85200	5500	678
泰安高新区	1	3140	1039	2605	147	73	134000	72800	72000	780	300

注：高新区中等职业学校在校生为山东服装职业学院附设中专部学生。

专业。泰山区、岱岳区分别创建为国家级社区教育示范区和实验区，6 个乡镇（街道）创建为全国社区教育示范乡镇（街道）。推进宁阳县第二批国家级农村职业教育与成人教育示范县建设，岱岳区创建为首批国家级农村职业教育与成人教育示范县（市、区）。全省社区教育工作现场会、山东省国家级农村职业教育和成人教育示范县创建工作现场推进会在泰安市召开。

【构建现代职业教育体系】 实施新一轮特色名校建设，泰山区文化产业中专省规范化学校和岱岳区国家示范校建设工作顺利推进；新泰市职业中专和宁阳县职业中专成功立项首批省级示范性学校，肥城市职业中专和东平县职业中专通过省规范化学校建设验收，泰安市工程职业中专和新泰市青云职业中专通过省规范化学校认定。职业教育新增泰安市经济社会发展技能型人才紧缺专业 12 个，淘汰落后专业 15 个；新增省级品牌专业 4 个、省级专业群 2 个、省青年技能名师 3 人、省级精品课程 20 门。建立全市中等职业教育发展与质量年度报告制度，推进县（市、区）实训设备工程实施，全市完成工程投资 2898 万元，落实市财政“以奖代补”资金 300 万元。

【技能比赛】 9 月 20 日，泰安市职业技术院校技能大赛在宁阳县职业中专举办，比赛设专业类别 18 个、比赛项目 45 个，全市 9 所院校、13 支参赛队、852 名选手参加比赛，比赛产生一等奖 68 个、二等奖 121 个、三等奖 174 个，团体总分一等奖 1 个、二等奖 2 个、三等奖 3 个。在全国职业院校技能大赛中，参加比赛项目 7 个，获金牌 2 枚、银牌 2 枚、铜牌 3 枚，实现县（市、区）在全国技能大赛上金牌零的突破。在省职业院校技能大赛中，获金牌 5 枚、银牌 7 枚、铜牌 19 枚。在全省职业院校信息化教学大赛上，获金牌 4 枚、银牌 4 枚、铜牌 1 枚。

（景　婧）

【概况】 泰安市人民政府办公室印发《关于进一步加快发展民办教育的通知》，明确“十三五”期间民办教育发展目标。泰安市人民政府办公室印发《关于加快发展教育培训业的通知》，引导教育培训机构向专业化和集团化方向发展。支持山东力明科技职业学院组建涵盖中

高等职业教育、高中段教育和义务段教育的"泰安市泰山国际教育集团"，成立"泰山国际学校"，初步形成从学前教育到高级中学，覆盖普通教育和职业教育、层次齐全、结构合理、办学体系相对完整的民办学校办学格局。泰安市印发《关于开展非营利性民办学校教师养老保险与公办学校教师同等待遇试点工作实施意见》，维护非营利性民办学校教师养老保险权益，强化民办学校办学吸引力。

【教育培训业】 年内，制定加快发展教育培训业系列政策措施，强化与国内高端教育培训机构合作，设立以"泰安新东方学校"和"新东方泰山家庭教育中心"为代表的一批民办教育培训机构。新增民办中小学校和社会培训机构86所。新东方教育科技集团与泰安市教育局签署战略合作备忘录（2016～2020年），在学生"英语素质教育第二课堂"建设、外语教师语言和教学技能测评、国外考试课程培训等方面合作。 （景 婧）

高等教育

【概况】 市内有山东农业大学、山东科技大学泰山科技学院、泰山医学院、泰山学院、山东财经大学东方学院和泰山职业技术学院、山东服装职业学院、泰山护理职业学院、山东力明科技职业学院普通高等学校9所，年内招生4万人，在校生13.1万人，专任教师6415人。 （景 婧）

4月11日，省委常委、组织部部长杨东奇到山东农业大学调研，参观作物生物学国家重点实验室和国家苹果工程技术研究中心。山东农业大学党委书记徐剑波、校长温孚江，泰安市委副书记、市长王云鹏，市委常委、组织部长唐福泉陪同调研 （王 静 王婉茹 供）

·山东农业大学·

【概况】 学校占地面积343公顷，建筑面积118万平方米，教学科研仪器设备总值6.18亿元，图书馆藏书257万册、电子图书379万册。在职教职工2677人，教师中有教授、副教授755人，中国科学院院士2人，中国工程院院士4人，入选国家"百千万人才工程"专家9人，国家有突出贡献的中青年专家5人，"长江学者奖励计划"特聘教授1人，国家千人计划1人，国家青年千人计划2人，国家万人计划1人，国家杰出青年科学基金获得者2人，国家级教学名师4人；"长江学者和创新团队发展计划"创新团队2个，国家级教学团队3个；泰山学者优势特色学科人才团队1个，泰山学者攀登计划专家3人、泰山学者特聘专家20人，泰山学者青年专家4人、泰山产业领军人才工程专家5人、泰山学者种业计划专家1人。在校学生34152人，其中本科生30882人，博士、硕士研究生3270人。另有在职攻读硕士学位研究生486人，继续教育类学生22142人。学校设有农学院等20个学院。拥有博士后科研流动站12个，一级学科博士点10个、二级学科博士点49个，一级学科硕士点24个、硕士点99个，本科专业89个；国家重点实验室1个、国家重点学科2个、国家工程实验室2个、国家工程技术研究中心2个；科技部、教育部新农村发展研究院1个、农业部重点学科2个、国家小麦育种栽培技术创新基地1个、农业部综合性重点实验室1个、农业部专业性重点实验室2个、农业部农业科学观测实验站2个、国家林业局山东泰山森林生态系统定位研究站1个。国家级精品课程5门，国家级双语示范课程2门，国家级精品资源共享课程5门，国家级特色专业9个，国家级人才培养模式创新实验区2个，国家级实验教学示范中心3个，国家级虚拟仿真实验教学示范中心1个，国家级大学生校外实践教育基地1个，全国高校实践育人暨创新创业基地1个。

【人才培养】 入围山东省“一流学科”立项建设学科3个，在2016年QS世界大学学科排名中学校农林学科进入全球400强、位居118位。获批省高水平应用型立项建设专业2个、省自筹建设专业7个，新增本科专业1个、校企合作专业方向1个、学士学位授予专业4个。新上首批国家级精品资源共享课程5门，新增教学科研就业实践基地50个。获批国家级大学生创新创业训练计划项目145个，组建社会实践服务队381支，获全国优秀团队2个、全国优秀项目3个，获全国高校创业教育研究与实践先进单位，学校团委获全国五四红旗团委。面向30个省区招生本科生7938人，本科毕业生7534人，授予学士学位9341人（含双学位1930人），就业率96.89%，考研率31%。1189名本科生通过第二次选择专业转入新专业。招收研究生1232人，其中博士研究生118人。毕业研究生1161人，其中获博士学位92人、学术型硕士学位564人、硕士专业学位505人。加强研究生课程建设，获批省级优质课程4门、省级优质案例库5门。严格学位论文评审、预答辩，获省优秀学位论文9篇。获省研究生教育创新计划项目10项，新建联合培养基地3个，获省级优秀科技创新成果奖3项、优秀实践成果奖4项，获首届全国农林院校研究生科技竞赛哲学社科类特等奖1项。拓展继续教育空间，33个函授站通过省教育厅年检备案，新增联合办学单位1个，函授录取4986人，举办各类培训班58期，培训学员7133人。

【师资队伍】 新增国家杰出青年1人、泰山学者攀登计划专家2人、泰山学者青年专家4人。当选全国优秀科技工作者1人，入选国家创新人才推进计划2人，享受国务院政府特殊津贴2人，获省有突出贡献的中青年专家1人，入选省国际合作培养计划5人。3名泰山学者特聘专家通过考核获优秀等次。入选省现代农业产业技术体系创新团队62人，其中6人被聘为首席专家。引进各类高层次人才16人，招聘各类优秀人才84人。招收博士后54人，获国家博士后科学基金资助15人。学校在山东省人才目标责任制考核中被评为优秀等次。选派27名青年教师到国内外高校和科研院所进修，选拔26名青年教师进博士后流动站开展研究，23名教师获首届教学杰出教师奖。

【科研服务】 作物生物学国家重点实验室、园艺机械与装备省级重点实验室获省科技奖励，国家苹果工程技术研究中心列入省科技厅资助名单，山东省农业大数据工程实验室获批建设，农业部重点实验室（实验站）、省级协同创新中心、国家小麦改良分中心二期建设项目等通过评估验收。作物生物学国家重点实验室通过现场评估和会议答辩。新上科研项目600项，立项经费2.8亿元，到位经费2.4亿元，其中新上国家重点研发计划项目3项、经费1.39亿元。授权专利259项，其中获法国专利1项。获植物新品种权7项，审定农作物品种7个。获各级各类成果奖励35项，其中国家科技进步二等奖1项，省科学技术奖10项。签订各种技术合同1500项。与省科技厅合作举办科技扶贫第一书记对接会，成立学校科技扶贫专家服务团。推广小麦、玉米、果树、畜禽新品种20个，先进适用技术及设施栽培模式300项。推进技术与成果转化，在菏泽市牡丹区建立科技成果转移中心，1个疫苗分别转让给世界最大的制药企业和国内4个企业，金额2400万元；2个小麦新品种成果转让，金额700万元。

【合作交流】 与荷兰应用科技大学、匈牙利圣伊什特万大学和中国台湾朝阳科技大学等建立合作关系，与英国雷丁大学及皇家农业大学、日本山口大学签署学生交流项目协议，与德国FOM大学签署新一轮合作协议。作为发起单位，加入“丝绸之路”农业教育科技创新联盟。与英国切斯特大学合作举办的“食品加工与安全专业硕士”项目获教育部批准，实现研究生国际教育。聘用外专外教51人，10所海外高校代表团130人到校交流。76人赴台湾高校学习。与云南省科技厅、黄河三角洲国家农高区、德国巴斯夫集团等签订战略合作协议，与省科技厅达成合作协议。成立天津校友分会，接收校友和社会捐赠100项，协议金额1000万元。

（张焕远　黄　伟）

·山东科技大学·

【概况】 山东科技大学是省属重点大学，是山东省重点建设应用基础型特色名校。学校设青岛、泰安、济南3个校区，校本部设于青岛校区。大学占地面积243公顷，建筑面积145万平方米，固定资产总值32亿元，其中教学仪器设备总值6亿元。设学院19个、教学系（部）9个、科研机构4个和独立学院1个。在校生4万人。教职工2800人，其中教授268人，博士生导师153人。有国家级特色专业7个、综合改革试点专业1个、人才培养模式创新实验区1个、精品视频公开课

8月25～28日，RoboMasters 2016全国大学生机器人大赛总决赛在深圳举行，学校代表队获全国一等奖　　（赵　健　摄）

3门、精品资源共享课3门、精品课程4门、双语教学示范课程1门、教学团队1个、实验教学示范中心3个、虚拟仿真实验教学中心1个、工程实践教育中心1个、大学生校外实践教育基地1个，是国家“卓越工程师教育培养计划”和“大学生创新创业训练计划项目”实施高校。有博士后科研流动站9个，博士学位授权一级学科8个、二级学科44个，硕士学位授权一级学科24个、二级学科131个，硕士专业学位类别8个，工程硕士授权领域18个；有本科专业84个。有国家重点（培育）学科、省部共建国家重点实验室培育基地、国家地方联合工程研究中心各1个；省部级重点学科、实验室（基地）和工程（技术）研究中心61个，其中教育部重点实验室、教育部工程研究中心各1个。学校科技园是国家大学科技园、国家级科技企业孵化器、高校学生科技创业实习基地、国家技术转移示范机构、科技型中小企业创业投资机构，入园企业、研发机构150家。泰安校区设资源与土木工程系、机电工程系、信息工程系、经济管理系、文法系、基础课部系（部）6个和继续教育学院、泰山科技学院（独立学院）、采矿工程研究院。

【教学】 23个专业群获批省高水平应用型重点立项建设专业群，6个专业群获批省自筹经费立项建设高水平应用型专业群。新增信息安全本科专业，土木工程专业通过住建部专业认证，测绘工程实验教学中心获批国家级实验教学示范中心。3门课程入选教育部首批国家级精品资源共享课。获批全国大学生创新创业训练计划项目63项。5个学位授权点通过教育部评估，增列学位授权点4个。获省级优秀博士学位论文2篇、优秀硕士学位论文5篇、优秀学士学位论文16篇。获省级研究生优秀科技创新成果奖6项、山东省专业学位研究生优秀实践成果奖11项，获批省级研究生教育创新计划项目立项11项。矿业工程、控制科学与工程、机械工程3个学科进入山东省一流学科立项建设行列，获专项支持资金3亿元。工程学学科首次进入ESI全球排名前1%。

【科研】 科研立项691项，计划与合同经费2.67亿元，其中纵向项目经费2.12亿元。获各类科研奖励60项，其中省部级奖励33项，获山东省科学技术一等奖1项、山东省科学技术二等奖2项，教育部高校优秀成果奖二等奖3项。获授权国内专利1227件，其中发明专利306件；被SCI、SSCI收录论文485篇。

教育部创新团队“煤矿复杂条件开采成套装备关键技术”通过教育部验收；获山东省自然科学杰出青年基金1人，获山东省属高校优秀青年人才联合基金2人。“山科U创空间”被科技部认定为“国家级众创空间”，获批省级院士专家工作站。科技园新增入园企业24家，其中大学生创业企业18家、培育高新技术企业6家。

【教师队伍】 入选第二批国家“万人计划”百千万工程领军人才1人，获山东省泰山学者优势特色学科人才团队领军人才1人，获山东省泰山学者攀登计划专家1人，获山东省泰山学者青年专家1人，入选山东省首批智库高端人才3人，获山东省有突出贡献的中青年专家2人。招收41名博士后进站，办理31名博士后出站。获中国博士后科学基金资助28项、山东省博士后创新项目专项资金资助6项、青岛市博士后应用研究项目22项。公开招聘79人，其中博士54人，教育部新世纪优秀人才1人，教授4人。选派国外访问学者18人，国内高校访问学者36人，选派34名青年教师参加社会实践。聘任专业技术岗位2230人，管理岗位683人，工勤技能岗位162人。学校被评为山东省人才工作先进单位。

【学生情况】 2016 年，在全国范围录取普通本科生 9408 人，是省属高校中唯一本科计划超出 9000 人的高校，也是首次开展综合评价招生的 9 所院校之一。录取博士研究生 91 人、全日制硕士研究生 1800 人、在职工程硕士研究生 507 人，招收硕博连读研究生 14 人。泰山科技学院录取本科生 784 人、专升本学生 445 人、专科生 279 人。录取成人教育学生 7512 人。授予博士学位 37 人、硕士学位 1459 人、学士学位 8419 人。学生参加学术科技竞赛 225 项，获省级以上奖励 2188 项，其中全国性奖励 827 项。获第十届中国青少年科技创新奖 1 项、小平科技创新团队 1 个，在全国大学生机器人大赛总决赛中获全国一等奖 1 项。1 支团队被评为全国大学生暑期实践季专项行动全国优秀实践团队，1 个支教团获第十一届中国青年志愿者优秀组织奖。应届毕业生就业率 97.35%，毕业生考研录取率 24.66%。获山东省高校十大优秀学生 1 人，获山东省第三届优秀大学生创业者 1 人，大学生创业孵化基地入驻创业实体 109 个。

【交流与合作】 学校与 23 个国家和地区的 112 所高校和研究院所建立交流与合作关系，有中外联合实验室 6 个，开展国际科技合作项目 50 项，接收 40 个国家和地区的留学生。招收留学生 125 人，累计留学生 503 人，其中学历生 74%。新增国（境）外友好大学和研究机构 7 所，新增教育合作项目 4 个。聘请外籍教师、引智专家 97 人。承办中韩环境保护与可持续发展国际研讨会。学校教育发展基金会获山东省 3A 级社会组织，成立学校首届理事会。 （齐敏华）

·泰山医学院·

【概况】 学院占地面积 200 公顷，校舍建筑面积 82 万平方米，固定资产 14.5 亿元，教学科研设备总值 2.5 亿元，图书 288 万册。全日制在校本、专科学生 2.2 万人，全日制硕士研究生 800 人，留学生 1000 人。在职教职工 3500 人，其中副高级以上职称 746 人，具有博士学位的 212 人，具有硕士以上学位的 1256 人。有全国优秀教师 7 人，山东省优秀教师 3 人，山东省教学名师 8 人；享受国务院政府特殊津贴专家 22 人，山东省有突出贡献的中青年专家 6 人，有泰山学者特聘专家教授 3 人，泰山学者海外特聘专家 3 人，泰山学者青年专家 2 人，山东省高等学校重点实验室首席专家 4 人，泰安市拔尖人才 3 人，二级教授 13 人。有本科专业 42 个，其中国家级特色专业 4 个、省级特色专业 8 个、省级高水平应用型重点建设专业（群）2 个、省级高水平应用型培育建设专业（群）2 个；省级精品课程 43 门、省级双语教学示范课程 2 门、省级实验教学示范中心 2 个。省级重点学科 7 个，重点实验室 5 个；一级学科硕士授权点 4 个，学术型硕士学位授权点 36 个，专业型硕士学位授权点 22 个。有直属附属医院 1 所，非直属附属医院 18 所，其他各类实习见习教学基地 280 家。

【人才培养】 在全省率先通过护理学专业认证，新增省级高水平应用型重点建设专业（群）2 个、省级高水平应用型培育建设专业（群）2 个，新增本科专业 2 个。获省级成人高等教育数字化课程立项课程 2 门。开展线上线下混合式教学、课程整合、CBL 教学等教学模式改革。40 项教研课题获中华医学会医学教育分会立项，获山东省教育科学研究优秀成果奖 4 项。新增非直属附院 5 所，其他各类实践教学基地 10 所。学院为国家卫计委卫生专业技能考试试题基地，承担卫生专业技术资格考试 22 个和全国医用设备使用人员业务能力考评专业命题 20 个，获国家级大学生创新创业训练计划项目立项 184 个。深化临床医学专业学位硕士研究生教育改革，通过教育部临床医学硕士专业学位授权点专项评估。获评山东省优秀硕士学位论文 1 篇，研究生优秀科技创新成果奖 1 项，立项山东省研究生教育创新计划课题 5 项。

【科学研究】 获上级课题立项 287 项，立项资金 1513.4 万元，其中作为项目首席科学家，首次获国家重点研发计划数字诊疗装备重点研发专项项目 1 项，合同经费 500 万元；作为课题负责人，获国家重点研发计划数字诊疗装备重点研发专项课题 1 项，合同经费 92 万元。获国家自然科学基金课题 14 项、省部级课题 42 项、厅局级课题 220 项、横向课题 9 项。发表 SCI、CSSCI 和 EI 收录的论文 84 篇，最高影响因子 12.552。鉴定技术成果 14 项，其中 6 项成果达到国际先进水平。获上级科研奖励 51 项，其中山东高校优秀科研成果一等奖 2 项、二等奖 2 项、三等奖 6 项。获国家授权的发明专利 17 项，实用新型专利 76 项，获软件著作权 15 项，首次进入省知识产权局专利资助资金集中兑付单位行列。3 个省高校重点实验室与省高校优秀科研创新团队通过“十二五”规划建设终期验收。病原生物学团队入选省高等学校优势学科人才团队培育计划。联合市中心医院成立博士后科研工作站。

【教师队伍】 引进青年博士教师14人、硕士34人，具有副高以上专业技术职务人员2人。攻读博士学位教师26人。新增泰山学者青年专家2名、享受国务院特贴专家1名，专业技术二级岗位教授5名。被评为山东高校优秀辅导员2人，省高校辅导员名师工作室落户该校。实施青年教师成长计划，获山东省政府公派出国留学项目资助教师3人、教育厅国际合作培养项目资助教师2人、学校资助到国内外知名高校交流学习19人。

【社会服务】 直属附院转型升级新增省级临床重点专科2个，省“十三五”中医药重点专科建设单位1个。急诊科成为中国急性中毒联盟山东诊治基地、泰安市急诊医学质控中心。在全省改善医疗服务暨医师岗位技能大赛中获团体二等奖，获中国急诊医师坚守奖1人，2人获山东省优秀护士和山东最美护士荣誉。全年诊疗病人57.9万人次，出院病人4.96万人次，手术1.45万台次。承办3期东营市基层卫生技术人员素质提升项目培训班，培训304人。结合省派“第一书记”工作，举办东平县乡村医生培训班，培训学员40人。

【合作交流】 选派16名二级学院院长到香港大学交流学习，104名临床医学及医学影像专业学生、16名俄语专业学生分别赴韩国延世大学、全北大学及俄罗斯莫斯科州国立大学专业学习，选派30名学生到台湾辅仁大学、韩国延世大学等高校短期交流学习。韩国、俄罗斯、英国等和中国台湾地区的多所高校与研究机构到校交流。与俄罗斯、波兰、德国等国家或地区的多所高校、医院和科研院所建立友好合作关系，签订合作交流协议，在师生交流、派遣访问学者等方面开展合作与交流。 （刘　伟）

·泰山学院·

【概况】 学院有校区2个，占地面积96.3公顷，建筑面积52万平方米。教学科研仪器设备总值1.17亿元，图书馆藏书165万册，电子图书9000GB。有教职工1252人，其中教师841人，具有博士、硕士学位665人，教授、副教授330人；新世纪百千万人才工程国家级人选、政府特殊津贴专家、省重点学科首席专家、省突出贡献专家、省中青年学术骨干、省教学名师及省级以上专业技术拔尖人才33人；从国内外重点大学和科研机构聘请兼职教授310人。设有教学单位19个，本科专业60个，涵盖9大学科门类。全日制普通在校生1.87万人。学校是全省19所高校省级教师教育基地建设单位之一。有省级本科特色专业7个，省级精品课程39门、省级双语教学示范课程3门、省级实验教学示范中心1个。国家级大学生校外实践教育基地1个。教育部综合改革试点专业1个，省级创新试验区1个。省级以上优秀教学成果奖25项，其中国家级教学成果奖1项。学生在全国和全省大学生“挑战杯”、电子设计、数学建模等比赛中获国家级奖励215项、省级奖励487项。毕业生考研录取率在30%以上，就业率常年保持在90%以上。办有《泰山学院学报》（自然科学版、社会科学版）。与加拿大等9个国家多所大学建立交流与合作关系。

【教育教学】 印发《泰山学院“十三五”发展规划》，制定学校综合改革方案。获批教育部—中兴通讯ICT产教融合创新基地，获批山东省高水平应用型立项建设专业（群）2个，新增本科专业1个。组织893名学生赴泰安5个县（市、区）开展实习支教。学生在“互联网+”大赛、师范类学生从业技能大赛等活动中获省级以上奖励615项。申报2016年省级教育教学改革项目8项，评审校级教学改革项目59项、第六届校级优秀教学成果奖18项。以省级教师教育基地为依托，组织师范类学生技能训练，承接培训活动10项，与市教育局开展首期互

5月20日，第二届海丝文化国际青年学者联盟论坛在泰山学院举办
（陈　涛　摄）

9月2日，泰山学院与中兴通讯股份有限公司“教育部ICT产教融合创新基地合作协议”签约仪式　　（陈　涛　摄）

兼互聘教师60人。4个专业群实行大类招生，招生录取5913人，录取人数创历史新高。学校成为全省首批招收免费师范生的9所高校之一。举办招聘会143场次，引入资金20万元建成大学生创业孵化基地。

【科研服务】 评选第二批校级重点学科和第四批优势学科培养对象。组织申报“十三五”科研创新平台。与武汉纺织大学达成联合培养研究生合作意向，遴选硕士研究生导师16名。科研经费合同金额1837万元，实际到账657万元。发表论文340篇，出版著作38部，申请专利10项，获各类科研奖励35项，科研项目结题173项。举办第二届海丝文化国际青年学者联盟论坛等大型学术会议10次。邀请专家到校作学术报告52场，组织博士沙龙活动8期。新增省社会科学普及基地1个、泰安市社会科学研究基地2个。

【人才工作】 制定高层次人才引进优惠政策，加大人才引进宣传力度，签约博士27人，招聘硕士研究生32人。聘请兼职教授、客座教授39人。注重校内人才培养，选派339名教师外出学习培训、挂职锻炼。

【学生工作】 完善学校德育评估细则，调整德育指标体系，开展第三次德育评估工作。举办首届辅导员职业能力大赛，1名辅导员获第五届全国高校辅导员职业能力大赛三等奖，举办各类校园文化活动531场。学校连续8年被省委高校工委授予心理健康教育工作先进单位，学校获评全国重点社会实践团队1个、省级重点社会实践团队2个。

（王　欣　安其心）

·泰山职业技术学院·

【概况】 该院占地面积63公顷，建筑面积25.8万平方米，教学仪器设备总值7013万元，馆藏图书72万册，固定资产4.4亿元。国家级实训基地3个，实验实训室98个。招生专业35个，省部级重点特色专业12个，国控专业1个，省品牌专业群、省现代学徒制试点项目、省“3+2”专本贯通培养专业4个，省级精品课程17门。有国家专利发明61项；市厅级以上教科研项目151项，其中省级教改项目15项。市厅级以上教科研成果奖96项，其中国家级教学成果二等奖、省泰山文艺奖和省高校优秀科研成果一等奖4项。教职工472人，专任教师354人，其中副高以上职称121人，“双师型”教师222人，硕士生导师1人，省级教学团队3个。全日制在校学生1.3万人。学院被评为全国职教先进单位、教育部人才培养工作水平评估优秀学校、全国社科组织先进单位、全国就业竞争力示范校、全国职业院校魅力校园、省级文明单位等。

【教学工作】 ①省名校建设项目。省名校建设投入资金1.12亿元，完成建设任务，以优秀等级通过省教育厅、省财政厅验收。②全国试点工作。学院入选教育部全国教学诊断与改进工作试点校（试点高职27所）。经教育部和中央军委政治部、国防动员部批准，学院入选全国定向培养士官试点学校，培养海军电气化人才（试点高职43所）。③专业建设和改革。学前教育专业获教育部批准开设，新增专业3个；新增省现代学徒制试点项目1个、省“3+2”专本贯通培养专业1个、省品牌专业群1个。④技能大赛。在省级以上技能大赛中获奖80项，其中国家级16项、省级64项、获国赛、省赛二等奖5项。⑤师资队伍。招聘博士、硕士5人，评为市功勋教师、泰山名师6人，入选省教育科学研究专家库6人。新增省教学团队1个、省教学名师1人、省青年技能名师2人和市名师工作室2个。被评为市社科优秀人才、市首批科技智库特聘专家3人，被评为省优秀党务工作者1人。

7月5日，泰山职业技术学院和海军南海舰队举行试点定向联合培养士官签字仪式　（李伟　摄）

集体。发放国家奖助学金、就业求职补贴等676万元，完成159名困难生建档立卡工作，学生应征入伍102人，学生通过专升本考试40人，学生获评省优秀学生、省优秀学生干部、省优秀毕业生113人。③创业就业。入围创新创业示范校全国50强。成立新华网全国创客大学泰职教学点，首届创客挑战赛综合成绩获全国第一名。获"泰山金融杯"青年创业大赛团队组三等奖和高校优秀组织奖。形成应届毕业生培养质量跟踪评价报告。

【科研服务】 市级以上课题立项42项，其中全国教育规划（教育部重点）课题1项、省科技厅软科学计划项目2项、市社科联重大项目1项。市级以上课题结题32项，获省、市科研成果奖8项。发表学术论文75篇，获实用新型专利1项。院社科联被评为全国社科组织先进单位，市现代职业教育研究院入选市首批社会科学研究基地。承办社会考试25次，承担省春季高考技能主考、市职业院校信息化教学及技能大赛工作，承办全国大数据分析课程师资培训会、省创业咨询师培训、新浪山东教育盛典颁奖、市职业教育活动周启动等大型活动8项，学院增补为全国科技工作者调查站点。

【学生工作】 ①招生工作。录取新生3457人，在校学生总数1.32万人，普通文理科录取线较上年提高20分、13分，在全省排名提高5个、7个位次。②学生管理。6支志愿服务团队被评为全国及省市大学生"三下乡"优秀志愿服务队，获全省高校无偿献血志愿服务先进

【合作交流】 ①校企（校校）合作。与甲骨文（山东）OAEC人才产业基地等4家企业签署合作办学协议，接受企业赠送设备等价值352万元。新增订单班2个。与汶上职业中专、岱岳职教中心等7所中职学校开展结对帮扶。②国际化合作。中澳合作培养班、中泰专本连读合作办学项目规模扩大。加拿大、法国、美国、澳大利亚等9家境外教育机构、代表团到访。参加中俄发展论坛、海峡两岸校长论坛。12名教师赴德国培训，17名学生赴境外深造。③业内交流。教育部职业技术教育中心研究所、中国发展战略学研究会等

在第30届泰山国际登山节期间，山东服装职业学院承担民族服饰展演活动　（毕研兴　摄）

到院调研。在全国性会议上作主题发言 2 次。当选中国高教学会大学素质教育研究分会副秘书长单位、全国高职素质教育工作委员会副主任单位，获全国高职素质教育工作委员会 2018 年年会举办权。

（马久虎　杨　春）

· 山东服装职业学院 ·

【概况】 学院占地面积 40 公顷，校舍建筑面积 20 万平方米，教学仪器设备资产总值 4038 万元，固定资产总值 1.82 亿元。在校生 9135 人。投资 7000 万元，开工建设学生公寓、餐厅、实训楼等基础设施，建成后新增建筑面积 3.4 万平方米。投资 1000 万元，新建压缩式垃圾处理站、公寓热水供应系统，改造路灯、道路、线路及教学楼等配套服务设施。推进“管理水平提升行动计划”和综合改革，建立学术委员会等机构，完善以学院章程为核心的制度体系建设，学院被评为全国职业教育管理创新学校、全国最具特色高等职业院校、全国纺织服装教育先进单位、全省职业教育先进单位、省级文明单位等。

【教学科研】 有普通高职、对口高职、五年制大专、本科“3+2”对口贯通培养及成人本科、试点本科、网络本科等办学层次。设有服装工程与管理系、服装设计与表演系、艺术与设计系等系部 8 个，开设专业 41 个。有中央财政支持重点建设专业、实训基地和省特色专业 7 个，省级精品课程 5 门，省级优秀教学团队 2 个，省级教学名师 2 人。建设传媒实训室、演播室、会计电算化实训室、多媒体教室等实习实训教学场所，推进省、市实训基地建设项目。承担第三届泰山国际马拉松赛、第 30 届泰山国际登山节民族服饰展演等活动，承办山东省首届电商模特大赛、全国电商讲师大赛中部赛区比赛。组织“学生职业技能赛月”活动，举办涵盖 7 大专业群的 16 项职业技能大赛。学生获全国职业院校技能大赛三等奖，在山东省职业院校技能大赛、山东省第四届高校美术与设计大赛、全国大学生创新会计人才技能大赛山东省总决赛等比赛中获奖 30 项，在山东省大学生田径锦标赛、山东省学生健康活力大赛上获金牌 3 枚、银牌 3 枚、铜牌 4 枚。获泰安市科学技术进步一等奖 1 项，获批省、市级立项课题 26 项。学院社科联和学院科协分别获市社会科学工作先进单位和市科学技术工作先进单位。泰安服饰文化研究中心被市社科联命名为首批泰安市社会科学研究基地。投资 1200 万元，加强数字化校园建设。

山东服装职业学院承办“山东省首届电商模特大赛”。图为 6 月 22 日比赛现场　　（毕研兴　摄）

【教师队伍】 教职工 348 人，其中专任教师 295 人，教授 10 人、副教授 85 人，硕士研究生 182 人。引进较高学历层次人才 20 人，新增山东省教学名师 1 人，5 名教师入选市信息化教学专家库，14 名教师担任泰安市级比赛评委、裁判，2 名教师入选市社会科学专家库教授，学院教师在中国电商讲师大赛、山东省职业院校信息化教学比赛等国家、省级比赛中获二等奖 2 个、三等奖 3 个。

【招生就业】 招收新生 2870 人，普通文理科录取分数线较上年分别提高 22 分和 25 分，学生报到率较上年提高 2 个百分点。举行毕业生实习就业供需双选会，200 家用人单位到校招聘。推进创业孵化培育中心建设，支持和培育一批具有较强自主创新能力和市场发展潜力的大学生自主创业项目，应届毕业生就业率 99%。

【合作办学】 学院与山东农业大学共建研究生联合培养实习基地，新增校外实习实训基地 18 个。与智翔教育集团等 4 家公司开展订单式合作培养，与北京友谊宾馆等企业合作实施“工学交替”人才培养模式改革，与如意科技、万达酒店等

10家知名大型企业签订合作协议，与肥城市、宁阳县人民政府签订战略合作协议。开拓国际合作办学，与俄罗斯国立旅游与服务大学签署友好合作协议。（刘田田）

山东财经大学东方学院

【概况】 学院占地面积22.75万平方米，校舍面积（非产权）12.86万平方米。全年教育经费投入4535.48万元。固定资产总值6368万元，其中教学科研仪器设备总值2356万元。图书馆建筑面积1.14万平方米，藏书38.8万册，其中纸质图书38.8万册。设教学系部8个。开设本专科专业32个，覆盖学科5个，具有一级学科8个，专业学位授权点17个。普通本专科毕业生1779人，本科毕业生就业率94.4%。招生录取2766人。在校生7136人，其中本科生5394人、专科生1472人。2016年向教育厅网站报送信息13条，向新浪网、大众网、中国教育在线、《齐鲁晚报》等社会媒体报送信息30条，出版《东方报》11期。

【教学科研】 ①教学。按照“统筹规划、分步实施、配套改革、整体推进”基本原则，制定学分制改革实施方案草案。6月成立创新创业教育改革领导小组，9月成立创新创业学院，并印发《山东财经大学东方学院创新创业教育改革实施方案》《山东财经大学东方学院创新创业学院建设方案》等系列制度。建立第一支创新创业导师队伍，举办第一届“互联网+”创新创业大赛，实施“产教融合行动计划”，与美国纽交所上市公司北京东大正保科技有限公司联合成立正保会计学院，共建财会类专业。课内实训、专业实习、毕业实习等实践环节全部采用“校友邦”网上实践平台，基本实现信息化管理。②科研。发表论文34篇。科研立项41项，校内18项、校外23项。校外科研项目中，山东省高等学校科研计划项目7项，山东省艺术科学重点课题2项，全省统计科研重点课题1项，泰安市社科课题重点课题3项、一般课题5项，泰安市大学生科技创新行动计划项目5项。由2名教师领衔的课题组成功入围教育部2016年第一届“百校百题”应用型创新课题（财税领域）大赛。③获奖。获各级各类科研奖励8项。其中山东省高等学校优秀科研成果奖三等奖1项，第二届山东省人力资源社会保障优秀科研成果一等奖1项，山东省教育科学研究优秀成果奖一等奖1项、三等奖1项，山东省教育科学优秀成果奖三等奖1项，济南计算机科学技术奖二等奖1项，泰安市第三十次社会科学优秀成果二等奖1项、三等奖1项。9名教师课题入选泰安市社会科学优秀成果论文集，2名教授获聘泰安市经济学类社科专家。

6月22日，山东财经大学东方学院举行2016届毕业生学位授予仪式

（黄体德　摄）

【教师队伍】 教职工405人，专任教师305人，其中教授41人、副教授67人。探索专业技术人员晋升管理机制，制定《山东财经大学东方学院专业技术岗位竞聘实施办法》，组织教师专业技术岗位的竞聘工作。按照教育部教师信息管理系统的通知要求，完成教师信息管理系统数据采集、审核、上报工作。组织教师教学能力提升培训班2期，选派教师参加中国人民大学教学发展研习营，完成上年度入职教师结项验收和导师资助工作，引进高层次人才、双师型教师1人。

【社会实践】 新建暑期“三下乡”社会实践活动基地8个，义务支教基地2个（宁阳县磁窑镇刘家洼村小学、宁阳县侯楼村小学），参与校级社会实践人数800人次，服务时数超过9000小时。获省级优秀指导教师2人、市级优秀教师2人、省级优秀团队2支、市级优秀团队3支，贵州习水支教团队获省级重点团队1次。第七届全国高校市场营销大赛全国总决赛获三等奖、第十二届全国大学生“新道杯”沙盘模拟经营大赛山东省总决赛一等奖、2016“踏瑞杯”全国大学生人力资源管理技能实训大赛（山东赛区）总决赛二等奖、“建行杯”第二届山东省“互联网+”大学生创新创业大赛暨第二届中国“互联网+”大学生创新创业大赛山东省选拔赛银奖、山东省大学生创业大赛铜奖。在“创青春”•海尔山东省大学生创业大赛中，选送的“纸质果袋回收与无纺布果袋的利用”项目获二等奖。（佀　亚）

9月24日，全市卫生计生系统第十届运动会在泰山护理职业学院举行

（孟岳琳　摄）

•泰山护理职业学院•

【概况】 该院是卫生部职业技能鉴定中心、职业培训基地，占地面积35.33公顷，设有普通、基础、临床3大学科和教育技术中心1个，下设教研室32个和现代化实验室101个。有专任教师259人，正高级职称5人，副高级职称67人。具有博士、硕士学位教师136人，在读硕士8人；双师素质专任教师84人，占专任教师32.43%。学院开设护理、涉外护理、助产、医学影像技术、康复治疗技术等不同层次专业11个，其中护理和助产2个专业为高职、高专提升发展能力专业，助产和医学物理诊查技术2个专业为市级教学改革试点专业。在保持国家级青年文明号、全国“五四”红旗团委、中国优秀志愿服务集体、山东省教学示范学校等荣誉基础上，连续第15年获省级文明单位。

【教育教学】 学院以推进教育教学改革为重点，完善多样化人才培养模式。选拔6名教师参加职业学校名师工作室建设，10名教师参加精品资源共享课建设、助产专业参加一体化育人示范专业申报工作。推选医学影像专业参加山东省职业院校教学团队申报，推荐护理专业参加山东省校企一体化育人示范专业申报，组织63名教师参加省级骨干教师培训。探索“1（3）+1+1”校企合作理实一体化教学模式，即1（五年一贯制高职班3年）为本校教学加1年医院“院中校”理实一体化教学加1年医院实习。开展育婴师、公共营养师、养老护理员、保健按摩师、保健刮痧师、健康管理师培训项目，培训人员2990人。

【学术科研】 邀请新加坡国立大学医院、市中心医院、市妇幼保健院专家作学术讲座，泰山区公安分局、市中级人民法院工作人员作网络安全、法律法规教育讲座。获课题立项9项，其中省高等学校研究计划2项、市科技发展计划3项、市社会科学规划课题1项，3个项目分别立项为中国职业技术教育学会、山东省职业技术教育学会规划课题。获省教学改革项目开题研究4项、省职业教育与成人教育科研规划课题10项、省教研室规划课题结题3项。学生申报泰安市大学生科技创新行动计划项目立项10个。

【学生工作】 制定《泰山护理职业学院家庭经济困难学生认定办法》《泰山护理职业学院奖学金评审管理办法》《泰山护理职业学院助学金评审管理办法》。印发《关于印发〈关于建立“学生心理健康教育工作五级网络体系”的实施意见〉的通知》，开展班主任心理健康教育工作培训和新生入学心理普查。在泰安6个乡镇开展帮扶活动。开展“七彩假期——呵护留守的梦想”系列志愿服务项目，在山东省第二届青年志愿服务项目大赛中获金奖，并代表山东省参加全国志愿服务项目大赛。打造“单车天使”“织因为你”“暖阳下乡”等志愿品牌。“爱心一日捐”捐助金额4.34万元。

【招生就业】 录取新生3941人，报到学生3657人。大专毕业生1745人，就业1560人，就业率89.4%，专业对口率90.51%。护理类、医药大类最低录取分数线比上年提高21分和10分。加强校企合

4月9日，第44届世界技能大赛泰安赛区选拔赛在泰安技师学院举行

（钟本印　摄）

作，工学结合，实现临床实践教学、跟岗实习、顶岗实习、就业一体化。组织校园专场招聘会20场。新增泰安市中心医院分院、宁阳县人民医院合作医院2所。（张宗起）

·泰安技师学院·

【概况】 学校占地面积13公顷，建筑面积7万平方米，学校资产1.76亿元，实训设备总值2900万元。办学层次以中级班、高级班、技师班三位一体。在校生1万人。设数控加工、汽车工程、机械工程、商务管理、电气工程、信息工程6个系，开设数控加工、工程造价、汽车制造与装配、机械装配等专业（工种）26个，其中焊接加工是省级重点名牌专业，电气自动化设备安装与维修是省级重点名牌专业、省技工院校百强专业、省级示范专业群建设项目，是山东省首批高技能人才培养基地、山东省首批技师培训基地、泰安市首席技师工作站。获全国职业教育先进单位、全国职工教育培训示范点、山东省职业教育先进单位、山东省技工学校教学质量优秀单位、山东省教育系统先进集体等。

【教学科研】 成立"工匠精神"宣讲团，推动工匠精神宣教进课堂，进车间，弘扬榜样正能量，强化理想信念教育。在世界技能大赛泰安选拔赛中，学生参加比赛项目6个，获5个项目第一名、2个项目第二名、3个项目第三名。在山东选拔赛中，获二等奖2项，三等奖2项。在2016年"挑战杯—彩虹人生"山东省职业学校创新创效创业大赛中，学生作品获高职组创意设计类一等奖，进入全国决赛。在学院基础上筹建的泰安工程职业中等专业学校获批省规范化中等职业学校。新上3D打印、新能源汽车专业、电子商务等专业。机电设备安装与维修专业群建设通过省厅中期验收。完成市哲学社会科学重点研究课题2项。对接产业发展对技能人才的需求，出版《金属材料与热处理》《机械基础》《极限配合与测量技术基础》教材3本。组织22名骨干教师参加2016年泰安市职业院校"提升计划"建设项目培训、30名教师参加创业师培训，继续推进青年教师暑期社会实践锻炼，丰富教学内容，推动校企融合。招录新教师7人，引进首席技师2人。在各类教学评选中学院教师获全国一等奖2个、三等奖1个，省一等奖3个、二等奖3个、三等奖2个。

【招生就业】 年内，招生2860人，毕业生2436人，就业2417人，就业率99.2%。实行招生笔试和面试成绩双标准择优入学，组织新生面试4次，考试3次。发挥"一校两牌"优势，泰安工程职业中专第一年招生162人。学院着力培养学生复合型、创新型、发展型的职业能力，尝试首岗适应，多岗迁移，可持续发展的人才培养计划。组织2150名学生到烟台LG、滁州立讯、潍坊歌尔声学等企业进行校外实践教学活动。新增烟台矢崎、LG等企业实习实训基地，与潍坊歌尔声学达成共识，形成订单培养，开展技术公关等密切合作。组织海尔集团有限公司、上汽南京汽车集团有限公司、泰开集团有限公司、泰安航天特种车有限公司、上海第二军医大学等92家单位举办招聘会21场。

【社会服务】 学院面向社会开展下岗职工、农民工、阳光工程、"金蓝领"、退役士兵、就业能力提升和创业培训等社会性培训，培训人数4500人，实现培训收入500万元。突出社会培训品牌建设，发挥市退役士兵培训基地作用，开展2期4个班的退役士兵职业技能培训，培训退役士兵100人。第十二期"金蓝领"培训班，培养青年技师、高级技师"金蓝领"130人。（刘　倩）

编校　王云勇　　审稿　曹成义

文化 体育

文化综述

【概况】2016年，市文广新局被国家新闻出版广电总局（版权局）评为全国打击侵权盗版有功单位一等奖，连续四年被评为省级文明单位，被省文化厅评为文化信息工作先进单位。市文化艺术中心被省委宣传部、省社科联评为全省优秀社会科学普及教育基地。

【公共文化服务体系建设】①公共文化政策体系建设。以市委、市政府名义印发《关于加快构建现代公共文化服务体系的实施意见》《关于加快推进社会力量参与公共文化服务体系建设的通知》《关于加快推进基层综合性文化服务中心建设的通知》，市编办、市民政局、市财政局、市文广新局等7个部门、单位联合印发《关于做好政府向社会力量购买公共文化服务工作的实施意见》。②公共文化基础设施建设。基本完成公共文化服务基础设施网络建设，全市共有公共图书馆7个，文化馆7个，美术馆9个；86个乡（镇、街道）全部建成综合文化站，其中，国家一级站5个；70%以上村（社区）建成基层综合性文化服务中心；70%以上乡（镇、街道）综合文化站和村（社区）基层综合性文化服务中心建立儒学讲堂。全市各级三馆及乡镇综合文化站已全部实行免费开放，公共图书馆均按照“六个一”（一个尼山书院标牌、一个孔子像、一个国学讲堂、一块宣传道德模范的道德展板、一个国学经典阅览区、一个文化体验活动区）标准完成尼山书院建设。③公共文化服务社会化。鼓励引导文化类社会组织参与公共文化服务，市、县、乡三级财政共投入资金720万元购买“一年一村一场戏”演出服务，其中文化类社会组织参与完成2945场，占任务总量的95%。引导社会组织开展各类群众性文化活动1.5万场次，占全市群众文化活动总量的75%。进一步完善文化信息资源共享工程泰安支中心建设，累计服务群众10万人次。创新实施群众文化艺术微信平台工程，创办微信公众号“群众文化艺术”，上传各类公共文化服务信息3000多条次。同时，借助微信公共服务平台，注册文化志愿者3.26万人，由志愿者牵头组建各类文艺团体3600个。

【文化产业发展】①文化产业“十百千”工程。“十三五”期间，在全市建立10个以上国家级或省

12月14日，市委书记、市人大常委会主任王云鹏（右）会见著名作家、文化部原部长王蒙（左）
（王国梁 摄）

6月30日，庆祝建党九十五周年暨泰安市第十三届歌手大赛颁奖演出在市文化艺术中心举办　（桑运昌　供）

级文化产业示范园区、基地，建成100个以上投资过千万的文化产业项目，建设1000个以上投资过百万的文化产业项目。策划推出省级以上文化新闻出版影视文物项目96个，累计争取各类扶持资金1.2亿元。肥城新华印刷有限公司《艺术创意设计数字智能按需印刷》和山东文友书店《青少年阅读公共服务平台——阅览室联盟》项目入选全国新闻出版重大项目。投资10亿元的泰山数字出版印刷产业园项目完成选址、立项。建立桃木雕刻、肥城新华数字印刷2家省级版权创意产业基地，新增产值2.6亿元。全市共有省级以上文化产业示范园区（基地）12家。其中，国家级文化产业示范基地1家，省级文化产业示范园区1家，省级文化产业示范基地10家。举办全国印刷包装机械物资展销会暨绿色印刷高峰论坛，来自全国各地800家印刷企业、200家印刷行业生产商、经销商参展、参观，展出高中档印刷机械设备200台（套）。②文化创意产业。征集“文化创意集市”项目13个、场地空间10个。加大非遗项目创造性转化力度，肥城桃木雕刻产品年产值突破12亿元，全国市场占有率85%以上。推动文化文物单位文化创意产品开发，市山东梆子艺术研究院与中国戏曲学院合作创演戏曲动漫舞台剧《墙头记》，在北京梅兰芳大剧院演出4场；市美术馆建设成立威海写生创作基地和徂徕山写生基地，并与第三方企业签订战略合作协议，共同搭建“泰山文化艺术创意产业服务平台”。

【文化艺术创作】 ①文化艺术创作。开展第三届东岳文学艺术奖评选工作，收集各类作品218件，评选出获奖作品文学类27件、艺术类69件。推出文学作品长篇小说2部，其中长篇小说《人子，人》获省委宣传部2016年“中国梦”长篇作品比赛一等奖。新创编现代戏《泰山人》入选全省舞台艺术创作重点选题和全省地方戏振兴与京剧扶持工程，被列入2016年全省重点剧目。山东梆子扶贫小戏《一个不能少》参加山东省第二届小型戏剧新创作优秀作品展演。新编历史剧《官箴碑》获第九届山东省“泰山文艺奖”二等奖，并入选全省舞台艺术精品工程2016年度扶持项目。美术作品《烽火年代筑起我们新的长城》《阳光下的午餐》《曾经的故事》《那是一只海鸥》《革命老区沂蒙写生》等5部作品，入选全省纪念建党95周年暨长征胜利80周年作品展。油画《红毯梦》入选第十一届中国艺术节美展初展。②文化艺术活动。庆祝新中国成立67周年、中国共产党成立95周年暨纪念红军长征胜利80周年系列文艺活动，先后举办优秀广场舞展演、第十三届歌手大赛、大合唱文艺汇演、喜迎登山节美术书法作品展等活动。组织艺术家到对口支援城市新疆喀什岳普湖县开展系列文化交流活动，慰问援疆干部，并捐赠书画作品30幅。成功举办第二届山东梆子戏迷票友大赛、泰安市各界人士春节团拜会。国家艺术基金扶持项目山东梆子《官箴碑》参加全国梆子声腔优秀剧目展演，并到省内外开展巡展演40场，圆满完成年度目标任务。东平县国家艺术基金项目“安道一北朝佛教摩崖经原拓书法展”在北京、西藏、

2016 年泰安市省级以上非物质文化遗产项目情况

表 34

序号	门 类	项目名称	保护单位	公布时间	市级项目批次	省级项目批次	国家级项目批次
1	民间文学	泰山传说	泰安市泰山景区教育中心	2006	第一批	第二批	第三批
2	传统音乐	泰山道教音乐	泰安市道教协会	2006	第一批	第一批	第二批
3		腊山道教音乐	东平县非物质文化遗产保护中心	2006	第一批	第一批	第二批
4	传统戏剧	泰山皮影戏	泰安市泰山皮影艺术保护研究中心	2006	第一批	第一批	第二批
5		山东梆子	泰安市山东梆子艺术研究院	2006	第一批	第一批	第二批
6	曲 艺	端鼓腔	东平县非物质文化遗产保护中心	2006	第一批	第一批	第三批
7	传统舞蹈	独杆跷	新泰市文化馆	2006	第一批	第一批	第一批
8	传统医药	孟氏正骨	新泰孟氏医院	2010	第三批	第三批	第四批
9	民 俗	泰山石敢当习俗	泰安市泰山风景名胜区管理委员会	2006	第一批	第一批	第一批
10		泰山东岳庙会习俗	泰安市旅游协会	2006	第一批	第一批	第二批
11	传统体育竞技	徐家拳	新泰市文化馆	2008	第二批	第二批	第四批
省级（42 项）							
1	民间文学	泰山传说	泰安市泰山景区教育中心	2006	第一批	第二批	第三批
2		宁阳大禹治水的传说	宁阳县文化馆	2008	第二批	第二批	—
3		范蠡与陶山的故事	肥城市非物质文化遗产保护协会	2008	第二批	第二批	—
4		水浒传说	东平县非物质文化遗产保护中心	2010	第三批	第三批	—
5		肥桃的传说	肥城市非物质文化遗产保护协会	2015	第三批	第四批	—
6		和圣柳下惠的传说	新泰市文化馆	2010	第三批	第三批	—
7	传统音乐	泰山道教音乐	泰安市道教协会	2006	第一批	第一批	第二批
8		腊山道教音乐	东平县非物质文化遗产保护中心	2006	第一批	第一批	第二批
9		东平碱号子	东平县非物质文化遗产保护中心	2008	第二批	第二批	—
10	传统美术	泰山泥塑	岱岳区文化馆	2008	第二批	第二批	—
11		泰山水陆画	泰安市画像研究院	2015	第五批	第四批	—
12	传统戏剧	泰山皮影戏	泰安市泰山皮影艺术保护研究中心	2006	第一批	第一批	第二批
13		山东梆子	泰安市山东梆子艺术研究院	2006	第一批	第一批	第二批
14		宁阳木偶戏	宁阳县文化馆	2006	第一批	第一批	—
15		四音戏	东平县文化馆	2006	第一批	第一批	—
16	曲 艺	端鼓腔	东平县非物质文化遗产保护中心	2006	第一批	第一批	第三批
17	传统舞蹈	独杆跷	新泰市文化馆	2006	第一批	第一批	第一批
18		百兽图	新泰市文化馆	2006	第一批	第一批	—

续表 34

序号	门类	项目名称	保护单位	公布时间	市级项目批次	省级项目批次	国家级项目批次
19	—	逛荡灯	新泰市文化馆	2006	第一批	第一批	—
20	传统技艺	泰山神豆腐制作技艺	泰安市泰山区泰山神豆腐豆制品协会	2006	第一批	第三批	—
21		泰山火烧制作技艺	泰安市传统食品协会	2010	第三批	第三批	—
22		泰山酒传统酿造技艺	泰山酒业集团股份有限公司	2012	第四批	第三批	—
23		尚氏锔艺	肥城市非物质文化遗产保护协会	2010	第四批	第四批	—
24		泰山石刻碑拓技艺	泰安市非物质文化遗产博物馆	2015	第五批	第三批	—
25		泰山香传统制作技艺	泰山会展研究中心	2015	第五批	第四批	—
26	传统医药	安驾庄梁氏正骨疗法	肥城市安驾庄梁氏正骨门诊部	2006	第一批	第二批	—
27		王氏正骨	岱岳区文化馆	2008	第二批	第四批	—
28		孟氏正骨	新泰孟氏医院	2010	第三批	第三批	第四批
29		孟氏接骨膏	新泰孟氏医院	2015	第五批	第四批	—
30	民俗	泰山石敢当习俗	泰安市泰山风景名胜区管理委员会	2006	第一批	第一批	第一批
31		泰山东岳庙会习俗	泰安市旅游协会	2006	第一批	第一批	第二批
32		泰山封禅与祭祀习俗	泰安市泰山风景名胜区管理委员会	2006	第一批	第一批	—
33		桃木雕刻民俗	肥城市非物质文化遗产保护协会	2006	第一批	第一批	—
34		宁阳彩粽及送彩粽习俗	宁阳县文化馆	2006	第一批	第一批	—
35		宁阳斗蟋	宁阳县文化馆	2006	第一批	第二批	—
36		东岳大帝与碧霞元君信俗	泰安市艺术馆	2010	第三批	第三批	—
37		泰山豆腐宴	泰安市泰山东岳豆腐宴研究院	2012	第四批	第四批	—
38		泰山封禅御宴	泰安市泰山行宫御宴文化研究院	2012	第四批	第四批	—
39		泰山祭祀习俗	泰安市艺术馆	2015	第五批	第四批	—
40		泰山玉习俗	泰安市艺术馆、岱岳区文化馆、泰山影视文化传媒有限公司	2015	第五批	第四批	—
41	体育竞技	中华子午门功夫	东平县非物质文化遗产保护中心	2008	第二批	第二批	—
42		徐家拳	新泰市文化馆	2008	第二批	第二批	第四批

扬州等地成功举办。举办“天津美术学院王家斌教授中国画作品邀请展”“澳大利亚著名水彩画大师——大卫·泰勒水彩画精品展”等2016年度名家邀请展系列活动。泰山区泰山民族乐团和新泰市文化代表团应邀参加在英国伦敦市举行“首届全英华侨华人新春团拜会”，宣传泰山文化，并入选“山东省2016年度优秀对外（港澳台）文化交流项目”。③文化艺术人才队伍建设。实施“1+4”文化艺术人才惠民工程，组织全市365名文化艺术专家开展传帮带活动。启动实施“人才孵化”工程，共培训基层文化带头人3000人次，经常性开展活动的民间文艺队伍300支、庄户剧团120个。山东梆子《墙头记》青年表演人才培训班项目成功入选2016年度国家艺术基金资助项目，获资助100万元。组织青年演员参加全省第六届戏曲红梅大赛，荣获一等奖7个、二等奖3个、三等奖3个，总成绩在全省戏曲院团中位列第一。青年演员孙海龙成功入选山东省戏曲名家展演，并代表泰安市参加全省青年艺术名家巡演。国

6月16～19日，市山东梆子艺术研究院与中国戏曲学院合作创演戏曲动漫舞台剧《墙头记》，在北京梅兰芳大剧院演出4场，受到专家和观众的一致好评 （桑运昌 供）

家一级演员杨圣军、国家一级演奏员潘思亭参加演出的山东梆子剧目《跑旱船》入选2017年新春戏曲晚会，元旦期间在国家大剧院为中央领导演出。

【泰山文化传承与文化遗产保护】 ①“非遗”保护传承。评审公布第六批市级“非遗”项目77个，第三批市级“非遗”传承人51名；12个“非遗”项目入选省第四批“非遗”项目代表性名录。全市四级“非遗”保护体系初步形成，共有各级“非遗”项目434个。其中，国家级11个、省级42个、市级219个、县级434个。承办全省“‘非遗’宣传月”音乐类项目展演活动，来自各市12个“非遗”项目同台献艺。结合“文化遗产日”“非物质文化遗产月”，举办“非遗”宣传展示系列活动。组织参加第四届全国“非遗”博览会，全市5个类别36个“非遗”项目参展。“泰安市实施泰山皮影+，探索‘非遗’资源合理利用新渠道”被评为全省“非遗”保护十大亮点事项之一。“左丘明研究院、肥城市文广新局‘故事会视频、连环画、京剧展演展览’”项目入选中华优秀传统文化故事会展演展播活动。②“非遗”保护区和传承基地建设。启动泰山文化生态保护区创建工作，召开专家论证会，明确总体规划制定方向，委托第三方编制泰山文化生态保护区规划纲要。积极推进“非遗”项目博物馆和传承基地建设，引导扶持泰山驴油火烧等15个“非遗”项目改建博物馆。着力实施“‘非遗’传统文化进校园”工程，引导35个“非遗”项目新建、扩建传承基地，在多所中小学建立“非遗”传承基地，组织“非遗”项目进校园每周为中小学生教授公益课。 （桑运昌）

【文化市场监管】 以全国文明城市创建为契机，重点对网吧、歌舞娱乐场所开展专项整治，统一制作并发放“未成年人禁止入内”警示牌300个，对容留未成年人上网、网吧内吸烟等各类违规现象严加处罚，共检查文化经营单位300余家次，下发整改通知书和安全建议书100余份，处罚违规网吧18家。开展暑期文化市场专项整治，对校园周边图书、音像经营单位进行重点检查，对经营盗版教辅的良友书店和建筑书店进行立案查处。争取旅游娱乐场所厕所改造扶持资金21.1万元，肥城市桃乡艺术团被评为全国基层优秀演出院团。严格执行准入审批“先照后证”制度和行政许可、处罚“双公示”制度，规范行政审批流程，进一步促进文化市场信用体系建设。圆满完成“各级文化行政部门通过平台办理的审批业务量不少于98%”的任务目标。

【文化市场综合执法】 市文化市场管理部门建立“双随机”（随机抽取检查对象、随机选派执法人员）抽查机制，加强与公安、工商等有关部门的联合执法，实现文化市场群防群治。开展高校周边打字复印店专项治理，依法取缔打字复印店6家。开展“黑电台”专项整治行动，查处取缔“黑电台”11个，肥城市和泰山区分别对“黑电台”当事人进行刑事立案。出动检查人员2000人次，检查网吧426家次，娱乐场所27家次，收缴非法出版物2万册。以查处政治性、邪教类及淫秽色情案件为重点，深入开展“清源2016”“净网2016”“秋风2016”“固边2016”“护苗2016”5个专项行动。泰山区人民法院判决刘某利用QQ群网上传播淫秽物品案，查处非法印刷发行反科学、宗教类图书《人宇哲学》案。市文广新局被国家版权局评为全国打击侵权盗版有功单位一等奖，在全省文化市场综合执法技能比武中荣获优秀组织奖。 （桑运昌）

11月3日，全省农村电影标准化放映工作推进会议在泰安市召开，泰安市作全省唯一典型发言。图为省新闻出版广电局党组书记、局长司安民（中），省新闻出版广电局副局长杨树国（左一），市政府副市长成丽（右一）参加会议　　（桑运昌　供）

文化惠民

【概况】 全市累计开展各类群众文化艺术活动1.6万场次，惠及民众达500万人次，覆盖率87%以上。全省农村公益电影标准化放映工作现场推进会和全省网络视听节目管理与执法培训班在泰安市举办，并作典型发言。

【群众文化艺术活动】 以“欢乐进万家 共圆中国梦”为主题，整合各类文化资源，着力实施“一个品牌、两大板块、三大活动”（打造“泰安市群众文化艺术年”品牌，划分“庙会期间市民美食文化周”“春节期间市民民俗文化月”两大板块，开展“群众文化演艺活动”“‘寻根传统文化·建设幸福泰安’追根塑魂进家庭、进社区、进校园、进农村、进企业、进机关、进军营‘七进’活动”“‘泰山文化讲坛’系列讲座”三大活动）工程，通过开展民俗文化月暨首届年货大集、“梦泰山 梦想舞台”文艺演出、百姓大舞台、送欢乐下基层等形式多样的主题活动，做到月月有主题，村村有活动，调动群众积极性，活跃基层文化生活，进一步提高群众文化生活满意度，提升群众幸福指数。

【文化精准扶贫】 开展“精准文化扶贫”乡土文艺复兴“金种子”递进培训工程，创新采取“点单”式模式，抽调9名专业文艺骨干，开设8门课程，分批次对6个县（市、区）400个贫困村的近千名文艺骨干进行集中培训，让文化“金种子”真正在基层生根发芽。组织开展“我捐一本好书”“非遗”项目进农家、“送我喜欢的电影到贫困村”等“文化扶贫手拉手”系列活动，确保文化精准扶贫工作取得实效。举办“文化精准扶贫”工程“徂徕春晓”美术写生作品巡展暨艺术“五进”（进社区、进企业、进学校、进农村、进家庭）活动，解决贫困群众和青少年看展难的问题。开展党建扶贫工作，选派8名文化人才到基层一线开展服务工作，从机关选派第一书记到肥城市仪阳镇东鲍村继续任职，开展扶贫帮扶。积极参与“成方连片抓党建促脱贫”工作，先后争取市级财政专项彩票公益金135万元，资助东平县4个镇、27个贫困村文化大院购置文化设备。

【文化惠民活动】 ①农村公益电影放映。推进新泰、东平两个省级农村公益电影放映综合试点工作，实施全市农村公益电影放映标准化工程；举办培训班，集中对全市148个放映队的246名放映员进行强化培训，实行持证上岗；组织开展首届“泰安优秀农村公益电影放映员”评选活动，从全市246名放映员中评选出13名“优秀电影放映员”进行通报表扬；从2016年起每年按每场10%的标准（每场20元）对全市农村公益电影放映进行补贴，75万元补贴已下拨到位；全市放映公益电影5.95万场。其中，故事片2.74万场、科教片3.21万场，观众人次提升30%以上。全省农村电影标准化放映工作现场推进会在泰安市召开，泰安市在会上做唯一典型发言。②送戏下乡。圆满完成送戏下乡目标任务，全年开展各类送戏下乡演出3100场次，观众人数300万人次，覆盖全市83%的行政村。③全民阅读。积极组织深入开展全民阅读活动130场，参与人数达百万人次，分别增加31.3%和41.2%。在全省首届全民阅读示范单位和阅读推广人评选中，肥城市、宁阳县被评为全民阅读活动示范县（市、区），泰前街道办事处等10个乡（镇、街道）被评为书香之乡。全市2家单位和6名个人分别被评为全民阅读活动示范单位和阅读推广人。宁阳县“名著周末”被列入全省阅读品牌。深入开展“农家书屋”和乡村阅读工程建设，全市“农家书屋”出版物补充更新、贫困村“农家书屋”帮扶已全部完成。在全省“齐鲁农家沁书香”读书活动中，全市36个典型荣获表彰，其中3个家庭入选第二届全国“书香之家”。④公益培训。开展公益文化辅导培训，开设班次20个，参训人数达1万人次，满足群众文化艺术培训需求，组织开展“泰山千古情”惠民专场演出32场，市文化艺术中心被省委宣传部和省社科联评为全省优秀社会科学普及教育基地。（桑运昌）

9月28～30日，举办“2016年泰山秋季全国印刷包装机械物资展销会暨高峰论坛”。图为省新闻出版广电局副局长孙杏林（前排左一），市委常委、政法委书记郭德文（前排左三），市政府副市长成丽（前排左四）参观展销会（桑运昌 供）

新闻出版广播影视管理

【概况】①新闻出版。完成384家印刷（复制）企业的网上信息填报，400家打字复印、500家发行单位的年度核验以及1000家新闻出版单位的统计年报工作；多次组织印刷企业负责人赴上海、浙江、深圳等地参观考察学习，肥城新华印刷有限公司作为全国印刷示范企业代表山东省参展参加上海国际印刷周活动。为进一步提高出版物出版质量，加强舆论引导监督，认真做好出版物审读工作，组织专家成立审读委员会，对全市173家出版单位的87种报纸、86种期刊出版物进行了审读。完成著作权作品登记21件，核验新闻记者证390人。积极推进党政机关、国有企业和民营企业软件正版化工作，印发实施细则和实施方案，明确任务要求和完成时限，进一步促进软件正版化工作步入常态化。②广播影视。严格执行重要节日、重大活动播出工作的零报告制度。建立完善安全播出预案，在元旦、春节、国庆节及全国、全省、全市“两会”等重要节日、敏感日播出保障期加强值班，每天进行工作汇报，确保全市广播电视的安全播出。组织开展“整治网络非法传播视听节目——绿网2016”专项活动，全省网络视听节目管理与执法培训班在泰安市举办，会上市文广新局作唯一典型发言。以深入贯彻实施新颁布《电影产业促进法》为载体和平台，积极探索创新管理模式，成立泰安市城市电影发展联盟，制订《泰安市城市电影行业服务规范（试行）》《泰安市城市影院“十严禁”警示制度》等9项管理制度，进一步提升全市城市影院的整体服务水平。全市城市电影票房收入达4900万元，增长30%，观影人次171万人，放映场次18.55万场。严格落实政治责任，把握正确舆论导向，建立起系统50人的“网军”队伍，确保在关键时刻拉得出、跟得上。组织参加全省广播影视大奖评选，有28件作品获得奖项。其中，广播类作品获一等奖1件、二等奖4件、三等奖7件，电视类作品获二等奖2件、三等奖8件。《识字班三部曲》获广播文艺长篇连续节目二等奖。《社会主义核心价值观与广播电视的责任》获广播电视论文奖基础理论二等奖。《泰安新闻》和《天天说道》栏目被评为全省电视新闻和电视社教十佳栏目。首次与中央台联合制作的《第29届泰山国际登山节登泰山比赛现场直播》获现场直播类三等奖。公益广告《做椅子》获得广播公益广告类一等奖。

（桑运昌）

·泰安市广播电视台·

【概况】市广播电视台下设广播、电视新闻、电视社教、电视文体、广播电视技术和电视党建6大中心，5个职能服务科室，台属事业单位3家和公司2家。广播有新闻、旅游、交通、故事、都市音乐之声、私家车广播系列台6个，全天播出90个小时；电视有新闻综合、公共、教科、旅游文化和“泰山先锋”党建等专业化频道5个。新媒体领域有手机台、泰山网、泰安民生网、泰山先锋网“一站三网”以及公交移动电视、楼宇电视等；泰安广播电视报每周一期，期发行量3万份。有不同规格的电视演播室5个，演播大厅2个，广播直播室6个；流动电台直播车和大型电视转播车2辆，流动文艺演出车2辆。全台职工600人，固定资产2.3亿元。年内实现总收入6800万元。被省广播电影电视局评为优秀播出机构，山东省年度公益广告优秀传播机构，省广播电视台对上报道先进集体，荣获市级文明单位、政风行风建设先进单位称号。全年广播播出3.7万小时，电视播出发射2.6万小时，中央数字电视16套节目8月1日开播以来共播出3100小时，实现广播电视安全优质播出。

【广播电视新闻宣传】 广播、电视各档新闻、泰山网、“泰安发布”、泰安手机台、爱泰安客户端等媒体精心组织党中央治国理政新理念新思想新战略重大主题宣传，第一时间发布相关内容，全方位、多角度对各行业学习贯彻系列讲话精神情况进行深入及时报道；持续宣传“四个全面”战略布局和“五大发展理念”；解读市委十届十次、十一次、十二次全体会议精神。围绕“全国文明城市创建”“精准扶贫精准脱贫”等工作，广播、电视、网站、报纸、微信公众号等均开设“弘扬创城迎审精神 全面提升城市文明”“德耀中华”“践行社会主义核心价值观 ”“回顾十二五 展望十三五”“脱贫攻坚 奔康致富”“纪念中国工农红军长征胜利80周年”等专栏；开办《直通12345》栏目，第一时间对群众反映问题跟踪落实办理情况。

【对外宣传】 充分借助中央、省对外新闻宣传渠道，在中央台电视台发稿30条，其中，中央台新闻联播播出6条，独立采制的新闻《泰安大陡山生态游引领致富》10月6日在中央电视台《新闻联播》栏目头条播出；山东卫视发稿216条，其中《山东新闻联播》187条、十一黄金周在中央台发稿9条、山东卫视发稿20条，拍摄制作《国宝档案》5集文献纪录片在央视四套播出。

【公共文化服务】 实施“农村公益电影放映”工程，投放影片500部，放映电影4.1万场次；继续开展“中国梦 泰山情”文艺下基层惠民活动，走进全市100个行政村（社区），演出100场次；开展“欢乐社区行”“社区大联欢”等活动，派出各类艺术骨干30人次，培养基层艺术骨干1000人次；策划组织“纪念抗战胜利七十周年大型文艺晚会”“爱心人慈善晚会”“最美环卫工人颁奖典礼”“永远跟党走七一晚会”‘路在脚下 爱在心中’天天说事公益十年主题晚会”“泰安市首届十大见义勇为英雄人物评选活动”等；制作播出“图说我们的价值观等”等系列公益广告；拍摄制作《天南地北泰安人》；新开办栏目《直通县市区》《骄傲吧，泰安》《天天说道》；继续开办公益慈善类节目《爱心微力量》；组织策划“最美大学生”“泰安市十大杰出青年”评选；中央广播电视节目无线数字化覆盖工程于8月1日正式开播运行，有效覆盖范围35公里。

【产业发展】 泰安手机台与电视、广播形成跨区域全媒体覆盖，访问量突破200万次；开发网络直播市场，泰山国际登山节开幕式及登山比赛直播、中国泰山旅游商品大赛颁奖典礼全程网络直播、国际旅游航拍大赛颁奖典礼网络直播等，实现本地活动的跨区域传播；开通“泰安政法网”“泰安健康网”，建起泰安市最具权威的免费线上咨询服务惠民网站集群，填补泰安市新媒体网络集群惠民服务的空白；广电影视中心二期工程全面开工；泰山广告产业园园区全面建成并投入运营。

（汪卫东）

泰安日报社（泰安传媒集团）

【概况】《泰安日报》于1985年元旦创刊，前身是中共泰山地委于1939年10月创办的《泰山时报》，是山东省最早的地市党报。泰安传媒集团2013年9月29日正式揭牌成立，是省新闻出版局批准设立的第6家报业传媒集团。泰安日报社旗下拥有《泰安日报》、《泰山晚报》、“最泰安”客户端、“泰安发布”客户端、中华泰山网、房向网、e家园网、《天下泰安》、《内部参考》等10个媒体，以及融合《泰山晚报》、“最泰安”客户端、中华泰山网搭建起的“最泰安”全媒体平台（中央厨房）；泰安传媒集团旗下拥有泰安传媒、泰报发行、泰山晚报社、泰山网络、泰报置业、泰报会展、泰报广告、4个县域文化公司等10家有限责任公司。2016年，泰安日报社（集团）以革新图存、转型攻坚为目标，深耕媒体、深度跨界，媒体融合成效明显，经营转型实现突破，产业跨界取得进步，报业收入1.68亿元，房地产销售收入2.01亿元，实现总收入3.69亿元。有干部职工600人，其中青年职工队伍占80%以上，一线编辑记者平均达到大学本科学历。报社党委成员10

人，其他集团高管3人。2016年，泰安日报社（集团）获评山东报业创新发展奖、全国报刊广告“金推手”奖优秀单位。中国报业发展大会4月份在泰安召开，向全国推广“泰报”发展经验。

中国报协五届二次理事会暨中国报业发展大会现场　　（赵文文　摄）

【媒体融合】 泰安日报社（集团）始终坚定不移地坚持党管媒体的原则，各媒体紧紧围绕市委、市政府中心工作，服务发展大局，坚守本职，积极为全市发展营造良好舆论氛围。《泰安日报》以“新闻立报、文化担当、公信至上”为理念，强化政治意识、责任意识和大局意识，坚守宣传主阵地，改进新闻采编，加强新闻策划，创新版面传播，完成市“两会”、文明城市创建、“两学一做”学习教育、苏庆亮先进事迹等重大宣传报道，《内部参考》关注民情实事，反映社会热点，为领导决策提供帮助。在年度山东新闻奖评选中，《泰安日报》获一等奖2个、二等奖1个、三等奖3个。

2016年，报社（集团）加大媒体深度融合力度，打通采编产业链条，建设全媒体中央厨房。4月，“最泰安”全媒体平台在中国报业发展大会上正式上线，是山东省地市报第一个完整意义上的全媒体平台，以更集约的人才物力，全面承担《泰山晚报》、中华泰山网、最泰安新闻客户端，以及微信、微博的采编运营任务，以“一次采集、多次生成、24小时滚动发布”为要求，再造流程、再造媒体、再造盈利模式。在全媒体产品建设方面，侧重建设“最泰安”新闻客户端，成立泰山工作室、视频工作室及电台工作室，集中打造新闻、直播、电台、服务四大板块，第一时间实现对本地新闻的传播和覆盖。《泰山晚报》深耕社区和都市，通过系列改版，摒弃碎片化新闻，增加深度报道和调查报道，使内容更厚重、更丰富，实现让读者在新媒体上看速度，在报纸上看深度；在新媒体上看表象，在报纸上看真相；在新媒体上看现象，在报纸上看背景的分众传播格局。《泰山晚报》、中华泰山网微信粉丝突破20万名，微博粉丝突破100万名；《泰山晚报》每周平均190个版面，综合实力居全国地市晚报10强，中华泰山网综合传播力位居全国城市网站前30名，最泰安APP进入全国新闻类APP前30强。

【经营转型】 专题新闻中心推动传统版面广告营销向媒体造势营销和活动营销、立体营销转变，创新、升级活动形式，全年举办泰山国际马拉松赛、金融微笑天使评选、年度城市榜单等营销活动50场，强化市内广告资源整合，扩展新增阅报栏、户外大屏、出租车移动屏等多种运营渠道，实现经营收入7201.6万元。《泰安日报》开机数5.6万份，《泰山晚报》开机数9.4万份，两报发行保持平稳。印务中心创新管理模式，全年实现两报印刷1.36亿对开张，连续三年中标泰安市行政事业单位定点印刷单位。新泰、肥城、宁阳、东平地方版公司，立足办报、发行本职，深耕县域市场，形成各具特色的竞争优势和发展模式。

【产业跨界】 会展中心，强化团队建设，攻坚外联招展，成功举办中国学前教育用品博览会、国际老年健康论坛等各类会议展览127场，展览面积突破40万平方米，接待观众近百万人次。泰报置业公司强化工期、质量、安全管理，创新销售模式，完成传媒广场的建设和销售任务。集团成功举办第三届泰山国际马拉松赛、首届泰山国际太极拳赛，第三届“泰马”线上线下参赛人数达21万人，经营收入突破千万元，“泰马”知名度和影响力比肩国内一流马拉松赛事，被评为“2016中国体育旅游精品赛事”；通过协调争取，中国报业协会体育产业联盟秘书处落户报社。集团成立培训中心，借助泰安市小记者团平台，拓展培训业务和演艺事业，游学项目、儿童剧项目、培训业务起步发展，小记者新招募近万人，在中国报业小记者联盟成立大会上当选副理事长单位。泰山网络传媒有限公司拥有计算机系统集成资质、安防资质、双软认证等国家资质，业务范围不断扩大，营业额近千万，泰山幸福e家园笑脸社区项目成功启动，《天下泰安》出版10期，完成年度经营目标。泰安市政府将“12345”民生热线服务平台交集团管理运营，集团新成立舆情中心，4月完成平台的建设工作，投入运行，共整合全市15条服务热线，将单纯的市长热线创新打造成“一站式”全方位民生服务平台。

【管理创新】 报社（集团）将“调整结构，分灶吃饭，成本控制，利润考核”作为管理改革的导向目标，逐步实现从总量提升向效益优先的战略转移，于8月制定《关于转型发展的实施意见》，从全面推进媒体转型和经营转型两个层面着手，明确改善传媒经营、做强会展运营、做大培训业务、做优体育产业、提升地产品牌、拓展系统集成六大发展方向，以加快实现传播现代化和产业多元化，再造集团核心竞争力。

（程文涛）

【概况】 全市有世界文化遗产3处，不可移动文物2422处，县级以上文物保护单位436处。其中，国家级重点文物保护单位14处、省级78处、市级110处、县级234处。第一次全国可移动文物普查登录国有文物收藏单位33家，其中文博系统7家、文博系统外国有单位26家。登录可移动文物6.4万件/套，实际数量17万件。

【重点文物保护工程】 “十三五”期间，全市实施重点文物保护“125”工程（重点文物保护项目100项、馆藏文物20万件、发展博物馆50家），实现每15万人拥有一家博物馆的目标。年内公布第四批市级文物保护单位54处，其中古遗址13处、古墓葬10处、古建筑14处、石窟寺及石刻4处、近现代重要史迹及代表性建筑13处。启动第三批、第四批市级文物保护单位的“四有”（有保护范围、有保护标志、有记录档案、有专门保管机构）工作，落实保护机构，树立保护标志碑，公布保护范围和建设控制地带，健全记录档案。加大大汶口国家考古遗址公园建设推进力度，遗址公园雏形基本形成。实施齐长城修缮保护工程，逐步打造齐长城自然文化风景带。实施“乡村记忆”工程，入选省改造提升项目4项。实施基本建设中的S243泰梁线肥城桃园至东平大羊段改建工程、济泰高速泰安段建设工程、G205莱芜新泰界至新汶转盘段改建工程和泰安港航航道、土场选址的考古调查、勘探，道路总里程70余公里。

【公共文博服务体系建设】 成立泰安市博物馆建设领导小组，召开博物馆建设专题会议，推进泰安市博物馆建设。推动行业和非国有博物馆建设，全市博物馆数量达到32家，其中非国有博物馆23家，藏品达34.68万件。会同省考古所文物保护中心联合对新泰市博物馆馆藏周家庄东周墓地出土青铜器进行

2016年泰安市省级以上重点文物保护单位名录

表35

序号	名　称	地　点	时　代	类　别	公布时间	批次
			全国重点文物保护单位			
1	大汶口遗址	岱岳区大汶口镇、宁阳县堡头村	新石器	古遗址	1982.2	2
2	岱　庙	泰安市泰山区	宋一清	古建筑	1988.1	3
3	冯玉祥墓	泰安市泰山区泰山南麓	1953年	近现代重要史迹及代表性建筑	1988.1	3
4	齐长城遗址	泰山景区、岱岳区、肥城	春秋、战国	古建筑	2001.6	5
5	泰山石刻（包括：经石峪、唐摩崖）	泰山红门景区	北齐一唐	石窟寺及石刻	2001.6	5
6	白佛山石窟造像	东平县东平镇焦村白佛山	隋、唐	石窟寺及石刻	2001.6	5
7	泰山古建筑群	泰安市泰山区	明一清	古建筑	2006.5	6
8	洪顶山摩崖	东平县旧县镇屯村铺村	南北朝	石窟寺及石刻	2006.5	6
9	大运河	东平县彭集镇、宁阳县堽城镇堽城里村	春秋一清	古建筑	2006.5	6

续表 35-1

序号	名 称	地 点	时 代	类 别	公布时间	批次
10	大汶口古石桥	岱岳区大汶口镇西南门外大汶河上	明	古建筑	2013.3	7
11	萧大亨墓地石刻	岱岳区满庄镇东萧家林	明	石窟寺及石刻	2013.3	7
12	徂徕山抗日武装起义旧址	岱岳区房村镇黑石埠村，在徂徕山大寺	抗日战争时期	近现代重要史迹及代表性建筑	2013.3	7
13	颜子庙和颜林	宁阳县鹤山乡泗皋村	元、清	古建筑	2013.3	7
14	棘梁山石刻	东平县戴庙镇棘梁山	北朝一宋	石窟寺及石刻	2013.3	7
		省级重点文物保护单位				
1	泰山盘路古建筑群（包括：无极庙、元始天尊庙、老君堂）	泰山景区	唐、清、民国	古建筑	1992.6	2
2	范明枢墓	泰山南麓普照寺南	1950 年	近现代重要史迹及代表性建筑	1992.6	2
3	周明堂遗址	泰山风景名胜区大津口乡沙岭村明家滩	周	古遗址	2013.10	4
4	藏峰寺遗址	泰山风景名胜区曹家庄村	元	古遗址	2013.10	4
5	中天门二虎庙	泰山风景名胜区中天门管理区	明清	古建筑	2013.10	4
6	泰山玉泉寺	泰山风景名胜区玉泉寺管理区	北魏	古建筑	2013.10	4
7	桃花峪元君庙	泰山风景名胜区桃花峪管理区	清	古建筑	2013.10	4
8	竹林寺	泰山风景名胜区竹林寺管理区	唐	古建筑	2013.10	4
9	总理奉安纪念碑	泰山风景名胜区红门管理区	1929 年	近现代重要史迹及代表性建筑	2013.10	4
10	乐善桥	泰山风景名胜区竹林寺管理区	1936 年	近现代重要史迹及代表性建筑	2013.10	4
11	泰山革命烈士纪念碑	泰安市泰山区	1953 年	近现代重要史迹及代表性建筑	2015.6	5
12	博城故城	泰山区邱家店镇后旧县村	东周至宋	古遗址	2013.10	4
13	泰山区清真西大寺	泰山区财源街道清真寺街	明清	古建筑	2013.10	4
14	杨家庄七圣堂	泰山区上高街道杨家庄村	明清	古建筑	2013.10	4
15	省庄清真寺	泰山区省庄镇（东孙家庄村、二十里埠村、芝田村、岗上村、岳庄村、刘家庄村）	明至中华民国	古建筑	2013.10	4
16	萃英中学建筑群	泰山区岱庙街道青年路	清、中华民国	近现代重要史迹及代表性建筑	2013.10	4
17	泰安火车站站房	泰山区财源街道龙潭路	1909 年	近现代重要史迹及代表性建筑	2013.10	4
18	泰安侵华日军司令部旧址	泰安市泰山区岱庙街道	中华民国	抗战纪念设施、遗址	2015.6	5
19	上高施氏牌坊	泰安市泰山区上高街道	清	古建筑	2015.6	5
20	汉明堂遗址	泰安市泰山区泰前街道	西汉	古遗址	2015.6	5

续表 35-2

序号	名 称	地 点	时 代	类 别	公布时间	批次
21	山西会馆	岱岳区大汶口镇会馆街	明	古建筑	2006.12	3
22	无梁殿	岱岳区夏张镇梨园村	明	古建筑	2006.12	3
23	西界清真寺	岱岳区马庄镇前营村	明清	古建筑	2013.10	4
24	下旺清真寺	岱岳区粥店街道下旺村	清	古建筑	2013.10	4
25	泰安抗日烈士公墓	泰安市岱岳区祝阳镇	1946 年	抗战纪念设施、遗址	2015.6	5
26	夏张抗日武装起义纪念碑	泰安市岱岳区夏张镇	1998 年	抗战纪念设施、遗址	2015.6	5
27	中淳于瓷窑址	泰安市岱岳区满庄镇	隋唐至明	古遗址	2015.6	5
28	文姜城遗址	泰安市岱岳区大汶口镇	东周至汉	古遗址	2015.6	5
29	山西街村建筑群	泰安市岱岳区大汶口镇	明清、中华民国	古建筑	2015.6	5
30	泰西抗日武装起义旧址	泰安市岱岳区道朗镇、肥城市仪阳镇	1938 年	抗战纪念设施、遗址	2015.6	5
31	新泰智人化石地点	新泰市东都镇乌珠台	旧石器	古遗址	1992.6	2
32	徂徕山摩崖石刻	新泰市新泰市天宝镇	北齐、唐	石窟寺及石刻	1992.6	2
33	新泰市周家庄东周墓群	新泰市青云街道办事处周家庄村	东周	古墓葬	2006.12	3
34	徐琛墓	新泰市羊流镇徐家庄村	元	古墓葬	2013.10	4
35	东街清真寺	新泰市放城镇东街村	明至中华民国	古建筑	2013.10	4
36	光明东村正觉寺	新泰市刘杜镇光明东村	明至中华民国	古建筑	2013.10	4
37	莲花山云谷寺	新泰市泉沟镇	明清	古建筑	2013.10	4
38	青云山三官庙	新泰市汶南镇青云山村	清	古建筑	2013.10	4
39	阁老顶观音造像	新泰市放城镇郗家峪村	宋、金	石窟寺及石刻	2013.10	4
40	大协炮楼	新泰市小协镇大协村	1938 年	近现代重要史迹及代表性建筑	2013.10	4
41	山东省委旧址暨八路军山东抗日游击第四支队司令部旧址	泰安市新泰市天宝镇	1938 年	抗战纪念设施、遗址	2015.6	5
42	抬头寺遗址	泰安市新泰市汶南镇	新石器时代至东周	古遗址	2015.6	5
43	新泰羊氏墓地	泰安市新泰市羊流镇、天宝镇	东汉至隋	古墓葬	2015.6	5
44	陆房战斗遗址	肥城市安临站镇东陆房村东北 500 米处	抗日战争时期	近现代重要史迹及代表性建筑	1977.12	1
45	泰山显灵宫	肥城市石横镇石横四村内	明	古建筑	2006.12	3
46	护鲁山泰山行宫	肥城市孙伯镇大石桥村	明清	古建筑	2013.10	4
47	陶山朝阳洞石刻造像	肥城市湖屯镇陶山主峰西北侧山崖	宋至中华民国	石窟寺及石刻	2013.10	4
48	圭山石刻	肥城市王瓜店街道印山子村	明	石窟寺及石刻	2013.10	4

续表 35-3

序号	名 称	地 点	时 代	类 别	公布时间	批次
49	东向北阁	泰安市肥城市边院镇	明清	古建筑	2015.6	5
50	小中泉天主教堂	泰安市肥城市湖屯镇	1910 年	近现代重要史迹及代表性建筑	2015.6	5
51	新城群力放水洞	泰安市肥城市新城街道	1960 年	近现代重要史迹及代表性建筑	2015.6	5
52	潘茂汉墓	宁阳县东疏镇潘家黄茂村北	汉	古墓葬	1977.12	1
53	古磁窑址	宁阳县华丰镇西部、磁窑火车站东三公里处	宋、元	古遗址	1977.12	1
54	宁阳文庙	宁阳县县城东街 313 号	元—清	古建筑	2006.12	3
55	宁阳禹王庙	宁阳县伏山镇堽城坝村北	明	古建筑	2006.12	3
56	宁阳灵山寺	宁阳县华丰镇灵山	唐—清	古建筑	2006.12	3
57	西太平窑址	宁阳县磁窑镇西太平村	唐、宋	古遗址	2013.10	4
58	义和寨寨墙	宁阳县磁窑镇贺家庄村	清	古遗址	2013.10	4
59	南陈村北窑遗址	宁阳县东庄镇南陈村	隋、唐、宋	古遗址	2013.10	4
60	神童山摩崖石刻	宁阳县葛石镇刘家庄村	北朝、五代	石窟寺及石刻	2013.10	4
61	神童山观音庵	宁阳县葛石镇黑石村	明清	古建筑	2013.10	4
62	堽城坝（闸）遗址	宁阳县堽城镇堽城里村	元	其他（大运河）	2013.10	4
63	郕城故城	泰安市宁阳县东庄镇	东周至汉	古遗址	2015.6	5
64	关圣帝君庙碑	泰安市宁阳县东疏镇	明、清	石窟寺及石刻	2015.6	5
65	大孔扬水站	泰安市宁阳县堽城镇	1978 年	近现代重要史迹及代表性建筑	2015.6	5
66	东平故城	东平街道宿城村附近	汉—唐	古遗址	1977.12	1
67	北桥墓群	东平县老湖镇北桥村	汉	古墓葬	1977.12	1
68	梁氏墓群	东平县老湖镇梁林村	宋	古墓葬	1977.12	1
69	理明窝摩崖造像	东平县斑鸠店镇六工山	唐	石窟寺及石刻	1992.6	2
70	尚书林	东平县梯门镇西梯门村	明	古墓葬	2013.10	4
71	常庄民居	东平县接山镇常庄村	明、清、中华民国	古建筑	2013.10	4
72	前山西屯大队部	东平县梯门镇前山西屯村	1975 年	近现代重要史迹及代表性建筑	2013.10	4
73	东平安山闸	东平县商老庄乡大安山村	明	其他（大运河）	2013.10	4
74	东平戴庙闸	东平县戴庙镇戴庙村	明	其他（大运河）	2013.10	4
75	阳谷邑故城	泰安市东平县旧县乡	周、汉	古遗址	2015.6	5
76	峗山汉墓群	泰安市东平县东平街道	汉	古墓葬	2015.6	5
77	银山石刻	泰安市东平县银山镇	北朝、宋、清	石窟寺及石刻	2015.6	5
78	蓆 桥	泰安市东平县接山镇	金、明	古建筑	2015.6	5

修复保护，修复青铜器286件。结合“5·18”国际博物馆日及文化遗产日，开展文物宣传活动，引导博物馆“进校园、进社区、进农村、进企业”。

【文物安全】 开展田野文物安全检查，打击田野文物违法犯罪活动，推进田野文物保护基层基础工作，建立健全田野文物保护体系。对对外开放单位、文物保护工程和考古工地，重点进行人员安全和暴恐防范检查；对古建筑、博物馆、文物保护工程工地、近现代重要史迹及代表性建筑进行消防安全检查；对古墓葬、古遗址、古塔地宫、石窟寺、石刻实施盗抢防范检查。修订印发《泰安市文物安全突发事件应急预案》，开展文物行政执法人员、业余文保员和文物保护志愿者培训，提高执法人员业务水平和文物保护意识。加强齐长城保护，开展执法专项督查，发放保护员证件、外服71套。做好齐长城遗址修缮保护和“三防”工程，上报《齐长城遗址岱岳区段安防工程项目》，打造齐长城自然文化风景带。 （桑运昌）

【概况】 全市拥有档案馆8个。其中，国家综合性档案馆7个，专门档案馆1个。建筑总面积1.1万平方米；馆藏档案1102个全宗68.93万卷、41.22万件；馆藏资料15.012万册。全市7个档案局被评为全省档案宣传工作先进集体。

【档案资源建设】 ①档案接收。全市档案馆接收各类档案7.66万卷（件）。其中，市档案馆接收移交档案1.57万卷（件），资料426册；②档案资料征集。市档案馆征集《泰岱史迹》《中国历代帝王泰山封禅秘闻》、“泰山大曲、泰山白酒的酒标”23张、“山东泰安方言歇后语笑话集锦之一《岁头》”“清宣统元年官契（北新街）”等档案资料。在互联网上征集到《亚细亚大观》全套日文电子版，并将泰安与泰山部分内容翻译成中文。完成接收街拍泰安城区老照片、老胶片等约30万张数码照片备份工作。市档案馆有20件藏品被定为文物级藏品。

【档案信息化建设】 对馆藏4.71万卷、1.21万件档案28.14万条目录进校对；70个全宗档案数字化扫描约200万页。对档案信息网站重新制作前台显示界面和网站栏目，更换网站后台系统和网站数据库类型。全市有6个档案馆将馆藏电子档案数据备份到省局电子档案备份中心，数据量达到5600G。鉴定开放档案12个全宗、1.11万卷；鉴定总条目13.8万1条，开放总条目5769条。2.2万条开放档案目录在因特网网站及微信平台上公布。

【档案开发利用】 全市各档案馆提供利用档案资料1.75万人次，4.18万卷件，政府信息查询点共提供利用档案资料70人次，248件；编辑出版《泰安档案精品集》，与其他部门联合编纂《文化名人与泰安》；编辑出版《泰安市大事记（2015）》820条、9.1万字，编辑《泰安市大事记（2016年）》850条、9.3万字。

【机关企事业档案工作】 对市直120家单位进行归档文件整理培训；全市农村土地承包经营权确权登记颁证档案收集档案60.56万卷，照片3156张，录音录像45盘。对全市机关、企事业单位档案工作进行测评，有5家单位被省档案局表彰为山东省档案工作科学化管理示范单位，28家单位被表彰为山东省档案工作科学化管理先进单位。

【档案宣传工作】 在《泰安日报》专设“珍档解读”栏目，对馆藏特色档案和珍贵档案进行报道；与泰安电视台制作的《民国护照亮相泰安市档案馆》《清代房屋地契亮相

6月24日，泰安市档案局工作人员到陆房战斗纪念馆接受革命传统教育

（李梅 供）

泰安市档案馆》节目在泰安电视台《新闻零距离》中播出。与《泰安日报》小记者团开展“小记者探秘档案馆”主题活动，小记者现场封存“写给20年后自己”的一封信，20年后，小记者可到市档案馆寻找自己曾经的梦想，《中国档案报》以“共享文化餐”进行报道。在泰安市中级法院、泰安市中心医院、泰安市房产交易中心、泰安市城建档案馆等沿街单位的公共活动区域悬挂“档案与民生”宣传挂图，并运用电子屏宣传“国际档案日”的活动主题“档案与民生”；编制《档案工作简报》10期，培训工作人员2200人。 （李　梅）

4月23日，在泰山书城举办全市“书香泰安”全民阅读活动启动仪式

（郑维山　供）

【概况】 全市新华书店系统资产总额2.6亿元，其中固定资产8200万元、流动资产1.45亿元。全年实现销售收入4.18亿元，增长10.24%；实现利税4217.17万元，增长40.34%。年内，泰安分公司先后荣获第23届青少年“传承中华文化 共筑精神家园”爱国主义读书教育活动全省组织特等奖和全国组织特等奖；被山东省新华书店集团评为“2016年度经营管理（双效）先进单位”；所属教材公司被山东出版集团评为“2016年优秀团队”，新泰分公司被山东出版集团和山东新华书店集团评为“2016年度经营管理（双效）先进单位”；泰安、肥城、东平、宁阳分公司被评为“省级文明单位”。

【图书销售】 全市新华书店系统发行各类图书4422万册，实现销售码洋3.93亿元。全年发行中小学教材教辅3880万册、销售码洋3.25亿元，销售册数与上年持平，销售码洋增长4.5%；其中幼儿教材40.07万册、销售码洋662.29万元，分别增长33.83%和22.75%。全年发行一般图书542万册、销售码洋6715.5万元，分别增长3.2%和10.09%。图书物流中心全年中转图书18.5万件；代发图书码洋3.29亿元，增长12.67%；开展县级店到店直发试点工作。做好十八届五中、六中全会学习文件，《习近平总书记系列重要讲话读本》《胡锦涛文选》《总体国家安全观干部读本》《全面小康热点面对面》等图书发行工作，全年发行各类政治理论图书25.72万册。完成“农家书屋”补充用书和“全民阅读工程用书”配送任务。全年征订发行青少年爱国主义读书教育活动用书40.91万册、码洋299.46万元，分别增长15.99%和14.01%。多元经营实现销售1958.51万元，增长28.61%。

【发行网点】 全市新华书店系统共有城乡经营网点54个，总营业面积2.5万平方米。其中泰安分公司自身设有图书发行网点4个，图书、电子音像制品经营面积7600平方米；泰山书城经营面积5100平方米，上架图书、电子音像制品9万种。泰安分公司图书物流中心占地2公顷，主要承担山东新华书店集团在鲁西南的图书代发任务。全市有校园书店19家。

【经营管理】 泰安分公司坚持“为人民服务、为社会主义服务”的基本方针，加强经营管理，充分发挥图书发行主渠道作用。年内，扎实开展“规范管理年”和“创新提升年”活动，健全完善各项管理制度，强化内控制度落实。制订《员工综合考核办法》，实行全员考核、层层考核，强化员工的责任感和担当意识。开展全国新华书店实体店标准化服务达标工作，宁阳分公司中心门店代表全省新华书店系统接受中国新华书店协会检查，顺利通过检查验收。加强员工培训，举办全市财务人员专题培训班、业务骨干培训和营业员集中培训，提高员工业务素质。

【转型升级】 按照集团“明确一个目标，提升四个水平，五个关键点”（由单纯的图书经销商向综合文化服务商转变，由单纯的图书卖场向多功能文化体验空间转变；互联网化水平、体验化水平、多元化水平、个性化水平；规划、数据、温馨、活动、服务）基本要求，加快实体书店转型升级，为读书营造温馨时尚的阅读休闲文化场所。提升门店服务环境，泰山书城扩大读者阅读区面积，在各楼层安装专用阅读桌椅和阅读照明灯具，营造出更加浓厚的阅读氛围。实施“智慧书城”建设工程，完善新华阅购电商平台信息，建设手机“微书城”，开通支付宝和微信支付功能，在中心门店安装自助查询购书系统，先后邀请11位知名作家到泰安开展文化交流活动；泰山书城全年开展各种营销活动117次。

【文化活动】 推动“书香泰安”全民阅读工程深入开展。1月24日，在泰山书城举行步兵“老城记忆•十年”油画展。2月1日，举办“东岳书香启航•快乐寒假”中小学生冬令营。3月8日，在泰山书城举办市人社系统“庆三八”暨创建“书香机关 图书漂流”活动启动仪式。3月12日，配合市教育局举办“泰安市中小学读书活动辅导员培训会”，培训辅导教师260人。3月17日邀请著名儿童文学家安亦然走进泰安市灌庄小学和泰安市粮食市小学，开展名家进校园活动。4月23日，在泰山书城举办全市“书香泰安”全民阅读活动启动仪式，开展“书香六进”（进机关、进学校、进乡村、进社区、进家庭）活动，举办图书优惠展销。5月1日，携手泰山女书画家艺术联盟举办“迎五一泰山书城书画展”。5月21日，配合市委宣传部、市教育局等部门举办全市青少年新华书店杯“传承中华文化 共筑精神家园”演讲（讲故事）比赛。5月26日，联合山东教育出版社在泰山实验中学和泰安一中实验学校举办百所优秀中小学“阅读与写作基地”授牌仪式，邀请儿童文学作家张玉清为中学生做阅读写作讲座。6月1日，举办“东岳书香——泰山书城儿童积木拼插大赛”。6月5日，在微信平台举办“阳光少年”评选活动。6月9日，央视资深新闻人白岩松在泰山书城举办读者见面会。7月9日至8月27日，举办第七届泰山书城著名书画家义卖助学活动，捐助20名贫困中小学生。9月16日，在泰山书城举办百万级畅销作家大冰畅聊会。9月19～21日，举办著名儿童文学作家伍美珍泰安巡回签售活动。10月28日，央视健康营养专家陈允斌在泰山书城举办公益养生讲座。12月9日，在泰山书城举办媒体人、青年作家刘同读者见面会暨签售会。19日，邀请百万级畅销书作家卢思浩到山东科技大学举办读者见面会。 （郑维山）

体　育

【概况】 2016年，全市体育系统以“转变发展方式、建设体育强市”为目标，以“公共体育服务体系进一步完善、竞技体育发展进一步深度融合、体育产业领域进一步拓宽、体育彩票销量进一步增长、机关形象进一步提升”为重点，完成省级“千村体育健身扶贫工程”80个村的新建任务和104个村的提档升级，资助建设市级贫困村23个，全市贫困村健身设施覆盖率95%；获得全国比赛金牌6枚、银牌14枚、铜牌11枚，省比赛金牌51枚、银牌39枚、铜牌46枚，注册具备参加24届省运会比赛资格的运动员1242名，向省以上专业队输送运动员18人。市体育局连续6年荣获省级文明单位，被山东省体育局评为山东省第六届全民健身运动会优秀组织奖、体育彩票工作突出贡献奖。

【群众体育】 将服务理念融入各项体育业务工作，推动公共体育服务规范化和公共体育管理服务化，不

5月20日，举行太极拳表演 （司刚 摄）

9月6日，"鲁能泰山7号杯"第三十届泰山国际登山比赛暨第二十一届全国全民健身登泰山比赛起跑仪式现场　　（赵文文　摄）

断完善公共服务体系。①公共体育场地设施建设。完成省级"千村体育扶贫工程"80个村的新建任务和104个村的提档升级。投入115万元资助建设市级贫困村23个，投入280万元用于异地搬迁扶贫和库区移民社区建设，全市贫困村健身设施覆盖率95%；开展健身器材"进校园、进企业"活动，为全市27所学校和6家企业配备价值100万元的健身器材，扩大城区健身器材设施的覆盖面；投资170万元对85个行政村超出安全使用期的健身器材进行集中更换，投资5万元对城区体育设施进行月度巡检维修。②开展全民健身活动。承办山东省暨泰安市全民健身月启动仪式、万人登高健身、万人自行车骑行等大型赛事活动，年内组织举办全民健身赛事项目233项、日常活动569次。③健全全民健身网络组织。年内成立市级体育俱乐部21家、市级体育协会6家，市级体育协会发展到41家、俱乐部107家。举办社会体育指导员二级培训3期，培训二级社体员200人，获批国家级社体员14人、一级社体员30人，全市社会体育指导员数量1.3万人，占全市总人口的2.2%。印发《泰安市全民健身志愿服务实施方案》，开展以"体育技能进社区、进农村、进企业、进机关"为主题的全民健身志愿服务活动30次，其中国家级1次，100人以上大型志愿服务活动12次，直接受益人数3796人。太极拳、穴位保健操、健身气功"三个一千"(太极拳、穴位保健操、健身气功3个项目年内培训1000人并在敬老月期间进行3个项目展演）活动广受好评。在全市范围内免费开展国民体质监测"五进"(进农村、进社区、进学校、进企业、进机关）活动，监测84家单位1.03万人次。

【竞技体育】 在"融合"中求创新、求发展、谋共赢，不断完善青少年业训体系，提升全市竞技体育综合实力。①备战参赛。年内夺得全国比赛金牌6枚、银牌14枚、铜牌11枚，省比赛金牌51枚、银牌39枚、铜牌46枚。注册具备参加24届省运会比赛资格的运动员1242名，向省以上专业队输送运动员18名。承办全国跆拳道精英赛、中国网球协会少儿发展联盟地区赛、山东省田径锦标赛、"郑洁杯"青少年网球巡回赛等大型赛事活动；承接国家田径投掷队、国家软式网球队、山东省田径短跨队等集训任务；成功举办首届"市长杯"足球比赛和泰安市首届篮球联赛，参赛规模达到99支代表队、1700名运动员。②体教结合。变"体教结合"为"体教融合"，推进"两个纳入"(地方各级政府要加强公办体育运动学校建设，将其纳入当地教育发展规划，将文化教育经费纳入同级财政预算）工作的落实，组织开展中小学超体重学生"健康夏令营"、普及游泳、体质抽测等活动，培训中小学生5100人，完成抽测3166人次。完成省（市、县）三级中小学生7项体育联赛的参赛和办赛任务。其中，组织633名运动员参加省中小学生体育联赛，获得田径联赛团体总分第一名，篮球联赛男子乙组第一名，足球联赛小学组团体第二名等。举办市、县两级中小学生体育联赛，市级195所学校、2591名运动员参赛，县级745所学校、1.33万名运动员参赛。③场地建设。投资160万元，建成占地3850平方米、可容纳2000名观众的标准攀岩场地，具备承办国内外大型攀岩赛事的能力。④网点建设方面。加强对业训网点的管理和扶持力度，重新命名40家市级单项体育后备人才训练基地，发放扶持资金150万元；认定新周期市级体育传统项目学校64所，扶持体育器材50万元；岱岳区"教体融合"办学模式得到省体育局肯定，教育厅将"岱岳模式"作为县级体校改革典型经验在全省推广，争取省级扶持资金800万元。

【体育产业】 发挥体育部门牵头协调作用，推动全市体育产业向规范

2016年泰安籍运动员在全国级比赛中获得奖牌情况

表36

序号	姓　名	运动会名称	项　目	名　次	时　间	地　点
1	泥怀莹	全国青年赛艇锦标赛	赛艇女子公开级四人单桨	第一名	7月14日	北　京
2	赵　丰	全国青少年重点体校射箭锦标赛	射箭男子30米双轮	第一名	8月5日	贵州清镇
3	赵　丰	全国重点学校锦标赛男子	射箭个人双轮60米第一单轮	第一名	8月20日	江苏南京
4	徐　悦 张　越	全国青年女子手球锦标赛	手　球	第一名	3月	安徽合肥
5	翟　超	全国田径锦标赛	田径4×400米	第一名	9月	天　津
6	李洪凤	中国山地自行车联赛	山地自行车	第二名	11月	浙江长山
7	韩继江 刘建民	全国竞走锦标赛	竞走 团体20公里	第二名	9月	内蒙古呼和浩特
8	姜子佩	2016全国青年田径锦标赛	田径800米	第二名	6月26～28日	鄂尔多斯
9	姜子蕊	2016全国青年田径锦标赛	田径3000米	第二名	6月26～28日	鄂尔多斯
10	鹿智文	全国青年赛艇锦标赛	赛艇男子公开级四人双桨	第二名	7月14日	北　京
11	王　凯	全国青年皮划艇锦标赛	皮划艇1000米四人皮艇	第二名	5月28日	上　海
12	吴　曌	全国跆拳道青年赛	跆拳道女子44公斤	第二名	7月5日	鄂尔多斯
13	李学文	全国举重冠军赛	举重青年组 女子69公斤级	第二名	10月12日	陕西渭南
14	赵　丰	全国重点学校锦标赛男子	射箭个人双轮全能	第二名	8月20日	江苏南京
15	王少凤	全国拳击少年赛	拳击女子51公斤级	第二名	9月	辽宁葫芦岛
16	李　巧	全国武术青年赛	武术女子A组棍术	第二名	5月16日	广东广州
17	鲁　贤	2016黄龙莱茵杯全国赛艇冠军赛	赛艇男子八人单桨有舵手两千米	第三名	4月18～26日	浙江千岛湖
18	银　山	2016全国锦标赛（古典跤）	古典跤66公斤级	第三名	4月13日	山西太原
19	张　冀	全国青年男子自由式摔跤锦标赛	自由跤120公斤级	第三名	7月17日	淄博淄川
20	郭　欣	全国跆拳道青年赛	跆拳道女子46公斤	第三名	7月5日	鄂尔多斯
21	吴　曌	全国U15～U17岁跆拳道锦标赛	跆拳道女子44公斤	第三名	9月4日	淄　博
22	王宝地	全国少年柔道锦标赛	柔道男子66公斤级	第三名	8月17日	江苏靖江
23	王海艳	全国拳击锦标赛	拳击女子60公斤级	第三名	4月	河北迁安
26	王海艳	全国拳击19～23年龄段比赛	拳击女子60公斤级	第三名	6月	内蒙古乌兰察布
27	张宛琳 田秀秀	四国邀请赛	手　球	第三名	7月	韩国釜山
28	李　巧	全国武术青年赛	武术女子A组刀术	第三名	5月16日	广东广州
29	赵　丰	全国青少年重点体校射箭锦标赛	射箭个人双轮全能	第四名	8月5日	贵州清镇
30	张宛琳 田秀秀	全国女子手球冠军赛	手　球	第四名	4月	山东潍坊
31	王　凯	全国青年皮划艇锦标赛	皮划艇500米双人皮艇	第四名	5月28日	上　海
32	足球女子 乙组	中国足协全国青少年足球精英赛 （11岁女子组）	足球女子乙组	第四名	8月	云南泸西

续表 36-1

序号	姓　名	运动会名称	项　目	名　次	时　间	地　点
33	赵　丰	全国重点学校锦标赛男子	射箭个人双轮 60 米第二单轮	第四名	8 月 20 日	江苏南京
34	赵　丰	全国重点学校锦标赛男子	射箭个人双轮 30 米	第四名	8 月 20 日	江苏南京
35	李　壮	全国武术套路锦标赛男子赛区	武术 男子三人对练	第四名	6 月 9 日	四川都江堰
36	李　壮	全国武术套路冠军赛	武术 男子三人对练	第四名	8 月 23 日	天津津南
37	王　凯	全国青年皮划艇锦标赛	皮划艇 500 米单人皮艇	第五名	5 月 28 日	上　海
38	谢晓琼	全国青年女子自由式摔跤锦标赛	自由跤 48 公斤级	第五名	7 月 6 日	重庆荣昌
39	赵　丰	全国青少年重点体校射箭锦标赛	射箭男子 50 米双轮	第五名	8 月 5 日	贵州清镇
40	路　睿	全国少年柔道锦标赛	柔道女子 45 公斤级	第五名	8 月 17 日	江苏靖江
41	韩炳琦	全国跆拳道青年赛	跆拳道女子 42 公斤	第五名	7 月 5 日	鄂尔多斯
42	郭　欣	全国 U15 ～ U17 岁跆拳道锦标赛	跆拳道女子 46 公斤	第五名	9 月 4 日	淄　博
43	赵修佺	全国 U15 ～ U17 岁跆拳道锦标赛	男子 74 公斤	第五名	9 月 4 日	淄　博
44	赵　丰	全国重点学校锦标赛男子	射箭个人双轮 50 米	第五名	8 月 20 日	江苏南京
45	陈增勇	全国少年柔道锦标赛	柔道男子 −100 公斤级	第五名	8 月 17 日	江苏靖江
46	乔仁栋	全国男子柔道锦标赛	柔道团体赛	第五名	6 月 1 日	内蒙古呼和浩特
47	丁　睿	全国拳击 19 ～ 23 年龄段比赛	拳击男子 69 公斤级	第五名	6 月	内蒙古乌兰察布
48	王金祥	全国拳击青年赛	拳击男子 64 公斤级	第五名	7 月	浙　江
49	王鑫炎	全国拳击青年赛	拳击男子 54 公斤级	第五名	7 月	浙　江
50	张满江	全国拳击少年赛	拳击女子 60 公斤级	第五名	9 月	辽宁葫芦岛
51	李　妙	全国武术青年赛	武术女子 A 组枪术	第五名	5 月 16 日	广东广州
52	李　壮	全国武术大会	武术 男子三人对练	第五名	9 月 9 日	天津津南
53	赵　丰	全国青少年重点体校射箭锦标赛	射箭男子 70 米双轮	第六名	8 月 5 日	贵州清镇
54	赵　艳	全国武术套路冠军赛（传统赛区）	武术 孙式太极拳	第六名	4 月 6 日	云南丽江
55	徐统岩	全国激流回旋冠军赛	激流回旋男子双人划艇	第七名	5 月 8 日	河南省洛阳市宜阳县
56	王璐瑶	全国少年柔道锦标赛	柔道女子 −70 公斤级	第七名	8 月 17 日	江苏靖江
57	宗　鹏 冀　翔	全国赛艇锦标赛	赛艇男子四人双桨	第七名	10 月 18 日	福建厦门
58	李　壮	全国武术套路冠军赛（传统赛区）	武术刀	第七名	4 月 6 日	云南丽江
59	董　艺	全国武术青年赛	武术女子 A 组剑术	第七名	5 月 16 日	广东广州
60	谢晓琼	全国女子自由式摔跤冠军赛	自由跤 48 公斤级	第七名	10 月	海南陵水
61	李　妙	全国武术青年赛	武术女子 A 组剑术	第八名	5 月 16 日	广东广州
62	苏宪丽	全国女子自由式摔跤冠军赛	自由跤 63 公斤级	第八名	10 月	海南陵水
63	孙昌悦	全国武术套路冠军赛（传统赛区）	武术 双刀	第九名	4 月 6 日	云南丽江
64	刘甲孝	全国武术套路冠军赛（传统赛区）	武术 刀	第九名	4 月 6 日	云南丽江
65	董　艺	全国武术青年赛	武术女子 A 组枪术	第九名	5 月 16 日	广东广州

续表 36–2

序号	姓　名	运动会名称	项　目	名　次	时　间	地　点
66	张琬琳 田秀秀 徐　悦	全国女子手球锦标赛	手　球	第九名	9 月	安徽滁州
67	田秀秀	世界青年女子手球锦标赛	手　球	第十八名	6 月	俄罗斯莫斯科
68	夏　岩	全国举重基地赛	举　重	第一名	9 月	湖南吉首
69	夏　岩	全国举重基地赛	举　重	第一名	9 月	湖南吉首
70	夏　岩	全国举重基地赛	举　重	第一名	9 月	湖南吉首
71	周炜程	全国举重基地赛	举重 77 公斤级	第二名	9 月	湖南吉首
72	周炜程	全国举重基地赛	举　重	第三名	9 月	湖南吉首
73	周炜程	全国举重基地赛	举　重	第三名	9 月	湖南吉首
74	蒋鹏宇	全国举重基地赛	举　重	第一名	9 月	湖南吉首
75	蒋鹏宇	全国举重基地赛	举　重	第二名	9 月	湖南吉首
76	蒋鹏宇	全国举重基地赛	举　重	第三名	9 月	湖南吉首
77	蒋　爽	全国举重基地赛	举　重	第二名	9 月	湖南吉首
78	蒋　爽	全国举重基地赛	举　重	第二名	9 月	湖南吉首
79	蒋　爽	全国举重基地赛	举　重	第三名	9 月	湖南吉首
80	刘晓彤	全国举重基地赛	举　重	第二名	9 月	湖南吉首
81	刘晓彤	全国举重基地赛	举　重	第二名	9 月	湖南吉首
82	刘晓彤	全国举重基地赛	举　重	第二名	9 月	湖南吉首
83	杨怡丹	全国举重基地赛	举　重	第四名	9 月	湖南吉首
84	杨怡丹	全国举重基地赛	举　重	第五名	9 月	湖南吉首
85	杨怡丹	全国举重基地赛	举　重	第五名	9 月	湖南吉首
86	李　杰	全国举重基地赛	举　重	第四名	9 月	湖南吉首
87	李　杰	全国举重基地赛	举　重	第五名	9 月	湖南吉首
88	李　杰	全国举重基地赛	举　重	第五名	9 月	湖南吉首
89	李　旭	全国举重基地赛	举　重	第五名	9 月	湖南吉首
90	李　旭	全国举重基地赛	举　重	第五名	9 月	湖南吉首
91	李　旭	全国举重基地赛	举　重	第五名	9 月	湖南吉首
92	胡　凯	世界杯场地自行车竞速赛	场地自行车 竞速赛	第八名	11 月	英　国
93	胡　凯	全国柔道冠军赛	柔道 100 公斤级	第三名	11 月 12 日	广　州
94	银　山	全国古典式摔跤锦标赛	古典跤 66 公斤级	第三名	4 月 12 日	山西太原
95	马翔宇	全国古典式摔跤青年赛	古典跤 50 公斤级	第五名	7 月 22 日	陕　西
96	马翔宇	全国古典式摔跤少年赛	古典跤 50 公斤级	第二名	8 月 14 日	山西太原
97	刘圣君	全国古典式摔跤少年赛	古典跤 55 公斤级	第五名	8 月 14 日	山西太原

2016 年泰安市承办省级以上比赛情况

表 37

序号	比赛名称	时　间	地　点	人　数
1	山东省柔道冠军赛	1 月	泰山学院	450 人
2	第十二届“华源杯”暨首届东城田园杯全国国际象棋公开赛	1 月	新　泰	300 人
3	2016 年中国钓鱼大师巡回赛（山东东平站）	5 月	东平湖国家垂钓基地	107 人
4	全国跆拳道精英赛	8 月	泰山学院	2000 人
5	山东省田径锦标赛	8 月	市体育中心	2000 人
6	2016 全国攀岩分站赛（泰安站）	9 月	市体育中心	160 人
7	中国网球协会少儿发展联盟地区赛	9 月	市体育中心	86 人
8	2016 年“农商银行杯”全国国际跳棋公开赛	9 月	新　泰	109 人
9	“新泰人民医院杯”2016 年全国象棋男子甲级联赛	11 月	新　泰	84 人
10	“城开滨湖壹号院杯”山东省第 25 届象棋棋王赛	12 月	新　泰	68 人

2016 年泰山国际登山比赛个人成绩前三名

表 38

组　别	名　次	姓　名	参赛国家（单位）	成　绩
国际组（男子）	1	阿勒姆·胡内加·麦斯芬	埃塞俄比亚	56 分 56 秒
	2	泰吉恩·阿泰雷·伊利肖	埃塞俄比亚	57 分 23 秒
	3	佩特洛·玛穆·沙酷	厄立特里亚	58 分 29 秒
国际组（女子）	1	泽非·李马娜·特斯玛	埃塞俄比亚	1 时 8 分 38 秒
	2	朱　琳	北　京	1 时 8 分 53 秒
	3	吉布雷丁·基德森	埃塞俄比亚	1 时 10 分 27 秒
南天门健身组（男子）	1	王志成	重　庆	1 时 2 分 1 秒
	2	喻文利	重庆大渡口新山村街道	1 时 3 分 41 秒
	3	赵　伟	辽　宁	1 时 5 分 8 秒
南天门健身组（女子）	1	张辉骥	重庆大渡口新山村街道	1 时 11 分 51 秒
	2	崔丽岩	北　京	1 时 18 分 25 秒
	3	姜春来	河　南	1 时 21 分 1 秒
中天门健身组（男子）	1	张　琼	山　东	34 分 38 秒
	2	马德东	山　东	35 分 20 秒
	3	柳庆秀	辽　宁	36 分 3 秒
中天门健身组（女子）	1	潘　梅	辽　宁	41 分 5 秒
	2	张　谦	辽　宁	42 分 24 秒
	3	高隆凤	河　南	43 分 45 秒

2016第三十届泰山国际登山节国际组团体名次

表 39

成　绩	参赛单位
第一名	莒南一中代表队
第二名	山东海力财富集团有限公司
第三名	固乡旅游代表队

化、规模化发展。①提高市场化运作水平。第三十届泰山国际登山比赛举办登泰山万人徒步行、“健康中国、相约泰山”倡议活动、全国攀岩分站赛等11项配套赛事活动，共吸引赞助企业16家，吸纳企业赞助资金109万元，赞助物资193万元。通过综合协调、资金引导等多种方式，继续帮扶各类社会力量创办精品赛事、做大做强传统赛事。第三届泰山国际马拉松赛参赛人数1.78万人，第八届环泰山60公里徒步行活动参与人数1.3万人，首届中国坐标·泰安城市定向户外挑战赛参赛人数达到2000人。②深化政府购买服务工作。取消商业性和群众性体育赛事审批，鼓励和支持社会力量、市场资源参与举办体育竞赛，体育健身服务供给更加多元化。利用年初列入预算的300万元政府购买服务资金，开展民健身赛事项目、社会力量办赛事项目、体彩公益金大型建设项目、竞技体育赛事项目四大板块集中签约仪式，签约各类赛事活动、扶持项目40个大项、150个小项，市全民健身运动会11个项目、市青少年锦标赛18个项目、中小学生7项体育联赛全部通过招标向社会购买服务，丰富群众的业余体育文化生活。年内，全市新增体育类公司企业103家，总规模312家。③加大对上争取力度。做好各级全民健身示范工程和省级体育产业引导资金申报工作，年内获批国家级资助建设拼装式游泳池1个、多功能运动场2个，省级资助建设示范镇健身工程4个、新型农村社区15个、笼式足球示范工程3个、拼装式游泳池2个、千村扶贫工程50个，为泰山国际登山比赛等3项赛事争取省级产业引导资金240万元，申报获批各类扶持建设资金3000万元。

9月24日，《武行风云》环球拳王争霸赛（泰安站）参赛选手激烈对决

（司 刚　摄）

【体育彩票】 支持保障、公益金落实、自有资源宣传、公共关系协调、安全运营等工作，全年体彩总销量7.24亿元，增长1亿元，增幅16%。①强化监督检查。超级大乐透规范合格率100%。②推广手机销售。至年底，全市安装注册用户1.3万人，累计销售1500万元。③规范站点建设。完成全市120家投注站标准化建设，170家高频投注站安装电子走势图。④开展公益捐赠活动。开展体彩公益金扶持项目签约仪式，签约建设项目2193万元；向中国石化捐赠价值26万元的体育器材；开展困难群众帮扶活动8次，捐款3万元。 （张梦瑾）

编校　李 静　　审稿　高兴学

卫生和计划生育

卫生综述

【概况】 年底，全市有综合医院70家，中医医院7家，专科医院18家，护理院1家；基层医疗卫生机构3982家，其中社区卫生服务中心（站）186家，卫生院72家，村卫生室2897家，门诊部22家，诊所、卫生所和医务室805家；专业公共卫生机构129家，其中疾病预防控制机构9家，专科疾病防治院（所、站）9家，妇幼保健院（所、站）8家，采血、供血机构1家，卫生监督所（中心）7家，计划生育技术服务机构95家；其他卫生机构6家，其中疗养院2家，医学科学研究机构1家，其他3家。全市有各级各类医疗卫生机构4213家，拥有病床30736张，卫生人员35884人，其中乡村医生7611人，卫生员296人。全市人均期望寿命79.86岁，高于全国3.52岁。泰安市获2015年度全省基本公共卫生服务项目绩效考核第一名，市卫计委被市委、市政府表彰为科学发展综合考核先进单位、信访工作先进单位、安全生产工作先进集体，被市委表彰为“五型”机关建设示范单位，连续14年被评为省级文明单位。

【加强乡村医生队伍建设】 12月，市政府印发《关于进一步加强乡村医生队伍建设的实施意见》，对乡村医生管理、培训和培养、待遇、工作条件和执业环境等方面提出明确要求。到2025年，全市80%的乡村医生具备专科及以上学历或执业助理医师及以上资格，乡村医生年龄、学历、执业资格结构合理，建成一支素质较高、适应农村需要的职业化乡村医生队伍。基本实现紧密型乡（镇）村卫生服务“一体化”管理，逐步实现村卫生室建设标准化、服务规范化、运行信息化，开展家庭医生契约式服务，建立分级诊疗制度，保障农村居民享有均等化基本公共卫生服务和基本医疗服务。县级政府落实资金投入主体责任，制定和完善政府补助政策，将乡村医生队伍建设相关费用纳入财政预算，对在预防保健、医疗服务和突发事件应急处理工作中做出突出成绩的乡村医生，可按照国家有关规定给予表彰及奖励。

【泰安市中心医院获高级卒中中心（建设）单位称号】 12月，在国家卫计委脑卒中筛查与防治工程委员会于福州召开的脑卒中防治工程工作总结暨国家卒中中心建设工作

1月28日，召开全市卫生计生系统迎接国家卫生城市复审工作表彰大会

（余 璇 摄）

2016年泰安市医疗卫生机构、人员和床位情况

表40

机构分类 技术人员	机构数（家）	实有床位数（张）	在岗职工										
			合计	卫生技术人员							其他技术人员	管理人员	工勤技能人员
				小计	执业（助理）医师		注册护士	药师（士）	技师（士）	其他			
						执业医师							
总　计	4213	30736	49453	35884	13007	10970	15422	1883	1783	3789	1762	1575	2325
医　院	96	23452	25739	22193	7173	6675	11081	1140	1119	1680	1121	960	1465
综合医院	70	17749	20003	17481	5560	5174	8890	835	881	1315	709	671	1142
中医医院	7	3443	4140	3541	1277	1201	1610	248	176	230	266	155	178
专科医院	18	2060	1529	1144	328	292	581	57	62	116	114	126	145
护理院	1	200	67	27	8	8	—	—	—	19	32	8	—
基层医疗卫生机构	3982	4872	19096	10117	4590	3196	3011	618	387	1511	282	299	491
社区卫生服务中心(站)	186	615	2169	1946	721	506	704	112	62	347	60	55	108
卫生院	72	4239	6474	5676	2291	1525	1592	470	314	1009	219	240	339
村卫生室	2897	—	8305	398	308	71	90	—	—	—	—	—	—
门诊部	22	18	118	102	54	43	41	1	5	1	3	4	9
诊所、卫生所、医务室	805	—	2030	1995	1216	1051	584	35	6	154	—	—	35
专业公共卫生机构	129	1558	3572	2850	1072	939	964	98	239	477	278	219	225
疾病预防控制中心	9	—	686	507	281	263	47	9	77	93	58	65	56
专科疾病防治院（所、站）	9	500	545	470	163	150	179	31	44	53	33	21	21
妇幼保健院（所、站）	8	1058	1574	1358	425	387	637	45	73	178	107	23	86
采供血机构	1	—	66	42	12	10	14	—	16	—	11	4	9
卫生监督所（中心）	7	—	120	90	—	—	—	—	—	90	13	10	7
计划生育技术服务机构	95	—	581	383	191	129	87	13	29	63	56	96	46
其他卫生机构	6	854	1046	724	172	160	366	27	38	121	81	97	144
疗养院	2	854	898	666	169	158	359	25	38	75	67	72	93
医学科学研究机构	1	—	75	13	—	—	—	—	—	13	5	15	42
其　他	3	—	73	45	3	2	7	2	—	33	9	10	9

注：本表人员合计中包括乡村医生7611人和卫生员296人；不含乡镇卫生院在村卫生室工作的执业（助理）医师、注册护士数。

会议上，泰安市中心医院被授予国家高级卒中中心（建设）单位。自2012年起，泰安市中心医院依托泰前街道社区卫生服务中心、省庄镇中心卫生院2家基层医疗卫生机构，每年对5000名城乡居民开展脑卒中免费筛查，并建立高危、中危、低危个人档案，并对筛查出的高危人群提供实验室复筛和随访干预服务。收集数据资料上报数据库，为国家医疗保健方案提供数据资源。2015年泰安市中心医院被评为“脑卒中筛查基地示范医院”。2016年6月，泰安市首家国家级“卒中中心”在泰安市中心医院神经内科挂牌。此次获高级卒中中心（建设）单位，标志着泰安市中心医院脑卒中工作达到国家级水平。

【健康教育与扶贫】 探索规范医疗卫生专家参与养生栏目，联合电视台开设《名医有约》专题栏目。参与国家健康促进县（区）创建、省健康促进示范县创建工作。推行基层计划生育专干转岗承担健康教育工作。依托健康中国行活动载体，开展健康教育“进社区、进企业、进厂矿”活动。加强控烟履约工作，开展无烟医疗卫生机构、无烟学校、无烟机关、无烟单位等创建活动，举办控烟知识讲座，设置控烟宣传栏，在农村建立控烟知识宣传长廊，创建控烟主题公园。开展百名健康教育专家千场健康教育讲座、“健康进万家·幸福伴我行”等活动，推进健康教育与健康促进工作。

制定《健康扶贫工作实施方案》，明确健康扶贫13项重点任务。创办《健康扶贫工作简报》，编发12期。识别患病贫困人口4.3万人，逐人建档立卡，实行家庭医生签约服务。印发《健康扶贫分类救治实施方案》，逐步实现“小病就医在基层，大病就医不出县，疑难、危、重、杂症到大医院”目标。实行区域内健康惠民卡服务，享受优先就医“绿色通道”、住院“先诊疗、后付费”等惠民政策。对2.9万名患病贫困人口实施分类救治。对扶贫工作任务比较重的东平县4所县级医院，开展“一对一”对口帮扶。开展“健康泰安光明行”“博爱泰山送温暖”等公益活动，投入资金350万元，惠及贫困患病群众12万人次。（郭志刚　张　波）

12月9日，泰安市举办“健康助力幸福泰安”系列公益活动暨“博爱泰山送温暖”活动。图为向贫困户代表发放救助金（唐恒勇　摄）

【基本公共卫生服务】 全市基本公共卫生经费标准提高到人均45元，建立居民健康档案472.24万份，建档率82.97%；累计为65岁及以上老年人免费健康查体48.69万人，健康管理率65.80%；规范管理41.18万人，规范管理率84.57%；高血压管理42.69万人，糖尿病管理14.89万人；0～6岁儿童管理32.71万人，孕产妇系统管理5.13万人。制定《泰安市乡镇卫生院标准化建设与规范管理实施方案》《泰安市社区卫生服务中心标准化建设与规范管理实施方案》，对县（市、区）34家基层医疗卫生机构标准化建设与规范管理创建单位进行考核，均达到建设标准。

【公立医院改革】 印发《泰安市人民政府办公室关于印发泰安市城市公立医院综合改革实施方案的通知》，全面推开城市公立医院改革，自7月1日零时起，全市19家参与改革的公立医院的所有药品（中药饮片除外）实行零差率销售，同步执行医疗服务价格调整、医保支付政策衔接等各项政策，初步建立起医疗服务价格调整和政府、医院多头分担、科学合理的补偿机制。7月1日起，在全市范围内启动分级诊疗试点，在全省范围内率先推行110种试点病种。全市县域内就诊率73.8%，居民2周患病首选基层医疗卫生机构比例70.5%。9月，联合市人社局印发《关于推进医疗联合体规范化建设的实施意见》，将医联体建设作为改革的重点和突破口，创新性提出紧密型、专科型、区域技术合作型3种医联体建

9月19日，省政协副主席王乃静到泰安开展医养结合型养老机构建设专题调研　　（杜　伟　摄）

设模式，规范医联体命名原则。全市建立医联体84个，覆盖医疗机构87家。①推进综合控费。以控制医疗费用为抓手，推动医院转变发展模式、提高管理水平、提升运行效率，遏制医疗费用不合理增长势头。县级综合医院药占比平均为30.8%，下降10.9%；门诊次均费用191.8元，下降5.9%；住院次均费用5055.3元，下降2.86%；县级中医院药占比平均为25.9%，下降28.7%；门诊次均费用190.2元，下降9.4%；住院次均费用为5781.3元，下降2.93%。7～12月，城市公立医院药占比32.08%，下降9.18%，门诊次均费用251.12元，下降3.82%；住院次均费用9485.43元，下降8.14%。②公立医院人员编制管理。8月，市编办核定市直7家公立医院人员总量编制5986名。实施人员控制总量备案管理后，公立医院原编制内事业人员身份保留，继续实行编制管理，新进人员纳入人员控制总量，实行备案管理。③医责险启动实施。与市综治办等联合印发《关于在全市医疗机构推行医疗责任保险的实施意见》，运用医院内部调解、人民调解、司法调解和医疗责任保险赔付解决医疗纠纷，确定3家保险经纪机构及3家商业保险机构，在全市医疗机构推行医责险。印发《关于公布泰安市医疗责任保险采购项目招标入围结果的通知》，将医疗机构划分为7家参保团体，以竞争性磋商方式分区域选择确定医责险承保机构及中介机构，启动实施医疗责任保险制度，初步构建“三调解一保险”（医院内部调解、人民调解、司法调解和医疗责任保险）的医疗纠纷处理体系。

【基本药物制度】 87家政府办基层医疗卫生机构和2882个实行一体化管理的村卫生室配备使用基本药物，实行零差率销售。规范基本药物网上采购行为，所有政府办基层医疗卫生机构全部通过省药品集中采购平台采购药品，基层医疗卫生机构基本药物订单总金额3.63亿元，总到货金额2.94亿元，总到货率和三日到货率分别为96.76%、83.32%。提高县级及以上医疗机构基本药物和常用药品使用量，强化基本药物临床用药主导地位，全市县级及以上医疗机构药品集中采购订单金额16.28亿元，其中基本药物到货金额占比30.03%，居全省第一名。　　（郭志刚　张　波）

【概况】 2016年，累计报告法定传染病22种1.94万例，死亡13例，报告发病率346.72/10万人，报告死亡率0.23/10万人，传染病信息报告质量较上年同期明显提高。

【重点传染病防控】 全年报告手足口病病例6024例，其中重症6例，无死亡病例报告，发病数与上年同期基本持平；报告不明原因肺炎病例3例，经实验室检测均排除人禽流感、SARS、中东呼吸综合征等严重传染病；对全市报告的133例布鲁氏菌病病例和18例新发出血热病以及66例发热伴血小板减少综合征患者均进行流行病学调查和处置。艾滋病、结核病等重点传染病保持低发状态。新泰市创建为国家级艾滋病综合防控示范区，结核病继续保持以县为单位DOTS策略覆盖率100%。9月，泰安市在全省疾控工作推进会议上作经验交流。

【免疫规划管理】 完成国家免疫规划疫苗接种率科学发展综合考核指标任务，适龄儿童国家免疫规划疫苗接种率在96%以上。开展免疫预防工作岗位技术练兵，泰安市代表队获全省免疫预防工作岗位技能竞赛省级决赛团体一等奖。岱岳区天平街道社区卫生服务中心预防接种门诊被评为山东省群众满意预防接种门诊，新泰市人民医院产科接种室被评为山东省群众满意预防接种室。岱岳区天平街道社区卫生服务中心预防接种门诊1名医生被评为山东省最美接种医生。

【慢性非传染性疾病综合防控】 完成2016年中小学生健康体检科学发展综合考核指标任务，在全省排名第一，并在全省中小学生健康体检工作会议上作典型发言。通过省部联合减盐防控高血压项目终期考核评估。规范开展重性精神病人服务管理，至年底，累计登记并录入国家严重精神障碍信息系统患者2.38万例，报告患病率4.11‰，在册患者管理率86.7%，规律服药率69.66%。住院重性精神疾病患者1612人，收治易肇事、肇祸精神障碍患者212人。

【妇幼保健】 健全妇幼健康服务网络，形成以妇幼保健机构为核心，以城乡基层医疗卫生机构为基础，以综合医疗机构为技术支持的妇幼卫生服务网络。市妇幼保健院对北集坡街道社区卫生服务中心妇幼健康工作全面托管，岱岳区妇幼保健院联合7个乡镇卫生院对高危孕产妇实行专案管理。推进妇幼健康服务机构标准化建设，市妇幼保健院和4个县级妇幼保健院均达到妇幼健康服务机构标准化建设标准。组建妇幼健康服务联合体，市中心医院与泰山区妇幼保健院形成医疗联合体，探索医联体内部资源共享、多点执业、绩效管理、双向转诊等工作模式。加快急危重症孕产妇和新生儿救治中心建设，制定市、县级急危重症孕产妇、新生儿区域救治中心标准。与市总工会联合举办急危重症孕产妇救治技能竞赛，1人获振兴泰安劳动奖章。开展妇幼健康优质服务工程创建活动，3家助产机构获爱婴医院称号。泰山医学院附属医院被评为全国百家优秀爱婴医院。宁阳县被评为国家妇幼健康优质服务示范县。新泰市被评为省级妇幼健康优质服务示范县。成立泰安市妇幼保健学会孕产保健、妇女保健暨妇科微创、儿童保健专业委员会。（郭志刚　张　波）

【医疗机构与医护执业管理】 印发《泰安市医疗机构设置规划（2016～2020年）》。规范医疗机构行政审批管理，设置审批泰安高铁医院等医疗机构4家，审核校验医疗机构18家。备案医疗机构1家，4家医疗机构增加诊疗科目，注销2家医疗机构的部分诊疗科目。4家医疗机构增加床位，2家医疗机构变更执业地点。12月27日，市中心医院分院通过省卫计委组织的三级甲等职业病专科医院评审。完成医师、护士执业资格考试，4412人通过全国护士执业资格考试；2301人参加医师资格实践技能考试，1713人参加笔试。组织85人参加2013～2014年度医师定期考核补考，办理医师执业注册及变更899人、护士执业注册及变更2052人、医师多点执业36例。

【医疗质量管理】 制订《泰安市医疗质量控制中心设置申请书》及提

2016年泰安市妇幼卫生保健情况

表41

项　目	指　标	项　目	指　标
孕产妇死亡率	6.58/10万	5岁以下儿童死亡率	2.34‰
建卡数	55460	5岁以下儿童中重度贫血患病率	1.62%
孕产妇系统管理率	88.93%	7岁以下儿童保健覆盖率	90.11%
住院分娩率	100%	3岁以下儿童系统管理率	89.43%
非住院分娩中新法接生率	0	低出生体重儿数	1958
高危住院分娩率	100%	6个月母乳喂养率	94.79%
产后访视率	89.10%	6个月纯母乳喂养率	83.62%
婴儿死亡率	1.83‰	婚前医学检查率	38.59%
新生儿死亡率	1.35‰	婚前检查疾病检出率	11.94%

交材料清单，完善审核程序，完善医疗质量控标准和考核评价体系。市医学检验质控中心和影像质控中心在质控的基础上，推进医疗机构检查检验结果互认。市肿瘤诊疗质量控制中心承办全市肿瘤规范化诊疗示范医院遴选，对12家医疗机构开展督导及遴选，确定4家医院为肿瘤诊疗规范化示范医院。各质控中心召开会议和开展培训35次，培训1660人。组织开展全市医疗质量管理培训班，各级医疗机构分管院长和医务科长参加培训。组织开展市级临床重点专科及建设单位评审，确定泰安市中心医院消化内科等33个专科为市级临床重点专科，泰山医学院附属医院呼吸内科等9个专科为市级临床重点专科建设单位，将10个省级临床重点专科及建设单位纳入市临床重点专科统一管理。5月，对54家基层医疗卫生机构的医院感染管理工作进行督查。

【医疗服务】 8月，印发《关于开展“强化便民服务，改善群众就医感受”专项活动的通知》，解决“三长一短”（挂号时间长、候诊时间长、付费取时间长，诊断时间短）难题。与市总工会联合举办全市改善医疗服务暨医师岗位技能大赛，30支代表队76名队员参加竞赛，其中1人被授予振兴泰安劳动奖章，3人获全市改善医疗服务岗位技能竞赛标兵，9人获全市改善医疗服务岗位技能竞赛能手。11月，在市中心医院、泰山医学院附属医院召开改善医疗服务现场协调推进会。全市41家医疗机构开展预约诊疗服务，其中三级医院10家，占全市三级医院的100%；二级医院15家，占全市二级医院的88.2%；三级医院平均预约诊疗率20.96%，三级医院平均复诊预约率40.43%。全市日间手术量1937例。完成泰山国际登山节、泰山国际马拉松等大型赛事活动医疗救护22次，出动救护车66辆次，医务人员187人次。组织夏季征兵体检工作，体检3819人，合格2431人。

【平安医院建设】 市卫计委接待群众到访15人次、电话投诉100人次、投诉信件8封、应对网络反映医疗纠纷事件11起。市医疗调解委员会受理医疗纠纷56起，调解成功43起。受理医疗事故争议（死亡案例）行政处理申请2起，均按规定移交鉴定。市医学会医疗技术鉴定办公室受理医疗事故技术鉴定7起，完成鉴定7起，鉴定为医疗事故0起。与市公安局联合印发《转发〈关于印发山东省严厉打击涉医违法犯罪专项行动实施方案的通知〉的通知》。修订《泰安市医疗纠纷预防与处置办法》，探索医疗纠纷预防处置工作与医疗责任保险制度有效衔接。

【血液管理】 泰安市连续十一届获全国无偿献血先进城市。年内，无偿献血4.9万人次，其中采集全血4.59万人次；采集血小板3055人次，5393个治疗量。临床供应红细胞类血液81773 U，机采血小板5494个治疗量，血浆649.81毫升，冷沉淀5264 U。临床用血100%来源于自愿无偿捐献，千人口献血率16.24‰。市卫计委与市总工会举办采供血岗位技能竞赛，1人获振兴泰安劳动奖章，7人获泰安市采供血岗位技能竞赛个人奖，9人获泰安市卫生计生系统采供血岗位技术能手。

【惠民医疗服务】 印发《泰安市城乡医院对口支援工作实施方案（2016～2018年）》。35家支援单位对口帮扶133家受援单位，支援单位对受援单位派驻医务人员417人，诊疗门、急诊患者5.89万人次，诊疗疑难危重病人2279人次，开展住院手术1778人次。支援单位专家在各受援单位开展业务讲座919次，培训医师3782人。开展新项目、新技术127种。组织开展“服务百姓健康行动”“政协委员医疗保健团下乡”等义诊活动。110家医疗机构参与义诊活动，参与义诊医务人员800人，义诊2.97万人次，参加健康大讲堂5500人次，发放宣传材料5万份。开展疾病应急救助，受理申请救助的医疗机构15家，完成核销基金金额123.45万元，救助患者35人次。

【医学科技教育】 根据《山东省住院医师规范化培训实施办法》，加强住院医师规范化和全科医生转岗培训，完成107名全科医生转岗培训结业统考和4名儿科医生转岗培训。组织推荐省医药卫生科技发展计划项目20项，获批8项。申报山东省第八批适宜卫生技术推广项目3项。获2016年泰安市科学技术进步奖二等奖8项、三等奖23项，获奖励资金25.9万元。

（郭志刚　张　波）

【概况】 中医药工作围绕卫生与健康事业发展中心任务，把握中医药事业发展机遇，融入医改，在规范管理、突出中医药特色、彰显中医药文化、提升中医药服务能力等方面成效明显。继续实施国医堂和中医馆项目建设，全市国医堂建设达

标率不断提升，争取重点实施项目 54 个，项目到位资金 544 万元。同步推动公立中医医院综合改革，完善中医药扶持和倾斜政策，保留中药饮片加成。全面启动中医优势病种收费方式改革。至年底，采用闭合穿针技术治疗病例 60 例，成功创建山东省“十三五”中医药重点专科 9 个。组织传统医学确有专长考试考核工作，39 人考核合格，获确有专长证书。2 名老中医药专家传承工作室建设项目通过验收。新增肥城市中医医院全国基层名老中医药专家传承工作室 1 个，争取财政资金 50 万元。新增第五批全省五级中医药师承教育项目指导老师 9 人，继承人 18 人。争取资金 360 万元，完成中医住院医师规范化培训招生工作。宁阳县通过全国基层中医药工作先进单位复审。新泰市中医医院被确定为中医类别助理全科医生培训基地。召开全市中药饮片质量安全工作座谈会，开展医疗机构中药饮片管理专项检查，检查各级各类医疗机构 427 家。

【东平县举办中医适宜技术比武】 6 月 21 日，东平县卫生局主办、东平县中医医院承办“全县中医适宜技术大比武”活动，全县 8 个乡镇卫生院、16 名中医和 12 名乡村医生参加比赛。比赛分乡镇卫生院组和乡村医生组，所有参赛选手由抽签的形式决定参赛顺序，比赛分为理论和技能操作比武 2 个部分，技能操作比赛和理论考试同时进行，主要比赛内容为拔火罐法、推拿、耳穴埋豆（耳针法）、熏洗法、毫针刺法、穴位注射、穴位贴敷、刮痧法和艾灸法 9 项技术。该次比武活动是对中医适宜技术培训效果的一次检验，达到以考促学、以赛评优、学习钻研中医，提升中医中药的诊疗服务能力。

（郭志刚　张　波）

【卫生法制】 ①宣传教育。市卫计委制定《全市卫生计生系统法治宣传教育第七个五年规划》，市、县两级利用各种媒体，开展宣传教育活动。在《中华人民共和国食品安全法》宣传周、饮用水宣传周、《中华人民共和国职业病防治法》宣传周、“3·15”消费者权益日等活动期间，举办专题讲座 38 期，现场受理举报投诉案件 120 起，接待群众咨询 1 万人次，发放宣传资料、法律单行本 5 万份。②简政放权。按照市行政审批制度改革办公室要求，对卫生计生行政审批和监督事项、行政审批中介服务收费清单和权责清单进行梳理，梳理行政权力 227 项，取消行政审批事项 2 项、行政处罚事项 2 项、行政监督事项 2 项、其他权力 1 项。印发《关于简政放权明确职权进一步提高行政执法效能的通知》，明确市、县（市、区）监督权限，落实“谁许可、谁监管”和属地管理原则。加强行政审批事项的事中事后监管，提高行政执法效能。③行政审批。市政务服务中心卫生计生窗口办理护士执业资格考试 521 人、医师执业资格考试 2650 人，护士执业注册 2141 人、医师执业注册 1036 人，医疗机构校验 22 个、变更 21 个，医疗机构注销科目 1 个，变更麻醉药品、第一类精神药品购用印鉴卡 2 个，母婴保健技术服务机构许可 7 个；食品安全企业标准备案 14 类 163 件，食品安全企业标准备案变更 12 类 52 件。

【卫生监督巡查】 ①医疗机构监督巡查。对二级以上医疗机构和人员依法执业、临床实验室、病历、处方、麻醉精神药品的使用管理等 10 个方面的内容巡查。②二类疫苗使用管理监督检查。排查市、县两级疾控机构 10 个、预防接种门诊 127 个、单设狂犬病暴露处置门诊 2 个、医疗机构产科接种室 49 个，排查 2010 年后疾控机构和接种单位逐级购进、使用的 38 种二类疫

12 月 21 日，迎接全省卫生计生监督提升年活动泰安汇报会（谢　礼　摄）

苗共计332万支和从合法生产经营企业购进使用的38种二类疫苗共计373万支，未发现从非法渠道购进“问题疫苗”情况。梳理排查医院、诊所3800家次，没有发现未取得相关资质违规接种疫苗现象。③生活饮用水安全调研。调研集中供水单位1202家，其中城市集中式供水11家、农村集中式供水1191家。开展卫生知识培训、从业人员健康查体、完善水质消毒设施，保障饮用水卫生安全。④医疗机构医疗废物管理。9月，与市环保局联合印发《关于建立全市医疗卫生计生机构使用后未被污染的各种输液瓶（袋）等医用物品集中回收处置制度的通知》，建立回收、处置企业资质备案制度，分类收集、集中暂存制度，指定回收处置企业实行转移联单制度3项，做到源头控制可追溯，确保输液瓶（袋）的再生利用不用于原用途。⑤“四小行业”专项整治。检查各类公共场所5537家，其中住宿业1028家、游泳场所24家、美容美发2145家、其他2340家。⑥综合监督提升年活动。制订《关于开展全市卫生计生综合监督提升年活动的通知》，提高监督执法规范化水平。新泰市通过省卫生计生委验收，成为首批山东省卫生计生综合监督示范区。⑦依法执业和民营医疗机构监督检查。暗访6个县（市、区）27个乡镇、158个单位，其中基层医疗机构125家、涉嫌非法行医公共场所和药店33家，涉嫌无证行医14家，无证率8.8%。检查民营医疗机构34家，其中市管9家、泰山区3家、岱岳区3家、高新区3家、新泰市9家、肥城市3家、东平县4家，未发现出租承包科室、违法发布医疗广告、使用假冒伪劣药品等现象。

（郭志刚　张　波）

卫生应急

【概况】 完善突发公共卫生事件联防联控工作机制，做好H7N9流感、中东呼吸综合征、寨卡疫情等各类突发急性传染病防控工作，完成全市地震应急、反恐实战对抗演练任务。按照全省卫生应急知识“五进”（进乡村、进社区、进企业、进学校、进家庭）集中宣传活动要求，创新举措，突出特色，组织开展卫生应急知识“十进”（进乡村、进社区、进企业、进学校、进家庭、进机关、进景区、进军营、进广场、进媒体）集中宣传活动，实现服务触角向多领域延伸。

【卫生应急知识“十进”活动】 9月18日至12月1日，市卫计委组织开展卫生应急知识“十进”（进乡村、进社区、进企业、进学校、进家庭、进军营、进广场、进机关、进景区、进媒体）集中宣传活动，宣传普及日常急救、急性传染病预防、各类突发公共事件可能造成人身伤害的预防与应对等卫生应急知识，增强大众自我防范意识和紧急避险、自救互救能力。10月11日，泰安市暨泰山区卫生应急知识“十进”集中宣传活动启动仪式在南湖公园广场举行，市直、泰山区及驻泰安市16家医疗卫生单位现场开展卫生应急知识宣传教育和专家义诊咨询活动，启动仪式发放宣传折页、宣传单等材料3万份，摆放宣传展板100块，开展义诊咨询与诊疗服务人员1000人次。

（郭志刚　张　波）

红十字会工作

【概况】 2016年，市红十字会坚持开展“博爱泰山送温暖”活动，推进“三救三献”业务工作，树立泰安红十字会品牌，提高红十字会社会影响力。市红十字会投入物资折合人民币160万元，受助群众625户。遗体捐献登记15例，成功捐献7例；角膜捐献登记12例，成功捐献8例，器官成功捐献3例。从中国红十字基金会为42名白血病患儿申请到小天使基金138万元，为2名先天性心脏病患儿申请天使阳光基金6万元。市红十字会被省红十字会授予全省红会系统应急救护培训工作先进单位、全省红会系统制度建设先进单位、全省红会系统对口支援工作先进单位。

【救助贫困家庭】 11月16日，市红十字会在市中医医院举行部分因病致贫病患者家庭救助活动。市卫计委、市红十字会相关领导出席活动，活动由市红十字会委托市中医医院按照红十字会相关救助要求，从住院患者中遴选出10户贫困家庭作为救助对象，用社会募集资金开展救助，每户贫困患者家庭发放救助金2000元，计发放救助金2万元。

【世界红十字日纪念活动】 5月8日是第69个世界红十字日，泰安市红十字会和岱岳区红十字会在满庄镇政府驻地联合组织开展大型宣传义诊活动。市中心医院、市中医医院、市疾控中心、市中心血站、市红十字会服务中心以及岱岳区相关医疗单位参加此次义诊活动。该次义诊活动派出医护人员近100人，提供义诊咨询 600 人，现场发放遗体捐献及造血干细胞等宣传资料 5000 份，现场参加无偿献血 54 人，采集血液 1.98 万毫升。

（郭志刚　张　波）

【巩固国家卫生城市成果】 5 月 23 日至 6 月 3 日，为巩固国家卫生城市成果，市爱卫办联合市城管局、市食药局等部门，对市区督导检查，抽查道路 86 条，城中村、居民小区、城乡接合部 35 个，学校 6 所，医院 8 家，“九小”行业 30 家，农贸市场 16 个，发现各类问题 500 处，并将检查结果全市通报。

【卫生创建】 组织开展省级卫生先进单位、省级卫生乡镇、省级卫生村创建工作，并启动国家卫生乡镇创建工作。新泰市西张庄镇被推荐为创建国家级卫生乡镇，岱岳区满庄镇、新泰市楼德镇、肥城市潮泉镇、东平县接山镇列入下一个周期创建计划（2017 ～ 2019 年）。至年底，全市创建省级卫生先进单位 217 个，省级卫生乡镇 52 个，省级卫生村 260 个，新泰市西张庄镇被评为国家级卫生乡镇。

【病媒生物防制】 2014 年起，市政府连续 3 年拨付专项经费 250 万元，开展病媒生物防制活动。各级举办病媒生物防制培训班 15 期，培训人员 1260 人。加强毒饵站建设，泰安城区补装毒饵站 1 万个，投放灭鼠毒饵 50 吨。4 辆专业消杀车辆和消杀设备，定期对泰城公共场所病媒生物消杀，承担农贸市场 24 个、公厕 64 座、垃圾中转站 89 座、道路 60 条及城区内公共绿地病媒消杀。病媒生物总体密度下降 50%。

8 月 8 日，“健康中国行 走进东岳泰山”主题宣传活动启动仪式

（唐恒勇　摄）

【健康城市】 健康城市是国家卫生城市升级版，泰安市是全国 24 个健康城市评价试点之一。1 月，泰安市被省爱卫会推荐参加第 9 届健康全球促进大会健康城市市长论坛。按照全国爱卫会《关于开展健康城市健康村镇建设的指导意见》和山东省爱卫会关于印发《山东省健康城市、健康村镇实施意见》，开展省级健康城市建设备案工作，泰安市完成上报省级健康城市试点工作。（郭志刚　张　波）

【概况】 2016 年，全市出生 8.67 万人，出生率 15.21‰，自然增长率 10.01‰，男女出生人口性别比 107.8∶100。

【全面二孩政策落实】 做好实施全面二孩政策准备工作，与山东师范大学、泰山医学院联合开展实施全面二孩政策课题研究，科学预测人口增长态势及对经济社会发展的影响，并制定《关于实施全面二孩政策的工作方案》，明确任务书、时间表、路线图。建立出生人口动态监测和预警制度，把握出生人口动态。改进服务管理，开展计生工作转型发展学习调研活动，在全省计划生育基本技能竞赛总决赛中，泰安市获团体第二名，个人获一等奖、二等奖、优秀奖 6 人。肥城市和岱岳区被表彰为新一轮全国计划生育优质服务先进单位。

【基层基础工作】 开展“婚育新风进万家”活动和“关爱女孩”行动，营造开展计生工作良好氛围。应对二孩生育高峰及高龄孕产妇增多新形势，提早增加妇幼服务资源供给，全市助产机构产科床位增长 17.6%，医护人员增长 16.75%；建立危急重症孕产妇救治中心和新生儿救治中心各 7 个。组织开展以“送知识、送服务、送关爱”为主要内容的“助亲好孕”行动，为育龄群众提供温馨化、个性化服务。全市避孕措施

10月12日，在全省第一届计划生育基层服务管理技能竞赛总决赛上，泰安市获个人一等奖、二等奖、优秀奖6人和团体第二名　（王　斌　摄）

落实率和及时率均达到96%以上，出生缺陷发生率控制在5.8‰以下。推进免费孕前优生健康检查城乡全覆盖，全市开展免费孕前优生健康检查9.93万人，覆盖率115.51%；艾滋病初筛9.72万人，筛查覆盖率112.98%。在全省2次临床检验室间质评活动中，全市定点技术服务机构7个项目均获优秀，是全省免费孕前优生健康检查临床检验室间质评结果连续4次评定的全优市。加强流动人口服务管理，推行属地化管理、全员化覆盖、信息化带动、合同化服务、市民化待遇的“五化”管理模式和“网格化”管理，推进流动人口公共服务均等化，维护流动人口合法权益。生育服务登记接收率99%，居全省第二名。在全省流动人口卫生计生服务管理工作会议上，泰安市作典型发言。加强人口基础信息共享机制建设，建立健全孕产期保健、住院分娩、出生医学证明签发、婚姻登记、义务教育、出生落户、流动人口管理等信息共享机制，初步形成计划生育动态监测、决策支持和公共服务一体的信息化应用体系。全市6个县级计生协会均为一级（正科级）事业单位，有计生协组织3994个，会员58.1万人；88个乡级计生协会配有专职副会长或秘书长116人，专兼职工作人员242人。受国家和省表彰的计划生育群众自治示范村（居）148个。在中国计生协第八次全国会员代表大会上，全市获全国先进单位6个、先进个人5人。

【出生人口性别比综合治理】 坚持党政领导、部门联动、公众参与、标本兼治的工作方针，保持高压态势，推进性别比综合治理工作。强化责任追究，建立落实约谈制度，对出生人口性别比长期严重偏高、治理成效不明显、完不成控制指标的单位，由市计生领导小组约谈党政主要负责人。年内，多次召开工作推进会或调度会，并对该项工作实行专项考核，作为“一票否决”指标。完善落实孕期监测和随访、B超管理、住院分娩实名登记、部门联合督查、有奖举报等“八项工作制度”，强化部门协作，靠制度规范和经常性工作防止“两非”（非医学需要的胎儿性别鉴定、非医学需要的人工终止妊娠）行为发生。各县（市、区）成立专案组，实行时间、力量、办案“三集中”，加大跨区域“两非”案件、公立医院案件和有重大影响案件的查处力度，并对部分案件进行公开曝光。

【利益导向政策体系建设】 年内，全市独生子女父母奖励费落实率100%；享受两项扶助政策（保障城乡部分独生子女全程教育奖学金奖励制度、资助部分独生子女家庭参加城乡居民基本医疗保险）的分别为7.12万人和3221人，发放奖扶金4405万元、特扶金1172万元。市卫计委印发《关于进一步做好计划生育特殊家庭扶助关怀工作的实施方案》，解决计生特殊家庭现实困难和后顾之忧。打造“生育关怀·情暖泰山”品牌，坚持经济帮扶与精神抚慰相结合，发挥计划生育公益金和生育关怀基金作用，走访慰问困难计生家庭2.3万户，发放救助资金和物品折款共计1743万元。救助计生贫困大中专学生1168人，发放助学金128.9万元。开展创建幸福家庭活动，推进青春健康工作，2人获省级青春健康工作师资格，3个单位被推荐为山东省计生协青春健康教育示范基地。全市建立幸福家庭创建项目市级示范点14个、县级示范点18个、乡级示范点80个，投入项目启动资金344.8万元，岱岳区满庄镇满北村1个家庭获全国幸福家庭荣誉。解决企业退休职工养老补助落实难问题，市政府专门下发文件，多次召开协调推进会，一次性解决破产改制企业独生子女父母退休职工的一次性养老补助金发放工作。　（郭志刚　张　波）

编校　王云勇　　审稿　曹成义

社会管理 居民生活

人力资源社会保障

【概况】 2016年，全市人力资源和社会保障系统坚持“优质、高效、安全、满意”的目标定位，突出问题导向、目标导向，着力建机制、补短板、防风险、惠民生，倾力打造和提升“真情人社”“阳光人社”“和谐人社”“幸福人社”服务品牌。市人力资源和社会保障局被市委、市政府表彰为“2016年度科学发展综合考核先进单位”“全市信访工作先进单位”，被市委表彰为“2016年度‘五型’机关建设示范单位”。泰山区社会保障服务大厅被人力资源和社会保障部表彰为“全国优质服务窗口”，市劳动人事争议调解仲裁院被省人力资源和社会保障厅表彰为“全省优质服务窗口”。

• 创业就业 •

【概况】 实施就业优先战略和更加积极的就业政策，丰富完善促进就业创业的政策措施，建立健全失业动态监测、预测预警和预防调控“三位一体”工作机制，全市就业局势总体稳定。全市新增城镇就业6.44万人，安置就业困难人员4993人，城镇登记失业率2.35%。

【创业带动就业】 做好市级创业孵化基地、创业示范园区、农民工返乡创业园评估认定工作。认定市级创业型街道（乡镇）12个、创业型社区30个，发放一次性奖补资金96万元。搭建创业者交流平台，举办“泰安市第四届创业大赛”和6期“泰山创客训练营”。将小额担保贷款调整为创业担保贷款，覆盖范围扩大到高校毕业生、复退军人、返乡农民工等全部创业人员，贷款额度提高至10万元，劳动密集型小企业提高至300万元。简化劳动密集型小企业认定程序，扩大创业担保贷款发放规模，贷款担保基金累计投入规模2.3亿元，为3159名各类创业人员发放贷款4.5亿元。会同财政拨付就业补助资金4523万元，拨付大学生创业引领计划以奖代补资金205万元。

【就业公共服务】 组织“就业直通车”进乡村、进社区、进校园、进企业“四进”活动，把就业政策、就业服务送到基层。发挥人力资源

6月28～30日，2016“外国专家泰安行”活动举行。国家外专局党组副书记、副局长孙照华（右二），省委组织部副部长、省人社厅厅长韩金峰（左一），省外专局局长张祝秀（右三），市委书记、市人大常委会主任王云鹏（左三）巡视外国专家和企业洽谈现场　　（戚　成　摄）

5月6日，人社系统服务企业发展恳谈会举行 （高雅 摄）

市场功能，通过“日常招聘＋委托招聘＋专场招聘”形式，多渠道推介就业。举办民营企业招聘周、“三八”妇女就业专场招聘会、政协委员招聘会等专项招聘活动，全市组织用工洽谈会568场，提供用工岗位10.4万个，进场求职9.3万人，推荐就业7.5万人。

【大学生就业创业】 组织就业创业政策、创业典型事迹宣讲团，到驻泰安8所高校巡回宣讲，为毕业生提供就业创业信息，宣传就业创业政策。成立“大学生创业指导专家团”，建立由创业成功人士、企业管理者、专业培训师和有关专家组成的创业指导师队伍，为毕业生创业提供全程化、“一对一”重点帮扶。健全毕业生就业信息收集发布机制，整理收集毕业生就业信息2万条。在市人力资源市场及驻泰安高校集中举办春季大学生招聘活动16场次，进场单位4000家，提供就业岗位3万个，达成就业意向1万个次。开展网上求职招聘活动，通过人才网向社会发布需求信息5200条，提供就业岗位8300个。组织开展“校企直通车”专项服务活动，组团赴东北、西北和省内重点高校为全市22家重点企业招聘毕业生536名。做好2016年高校毕业生“三支一扶”计划、“社区就业”计划网上报名及资格审查工作，审核通过报名信息921名，招募“三支一扶”和“社区服务”大学生94名。做好毕业生就业见习工作，认定毕业生就业见习基地13家，提供就业见习岗位743个，参加见习毕业生215名。

【困难群体就业】 组织开展“就业援助月”活动，帮扶高校毕业生、农村转移劳动力、城镇困难人员、退役军人和“零就业”家庭人员等就业困难群体就业。“就业援助月”活动期间，各级公共就业服务机构走访就业困难人员666户，登记认定就业困难人员975人，组织专场招聘会39场，帮助829名就业困难人员实现就业。组织开展面向煤炭行业分流安置职工的送岗位、送政策、送服务、送培训的“四送”服务活动，把就业政策、就业服务送到矿区，帮助员工实现再就业或自主创业，促进煤炭行业员工顺利分流安置。坚持精准扶贫、精准脱贫基本方略，实施积极的就业政策，实现“登记一人、培训一人、就业一人、脱贫一户”和“每人有保险、每户有保障”的扶贫目标。推进就业与社会保障精准扶贫，签订精准扶贫目标责任书，建立考核机制和基础台账，做到农村贫困人口的基本情况清、就业创业需求清、培训意愿清、社会保障状况清、帮扶措施清“五清”，有就业愿望和劳动能力的9850人中，已实现就业6050人；有就业创业培训需求的1331人中，已组织培训1099人。

•社会保险•

【概况】 开展全民参保登记工作，集中发放宣传材料10万份，完成入户调查登记42万人，修改完善个人参保信息150万条。全市征缴各项社会保险费154.9亿元，增长0.3%。全市参加城镇职工养老保险132.8万人，收缴保险费75亿元；参加居民基本养老保险295.2万人，收缴保险费18.1亿元；参加职工基本医疗保险104.7万人，收缴保险费29.7亿元；参加居民基本医疗保险423.8万人，收缴保险费24.5亿元；参加失业保险61.5万人，收缴保险费2.9亿元；参加工伤保险89.1万人，收缴保险费3.4亿元；参加生育保险78.6万人，收缴保险费1.2亿元。全市发放各项社会保险待遇145.1亿元，增长15.6%，发放率保持100％。发放机关企事业单位离退休人员养老金79.9亿元；为85.2万名居民发放养老金11.24亿元；支付职工医疗保险基金26.6亿元、居民医疗保险基金20.3亿元、失业保险金1.1亿元、工伤保险基金3.6亿元、生育保险基金2.3亿元。

【养老保险】 推进机关事业单位养老保险制度改革，开展信息采集录入工作，完成在职人员信息采集

11.4 万人，为在职人员建立养老保险个人账户和职业年金账户，5.7 万名退休人员全部纳入统筹基金发放。同步调整企业和机关事业单位退休人员待遇，涉及企业退休人员 17.5 万人，人均增加养老金 170 元，涉及机关事业单位退休人员 5.4 万人，人均增加养老金 257 元。做好养老保险委托运营基金归集工作，第二期 26.3 亿元资金全部归集到位。为肥城矿业集团有限责任公司申请缓缴社会保险费，涉及在市直参加养老保险 7430 人，参加失业保险、生育保险 2.5 万人，缓缴期间不收取滞纳金。开通居民基本养老保险网上缴费、银行窗口缴费、网上查询系统接口，实现“钱在银行走，数在网上流”。居民基本养老保险基础养老金最低标准由人均 85 元提高至 100 元。会同公安、民政部门印发《泰安市居民基本养老保险待遇领取资格认证管理暂行办法》，实现全市居民基本养老保险待遇领取资格认证范围、认证时间、认证方法“三统一”。做好被征地农民社会保障工作，全市分解落实滞留资金 4.5 亿元，建立个人账户 27.5 万个。

【失业保险】 继续开展扩大失业保险基金支出范围试点工作，全市安排扩大支出试点资金 5977 万元用于预防失业和促进就业，实际支出社会保险补贴和小额贷款担保贴息 4521 万元。做好失业人员登记及待遇发放工作，全市累计领取失业金 1.8 万人，发放失业保险金 1.1 亿元。落实困难企业援助政策，加大稳岗补贴力度，为全市 1286 家企业拨付稳岗补贴 8183 万元，稳定就业岗位 25 万个。调整失业保险金标准，全市统一提高为每人每月 950 元。对部分关闭退出煤炭企业职工分流安置情况进行检查验收，检查验收企业 13 家，涉及职工 1.4 万人。

【医疗保险】 市政府成立医疗保险征缴控费工作领导小组，市人力资源和社会保障局成立征缴控费办公室，健全完善医疗保险政策，建立健全医保控费指标体系，采取日调度、周分析、月通报的方式，推进医疗保险征缴及医疗费用控制工作，全市职工医保、居民医保基金征缴分别超计划 2.8%、1.7%，185 家定点医院超总额指标较 8 月底回落 9.8 个百分点。实施医保智能监控系统建设，实现对全市定点医疗机构医保运行情况实时监控。完善职工医保门诊慢性大病政策，调整甲类病种申报时间和定点医院变更时间，增加骨髓增生异常综合征等 5 种乙类病种，适当提高年度补助限额。调整居民大病筹资标准，由人均 32 元提高到 52 元。改革医疗保险结算方式，建立市、县两级医疗保险结算平台，对定点医疗机构实行总额控制、月度结算、年度清算，对省内异地联网医院实行按月结算。

【工伤保险】 自 2016 年 1 月 1 日起，将公务员（含参照公务员法管理单位工作人员）纳入工伤保险覆盖范围，工伤保险实现制度全覆盖。调整工伤基准费率，平均费率由 1.32% 降到 0.75%。调整一至四级工伤职工伤残津贴、生活护理费和工亡职工供养亲属抚恤金标准，调整后符合条件的一级至四级工伤职工的伤残津贴每人每月分别按 195 元、185 元、175 元、165 元的标准增加。建立工伤认定公示制度和报备制度，实行工亡案件及重大工伤案件 24 小时快报制度。组织开展全市工伤保险集中宣传活动，宣传工伤保险政策法规，增强职工工伤维权意识。推进建筑业参加工伤保险工作，保障建筑业农民工合法权益。

【生育保险】 稳步提高生育保险待遇，增加产假天数，调整计划生育类项目待遇，规定生育津贴按照 158 天领取。简化优化生育经办管理流程，取消生育备案登记，生育津贴直接发到个人社会保障卡。推进生育费用目录内项目“零负担”。

【劳动能力】 印发《泰安市职工及供养亲属因病或非因工致残丧失劳动能力程度鉴定申报审核参考标

9 月 9 日，全民参保登记入户工作启动　　（沈红叶　摄）

准》，全年组织劳动能力鉴定2894人次，开通“绿色通道”为危重病人上门鉴定71人次。举办全市劳动能力鉴定专家业务培训班，培训具有副高级以上专业技术职称的医疗卫生专家110名。

【社保基金监管】 联合财政、审计部门全面审计检查全市2015年度社保基金管理情况，委托会计师事务所中介机构检查行政部门12个、社保经办机构19家，延伸抽查企业21家。开展全市2014～2015年企业职工退休审核审批工作专项检查，审查单位486个、档案9208份。开展医疗保险异地就医结算凭证集中排查，涉及参保职工1.1万名、结算金额16.7亿元。做好社会保险基金网络监督核查工作，排查重复参保预警明细，逐人逐项核查比对，全年核查预警信息166条。建立社会保险基金预算执行进度通报制度，每季度结束后15日内通报全市社会保险基金预算执行情况。

•人才队伍•

【人才引进】 举办2016“外国专家泰安行”和项目对接活动，于6月份、12月份分别邀请80名和15名外国专家、国家“千人计划”专家到泰安洽谈对接合作项目，签订合作意向71项，落地实施工业项目9个，预计年新增销售收入6.4亿元，新增税金8010万元。将“外国人入境就业许可”和“外国专家来华工作许可”整合为“外国人来华工作许可”，实现两证合一，全年审核办理外国专家来华许可22个，新办、延期和注销外国专家证52个。全年海外人才到泰安工作510人次，其中经济类350人次、文教类65人次，到泰安就业外国人40人次，留学回国人员60人。1名外国专家获省政府“齐鲁友谊奖”，1名留学人员入选“泰山产业领军人才工程（科技创业类）”，1名留学人员的创业项目获“国家留学人员科技活动项目择优资助”，1名留学人员获“山东省第五次留学人员回国创业奖”。部署开展市级引智基地申报工作，建立国家引智成果示范单位1家，省级引智成果示范基地17家，市级引智成果示范推广基地49家。组团参加省第九届“海洽会”，达成初步合作意向60个，现场签约人才项目6个。

【专业技术人才队伍建设】 落实职称外语和计算机应用能力考试政策规定，职称外语和计算机应用能力考试不再作为专业技术职务资格评审的必要条件。加大高层次人才培养力度。市农科院毕军、山东康平纳集团有限公司刘琳、泰山玻璃纤维有限公司温广勇通过专家评审，获“国务院特殊津贴专家”称号。加大博士后人才平台建设力度。瑞星集团股份有限公司、山东明佳科技有限公司、泰安市农业科学院、海斯摩尔生物科技有限公司4家企业（单位）获省批准为省博士后创新实践基地。组织开展专业技术人员专业知识培训。全年备案项目78项，培训专业技术人员2.1万人。落实“三审核两把关”制度，核准审核事业单位岗位设置调整方案。做好职称申报审核工作，向省高评委推荐高级职称材料296份，受理各系列中级职称申报材料725份，受理卫生副高级申报材料247份。

【高技能人才队伍建设】 年内新增高技能人才1.4万人，新增国务院特殊津贴获得者1人、齐鲁首席技师11人（其中行业推荐3人）、省有突出贡献技师3人、泰安市首席技师20人。加强技能人才培养平台载体建设，新增省技师工作站2个、市技师工作站10个。健全完善高级技能人才评选奖励办法，将泰安市有突出贡献技师月津贴标准由150元提高到300元。加大职业培训力度，年内累计培训14万人次。组织举办首届首席技师“中国制造2025”专题研修班，培训首席技师131名。实施“金蓝领”培训项目，培训高级技师92名、技师223名，分别给予每人5000元和2000元的补助资金。面向全市大型支柱企业开展“新技师”培养778人，给予每人1000元的培训补助。组织开展技师评审工作，评审通过技师283人、高级技师238人。举办第44届世界技能大赛泰安选拔赛，推荐16人参加7个项目的省赛，荣获二等奖3个、三等奖6个。举办“泰安电力杯”全市技能人才职业技能大赛，设分赛场22个、参赛工种39个，共计2400名选手参赛。加强专业群建设，深化校企合作，推进教学改革，推动技工院校向专业化、市场化、国际化迈进，全市技工院校完成招生8708人，在校生2.7万人，毕业生就业率97%。加强民办职业培训学校管理，新批准设立民办职业培训学校19所，新批准筹设8所，年内培训2.2万人次。开展民办职业培训学校年检，审核批准优秀办学单位18家，撤销办学资格5家。举办民办职业培训学校校长培训班，聘请省内知名学校校长和专家授课，培训校长及管理人员103名。组织全国全省统一鉴定3个批次，鉴定高级工6905人、技师2216人、高级技师397人。做好职业资格清理整顿工作，国务院公布取消的

7个批次、433个职业资格全部停止认证和鉴定。

·人事管理·

【公务员管理】 坚持公平公正、公开透明，为全市各级党政机关（参照公务员法管理单位）考录公务员（参照公务员法管理单位工作人员）410人。开展从本地优秀人才中考录基层公务员试点工作，在省财政困难县（岱岳区、宁阳县、东平县）每个县(区)招录5人,计招录15人。做好面向大学生村官、“三支一扶”计划和“大学生志愿服务西部计划”等服务基层项目人员的招录工作，面向服务基层项目人员定向考录计划25人。开展争做人民满意公务员活动，表彰“泰安市模范公务员”27名，给予记三等功奖励；2015年度“泰安市优秀公务员”93名；为27名在乡镇基层工作满30年的公务员授予“泰安市奉献基层奖”，给予记三等功奖励。从严控制行政表彰奖励活动，全年审批实施市级奖励表彰项目45项，表彰先进单位1100个次、先进个人1400人次。举办县（市、区）直部门科级公务员任职培训班1期，培训64人；市直部门（单位）科级公务员任职培训班1期,培训60人;公安系统科级公务员任职培训班2期，培训100人；新录用公务员初任培训班2期，培训408人；乡镇科级公务员任职培训班1期，培训64人。规范公务员日常管理，坚持分档核定优秀等次比例，审核批复2015年度市直行政机关公务员年度考核4044人,其中优秀等次760人、称职等次3203人、基本称职等次1人、不确定等次69人、不进行考核7人、不称职等次4人。依法审核登记公务员352人、参照公务员法管理单位工作人员15人。畅通“出口”，办理辞职备案手续3人。

9月5日，“泰安电力杯”全市技能人才职业技能大赛启动仪式举行

（杜倩 摄）

【事业单位人事管理】 创新招聘方式，组织开展优秀教师招聘活动，为泰安第一中学招聘高层次紧缺专业人才100名，为泰安技师学院招聘专业教师6名。规范事业单位公开招聘工作，首次采取6个县（市、区）同步报名、同步笔试、同步面试，为全市事业单位招聘工作人员2158名，其中市直296人、县（市、区）1862人。顺利完成市直82个车改部门司勤人员分流安置工作，涉及司勤人员720名，其中正式在册司勤人员156人（留用32人、提前离岗3人、内部转岗121人）、非在册司勤人员494人（继续在本部门或下属单位留用218人、解除劳动关系276人）、借调返聘人员70人（清退70人）。加强事业单位工作人员绩效考核，考核部门单位280个，批复事业单位工作人员和机关工勤人员1.4万人，确定优秀等次2452人，记功奖励713人。

【军队转业干部安置】 坚持公开透明，接收转业干部145名（其中计划安置68名、自主择业77名），随调配偶5人。举办全市2015年度军转干部教育培训班，培训军转干部29名。开展困难救助活动，对患有重大疾病、生活特别困难的110户企业军转干部家庭实施困难救助，为市直企业军转干部发放冬季生活补助、春节困难补助、“八一”困难补助、健康查体费等多项补助431万元。

【人事考试】 全年完成各类人事考试报名38项，报名人数8.3万人；组织实施人事考试17项，参考人员10.2万人，累计动用考点70个、考场3597个。加强人事考试体系建设，联合市经信委、市教育局、市公安局、市财政局、市审计局印发《关于进一步做好新形势下人事考试工作的通知》。多部门联动开展人事考试环境综合治理专项行动，严厉打击利用无线电设备及互联网作弊的活动。

·工资收入分配·

【机关事业单位工资管理】 完成机关事业单位人员工资标准调整和增加离休费工作，审批市直机关事业单位人员2.2万人次，离休人员349人。推进机关公务员职务与职级并行制度，首批晋升职级人员3682人，占全部人员的31.2%。在市直机关事业单位安装启用“山东省机关事业单位人事管理系统”。完成市直公安系统警衔津贴标准调整，涉及已评授警衔人员2159人。完成机关事业单位工作人员晋级晋档审批工作，审批市直机关事业单位工作人员（科级以下）2万人次，事业单位晋升薪级工资1.6万人次。

【企业工资宏观管理】 推进全市国有企业负责人薪酬制度改革，印发《泰安市市管企业负责人薪酬制度改革实施方案》。结合经济发展实际，自2016年6月1日起，按地区分档调整全市最低工资标准。泰山区、新泰市、肥城市月最低工资标准由1450元调整为1550元，小时最低工资标准由14.5元调整为15.5元，岱岳区、宁阳县、东平县最低工资标准由1300元调整为1390元，小时最低工资标准由13元调整为13.9元，平均增幅6.9%。发布全市企业工资指导线，2016年全市企业工资指导线以2015年全市企业在岗职工平均工资47198元为基数，工资增长基准线为8%，上线（预警线）为13%，下线为3%。落实农民工工资支付保障制度，审核34家建设单位农民工工资保证金返还申请，返还保证金8965万元。做好企业薪酬调查工作，调查各类企业301家，涉及职工10.1万名，统计公布全市260个职位（工种）工资指导价位。

•劳动关系•

【劳动合同管理】 市委市政府印发《关于构建和谐劳动关系的实施意见》，指导规范全市劳动关系协调工作。推进劳动用工备案和劳动合同备案工作，全市劳动用工应备案人数61.4万人，已备案57.8万人，备案率94.2%。实行新立户企业通报制度，市直审核办理51家企业立户手续，督促企业为职工签订劳动合同1630人份。规范用人单位解除和终止劳动合同备案手续，市直审核办理企业解除终止劳动合同备案手续2.5万人次，依法纠正用人单位违规解除劳动合同3500人次。加强劳务派遣用工管理，严把劳务派遣企业“入口关”，为16家新开办劳务派遣业务的企业发放了劳务派遣经营许可证，对61家已取得劳务派遣经营许可证的单位进行年检。

【劳动人事争议调解仲裁】 开展劳动争议预防调解示范工作，山东泰山啤酒有限公司、山东泰丰矿业集团有限公司、泰安市工商联江苏商会3家单位通过省级验收。加强基层调解组织建设，完善争议预防调解工作机制，建立劳动人事争议仲裁员联系点制度，一对一指导用人单位开展调解工作。规范仲裁文书制作格式，提升仲裁文书制作水平。做好仲裁员证、调解员证申领、换发和注册工作，完成仲裁员证年度注册86个，仲裁员证申领、换发18个。推进仲裁院标准化建设，东平县劳动人事争议调解仲裁院被认定为全省标准化仲裁院。全市处理各类劳动人事争议案件1163件，按期结案率达100%。其中，案外调解处理221件，较上年增加13%；立案受理案件942件，当期结案911件，涉及劳动者1095人，结案案件涉案金额2002万元。

【劳动监察】 完善用人单位联系卡制度，为新成立单位上门发放联系卡，建立服务台账，提供“保姆式”服务，全市发放联系卡1526家。完善劳动监察约谈制度，约谈用人单位298家。畅通职工维权渠道，视情启动维权绿色通道，非立案处理726件，现场办结190件。联合有关部门开展农民工工资专项检查行动，查处建筑、餐饮和服务业等劳动密集型行业不按时支付工资问题，检查用人单位456家，涉及职工4万人，其中建筑企业128家，涉及农民工1.4万人，追回拖欠工资927万元。联合有关部门开展清理整顿人力资源市场秩序专项行动，检查职介机构87家，勒令限期整改14家，清理无照无证“黑职介”6家，为求职者追回求职费用16万元。组织开展2015年度用人单位劳动保障年检，检查市直各类用人单位726家，涉及职工6.4万人，其中实地年检100家，新增参保职工1986名，补签劳动合同2966份，补发拖欠工资376万元，补缴社会保险费416万元。加大劳动监察执法力度，全市劳动保障监察机构检查用人单位4439家，涉及职工26.6万人，其中农民工12.8万人。立案处理投诉举报等案件330件，结案330件，当期结案率100%。

•基层基础•

【概况】 印发《泰安市人力资源和社会保障事业发展“十三五”规划纲要》。建立人力资源社会保障事业发展计划执行情况和重点工作完成情况督导调研机制。加强基层平台规范化建设，6个县（市、区）基层平台全部通过省人社厅规范化检查验收。加强基层平台工作人员能力建设，组织举办基层平台业务骨干培训班2期，培训基层平台业务骨干200人次。组织举办企业劳资人员业务培训班2期，培训全市骨干企业、新兴企业人事劳资科长400人。健全完善风险防控体系，在鉴定、评审、考试考核等工作中建立随机抽调工作人员、随机抽取工作场所、实行过程公开、结果公开的“两随机、两公开”工作机制。按照“高、新、简、便”的原则，突出大服务、大数据、大协同、大平台的理念，实施为民服务系统项目、医保基金监管系统项目、内网办公系统项目、社保卡应用拓展项目，推进“互联网＋人社”信息化建设。（张　斌　沈红叶）

9月1日“中华慈善日”，市领导王云鹏（前排中）、李希信（前排左）等带头捐款，并观看慈善法宣传展（王国梁　摄）

民政事务

【概况】 2016年，全市民政系统履行保障民生、发展民主、支持国防、服务社会的职责，民政各项事业取得新进展、新成绩，多项工作经验在全省、全国推广。在省民政厅组织的民政工作综合考评中，泰安市连续三年被评为优秀等次。市民政局继续保持“省级文明单位”称号，被市委、市政府表彰为“2016年度科学发展综合考核先进单位”“全市信访工作先进单位”，被市委表彰为“2016年度‘五型’机关建设示范单位”。

【社会救助】 ①社会救助改革。救助制度体系不断完善，形成以低保救助为基础，医疗救助、临时救助、急难救助为重点，部门联动、覆盖城乡的“大救助”工作格局。省民政厅在肥城市召开全省推进社会救助改革创新现场会。②城乡低保、农村“五保”供养。全市城市月低保、农村年低保标准分别提高到499元、3562元，农村低保标准全部达到省定扶贫线以上，城市居民最低生活保障月人均补助水平提高到月标准的60%以上，城乡低保标准比例达到1.68 ∶ 1以内。农村五保集中、分散供养标准分别提高到6263元和5050元。③“平台式”综合救助规范运行。市、县均建立困难群众数据库和查询平台，均成立居民经济状况核对机构。数据库采集困难群众信息15.05万户、30.6万人。全年，开展低保对象、住房保障对象核对34.95万人次，检出5909人。④社会救助能力建设和规范化管理。各县（市、区）均成立社会救助中心，乡镇（街道）依托便民服务大厅全部建立起“一门受理、协同办理”窗口。⑤减灾救灾。冬春期间，全市发放自然灾害生活救助资金1059万元，救助受灾困难群众4.39万户、9.48万人，保障受灾群众的基本生活。社会力量参与减灾救灾工作机制初步建立。

【社会福利和慈善事业】 ①养老服务设施建设。山东泰山社会福利中心项目一期工程9栋单体楼建设进入室内验收阶段，室外管网、路桥、绿化等工程全面展开。各县（市、区）均建成“12349”养老服务信息平台并规范运营。新建城市社区老年人日间照料中心17个、农村幸福院180个，新增养老床位4845张，其中护理型床位1100张。②养老服务创新实验区建设。作为“全省养老服务创新实验区”，泰山区推出以社区养老服务站所为中心、线上线下相结合的“互联网＋养老”的智慧养老服务新模式，在全省率先建成后七里、花园、元宝三家省级示范性社区居家养老服务中心；东平县与泰山疗养院、山东众寿福养老服务有限公司合作，打造医养结合、公建民营样板。③养老机构管理运营。推动城市社区老年人日间照料中心向“一站一所一中心”转型发展，泰山区4个城市社区老年人日间照料中心成功转型升级。建立养老机构责任险投保制度，全市42家养老机构参加保险。开展养老护理员分级分类培训，全市培训养老护理员341人、家庭护理员5300人。④养老服务政策体系。市政府印发《泰安市养老服务业转型

11月28日，全国农村社区建设现场推进会在肥城市召开。民政部基层政权和社区建设司司长陈越良（主席台中间）、省民政厅厅长陈先运（主席台右四）、市长李希信（主席台左四）出席会议　（王先琪　摄）

升级实施方案》，明确全市养老服务业转型升级的思路目标及重点任务，在强化规划约束、保障土地供应、落实财政补助、创新投融资方式等方面实现政策突破。全面落实老年人高龄津贴、养老服务补贴、护理补贴3项制度，为困难残疾人每月发放82元的生活补贴和80元的护理补贴。⑤慈善事业。募集慈善资金1.35亿元，累计救助困难群众10万人次。⑥福利彩票。全市福彩销量突破6亿元。

【社会组织管理服务】①政策环境。全面建立政府购买社会组织服务制度，发布《2016年度具备承接政府职能转移和购买服务资格的社会组织名录》，市、县两级确定符合承接政府服务的社会组织389家，其中市级审核确认进入政府购买服务名单社会组织123家。②社会组织综合监管。重点年检社会组织100家，行政处罚社会组织195家。通过委托第三方评估的方式，对115家社会组织评估定级。分两批对全市500名社会组织负责人进行业务培训。③社会组织党建工作。将社会组织党建工作融入社会组织日常管理，做到与注册登记同步展开，与年度检查同步审查，与等级评估同步考察，社会组织党组织实现应建尽建。

【社区和基层民主政治建设】①城市社区治理创新。推行“四社联动”机制，开展社区减负增效专项行动，建立社区自治、社区协助政府工作事项、社区印章使用范围“三张清单”。全市43个乡镇（街道）建立社区公共服务综合信息平台，新增城市社区综合服务设施9400平方米。泰山区探索推出的“互联网+社区”做法被民政部推广，并在全国社区治理和服务创新实验区交流会上作经验交流。②农村社区建设。市委办公室、市政府办公室印发《关于深入推进农村社区建设的实施意见》和与之配套的《农村社区服务中心建设三年行动计划（2016～2018）》。全市新建成农村社区服务中心35个。肥城市打造“五好农村社区”、新泰市建设“1+X”新型农村社区的经验得到民政部肯定。11月，民政部在肥城市召开全国农村社区服务体系建设推进会。③群众自治组织建设和村务公开。指导全市村（居）健全完善村务公开制度，提高村务公开工作水平。加强村（居）“两委”干部教育培训，村（居）干部培训率达100%。④社会工作和志愿服务。印发《泰安市社会工作人才队伍建设发展规划（2016～2020）》。全市设置社会工作岗位1411个，培训社工3200人次，448人考取社会工作师、助理社会工作师资格证书。注册志愿者达15.83万人，新增8781人；5人被评为“齐鲁和谐使者”。

【服务军队和国防建设】①双拥工作。泰安市第六次荣获“全国双拥模范城”称号,四个县市被评为“全省双拥模范城（县）”，再次实现全市双拥创城“满堂红”。随军未就业家属生活补贴提高到每人每月600元。泰安军供站迁建项目全面建成并投入使用。②优抚工作。义务兵家庭优待金达到上年度农村居民人均纯收入的1.1倍，于“八一”建军节前发放到位。组织625名优抚对象到定点医院轮流休养。③优抚服务机制创新。组织引导社会力量面向优抚对象开展全方位、个性化的“爱心献功臣”活动，探索建立“政府、社会组织、经济组织、自治组织”为主导的“1+3”优抚服务新机制，提升优抚对象的荣誉感、自豪感。④退役士兵安置工作。推行“三公开一监督”阳光安置办法，退役士兵一次安置率达到95%。自主就业退役士兵一次性经济补助金、待安置期间生活费按时发放。⑤军休干部安置工作。做好军休干部、退休士官、无军籍职工和伤病残士兵接收安置工作，军休干部政治生活待遇全面落实。复退军人维稳工作保持在总体可控的企稳状态。

【专项社会事务管理】 ①区划地名。开展“边界和谐走廊”创建活动，高标准完成5条县级行政区域界线联检工作。做好行政区划调整及更名工作。完成第二次全国地名普查作业、数据库建库、图库关联、工作图标注等年度任务。新泰市代表全省接受国务院第二次全国地名普查领导小组普查监理和质量评价。②殡葬服务。普惠型惠民殡葬政策全面落实，全市已累计为群众减免基本殡葬服务费用865万元。全市建设生态型公益性公墓、骨灰堂720个，各县（市、区）均规划建设城市生态型公益性骨灰存放设施，生态型公益性公墓（骨灰堂）已覆盖50%以上的乡镇（街道）。完成农村留守儿童摸底排查工作。③婚姻登记、收养登记管理。婚姻登记和收养登记合格率达100%，全市6所婚姻登记处全部被评为国家AAA级婚姻登记机关。完成婚姻登记历史数据补录工作。开展婚姻登记颁证、婚姻家庭辅导服务，提高群众满意度。（王先琪）

民族与宗教事务

【民族团结】 7月29日，市委民族工作会议暨全市第六次民族团结进步表彰大会召开，表彰全市民族团结进步模范集体和模范个人。印发《关于加强新形势下民族工作的意见》，组织开展民族团结进步宣传月活动，加强民族团结进步教育基地建设，提高民族团结进步创建活动水平。

7月27日，市委民族工作会议暨政府第六次全市民族团结进步表彰大会召开。图为获奖单位代表受奖（司 刚 摄）

【民族经济】 配合扶贫部门完善少数民族村精准扶贫脱贫运行机制，发挥各级少数民族发展资金及各类资金的投入扶持和引领作用，发展少数民族经济。年内，向中央、省争取少数民族发展资金、民族宗教事业发展专项资金451万元，用于全市民族村的生产生活基础设施建设。开展“精准扶贫民族村，牵手助力奔小康”活动，在20个民族贫困村实施精准扶贫项目22个，总投资625万元，受益群众11.5万。做好穆斯林农户和城市低保户牛羊肉价格补贴工作，全市发放补贴632万元，补贴穆斯林农户2.1万户，每户发放补贴金300元。

【宗教事务管理】 推进佛道教领域治理，组织开展“教风”规范年活动，严肃整顿教风，依法规范宗教活动。3月14～15日，省委统战部、省宗教事务局、省政协民族和宗教委员会调研组先后调研全市宗教工作。

【宗教文化交流】 1月6日，中国道教弘扬丘处机真人西行慈爱和平精神系列活动暨泰山道教文化馆启动仪式在泰安市举行。中央统战部、国家宗教局、中国道教协会、省委统战部、省宗教局负责人，中国香港、澳门、台湾两岸三地以及新加坡、韩国、印尼等海外道教友人出席活动。泰山道教文化馆的建成再现泰山道教文化的历史渊源，展示中华传统文化的无穷魅力。

（陈 雷）

信访工作

【概况】 年内，全市纳入满意度评价的信访事项，群众对信访部门和责任单位的满意率均超过98%。信访积案化解等工作经验在全省推广。9月，省信访工作督查组到泰安督导检查，对全市信访工作给予高度评价。信访形势趋稳向好，进京非正常上访数量同比下降61.4%，到省集体上访批次和人次分别下降38.46%和38.91%。到市集体上访特别是过激行为持续减少，信访秩序明显好转。在各级“两会”、十八届六中全会、中央巡视组驻鲁巡视、省委巡视组到泰安“回头看”

11月3日，市委常委、秘书长宋洪银（左二）约见上访群众代表

（王明雪　供）

等重大活动期间，以及市、县、乡领导班子换届等特殊敏感节点，全市没有发生任何有影响的信访问题。市信访局被省委、省政府表彰为“全省信访工作先进集体”，被省文明委表彰为“省级文明单位”，被市委、市政府表彰为“科学发展综合考核先进单位”。1人被评为“全市社会治安综合治理工作先进个人”、1人被评为“全市信访工作先进个人”。

【案件处理】 年内，接待群众到市上访1798起，受理办理群众来信1331件，网上信访5347件。立案督查上级交办及市领导批示重点信访事项22件，全部结案化解。市、县党政主要领导亲自办理信访事项147件，按期结案率100%。

【集中化解信访积案】 年内，中央和省交办的102件信访积案，结案化解率为100%；市排查交办的126件，稳定和化解率90.1%。对全市面上7个有问题可解决和11个无合理诉求的重点不稳定群体，积极协调、强力推动，逐一落实分工市领导和责任单位，明确化解时限和稳控要求。其中，原市属破产改制企业独生子女父母要求落实退休一次性养老补助问题得到妥善解决。

【强化工作基层基础】 印发《关于进一步加强信访工作基层基础建设的意见》，推动全市信访工作基层基础建设水平全面进步、全面过硬。开展“三无”县乡创建活动，57个乡镇（街道）实现无进京越级上访、无大规模集体上访、无因信访问题引发的极端恶性事件和舆论负面炒作，占总数的64.8%。深化信访信息系统应用，实现信访事项办理的高效化和规范化，提高信访公信力和群众满意度。深化“网上信访”受理平台应用，引导群众多上网、少走访，年底，全市“网上信访”数量占信访总量的66.8%，主渠道作用明显。开展《山东省信访条例》实施一周年系列宣传活动，采取电视播放宣传画面、报纸刊发专访文章、网站开辟宣传专栏等形式，加强信访法规宣传，群众依法信访、理性维权意识明显增强。结合“两学一做”学习教育，先后赴济宁市政德教育基地、井冈山红色文化研究院等地，开展专题教育培训，打造“忠诚、干净、担当、有为”的信访干部队伍。

（王建伟）

老龄工作

【概况】 全市各级重视发展老龄事业，注重统筹老龄事业和经济社会协调发展，逐步建立健全社会养老

举办庆祝老年节文艺演出

（张广东　供）

保障制度，维护老年人合法权益，加快构建社会化养老服务体系，老龄事业取得新的发展。

【老年人优待政策落实】 ①做好高龄老年人生活补贴管理发放。2016年，全市为1.36万名90～99周岁老年人发放高龄补贴金836.4万余元，为225名百岁及以上老年人发放长寿补贴金83.6万元。②落实各项优待老年人政策。实行65周岁以上老年人免费、60～64周岁老年人半价乘坐市内公交车；各旅游景点对老年人实行减免门票费等优惠；公共文化娱乐和体育健身场所，对老年人优惠开放；为65岁以上老年人进行免费健康查体。③抓好老年人公益维权服务示范站创建。按照山东省《关于申报第二批“山东省老年人公益维权服务示范站”的通知》规定要求，做好示范站的申报工作。经省老年人公益维权服务示范站创建工作领导小组审定，市人民检察院控申处、泰山慈善基金会、泰安颐博养老护养院、山东鲁岳律师事务所、泰山区人民法院、岱岳区公安分局天平派出所、新泰市人民法院开发区法庭、肥城市人民检察院派驻老城检察室、宁阳县司法局法律援助中心、东平县人民检察院派驻宿城检察室10家单位荣获第二批“山东省老年人公益维权服务示范站”称号。

【养老服务机构投入机制建设】 ①开展全市养老服务模式现状调研。组织开展全市养老模式的现状调查及发展对策调研，形成《泰安市养老模式的现状及发展调查报告》。该报告被省老龄办评为2016年度优秀调研成果，获一等奖；被推荐参加全国老龄系统优秀调研成果评选，获优秀奖。②抓好养老服务机构财政扶持工作。年内，新泰市南山老年公寓、肥城市颐康苑老年公寓、新泰市青云老年公寓3家养老服务机构获得省级财政扶持，扶持资金54万元（每家扶持18万元）；市级财政落实扶持资金50万元，扶持养老服务机构5家。③组织参加第八届中国（山东）国际老龄产业博览会。联系对接参展企业12家，落实展位9个。

10月31日，举办“泰安市第四届十大孝子”颁奖晚会　（张广东　供）

【银龄安康工程实施】 全年收取保费749.75万元，参保老年人数39.67万人，赔付比例达60%，缓解老年人家庭负担和财政支出压力。市老龄办被评为2016年度全省实施“银龄安康工程”先进单位。

【老年文化建设】 发挥泰安市老年学学会等社会组织的作用，通过举办“泰山老来乐剧场”系列演出、展演等形式，带动全市基层老年文化活动开展。组织参加全省第五届老年健康与长寿理论研讨征文活动、第五届山东省老年书法美术大赛、第二届山东省中老年广场舞大赛、首届山东省中老年朗诵艺术大赛、山东省2016年老龄政策专题调研等活动。

【老龄宣传工作】 办好泰安老龄工作网站，及时更新内容，增加新颖性和吸引力。加大老龄宣传报道和信息工作的力度，严格把关，充分利用各级媒体和信息刊物、老龄网站，开展形式多样的宣传活动。全年在市级以上媒体、网站等发表各类老龄新闻稿件、信息260篇。

【敬老月暨庆祝老年节活动】 市老龄委确定10月份为“敬老月”，印发《关于开展“敬老月”活动的通知》，制订具体的活动方案，抓好“敬老月”暨庆祝老年节各项活动。①开展走访慰问活动。老年节期间，各级党政负责人走访慰问敬老院、高龄老人和困难老人。10月10日，副市长徐恩虎带队到泰山区走访慰问百岁老人和困难老人，并带去慰问品和慰问金。市老龄办安排拨付资金15万元，在全市开展向老年人送温暖、献爱心活动，走访慰问困难老年人和百岁老人250户。各县（市、区）、泰安高新区、泰山景区、矿业集团公司主要负责人走访慰问辖区内的敬老院、百岁老人、困难老人和“三无”对象。②开展老年文体活动。发挥“泰山老来乐剧场”的示范带动作用，在各地举办多场系列演出和展演活动，带动全市基层老年文体活动的开展。老年节期间，全市组织开展各类文化、教育、健身、娱乐活动80项，参与老年人22万名。③开展敬老文化宣传教育活动。“敬老月”期间，各级老龄部门与广播电视台、报社等媒体配合，加大宣传力度和密度。市老龄办会同市文明办、市财政局、泰安广播电视台等部门联合开展“第四届泰安市十大孝子”评选活动，举办颁奖晚会，在泰安广播电视台等媒体宣传十大孝子的先进事迹。（张广东）

【概况】 年末，全市有残疾人34.02万人，占全市总人口的6.16%。其中，视力残疾5.06万人，占14.87%；听力残疾8.22万人，占24.16%；言语残疾5205人，占1.53%；肢体残疾9.89万人，占29.07%；智力残疾2.27万人，占6.67%；精神残疾2.52万人，占7.41%；多重残疾5.55万人，占16.31%。全市各级残疾人联合会（以下简称残联）具有“代表、服务、管理”职能：代表残疾人共同利益，维护残疾人合法权益；开展各项业务和活动，直接为残疾人服务；承担市委、市政府委托的部分行政职能，发展和管理残疾人事业。市残联获得“十二五时期残疾人工作先进单位”“省残疾人工作先进单位”“省级文明单位”“2016年度全市科学发展综合考核先进单位”“全市政府系统公文处理工作先进单位”等称号。

【残疾人社会保障】 做好全市困难残疾人生活补贴及生活不能自理重度残疾人护理补贴发放工作。落实重度残疾人参加社会保险政府代缴或补贴个人缴费政策、重度残疾人提前五年领取养老金政策、为重度残疾人购买意外伤害保险、实施“阳光家园”残疾人托养，提高残疾人社会保障水平。泰山区、岱岳区、肥城市探索实施为重度残疾人购买意外伤害保险政策。

【残疾人扶贫】 组织实施“基层党组织结对助残扶贫工程”和省、市直“第一书记”帮包村“助残致富奔小康”项目，投入180万元，扶持1453户贫困残疾人发展加工业、养殖业、家电维修和服务业等项目。制订《市级残疾人就业扶贫基地管理办法》，按8万元到15万元的标准，扶持市级残疾人扶贫基地15个、自主创业个人10个，总投入150万元。

【残疾人就业培训】 在市直事业单位招考中，做好定向招录残疾人工作。2016年，全市残疾人新增就业373人。对2000名残疾人进行职业技能或农村实用技术培训，通过扶贫基地安置带动498名残疾人实现就业增收。举办首届泰安市残疾人就业专场招聘会，49家用人单位提供220个工作岗位，与121名残疾人达成就业意向。全市征收残疾人就业保障金2311万元，其中市直征收1189万元。

【残疾人教育】 落实《泰安市义务教育阶段重度残疾儿童少年送教上门服务工作实施方案》，为142名残疾儿童实施送教上门服务工作、为124名贫困大学生及贫困残疾家庭学生发放救助金。

【残疾人康复救助】 落实0～6岁残疾儿童免费抢救性康复救助实施方案，按照每人1.2万元至1.32万元的标准，康复救助残疾儿童680名。落实残疾儿童康复纳入居民慢性病门诊报销政策。聘请澳大利亚孤独症康复专家培训康复人才140名，其中康复管理和专业技术人才80名、社区康复协调员60名。完成泰安市承担的78例“全省千名人工耳蜗手术项目”。落实集善明门残疾儿童轮椅发放、成人助听器发放、肢残儿童矫形手术、成人人工耳蜗筛查、假肢、矫形器、白内障复明手术适配等项目，受益残疾人1000人。

【残疾人维权】 市人大、市政协分别对全市残疾人工作进行执法检查和对口协商，促进各项残疾人优惠政策的落实。改进信访工作方式方法，全市受理残疾人信访1000件次，处结率98%。开通残疾人“12385”热线，与“12345”市政府民生热线并线。推进残疾人家庭无障碍改造，无障碍改造贫困残疾人家庭1050户。做好残疾人驾驶汽车补贴、燃油补贴发放工作。贯彻落实《山东省实施〈残疾人保障法〉办法》，实行残疾人免费乘坐市内公交车、免费进入旅游景点，听力残疾人减半交纳移动通信工具信息费，视力、听力、言语残疾人家庭免收电视初装费、减半交纳基本收视维护费，市、县图书馆免费对残疾人开放盲人有声读物图书室和电子阅览室等优惠政策。

【残疾人组织建设】 开展基层残疾人组织示范县、乡创建活动，泰山区、新泰市和12个乡镇（办事处）被省残联评为省级示范县、乡。加强残疾人工作者培训，委托浙江大

9月4日，2016第一届泰山国际福祉暨康复设备博览会开幕式。图为市委书记、市人大常委会主任王云鹏致辞
（曹梅玲 供）

学开办全市残疾人工作者培训班。中国残联、省残联在泰山区举办山东省残疾人“专职委员在线”知识竞赛。全市培训残联干部、残疾人专职干事（委员）200人次。

【残疾人宣传文体】 开展文化体育建设示范县创建和残疾人文化从业创业示范基地创建工作。泰山区、肥城市被省残联评为文化体育建设示范县（区）。开展残疾人文化周活动，丰富残疾人精神文化生活。组织参加第八届中国（山东）工艺美术博览会暨全省残疾人文化艺术品展览及拍卖活动，获金奖6个。组织参加全省首届残疾人象棋、乒乓球、田径、游泳锦标赛，获体育道德风尚奖。开展残疾人基本服务状况和需求信息数据动态更新工作，完成3835个社区、10.08万名持证残疾人核查任务。

【残疾人基础设施】 全市各级残联成立残疾人培训服务中心及残疾人康复中心、托养中心，为当地残疾人提供职业培训、就业指导、康复训练、用品用具供应等服务。

【扶残助残活动】 全国助残日期间，开展“共享芬芳 文艺助残”2016年全国助残日泰安市书画笔会、“关爱孤残儿童，让爱洒满人间”助残义诊活动、残疾人看电影、发放残疾人辅助器具、走访慰问等活动。开展“迎新春 送温暖”“TCL集团助残惠民”工程、“交通石化助残日”等助残项目，受益残疾人5000人次。

【对上争取成果】 借助“进京双对接”、“向上级汇报工作”等机会，加大对上争取力度，争取中残联0～6岁残疾儿童抢救性康复救助项目名额增加100例，省项目名额增加262例，配发资金450万元；争取省脑瘫儿童轮椅62辆，价值120万元；争取省“衣恋集善幸福同行”项目34例，启动仪式在泰安市举办；成功争创山东省创建全国残疾预防试验区4个试点之一；引进德国奥托博克有限公司投资100万美元与山东新丰假肢矫形科技有限公司在泰安市合作成立一家新公司，生产假肢、矫形器等辅助器具。

【培育“一会一园一论坛”品牌】 9月6～7日，举办2016第一届泰山国际福祉暨康复设备博览会和泰山国际残疾人论坛，与泰安高新区共同策划泰山辅具产业园，创树泰山“一会一园一论坛”品牌。泰山“一会一园一论坛”品牌提高泰安市在全国残联系统及辅具行业的知名度和影响力。

【市残疾人康复中心】 市残疾人康复中心位于泰安高新区新市委党校西邻，占地4公顷（60亩），总投资1.6亿元，总建筑面积4.2万平方米。市残疾人康复中心（托养中心）一期工程投入使用。

【市残疾人培训服务中心】 市残疾人培训服务中心聋儿语训部语训聋儿12人，其中5名聋儿完成训练，已进入普幼。举办聋儿家长培训班，培训聋儿家长20人次；举办盲人按摩培训班3期，培训盲人53名；开展“辅具流动服务车进村入户”适配活动，适配辅具457件。全年发放轮椅、拐杖、助行器、防褥疮坐垫等各类辅具7369件。

（董　卫　曹梅玲）

【居民收入】 2016年，全市居民人均可支配收入2.32万元，增长8.5%。其中，城镇居民人均可支配收入3.03万元，增长7.7%；农村居民人均可支配收入1.44万元，增长8.3%。

工资性收入　全市居民人均可支配收入中，人均工资性收入1.49万元，增长9.9%，占人均可支配收入的比重64.1%，拉动收入增长6.2个百分点，仍是居民收入的主要来源；人均经营净收入4441元，增长3.7%，占人均可支配收入的比重19.1%；人均财产净收入1391元，增长10.0%，占人均可支配收入的比重为6.0%；人均转移净收入2506元，增长8.7%，占人均可支配收入的比重为10.8%。

经营净收入　全市居民人均经营净收入4441元，增长3.7%，增速下降3.4个百分点，仅拉动可支配收入增长0.7个百分点。

财产净收入　全市居民人均财产净收入1391元，增长10.0%。城镇居民人均财产净收入2348元，增长6.2%，农村居民人均财产净收入166元，增长13.7%。

转移净收入　全市居民人均转移净收入2306元，增长13.6%。其中，城镇居民人均转移净收入3270元，增长10.9%；农村居民人均转移净收入1099元，增长14.5%。

【居民消费支出】 2016年，全市居民人均消费支出1.40万元，增长8.9%。其中，城镇居民人均消费支出1.79万元，增长8.3%；农村居民人均消费支出9297元，增长8.3%。

食品消费支出　全市居民人均食品烟酒支出3914元，增长7.7%，恩格尔系数27.9%，下降0.3个百分点。其中，城镇居民人均食品烟酒支出4649元，增长6.2%，城市居民恩格尔系数26.0%，下降0.5个百分点；农村居民人均食品烟酒支出3006元，增长9.3%，农村居民恩格尔系数32.3%，上升0.3个百分点。居民生活质量提升，城乡居民在食品消费方面越来越注重品质、营养，食品消费呈现多样化，蔬菜和食用菌、肉类、禽类、水产品、蛋类、奶类以及干鲜瓜果消费支出占全部食品消费支出的64.6%，其中，水产品、蔬菜和食用菌、蛋类等消费支出均呈较快增长态势，分别增长13.8%、14.6%、9.2%。

教育文化娱乐支出　全市居民人均教育文化娱乐支出1647元，增长14.5%，其中，城镇居民人均教育文化娱乐支出2133元，增长12.7%；农村居民人均教育文化娱乐支出935元，增长15.6%。

居住支出　全市居民人均居住支出2888元，增长5.4%，占全部消费支出的比重达20.6%，位列“八大类”消费支出第二位。其中，城镇居民人均居住支出3720元，增长5.6%；农村居民人均居住支出1900元，增长5.3%。全市居民人均现住房面积39.56平方米，增加1.53平方米，增长4.0%。其中，城镇居民人均现住房面积35.37平方米，增加0.91平方米，增长2.6%；农村居民人均现住房面积44.74平方米，增加2.44平方米，增长5.8%。房屋装修、物业管理以及园林绿化养护等费用增加，人均住房维修及管理消费支出增长35.5%。

医疗保健消费支出　全市居民人均医疗保健支出1409元，增长8.5%。其中，城镇居民医疗保健人均支出1599元，增长6.5%；农村居民人均医疗保健支出973元，增长7.6%。从消费结构看，医疗器具及药品人均支出增长28.9%，医疗服务支出增长14.1%。

交通通信消费支出　全市居民人均交通通信支出1769元，增长15.6%。其中，交通消费支出增长28.7%；城镇居民交通通信支出2429元，增长18.7%；农村居民交通通信支出1029元，增长12.7%。全市居民每百户拥有家用汽车29.4辆，增加7辆，增长31.3%。其中，城镇居民每百户拥有家用汽车39.4辆，增加7辆，增长21.6%；农村居民每百户拥有家用汽车16.9辆，增加6.4辆，增长61.0%。

（贾同林　刘　钊）

编审　袁立轩

县市区

泰山区

【概况】 泰山区因境内泰山而得名。位于泰安市中部，东、西、南三面与泰安市岱岳区搭界，北部与济南市历城区、长清区毗连。地理坐标为北纬36° 05′～36° 20′，东经117° 03′～117° 13′。

全区总面积337平方公里，辖8个乡（镇、街道）、209个村（社区）。年末，常住人口78.62万人，人口自然增长率10.68‰。全年实现国内生产总值486.29亿元，比上年（下同）增长6.83%。其中，第一产业增加值9.84亿元，第二产业增加值161.47亿元，第三产业增加值314.98亿元。三次产业比重为2.02 : 33.21 : 64.77。全社会固定资产投资344.7亿元，公共财政预算收入31.39亿元，公共财政预算支出21.55亿元。年末，金融机构本外币各项存款余额254.69亿元，其中城乡居民储蓄存款余额190.49亿元。社会消费品零售总额354.73亿元，进出口总额7.46亿美元，其中出口5.9万美元、进口1.57万美元。

农林牧渔业总产值19.13亿元，下降4.2%。粮食总产量3.30万吨，蔬菜总产18.1万吨，水产品总产1030吨，肉类总产量5812吨，禽蛋总产量1786吨。全部工业增加值128亿元，增长6.58%。规模以上工业企业160家，实现主营业务收入395.68亿元，实现利润34.27亿元，实现利税53.34亿元。资质三级及以上建筑企业69家，完成建筑业总产值75.97亿元。

公路通车里程771公里，其中高速公路通车里程42.1公里。完成公路客运量1518.9万人次、货运量1126.45万吨。全区城镇化率90.66%，A级及以上旅游景区4家，全年实现旅游总收入103.6亿元。

普通中学25所，在校生5.70万人。小学56所，在校生4.04万人。幼儿园176所，在园幼儿2.56万人。申报市（地）级及以上各类科技成果82项，立项31项，专利申请量705件，授权专利208件。档案馆1座，档案总量16.54万卷（件）。公共图书馆1所，文化馆1座，农村文化大院162处、文体广场197处，农家书屋126家。全年举办各类群众性文化活动20项。广播、电视人口综合覆盖率分别达到100%。卫生机构456家，其中，医院、卫生院33家，社区卫生服务中心68家。各类卫生机构有床位1.0万张，卫生技术人员1.15万人。体育馆1座，新增群众体育健身活动场地35个。全年参加市级及以上

11月22日，市委书记、市人大常委会主任王云鹏（前排左二），市委副书记、市长李希信（前排右一）与参加全市招商引资和项目建设检查考核会议的人员一起到泰山区现场检查 （司刚 摄）

2016年泰山区、泰山景区乡镇（街道）基本情况

表42

乡镇（街道）名称			财　源	岱　庙	泰　前	徐家楼	上　高	省　庄	邱家店	大津口
党委书记			刘广博	马云峰	侯世民	玄冬梅	倪海亮	孙庆华	杨　波	宋洪兵
乡镇长（主任）			谢慧清	黄　新	武永明	周　涛	李　进	张明强	方增勇	张继亮
面积（平方公里）			11	9.6	70.2	20.4	30.2	68	74.3	63.3
实有耕地面积（公顷）			—	—	1188	7898	544.2	2666	3844	240
村（居）民委员会（个）			29	20	28	16	25	40	44	7
常住人口（万人）			13.2	13.1	16.6	3.4	10.6	6.4	6.8	1.2
地方财政收入（万元）			90813	53000	69036	32393	21474	8574	10036	2374
农业机械总动力（千瓦）			—	—	—	2760	620	34000	20000	560
农村用电量（万千瓦小时）			—	—	7917	892.18	26700	635	4655	577
农产品总量（吨）		粮食	—	—	—	2824.8	844.9	15091	20000	—
		棉花	—	—	—	—	—	8.8	15000	—
		肉类	—	—	—	1006.8	2400.9	974	3000	150
		牛奶	—	—	—	3624.4	12413.5	8889	6000	—
教育事业	普通初中	学校数（所）	—	—	1	1	2	2	2	1
		在校生数（人）	—	—	379	1036	2054	2574	2460	507
		专任教师（人）	—	—	44	58	99	185	160	42
	小学	学校数（所）	8	9	7	5	7	8	11	3
		在校生数（人）	4917	3202	5430	2081	2767	2660	2510	412
		专任教师（人）	225	670	215	98	150	162	138	48
卫生事业	乡镇卫生院	床位（张）	—	—	20	20	—	99	40	23
		专业技术人员（人）	64	30	68	40	60	95	90	36
	村级卫生室（社区门诊）	数量（所）	27	20	9	10	18	37	40	8
		乡村医生（人）	54	32	18	27	56	93	113	30
生活保障	居民人均可支配收入（元）		—	—	37000	17561	27555	—	15624	17770
	居民人均生活消费支出（元）		—	—	31000	7850	—	—	8790	7943
	享受最低生活保障金人数（人）		1378	1979	798	502	905	—	1208	358
	入住敬老院人数（人）		—	60	—	6	30	—	19	10
	敬老院数（所）		—	1	—	1	1	—	1	1

体育比赛获奖牌 115 枚。

城镇居民人均可支配收入 35215 元，人均消费性支出 21679 元。农村居民人均可支配收入 15364 元，人均生活消费支出 9298 元。年末，城镇居民人均拥有房屋面积 29.59 平方米，农村居民人均拥有房屋面积 43.38 平方米。城镇职工基本养老、医疗、失业、工伤和生育保险参保人数分别达到 10.9 万人、9.4 万人、4.9 万人、8.4 万人和 10 万人。城乡居民养老保险有效参保人数 10.7 万人，新型农村合作医疗参合率 100%。城镇最低生活保障人数 4480 人，农村最低生活保障人数 3721 人。

【贴近群众需求抓好法律援助服务】 ①建立"律师会客厅"。为居民现场咨询法律事务提供方便条件，开通"泰山 148 法律服务专线"新浪微博，全年接待居民咨询 1800 人次，成功调解民间纠纷 160 起，立案办理各类法律援助案件 247 件，参与各类活动近百场次，发放宣传资料 1.2 万份，解答法律咨询 1900 人次。②开展"法律顾问三进"活动。推行"一社区一顾问""一学校一顾问""一企业一顾问"机制，组织法律工作者进社区、进学校、进企业，定期为社区、学校开展法制讲座，弥补防范法律漏洞和风险，变事后补救为事前预防。全年提供法律顾问服务 368 家，提供法律意见和建议 360 条，审查协议合同 260 件，代理案件 1600 件。③选派律师参与重点项目建设。先后提出合理化建议 9 条，接受群众咨询 80 人次，参与审查涉及拆迁的法律文书 12 次，参与矛盾纠纷调处 27 起。

【加大基层文化设施建设】 投资 1.3 亿元建设街道（镇）综合文化站，总建筑面积 2.5 万平方米。实施"村村通""农家书屋""星级文化中心（大院）创建"等文化惠民硬件建设工程 7 项。区内各行政村全部铺设光缆，覆盖率全市第一；全部建设农家书屋，分别拥有一定数量的图书、音像电子出版物和报刊藏品；197 个社区（村）建成文化中心、文化大院，其中三星级以上文化中心、文化大院达 82%。

【发展科技文化产业】 实现公共文化服务设施均等化，总投资 3000 万元，改建、扩建英雄山、三合等 5 个社区（村），67% 的社区（村）建成综合性文化服务中心。组织开展送戏下乡演出 50 场，公益电影放映 787 场，书画下基层活动 26 次，挖掘、培养近百支艺术队伍，重点扶持 20 支优秀民间艺术团发展，培训人员 2000 人次。

【分类整治大气污染】 将空气污染指数较高的农大新校区、电校老校区、泰安厚丰公司等监测站点周边 2 公里范围列入重点监管整治区域，247 个污染源已全部完成整治。集中开展油烟排查整治专项行动，印发通告 5000 份，排查餐饮油烟污染单位 648 家，限时完成整改。通过宣传引导、资金激励等方式，年内取缔各类燃煤小微炉灶 549 台，年减少燃煤 3.2 万吨，大气环境质量得到改善。（刘玉朴）

岱岳区

【概况】 该区因位于泰山脚下，泰山古时亦称岱岳而得名。

全区总面积 1750 平方公里（含高新区）。辖 18 个乡（镇、街道）、722 个村（居）委会。年末常住人口 99.56 万人（含高新区）。实现生产总值 305.91 亿元，比上年（下同）增长 7.2%。其中，第一产业增加值 35.46 亿元，第二产业增加值 126.14 亿元，第三产业增加值 144.31 亿元，三次产业结构比例 14.2∶41.1∶44.7。全年地方一般公共预算收入 16.5 亿元，一般公共预算支出 36.5 亿元。完成固定资产投资 405.5 亿元。实现社会消费品零售总额 179.7 亿元。金融机构存贷款余额达到 524.8 亿元、312.4 亿元。

全年农业增加值 43.3 亿元，增长 4.8%；林业增加值 0.2 亿元，下降 4.9%；畜牧业增加值 15.3 亿元，增长 4.8%；渔业增加值 0.2 亿元，增长 18.5%。粮食播种面积 6.53 万公顷（97.9 万亩），粮食总产量 48 万吨，其中夏粮产量 19.7 万吨、秋粮产量 28.3 万吨。粮食单产 490.6 公斤/亩、下降 2.8%。水果总产量 20.6 万吨，其中苹果产量 9.8 万吨。肉类总产量 6.8 万吨；禽蛋类总产量 4.8 万吨，增长 17.3%。水面养殖面积 1756 公顷。农机化水平 83%。全区新增农民专业合作社 145 家，达到 1406 家；新增家庭农场 126 家，达到 273 家；新增精品园场 10 家，达到 76 家；新增规模龙头企业 10 家，达到 142 家。"一村一品"专业乡镇、专业村分别达到 8 个、207 个。全年完成造林 1193.33 公顷（1.79 万亩），新建和完善高标准农田林网 1733.33 公顷（2.6 万亩），新增经济林面积 600 公顷（0.9 万亩），新增苗木花卉面积 300 公顷（0.2 万亩），林下经济产业基地达到 7000 公顷（10.5 万亩）。推进集体林权配套改革，全区林权抵押贷款 2.2 亿元，政策性森林参保面积达到 5333.33 公顷（8 万亩）。森林覆盖率 43%。规模以

2016年岱岳区、泰安高新区乡镇（街道）基本情况

表43

乡镇（街道）名称			天　平	粥　店	大汶口	山　口	祝　阳	黄　前	良　庄	范　镇	化马湾
党委书记			张　强	孙启龙	金　飞	赵传星	张和江	刘灿军	刘建新	燕　光	刘　灏
乡镇长（主任）			朱　涛	李成勇	张化军	杨中军	王　翠	齐洪淼	王建斌	朱荣斌	王　勇
面积（平方公里）			64.4	94.3	90.7	56	88.8	104.4	141	68.7	100.2
实有耕地面积（公顷）			200	168	5061	3183.8	4000	707	136.8	4309	2932
村（居）民委员会（个）			32	34	45	43	56	30	41	40	32
常住人口（万人）			3.3	10.9	6.9	5.3	5.2	3.4	7.0	5.4	3.7
地方财政收入（万元）			6360	63917	9966	2496	1284	1006	938	2923	810
农业机械总动力（千瓦）			3872	4300	71200	24990	21000	24796	70728	19429	55920
农村用电量（万千瓦时）			989.7	32000	5518	540	3408	875	2000	3100	1800
农产品总量（吨）		粮食	1200	9.5	78110	6850	47982.56	4321	4.96	48361	24600
		棉花	12	—	—	—	82.12	—	—	—	5.2
		肉类	597	1887	7493	2514.8	3056.67	282	5082	6900	3260
		牛奶	15	2013	12149	2463.8	4195.11	245	7930	16700	2825
教育事业	普通初中	学校数（所）	—	1	2	2	2	1	2	2	1
		在校生数（人）	—	2571	2848	2100	1786	929	2646	2096	1205
		专任教师（人）	—	117	148	152	152	78	214	153	92
	小学	学校数（所）	9	8	5	5	7	3	8	4	5
		在校生数（人）	1342	2825	1780	2081	1510	1402	2186	1635	967
		专任教师（人）	108	217	179	147	156	56	181	118	74
卫生事业	乡镇卫生院	床位（张）	30	50	99	83	96	55	99	62	40
		专业技术人员（人）	44	102	68	78	88	49	53	55	48
	村级卫生室（社区门诊）	数量（所）	25	32	45	30	47	27	34	35	28
		乡村医生（人）	52	154	86	70	88	59	127	98	75
生活保障		居民人均可支配收入（元）	10660	14915	2280	14160	12680	12965	12000	13906	11220
		居民人均生活消费支出（元）	8922	9127	13625	9450	9550	6763	7300	9290	4150
		享受最低生活保障人数（人）	887	720	970	386	890	590	497	1042	412
		入住敬老院人数（人）	11	6	10	24	14	20	26	18	21
		敬老院数（所）	1	1	1	1	1	1	1	1	1

续表 43

乡镇（街道）名称			道朗	夏张	徂徕	房村	马庄	下港	满庄	角峪	北集坡
党委书记			姚学理	白安东	赵永东	鲁瑞森	钱振华	朱英文	高传波	王宝元	颜丙洪
乡镇长（主任）			张　猛	张清华	孔祥国	公卫刚	秦　晓	李怀涛	杜传军	马　林	王　卫
面积（平方公里）			105	122	140	94.7	57.2	155	112.9	63.7	109.1
实有耕地面积（公顷）			3360	4786	3866	4390	3854	2181.4	4656	3697	2678
村（居）民委员会（个）			43	71	34	32	36	35	42	29	47
常住人口（万人）			3.4	6.0	5.4	5.7	4.9	4.2	8.0	3.0	6.7
地方财政收入（万元）			4343	1662	3928	2945	2501	700	34512	983	5286
农业机械总动力（千瓦）			29700	90149	60600	60200	28000	55000	73000	25242	—
农村用电量（万千瓦时）			6200	90551	3804	3200	4548	1349.9	14520	2660	2063
农产品总量（吨）		粮食	25788	59147	70000	34438	60721	10055	57828	18232	11706
		棉花	35	194	—	—	—	120	82	122	27
		肉类	1844.52	4783	5936	5745	2682	4664	7460	1745	2231
		牛奶	1047.57	6900	18922	328	4692	—	23250	—	2574
教育事业	普通初中	学校数（所）	3	1	2	1	2	1	2	1	1
		在校生数（人）	2166	2122	1649	1725	1807	1396	4116	982	—
		专任教师（人）	169	144	141	116	133	94	176	84	—
	小学	学校数（所）	3	6	4	8	4	4	6	3	8
		在校生数（人）	970	1761	1305	1986	1294	955	4986	792	940
		专任教师（人）	100	97	63	143	103	121	205	68	189
卫生事业	乡镇卫生院	床位（张）	60	40	92	50	99	60	180	50	1
		专业技术人员（人）	61	67	83	40	65	90	120	42	40
	村级卫生室（社区门诊）	数量（所）	38	51	34	18	34	32	58	26	16
		乡村医生（人）	62	102	115	36	90	67	120	76	29
生活保障	居民人均可支配收入（元）		13241.8	12800	13830	12758	13830	12625	18460	13200	—
	居民人均生活消费支出（元）		6570	7281	11800	9800	10100	7366	8800	8290	—
	享受最低生活保障人数（人）		382	1180	609	2002	478	679	2680	396	884
	入住敬老院人数（人）		14	27	31	132	18	20	73	50	56
	敬老院数（所）		1	1	1	1	1	1	1	7	1

11月24日，市委副书记张涛（左四）与参加全市招商引资和项目建设检查考核会议的人员一起到岱岳区现场检查　（司　刚　摄）

上工业企业主营业务收入344.5亿元，下降6.7%；利税34.7亿元，下降1.8%；利润27.3亿元，下降9.7%。全社会用电量27.7亿千瓦时，增长14.1%；工业用电量16亿千瓦时，增长6.7%。全区三级及以上资质建筑企业42家，完成总产值112.3亿元，增长0.4%。其中，建筑工程产值完成106.7亿元，安装工程建筑产值完成5.2亿元。建筑业从业人员3.7万人，其中工程技术人员6268人、一级建造师229人。

完成公路货运量1693.2万吨、货物周转量11.5亿吨公里。全年公路建设总投入18.6亿元，新建、大修改造公路1043公里；104国道绕城西线、莱肥线岱岳莱城界至范镇段、801省道泰曲线大河桥等4座桥梁护栏改造工程、330省道莱肥线泰安东至莱芜界段安全风险路段整治提升工程等新建大修工程的进展顺利。全区接待游客1961万人次，实现旅游收入27.76亿元，分别增长22.7%和33.2%。泰山天颐湖旅游度假区通过国家AAAA级景区验收，新创建国家AAA级景区3家、省级旅游特色村4家、省级农业旅游示范点2家、省级精品采摘园4家、省级开心农场2家、好客人家星级农家乐6家。《岱岳区里峪农家乐“一户一品”提升规划》、黄前镇《泰山大寨乡村旅游规划》、祝阳镇《金泉山庄旅游规划》等项目规划编制完成，道朗镇《泰山九女峰乡村旅游度假区总体规划》完成首轮汇报，启动《二奇楼古村落保护规划》《岱岳区红色旅游发展总体规划》。

年末，有各级各类学校（幼儿园）394所，其中小学91所、初中28所、高中5所、特殊学校1所、成人教育中心校17所、职业学校1所、幼儿园251所。在校生10.94万人，其中小学3.05万人、初中3.75万人、高中1.52万人、特殊教育54人、职业学校5774人、幼儿园2.04万人。全区发明专利申请量268件，增长23%；授权70件，增长7.7%。高新技术产业产值占比25.56%，新认定国家高新技术企业5家，总数14家。医疗卫生机构21所，其中医院2所、乡镇卫生院14所、社区卫生服务中心2所、妇幼保健院1所、皮肤病防治所1所；各级各类医疗卫生机构实有床位2050张；卫生技术人员2429人，其中执业医师（助理执业医师939人）、注册护士888人。《岱岳区志》出版发行。全区464个村（社区）文化大院提升改造为基层综合性文化服务中心，占全部行政村的69.7%；在全区村（社区）文体小广场建设电子屏71座，有线电视户户通工程新发展用户1.3万户。经省文物局批准，泰安徂徕山抗日武装起义博物馆、泰安市泰山石敢当博物馆、泰安市泰山玉文化博物馆、泰安市岱岳区大汶口民俗博物馆4家单位成为非国有博物馆。在全国中学生田径锦标赛中，获得100米金牌；在全省柔道锦标和冠军赛中，获第一名3个、第二名2个、第三名3个、第五名1个、第七名1个。全年福利彩票销售额4956万元。

城镇居民人均可支配收入29909元，增长7.7%；农村居民人均可支配收入13830元，增长8.4%。全区居民人均消费支出13588元，增长10.1%。其中，城镇居民人均消费性支出17863元，增长10.2%；农村居民人均消费支出8499元，增长8.9%。低保标准城市提高到每人每月500元，农村提高到每人每年3600元，发放低保资金4014万元。建成农村幸福院170个，城市社区老年人日间照料中心12个。供养标准，集中供养达到6200元每人每年；分散供养5000元每人每年，全年发放供养资金1255.6万元。社会组织登记总数239个，其中社会团体140个、民办非企业99个。新增城镇就业再就业7.1万人，城镇登记失业率在3.5%以内。

【项目建设】 年内，岱岳区新签约重点产业项目56个，合同引资额325.8亿元，其中投资过亿元项目

40个。在谈过亿元项目63个，其中过5亿元项目24个。新开工建设项目75个，计划总投资468.3亿元，32个项目投产或试运营。16个省市重点建设项目，实际完成投资67.4亿元，占计划的115.8%。

【提升民生保障能力】 区财政用于教育、社保、就业、医疗卫生支出21.6亿元，占总支出的59.1%。企业退休人员养老金实现“十二连涨”。成功创建为首批国家农村职业教育和成人教育示范区、全国社区教育实验区。114个扶贫项目全部建成，2.1万名贫困人口实现脱贫，32个省市级贫困村销号摘帽。在2016年全省城乡环卫一体化两次民意调查中，分别列全省第13和19位，在全市参评的各县（市、区）中保持第一位。

【徂徕山抗日武装起义博物馆】 该馆位于岱岳区房村镇磨山峪村“徂徕山红色文化园”境内，于1月由山东省文物局批准备案为非国有博物馆。总占地面积33.3公顷（500亩），有磨山峪抗日旧址、徂徕山抗日烈士墓群等市级重点文物保护单位两处，其中磨山峪烈士墓群安葬革命烈士13名，均为抗日战争时期牺牲的烈士，碑刻有烈士英名、牺牲时间等文字内容。收藏起义及抗战时期的武器、资料、办公桌椅、革命文物及文献资料等珍贵文物藏品1600件。

【推进城乡义务教育一体化】 该区区乡两级财政投资1.2亿元，筹集社会资金7000万元建设学校25所，开工在建11所。义务教育学校实行“划片招生、就近入学”，高中招生名额分配到初中的比例达到60%以上。全区小学、初中年巩固率分别达100%、99%，残障少年儿童入学率达96.4%。坚持开展“每天一小时校园体育活动”，推进体育艺术“2+1”项目，学生体质健康及合格率小学生93.92%、初中生达94.58%。连年举办文化艺术体育节，活动项目每年都在100项以上，累计参与学生20万人次。（程建民）

【概况】 全市总面积1933平方公里。辖21个乡镇，年末常住人口135.24万人。年内，获得全国光伏产业“领跑者”计划基地城市、第七届福布斯·中国大陆最佳县级城市、全国首批农村产业融合发展试点示范市、国家水土保持治理重点建设项目县、国家防震减灾示范市（县）、全国国际跳棋之乡、山东省节能环保产业示范县、山东省群众满意村级公路网化县、山东省信访工作先进集体等称号，在全省县域科学发展考核中居第25位，在2016年度中国中小城市综合实力百强县、创新创业百强县中均居第38位。新泰市被列入山东省15个重点建设的中等城市。

经济发展 实现生产总值（GDP）815.6亿元，按可比价格计算，比上年增长6.7%。按常住人口计算，人均GDP达到6.05万元。其中，第一产业增加值（不含农林牧渔服务业）59.0亿元，第二产业增加值395.9亿元，第三产业增加值360.7亿元。三次产业结构由上年7.2 : 50.1 : 42.7调整为7.2 : 48.6 : 44.2。第三产业对GDP贡献率为63.4%，拉动GDP增长4.2个百分点。服务业实现增加值360.7亿元，按可比价计算，增长9.9%。服务业增加值占生产总值（GDP）比重达44.2%，提高1.5个百分点。实现服务业税收收入20.1亿元，占全部税收（国税＋地税）比重45.7%。年底，全市市属私营企业达9360户，投资者1.85万人，雇工6.13万人，注册资金444.6亿元，分别增长28.0%、14.3%、18.5%和52.6%。

农业生产 全年农林牧渔业完成增加值61.6亿元（含农林牧渔服务业），按可比价计算，增长4.2%。其中，农业（种植业）增加值31.8

5月23日，省委副书记、省长郭树清（右二）到新泰市调研工业项目转型升级工作。图为在跨境电子商务产业园项目现场考察　（王得众　供）

2016年新泰市乡镇（街道）基本情况

表44

乡镇（街道）名称			青云	新汶	东都	小协	翟镇	泉沟	羊流	果都	西张庄	天宝
党工委书记			周京文	朱致义	王茂宁	鲁涛	贾夫军	史新国	李兴胜	李建军	何涛	毛松竹
乡镇长（主任）			朱峰	李彬	刘忠文	刘其鹏	刘焕校	陈凯	高涛	徐继刚	泥德润	王怀起
面积（平方公里）			145	35.8	63.4	39.1	70.5	92.5	180	48.3	47	158
实有耕地面积（公顷）			3626.6	406.4	2540	1226.5	2650	2238	6700	2448	2425.6	5800
村（居）民委员会（个）			77	18	33	18	46	33	90	34	28	50
常住人口（万人）			20.1	10.6	7.4	5.0	6.7	3.8	9.5	3.8	5.1	8.1
地方财政收入（万元）			37848	43581	19295	6320	23213	6687	11380	8533	30111	1474
农业机械总动力（千瓦）			31226	1206	38970	12610	33000	72000	40000	45000	9645	55500
农村用电量（万千瓦小时）			2689	108	1416	409	3100	569	220	1857	2811	2617
农产品总量（吨）		粮食	6610	3133	16522	5801	27979	19668	60000	33318	32447	66074
		棉花	34	—	—	8	44	1	105	—	—	—
		油料	2240	—	2080	896	594	2100	9300	1143	682	3490
		水果	48623	2959	5210	17	871	4800	2000	221	4174	32089
教育事业	普通初中	学校数（所）	2	1	1	1	1	1	2	1	1	2
		在校生数（人）	10199	1631	1720	820	3100	2208	3500	1194	1472	2952
		专任教师（人）	667	106	130	120	165	120	170	89	117	179
	小学	学校数（所）	12	7	8	4	5	6	13	6	6	10
		在校生数（人）	16590	2356	2600	1593	4500	2800	6300	1738	2328	3144
		专任教师（人）	1099	466	198	170	221	154	332	119	157	193
卫生事业	乡镇卫生院	床位数（张）	2791	25	25	315	80	30	60	30	20	40
		专业技术人员（人）	1078	33	28	117	107	38	98	47	42	31
	村级卫生室	数量（所）	87	18	29	18	42	28	61	30	26	51
		乡村医生（人）	203	32	84	45	105	77	163	65	80	154
生活保障	居民人均可支配收入（元）		26326	14444	16220	14579	16355	14477	16000	12735	15410	13320
	居民人均生活消费支出（元）		19636	10399	9768	9750	12865	13029	9657	3601	9810	7356
	享受最低生活保障金人数（人）		3321	1209	1017	423	1309	716	1230	726	1209	1582
	入住敬老院人数（人）		712	168	94	25	110	45	38	92	101	131
	敬老院数（所）		2	3	1	1	1	1	1	1	1	1
	社会福利企业数（家）		11	—	6	2	—	—	2	—	—	1
	福利企业残疾员工数（人）		236	—	48	36	—	—	11	—	—	—

续表44

乡镇（街道）名称			楼德	禹村	宫里	谷里	石莱	放城	刘杜	汶南	龙廷	岳家庄	新甫
党工委书记			苏永涛	李绪涛	张　新	李　玲	吕熙伟	公维贞	李锋祥	周鹏飞	潘吉民	周典红	刘祥军
乡镇长（主任）			夏恩东	朱文静	李希刚	范育民	李怀爱	李恒统	肖　娟	高　飞	李秀新	刘西涛	郭吉永
面积（平方公里）			36	89.2	79	94.8	166.6	69	50	189	158	70.7	64
实有耕地面积（公顷）			5040	3208	3752	3701	5030	3298	1650	9373.7	5136	2733	1200
村（居）民委员会（个）			36	36	43	51	69	23	28	85	53	25	37
常住人口（万人）			6.8	5.1	5.9	5.0	6.5	3.3	3.1	10.0	6.2	3.8	3.8
地方财政收入（万元）			15880	2347	2597	9552	3852	733	1020	17172	1111	2533	5853
农业机械总动力（千瓦）			92000	43000	47820	30000	4347	31900	19100	3090	92000	25000	17244
农村用电量（万千瓦小时）			4200	5200	2195	485	2376	1286	894	3136	1920	380	1196
农产品总量（吨）		粮食	45192	25900	69600	27422	1115	15176	6060	37618	2800	8869	10745
		棉花	4020	38	—	26	0.15	—	2	90	20	2.5	1
		油料	3152	3827	3000	8048	1753	3564	6889	7973	9600	8075	839
		水果	120	1212	140	450	25	1637	1313	17373	27000	3758	2754
教育事业	普通初中	学校数（所）	1	1	1	1	1	1	1	2	2	1	—
		在校生数（人）	3168	2056	2300	2450	2571	1103	580	4406	2741	1450	—
		专任教师（人）	225	124	100	115	99	68	48	256	153	79	—
	小学	学校数（所）	9	6	8	7	10	4	5	11	6	4	3
		在校生数（人）	3065	2852	2600	2850	3752	1586	1100	5299	2201	1893	1050
		专任教师（人）	212	158	157	159	213	117	98	386	178	103	119
卫生事业	乡镇卫生院	床位数（张）	800	99	30	40	26	20	35	25	30	20	—
		专业技术人员（人）	182	86	50	66	69	40	38	57	58	35	—
	村级卫生室	数量（所）	36	35	42	35	61	21	23	75	47	20	35
		乡村医生（人）	141	103	118	96	132	59	50	193	121	61	77
生活保障	居民人均可支配收入（元）		11781	14249	12000	14217	10018	13400	9860	18168	11573	11268	14380
	居民人均生活消费支出（元）		4120	9262	5500	8764	2361	7830	9000	16124	9870	7512	10296
	享受最低生活保障金人数（人）		1155	1115	650	559	556	860	648	2567	1868	1249	784
	入住敬老院人数（人）		166	88	31	94	76	76	24	62	138	86	105
	敬老院数（所）		1	1	1	1	1	1	1	1	1	1	1
	社会福利企业数（家）		5	—	—	1	1	—	—	1	1	—	—
	福利企业残疾员工数（人）		87	—	—	11	40	—	—	7	72	—	—

11月22日，市委书记、市人大常委会主任王云鹏（前排左二），市委副书记、市长李希信（前排右二），市委副书记张涛（前排右一）与参加全市招商引资和项目建设检查考核会议的人员一起到新泰市现场检查

（司　刚　摄）

亿元，林业增加值2.0亿元，牧业增加值25.1亿元，渔业增加值0.1亿元，服务业增加值2.6亿元。全市农作物总播种面积300.3万公顷。其中，粮食播种面积7.1万公顷，油料2.2万公顷，棉花288.6公顷，蔬菜及食用菌2.4万公顷。实现农业（种植业）总产值50.3亿元，牧业总产值52.7亿元。全年造林面积2147公顷，其中用材林280公顷、经济林1333公顷。全年实现林业总产值2.2亿元，增长1.0%。年末农用机械总动力达93.4万千瓦，农用拖拉机2.18万台。农村用电量2.0亿千瓦时。全年农用化肥（折纯）施用量3.1万吨。有效灌溉面积4.8万公顷。

工业生产　全部规模以上工业增加值增长5.2%。实现工业总产值1336.6亿元，增长2.6%，其中轻工业产值196.3亿元、重工业产值1140.3亿。全市规模以上工业产销率为96.1%。实现主营业务收入1292.49亿元，下降2.9%；实现利税80.1亿元，下降16.8%；实现利润47.2亿元，下降14.9%。年末，全市规模以上工业企业399家，其中主营业务收入过亿元企业151家、过10亿元企业19家、利税过千万元企业149家。

固定资产投资　全市完成固定资产投资636.0亿元，比上年增长12.2%。服务业投资283.9亿元，下降14.7%，第三次产业投资占比43.6%。全市三级及以上（新资质）建筑企业72家，完成建筑业总产值90.8亿元，下降16.0%。其中，国有及国有控股企业完成建筑业总产值12.5亿元。

城市建设　全年城市维护建设资金支出11.9亿元。供水综合生产能力17.8万立方米/日，用水普及率为100%。集中供热面积683万平方米。绿地面积3085公顷，建成区绿化覆盖率达44.9%，人均公共绿地面积19.5平方米。

交通运输业　全市等级公路通车里程3629.3公里，其中高速公路通车里程78.4公里。全市交通总周转量562069.7万吨公里，其中货运周转量548063万吨公里，客运周转量140067万人公里。

邮政通信　全市邮政业务总量15573万元，增长27.2%。函件16.9万件，特快专递7.8万件，汇票1.6万张，包件33.0万件，定销报纸杂志1302.1万份。全社会完成电信业务量34240万元，固定电话用户8.59万户，移动电话用户107.04万户。上网用户（含宽带、拨号、无线网卡）70.2万户。

消费市场　全年实现社会消费品零售总额315.5亿元，增长7.9%。年末，全市城乡集贸市场117个，其中消费品综合市场103个、农副产品专业市场8个、工业品消费市场2个、工业生产资料市场4个。全市有个体工商户6.16万户，从业人员13.34万人，注册资金35.1亿元，分别增长9.8%、11.6%、31.2%。

对外及对香港、澳门、台湾贸易　实现进出口总值157597万元，其中出口126508万元、进口31089万元。

财税收入　公共财政预算收入完成42.3亿元，增长1.2%。其中，税收收入31.6亿元，增长3.1%。公共财政预算支出完成65.3亿元，增长0.1%。2016年全市税收合计（国税＋地税）44.0亿元，增长2.1%。其中，国税部门实现税收收入15.3亿元，增长19.1%；地税部门实现税收收入28.7亿元，下降5.1%。

金融　年末，金融机构各项存款余额本外币合计593.0亿元，比年初增加86.8亿元。其中，住户存款余额416.3亿元，增加48.1亿元。人民币各项存款余额合计590.0亿元，比年初增加85.2亿元。金融机构各项贷款余额本外币合计381.0亿元，比年初增加20.8亿元。人民币各项贷款余额381.0亿元，比年初增加20.8亿元。

科技创新　全年获得科技成果58项，其中泰安市级18项、新泰市级40项。实施各类科技计划42项，其中省级8项、泰安市级11项、新泰市级23项。

教育　全市普通初级中学30

所，专任教师4175人，在校生6.03万人；普通高级中学6所，专任教师1636人，在校生2.43万人；中等职业学校2所，专任教师287人，在校生4943人；小学144所，专任教师4990人，在校生7.36万人。幼儿园275所，专任教师2635人，在园幼儿3.62万人；特殊教育学校1所，专任教师38人，在校学生90人。

医疗卫生 有各类卫生机构55所（不含计生服务站），其中医院及卫生院45所。实有病床6535张。各类卫生技术人员7157人，其中执业医师2262人、执业助理医师398人、注册护士3146人、药剂员342人。

文化 艺术表演场所2个，各类获奖表演节目17个。有剧场、影剧院12个，文化馆1个，公共图书馆1个。广播电台1座，节目2套，日播音时间达到36小时。电视台1座，转播节目35套。

体育 年内在国家级比赛中获得国家级奖牌12枚，其中金牌2枚。全年体育彩票发行额达14123万元，增长19.7%。

人口 常住人口135.24万人，增长7.8‰。其中，城镇人口80.93万人，增长43.9‰；农村人口54.31万人，下降41.5‰。年平均常住人口134.72万人，增长6.5‰。公安户籍总户数51.56万户，总人口142.82万人，其中女性69.50万人、男性73.32万人，男女性别比为105.5，同比提高0.1个百分点。在总人口中，城镇人口71.51万人，乡村人口71.31万人。当年出生率16.86‰，死亡率3.95‰，人口自然增长率12.91‰。

居民收入 据抽样调查，新泰市居民人均可支配收入23718元，增长8.4%。其中，城镇居民人均可支配收入31110元，增长7.6%；农村居民人均可支配收入14444元，增长8.2%。

劳动就业 2016年年末，城镇登记失业人员5545人，城镇登记失业率为2.23%。

社会保障 有20.6万人参加城镇基本养老保险，74.0万人参加农村养老保险，119.9万人参加基本医疗保险。全市低保对象1.65万户（含新汶矿业集团）、2.61万人，发放保障金7280.9万元。全市有各种社会福利收养单位（含敬老院）27个，床位4600张。全市社会福利企业19个，安置残疾职工456人。全年销售福利彩票9502万元，筹集社会福利基金190万元。

【全国劳模班教学实践基地揭牌仪式举行】 2月27日在新泰市举行。全国人大常委、全国总工会副主席许振超，中国劳动关系学院党委书记屈增国，副院长吴万雄，中国劳动关系学院继续教育学院院长傅麟，省总工会副主席赵立群，泰安市政协副主席、总工会主席张书盈等出席，许振超、屈增国为全国劳模班教学实践基地揭牌。

【郭树清到新泰市调研】 5月23日，省委副书记、省长郭树清到新泰市调研工业项目转型升级工作。郭树清一行先后视察采煤沉陷区光伏发电示范基地、特变电工鲁缆公司华东输变电科技产业园、山能重装机械工业园（大族激光器、机械产品再制造国家工程研究中心）、新易泰国际电商物流园、跨境电子商务产业园等项目现场。郭树清强调要顺应产业升级趋势，加快构建新型研发、生产、管理和服务模式，推动装备制造业迈向高端化、智能化、绿色化、服务化。省政府秘书长、办公厅主任王华，省政府调研室主任刘险峰，省发改委主任王忠林，省经信委主任钱焕涛，省财政厅厅长于国安，省金融办主任李永健，泰安市委书记、市人大常委会主任李洪峰，市委副书记、市长王云鹏，市委常委、秘书长宋洪银等陪同活动。

【山东省乡村文明行动移风易俗工作现场推进会】 7月19日在新泰市召开。与会人员先后到新汶街道大河村、大洛沟村、中洛沟村、汶河村、东洛沟村，羊流镇小和庄村、大和庄村、东张庄村、官路村，西张庄镇镇区广场、棘针沟社区，泉沟镇东刘村、泉沟村、西刘村、徐家塘子村、王家庄村、高崖头村等现场观摩。省委常委、宣传部部长孙守刚，省委宣传部副部长兼省文明办主任刘宝莅，省文明办专职副主任王少杰，泰安市委书记、市人大常委会主任王云鹏，泰安市委常委、政法委书记郭德文，泰安市政府副市长徐恩虎等陪同调研。

【副省长王书坚到新泰市调研】 8月10～11日，副省长王书坚就贯彻落实省委十届十四次全体会议精神、深化科技体制改革推动科技创新、不动产统一登记等工作到新泰市调研。王书坚一行先后赴晶泰星光电科技公司、采煤沉陷区农光互补示范基地、秋实现代化智能微耗灶、科技创业孵化基地（全国循环经济工程实验室、佑德生物化工产业研究院、机能性变色材料产业研究院、武汉理工汽车零部件产业研究院中试车间）现场调研指导。省政府副秘书长张斌，省国土资源厅厅长李琥，省科技厅副厅长李储林，泰安市委书记、市人大常委会主任王云鹏，市委副书记、市长李希信，副市长展宝卫等陪同调研。

8月10～11日，山东省政府副省长王书坚（第二排左六）就深化科技体制改革推动科技创新、不动产统一登记等工作到新泰市调研。图为调研人员在特变电工成品车间前与员工代表合影　（王得众　供）

【山东省司法所建设工作会议】 9月13日在新泰市召开。与会人员先后到小协镇司法所、新汶街道司法所、孙村调解中心、新甫街道司法所现场观摩。司法部基层工作指导司副司长范履冰，省委常委、政法委书记张江汀，副省长、省公安厅厅长孙立成，省司法厅厅长王本群等参加会议，泰安市委书记、市人大常委会主任王云鹏，泰安市委常委、政法委书记郭德文，泰安市委常委、秘书长宋洪银，泰安市副市长、公安局局长鞠向群等参加活动。

【首届全国毛楪产业发展学术研讨会】 10月10～11日在新泰市召开。与会专家分别就毛楪的应用及市场前景、毛楪在农村经济发展中扶贫开发的作用和地位、毛楪育种技术、毛楪高效栽培与利用、毛楪产业发展等问题进行交流研讨。全国绿化委员会副主任、中国林学会理事长赵树丛，中国林学会副理事长兼秘书长陈幸良，国家林业局造林司副司长王剑波，副省长赵润田，省林业厅厅长刘均刚，市领导王云鹏、周桂萍、宋洪银等参加有关活动。

【吴知论到新泰市调研】 10月13日，中央编办副主任、国务院审改办负责人、全国行政审批标准化工作组组长吴知论一行到新泰市调研政务服务标准化工作。新泰市在推进政务服务标准化、一体化、信息化和高效化方面，工作特色鲜明、亮点突出，有效解决了企业和群众关心关注的一些实际问题，特别是“直通快办”服务机制、中介监管平台建设、一次性告知单打印等做法富有创新性。中央编办体改司、国务院审改办审改司司长郭沛，国家标准委副主任崔钢等参加会议，副省长王书坚，省政府副秘书长张斌，泰安市委书记、市人大常委会主任王云鹏，泰安市委常委、秘书长宋洪银陪同调研。　（王得众）

肥城市

【概况】 肥城因西周时期称肥子国而得名，地处山东省中部、泰山西麓，为“中国佛桃之乡”。

全市总面积1277平方公里，辖14个镇（街道）。年末，常住人口96.78万人。人口自然增长率4.99‰。全年实现生产总值730.04亿元，比上年（下同）增长7.11%。其中，第一产业增加值52.2亿元，第二产业增加值353.98亿元，第三产业增加值323.86亿元。全社会固定资产投资完成607.1亿元，公共财政预算收入42.1亿元，公共财政预算支出59.4亿元。社会消费品零售总额290.6亿元，进出口总额4.36亿美元。年末，金融机构各项存款余额461.9亿元，其中城乡居民储蓄存款余额340.2亿元。

粮食播种面积7.41万公顷，粮食总产53.85万吨，棉花总产985吨，油料总产0.99万吨，蔬菜总产184.97万吨，水果总产11.4万吨，水产品总产5000吨，肉、蛋、奶总产21.29万吨。全年新增造林面积0.28万公顷，森林覆盖率41%。全市拥有农业机械总动力92.8万千瓦。规模以上工业企业326家，实现增加值275.2亿元，增长2.1%，实现主营业务收入1041.83亿元，实现利润61.92亿元，实现利税100.01亿元。资质三级及以上建筑企业62家，实现建筑业增加值63.89亿元，增长4.1%。

公路通车里程2685.2公里。完成邮政业务总量7941.47万元。城镇化率58%。开工保障性安居工程1.12万套，竣工7684套。城市空气质量良好率73.69%。污水集中处理率96.1%，垃圾无害化处理率100%。A级及以上旅游景区9家，全年接待旅游人数180万人次，实现旅游总收入23.5亿元。

有中等职业学校1所，在校生5143人。普通高中6所，在校生1.94万人。普通初中27所，在校生3.21万人。小学91所，在校生5.13万人。幼儿园129所，在园幼儿3.12万人。取得重要科技成果6项，获得市级及以上科学技术奖6项，专利申请量822件，授权专利369件。有档案馆1个，公共图书馆1所，文化馆1个，农村文化大院实现全覆盖。广播、电视人口综合覆盖率全部达到100%。医疗卫生机构558所，其中医院（卫生院）31所、社区卫生服务中心2所。各类卫生机构有床位4550张，卫生技术人员0.5万人。体育馆1座，新建公共健身工程82个。全年参加市级及以上体育比赛获奖牌63枚。

城镇居民人均可支配收入31721元。农村居民人均可支配收入15130元。居民基本养老保险参保人数56.6万人，居民基本医疗保险参保人数73.8万人。城镇最低生活保障人数0.28万人，农村最低生活保障人数1.91万人。

年内，肥城市在全国县域经济基本竞争力百强列第56位，中小城市综合实力百强列第45位，最具投资潜力百强列第16位。获得全国国土资源节约集约模范县、农村一、二、三产业融合试点县、农村生活污水全面治理示范市，全省电子商务示范县、现代畜牧业示范县等荣誉称号。

【国土资源节约集约高效利用】 在6月27日召开的第三届国土资源节约集约模范县（市）表彰大会上，肥城市被国土资源部表彰为全国国土资源节约集约模范县（市），成为继2015年被表彰为山东省首届国土资源节约集约模范市之后，获得的又一项殊荣，也是泰安市唯一一个取得“双荣誉”的县（市、区）。该市自2014年11月启动新一轮国土资源节约集约模范县（市）创建活动，树立“依法依规促提高，节约集约促转型”理念，将资源节约集约利用纳入科学发展考核，围绕智根、地根、银根、律根“四大要素”，探索运用创新、职能、资金、政策“四大杠杆”，跳出土地抓节约集约，按照新的创建指标评价体系要求，结合新常态下国家产业发展政策和本地实际，在耕地保护、土地整治、土地利用、土地监管、节约集约评价和考核等方面积极探索创新，转变资源利用方式，提高节约集约水平，实现经济社会发展与土地高效利用的良好互动，促进县域经济社会的可持续发展，探索形成具有肥城特色的节约集约高效利用土地的发展路径。

【全国农村社区服务体系建设推进会】 11月29日在肥城市召开。民政部基层政权和社区建设司司长陈越良，山东省民政厅厅长陈先运，以及泰安市、肥城市领导出席。与会人员先后参观新城街道古店社区、高新区穆庄社区、王瓜店街道黄叶社区、湖屯镇张店社区等现场，观看反映肥城市农村社区服务体系建设工作的专题片。山东、上海、山西等地代表作交流发言，从不同角度介绍推进农村社区服务体系建设的经验做法。肥城市作为全国首批农村社区建设实验县（市），作了题为《打造农村社区服务升级版，建设群众幸福满意新家园》的典型发言。

【中共肥城市委党校新校区建成启用】 该校区于2014年7月开工建设，总投资1亿元，2016年11月29日正式启用。新校区占地4公顷（60亩），主体建筑包括综合楼和报告厅各1栋。综合楼总建筑面积2.21万平方米，分为办公、教学、住宿、就餐等区域，设有多媒体教室、多功能录播教室、文化活动室、体育活动室、图书室、电子阅览室等，其中报告厅建筑面积2027平方米，设置座席285个，可与肥城市会议系统链接进行同步视频直播。新校区可同时满足300人学习、住宿、就餐，达到封闭式培训管理的要求，为“环境优美、布局合理、设施完善、功能齐全”的全省一流县级党校。

【肥城桃获准国家农产品地理标志登记】 年内，由肥城桃开发总公司、肥城桃产业协会组织实施的肥

11月23日，市委书记、市人大常委会主任王云鹏（前排左三），市委副书记、市长李希信（前排右三），市委副书记张涛（前排右二）与参加全市招商引资和项目建设检查考核会议的人员一起到肥城市现场检查
（司 刚 摄）

2016年肥城市镇街基本情况

表45

乡镇（街道）名称			新城	老城	潮泉	王瓜店	桃园	王庄	湖屯	石横	仪阳	安临站	孙伯	安驾庄	边院	汶阳
党委书记			李宝军	孙栋	于芳	宋毅	王涛	和强	于辉	孙衍辉	崔绪昌	李宝军	韩宁	荆文忠	桑逢智	宋玉革
乡镇长（主任）			肖海霞	冉祥银	朱建国	杜辉	赵健	李军	卢军	李开磊	王继荣	王开军	董振	王继荣	韩鹏	姬建芳
面积（平方公里）			55.4	78.7	52.9	91.8	100.8	93.7	85.3	94.4	97.4	130.9	70.9	134.2	111.2	79.5
实有耕地面积（公顷）			1175	3750	2067	2217	5051	5333	4127	4654	4811	3868	2989	7196	6533	4361.8
村（居）民委员会（个）			43	30	11	37	40	53	53	48	49	48	17	71	80	53
常住人口（万人）			14.4	8.0	2.1	8.1	5.5	5.1	7.9	10.0	4.7	5.3	2.9	8.1	7.6	7.0
地方财政收入（万元）			29935	10980	3666	32000	9063	8700	11424	91745	16144	6822	3474	11778	29657	20297
农业机械总动力（千瓦）			86800	38000	37671	98360	137025	124801	112000	102300	72862	5190	59998	91903	—	55046
农村用电量（万千瓦小时）			4099	—	1200	1387	1259	982	2501	109500	776	4170	281	2722	—	1680
农产品总量（吨）		粮食	7707	26074	10614	26437	56497	71088	40583	40033	26737	40130	61007	100539	85626	55404
		棉花	7	250	35	36	69	192	15	16	59	420	100	46	17	—
		肉类	—	9238	3743	7462	12806	9368	5385	57662	553	11500	1601	3294	6282	3329
		牛奶	1157	11485	479	1498	41	—	1635	503	—	3800	—	1811	29790	2855
教育事业	普通初中	学校数（所）	—	2	1	1	1	1	1	1	—	1	1	2	2	2
		在校生数（人）	—	1720	544	2466	1319	1355	1264	1733	—	1020	783	1786	1943	2008
		专任教师（人）	—	191	54	178	105	105	115	176	—	145	62	170	213	201
	小学	学校数（所）	4	3	1	9	7	6	5	6	3	7	1	9	7	3
		在校生数（人）	—	2587	718	3862	1955	2179	1876	2738	1615	2270	1276	3039	3328	3144
		专任教师（人）	1133	340	61	369	162	262	291	390	156	198	136	319	321	197
卫生事业	乡镇卫生院	床位（张）	120	60	20	30	80	40	40	120	150	74	45	90	110	80
		专业技术人员（人）	80	88	31	57	65	51	37	83	69	39	27	101	109	84
	村级卫生室（社区门诊）	数量（所）	23	26	10	27	29	28	36	41	23	27	17	39	52	36
		乡村医生（人）	64	101	17	95	64	91	59	96	79	93	70	78	136	126
生活保障	居民人均可支配收入（元）		—	—	12516	—	14900	14689	—	24000	15898	14079	14337	14783	—	16073
	居民人均生活消费支出（元）		—	—	—	—	8900	7000	—	22300	—	7572	4800	12122	—	9644
	享受最低生活保障金人数（人）		887	1424	598	602	938	1581	930	1098	1345	1360	695	2412	3516	1879
	入住敬老院人数（人）		90	32	17	60	31	110	40	113	91	50	27	45	48	196
	敬老院数（所）		2	1	1	1	1	1	1	1	1	1	1	2	1	2

4月6日，中国肥城第十五届桃花节暨全国桃木旅游商品创新设计大赛开幕。图为开幕式演出现场　　（司　刚　摄）

城桃申报国家农产品地理标志登记，获农业部2384号公告批准，正式依法予以保护。该登记范围主要包括肥城市境内新城街道、仪阳街道、桃园镇、安临站镇等镇街的90个行政村，保护面积7000公顷（10.5万亩），质量控制技术规范编号AGI2016-01-1821。肥城桃地理标志成功登记，成为继肥城桃被国家工商总局注册为地理标志商标之后，获得的又一项国家级地理标志区域保护成就，对肥城桃生产区域保护，稳定特色优良品质，提升名优品牌价值，提高产品竞争力，促进农民增收、产业增效起到推动作用。

【潮泉镇柳沟村获评“全国美丽宜居村庄”】 该村立足山区特点和当地资源优势，发展果品采摘、旅游观光、休闲度假、户外拓展、农事体验等旅游项目，发展美丽经济。依托肥城市第一高峰、肥族文化发源地、国家AAA级旅游景区——翦云山，建设具有地域特色的肥子国文化民俗馆、全国最大石鼎——肥子鼎广场等景点，加大对外宣传推介，以招商引资助推旅游发展。聘请山东大学、泰山学院等旅游规划专家编写《潮泉镇旅游发展总体规划》《翦云山生态旅游控规和修规》，实现资源的有序开发、重点打造、合理利用。形成“景区＋农家”模式，以翦云山景区为依托，策划以“吃农家饭、住农家屋、品农家果、做农家活”为内容的“农家乐”休闲游项目，2016年吸引游客30万人次。先后被评为山东省旅游特色村、山东省农业旅游示范点、山东省乡村旅游发展品牌示范村等，成功入选全国第四批“美丽宜居村庄”示范名单。　（庄惠丽　郝　航）

【概况】 全县面积1125平方公里，年末常住人口77.33万人。辖13个乡镇（街道）、562个村（居）。年内，被评为“全国地质灾害防治高标准‘十有县’”“国家级妇幼健康优质服务示范县”，被列为“山东省学前教育改革发展试验区”“山东省科协助力地方创新驱动发展工程先进示范区”“山东省双拥模范县”“山东省首届全民阅读活动示范县”“山东省全民健身运动会先进单位”。蟠龙山国家级森林公园通过专家评审，洸河省级湿地公园顺利获批。磁窑镇、华丰镇纳入全省“百镇建设示范行动”，成为全国重点镇。被确定为全国奶牛养殖大县种养结合整县推进试点县，全省首批“粮改饲”试点县、苗木花卉重点基地县。友邦专业合作社被评为“国家农民合作社示范社”。

经济综合　全年实现生产总值404.5亿元，增长7.33%。三次产业比重调整为13.7∶42.1∶44.2。其中，第一产业增加值55.57亿元，增长4.13%；第二产业增加值170.31亿元，增长8.03%；第三产业增加值178.64亿元，增长7.65%。完成固定资产投资396.36亿元，增长13.60%。实现地方财政收入12.71亿元，增长5.0%。社会消费品零售额163.82亿元，增长8.5%。城镇居民人均可支配收入、农村居民人均可支配收入分别达到29756元、13664元，分别增长8.0%、8.4%。年末，金融机构各项存、贷款余额达到230.51亿元、101.31亿元，分别增长17.18%、降低0.58%。

工业　工业企业389家，其中规模工业企业319家，规模工业实现主营业务收入1259.5亿元、利税140.0亿元。新技术产业产值占规模工业总产值的比重达到22.5%。全县市场主体3.01万户。全县市级以上科研平台、国家级高新技术企业、省级以上名牌产品及驰（著）名商标分别达66个、8家、27个。实际到账外资6725万美元，增长11%。

重点项目建设　全年完成固定资产投资396.4亿元，在建投资3000万元以上项目96个，其中过10亿元5个；争取各类无偿资金23.1亿元。投资16.39亿元的海斯摩尔医卫用生物质新材料及制品产业化项目纳入全省重点建设项目名单，投资33亿元的晋煤明升达洁净煤气化、投资11.8亿元的天源品牌服装等20个项目纳入全市管理调度；投资5.6亿元的高档羊绒面料、投资10亿元的温氏畜牧一体化养殖等项目开工建设。

农业 全年农林牧渔业实现增加值55.57亿元，比上年增长4.13%。粮食播种面积7.89万公顷（118.3万亩）。肉类总产量10.7万吨，增长1.5%。禽蛋总产3.8万吨，增长5.3%。奶类产量11.8万吨，增长8.9%。大牲畜存栏9.4万头，降低1%。生猪存栏56.3万头，降低1.1%。苗木花卉、林果分别达到2533.33公顷（3.8万亩）、3733.33公顷（5.6万亩），土地流转面积达到耕地总面积的55.3%；规模农业龙头企业、农民专业合作社、家庭农场分别增加88家、548个、377家，“三品”认证面积增加2.56万公顷（38.4万亩）。

生态县建设 铺开东部新区、西部洸河生态区、中部老城区“三大片区”开发建设，投资3.26亿元的30项重点城建工程全部达到预期目标。完成造林面积1.18万公顷（17.7万亩），建设绿色通道816公里，新建完善农田林网2.16万公顷（32.4万亩），全县林木覆盖率达38%。蟠龙山国家森林公园通过评审。建成高标准基本农田2.33万公顷（34.94万亩），新增耕地413.87公顷（6208亩），盘活闲置低效土地206.2公顷（3093亩）。建成国家级生态乡镇2个、省级生态乡镇10个、全省生态文明乡村建设先进村11个、市级生态村314个。实施节能技改项目63个，建设太阳能集热系统项目23个，关闭年产30万吨以下小煤矿。力博大功率长距离输送机项目被评为山东省重大节能成果奖，华丰煤矿“煤—电—建”、鲁珠集团资源能源综合利用等循环经济典型模式在全省推广。

商贸服务业 全社会消费品零售额实现163.82亿元，增长8.5%。实现进出口总额9.02亿元。其中，外贸出口总值8.78亿元，增长0.1%；外贸进口总值2457万元，降低56.7%。第三产业实现税收5.4亿元。文庙历史文化街区项目列入省“十三五”服务业发展规划，泰山电子商务基地被评为全省首批电子商务示范基地。全县市场主体达到3.01万户。引进各类金融机构7家，总数达到42家。8家企业实现直接或间接上市融资。

城乡建设 开工建设城市重点工程150项。复圣公园、客运中心、城区饮用水水质提升、第二水源地等一批公益项目投入使用。县城扩容15平方公里，建成区面积达到21.5平方公里，天然气、供热普及率分别达到50%、60%，人均绿地面积15.2平方米。“中京新城”基础设施配套工程100项，新建、改造道路120公里，新增污水、供水、天然气管网90公里，开发建设新型社区50万平方米。磁窑镇、华丰镇纳入全省百镇建设示范行动，成为全国重点镇，磁窑镇进入全省30个重点示范镇范围。东庄社区、仙乐社区等22个社区建成入住。全县公路通车里程2514.8公里，行政村通柏油路、通客车率分别达到100%、97.9%。农村自来水普及率达到99%。生活垃圾日处理、无害化处理率均达到100%。

民生事业 农村公路安全生命防护、黄沙公路中段改造、月牙湖水库除险加固、引汶干渠修缮等重点工程全面完工，董梁高速公路宁阳段列入省综合交通规划，城区集中供热面积突破260万平方米，天然气普及率达到50%。县财政用于民生事业的支出达到24.85亿元，占公共财政支出的70.7%。40个省市级贫困村、7530名贫困人口实现脱贫。县第三小学、文庙中心小学等48所新建扩建学校相继启用，县妇幼保健院新院、县人民医院等19个重点项目建成使用。

【妇幼健康优质服务】 宁阳县委、县政府将妇幼健康工作纳入县域经济和社会发展总体规划，明确创建2016年度“国家级妇幼健康优质服务示范县”的指导思想、总体目标、年度目标、主要内容、实施步骤和工作要求，分解工作任务、具体指标，建立定期督导和年终考核制

12月16日，宁阳县交互式、全媒体全民阅读公共服务平台启动仪式举行（胡房亭 供）

2016 年宁阳县各乡镇（街道）基本情况

表 46

乡镇名称			文 庙	八仙桥	泗 店	东 疏	鹤 山	伏 山	堽 城	蒋 集	磁 窑	华 丰	东 庄	葛 石	乡 饮
党委书记			孙 浩	侯妍妍	刘 峰	许 军	纪维建	张 玮	齐华东	乔田海	马新华	徐彩虹	刘玉华	刘志强	徐 斌
乡镇长（主任）			鲍怀东	杜焕军	徐 锋	范长征	孟令民	高卫东	马祥波	贾德果	韩树栋	潘洪勇	郭怀锋	王艳萍	颜承根
面积（平方公里）			26.6	24.7	56.1	84.0	98.1	84.3	118.3	75.3	108	120	99.7	132.3	67.9
耕地面积（公顷）			1121.6	1507.4	4112	6426	6277	5986	7422	4577.8	5875.2	6883.7	5682	7789	4730
村（居）民委员会（个）			16	24	36	49	46	59	62	32	92	59	45	27	15
常住人口（万人）			9.1	4.5	4.2	5.8	5.3	5.7	7.5	3.7	9.9	8.9	5.7	5.1	3.3
地方财政收入（万元）			5326	5546	6972	7328	5960	7973	6968	4041	17700	9593	3709	8932	1449
农业机械总动力（千瓦）			49321	56386	71258	79432	75832	85742	89218	86631	99354	98756	78591	99921	71062
农村用电量（万千瓦小时）			3453	3453	1766	2111	1866	2707	3151	2201	3812	2425	2099	2299	1377
农产品总量（吨）		粮食	11635.5	12427.3	59716.1	70948.4	70518.8	66656.5	85998.4	33296	70209.6	51474.7	38540.1	64300.5	65440.8
		棉花	—	—	—	—	71.58	16.2	3.2	—	83.8	31.99	38.26	7.96	13.0
		肉类	2420.4	1445.2	5653.6	6057.8	12597.7	9372.6	12587.7	7702.7	12171.1	9356.5	11902.8	11497.6	3935.4
		牛奶	14478.0	6864.0	8271.4	3075.4	—	11041.1	604.8	3900.1	23395.0	6099.0	2812.6	1743.8	8480.0
教育事业	普通初中	学校数（所）	原学校改为县属		1	1	1	1	1	1	2	1	1	1	1
		毕业生数（人）	—	—	183	232	179	221	243	148	388	261	114	175	118
		在校生数（人）	—	—	1332	1765	1680	2339	1750	1253	3758	2173	1461	1295	930
		专任教师（人）	—	—	124	152	119	166	135	101	231	155	88	101	76
	小学	学校数（所）	8	3	5	5	6	5	7	4	10	7	5	6	3
		毕业生数（人）	188	485	314	403	481	556	494	386	983	650	527	408	233
		在校生数（人）	1330	2362	1140	1663	1931	2279	2432	1599	4334	2318	2324	1924	1242
		专任教师（人）	985	138	183	227	191	289	238	120	325	223	180	219	110
卫生事业	乡镇卫生院	床位数（张）	30	28	190	98	59	110	126	110	95	145	70	120	60
		专业技术人员（人）	76	92	163	151	108	127	151	125	118	174	149	154	78
	村级卫生室（社区门诊）	数量（所）	9	20	27	42	42	47	56	27	71	48	34	44	28
		乡村医生（人）	31	51	57	89	80	110	101	57	152	110	130	123	71
生活保障	居民人均可支配收入（元）		14874	14662	13558	14047	13116	14311	14311	13983	13980	14541	14029	14178	13287
	居民人均生活消费支出（元）		—	—	—	—	—	—	—	—	—	—	—	—	—
	享受最低生活保障（人）		496	426	982	1764	1609	1794	1862	838	1864	1115	812	1330	1305
	入住敬老院（人）		67	87	142	123	112	212	150	123	328	184	183	119	149
	敬老院数（所）		居住八仙桥敬老院	1	1	1	1	1	1	1	1	1	1	1	1
	社会福利企业（家）		—	—	—	—	—	—	1	—	—	1	—	—	—
	福利企业残疾员工（人）		—	—	—	—	—	—	36	—	—	16	—	—	—

度，确保每一个阶段、每一个环节的工作任务和评估指标落实到位。全年未发生孕产妇死亡，孕产妇和儿童系统化管理率分别达到85.1%、85.2%，高危妊娠管理率100%。规范实施农村妇女增补叶酸和孕产妇住院分娩补助发放工作，圆满完成1.35万人的国家宫颈癌筛查任务和8300人的市级“两癌”检查项目。推进产前筛查、新生儿遗传代谢性疾病筛查和新生儿听力筛查3项筛查工作，新生儿疾病筛查率和听力筛查率均达到99.6%，产前筛查率达到80%。2016年12月，宁阳县被公布为“国家级妇幼健康优质服务示范县”。

【地质灾害防治高标准建设】该县高度重视地质灾害防治高标准“十有县”创建工作，编制《宁阳县地质灾害防治规划（2016～2025年）》，印发《宁阳县地质灾害防治方案》《宁阳县突发性地质灾害应急预案》，建立健全汛前排查、汛期检查、汛后复查、汛期值班、地质灾害速报等各项规章制度。完善群防群测体系，查实全县地质灾害隐患点26处，其中崩塌9处、泥石流4处、地面塌陷13处，中型3处、小型23处。涉及8个乡镇（华丰镇、磁窑镇、蒋集镇、堽城镇、葛石镇、鹤山镇、伏山镇、东疏镇）、30个村庄，威胁人口500人。通过建章立制、抓好防范、强化值守、发布灾害预警信息、工程治理等措施，全县未发生因地质灾害造成的责任事故。投资6386万元的矿山地质环境治理类项目，其中神童山省级地质公园地质遗迹保护等7个项目竣工，5个项目通过省厅检查验收。2016年，宁阳县获得全国“地质灾害防治高标准‘十有县’”称号。

【现代畜牧业示范区建设】宁阳县优化养殖结构和布局，发展传统畜禽、奶牛、饲料、蜜蜂四大产业，建立以布局区域化、养殖规模化、生产标准化、经营产业化、服务社会化为基本特征的现代畜牧业生产体系。畜牧业项目年均投资额均达到10亿元。2016年，与广东温氏集团签订战略合作协议，项目总投资8亿元，50万头温氏生猪养殖一体化项目成功落地。畜牧业新型职业农民培训连续三年被县委纳入“为民要办实事”范围，年均举办培训班52场次。先后开展畜牧业发展“规范年”“提升年”“提质年”活动，发展规模化、标准化养殖，走出一条品牌化、特色化、生态化高端可持续的路子。2016年年底，全县生猪、牛、羊、家禽分别达到56.32万头、9.38万头（其中奶牛5.4万头）、32.6万只、650.98万羽；建设标准化养殖场（区）309个，其中奶牛场（区）22个、生猪场（区）175个、家禽场（区）56个，建成1级种畜禽场1个、2级种畜禽场11个，取得无公害农产品认证106个，畜禽养殖标准化程度和无公害畜产品认证数量均在全省名列前茅。宁阳县是全国生猪调出大县、奶牛养殖种养结合整县推进试点县、省畜产品质量安全示范县、省首批“粮改饲”试点县和基础母牛扩群项目县，年内被评为山东省现代畜牧业示范区。

【创建双拥模范县】宁阳县委、县政府和驻军党委按照全国和省创建标准要求，创新丰富双拥内容，巩固发展军政、军民“同呼吸、共命运、心连心”的新型军政军民关系，实现军队建设和经济社会协调融合发展。对35家双拥工作成员单位、4个驻宁阳部队和14个乡镇（街道）、开发区的具体工作进行细化，列出11大项、72分项、198小项创建工作，分别明确到责任单位。投资50万元，在各乡镇、开发区和县城主要街道、路口设立永久性双拥宣传标志牌41块，改建地名标志牌和宣传橱窗110块，用于双拥宣传。启动县城86块电子屏幕穿插播出国防和双拥宣传标语口号。举办军民联欢晚会和国防教育电影放映周活动6次。在车站、医院、商场等公共场所设立军人军属优先服务窗口50个。送喜报438人次，送慰

8月19日，山东省助力地方创新驱动发展工程宁阳县示范区启动仪式暨高层人才、新技术项目对接会举行　（胡房亭　供）

问金35.6万元。为优抚对象挂光荣牌4000个，送温馨提示1.5万张，发放优抚年画、双拥慰问信35万张。发放各类优抚对象抚恤金和定期生活补助款1.64亿元，发放义务兵家庭优待金4193.1万元，缴纳或发放困难、破产企业部分涉军人员社会保险和生活费1074万元，发放随军家属生活补贴15.78万元。规范挂牌双拥工作站140个、双拥法律服务中心5个、双拥培训基地3个、双拥医疗服务中心15个、拥政爱民服务中心4个、双拥活动基地9个，为15支双拥工作志愿者队伍授旗，同时启动拥军出租车60辆，发放军人乘出租车车票2000张。2012～2016年，宁阳县连续三届获得省委、省政府、省军区联合表彰的全省双拥模范县荣誉称号。

【科协助力地方创新驱动发展工程示范区创建】 5月6日，山东省科协批准宁阳县为“山东省科协2016年度助力地方创新驱动发展工程示范区”。5月26日，山东省科协助力地方创新驱动发展工程宁阳示范区首场技术对接交流座谈会在泰安市科技咨询中心召开，3名化工专家和8家化工企业的技术人员参加座谈会。8月19日，山东省助力地方创新驱动发展工程宁阳示范区启动仪式暨高层人才、新技术项目对接会在宁阳经济开发区召开，8名化工专家和30多家化工企业技术人员参加启动仪式，10家化工企业被授予“科技协同创新服务站”称号，2家化工企业分别与山东化学化工学会、山东省省重点实验室签订技术合作战略协议。全年组织专家深入企业开展技术指导活动5次，解决企业技术难题27项。高盐农药废水综合治理项目、山东华鸿化工有限公司创新驱动示范基地建设项目被评为2016年度山东省科协助力地方创新驱动发展工程示范项目。山东华阳农药化工集团有限公司孙绪兵获得“2016年度山东化学化工学会—京博青年化学奖”。10月19日，在宁阳县职业中专举办网络版科技信息数据检索系统专题培训班，全县20家科技创新型企业的技术研发人员参加培训，2家企业借助科技信息数据申报专利8项，获得授权6项。

【开展全民阅读活动】 年内，宁阳县交互式、全媒体全民阅读公共服务平台启用。该平台创新全民阅读方式，鼓励和引导读者在互联网语境下利用现代信息技术和智能终端，参与全民阅读，打造书香宁阳。该平台实现县图书馆及其新建网站、新华书店、《宁阳读书人》纸质内刊、手机微信平台、固定云屏借阅机终端等全媒体的交互式、全方位融合，将读书、看报、购书、借阅、点播收听有声读物和在线观看视频等各类不同形式的阅读融为一体，呈现在手机智能终端，实现“24小时无障碍无边界立体式的阅、购、视、听”，完成阅读与现代生活方式、文化传播方式的无缝对接。开通“云屏数字借阅机”，提供云资源5万册看书、3万集听书、本地资源3000册看书和500集听书以及100部爱国影视剧，构筑读书多元化平台。宁阳县被评为“山东省首届全民阅读活动示范县”。

（胡房亭）

【概况】 东平因《尚书·禹贡》中“大野既潴，东原底平”之说而得名。位于泰安市西南部。全县总面积1340平方公里，辖14个乡（镇、街道）。年末常住人口76.21万人。

2016年，新增中国驰名商标5件、中国名牌产品1个、国家地理标志证明商标4件、国家地理标志保护产品1件、国家级“三品”认证产品30个、省著名商标9件、省名牌产品12个。

经济综合 全年实现生产总值372.1亿元，比上年增长7.6%。其中，第一产业增加值44.30亿元，第二产业增加值169.86亿元，第三产业增加值157.94亿元。三次产业比例为11.5∶46.6∶41.9。固定资产投资完成332.1亿元，公共财政预算收入11.9亿元，公共财政预算支出34.8亿元。社会消费品零售总额155.6亿元，进出口总额62190万美元。年末，金融机构各项存款余额239.7亿元，其中住户存款余额190.2亿元。城镇居民人均可支配收入26116元，农村居民人均可支配收入13157元。实现高新技术产业产值320亿元，占规模以上工业总产值的比重达到26.22%。

农业农村经济 粮食播种面积8.6万公顷，粮食总产60.5万吨，棉花总产4389吨，油料总产2.1万吨，蔬菜总产66.9万吨，水果总产1.1万吨，水产品总产7.8万吨，肉、蛋、奶总产8.3万吨。全年新增造林面积55.8公顷，森林覆盖率30.6%。全县拥有农业机械总动力80.33万千瓦。连续五年被评为全国粮食生产先进县。土地流转面积达到1.07万公顷（16.1万亩），现代农业示范园区发展到87家，规模以上农业龙头企业、家庭农场、农民专业合作社分别达到178家、337家、1488家。斑鸠店镇、彭集街道分别被认定为国家级、省级“一村一品”示范镇。创建国家级标准化示范养殖场1个、省级7个。主要农作物机械化水平达到95%。累计实施千亿斤粮食、高标准基本农田建设等90项农田水利工程，小农水重点县工程连续五年获省优秀等次。发放各类强农惠农、移民直补资金14亿元，实施移民后期扶持结余资金项目2390个。

新型工业、高科技产业　工业投资累计完成536.5亿元。化工、高档生活纸、机械加工、纺织、食品加工等主导产业进一步壮大。规模以上工业企业发展到317家，规模以上工业主营业务收入达到1163亿元。县经济开发区建成区面积达到18平方公里，成为省级一类开发区。拥有省级科技创新平台24家、企业技术中心6家、创业辅导基地2家。组织实施国家“863”计划2项、省以上技术创新项目120项，获得省科技进步奖5项，获评“山东省首台套技术装备”2项。新增国家级高新技术企业4家，达到6家；纳入省高新技术产业统计范围的企业增加20家，达到58家。电子商务产业园被认定为全国首批“星创天地”、省级科技企业孵化器，获全省电商园区创新贡献奖。

重点项目　重点项目累计完成投资396亿元，年均增长9.8%。实施移民避险解困试点、易地扶贫搬迁、黄河滩区居民迁建试点、东平湖蓄水影响处理工程等重大项目，落实对上争取资金66.78亿元。瓦日铁路、京杭运河八里湾船闸、南水北调、济徐高速等国家重点工程相继竣工，中兴电力东平电厂、泰安港东平港区和航道建设等重大项目加快推进。

三产服务业　东平湖景区和白佛山景区被评定为国家AAAA级景区，戴村坝等13处景区被评定为国家AAA级景区，创建省级旅游强乡镇10个。塘坊村、南堂子村被评为中国乡村旅游模范村。水浒影视城被评为全国影视指定拍摄景地。东平湖景区被评为国家级水利风景名胜区。水浒文化产业园被命名为“国家文化产业示范基地”。全年接待旅游人数610万人次，实现旅游综合收入36.9亿元。

城乡建设　编制《东平县城市总体规划（2016～2030）》。县城建成区面积发展到27平方公里。城镇化率40%。开工保障性安居工程4706套，竣工4415套，城市基础设施建设完成投资1.8亿元，村镇建设完成投资13.3亿元。佛东路、府后街等20条城区道路竣工通车，城乡公交一体化、供暖“汽改水”、天然气管网改造、污水处理厂改造、园林绿化提升、背街小巷治理、公厕改建等民生工程完工。银山镇被确定为省级示范镇、全国重点镇，被评为省级宜居小镇。朝阳庄村被评为国家级传统村落。奥德天然气“镇镇通”工程覆盖11个乡镇（街道），农村饮水安全工程解决15.7万人的吃水难问题。累计投资16.2亿元、8.6亿元改造提升城乡电网和国省县乡道路。公路通车里程2730公里，其中高速公路通车里程34.5公里。公路水路完成客运量666.6万人次，货运量4942万吨。建成国家级生态乡镇3个、省级9个，省级生态村6个。城市空气质量良好率59%。城区污水集中处理率97%，垃圾无害化处理率100%。东平湖被批准为省级生态功能区。资质三级及以上建筑企业42家，实现建筑业总产值21.9亿元，比上年增长11%，实现利税0.7亿元。完成电信业务总量1600万元，联通业务收入6500万元，邮政业务总量7621万元。

社会事业　有中等职业学校2所，在校生3873人。普通高中3所，在校生1.24万人。民办高中1所，在校生1759人。普通初中15所，在校生2.61万人。九年一贯制学校4所，在校生5792人。小学73所，在校生3.11万人。幼儿园138所，在园幼儿2.5万人。取得重要科技成果42项，获得市级及以上科学技术奖5项，国内发明专利申请量109件，授权专利16件。有博物馆1个，档案馆1个，公共图书馆1所，文化馆1个，农村文化大院716个。广播、电视人口综合覆盖率均达到90%。医疗卫生机构445所，其中医院（卫生院）15个、社区卫生服务中心3个。各类卫生机构有床位2715张，卫生技术人员4371人。体育馆1座，新建公共健身工程132个。全年参加市级及以上体育比赛获金牌2枚。民生事业支出占一般公共预算支出的比重达到87.8%。统筹实施总投资48亿元、惠及7.1万群众的移民避险解困试点、易地扶贫搬迁、黄河滩区居民迁建试点“三大工程”，1100户群众迁入新居。实施产业扶贫，扶贫就业点达到360个，落实扶贫项目213个。年内，52个省、市级贫困村“摘帽”，2.33万人实现脱贫。提高社会保障水平，新增城镇就业3.3万人，农村劳动力转移就业6.4万人，开展就业创业培训4.1万人。城镇职工和城乡居民养老保险参保人数分别达到8.1万人、43.8万人，医疗保险参保人数分别达到7.4万人、62.2万人。城乡低保对象达到2.8万人，农村、城镇低保标准分别提高到3450元、5640元。重度残疾人生活和护理补贴对象1.17万人。福利中心1个，床位200张。建成农村幸福院317个，全国农村养老服务工作观摩座谈会在东平县召开。累计建成保障性住房1.64万套，

2016 年东平县乡镇（街道）基本情况

表 47

乡镇（街道）名称			东平	彭集	沙河站	州城	新湖	商老庄	戴庙	银山	斑鸠店	旧县	老湖	梯门	大羊	接山
党委书记			许洪顺	靳庆新	李便宁	王文忠	郭 东	齐宝鹏	王建军	李振福	范思安	徐国庆	李茂忠	牛 东	张格柱	王 冰
乡镇长（主任）			郑兴利	王 乾	李 杰	杨爱华	桑 鹏	潘 军	宋衍东	姚来涛	李传科	乔曙光	史金龙	常传奎	吴晓剑	李振兴
面积（平方公里）			160.9	75	66.2	66	104.8	92.9	86.9	104.5	76	70.9	113	89.8	82.9	149.5
实有耕地面积（公顷）			4040	3900	4467	3800	5694	3446	3201	3858	4226	2536	4667	5206	5277	8732
村（居）民委员会（个）			74	53	65	71	54	35	48	44	40	30	71	42	37	52
常住人口（万人）			16.9	5.1	5.1	5.6	5.4	3.0	4.0	6.6	4.9	2.6	6.0	3.5	3.3	6.3
地方财政收入（万元）			15513	6108	1403	3377	2066	1332	937	5800	880	3245	8532	6133	1345	5712
农村机械总动力（千瓦）			100000	31000	150000	1500	60000	6800	39205	2200	300000	57000	99200	20021	138600	11000
农村用电量（万千瓦小时）			18363.53	1268	1140	864	7938	1684	2145	1488	3299	800	2200	6336	1354	2640
农牧产品总量（吨）		粮食	59606	3933	60547	59916	92928	45000	23948	39795	28111	16820	38600	55399	123	126507
		棉花	287	1	—	94	7	108	1.5	117.8	309	4796.3	820	772	3.9	162
		肉类	6699	3904	5576	37.97	5098.871	2631	22004	4289	706	1539	79460	5682	2515	3593
		牛奶	548	770	1725	—	1208.88	—	3744	1142	—	—	—	—	—	704
教育事业	普通初中	学校数（所）	1	1	1	2	1	1	1	2	1	1	1	1	1	2
		在校生数（人）	1353	1859	1100	1732	1298	385	710	2125	1877	431	972	1390	790	1680
		专任教师（人）	144	138	101	158	100	35	57	125	101	67	112	75	81	145
	小学	学校数（所）	11	11	7	7	9	6	7	11	6	2	8	6	5	9
		在校生数（人）	1527	1861	1550	1848	1679	1900	1950	2956	1816	555	2132	1420	940	2260
		专任教师（人）	605	183	124	177	140	59	146	220	118	84	158	130	101	175
卫生事业	乡镇卫生院	床位（张）	60	35	50	30	20	12	150	65	60	20	40	30	20	40
		专业技术人员（人）	117	73	51	47	39	39	175	85	58	24	87	45	39	74
	村级卫生室（社区门诊）	数量（所）	26	36	37	30	34	17	23	39	37	12	37	21	18	38
		乡村医生（人）	101	114	92	129	83	86	91	130	91	30	146	56	47	256
生活保障	居民人均可支配收入（元）		14337	13759	12978	14003	12798	11423	11080	13157	13899	11544	10286	10469	10700	13715
	居民人均生活消费支出（元）		8009	8100	6780	9802.24	8318	4482	7714.29	7175	8339	6520	7418	1886	7569	8124
	享受最低生活保障金人（人）		1878	2670	2003	3100	1462	576	1405	1561	1813	625	4216	1620	1570	3205
	入住敬老院人数（人）		133	81	86	138	44	28	111	59	67	48	124	65	129	80
	敬老院数（所）		1	1	1	1	1	1	1	1	1	1	2	1	1	1

11月25日，家乡人民纪念万里同志诞辰100周年座谈会在东平县迎宾馆举行（方雷 摄）

农村危房改造3312户。实施教育振兴和综合提升计划，推进办学条件标准化、“全面改薄”、解决城镇普通中小学“大班额”问题、教育信息化等工程，通过国家义务教育发展均衡县验收。2016年高考一本上线人数是2011年的10.2倍，中考成绩跃居全市第三名。落实基本药物制度，每年减少群众支出1730万元。县直医院全部达到二级标准，10所乡镇卫生院、424个村居卫生室达到省级规范化标准。通过省级卫生县城复审。文化馆、图书馆被评为国家一级馆。东平湖国家级垂钓基地、清河体育公园建成使用。实施“天眼、灯闪、巡检”工程，推进平安东平建设，社会大局和谐稳定。（李姗姗 杜梅）

【纪念万里诞辰100周年】 11月25日，东平县开展纪念万里诞辰100周年活动。上午，举行“万里纪念馆揭牌暨万里塑像揭幕仪式”，参观万里图书馆和纪念万里诞辰100周年书画作品展。下午，在县迎宾馆举行纪念万里诞辰100周年座谈会，特邀嘉宾万伯翱、与会专家、学者、家乡代表先后发言，深切缅怀万里为争取民族独立、人民解放、国家富强及关心家乡建设作出的重大贡献。县党史史志办公室编纂的《东原星火——万里在东平早期革命活动资料专辑》一书正式公开发行。

【东平移民避险解困工程】 该工程是山东省精准扶贫重点项目，被县委、县政府列为“一号工程”，围绕库区54个无地移民村、9个特困村、4.6万无地移民整体脱贫目标，实施兵团化作战、集成化创新、精准化脱贫，大规模展开脱贫工程建设。工程总投资35亿元，规划建设18个社区安置点，分三期实施。年底，一期工程7个社区，开工建设289栋，完成主体建设241栋，移民群众搬迁协议签订率达75%，其中州城街道湖韵苑社区、斑鸠店镇侯河社区签订率达100%；二期工程4个社区，开工建设111栋，完成封顶54栋，签订拆迁协议1976户；三期工程展开动员及地基铺设工作。11月，水利部移民开发局局长唐传利到东平调研，赞赏“东平移民避险解困工程建设体量、进度、成效在全国是最好的”。

【后亭村被评为“中国淘宝村”】 该村是省级贫困村，有1004户、4060人，其中贫困家庭366户、1285人。2016年7月，滨河新区联合淘宝大学合作机构在后亭村建立电商扶贫服务中心。由淘宝大学认证讲师开展实战培训，培训内容包括店铺开设、产品选择、店铺优化、店铺运营等系列课程，手把手对学员进行指导服务，确保参训人员结业后能够熟练操作店铺。培训选择东平湖水产品、特色农产品和手工艺品作为主打产品上线营销，为当地特色产品提供更多的销售渠道。全村共培训学员153人，开设淘宝店铺153家，其中建档立卡的贫困人口32人。积极对接手工绳编项目，邀请专业绳编人员对留守妇女进行绳编培训，编织成品通过淘宝店铺、众乐筹平台等进行销售，带动绳编产品的发展，开启电商扶贫新模式。2016年10月，后亭村被阿里巴巴集团命名为“中国淘宝村”。

【东平电商产业园被认定为国家首批“星创天地”】 年内，东平电商产业园被科技部认定为全国首批“星创天地”，成为全省唯一获此荣誉的电商园区。“星创天地”是科技部为落实“大众创业、万众创新”要求，加快推进农业农村创新创业发起设立的众创空间，旨在通过市场化机制、专业化服务和资本化运作方式，利用线下孵化载体和线上网络平台，聚集创新资源和创业要素，促进农村创新创业的低成本、专业化、便利化和信息化。（李姗姗 杜梅）

编校 戚淑娟　审稿 周美广

人 物

市级领导人

王云鹏 男，汉族，1961年11月出生，山东巨野人。1982年8月加入中国共产党，1981年1月参加工作。省委党校研究生学历。

1979年2月至1981年1月，曲阜师范学校大专班中文专业学习；1981年1月至1984年8月，济宁团地委宣传干事；1984年8月至1985年5月，济宁团市委常委、工农青年部部长；1985年5月至1988年6月，济宁团市委常委、宣传部部长（1986年9月至1987年9月，济宁市湖区开发驻微山县留庄乡工作组组长）；1988年6月至1991年2月，济宁团市委副书记（1989年9月至1991年2月，挂职任微山县委副书记）；1991年2月至1994年10月，济宁团市委书记；1994年10月至1995年2月，汶上县委副书记、代县长（1994年9月至1995年1月，在省委党校中青年干部培训班学习）；1995年2月至1997年12月，汶上县委副书记、县长（1993年9月至1996年7月，在省经济管理干部学院业余本科班经济管理专业学习）；1997年12月至1999年10月，汶上县委书记；1999年10～12月，济宁市委常委、汶上县委书记；1999年12月至2006年12月，济宁市委常委、秘书长（2000年9月至2003年6月，在省委党校在职干部研究生班经济管理专业学习）；2006年12月至2009年2月，泰安市委常委，市政府副市长、党组副书记，市国资委党委书记；2009年2～3月，泰安市委副书记，市政府党组副书记，市国资委党委书记；2009年3月至2011年12月，泰安市委副书记；2011年12月至2012年2月，泰安市委副书记、市政府党组书记、代市长；2012年2月至2016年6月，泰安市委副书记，市政府市长、党组书记；2016年6～7月，泰安市委书记、市长，市委党校校长；2016年7月至2017年2月，泰安市委书记、市委党校校长，市人大常委会主任；2017年2月以后，泰安市委书记、市委党校校长。

李希信 男，汉族，1962年11月出生，山东临邑人。1983年7月参加工作，1984年7月加入中国共产党。省委党校研究生学历。

1979年11月至1983年7月，山东农业大学农学系农学专业学习；1983年7月至1984年11月，平原县王打挂乡党委干事、团委书记；1984年11月至1989年2月，德州地委组织部干部科干事；1989年2月至1992年11月，德州地委组织部干部科副科级巡视员、副科长（1989年9月至1991年6月，山东省委党校在职干部研究生班党政管理专业学习）；1992年11月至1995年3月，德州地委组织部干部科副科长、正科级巡视员（1993年3月至1994年5月，在陵县丁庄乡挂职党委副书记）；1995年3月至1997年12月，陵县县委常委、组织部部长；1997年12月至1998年1月，陵县县委副书记、副县长、代县长；1998年1月至2003年1月，陵县县委副书记、县长；2003年1月至2006年12月，陵县县委书记；2006年12月至2007年4月，德州市委常委候选人；2007年4月至2008年1月，德州市委常委、秘书长；2008年1月至2010年12月，德州市委常委、副市长；2010年12月至2013年12月，聊城市

委常委、政府党组副书记、副市长；2013年12月至2015年5月，泰安市委副书记；2015年5月至2016年6月，泰安市委副书记、统战部部长；2016年6～7月，泰安市委副书记、市长候选人，市委统战部部长；2016年7月以后，泰安市委副书记，市政府市长、党组书记。

张　涛　男，汉族，1972年1月出生，山东临清人。1993年1月加入中国共产党，1993年7月参加工作。研究生学历，公共管理硕士。

1989年9月至1993年7月，山东大学管理科学系管理科学专业学习；1993年7月至1997年12月，山东工艺品进出口集团股份有限公司企业管理部科员；1997年12月至1999年1月，山东工艺品进出口集团股份有限公司发制品厂副厂长；1999年1月至2000年1月，山东工艺品进出口集团股份有限公司办公室副主任；2000年1月至2002年1月，山东工艺品进出口集团股份有限公司办公室主任；2002年1～9月，山东工艺品进出口集团股份有限公司总裁助理兼办公室主任；2002年9月至2003年1月，新华锦集团有限公司人力资源部总经理；2003年1月至2004年9月，新华锦集团有限公司人力资源部总经理，共青团山东省委企业工委副书记；2004年9月至2011年1月，团省委副书记、党组成员(2007年5月至2009年7月，在北京大学政府管理学院公共管理硕士专业学习，获公共管理硕士学位)；2011年1～4月，团省委副书记、党组成员，省青联主席；2011年4月至2013年2月，团省委副书记、党组成员兼山东青年政治学院党委书记，省青联主席；2013年2～6月，团省委书记、党组书记兼山东青年政治学院党委书记，省青联主席；2013年6月至2016年11月，团省委书记、党组书记兼山东青年政治学院党委书记；2016年11月以后，泰安市委副书记（正厅级）。

郭德文　男，汉族，1964年5月出生，山东烟台牟平人。1986年6月加入中国共产党，1987年7月参加工作。研究生学历，工程硕士。

1983年8月至1987年7月，山东师范大学中文系学生；1987年7～8月，山东师范大学外办干部；1987年8月至1992年10月，省政府外事办公室宣传处干部（1989年10月至1991年4月，邹平县孙镇乡挂职锻炼）；1992年10月至1994年9月，省政府外事办公室机关党委副主任科员；1994年9月至1996年10月，省政府外事办公室机关党委主任科员；1996年10月至2000年6月，省政府外事办公室秘书处副处长（1999年8～12月，参加省委组织部青年干部班赴国外学习英语，获国家外派学习资格证书）；2000年6～9月，省政府外事办公室秘书处副处长，挂职新泰市委副书记；2000年9月至2002年10月，省政府外事办公室机关服务中心主任，挂职新泰市委副书记；2002年10月至2003年1月，新泰市委副书记（正县级）；2003年1月至2006年12月，东平县委副书记，县政府县长、党组书记；2006年12月至2007年3月，新泰市委副书记；2007年3月至2009年2月，新泰市委副书记、市政府市长（2006年1月至2008年6月，在武汉大学软件工程专业学习，获工程硕士学位）；2009年2～3月，新泰市委书记；2009年3月至2010年1月，新泰市委书记、新泰市委党校校长；2010年1月至2011年12月，新泰市委书记、党校校长、市人大常委会主任；2011年12月至2012年1月，新泰市人大常委会主任；2012年1～2月，泰安市委常委候选人；2012年2月以后，泰安市委常委、政法委书记。

展宝卫　男，汉族，1962年12月出生，山东东平人。1982年7月参加工作，1983年12月加入中国共产党。研究生学历，管理学博士。

1980年9月至1982年7月，泰安师专中文系汉语言文学专业学习；1982年7～10月，东平三中教师；1982年10月至1984年5月，东平县委党校教师；1984年5月至1986年6月，东平县委组织部干事、秘书（1983年7月至1988年6月，在曲阜师范大学政治专业函授学习，获教育学学士学位）；1986年6月至1989年12月，东平县委组织员办公室副主任；1989年12月至1992年6月，泰安市委组织部副科长；1992年6月至1993年8月，市委办公室副科级秘书（1993年7月至1996年6月，在山东干部函授大学业余本科班经济管理专业学习）；1993

年8月至1994年9月，泰安市委办公室正科级秘书；1994年9月至1996年1月，泰安市委办公室副县级秘书；1996年1月至1998年6月，泰安市委政策研究室研究员（副县级）（1996年3～6月，在省委党校县处级领导干部进修班学习；1996年4月至1998年4月，在中国社会学院研究生院财贸经济系财政学专业学习）；1998年6月至1999年12月，泰安市委政策研究室副主任；1999年12月至2001年2月，泰安市泰山区委常委、区政府副区长；2001年2月至2003年5月，泰安市泰山区委副书记；2003年5月至2008年2月，泰安经济开发区、泰安高新技术产业开发区管委会主任、党工委副书记（2001年9月至2004年6月，在省委党校在职干部研究生班经济管理专业学习;2006年5～11月，省委组织部选派赴美参加中青年干部培训；2006年9月至2008年7月，在清华大学经济管理学院工商管理专业学习，获高级管理人员工商管理硕士学位）；2008年2月至2009年2月，泰安经济开发区、泰安高新技术产业开发区党工委书记、管委会主任;2009年2～3月，宁阳县委书记；2009年3月至2010年2月，宁阳县委书记、党校校长；2010年2月至2011年12月，宁阳县委书记、党校校长，县人大常委会主任；2011年12月至2012年1月，泰安市政府党组成员，宁阳县委书记、党校校长，县人大常委会主任；2012年1～2月，泰安市政府党组成员，宁阳县委书记、党校校长;2012年2～12月，泰安市政府副市长、党组成员，宁阳县委书记、党校校长；2012年12月至2013年12月，泰安市政府副市长、党组成员；2013年12月至2017年2月，泰安市政府副市长、党组成员，市国资委党委书记（2012年9月至2015年7月，在中国科学院大学管理学院学习，获管理学博士学位）；2017年2～3月，泰安市委常委，市政府副市长、党组成员，市国资委党委书记；2017年3～4月，泰安市委常委，市政府副市长、党组副书记，市国资委党委书记；2017年4月以后，泰安市委常委，市政府副市长、党组副书记。

李灿玉　男，汉族，1961年9月出生，山东莱芜人。1986年10月加入中国共产党，1982年7月参加工作。大学学历。

1978年9月至1982年7月，山东农学院林学专业学习；1982年7月至1984年7月，齐河县农业引用外资项目办公室工作；1984年7月至1985年7月,莱芜市科协工作；1985年7月至1989年10月，莱芜市委研究室秘书；1989年10月至1991年6月，莱芜市（县级）委研究室副主任；1991年6月至1993年1月，泰安市政府办公室正科级秘书；1993年1月至1994年5月，莱芜市委办公室副主任；1994年5月至1996年4月，莱芜市委副秘书长、办公室副主任；1996年4月至1998年10月，莱芜市委副秘书长、办公室副主任、市档案馆（局）馆（局）长；1998年10月至2001年4月，莱芜市委副秘书长、市档案馆（局）馆（局）长；2001年4月至2003年1月，莱芜市教育局局长、党委书记；2003年1月至2006年12月，莱芜市钢城区委副书记、区长，区政府党组书记；2006年12月至2012年3月，高青县委书记、县人大常委会主任兼县委党校校长；2012年3月至2016年12月，淄博市副市长；2016年12月至2017年1月，泰安市委常委；2017年1月以后，泰安市委常委、统战部部长。

郝　红　女，汉族，1966年10月出生，山东寿光人。1985年1月加入中国共产党，1987年7月参加工作。研究生学历，工商管理硕士。

1985年9月至1987年7月，山东大学历史系档案管理专修科学习；1987年7月至1989年8月，山东大学历史系辅导员；1989年8月至1991年8月，山东大学经济管理系总支干事（1991年3月，助教）；1991年8～9月，山东大学经济管理系副科级总支干事；1991年9月至1992年7月，山东大学经济管理系团总支副书记；1992年7～11月，省文物总店办公室干部；1992年11月至1994年2月，省文化厅人事处副科级干部；1994年2月至1997年12月，省文化厅人事处主任科员（1991年9月至1994年7月，在复旦大学成人教育学院经济法专业专升本函授学习）；1997年12月至2000年9月，省文化厅人事处主任科员、省直文化系统团委书记；2000年9月至2004年5月，省文化厅人事处副处长（1997年12月至2002年10月，兼任省直文化系统团委书记；1999年7月至2002年7月，在山东师范大学英语专业夜大专科学习；2001年4月至2003年12月，在山东大学管理学院工商管理专业学习，获工商管理硕士学位）；2004年5月至2009年6月，省纪委驻省文化厅纪检组正处级检查员、省监察厅驻省文化厅监察专员办公室副主任（正处级）（2007年3～12月，在省委党校第17期中青班学习）；2009年6月至2010年9月，省纪委驻省文化厅纪检组副组长、省监察厅驻省文化厅监察专员办公室副主任；2010年9月至2014年6月，省纪委省监察厅机关党委副书记；2014年6月至2015年4月，省纪委第八纪检监察室副主任；2015年4月至2016年12月，省纪委第八纪检监察室主任；2016年12月以后，泰安市委常委、市纪委书记。

宋洪银 男，汉族，1964年1月出生，山东肥城人。1983年6月加入中国共产党，1985年7月参加工作。省委党校研究生学历。

1981年9月至1985年7月，曲阜师范学院政治系政治专业学习；1985年7月至1986年4月，肥城县新城镇党委秘书（1985年11月至1986年3月，泰安市委组织部帮助工作）；1986年4月至1991年9月，泰安市委组织部青年干部科干部（1989年6月至1990年12月，泰安市郊区北集坡镇丁家洪沟村包村）；1991年9月至1997年2月，泰安市委组织部企事业干部科（青年干部科）副科级干事（1993年8月至1996年7月，山东经济管理干部学院经济管理专业学习）；1997年2～9月，泰安市委组织部企事业干部科（青年干部科）副科长、主任科员；1997年9月至2000年12月，泰安市委组织部企事业干部科（青年干部科）科长（1998年5月至2000年5月，天津财经学院研究生课程进修班会计专业学习）；2000年12月至2006年12月，泰安市委组织部副部长（2000年9月至2001年1月，泰安市委党校第十一期中青年干部培训班学习；2006年2～5月，省委党校县级干部培训班学习）；2006年12月至2007年11月，新泰市委副书记（2004年9月至2007年6月，省委党校在职干部研究生班经济管理专业学习）；2007年11～12月，泰安市泰山区委副书记、区人民政府代理区长；2007年12月至2010年12月，泰安市泰山区委副书记、区人民政府区长、党组书记（2010年3～7月，省委党校第二十期中青年干部培训班学习）；2010年12月至2012年1月，泰安市泰山区委书记、党校校长；2012年1月至2015年5月，泰安市泰山区委书记、党校校长，区人大常委会主任；2015年5月至2016年1月，泰安市委常委，泰山区委书记、党校校长，区大人常委会主任；2016年1～4月，泰安市委常委，泰山区委书记、党校校长；2016年4月以后，泰安市委常委、秘书长。

高尚山 男，汉族，1969年2月出生，山东临朐人。1991年4月加入中国共产党，1992年7月参加工作。大学学历。

1988年9月至1992年7月，聊城师范学院中文系汉语言文学专业学习；1992年7月至1993年7月，济南市天桥区委组织部干事；1993年7月至1995年11月，济南市天桥区委组织部科员；1995年11月至1997年6月，济南市天桥区委组织部副主任科员（1993年4月至1994年4月，在济南市天桥区北园镇赵庄居委会包村）；1997年6月至1999年5月，省委组织部办公室干部、副主任科员；1999年5月至2000年10月，省委组织部办公室主任科员；2000年10月至2002年7月，省委组织部研究室（政策法规处）主任科员；2002年7月至2003年7月，省委组织部研究室（政策法规处）助理调研员；2003年7月至2010年12月，省委组织部组织处副处长；2010年12月至2015年5月，省委组织部组织三处处长；2015年5月至2016年7月，省党员干部现代远程教育中心主任，省委组织部组织三处处长；2016年7～12月，省党员干部现代远程教育中心主任；2016年12月至2017年1月，泰安市委常委；2017年1月以后，泰安市委常委、组织部部长，市老年大学校长。

王永征 男，汉族，1964年2月出生，山东郓城人。1989年1月加入中国共产党，1984年7月参加工作。研究生学历，管理学硕士。

1980年9月至1984年7月，山东建筑工程学院工民建专业学习；1984年7月至1988年10月，泰安市城乡建委规划设计室干部；1988年10月至1992年6月，泰安市建委施工科副科长、基建科副科长；1992年6月至1993年12月，泰安市建委基建科科长；1993年

12月至1996年10月，泰安市盐化工总厂筹建处副主任；1996年10月至1997年11月，泰安市建委主任助理，泰安经济开发区（高新技术产业开发区、泰山旅游度假区）管委会副主任、党工委委员；1997年11月至1998年12月，泰安市建委副主任、泰安经济开发区（高新技术产业开发区、泰山旅游度假区）管委会副主任、党工委委员；1998年12月至2000年7月，泰安市建委副主任、泰安经济开发区（高新技术产业开发区、泰山旅游度假区）管委会副主任、党工委副书记；2000年7月至2005年12月，泰安市城建国资公司董事长、党委书记（2002年9月至2006年1月，在北京大学行政管理专业学习，获管理学硕士学位）；2005年12月至2006年1月，泰安市岱岳区委副书记；2006年1～2月，泰安市岱岳区委副书记、代区长；2006年2月至2011年11月，泰安市岱岳区委副书记、区长；2011年11月至2012年1月，泰安市岱岳区委书记，党校校长；2012年1月至2016年1月，泰安市岱岳区委书记、党校校长，区人大常委会主任；2016年1～11月，泰安市岱岳区委书记、党校校长；2016年12月至2017年2月，泰安市委副秘书长（正县级）；2017年2月以后，泰安市委常委、宣传部部长。

刘卫东　男，汉族，1962年1月出生，山东肥城人。1982年11月加入中国共产党，1980年7月参加工作。省委党校研究生学历。

1980年7月至1983年8月，肥城县王瓜店公社团委干事、团委副书记；1983年8月至1985年3月，肥城县委组织部干事、县委办公室秘书；1985年3月至1986年12月，肥城县委研究室副主任；1986年12月至1987年4月，泰安市委组织部干事；1987年4月至1989年4月，泰安市委组织部秘书科副科长、调研室副主任；1989年4月至1993年1月，泰安市委组织部研究室主任；1993年1月至1994年9月，泰安市委组织员办公室主任（副县级）；1994年9月至1996年1月，泰安市委组织部副部级巡视员、市委组织员办公室主任；1996年1月至1997年12月，泰安市郊区区委副书记（1995年9月至1997年12月，省委党校干部业余本科班经济管理专业学习）；1997年12月至1998年2月，肥城市委副书记、代市长；1998年2月至2003年1月，肥城市委副书记、市长；2003年1月至2007年1月，宁阳县委书记、党校校长（2001年9月至2004年6月，省委党校在职干部研究生班经济管理专业学习）；2007年1月至2008年9月，宁阳县委书记、党校校长，县人大常委会主任；2008年9月至2009年2月，泰安市副市级干部，宁阳县委书记、党校校长，县人大常委会主任；2009年2月至2010年12月，泰安市副市级干部，泰安经济开发区、泰安高新技术产业开发区党工委书记、管委会主任；2010年12月至2011年12月，泰安市委常委，泰安经济开发区、泰安高新技术产业开发区党工委书记、管委会主任；2011年12月至2012年2月，泰安市委常委，市政府党组副书记，泰安经济开发区、泰安高新技术产业开发区党工委书记、管委会主任；2012年2～5月，泰安市委常委，市政府副市长、党组副书记；2012年5月至2016年12月，泰安市委常委市政府副市长、党组副书记，市慈善总会会长（兼）。

赵明东　男，汉族，1960年9月出生，山东荣成人。1981年7月参加工作，1991年12月加入中国共产党。省委党校研究生学历。

1979年9月至1981年7月，烟台师范专科学校中文系中文专业学习；1981年7月至1988年9月，省邮电学校教师、助理讲师；1988年9月至1990年5月，省监察厅研究室干部、科员；1990年5月至1993年1月，省监察厅研究室、第一监察处副主任科员；1993年1～3月，省监察厅第一监察处主任科员；1993年3月至1997年7月，省纪委第二纪检监察室正科级检查员（1995年9月至1997年7月，省委党校党政干部研究生班学员）；1997年7月至1999年8月，省纪委研究室正科级检查员；1999年8月至2001年5月，省纪委研究室副处级检查员；2001年5月至2002年12月，省纪委干部室副处级检查员；2002年12月至2004年6月，省纪委干部室正处级检查员；2004年6月至2011年12月，省纪委干部室副主任（2011年3～7月，省委党校第21期中青班学员）；2011年12月至2016年12月，泰安市委常委、市纪委书记；2016年12月调济南工作。

王德慧　男，汉族，1962年4月出生，山东乐陵人。1980年9月参加

工作，1982年11月加入中国共产党。中央党校大学学历。

1980年9月至1983年9月，济南陆军学校学员；1983年9月至1984年12月，济南陆军学校技术教研室正排职教员；1984年12月至2012年1月，先后在济南军区政治部、某集团军政治部任职；2012年1月至2017年1月，泰安市委常委、泰安军分区政委。

唐福泉 男，汉族，1963年7月出生，山东荣成人。1986年7月加入中国共产党，1989年7月参加工作。经济学博士。

1982年9月至1986年7月，山东大学经济系经济管理专业学习；1986年7月至1989年7月，山东大学经济管理学院国民经济计划与管理专业研究生；1989年7月至1992年11月，省人事局调研室干部（1989年10月至1991年4月，挂职任齐河县华店乡组织干事）；1992年11月至1994年1月，省人事局调研室副主任科员；1994年1月至1996年11月，省人事局调研室主任科员；1996年11月至2001年5月，省人事厅政策法规处助理调研员（1997年5月至1998年4月到日本学习研修）；2001年5月至2002年9月，省人事厅政策法规处副处长（2000年6月至2002年9月挂职任沂源县委副书记）；2002年9～12月，沂源县委副书记；2002年12月至2003年1月，淄博市临淄区委副书记、代理区长、区政府党组书记；2003年1～4月，淄博市临淄区委副书记、区长、区政府党组书记；2003年4月至2004年9月，淄博市临淄区委副书记、区长、区政府党组书记，齐鲁化工区管委会副主任、工委副书记；2004年9月至2006年12月，淄博市临淄区委副书记、区长、区政府党组书记，齐鲁化工区管委会主任、工委副书记（2005年4～10月，省中青年干部赴美国康州培训团学习）；2006年12月至2007年1月，淄博市临淄区委书记；2007年1月至2008年4月，淄博市临淄区委书记、区人大常委会主任、区委党校校长，齐鲁化工区管委会主任、工委副书记（2004年9月至2007年12月，南开大学国际贸易学专业博士研究生班学习，获经济学博士学位）；2008年4月至2010年1月，淄博市临淄区委书记、区人大常委会主任、区委党校校长，齐鲁化工区工委书记；2010年1～4月，淄博市副市长、市政府党组成员，淄博市临淄区委书记、区人大常委会主任、区委党校校长，齐鲁化工区工委书记；2010年4月至2011年12月，淄博市副市长、市政府党组成员；2011年12月至2012年2月，淄博市副市长、市政府党组成员，淄博市委秘书长；2012年3月至2013年12月，淄博市委常委、秘书长；2013年12月至2014年1月，泰安市委常委；2014年1月至2017年1月，泰安市委常委、组织部部长，市老年大学校长；2017年1～2月，泰安市委常委；2017年2～3月，泰安市人大常委会主任；2017年3月以后，泰安市人大常委会主任、党组书记。

陈　刚 男，汉族，1958年4月出生，山东临邑人。1978年2月加入中国共产党，1975年8月参加工作。省委党校研究生学历。

1975年8月至1978年2月，泰安县邱家店公社下乡知青、公社团委副书记、“农业学大寨工作队”副队长；1978年2月至1981年1月，陆军某营某连战士、副班长、班长；1981年1～7月，山东省军区教导大队学员、副班长；1981年7月至1983年9月，莱芜县人武部见习参谋、正排职参谋；1983年9月至1985年9月，泰安军分区司令部正排职、副连职参谋；1985年9月至1987年7月，山东电大党政干部管理干修科学员；1987年7月至1988年1月，泰安军分区司令部副连职参谋；1988年1月至1989年12月，泰安市人事局干部；1989年12月至1992年10月，泰安市人事局档案科、干部科副科长（1989年8月至1992年6月，中央党校函授学习）；1992年10月至1995年12月，泰安市人事局干部科科长（1993年9月至1995年6月，省委党校研究生班党政干部管理专业学习）；1995年12月至1998年12月，肥城市委常委、组织部部长；1998年12月至2001年1月，肥城市委副书记、副市长；2001年1～3月，泰安市泰山区委副书记、代区长；2001年3月至2003年1月，泰安市泰山区委副书记、区长；2003年1月至2007年1月，泰安市泰山区委书记、党校校长；2007年1～3月，泰安市总工会主席、党组书记；2007年3月至2012年2月，泰安市委常委，市总工会主席、党组书记；2012年2～3月，泰安市委常委、秘书长，市总工会主席；2012年3月至2016年1月，泰安市委常委、秘书长；2016年1～4月，泰安市委秘书长，市人大常委会党组书记、第一副主任（正厅级）；2016年4月至2017年2月，泰安市人大常委会党组书记、第一副主任（正厅级）。2017年2～3月，泰安市人大常委会党组书记。

张书盈 男，汉族，1962年3月出生，山东泰安人。1980年7月参加工作，1984年12月加入中国共产党。中央党校大学学历，会计师。

1978年10月至1980年7月，山东财政学校财税专业学生；1980年7月至1981年3月，泰安县夏张公社税务所征收员；1981年3月至1984年9月，泰安县（市）财税局预算会计；1984年9月至1986年1月，泰安市（县级）、泰安市泰山区财政局预算科副科长；1986年1～10月，泰安市泰山区财政局预算科科长；1986年10月至1990年10月，泰安市泰山区财政局副局长（1985年9月至1988年6月，中央党校函授学院学习）；1990年10月至1991年10月，泰安市财政局预算外资金管理科干部；1991年10月至1992年9月，泰安市财政局预算外资金管理科副科长（1989年8月至1992年6月，中央党校函授学院本科班经济管理专业学习）；1992年9月至1993年10月，泰安市财政局行财科科长；1993年10月至1994年9月，泰安市财政局党委委员、行财科科长；1994年9月至1996年7月，泰安市财政局副局长、党委委员；1996年7月至1997年2月，泰安市财政局副局长、党委委员，市国有资产管理局局长；1997年2月至2000年11月，泰安市财政局副局长、党委委员、企业管理处主任（1998年5月至2000年4月，天津财经学院研究生课程进修班学习）；2000年11月至2001年3月，泰安市审计局党组书记；2001年3月至2005年12月，泰安市审计局局长、党组书记；2005年12月至2006年2月，泰山区区委副书记；2006年2月至2007年11月，泰山区区委副书记、区长；2007年11月至2008年1月，泰安市委副秘书长；2008年1月至2009年7月，泰安市委组织部副部长，市人事局局长、党组书记、编办主任；2009年7～8月，泰安市政府党组成员，市政府办公室党组书记，市委组织部副部长，市人事局局长、党组书记、编办主任；2009年8月至2010年1月，泰安市政府党组成员、秘书长，市政府办公室党组书记，市委组织部副部长，市人事局局长、党组书记、编办主任；2010年1月至2012年2月，泰安市政府党组成员、秘书长，市政府办公室党组书记；2012年2～3月，泰安市政协副主席、党组成员，市总工会党组书记；2012年3月至2013年12月，泰安市政协副主席、党组成员，市总工会主席、党组书记；2013年12月至2015年1月，泰安市政协副主席、党组成员，市总工会主席、党组书记，市政协科教文卫体委主任、社会法制和民族宗教委主任；2015年1月至2017年2月，泰安市政协副主席、党组成员，市总工会主席、党组书记；2017年2～3月，泰安市人大常委会副主任，市总工会主席、党组书记；2017年3月以后，泰安市人大常委会副主任、党组副书记，市总工会主席、党组书记。

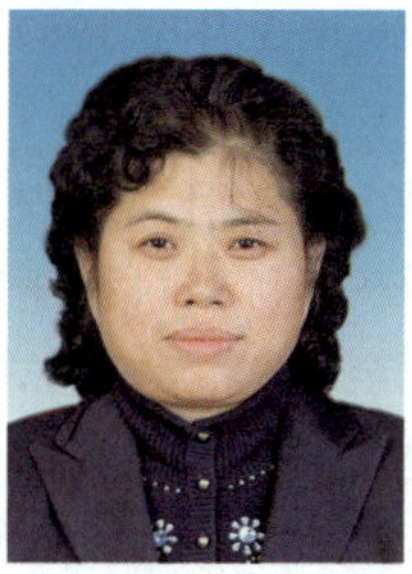

王淑玲 女，汉族，1967年11月出生，河北沧州人。1993年8月参加工作，1997年12月加入九三学社。研究生学历。

1986年9月至1990年7月，山东矿业学院煤田地质系矿山测量专业学习；1990年9月至1993年7月，山东矿业学院地质系工程测量专业研究生；1993年8月至1998年12月，泰安市政府办公室技术科科员；1998年12月至1999年9月，泰安市政府办公室技术科副科长；1999年9月至2003年1月，泰安市司法局副局长；2003年1月至2007年4月，泰安市泰山区政府副区长；2007年4月至2011年12月，泰安市泰山区政府副区长、九三学社市委副主委；2011年12月至2012年2月，泰安市工商联（总商会）主席（会长）；2012年2月至2017年2月，泰安市政协副主席、市工商联（总商会）主席（会长）；2017年2月以后，泰安市人大常委会副主任、市工商联（总商会）主席（会长）。

陶长江 男，汉族，1960年4月出生，山东莱芜人。1985年6月加入中国共产党，1982年7月参加工作。省委党校大学学历。

1980年9月至1982年7月，

泰安师专中文系学生；1982年7月至1984年7月，泰安地区新汶水泥厂团委副书记（主持工作）；1984年7月至1986年3月，泰安团地委干事；1986年3月至1987年4月，泰安市委组织部干事；1987年4月至1993年1月，泰安市委组织部党政干部科副科级干事；1993年1月至1997年2月，泰安市委组织员办公室正科级组织员（1993年8月至1995年1月，挂职泰安物资综合公司副经理）；1997年2月至1998年11月，泰安市委组织部党政干部科科长；1998年11月至2000年3月，泰安市委组织部助理调研员、党政干部科科长（1998年9月至2000年6月，山东大学管理学院研究生课程进修班学习）；2000年3～12月，泰安市委组织部助理调研员；2000年12月至2005年11月，泰安市委组织部副部长；2005年11月至2008年1月，泰安市委组织部副部长、泰安市党员干部现代远程教育中心主任；2008年1月至2010年1月，泰安市委组织部副部长，市委老干部局局长；2010年1月至2012年2月，泰安市委组织部副部长，市编办主任；2012年2月至2013年12月，泰安高新区党工委书记、管委会主任；2013年12月至2017年1月，泰安高新区管委会主任（副厅级）、党工委书记；2017年1～2月，泰安高新区管委会主任（副厅级）、市人大常委会党组成员；2017年2～5月，泰安市人大常委会副主任、党组成员，泰安高新区管委会主任；2017年5月以后，泰安市人大常委会副主任、党组成员。

刘学保 男，汉族，1962年6月出生，山东汶上人。1987年12月加入中国共产党，1984年7月参加工作。省委党校研究生学历。

1980年9月至1984年7月，山东师范大学中文系学生；1984年7月至1989年8月，泰安教育学院教师（1987年7月至1989年2月，在山东师范大学文艺学专业硕士研究生课程班学习）；1989年8月至1992年9月，泰安市教育局科员；1992年9月至1997年2月，泰安市教委办公室副主任；1997年2～4月，泰安市教委办公室主任科员；1997年4月至1998年7月，泰安市委办公室主任科员；1998年7月至2000年1月，泰安市委政研室政治文教科科长；2000年1月至2001年11月，东平县委常委、组织部部长；2001年11月至2003年1月，东平县委副书记、组织部部长；2003年1月至2006年12月，肥城市委副书记、纪委书记(2000年9月至2003年6月，省委党校在职干部研究生班经济管理专业学习)；2006年12月至2007年1月，肥城市委副书记；2007年1～3月，泰安市安全生产监督管理局（安全生产委员会办公室）党组书记；2007年3月至2009年3月，泰安市安全生产监督管理局（安全生产委员会办公室）局长（主任）、党组书记；2009年3月至2012年12月，新泰市委副书记、市政府市长；2012年12月至2017年2月，泰安市宁阳县委书记、党校校长；2017年2～3月，泰安市人大常委会副主任，宁阳县委书记、党校校长；2017年3月以后，泰安市人大常委会副主任、党组成员，宁阳县委书记、党校校长。

曹步山 男，汉族，1962年10月出生，山东莱芜人。1986年6月加入中国共产党，1981年7月参加工作。省委党校研究生学历。

1981年7月至1983年9月，新泰市水利局技术员；1983年9月至1986年7月，江西水利专科学校干修科水土保持专业学习；1986年7月至1989年12月，泰安市水土保持委员会办公室助理工程师；1989年12月至1997年3月，泰安市水利水产局科员、工程师（1995年9月至1998年7月，山东农业大学水土保持专业函授学习）；1997年3月至1998年12月，泰安市水土保持科学研究所党支部副书记、副所长，高级工程师（主持全面工作）；1998年12月至2001年7月，泰安市水土保持科学研究所党支部书记、所长；2001年7～12月，泰安市水利与渔业局水土保持科科长（2001年9月至2002年1月，泰安市委党校第十二期中青年干部培训班学习）；2001年12月至2002年4月，泰安市大汶河管理处党支部委员、副主任；2002年4月至2003年6月，泰安市大汶河管理处主任、副书记；2003年6月至2004年9月，泰安市大汶河管理处主任、书记；2004年9～11月，泰安市水利与渔业局党委委员、大汶河管理局局长、党支部书记；2004年11月至2005年7月，泰安市水利和渔业局党委委员、大汶河管理局局长、党支部书记；2005年7月至2008年12月，泰安市水利和渔业局党委委员、大汶河管理局局长、党支部副书记，研究员（2006年2～5月，山东省委党校第五十期县处级领导干部进修班学习）；2008年12月至2009年7月，泰安市水利和渔业局党委副书记、副局长，大汶河管理局局长、党支部副书记；2009年7～8月，泰安市水利和渔业局党委书记，大汶河管理局局长；2009年8月至2016年12月，泰安市水利和渔业局局长、党委书记(2008年9月至2011年6月，山东省委党校在职干部研究生班经济管理专业学习;2011年3～5月，山东省委党校第六十期处级领导干部进修班学习）；2016年12月至2017年2月，泰安市水利和渔业局局长；2017年2～3月，泰安市人大常委会副主任、市水利与渔业局局长；2017年3月以后，泰安市人大常委会副主任、党组成员。

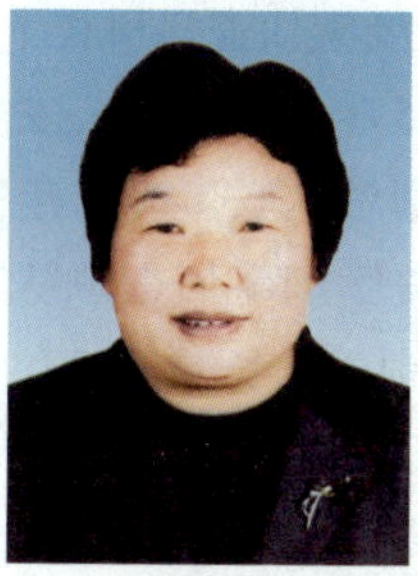

刘汉玲 女，汉族，1956年3月出生，山东泰安人。1976年11月加入中国共产党，1978年12月参加工作。省委党校研究生学历。

1975年11月至1978年12月，泰安地委驻肥城、宁阳、章丘工作队队员、副队长、队长（计算连续工龄）；1978年12月至1979年3月，泰安地委驻平阴县城关镇工作队秘书；1979年3月至1984年9月，泰安县（市）妇联干事、办公室主任;1984年9月至1986年7月，泰安师专干部专修科学员；1986年7～10月，泰安市郊区妇联办公室主任;1986年10月至1989年1月，泰安市郊区区委组织部干事、组织科副科长；1989年1月至1991年11月，泰安市郊区区委组织部副局级组织员；1991年11月至1992年5月，泰安市郊区区委组织员办公室副主任（1988年6月至1992年6月，高教自考省教育学院本科汉语言文学专业学习）;1992年5～12月，泰安市郊区区委组织员办公室主任；1992年12月至1995年12月，泰安市郊区区委常委、妇联主席；1995年12月至1997年12月，泰安市郊区区委常委、宣传部部长（1997年9～11月，省委党校县级干部进修班学习）；1997年12月至1998年2月，泰安市计生委副主任、党组副书记；1998年2～3月，泰安市计生委党组书记；1998年3月至2001年1月，泰安市计生委主任、党组书记（1999年9月至2002年6月，省委党校在职干部研究生班经济管理专业学习）；2001年1～3月，泰安市岱岳区委书记，泰安市计生委主任；2001年3月至2003年1月，泰安市岱岳区委书记；2003年1～2月，泰安市政府市长助理、党组成员；2003年2月至2005年8月，泰安市政府副市长、党组成员（2004年9～11月，省委党校地厅级领导干部进修班学习）；2005年8月至2006年2月，泰安市政府副市长、党组成员，市慈善总会会长；2006年2月至2012年5月，泰安市人大常委会副主任、党组成员；2012年5月至2014年1月，泰安市人大常委会副主任、党组副书记；2014年1月至2015年1月，泰安市人大常委会副主任、党组副书记，市人民代表大会财政经济委员会主任委员、城乡建设与环境资源保护委员会主任委员；2015年1月至2017年2月，泰安市人大常委会党组副书记、副主任；2017年2～3月，泰安市人大常委会党组副书记。

滕先森 男，汉族，1957年8月出生，山东夏津人。1976年6月参加工作，1996年12月加入中国民主建国会。大专学历，研究员。

1976年6月至1978年2月，夏津双庙清凉寺小学教师；1978年2月至1997年5月，泰安师专中文系学生、函授处助教、中文系讲师、副教授、学报副主编（1984年9月至1985年9月，山东大学中文系进修班学员；1985年9月至1986年6月，华东师大中文系助教进修班学员）；1997年5月至2002年5月，民建泰安市委副主委、主委，泰安市政协副主席，泰安师专学报副主编、主编、副教授；2002年5月至2003年2月，民建山东省委常委、泰安市委主委、泰安市政协副主席、泰安师专（泰安学院）学报主编；2003年2月至2016年12月，民建山东省委常委、泰安市委主委，泰安市人大常委会副主任、泰山学院学报主编；2016年12月至2017年2月,民建山东省委常委、泰安市人大常委会副主任、泰山学院学报主编。

孙运飞 男，汉族，1956年11月出生，山东莒南人。1972年2月参加工作，1975年12月加入中国共产党。省委党校大学学历。

1972年2月至1977年5月，济南汽运公司修理厂工人；1977年5月至1981年5月，泰安汽运公司修理厂工人、团总支书记；1981年5月至1984年2月，泰安汽运公司团委副书记；1984年2月至1986

年2月，山东师范大学干部专修科青年干部班学员；1986年2～5月，泰安汽运公司团委书记；1986年5月至1989年11月，泰安团市委办公室主任；1989年11月至1993年2月，泰安团市委副书记；1993年2月至1994年4月，泰安团市委书记、市人大常委会委员；1994年4月至1995年12月，泰安旅游经济开发区管委会副主任、党委委员、办公室主任；1995年12月至1997年3月，泰安市郊区区委副书记（正县级）（1995年2月至1996年2月，省委党校中青班学习）；1997年3月至2002年10月，泰安市政府副秘书长，办公室主任、党组副书记；2002年10月至2003年2月，泰安市人大常委会副秘书长、党组成员（正县级）；2003年2月至2006年2月，泰安市人大常委会秘书长、党组成员（2005年9月至2007年12月，山东省委党校干部业余本科班经济管理专业学习）；2006年2～3月，泰安市政府办公室党组书记；2006年3月至2009年5月，泰安市政府秘书长、党组成员，办公室党组书记；2009年5月至2011年12月，山东服装职业学院党委书记；2011年12月至2012年2月，泰安市人大常委会党组成员；2012年2月至2014年1月，泰安市人大常委会副主任、党组成员；2014年1月至2015年1月，泰安市人大常委会副主任、党组成员，市人民代表大会法制委员会主任委员、民族侨务外事旅游委员会主任委员；2015年1月至2017年2月，泰安市人大常委会副主任、党组成员；2017年2～3月，泰安市人大常委会党组成员。

尹衍祥　男，汉族，1957年2月出生，山东泰安人。1976年8月加入中国共产党，1980年7月参加工作。在职大学学历。

1977年11月至1978年10月，泰安县汶口公社学大寨工作队队员（计算连续工龄）；1978年10月至1980年7月，泰安师范学校学生；1980年7月至1984年8月，泰安地区人事局干部；1984年8～9月，泰安地区人事局任免调配科副科长；1984年9月至1986年6月，泰安师专干部专修科中文专业学员；1986年6月至1988年10月，泰安市人事局任免调配科副科长；1988年10月至1990年5月，泰安市委组织部青年干部科副科长；1990年5月至1994年12月，泰安市委组织部青年干部科副科长、正科级组织员，干部调配科副科长；1994年12月至1995年12月，泰安市委组织部干部调配科科长；1995年12月至1997年12月，泰安市泰山区委常委、组织部部长；1997年12月至2000年1月，泰安市泰山区委副书记、组织部部长；2000年1月至2001年1月，泰安市泰山区委副书记；2001年1～3月，泰安市民政局党委书记；2001年3月至2004年7月，泰安市民政局局长、党委书记；2004年7～9月，泰安市委组织部副部长，市民政局局长，市人事局党组书记；2004年9月至2008年1月，泰安市委组织部副部长，市人事局局长、党组书记、编办主任；2008年1月至2012年2月，泰安市委组织部常务副部长(正县级)；2012年2～5月，泰安市人大常委会副主任；2012年5月至2017年2月，泰安市人大常委会副主任、党组成员；2017年2～3月，泰安市人大常委会党组成员。

鞠向群　男，汉族，1963年4月出生，山东沂水人，1985年7月参加工作，1989年11月加入中国共产党。全日制大学本科学历。

1981年9月至1985年7月，山东大学光学系技术光学专业学习；1985年7月至1989年9月，省公安厅刑事侦查处大要案科办事员；1989年9月至1993年6月，省公安厅刑事侦查处大要案科科员；1993年6月至1994年12月，省公安厅刑事侦查处材料科副科长；1994年12月至1997年5月，省公安厅刑事侦查处缉毒科副科长；1997年5月至2001年2月，省公安厅刑事侦查总队大要案侦查科科长；2001年2月至2005年1月，省公安厅刑事侦查总队副总队长；2005年1～10月，省公安厅刑事侦查总队(刑事警察总队）副总队长兼反恐和打黑工作处副处长；2005年10月至2010年7月，省公安厅反恐和打黑工作处处长；2010年7月至2013年3月，省公安厅反恐怖总队总队长；2013年3～4月，泰安市副市级干部；2013年4月至2015年5月，泰安市副市级干部，市政府党组成员，市公安局局长、党委书记、督察长；2015年5～6月，泰安市人民政府副市长人选、党组成员，市公安局局长、党委书记、督察长；2015年6月以后，泰安市人民政府副市长、党组成员，市公安局局长、党委书记、督察长。

成　丽　女，汉族，1972年2月出生，山东日照人。1993年6月加入中国共产党，1993年7月参加工作。研究生学历，工商管理硕士。

1991年9月至1993年7月，临沂师范专科学校外语系英语教育专业学习；1993年7月至1995年10月，日照市东港区日照街道党工委组织干事；1995年10月至1997年11月，日照市妇联权益儿童部、儿童部科员；1997年11月至2000年1月，日照市妇联儿童部副部长；2000年1月至2001年12月，日照市妇联儿童部部长；2001年12月至2004年9月，济宁市妇联副主席、党组成员（2001年9月至2003年6月，在省委党校党政干部研究生班学习）；2004年9月至2005年1月，省妇联办公室副主任；2005年1月至2009年4月，省妇联研究室副主任；2009年4月至2015年5月，省妇联组织联络部部长（2009年9月至2011年6月，在昆明理工大学管理与经济学院工商管理专业学习，获工商管理硕士学位；2011年7月至2012年7月，挂职任济南市信访局副局长）；2015年5～6月，泰安市政府副市长人选、党组成员；2015年6月以后，泰安市政府副市长、党组成员。

张红旗 男，汉族，1967年8月出生，山东单县人。1985年12月加入中国共产党，1987年7月参加工作。研究生学历，农业推广硕士。

1984年9月至1987年7月，单县师范学校中师专业学习；1987年7月至1990年7月，菏泽地区单县师范办公室秘书；1990年7月至1992年2月，菏泽地区单县李新庄乡科员（1988年9月至1991年7月，曲阜师范大学高师函授中文专业学习）；1992年2～3月，菏泽地区单县李新庄乡党委秘书；1992年3～6月，菏泽地区单县李新庄乡团委副书记；1992年6月至1993年2月，菏泽地区单县李新庄乡团委书记；1993年2月至1996年1月，菏泽地区单县李新庄乡党委副书记；1996年1月至1997年7月，菏泽地区单县李半庄乡党委副书记、乡长；1997年7月至2001年3月，菏泽地区（市）单县杨楼乡党委书记；2001年3月至2003年1月，巨野县副县长；2003年1～2月，巨野县委办公室主任；2003年2月至2007年2月，巨野县委常委、办公室主任（2002年8月至2004年3月，南京林业大学研究生院农业推广专业学习，获农业推广硕士学位）；2007年2月至2009年1月，巨野县委常委、副县长；2009年1月至2010年12月，巨野县委副书记；2010年12月至2011年1月，曹县县委副书记、副县长、代县长；2011年1月至2013年6月，曹县县委副书记、县长；2013年6月至2016年4月，定陶县委书记；2016年4～12月，菏泽市定陶区委书记；2016年12月至2017年1月，菏泽市政府党组成员、泰安市副市长人选；2017年1月以后，泰安市副市长、党组成员。

赵德健 男，汉族，1972年3月出生，山东单县人。1992年7月加入中国共产党，1994年7月参加工作。法学博士。

1990年9月至1994年7月，山东农业大学园艺系蔬菜专业学生；1994年7月至1995年9月，山东农业大学园艺系辅导员；1995年9月至1996年12月，山东农业大学党办秘书；1996年12月至1999年4月，山东农业大学党办副科级秘书；1999年4～8月，山东农业大学校直机关团总支书记（正科级）；1999年8月至2000年7月，山东农业大学党办正科级秘书、校直团总支书记；2000年7月至2002年1月，山东农业大学经济管理学院党总支副书记；2002年1～9月，山东农业大学团委书记；2002年9月至2003年4月，共青团泰安市委书记；2003年4月至2008年9月，共青团泰安市委书记、党组书记（1999年9月至2005年6月，在山东农业大学农业经济管理专业学习，获得管理学硕士学位；2004年9月至2005年1月，参加美国康州宏观经济与政府管理培训）；2008年9～10月，泰安市东平县委副书记、县长候选人；2008年10月至2009年1月，泰安市东平县委副书记、代县长；2009年1月至2011年11月，泰安市东平县委副书记、县长；2011年11月至2012年1月，泰安市东平县委书记、党校校长；2012年1月至2016年1月，泰安市东平县委书记、党校校长，东平县人大常委会主任；2016年1月至2017年2月，泰安市东平县委书记、党校校长；2017年2～3月，泰安市政府副市长，东平县委书记、党校校长；2017年3月以后，泰安市政府副市长、党组成员，东平县委书记、党校校长。

袁久党 男，汉族，1967年1月出生，山东新泰人。1989年7月参加工作。民建会员。研究生学历。

1985年9月至1989年7月，山东矿业学院采矿工程系采矿工程专业学生；1989年7月至1993年5月，新泰市王家寨煤矿技术员、生产技术科科长；1993年5月至1998年12月，新泰市王家寨煤矿副矿长、筹建处副主任；1998年12月至2001年3月，新泰市煤炭工业管理局副局长；2001年3月至2007年11月，新泰市政府副市长；2007年11月至2010年7月，泰安市煤炭工业管理局副局长（2008年4月至2010年6月，山东科技大学项目管理领域在职研究生学习，获工程硕士专业学位）；2010年7月至2016年12月，泰安市煤炭工业管理局局长；2016年12月至2017年2月，泰安市安全生产监督管理局局长人选；2017年2～4月，泰安市政府副市长、市安监局局长人选；2017年4月以后，泰安市政府副市长、市安监局局长。

李际山 男，汉族，1956年11月出生，山东泰安人。1972年12月参加工作，1978年6月加入中国共产党。省委党校大学学历，高级工程师。

1971年1月至1972年12月，青海省一建公司二队合同工人；1972年12月至1978年1月，青海省一建公司工人；1978年1月至1982年2月，青海省一建公司团总支书记；1982年2月至1991年1月，青海省建委纪委干事、政治处副主任（1986年8月至1988年8月，青海省委党校党政干部管理培训班学习）；1991年1月至1992年1月，泰安市一建公司副经理兼四处处长；1992年1月至1994年12月，泰安市委接待办副主任；1994年12月至1996年1月，泰安市委接待办主任；1996年1月至2000年11月，泰安市建设委员会副主任、党委委员；2000年11月至2010年1月，泰安市建设局局长、党委书记；2010年1月至2011年4月，泰安市住房和城乡建设委员会主任、党委书记；2011年4～5月，泰安市泰山风景名胜区管委会主任，市住房和城乡建设委员会主任、党委书记；2011年5～11月，泰安市泰山风景名胜区管委会主任、党工委副书记，市住房和城乡建设委员会主任、党委书记；2011年11月至2013年12月，泰安市泰山风景名胜区管委会主任、党工委副书记，市住房和城乡建设委员会党委书记；2013年12月至2015年5月，市政府特邀咨询，泰山风景名胜区管委会主任、党工委副书记；2015年5月至2016年12月，市政府特邀咨询。

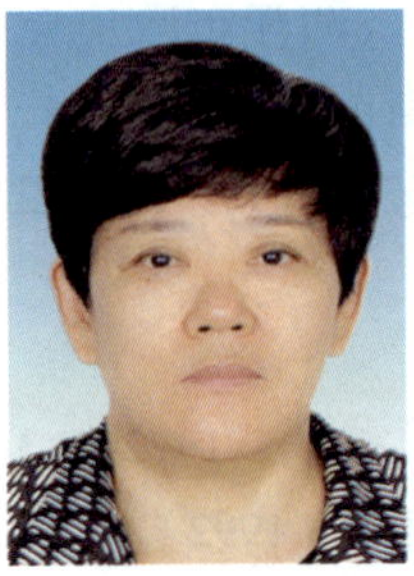

周桂萍 女，汉族，1960年12月出生，山东蒙阴人。1989年9月加入中国共产党，1990年8月参加工作。研究生学历，管理学硕士。

1978年10月至1981年8月，沂南县饮食服务公司职工；1981年8月至1990年8月，沂南县新新综合服务公司经理；1990年8月至1995年7月，沂蒙制动材料总厂副厂长（1991年9月至1995年7月，在中国人民大学经济学系劳模班经济管理专业学习）；1995年7月至1997年1月，省经济贸易委员会企业处科员；1997年1月至2000年10月，省经济贸易委员会主任科员；2000年10月至2003年1月，省经济贸易委员会企业处助理调研员（2000年6月至2001年8月，挂职任鱼台县副县长；2001年8月至2003年1月，挂职任鱼台县委副书记）；2003年1月至2006年12月，汶上县委副书记、县长（2004年7月至2005年1月，山东省中青年领导干部赴美国康涅狄格州中央州立大学培训班学员）；2006年12月至2010年1月，汶上县委书记；2010年1～2月，济宁市副市长，汶上县委书记；2010年2～4月，济宁市副市长，济宁北湖省级旅游度假区党工委书记，汶上县委书记；2010年4月至2011年12月，济宁市副市长、党组成员（2008年9月至2011年7月，在中国科学院研究生院管理科学与工程专业学习，2011年7月获管理学硕士学位）；2011年12月至2015年1月，滨州市委常委、宣传部部长；2015年1～2月，泰安市委常委；2015年2月至2017年2月，泰安市委常委，市政府副市长、党组副书记；2017年2～3月，泰安市政协主席；2017年3月以后，泰安市政协主席、党组书记。

辛显明 男，汉族，1957年10月出生，山东肥城人。1981年8月加入中国共产党，1974年8月参加工作。中央党校研究生学历，教育学学士。

1974年7月至1978年10月，

平阴煤矿技术科测量员（1976年3月至1978年1月，在山东矿业学院地质系学习）；1978年10月至1980年7月，泰安师专物理系学生；1980年7月至1981年11月，肥城县安站公社团委干事；1981年11月至1983年10月，肥城团县委干事；1983年10月至1987年10月，肥城县司法局副局长、党支部书记；1987年10月至1990年5月，肥城县老城镇党委副书记、镇长（1983年6月至1988年6月，曲阜师范大学函授政治专业学习）；1990年5月至1993年1月，肥城县（市）老城镇党委书记；1993年1月至1994年9月，肥城市政府副市长；1994年9月至1995年12月，泰安市郊区区委常委、副区长；1995年12月至1997年12月，泰安市郊区副区长；1997年12月至1999年3月，新泰市委副书记、副市长；1999年3月至2000年2月，新泰市委副书记、代市长；2000年2月至2003年1月，新泰市委副书记、市长；2003年1月至2004年11月，新泰市委书记、党校校长；2004年11月至2007年3月，新泰市委书记、党校校长（副厅级）（2005年3月至2007年1月，中央党校在职研究生班世界经济专业学习）；2007年3月至2009年2月，泰安市委常委、新泰市委书记、党校校长；2009年2月至2010年12月，泰安市委常委；2010年12月至2011年12月，泰安市委常委、政法委书记；2011年12月至2012年2月，泰安市委常委、政法委书记，市政府党组副书记；2012年2月至2013年12月，泰安市委常委，市政府副市长、党组副书记，市国资委党委书记；2013年12月至2015年2月，泰安市委常委，市政府副市长、党组副书记；2015年2月至2017年2月，泰安市政协主席、党组书记；2017年2～3月，泰安市政协党组书记。

徐恩虎 男，汉族，1964年12月出生，山东汶上人。1998年9月加入民革，1992年7月参加工作。研究生学历，工学博士。

1985年8月至1989年7月，山东矿业学院学习；1989年7月至1992年7月，山东矿业学院硕士研究生；1992年7月至1995年2月，山东矿业学院教师；1995年2月至1999年3月，东北大学工程力学专业博士研究生；1999年3月至2001年1月，山东科技大学资源环境学院实验中心主任；2001年1月至2003年1月，山东科技大学资源环境学院实验中心主任、民革泰安市委副主委；2003年1月至2005年12月，东平县政府副县长、民革泰安市委副主委；2005年12月至2006年2月，东平县政府副县长、民革泰安市委主委；2006年2月至2008年12月，泰安市政府副市长，民革泰安市委主委；2008年12月至2012年5月，泰安市政府副市长、民革泰安市委主委，市红十字会会长（兼）；2012年5月至2017年2月，泰安市政府副市长、民革泰安市委主委；2017年2月以后，泰安市政协副主席、民革泰安市委主委。

张庆明 男，汉族，1961年7月出生，山东泰安人。1989年2月加入中国民主建国会。1983年7月参加工作。大学学历，历史学学士。

1979年9月至1983年7月，曲阜师范大学历史系历史专业学生；1983年7月至1985年7月，莱芜师范政教组教师；1985年7月至1988年4月，泰安师专政史系教师；1988年4月至1989年12月，泰安市工商联工作；1989年12月至1992年9月，民建泰安市委筹备组及民建泰安市委驻会干部；1992年9月至1996年10月，民建泰安市委驻会秘书（副科级）；1996年10月至1998年1月，新泰市翟镇副镇长（正科级）；1998年1～2月，新泰市人民政府市长助理；1998年2月至2001年2月，新泰市人民政府副市长（1998年9月至2000年6月，山东大学管理学院研究生课程进修班企管专业学习）；2001年2月至2002年2月，泰安市政协副主席，市工商业联合会副会长；2002年2月至2011年12月，泰安市政协副主席，市工商联（市总商会）主席（会长）；2011年12至2012年2月，市政协副主席；2012年2月至2017年2月，市政府特邀咨询；2017年2月以后，市政协副主席。

刘　君 男，汉族，1958年6月出生，山东临清人。1976年6月参加工作，2000年4月加入九三学社。上海医科大学普外专业硕士研究生，医学博士，主任医师。

1976年6月至1978年5月，滕州城郊下乡知青；1978年5～10月，鲁南化肥厂职工医院卫生员；1978年10月至1982年7月，泰山医学院医疗专业学习；1982年7月至1985年5月，枣庄市立医院医师；1985年5月至1997年7月，泰安市中心医院医师、主治医师；1997年7月至2002年4月，泰安市中心医院副主任、主任、副主任医师；2002年4月至2003年5月，泰安市中心医院院长助理、副主任医师；2003年5月至2007年4月，泰安市中心医院副院长；2007年4月至2008年1月，泰安市中心医院副院长，九三学社泰安市委主委；2008年1月至2010年7月，泰安市政协副主席，市中心医院副院长，九三学社泰安市委主委（2006年9月至2008年12月，山东大学医学院外科学专业学习，获得在职教育临床医学博士学位）；2010年7月以后，泰安市政协副主席，市中心医院院长，九三学社泰安市委主委。

王昌元 男，汉族，1962年4月出生，山东宁阳人。1983年7月参加工作，1997年12月加入中国民主促进会。曲阜师范大学数学系运筹与控制论专业研究生，理学硕士。

1979年9月至1983年7月，曲阜师范大学数学系数学专业学习；1983年7月至1986年9月，泰安师范专科学校数学系教师；1986年9月至1989年7月，曲阜师范大学运筹与控制论专业硕士研究生学习；1989年7月至2004年6月，泰山医学院讲师、副教授、教授、数学教研室主任；2004年6月至2005年12月，泰山医学院信息科学系副主任；2005年12月至2007年3月，泰山医学院信息工程学院副院长；2007年3月至2008年1月，民进泰安市委主委，泰山医学院信息工程学院副院长；2008年1月至2013年1月，泰安市政协副主席，民进泰安市委主委，泰山医学院信息工程学院副院长。2013年1月以后，泰安市政协副主席，民进泰安市委主委，泰山医学院现代教育技术中心主任。

马纯勇 男，汉族，1964年1月出生，山东泰安人。1988年5月加入中国共产党，1985年8月参加工作。本科学历。

1982年9月至1985年7月，泰安化工技校化工工艺专业学生；1985年8月至1989年10月，泰安市化肥厂财务科会计、审计科副科长（1986年9月至1988年7月，泰安市财政干校财会专业学习）；1989年10月至1993年4月，泰安对外经济技术合作公司财务审计部副经理、经理（1988年9月至1991年7月，沈阳工业大学企业管理专业学习）；1993年4月至1994年3月，泰安对外经济技术合作公司副经理（主持工作）；1994年3月至1998年6月，泰安对外经济技术合作公司总经理（1995年9月至1998年7月，山东经济学院审计专业学习，1996年9月至1999年12月，山东农业大学经贸学院研究生课程进修班学习）；1998年6月至2000年11月，泰安市外经委（局）副主任（局长）、党委委员；2000年11～12月，泰安市对外贸易经济合作局副局长、党委委员；2000年12月至2004年5月，泰安市商贸国资公司董事、总经理、党委委员；2004年5月至2006年3月，泰安市商贸国资公司董事长、总经理、党委书记；2006年3月至2017年1月，泰安市审计局局长、党组书记（2009年2～7月，山东省委党校第十九期中青年干部培训班学习）；2017年1～2月，泰安市政协党组成员；2017年2月以后，泰安市政协副主席、党组成员。

程明 男，汉族，1962年9月出生，山东泰安人。1987年12月加入中国共产党，1979年12月参加工作。在职研究生学历，法学硕士。

1979年12月至1985年11月，惠民地区印染厂工人（1982年9月至1985年7月，山东电大惠民分校学生）；1985年11月至1986年2月，惠民地区水利学校教师；1986年2月至1991年9月，共青团泰安市委宣传部干事；1991年9月至1993年3月，共青团泰安市委经济部副部长；1993年3～9月，共青团泰安市委组织部副部长；1993年9月至1998年6月，共青团泰安市委组宣部部长；1998年6月至2002年10月，泰安市人民政府外事（侨务）办公室副主任、党组成员；2002年10月至2007年8月，泰安市人民政府外事（侨务）办公室主任、党组书记；2007年8～9月，泰安市旅游局党组书记；2007年9月至2016年12月，泰安市旅游局局长、党组书记；2016年

12月至2017年2月，泰安市旅游局局长；2017年2～3月，泰安市政协副主席、市旅游发展委主任；2017年3月以后，泰安市政协副主席、党组成员。

孙岱峰 男，汉族，1962年1月出生，山东邹城人，民盟会员。1984年7月参加工作。大学学历。

1980年9月至1984年7月，山东纺织工学院纺织机电系学生；1984年7月至1985年3月，泰安毛纺厂干部；1985年3月至1989年2月，泰安毛纺厂生产计划科副科长；1989年2月至1993年1月，泰安毛纺厂生产计划科科长、销售科科长；1993年1月至2003年1月，泰安市泰山区政府副区长；2003年1～12月，泰安市司法局副局长；2003年12月至2007年1月，泰安市司法局副局长、民盟泰安市委副主委；2007年1～3月，民盟市委副主委，提名市中级人民法院副院长；2007年3月至2008年12月，民盟市委副主委、市中级人民法院副院长；2008年12月至2016年12月，民盟市委副主委，市中级人民法院副院长（正县级）；2016年12月至2017年2月，民盟市委主委，市中级人民法院副院长（正县级）；2017年2月以后，泰安市政协副主席、市中级人民法院副院长、民盟市委主委。

宋　鲁 男，汉族，1957年12月出生，山东肥城人。1972年12月参加工作，1976年3月加入中国共产党。省委党校大学学历。

1972年12月至1975年9月，新泰县运输公司工人；1975年9月至1976年8月，新泰县运输公司汽车队长；1976年8月至1979年2月，新泰县交通局副局长；1979年2月至1984年4月，新泰县羊流公社党委副书记；1984年4月至1985年9月，新泰县羊流办事处党委副书记、主任；1985年9月至1987年6月，省委党校干部专修科学员；1987年6月至1990年4月，新泰市经委党委副书记、副主任；1990年4月至1993年2月，新泰市经委党委书记；1993年2月至1995年12月，新泰市副市长；1995年12月至1997年7月，新泰市委常委、副市长；1997年7～12月，泰安市经贸委副主任、党委副书记；1997年12月至1998年2月，东平县委副书记、代县长；1998年2月至2001年1月，东平县委副书记、县长；2001年1月至2003年1月，东平县委书记；2003年1～2月，泰安市政府市长助理、党组成员；2003年2月至2012年2月，泰安市政府副市长、党组成员；2012年2月至2017年2月，泰安市政协副主席、党组副书记；2017年2～3月，泰安市政协党组副书记。

谢崇国 男，汉族，1953年11月出生，山东青州人。1976年12月参加工作，1988年11月加入中国农工民主党。烟台师范专科学校英语专业毕业。

1974年8月至1976年12月，烟台师范专科学校英语专业学习；1976年12月至1993年7月，山东医学院楼德分院、泰山医学院任教；1993年7月至1995年9月，坦桑尼亚医疗队任翻译；1995年9月至2001年5月，泰山医学院外语教研室主任；2001年5月至2004年1月，泰山医学院外语系副主任（副处级）；2004年1月至2005年12月，泰山医学院外语系主任（正处级）；2005年12月至2007年3月，泰山医学院外国语学院院长（正处级）；2007年3月至2008年1月，农工党泰安市委主委，泰山医学院外国语学院院长；2008年1月至2011年11月，泰安市政协副主席、农工党泰安市委主委、泰山医学院外国语学院院长；2011年11月至2016年12月，泰安市政协副主席、农工党泰安市委主委，泰山医学院外国语学院教授。2016年12月至2017年2月，泰安市政协副主席，泰山医学院外国语学院教授。

谭业刚 男，汉族，1962年1月出生，山东莱芜人。1981年7月参加工作，1987年8月加入中国共产党。省委党校研究生学历。

1981年7月至1988年3月，泰安地（市）委办公室机要科、综合科秘书（1981年10月至1982年10月，省委办公厅机要培训班学习；1985年9月至1988年7月，中央党校函授学院学习）；1988年3月至1990年11月，市政府办公室综合科、市委办公室综合科秘书（副科级）；1990年11月至1992年4月，市委办公室综合科秘书（正科级）；1992年4月至1996年6月，泰山航空游乐合资公司副主任（副县级）（1993 年 11 月至 1994 年 1 月，泰安市委党校县级干部进修班学习）；1996 年 6 月至 1997 年 12 月，泰安市土地管理局副局长、党组成员；1997 年 12 月至 2003 年 1 月，泰安市泰山区委副书记（1996 年 9 月至 1999 年 1 月，省委党校业余本科班学习；1999 年 3 ~ 6 月，省委党校县委书记进修班学习）；2003 年 1 月至 2004 年 12 月，泰安市科学技术局局长、党组书记（2001 年 9 月至 2004 年 6 月，省委党校在职干部研究生班经济管理专业学习；2004 年 2 ~ 12 月，省委党校第十四期中青年干部培训班学习）；2004 年 12 月至 2007 年 7 月，泰山景区管委主任、党工委书记，泰山林场（林业管理局）场长（局长）、泰山管理执法局局长；2007 年 7 月至 2009 年 12 月，泰山景区管委主任、党工委书记，泰山管理执法局局长；2009 年 12 月至 2010 年 1 月，泰山风景名胜区管委主任，泰山管理执法局局长；2010 年 1 月至 2011 年 4 月，泰山风景名胜区管委会主任、党工委副书记，泰山管理执法局局长；2011 年 4 月至 2016 年 1 月，泰山风景名胜区党工委书记，泰山管理执法局局长；2016 年 1 月至 2017 年 2 月，泰安市政协副主席、党组成员；2017 年 2 ~ 3 月，泰安市政协党组成员。

张甲军　男，汉族，1959 年 1 月出生，山东肥城人。1982 年 12 月加入中国共产党，1976 年 8 月参加工作。省业余大学学历。

1976 年 8 月至 1979 年 9 月，肥城王瓜店十里铺小学民办教师（兼村团支部书记）；1979 年 9 月至 1981 年 7 月，肥城师范学校学生；1981 年 7 月至 1983 年 9 月，肥城县第四中学教师、团委书记（1982 年 5 月至 1983 年 9 月，在肥城县教育局帮助工作）；1983 年 9 月至 1984 年 2 月，肥城县教育局干部；1984 年 2 月至 1988 年 3 月，肥城县人事局干部、股长（1984 年 8 月至 1986 年 6 月，泰安市委党校大专培训班学员）；1988 年 3 月至 1989 年 5 月，肥城县人事局长助理（副科级）；1989 年 5 月至 1990 年 3 月，肥城县人事局副局长（1988 年 8 月至 1990 年 2 月，挂职王瓜店镇东大封村党支部书记）；1990 年 3 月至 1992 年 10 月，泰安市社会劳动保险事业处科长；1992 年 10 月至 1993 年 12 月，泰安市劳动局办公室主任；1993 年 12 月至 1998 年 6 月，泰安市劳动局副局长、党委委员（1993 年 9 月至 1996 年 7 月，山东经济学院业余本科班学习；1997 年 9 月至 1998 年 9 月，挂职省劳动厅办公室副主任）；1998 年 6 月至 2002 年 3 月，泰安市政府办公室副主任、党组成员；2002 年 3 月至 2003 年 4 月，泰安市政府副秘书长、办公室党组成员；2003 年 4 月至 2010 年 1 月，泰安市劳动和社会保障局局长、党委书记；2010 年 1 月至 2012 年 2 月，泰安市人力资源和社会保障局局长、党委书记；2012 年 2 月至 2015 年 2 月，泰安市委组织部常务副部长（正县级）；2015 年 2 月至 2017 年 2 月，泰安市政协副主席、党组成员；2017 年 2 ~ 3 月，泰安市政协党组成员。

陈湘安　男，汉族，1959 年 4 月出生，山东泰安人。1976 年 7 月参加工作，1984 年 4 月加入中国共产党。大学学历。

1976 年 7 月至 1979 年 9 月，泰安县省庄公社桑家疃大队民办教师（计算连续工龄）；1979 年 9 月至 1983 年 7 月，曲阜师范学院中文系学生；1983 年 7 月至 1984 年 5 月，莱芜市（县级）城关镇党委宣传干事；1984 年 5 ~ 10 月，共青团莱芜市（县级）委宣传部部长；1984 年 10 月至 1988 年 12 月，泰安市委组织部党政科干事；1988 年 12 月至 1993 年 1 月，泰安市委组织部党政科副科级干事；1993 年 1 月至 1997 年 2 月，泰安市委组织员办公室组织员（正科级）；1997 年 2 月至 2000 年 1 月，泰安市委组织员办公室副主任、市委组织部组织科科长；2000 年 1 月至 2001 年 11 月，宁阳县委常委、组织部部长；2001 年 11 月至 2003 年 1 月，宁阳县委副书记、组织部部长；2003 年 1 月至 2006 年 12 月，宁阳县委副书记、县长；2006 年 12 月至 2007 年 3 月，东平县委副书记；2007 年 3 月至 2008 年 9 月，东平县委副书记、县长；2008 年 9 月至 2010 年 12 月，东平县委书记、党校校长；2010 年 12 月至 2011 年 12 月，东平县委书记、党校校长，县人大常委会主任；2011 年 12 月至 2012 年 2 月，泰安市政府党组成员；2012 年 2 月至 2017 年 2 月，泰安市政府副市长、党组成员；2017 年 2 ~ 3 月，泰安市政府党组成员；2017 年 3 月以后，泰安市委农村工作领导小组副组长。

朱旭光　男，汉族，1961 年 6 月出生，山东滕州人。1978 年 6

月参加工作，1981年3月加入中国共产党。在职大学学历。

1978年6月至1979年2月，滕县印刷厂工人；1979年2月至1984年7月，滕县法院书记员；1984年7月至1988年5月，滕县法院副院长（1983年9月至1986年9月，在华东政法学院法律专业函授学习）；1988年5月至1989年6月，滕州市法院副院长；1989年6月至1994年6月，滕州市法院副院长（正科级）；1994年6月至1998年10月，滕州市法院代理院长、院长；1998年10月至2000年12月，枣庄市中级人民法院副院长、党组副书记（1997年9月至1999年7月，在山东大学法学院宪法与行政法学专业研究生课程班进修学习；1997年7月至2000年6月，在山东干部函授大学业余本科班法律专业学习）；2000年12月至2002年2月，枣庄市中级人民法院副院长、党组副书记、执行局局长（2001年2月至2002年2月，在省委党校中青年干部培训班学习）；2002年2月至2010年12月，枣庄市中级人民法院副院长、党组副书记（2002年9月至2004年7月，在山东大学网络教育学院法学专业学习）；2010年12月至2011年1月，泰安市中级人民法院党组书记、副院长、代院长；2011年1月至2012年6月，泰安市中级人民法院院长、党组书记；2012年6月以后，泰安市中级人民法院院长、党组书记、市法官协会会长。

苏金森　男，汉族，1966年10月出生，福建莆田人。1993年11月加入中国共产党，1990年7

月参加工作。大学学历，法学学士。

1986年9月至1990年7月，华东政法学院法律系法学专业学习；1990年7月至1991年9月，威海市环翠区人民检察院干部；1991年9月至1992年7月，威海市环翠区人民检察院经济检察科助理检察员；1992年7月至1994年8月，威海市环翠区人民检察院经济检察科检察员；1994年8月至1995年8月，威海市环翠区人民检察院经济检察科副科长、检察员；1995年8月至1996年1月，威海市环翠区人民检察院反贪局侦查科科长、检察员；1996年1～11月，威海市环翠区人民检察院反贪局侦查科科长、副科级检察员；1996年11月至1997年10月，威海市环翠区初村镇党委副书记；1997年10月至1998年4月，威海市环翠区人民检察院党组成员、副检察长、检察委员会委员；1998年4月至1999年6月，威海市环翠区人民检察院党组成员、副检察长、检察委员会委员、正科级检察员；1999年6月至2001年12月，威海市环翠区人民检察院党组成员、副检察长兼反贪局局长；2001年12月至2002年2月，乳山市人民检察院党组书记、代检察长；2002年2月至2005年6月，乳山市人民检察院检察长、党组书记；2005年6月至2007年11月，威海市人民检察院副检察长、党组成员兼乳山市人民检察院检察长、党组书记；2007年11月至2008年6月，威海市人民人民检察院副检察长、党组成员；2008年6月至2011年12月，威海市人民检察院副检察长、党组成员、正处级检察员（2008年8～10月，省委党校第五十五期处级干部进修班学习；2009年2～7月，省委党校第十九期中青年干部培训班学习；2010年7月至2011年6月，挂职任最高人民检察院侦查监督厅审查逮捕一处副处长）；2011年12月至2012年1月，省人民检察院政治部副主任；2012年1月至2013年4月，省人民检察院政治部副主任、检察员；2013年4月至2015年1月，省人民检察院控告申诉检察处处长、举报中心主任、国家赔偿中心主任；2015年1～2月，泰安市人民检察院代检察长、党组书记；2015年2月以后，泰安市人民检察院检察长、党组书记。

吕军德　男，汉族，1960年12月出生，山东莱芜人。1982年4月加入中国共产党，1980年7月参加工作。省委党校大学学历。

1978年9月至1980年7月，泰安师范专科学校学生；1980年7月至1983年8月，肥城县城关公社团委干事、副书记；1983年8月至1984年7月，肥城县委办公室秘书；1984年7～10月，肥城县委调研室副主任；1984年10月至1986年6月，中共泰安地委纪委研究室副科级检查员；1986年6月至1989年5月，泰安市纪委调研室副主任（正科级）；1989年5月至1992年3月，泰安市纪委调研室主任；1992年3～12月，泰安市纪委办公室主任；1992年12月至1993年12月，泰安市粮油集团总公司（局）纪委书记、党委委员；1993年12月至1996年7月，泰安市粮油集团总公司（局）副总经理（副局长）、党委委员；1996年7月至1998年12月，泰安市粮食局副局长、党委委员(1995年9月至1997年12月，山东省委党校业余本科班学习，1995年10月至1997年4月，挂职宁阳县政府副县长)；1998年12月至2001年10月，泰安市粮食局副局长、党委副书记；2001年10月至2004年3月，泰安市粮食局局长、党委书记；2004年3月至2007年1月，泰安市委统战部副部长、台办主任；2007年1月至2013年10月，泰安市委统战部常务副部长（正县级）；2013年10月至2015年11月，泰安市委副秘书长，市直机关工委书记；2015年11～12月，泰安市委党校常务副校长（副厅级），市委副秘书长、市直机关工委书记；2015年12月以后，泰安市委党校常务副校长（副厅级）、校委会主任，行政学院院长。

姚霆 男，汉族，1963年5月出生，江苏建湖人。1985年7月加入中国共产党，1982年7月参加工作。大学学历。

1980年9月至1982年7月，泰安师专中文系学习；1982年7月至1987年3月，泰安商业技校教师（1984年9月至1987年7月，曲阜师范学院高师函授本科班中文专业学习）；1987年3月至1988年3月，泰安商业技校办公室副主任；1988年3月至1989年11月，泰安市委研究室秘书；1989年11月至1991年11月，泰安市委研究室秘书（副科级）；1991年11月至1992年3月，泰安市委研究室政教科副科长；1992年3月至1997年1月，泰安市委研究室政教科科长；1997年1～12月，泰安市委研究室《泰安工作》编辑部主任；1997年12月至2001年2月，新泰市委常委、宣传部部长（1998年9月至2000年6月，山东大学研究生课程进修班学习）；2001年2～12月，新泰市委副书记、宣传部部长；2001年12月至2003年1月，新泰市委副书记；2003年1月至2004年11月，泰安市委宣传部副部长(正县级)；2004年11月至2009年7月，泰安市委宣传部副部长、文明办主任(正县级)；2009年7～8月，泰安市教育局党委书记；2009年8月至2013年2月，泰安市教育局局长、党委书记;2013年2～4月，泰安市政府党组成员，办公室党组书记；2013年4月至2015年5月，泰安市政府秘书长、党组成员，办公室党组书记；2015年5～6月，泰安市政府秘书长、党组成员，办公室党组书记，泰山景区管委会主任、党工委副书记；2015年6月至2016年12月，泰山景区管委会主任、党工委副书记；2016年12月以后，泰山景区党工委书记。

王光锋 男，汉族，1960年6月出生，山东新泰人。1984年12月加入中国共产党，1977年7月参加工作。大学学历。

1977年7月至1978年10月，新泰县汶南公社中南辰小学民办教师；1978年10月至1980年7月，新泰师范学校学生；1980年7月至1982年8月，新泰县汶南公社联中教师；1982年8月至1983年3月，新汶市教育局干部；1983年3月至1984年4月，新汶市政府办公室干部；1984年4～11月，新泰市政府办公室秘书；1984年11月至1985年9月，新泰市政府办公室副科长；1985年9月至1986年4月，新泰市政府办公室科长；1986年4月至1989年4月，新泰市政府办公室副主任、研究室副主任（1983年9月至1988年6月，曲阜师范大学函授政治专业学习）；1989年4月至1990年5月，新泰市政府办公室副主任、研究室代主任；1990年5月至1993年12月，新泰市政府办公室副主任、研究室主任；1993年12月至1996年10月，新泰市谷里乡（镇）党委书记；1996年10月至1997年9月，宁阳县政府县长助理、党组成员，经贸委主任；1997年9～12月，宁阳县政府副县长；1997年12月至2000年1月，宁阳县委常委、县政府副县长；2000年1～11月，泰安市乡镇企业管理局局长、党组书记；2000年11月至2004年11月，泰安市中小企业局局长、党组书记；2004年11月至2005年4月，泰安市经贸委副主任、党委副书记，市中小企业办主任、党总支书记；2005年4月至2006年2月，泰安市政府副秘书长、市经贸委副主任、党委副书记；2006年2月至2010年1月，泰安市经贸委主任、党委书记；2010年1～2月，泰安市经济和信息化委员会党委书记；2010年2月至2016年12月，泰安市经济和信息化委员会主任、党委书记；2016年12月至2017年1月，泰安市经济和信息化委员会主任、泰山景区管委会主任；2017年1月以后，泰山景区管委会主任、党工委副书记。

张　宸　新泰市青云街道青云社区党委书记、居委会主任。山东新泰人，男，汉族，中共党员，大专学历，2000年8月参加工作。2016年荣获全国五一劳动奖章。

从事社区工作后，他团结带领广大党员干部职工求真务实、创新超越，推动社区经济和各项事业实现健康快速发展。2010年，正值社区城中村开发改造起步的关键时期，他把自家房屋抵押到银行贷款，用1年零11个月的时间，投资4.76亿元，和谐拆迁1026户，新建回迁楼51栋2052套，拆迁回迁率100%。积极参与创建国家卫生城市活动，带领社区创卫突击队坚守创卫一线，投入1700多万元进行软硬件设施改造，社区所属青龙路农贸市场创造了创卫满分的全国纪录。2015年8月，他被青云街道党工委派驻帮扶胡家沟村任第一书记，对该村帮扶治乱，帮助胡家沟村解决问题70多项，筹集发放救助物资达60多万元，仅用20天完成寨山路160多户的拆迁任务。为推进心系民心的安居工程，他个人垫资全线帮助该村建设回迁楼，一期8栋已全面竣工。《大众日报》在“第一书记”栏目中进行专题宣传报道。他积极壮大社区集体经济，以青龙路市场和新城建筑公司为经济龙头，坚持“集体资产不流失，创家业、留家产”的原则，新建1.5万平方米的东宸广场、3.2万平方米的社区服务中心综合体和2万平方米的宸隆大厦，三大商贸中心成为社区新的经济增长点。青龙路市场入驻商户1500多家，年交易量达180万吨，交易额突破22亿元，上交利税3000多万元，解决就业人员3000余人，被命名为“国家农业部定点批发市场”“山东省农业产业化重点龙头企业”。以青龙路市场为龙头，培植壮大民营商贸、物流运输、建筑装饰、化工建材、餐饮娱乐、综合购物等六大主导产业，带动广大居民就业创业。2016年社区经济总产值24亿元，集体收入4476万元，人均收入18900元，连续22年荣获新泰市青云街道集体经济发展冠军奖。弘扬孝道文化，打造百年民心工程。投资9600万元建成3万平方米的高标准老年公寓，成为全市规模最大的集居住、健身、医疗、康复、护理于一体的老年福利服务机构；投资729万元，建成15.2亩的“福宁园”公墓，并实行3000元殡葬补贴制；社区60岁以上老人养老金由最初的每人每月120元连年提升到现在的400元，并增加80岁以上老人2000元到3万元不等的高额寿星奖；社区幼儿免费入学，大学新生补助1000元至6000元不等的奖学金，入伍新兵补助1000元慰问金；每年拨付专款救助弱势群体，每户发放救助金6000元；社区居民医保等统筹费用全部由社区集体负担，做到应保尽保。建立健全社区工会工作制度和措施规范，创建张宸劳模创新工作室，建立职工之家，丰富职工文化生活。他个人捐献10万元爱心扶贫基金，先后出资30万元，结对帮扶困难职工20户，社区集体企业安置就业2000人，实现零剩余劳动力。青云社区先后荣获“全国敬老模范社区”“全国综合减灾示范社区”“全国社区商业示范社区”“山东省级文明社区”“山东省社区建设示范社区”“山东省充分就业和谐社区”等200多项荣誉称号。他本人先后荣获“全国孝亲敬老之星”“全国优秀共青团干部”“山东省优秀共青团干部”“山东省富民兴鲁劳动奖章”“泰安市劳动模范”“十大杰出青年标兵”等荣誉称号。

（张婷婷）

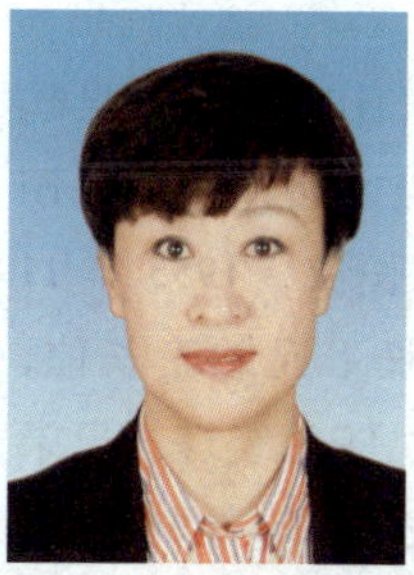

赵士梅　女，汉族，1968年11月出生，山东胶州人，大学学历。泰安泰山赵氏建材有限公司董事长、泰安市女企业家协会会长。2016年荣获“全国维护妇女儿童权益先进个人”荣誉称号。

她1995年创立泰安泰山赵氏建材有限公司，经过多年的艰苦奋斗、拼搏进取，公司逐渐发展成为泰安市装饰建材行业的龙头企业，年营业收入过亿元。在自身获得发展的同时，她深知“水有源、树有根”的道理，始终坚持把“服务人民、奉献社会”作为企业宗旨，以强烈的爱心和社会责任感，自觉回报国家和社会。她积极参与市妇联开展的“救助贫困母亲”活动，带领全市女企业家慷慨解囊、奉献爱心，为贫困母亲捐款捐物，弘扬乐善好施、扶危济困的传统美德，2011～2016年，共为贫困母亲捐款近百万元。她关爱弱势群体，多方资助困难学生，抚养社会孤儿，安置大批下岗职工就业。赵士梅先后资助贫困孩子16名，累计资助300万元，其中，最大的一名已大学毕业，最小的孩子仅4岁。她用自己的实际行动为贫困家庭撑起了一片希望的天空，被亲切地称为“爱心妈妈”。先后荣获中国经济女性年度突出成就人物、全国道德模范身边好人、全国“三八”红旗手、山东省“三八”红旗手、“山东省优秀女民营企业家”“首届泰安十大女杰”“十大女企业家”、感动泰安年度人物等国家、省、市级荣誉称号，当选山东省政协委员、省妇联十二届执委、泰安市政协常委、市妇联十届执委。（贾秀梅）

王长义　王长信　山东省宁阳县鹤山乡人，泰安金麦香面粉有限公司负责人。兄长王长义，1955年11月出生，任董事长；兄弟王长信，1964年2月出生，任总经理。兄弟俩三十载始终将诚信二字铭刻心间，

造就了一段“信义”人生。“先供心再做事，有人品才有生意”，这是一对常年和粮食打交道的“信义兄弟”的口头禅。30多年间，群众自愿把粮食卖给他们，只因他们从不“短斤少两”；合作伙伴愿意和他们做生意，只因他们总是“一诺千金”；就连出场车祸，肇事司机也能和他们由冤家变亲戚，只因他们“重情重义”。言忠信，行笃敬，兄弟俩用30多年的坚守，铸成“信义”的金字招牌，挺起新时代的道德脊梁。“信义兄弟”先后被授予第五届全国道德模范提名奖、第五届全省道德模范、“山东好人”2014十大年度人物等荣誉称号，2016年被评为首届“全国文明家庭”。

余松烈　（1921～2016）著名小麦栽培学家、教育家，中国工程院院士。2016年被表彰为“齐鲁时代楷模”。

1921年3月出生于浙江省慈溪县。1942年毕业于私立福建协和大学农学院农艺系。1949年到山东农学院工作，先后任讲师、副教授、教授、博士生导师，曾任农学系主任、山东省小麦技术顾问团团长等职务。1953年加入中国民主同盟，1980年加入中国共产党，曾担任民盟泰安市委主委、民盟山东省委副主委，山东省政协委员、山东省人大常委、全国人大代表，1997年当选中国工程院院士。2016年4月因病逝世，享年96岁。

在农业科学研究领域，余松烈作为中国现代小麦栽培学奠基人，研究创立小麦产量发展三阶段理论和冬小麦精播高产栽培理论，他的栽培理论创新和技术成果为中国现代小麦栽培学发展奠定基础，为小麦生产实现高产、优质、高效作出重要贡献。他的主要研究成果“小麦高产栽培的理论与实践”获1978年全国科学大会奖和山东省科学大会奖。“山东省黄淮海中低产地区夏秋粮均衡增产栽培技术研究”获1987年国家科技进步二等奖。“冬小麦精播高产栽培的理论与实践”获1992年国家科技进步二等奖。他创立的冬小麦精播高产栽培技术一直被农业部确定为全国农业主推技术，在黄淮冬麦区大面积推广，获得显著的经济效益和社会效益。由于余松烈在小麦科研和生产上的卓越贡献，1992年山东省委、省政府对他给予重奖；1996年滕州农民授予他“科教兴农功勋卓著”金质奖章；1999年荣获何梁何利基金科学与技术进步奖。

余松烈心系科技兴农、情注高产高效。他带领研究团队与企业合作研制小麦宽幅精量播种机，创建小麦宽幅精播高产栽培技术，被农业部定为全国农业主推技术。他带领研究团队建基地、创典型、做示范，2009年在滕州创出亩产789.9公斤的全国冬小麦最高单产纪录。2014年，招远市农业局综合利用小麦宽幅精播高产栽培等技术，实现亩产817公斤，再次刷新全国冬小麦单产纪录。

余松烈教书育人几十年，桃李满天下，为高等农业教育发展作出积极贡献。他领衔建成山东省属高校第一个博士点，建成山东省属高校第一个博士后流动站，开创作物栽培学科发展的新阶段。他主编《作物栽培学》《中国小麦栽培理论与实践》《山东小麦》《冬小麦的栽培》《冬小麦精播高产栽培》《作物栽培学》等著作10余部，发表论文50余篇，培养博士后4名、博士生20名、硕士生18名，为中国作物栽培学科的建设和发展作出突出贡献。

苏庆亮　（1970～2016）1970年4月出生，1994年2月加入中国共产党。2016年被表彰为“齐鲁时代楷模”。

1994年10月至2015年8月，担任大陆山村党支部书记（2009年12月至2016年3月先后担任天平街道办事处科员、副主任）。2016年3月，担任岱岳区扶贫办公室副

主任。苏庆亮是新时期基层党支部书记的杰出代表，他带领全村党员群众治水修路、绿化荒山，发展苗圃、茶园、生态旅游等产业，创新党建工作，完善基础设施，改善村风民风，走出一条由穷到富、由乱到治的富民强村之路。大陡山村先后荣获全国文明村、全国绿色小康村、全国巾帼示范村、山东省先进基层党组织、山东省旅游特色村、好客山东最美村庄、泰山先锋党组织等荣誉称号。

在担任天平街道办事处副主任、岱岳区扶贫办公室副主任期间，苏庆亮埋头苦干、任劳任怨，倾心尽力服务基层发展和民生，为建设新农村、发展现代农业和推进精准扶贫、精准脱贫做了大量工作。2016 年 7 月 24 日 17 时，因突发心肌梗死，经抢救无效，不幸与世长辞，年仅 46 岁。

苏庆亮先后荣获全国农村青年创业致富带头人、全国绿化奖章、全国劳动模范、全国科普惠农兴村带头人、全国孝亲敬老之星、山东经济腾飞“青春立功”活动二等功、山东省绿化奖章、山东省农村青年创业致富带头人标兵、山东省优秀共产党员、山东省十大杰出青年农民、山东省青年五四奖章、山东省劳动模范、泰安市十大杰出青年、泰安市优秀共产党员、振兴泰安劳动奖章等荣誉称号。

陈建民　宁阳县葛石镇人，1961 年 10 月出生，葛石镇杏山小学教师。三十多年间，他无怨无悔地工作在一线，带出 5000 多名学生，教学成绩一直保持全镇领先。而立之年他又进修专科学历，熟练掌握电脑操作，多篇论文获国家级奖项。妻子患尿毒症，自己被确诊为食道癌，但他却很乐观、坚强，病情有所好转就回校上课。2015 年妻子病故，处理完后事后，陈建民拖着病躯再度站在他挚爱的三尺讲台上。2016 年，陈建民被评为“齐鲁最美教师”。

张春霞　1977 年出生，山东肥城丘明中学教师。工作之余，倾情志愿服务，建立西部爱心公益社山东站，成立肥城市爱心公益协会。6 年间，远涉贵州、甘肃、宁夏、青海等地支教，陪伴 3000 多名学生度过假期；募集捐款、捐物逾 200 万元，帮扶困难群众和学生 1 万多人；组织参加公益活动 300 多项，志愿服务总时长超过 3000 小时。2015 年 9 月，张春霞被山东省文明办评为“山东好人之星”；10 月，被中央文明办评为“中国好人”。2016 年 2 月，在宣传部、组织部、中央文明办等 9 部和单位联合组织开展的志愿服务“四个 100”先进典型活动中被评为“全国最美志愿者”;3 月，被山东省宣传部、文明办、总工会、团省委、省妇联等部门评选为“山东好人 2015 十大年度人物”。2016 年，张春霞被评为“齐鲁最美教师”。

邢伟忠　泰安肥城市公安局汶阳派出所副所长。齐鲁最美警察。退伍从警，一颗赤心扎根农村，组建“老邢帮扶队”，走街串巷，进村入户，把做好事、解难事当成一种习惯；乐善好施，扶弱济困，把困难群众当成亲人，十二年如一日无私帮扶孤寡老人，爱民事迹装满行囊；细致入微、甘于平凡，热心服务一如既往，虽然没有轰轰烈烈的举动，却经常被村民夸在嘴边、记在心间。2016 年，邢伟忠被评为“齐鲁最美警察”。

张树泉　山东泰安人，泰安市中医医院副院长、脑病科主任、主任医师、山东中医药大学教授、硕士生导师。国家重点中医专科学科带头人、国家重点中医专科脑病协作组头痛副组长。怀揣悬壶济世之梦想，从医三十载，兢兢业业，勤于学习，精于钻研，在中西医结合治疗脑血管病方面走在全省前列，用心守护着百姓的健康。先后荣获“全国五一劳动奖章”“全国卫生系统先进工作者”“山东省名中医药专家”“泰安市专业技术拔尖人才”、全省卫生系统“服务好，质量好，群众满意”质量明星、全省卫生系统“两好一满意”示范标兵、“振兴泰安劳动奖章”、首批“泰山医学家”“泰安市百姓心中知名中医”等荣誉称号。2016 年，张树泉被评为“齐鲁最美医生”。

（高　珍）

卢慧书　女，汉族，1970 年 3 月出生，中共党员，大学本科学历。宁阳县信访局党组书记、局长。2017 年被省委、省政府表彰为全省信访工作先进个人，记一等功。

她牢记党的宗旨，以解决群众

实际问题、维护群众切身利益为出发点，先后参与接待处理群众上访1000起次，对群众反映强烈的“热点”问题进行专门调查、重点剖析、尽心调处，做到想百姓所想，急群众所急，做群众所盼。深入一线，扎实工作，紧紧围绕事要解决，经常深入一线，实地调查了解情况，跟踪督办重点案件。规范程序，苛求质量，提高效率，努力化解一大批信访积案。在全县开展以“县领导约访、乡镇领导家访、县直干部下访、村级干部代访、信访干部陪访”为主要内容的“五访”活动，增强信访工作的实效性。全县信访总量、越级上访量逐年下降，信访事项办结率和群众满意率大幅提升。着力提升业务，开拓创新，建立通报、约谈和问责制度，实现责任到位，常抓不懈；建立联合接访、信息快报、应急处置等工作制度，基层基础工作夯实有力；下重拳破解非访治理难题，信访秩序彻底好转；改造建设县接访中心，规范化、标准化程度不断提高。全县形成责任强化、渠道畅通、问题化解、程序规范的信访工作新氛围，2013～2015年，连续三年荣获全市信访工作先进单位。　（王建伟）

先进个人名录（部分）

全国五一劳动奖章获得者

张　宸　新泰市青云街道青云社区党委书记、居委会主任

全国优秀共青团干部

张　宸　新泰市青云街道青云社区团委书记

全国青年岗位能手

周广宇　山东能源新矿集团团委

全国优秀少先队辅导员

曹君培　新泰市汶城实验学校校外辅导员

全煤行业优秀共青团干部

袁　辉　山东能源新矿集团团委

全煤行业青年五四奖章

王旺旺　山东能源新矿集团团委

全国维护妇女儿童权益先进个人

赵士梅　泰安泰山赵氏建材有限公司董事长

全国文明家庭

王长义　王长信家庭

2016全国“最美家庭”

刘炳清家庭　莱芜市高庄街道办事处

周　菊家庭　泰山区青年路28号

第十届全国五好文明家庭

和西梅家庭　泰山区科山路19号

田秀英家庭　肥城市安临站镇冯杭村

全国幸福家庭

黄翠芸家庭　泰安市岱岳区

公安部南京警犬研究所表彰警犬技术工作

十佳刑侦用犬先进个人

许晓峰　市公安局刑事侦查支队警犬技术大队副大队长

大型活动安保先进个人：

时　涛　新泰市公安局刑事侦查大队科员

王家柱　肥城市公安局刑事侦查大队科员

公安部消防局表彰公安消防部队安全工作和执勤训练工作

优秀支队指挥员：

刘　锋　市公安消防支队司令部参谋长

优秀中队指挥员：

王　森　市公安消防支队特勤一中队代理副中队长

第一届全国检察机关案件管理业务标兵

苏　康　宁阳县人民检察院案管中心副主任、研究室副主任、检委办副主任

检察日报社优秀通讯员

李进全　东平县人民检察院政治处科员

第五届中国检察官文化论坛征文三等奖

孟令羽　肥城市人民检察院技术科科员

全国法院党建工作先进个人

周　辉　东平县人民法院

全国优秀法官

刘万金　东平县人民法院

全国法院办案标兵

仉　磊　泰安市中级人民法院

全国法院司法警察技能大比武

个人一等功：

赵玉鹏（岱岳区人民法院）

嘉奖：

季　滕　范运德　李培川

王　宇（岱岳区人民法院）

通报表扬：

李　樑（泰安市中级人民法院）　厉兆鑫

郑荣成　郑德勇　张君宝　耿　凯　岳　强

孙志强　王安宁　赵冬晓

李　凯（岱岳区人民法院）

巩克洋（新泰市人民法院）

全国人民防空先进个人

梁　波　泰安市人民防空办公室

2011～2015年全国法治宣传教育先进个人

陈英鹏　山东省新泰市司法局局长

王德宝　山东省宁阳县司法局副局长

全国优秀信访局长

亓顺民　泰安市委副秘书长、信访局局长

全国信访系统先进工作者

杨世崇　新泰市信访局局长

2016年全国气象系统科普解说大赛一等奖（第三名）

张海燕

全国税务师行业“优秀党务工作者”

和法伟　泰安市地方税务局

山东省富民兴鲁劳动奖章获得者

庞广礼　山东泰邦生物制品有限公司总经理

公建祥　新矿集团翟镇煤矿矿长

张树强　泰安启程车轮制造有限公司热加工车间副主任

朱　健　山东容大医药有限公司销售部经理

高　罡　新泰市公安局刑侦大队一中队中队长

李京丰　肥城市地方税务局局长

朱宁鹏　山东华宁矿业集团有限公司维修队长

张明臣　瑞星集团股份有限公司化肥车间副主任

李惠新　泰安市地方税务局高新技术产业开发区分局副局长

孙明珍（女）　泰安市财政局社会保障科科长

张新忠　国网山东省电力公司泰安供电公司营销部电费电价专责

张格云（女）　泰安市妇幼保健院特检科主任

胡开剑　泰安市广播电视台党委副书记

高广东　山东省泰安第二中学教师

山东省优秀共青团干部

徐文晶（女）　泰山区财源街道团工委

葛翔千　共青团新泰市委书记

李　琳　共青团宁阳县委

宫以文　东平县经济开发区管委会

张林林（女）　泰安市红十字会中心血站团支部书记

山东省优秀共青团员

韩　菲（女）　泰安市中心医院急诊科护士

倪凯源（女）　泰安二中高一（1班）学生

吴海敬　泰安市泰山风景名胜管理委员会消防队消防员
李翰宇　新泰市第一中学高三10班学生
张　楠　国网山东省电力公司东平县供电公司运维检修部变电运维技术专责

山东省青年志愿服务先进个人

钱继红（女）　泰安市岱岳区人民法院徂徕人民法庭副庭长
陈　超　泰安市中心医院重症医学科第三团总支第三团支部书记

省"牵手关爱行动"首批优秀志愿者

刘荣星　共青团东平县委
赵冰心（女）　东平县关工委
王　丽（女）　东平县教育局
桑　燕（女）　东平县东平街道

省三八红旗手

任秀林　泰安市泰山区妇联主席
王　玲　泰安市岱岳区妇联主席
代倩倩　泰安市北方车辆有限责任公司总经理
钱继红　岱岳区法院徂徕人民法庭副庭长
左　鹏　泰安市福缘堂老年养生苑院长
谢　荟　兴岳食品股份有限公司董事长、总经理
陈丽萍　泰安市中心医院小儿内科副主任
梁荣芹　山东科技大学泰安校区后勤服务公司副经理、幼教中心主任
李延峰　泰安市鲁阳金属制品有限公司董事长

全省妇女儿童工作先进个人（省委、省政府表彰）

张　强　泰安市教育局教科所副所长

山东省妇女儿童工作先进个人

葛　新　泰安市妇女联合会主席
于彦萍　泰安市公安局交通警察支队车辆管理所所长
傅连臣　泰安市卫生和计划生育委员会基层卫生和妇幼保健科科长
李　为　泰安市统计局社会科科员
刘文红　市社会劳动保险事业处统计信息科科长
石秀娟　泰安市岱岳区山口镇卫生院医师
陈新建　新泰市妇女联合会主席

省巾帼建功标兵

赵丽丽　泰安市中心医院人力资源部主任
夏　芳　泰安市岱岳区范镇党委副书记、镇长
陈　丽　泰安中心医院CT、MR室护士长
高　燕　肥城市实验中学教师

省巾帼增收带头人

庄　文　新泰惠生活电子商务有限公司经理
纪茂香　东平迎宾馆总经理

省妇女创新创业大赛优秀奖

吴真真

全省妇联系统新闻宣传工作先进个人

王　丽　岱岳区妇联
刘丽华　肥城市妇联

山东省第十届"十佳好军嫂"提名奖

李培培　东平县矿产业管理委员会科员

山东省最美孝德家庭

戴雪梅家庭
李继明家庭
李董氏家庭

山东省最美孝德家庭提名奖

胡翠香家庭

第一届全省文明家庭

张维明　于　蕊家庭　泰安市泰山区岱庙办事处
吕云成　李元爱家庭　岱庙街道花园社区
刘梅元　汪庆菊家庭　粥店街道粥店社区
鲁　华　康　蔚家庭　新泰市向阳路平阳社区
刘　珂　葛慧玲家庭　新汶街道大洛沟社区
孟宪玺　马桂荣家庭　肥城市汶阳镇教师公寓
王　桥　宁留青家庭　宁阳县伏山镇府前路1号
刘振安　王桂平家庭　东平街道李范村社区
方振玉　瞿广红家庭　东平县锦绣华庭小区
任中兴　杨会利家庭　泰山区农大社区
沈　健　陈海玲家庭　泰山区温泉东区
孟广琴家庭　岱岳区天平街道大陡山村
吴丽华家庭　肥城市新城办事处
董世英家庭　宁阳县文庙街道张庄村

全省公安系统先进个人

记二等功：

姚文良　市公安局特巡警支队三大队副主任科员
高　罡　新泰市公安局刑事侦查大队一中队中队长
鲍光然　市公安局治安警察支队科员

记三等功：

梁　栋　肥城市公安局刑事侦查大队二中队副中队长
许振坡　宁阳县公安局八仙桥派出所所长
仉义光　市公安局泰山景区分局红门派出所副所长
张照华　市公安局网络安全保卫支队副主任科员
张小峰　市公安局警卫处参谋
徐继远　市公安局泰汶分局治安特警大队大队长

省知识产权局、省公安厅表彰知识产权执法工作成绩突出个人

武新华　市公安局经济犯罪侦查支队三大队副大队长
徐西强　市公安局泰山区分局经济犯罪侦查大队副大队长
彭　义　东平县公安局经济犯罪侦查大队科员

省公安厅记个人二等功

郝朝杰　市公安局特巡警支队应急突击队科员
李　学　市公安局经济犯罪侦查支队一大队副大队长
张玉良　市公安局技术侦察支队七大队科员
赵　磊　市公安局治安警察支队副支队长
李　凯　市公安局交通警察支队泰山区城东大队勤务一中队中队长
郭业新　市公安局泰山区分局三里派出所法制中队队长
刘　涛　市公安局岱岳区分局副局长
李承田　市公安局泰山景区分局大津口派出所教导员
徐　磊　新泰市公安局新汶派出所副所长
李　刚　肥城市公安局经济犯罪侦查大队副大队长
许鲁宁　宁阳县公安局刑事警察大队一中队中队长
杨　斌　东平县公安局刑事侦查大队四中队副中队长

省公安厅表彰“齐鲁最美警察”

邢伟忠　肥城市公安局汶阳派出所副所长

全省优秀检察官

王　永　泰山区人民检察院刑事执行检察科副科长
苏　康　宁阳县人民检察院案管中心副主任、研究室副主任、检委办副主任

第一届全省检察机关案件管理业务标兵

苏　康　宁阳县人民检察院案管中心副主任、研究室副主任、检委办副主任

第一届全省检察机关案件管理业务能手

窦应俏　岱岳区人民检察院案件管理中心科员

全省检察机关侦查监督业务标兵

张汶庆　泰安市人民检察院反渎职侵权局渎职犯罪侦查处副处长

全省检察机关侦查监督业务能手

郭　静　泰安市人民检察院侦查监督处副处长

全省民事行政检察业务竞赛能手

李思然　肥城市人民检察院民事行政检察科副科长

2015 年度全省检察机关信息工作先进个人

郑　岩　泰安市人民检察院办公室副主任

全省检察机关侦查监督部门“优秀办案人”

董　新　泰安市人民检察院侦查监督处副处长
韩清友　新泰市人民检察院侦查监督科科长

全省检察机关反贪部门优秀侦查员

王　锐　新泰市人民检察院反贪污贿赂局侦查四科科长

全省检察机关反渎部门优秀侦查员

张军建　泰安市人民检察院反渎职侵权局渎职犯罪侦查处处长
张公营　岱岳区人民检察院反渎职侵权局局长

援疆援藏业务骨干表彰（记个人三等功）

张勤勇　泰安高新技术产业开发区人民检察院刑事检察科科长

2015年度《山东检察》宣传工作优秀通讯员

张　娜　新泰市人民检察院政治处科员

全国“两会”期间进京接访通报表彰

孔祥军　泰安市人民检察院副主任科员

全省检察机关反贪部门二级侦查优秀人才库

刘晓枫　泰安市人民检察院反贪污贿赂局副局长
赵志刚　泰安市人民检察院反贪污贿赂局正科级检察员
张　明　泰山区人民检察院反贪污贿赂局侦查二科科长
邹本义　新泰市人民检察院反贪污贿赂局侦查三科科长
王　锐　新泰市人民检察院反贪污贿赂局侦查四科科长

全省未检人才储备平台

丁　强　宁阳县人民检察院未成年人刑事检察科科长、公诉科副科长

全省检察机关计财装备工作先进个人

刘天军　泰安市人民检察院正科级检察员、行政装备处副处长

全省检察机关财务报表编报工作先进个人

刘水寒　泰安市人民检察院行政装备处科员

全省法院接访处访能手

米成学　新泰市人民法院

全省法院接访处访能手观摩评比活动予以通报表扬

徐元强

全省法院先进个人

王翠萍　泰山区人民法院
王月红　岱岳区人民法院
王德帅　新泰市人民法院
马　涛　肥城市人民法院
郭庆勇　东平县人民法院

省法院记个人一等功

姬建伟　新泰市人民法院

省法院记个人二等功

宋　斌　泰安市中级人民法院
王立瑶　泰山区人民法院
薛厚忠　岱岳区人民法院
白　平　新泰市人民法院

全省人民防空先进个人

朱效建　泰安市人民防空办公室
龚贤华　泰安市人民防空办公室
张　正　泰安市人民防空办公室

2013～2015年度全省信访工作先进个人

省委、省政府表彰，记一等功

卢慧书　宁阳县委办公室副主任、县信访局局长

省委办公厅、省政府办公厅、省人社厅表彰，记二等功：

韩立强　泰安市公安局副局长、调研员
杨庆国　肥城市公安局副局长

记三等功：

张　力　泰山区委办公室副主任、区信访局局长
彭元军　岱岳区信访局副局长
杨世崇　新泰市信访局局长
郑玉寅　东平县委办公室副主任、县信访局局长
石　炜　泰山景区信访中心副主任

2011～2015年全省普法依法治理工作先进个人

模范个人：

施卫东　泰安市岱岳区司法局副主任科员

先进个人：

张文珂　泰安市人大法工委副主任
杨　红　泰安市政协社会法制和民族宗教委副主任、工作室主任
王凌强　泰安市中级人民法院刑二庭庭长
郑冬梅　泰安市检察院控申处处长
闫秀华　泰安市交警支队法制大队教导员
李宗军　泰安市民政局人事科科长
赵玉栋　新矿集团翟镇煤矿党群工作部副主任
杨中东　泰安市岱岳区广播电视台台长

马新华　宁阳县磁窑镇党委书记

先进工作者：

王坤华　泰安市泰山区司法局局长

武心国　肥城市司法局局长

孟昭兴　东平县司法局副局长

赵文君　泰安市司法局宣传科副主任科员

2016 齐鲁最美教师

陈建民　宁阳县葛石镇杏山小学教师

张春霞　肥城市丘明中学教师

第二批齐鲁名校长建设工程人选和第三批齐鲁名师建设工程人选

孔令国　山东省宁阳第一中学

吕华山　山东省泰安英雄山中学

刘建国　泰安六中

张建民　肥城市汶阳镇初级中学

曹玉红　新泰市实验幼儿园

梁荣芹　山东科技大学幼儿园

雷　鹏　肥城市实验小学

颜世民　肥城市龙山小学

薛启华　新泰泉沟中学

石　菁　山东省泰安第一中学

付继强　肥城市王瓜店街道办事处新胜小学

刘秋梅　宁阳县第一小学

李　方　宁阳实验幼儿园

吴　红　泰山学院附属中学

齐鲁最美医生

张树泉　泰安市中医医院副院长、脑病科主任

山东省卫生计生系统医德先进个人

杜　波　泰安市中心医院

全省地面气象观测工作优秀个人

陈小霞　卢西旺　刘　云　纪凌燕

2016 年度全省气象服务先进个人

陈小霞

2016 年度全省气象服务贡献奖

朱　强

2016 年度各市地方税务局领导班子成员绩效管理优秀个人

张鲁光　泰安市地方税务局

李　达　泰安市地方税务局

李西坤　泰安市地方税务局

全省地税系统十佳最美税务人

尹燕胜　肥城市地税局纳税服务中心主任

全省地税系统最美税务人

李延平　泰安市地税局岱岳分局天平中心税务所副所长

孟宪礼　东平县地税局纳税服务中心主任

全省税收调查工作先进个人

范　华　泰安市国税局收入核算科

王颖颖　泰安市市区国税局

李润杰　泰安市高新区国税局

徐明伟　宁阳县国税局

李洪波　肥城市国税局

周岐祥　泰安市地方税务局

姜秀荣　泰安市地方税务局

姜　欣　泰安市地方税务局直属征收局

刘　云　泰安市地方税务局岱岳分局

徐慧颖　东平县地方税务局

2016 年度全市社会治安综合治理工作先进个人

孙　雷　市纪委信访室副主任

王明军　市委维稳办协调指导科科长

刘光辉　市委组织部干部教育科科长

何召松　市委宣传部宣传科科长

余蓬钢　市委统战部办公室副主任

鞠　伟　市信访局督查科主任科员

王　舰　市法院刑一庭副庭长

张翔红　市检察院侦监处处长

任军勇　市公安局交警支队岱岳区大队大队长

史　超　市司法局 148 协调指挥中心副主任

侯继辉　泰山区综治办主任

姚传中　岱岳区综治办副主任

王文军　新泰市委政法委副书记、市综治办主任

有保龙　肥城市委办公室副主任、市信访局局长

郑如超　宁阳县公安局刑警大队副大队长

刘海霞　东平县委政法委副主任科员、执法督查科科长

李　军　新汶矿业集团公司综治办科员
武　磊　肥城矿业集团公司曹庄煤矿综治办科长
周长青　泰安高新区北集坡街道综治办主任
李　冬　泰山景区社会事业局副局长，村街管理中心党委书记、主任

全市信访工作先进个人

张　力　泰山区委办公室副主任、区信访局局长
丁式涛　泰山区徐家楼街道副局级干部
焦克静　岱岳区天平街道党工委副书记
陈　民　新泰市政府信访复查办公室副主任
阴素芬（女）　肥城市桃园镇信访办主任
续文国　宁阳县信访局副局长
路　刚　东平县东平街道党工委副书记
刘倩倩（女）　市纪委信访室正科级纪检监察员
李　盟　市委组织部组织一科科长
韩大伟　市法制教育中心副主任
刘　强　市政府信访事项复查复核委办公室主任
孙士刚　市委维稳办督查调研科科长
丁连厚　市教育局办公室主任
汪永峰　市公安局信访处副处长
王　岩　市公安局特巡警支队副支队长
张贵珍（女）　市国土资源执法监察支队综合科副科长
刘友来　市交通运输局办公室科员
陈　挺　市农业经营管理站副站长
黄　勇　市国资委信访工作科科长
高　腾　泰山景区南天门管理区副区长

2011～2015年全市普法依法治理工作先进个人

市委、市政府表彰：

司秀芝（女）泰山区司法局党组成员、副局长
于洪伟（女）泰山区司法局副主任科员、徐家楼司法所所长
李春颢　岱岳区文明办综合科科长
陈　燕（女）岱岳区广播电视台副台长
李　蕾（女）岱岳区司法局宣传科副科长
马丽丽（女，回族）　新泰市民族宗教局局长
申　健　新泰市人社局党委书记、局长
鹿业武　新泰市国土资源局党组成员、副局长
米　尧　国网新泰市供电公司法务部主任
陈　香（女）肥城市司法局法制宣传科科长
曹金花（女）肥城市司法局石横司法所所长
孔文渊（女）肥城市司法局汶阳司法所所长
孔庆磊　宁阳县司法局党组成员、副主任科员
赵井龙　宁阳县八仙桥街道党工委委员、副主任
于正明　华宁矿业集团有限公司党委副书记
马俊峰　东平县政府办公室副主任
张　斌　东平县司法局局长、县普法办主任
李振福　东平县斑鸠店镇党委书记
巩如雷　泰安市纪委组织部副部长
刘　鹏　泰安市委组织部办公室副主任科员
刘桂军　泰安市委督查室副主任
陈来明　泰安市直机关工委宣传部部长
韩　念　泰安市经济和信息化委综合科主任科员
高　峰　泰安市司法局宣传科科长
高敏兰（女）　泰安市农业局政策法规科科长
王笃宝　泰安市卫生计生委法监科科长
刘自杰　泰安市打私办副主任
孙　宁　泰安高新区高创中心团委书记
吴　超　泰山景区法制办副主任
刘明刚　泰安市国税局政策法规科副科长

市委宣传部、市委政法委、市人力资源和社会保障局、市司法局、市普法办公室表彰：

黄丽娟（女）　泰山区委宣传部理论科科长
王传江　泰山区泰前街道综治办主任
魏远智（女）　泰山区司法局法制宣传科副科长
李长虹　泰山区司法局财源司法所所长
杜凤霞（女）　泰山区司法局邱家店司法所所长
闫　艳（女）　泰山区人民检察院研究室副主任
刘　峰　岱岳区粥店街道党工委副书记
张　丽（女）　岱岳区人民法院少审庭副庭长
万　超　岱岳区人民检察院派驻天平检察室主任
羊兴风（女）　岱岳区财政局条法税政科科长
董海涛　岱岳区实验中学政教主任
张士来　岱岳区司法局汶口司法所所长
潘　林　新泰市东都镇党委副书记
吕桂民　新泰市人民法院新汶法庭庭长
徐加华　新泰市人民检察院派驻汶南检察室副主任
葛　朋　新泰市公安局交警大队党支部委员
孙兆荣（女）　新泰市工商局法制科科长
陈　娟（女）　新泰市广播电视局总编辑
孙德国　新泰市翟镇中心小学校长
梁乙胜　肥城市潮泉镇党委副书记、政协联络室主任

翟连振　肥城市司法局王瓜店司法所所长
聂宝河　肥城市司法局湖屯司法所所长
有维忠　肥城市司法局桃园司法所所长
马　勇　肥城市司法局安庄司法所所长
李　伟　肥城市司法局边院司法所所长
张连忠　宁阳县葛石镇党委委员
张茂健　宁阳县乡饮乡党委副书记
李怀强　宁阳县教育局基教科科长、团委书记
张继哲　宁阳县公安局法制科科长
王洪桥　宁阳县委宣传部文教科科长
肖　鹏　宁阳县县直机关工委委员、办公室主任
孔　波（女）　宁阳县委农工办社区建设科科长
王　杰（女）　东平县司法局宣传科科长
孙延俭　东平县城市管理综合执法局局长
刘思山　东平县食品药品监督管理局局长
何　冰　东平县教育局局长
王旭鹏　东平县委宣传部常务副部长
张格柱　东平县大羊镇党委书记
王建军（回族）　东平县戴庙镇党委书记
冯守栋　泰安高新区街道管理中心党委委员、副主任
宁媛媛（女）　泰山景区管理行政执法局科员
杨晓萍（女）　市妇联儿童部部长
丁连厚　市教育局办公室主任
朱宝民　市政府行政复议办公室副主任
崔大勇　市国资委人事科副科长
高　磊　市住建局行业安全管理科科长
田国荣　市交通运输局政策法规科副科长
陈　坤　市文化广电新闻出版局办公室副主任
张　玲（女）　市国土资源局法规科科员
赵建华　市质量技术监督局监督与法制科副科长
王　慧（女）　市地税局政策法规科副主任科员
王　康　市公安消防支队防火监督处工程审核科工程师
史　衍（女）　市安监局规划科技科科长
刘德超　泰安军分区政治部干事
郑金虎　泰山医学院副教授
张文彬　泰山学院副教授
肖　文　市公证处副主任
于学东　山东华林律师事务所主任、律师
王　军　山东蓝天律师事务所副主任、律师
张广峰　山东公允律师事务所律师

2016 年度全市应急管理工作先进个人

张晨光　泰山区政府应急办应急值守科科长
王　强　泰山区电子政务办公室科长
陈奕彬　泰山区岱庙街道办事处党政办科员
黄桂清　岱岳区政府应急办综合科科长
张　斌　岱岳区天平街道办事处党政办主任
陈　飞　岱岳区天平街道办事处党政办科员
刘元浩　新泰市政府应急办副主任科员
徐加泉　新泰市政府应急办副主任科员
尹　镇　肥城市教育局安监科科长
唐　勇　肥城市环保局应急科科长
张旭彬　宁阳县政府应急办副主任
李　远　宁阳县政府办公室秘书科科长
田　浩　东平县政府应急办综合科科长
彭衍胜　东平县安监局副局长
张爱军　市政府应急办正科级干部
刘　栋　市政府办公室综合科副科长
张　浩　市政府便民服务中心受理科副科长
张　晶　市发展改革委办公室副主任
朱建民　市经济和信息化委经济运行处科员
葛瑞峰　市公安局指挥中心指挥长
陈　阳　市民政局救灾科副科长
李星辰　市国土资源局地质环境科科员
张　鹏　市住房城乡建设局科长
李国栋　市规划局高新区直属分局副局长
刘友来　市交通运输局办公室科员
张　瑜　市水利渔业局防汛抗旱办公室科员
张　帆　市外商投资服务中心副主任
黄　茜　市卫生计生委地方病防治办公室主任
王国超　市体育局办公室科员
刘　凯　市林业局科员
王忠劼　市林业局防火办科员
李　宝　市旅游局办公室科员
刘　谦　市安监局工商贸科科员
许　峰　市人防指挥信息保障中心主任
邹　磊　市人防办职员
刘东军　市食品药品监管局综合协调科副科长
亓　欣　市质监局办公室副主任
巩恩奎　泰山林场副场长、景区应急办主任
曹芝振　市物价局办公室科员
刘明湖　市粮食局机关党委专职副书记
马　峰　市金融办保险与担保科副科长
孙新贺　市煤炭局安全监察科副科长

许　民　市公安消防支队虎山中队副中队长
刘　涛　市邮政管理局市场监管科科长
王兆华　市气象局办公室科员
宋庆健　市水文局办公室副主任

2016年度市政府民生服务工作先进个人

范维志　岱岳区民生服务中心主任
李长院　岱岳区天平街道民生办主任
刘广普　泰山区上高街道党政办科员
张传营　泰山区人力资源社会保障局劳动监察大队副大队长
刘　斌　新泰市政府民生服务管理办公室科员
李　磊　新泰市政府民生服务管理办公室科员
李　健　肥城市城市管理（行政执法）局联系服务群众办公室主任
张海誉　宁阳县群众利益服务中心督办科科长
李秋江　东平县政府民生服务管理办公室科长
周　平　泰安高新区管委信访办副主任
贾世超　泰山景区党政办综合接待办副主任
徐庆杰　市公安局指挥中心指挥调度室副主任
吴慧敏　市公安局交警支队宣传科科员
刘大海　市公安局交警支队设施科副主任科员
张庆东　市财政局企业科主任科员
安　安　市人力资源社会保障局工作人员
刘西花　市规划局综合科科员
吴　琼　市食品药品监管局办公室副主任
刘　朋　市国税局纳税服务科科员
侯　峰　市物价局科员
张　娟　泰山索道运营中心运营管理处处长
刘爱新　国网泰安供电公司营销部专工
王力琴　泰安联通公司业务主管
陈　健　泰安移动通信公司客服中心投诉处理员
邱　芳　市公交公司党委办公室科员
苏燕青　市国土资源局科员
刘亚璇　市城管局城市管理指挥调度中心科员
汪　岩　市城市管理局直属一大队副大队长
杜国栋　市住房城乡建设局城市管理科科员
吕　彬　市中医医院办公室副主任
张晓凤　市房管局房产管理科副科长
曹　蕾　市交通运输局交通信息服务中心副科长
王大海　山东广电网络有限公司泰安分公司企管部经理
张贺玲　市公用事业管理局服务督查办副主任
李　娜　市公用事业管理局服务大厅值班长
张凤荣　市自来水公司企管科副科长
李永明　市自来水公司营业所客服组组长
张　维　泰山燃气集团调度及热线中心副经理
高　岩　泰山燃气集团服务督查办督办员
吴　玲　泰山城区热力公司客户服务中心副主任
王承承　泰安日报社舆情中心“12345”热线工作人员
王海龙　泰安日报社舆情中心“12345”热线工作人员
王晓波　泰安日报社舆情中心“12345”热线工作人员
张　倩　泰安日报社舆情中心“12345”热线工作人员
韩广笑　泰安日报社舆情中心“12345”热线工作人员
李　瑾　泰安日报社舆情中心“12345”热线工作人员
王　菲　泰安日报社舆情中心“12345”热线工作人员
陈　锦　泰安日报社舆情中心“12345”热线工作人员
崔迎雪　泰安日报社舆情中心“12345”热线工作人员
聂艳艳　泰安日报社舆情中心“12345”热线工作人员

2016年度泰安市首席技师

刘　涛　泰山玻璃纤维有限公司
刘　伟（女）　泰山玻璃纤维有限公司
李　辉　泰安市泰山城建热电有限公司
孙启栋　泰山酒业集团股份有限公司
车　勇　山东医药技师学院
吴传利　泰安航天特种车有限公司
徐　振　中国重汽集团泰安五岳专用汽车公司
米锡奎　山东泰安交通运输集团有限公司
张　勇　山东厚丰汽车散热器有限公司
张庆华　山东岱银纺织集团股份有限公司
王　刚　泰安市岱岳区职业教育中心
王文革（女）　泰安如意科技时尚产业有限公司
安　健　山东中选机械设备有限公司
孙建刚　泰安瑞泰纤维素有限公司
孟祥会　山东泰鹏集团有限公司

张 文 山东傲饰集团有限公司
杨庆珍 山东金阳矿业集团有限公司
高 文（女） 山东华阳农药化工集团有限公司
陈国宏 国网山东省电力公司宁阳县供电公司
徐金锋 东平迎宾馆

《泰安年鉴（2017）》优秀撰稿人

刘淑文 市委办公室
苏智伟 市人大机关
王宁波 市政府办公室
刘 峰 市政协机关
范克岩 市委组织部
高 珍 市委宣传部
赵 越 市精神文明建设委员会办公室
王 勇 市委统战部
朱传伏 市机构编制委员会办公室
陈来明 市直机关工作委员会
梁 波 市人防办
葛宗泰 市发改委
王 涛 市物价局
李 慧 市粮食局
韩 念 市经济和信息化委员会
景 婧 市教育局
姚 文 市科学技术局
刘 丽 市公安局
高 磊 市财政局
王先琪 市民政局
张 斌 市人力资源和社会保障局
裴 鹏 市国土资源局
李 燕 市住房和城乡建设局
张 文 市交通运输局
焦 健 市水利和渔业局
张洪燕 市农业局
和沐雯 市商务局
桑运昌 市文化广电新闻出版局
张 波 市卫生和计划生育委员会
王 斌 市环保局
任建波 市外事侨务办公室
张 涛 市统计局
张海平 市林业局
张作祥 市旅游局
王玉梅 市食品药品监督管理局
张 军 市工商行政管理局
陈丽君 泰安高新技术产业开发区管理委员会
吴克欣 泰山风景名胜区管理委员会
程文涛 泰安日报社
司 刚 泰安日报社
王国梁 泰安日报社
赵文文 泰安日报社
赵传勇 市经济合作局
马 峰 市金融工作办公室
汪卫东 泰安广播电视台
马 跃 泰安市中级人民法院
张婷婷 市总工会
单美菁 团市委
贾秀梅 市妇女联合会
苏 军 市国税局
曹丙珂 市地税局
张景浦 中国人民银行泰安市中心支行
赵同健 中国银行泰安分行
翟 曜 省农信社泰安办事处
张 帅 市保险协会
孙 涛 泰安供电公司
齐敏华 山东科技大学
刘玉朴 泰山区史志办
程建民 岱岳区史志办
王得众 新泰市史志办
郝 航 肥城市史志办
胡房亭 宁阳县史志办
杜 梅 东平县史志办

编校 戚淑娟　　审稿 周美广

附　录

2016年中央、省主要媒体关于泰安的重要报道索引

人民日报

山东新泰推行村支书层级管理—同是村书记　干好就升级　（2月25日）
东平县湖西斑鸠店镇侯河村村民扈新建归家记　（6月12日）
追记山东泰安市岱岳区扶贫办原副主任苏庆亮——认准了的事就放手干　（10月10日）
“认准了的事就放手干”——追记山东泰安市岱岳区扶贫办原副主任苏庆亮　（10月18日）
山东农大在田间地头搞科研　因农而生，向农而兴　（11月23日）

新华社

东平创新党校管理培训模式破解农村党员教育难题　（1月18日）
新泰创新机制多渠道构建清朗网络空间（1月25日）
宁阳定点配送模式力保肉品安全下乡　（2月1日）
新泰推行村支部书记管理激发干事活力　（2月29日）
肥城以组合拳打造经济转型发展的电商引擎　（2月29日）
宁阳“帮帮团”模式让大学生“抱团”创业　（3月21日）
宁阳：土地流转“魔方”旋转激活新农业　（5月2日）
新泰“三集中、三到位”促行政审批提速增效　（5月16日）
泰安依托循环经济打造转型升级“绿色引擎”　（5月23日）
泰安岱岳区借力新产业精准扶贫显实效（5月30日）
纺织服装企业“走出去”的山东岱银样本　（7月11日）
宁阳以“合成化”现代警务作战机制提效能　（7月11日）
打出泰山区个性化定制“扶贫菜单”促脱贫　（7月25日）
扶贫“解渴”井　千年古村焕发生机　（7月31日）
泰山景区完善机制促服务水平提档升级　（8月1日）
宁阳鹤山镇“引凤还巢”激活全民创业（8月15日）
泰山景区完善机制促服务水平提升档次升级　（8月27日）
我国纺织业首个国家科技进步奖技术推广陷困境　（9月19日）
“吃亏支书”坚守乡村扶贫20载情感泰山　（9月27日）
国庆景区热度排行　泰山入前五　（10月5日）
泰山文化研究列入国家社科项目　（10月7日）
泰安“生态立市”打造“绿色引擎”　（10月17日）
泰安构建“两山相映、一水绕城”山水城市格局　（11月2日）
泰安解决大班额问题　221所学校开建　（11月3日）
泰山千年古刹玉泉寺：银杏树叶飘落遍地“黄金”　（11月7日）
泰安市年度棚户区改造目标任务完成　（11月7日）

四年巨亏32亿　肥矿集团破产重整谋“自救” （11月8日）
2020年泰安七成以上村庄将变身美丽乡村 （11月17日）
泰安煎饼上榜首届中国金牌旅游小吃 （11月20日）
泰安市设立2000万元创业扶贫担保资金 （11月22日）
泰安、莱芜、菏泽成山东经济增长最快城市 （11月23日）
千人古装广场舞大赛泰山脚下起跳 （11月25日）
泰安创省食安城市“食安泰安”示范单位达76家 （11月26日）
泰安列入国家全域旅游示范区创建单位（11月28日）
泰安市1337家企业入住“好品山东”平台 （11月30日）
泰安16个项目纳入山东“十三五”服务业发展规划 （12月2日）
第四届“爱聚泰山”公益峰会在山东新泰开幕 （12月3日）
山东宝来利来荣获2016全国饲料优秀创新企业奖 （12月11日）
泰安市启动转型升级的强大“引擎” （12月21日）
泰安岱岳区纪委综合运用四种形态治“病”救人 （12月23日）
2017全国新年登高健身大会华东区主会场泰山开幕 （12月25日）
泰安24个典型获评山东省最美志愿服务先进 （12月26日）
泰安市无障碍智能改造让800户残疾家庭享便利 （12月29日）

光明日报

绿满泰山 （4月22日）
山东：在文化自信中阔步前行（引用泰安市实例） （8月8日）
我国就业领域出现三大新变化（引用泰安市实例） （8月18日）
让“穷陡山”变成“金陡山”——追记泰安市岱岳区扶贫办原副主任、驻村第一书记苏庆亮 （10月19日）

大众日报

现代物流业成岱岳区经济新亮点 （1月1日）
新泰“国字号”中医受青睐 （1月1日）
肥城农村淘宝购销两便 （1月3日）
肥城被确定为省粮改饲重点县 （1月3日）
石横镇盘活低效土地 （1月11日）
泰山区：“三个一批”项目精准发力稳增长 （1月12日）
东平：百栋新房拔地起 （1月19日）
岱岳区：冬日火了近郊采摘游 （2月8日）
秦士文：为全忠与孝　除夕送家堂 （2月17日）
泰安68对情侣情人节献血 （2月25日）
发挥身边好人榜样作用—新泰培树厚待道德模范 （2月26日）
肥城电商发展迈入快时代 （2月27日）
泰安集中开展治理行人、非机动车交通违法宣传活动——交通参与人群全覆盖 （3月1日）
岱岳区城乡环卫一体化实现全覆盖 （3月4日）
泰安描绘全域旅游新画卷 （3月7日）
泰山区“电商换市”促产业深度融合　C2B成扩大消费“新引擎” （3月8日）
肥城搭建智慧党务平台 （3月13日）
“旅游＋乡村”助力泰安全域旅游 （3月28日）
肥城打出精准扶贫组合拳 （3月28日）
岱岳区构筑中小学校交通安全防线 （3月29日）
新泰分层分类精准培养村书记 （3月29日）
宁阳供电贴心服务企业去产能 （3月30日）
宁阳汶上两地上演“爱心接力”——白血病女孩寻双亲盼一线生机 （3月31日）
泰山区建设人才管理改革试验区 （4月12日）
守护泰山深处孩子的“平安梦” （4月12日）
姜异康在泰安调研时强调：坚持以新的发展理念为引领　深入谋划推进经济社会发展 （4月13日）
肥城互联网＋提升村集体“造血”功能 （4月14日）
新泰自选调解员让“信访镇”摘了帽 （4月16日）
新泰供电助力绿色交通发展 （4月17日）
东平警电联手打造平安农电网 （4月17日）
泰安确保道路交通事故可防、可控、可降 （4月19日）
肥城市国税局高新区分局“三个三”支部工作法开拓党建新局面 （4月19日）
余松烈：守望亿亩麦田 （4月21日）
大汶口文化遗址与泰山 （4月21日）
“远古大战”让太阳部落没有“淡季” （4月25日）

“众创空间”，让创客离梦想更近 （4月28日）
肥城林业扶贫开通致富路 （5月8日）
新泰行政审批从万里长征变百米冲刺 （5月11日）
泰安首个网上调解室在宁阳开通 （5月15日）
肥城土地承包经营权完成“身份认定” （5月16日）
新泰63个现代农业园带动农业产业升级（5月22日）
泰安开展党员交通志愿服务 （5月24日）
泰安重点路口遵规率大幅提高 （5月24日）
岱岳区党员群众宣讲团活跃基层 （5月25日）
肥城市安驾庄镇精准扶贫拔穷根 （5月25日）
岱岳区：“小社区”筑起“大服务” （5月30日）
百合香飘泰山下　公交服务百姓家 （6月7日）
泰安45家文明单位认管15个路口 （6月7日）
东平供电科技创新展开腾飞双翼 （6月12日）
亮出党员第一身份　泰安岱岳区“挂牌亮诺” （6月20日）
泰安建成车驾管档案影像化系统 （6月21日）
泰山区56亿投向24个民生项目 （6月22日）
泰安建立项目建设企业信用“红黑榜” （6月23日）
泰山学院深入开展“两学一做”学习教育　教学楼和学生宿舍设立党员示范岗 （6月30日）
泰安整治严重交通违法行为 （7月5日）
泰山区以“退二进三”工程推动服务业转型升级 （7月10日）
新泰羊流在建全国最大牡丹园 （7月13日）
泰山区实施“泰山名匠”培养计划 （7月31日）
泰安产业绽“新绿” （9月2日）
苏庆亮三次抉择，用生命造就亿元村 （9月3日）
三次抉择，用生命造就亿元村—追记泰安市岱岳区大陡山村原党支部书记苏庆亮 （9月3日）
泰安首家快递爱心驿站成立 （9月3日）
全国中学生数理化学科能力展示泰安获金奖 （9月3日）
泰安：转型升级推动安全发展 （9月3日）
第三十届泰山国际登山节今日开幕 （9月6日）
泰安：科普惠民引领全民提“素” （9月9日）
陈建民：32年执着坚守三尺讲台 （9月9日）
张春霞：用爱心公益换来笑容 （9月10日）
泰安入选国家工业领域煤炭清洁高效利用示范城市 （9月10日）
登山节成泰安营销盛会 （9月10日）
泰安市政府出台棚户区改造新政 （9月11日）
“谁遇到这种情况都会先想救人”——李厚君湖中勇救三人后悄然离开 （9月14日）
泰山学院与武汉纺织大学联合培养研究生 （9月15日）
“自制月饼，图的是家人围坐的幸福” （9月16日）
文化旅游与创新旅游较为火爆——山东中秋旅游“人财两旺” （9月19日）
泰安推进全域旅游走向全民旅游——登山节5万张免费门票送出什么？——影响力持续发票至中秋小长假，“山”“城”旅游出现全面井喷 （9月21日）
泰安推进全域旅游走向全民旅游　登山节5万张免费门票送出什么？ （9月21日）
来自山东农业大学的报道之二——科技站上制高点 （9月22日）
来自山东农业大学的报道之二：科技站上制高点 （9月22日）
从战场转业质监一线，从零开始屡次领先全省全国——质监“老兵”领跑创新路 （9月26日）
矿长与员工面对面“拉呱”解“疙瘩” （9月27日）
天颐湖　以共享理念开创旅游新模式 （9月28日）
来自山东农业大学的报道之三——服务“三农”的本分与坚守 （9月29日）
泰山学院健美操代表队在亚洲大众体操节获佳绩 （9月29日）
来自山东农业大学的报道之三：服务“三农”的本分与坚持 （9月29日）
新泰“五大行动”助力妇女工作创新 （10月1日）
新泰用“增减挂钩”做活土地文章 （10月1日）
三位90多岁老红军国庆节里的家国情怀与期许　不忘初心，走好新长征路 （10月2日）
99岁杨海岩：老红军的“红色家风”（泰安市） （10月2日）
十一黄金周，大批游客在泰山玉皇顶等待日出 （10月3日）
百家景区迎客165人次　济铁发送旅客首破60万 （10月3日）
小志愿者跟着爸妈献爱心 （10月4日）
泰山游客突发急症晕倒　武警官兵打开400米“生命通道” （10月5日）
泰山天颐湖旅游度假区成功试运营 （10月10日）
泰安：国庆安保网上直播 （10月11日）
来自山东农业大学的报道之四——创新创业展身手 （10月13日）
苏庆亮：用生命诠释坚强党性——“拼命书记”泰山

脚下扶贫 21 载，将“穷陡山”变成了“金陡山” （10 月 15 日）
泰安方特：推出魔法万圣季特别活动 （10 月 17 日）
泰安九个旅游大项目国庆假日吸金 6221 万余元 （10 月 17 日）
用生命照亮扶贫攻坚路——“齐鲁时代楷模”苏庆亮事迹感动人心 （10 月 18 日）
泰安：开展重大交通违法行为专项整治行动 （10 月 18 日）
精准造血，无粮村吃上旅游饭　新泰产业扶贫“四策四产四联动”，村居特色产业覆盖率达 100% （10 月 20 日）
泰安打造全国首家特种设备产业基地 （10 月 24 日）
泰安：专项整治行人非机动车交通违法行为 （10 月 25 日）
托起一条共享发展的价值链 （10 月 27 日）
我市 6 个县市区全部通过国家义务教育均衡验收 （11 月 25 日）
泰安农村孩子享受同等优质教育 （11 月 25 日）
泰安市为家庭贫困学生送上寒假“温暖套餐” （12 月 31 日）

中央电视台

“春节”气息感染伦敦（新泰民俗） （2 月 10 日）
小长假首日泰山迎来客流高峰 （4 月 30 日）
第 30 届泰山国际登山节今天开幕 （9 月 6 日）
仰止中华山岳　共铸民族脊梁 （10 月 1 日）
泰山：中华岱宗　五岳独尊 （10 月 1 日）
山东泰山：游客突发疾病　武警紧急施救 （10 月 4 日）
美丽中国　生态文明造福百姓—大陡山村 （10 月 6 日）
苏庆亮的女儿苏悦接受回忆父亲苏庆亮的“对话”访谈 （10 月 16 日）

山东广播电视台

泰安成志愿服务模范城建设试点市 （1 月 8 日）
110 宣传日　泰安市公安局举行环城警力展示 （1 月 10 日）
泰安市东平县获 10 亿移民搬迁贷款　系山东最大规模脱贫政策性贷款 （1 月 11 日）
泰安人大第十六届五次会议开幕　着力发展现代特色农业 （1 月 18 日）
泰山区总工会“春节送温暖”送出慰问金 34 万元 （1 月 31 日）
发展绿色公交　泰安两座公交充电站建成使用 （1 月 31 日）
泰安科技金融“联姻”　为企业注入“活水” （2 月 1 日）
泰安：摔二鬼、泰山皮影等非遗项目轮番上演 （2 月 1 日）
八方游客齐聚泰山　敲钟祈福迎新年 （2 月 8 日）
2016 年泰山祈福四季会正月初三启动 （2 月 10 日）
泰安：200　亿项目落地开工 （2 月 16 日）
东平湖水下文物今年或重见天日 （2 月 19 日）
正月十六　泰山景区大批香客进香祈福 （2 月 23 日）
泰安：以供给为导向加快企业转型 （2 月 28 日）
泰安市公安机关全国两会安保誓师大会 （3 月 2 日）
泰安市发放 4200 多万元补贴困难企业职工 （3 月 6 日）
泰山景区泰山春雨志愿服务队成立 （3 月 6 日）
泰安：100 名环卫女工免费游景区 （3 月 6 日）
泰山景区泰山春雨志愿服务队成立 （3 月 7 日）
泰安市免费为 60 位　困难母亲提供餐车及培训 （3 月 8 日）
泰安市免费为 60 位　困难母亲提供餐车及培训 （3 月 9 日）
泰山首届二月二祈天铸福大典温情启幕（一） （3 月 10 日）
泰安消防官兵开展消防产品防假打假宣传活动 （3 月 15 日）
泰安：“春风送暖．靓丽城市”活动启动（3 月 21 日）
2016 首届“行走大汶河”全民健身徒步行活动启程 （3 月 26 日）
宁阳：和农民“捆”在一起的电商达人 （3 月 27 日）
泰山景区实现国内首个网上全景游览 （3 月 28 日）
新泰：厚养薄葬　树立文明新风尚 （3 月 31 日）
移风易俗典型：新泰打造殡葬惠民服务品牌　切实减轻群众丧葬负担 （4 月 2 日）
第九届国际自闭症关爱日　泰安首届蓝色行动启动 （4 月 2 日）
泰山景区迎来自驾游高峰 （4 月 3 日）
泰安建档保护 19034 株古树名木 （4 月 10 日）
杨东奇到泰安调研指导农村基层党建工作 （4 月 12 日）
姜异康到泰安市调研座谈经济社会发展情况

（4月13日）
泰安：政府服务　精准发力　（4月14日）
中国报业发展大会在泰安举行　（4月21日）
中国报业发展大会在泰安举行　（4月22日）
33个高新技术项目落户泰安高新区　（4月23日）
泰山开启文明旅游模式　五万个垃圾袋送给上山游客　（4月30日）
泰山景区：日超八万　多措并举应对客流高峰　（5月2日）
山东广电网络集团与泰安市开展战略合作　（5月4日）
泰安肥城：小桃核“雕刻”出大产业　（5月5日）
新泰樱桃搭上电商快车　（5月8日）
李法泉到泰安调研党风廉政建设和反腐败工作　（5月12日）
全省青少年机器人竞赛泰安开赛　（5月15日）
山东省第十六届青少年机器人竞赛泰安开赛　（5月15日）
首届泰山国际太极拳赛开赛　（5月20日）
泰安市大陡山村获评“全国生态文化村”（9月1日）
泰安24所学校被评为首批山东省健康示范学校　（9月5日）
泰安与百家知名外企进行新技术交流转让　（9月8日）
“齐鲁时代楷模”余松烈先进事迹发布　（9月9日）
孙伟到泰安调研重点项目建设等工作　（9月9日）
齐鲁最美教师孙彩霞立德修身　尽职尽责：铮铮誓言树师者正气　（9月10日）
泰安与国内外企业和投资机构集中签约104个项目　（9月10日）
吕文强　张春霞：教书育人　大爱无言（9月12日）
泰山国家级特种设备“智慧谷”建设启动　（9月17日）
第三十届泰山国际登山节举行　打造全民体育旅游盛宴　（9月17日）
泰安：80多家企业牵手2万贫困户助力脱贫　（9月21日）
“齐鲁非遗之旅”摄影采风活动在泰安启动　（9月23日）
泰山之巅敲钟祈福迎新年　（10月1日）
首批“德耀齐鲁·道德小公民”泰山宣誓　（10月2日）
2016泰山音乐节在泰山天颐湖旅游度假区举行　（10月4日）
新城市　新中心　泰安安：一轴一线　建设充满活力的区域性中心城市　（10月6日）
泰山旅游迈入智慧时代　（10月7日）
一片初心托岱岳——苏庆亮：心系群众　扎根扶贫21载　（10月15日）
一片初心托岱岳——苏庆亮：践行铮铮誓言　将“穷陡山”变成“金陡山”　（10月16日）
一片初心托岱岳——苏庆亮：克己奉公守清贫　党性坚强铸丰碑　（10月17日）
首届泰山国际特种设备展览会开幕　（10月20日）

山东人民广播电台

泰安与百家知名外企进行新技术交流转让　（9月8日）
泰安与国内外企业和投资机构集中签约104个项目　（9月10日）
泰山国家级特种设备“智慧谷”建设启动　（9月17日）
泰安：80多家企业牵手2万贫困户助力脱贫　（9月21日）
“泰山公益带走行动”启动　泰山开启文明旅游模式　（10月1日）
泰山迎来客流高峰　多项措施保游客安全　（10月2日）
泰安第十二届泰山苗木花卉交易会16日开幕　（10月16日）
2016第三届泰山国际马拉松鸣枪开跑　（10月31日）

人民网

农行肥城支行为全辖网点全部配备超级柜台　（3月17日）
2016泰山东岳庙会新闻发布会顺利召开（4月15日）
共产党员苏庆亮生命最后的142天　（10月18日）

新华网

山东宁阳：落实“两个责任”营造风清气正氛围　（1月6日）
山东省宁阳县：农村电商助力农民创业致富　（1月18日）
弘扬泰山传统文化　徂徕先生石介墓故址重新修碑　（1月29日）
泰安20余个脑瘫儿童家庭接受慈善救助（1月31日）

泰安泰山区 33 个项目集中签约 合同额 136.9 亿（2 月 16 日）
山东泰安："泰山幸福 e 家园"获山东服务品牌（2 月 19 日）
山东泰安实施 7 项文化工程 推进文化强市建设（3 月 15 日）
"泰山观光"宣传片登泰山之巅 主推岱岳休闲游（3 月 16 日）
泰安泰山区举办"共享阳光"爱心书画家助残活动（3 月 23 日）
泰安岱岳区南大圈村以工带农 脱贫按下快进键（3 月 25 日）
山东：泰山美景可全景观看 还可以切换角度（3 月 25 日）
泰安岱岳区南大圈村以工带农 脱贫按下快进键（3 月 25 日）
泰山通用航空项目落地 未来可做直升机游览泰山（4 月 6 日）
泰安建档保护 19483 株古树名木 大多在泰山上（4 月 8 日）
姜异康到泰安市调研座谈经济社会发展情况（4 月 13 日）
山东泰安将举办 2016 泰山东岳庙会（4 月 17 日）
泰安泰山残联开展第二十六次全国助残日活动（5 月 16 日）
泰安举办"5•29 泰山爱的跑跑"活动（5 月 29 日）
泰安市大汶口镇启动"汶口古镇复兴计划"（10 月 5 日）
山东泰安打造国内最具特色儿童职业体验旅游项目（10 月 5 日）
第 4 届泰山音乐节开幕 打造国内知名户外沙滩音乐节（10 月 5 日）
泰山文化研究列入国家社科项目（10 月 7 日）
支书苏庆亮：就是搭上一条命 也要让穷村富起来（10 月 20 日）
全国劳动模范苏庆亮：生命中最后的 142 天（10 月 24 日）

光明网

现代物流业成岱岳区经济新亮点（1 月 2 日）
宁阳招才引智激活县域经济（1 月 9 日）
文旅融合打造泰安发展"加速度"（5 月 6 日）

中国文明网

泰安打造志愿服务模范城展示生活新风尚（3 月 22 日）
泰安：志愿服务推开文明岱岳之窗（5 月 23 日）

大众网

肥城五城建设吹响十三五发展集结号（3 月 11 日）
泰安泰山区："爱心墙"温暖城市 传递正能量（3 月 24 日）
第二届全国自行车泰山挑战赛鸣枪（4 月 18 日）
世界旅游发展大会的"泰安时间"传统文化迷倒旅游国家外宾（5 月 22 日）
向全世界讲述"中国故事" 世界旅游发展大会与会代表来泰安考察（5 月 27 日）

齐鲁网

肥城举办桃花节为世界最大桃园（3 月 23 日）
泰安铁路沿线将步入"景观"时代（11 月 4 日）
山小荷公益"彩虹村"助学计划入选（11 月 24 日）
泰安纳入 2016 年省级智能快件箱建设示范市（11 月 30 日）

中国新闻网

泰安泰山区"五大攻坚战"促转型 求突破（1 月 4 日）
泰安泰山区旅游经济总收入 96.9 亿元（1 月 5 日）
泰安泰山区 52 项贺年会活动丰富多彩（1 月 14 日）
泰安泰山区精准发力重点解决民生事项（2 月 24 日）
泰山民族乐团以"一带一路"创造管弦乐《大漠驼铃》（3 月 10 日）
泰安泰山区开展城市管理服务挺进社区和学校（3 月 15 日）
泰安泰山区街头建立"爱心墙"方便市民捐赠物品（3 月 24 日）
泰安实施"人才强企战略"建设人才管理改革试验区（4 月 8 日）
泰山区启动"互联网 + 公益行动"形成网络公益合力（6 月 1 日）
特色小镇建设的"西张庄镇样本"（11 月 4 日）
避险迁建 6.9 万群众挪"穷窝"——东平精准扶贫趟新路：抓安居 谋乐业 兜穷底（11 月 5 日）

大陡山的呼唤——追记泰安市岱岳区扶贫办原副主任苏庆亮支部生活 （11 月 10 日）
打造“食安山东”品牌 守护群众舌尖安全——访泰安市副市长、市食安委副主任、市公安局长鞠向群 （11 月 17 日）
中共山东省委关于开展向苏庆亮同志学习活动的决定 （11 月 18 日）
新泰 :“特色经”活化农村造血功能 （11 月 19 日）
厚植转型发展优势 提升泰安城市品质大众日报 （11 月 21 日）
多举措促民生建设 大手笔绘幸福泰安大众日报 （11 月 24 日）
践行绿色发展理念 建设美丽生态泰安 （11 月 25 日）
看泰安如何精准发力供给侧结构性改革 （11 月 25 日）
泰山景区打出“组合拳”抢抓全域旅游机遇 （12 月 8 日）
坚定信念苦干实干 打赢脱贫攻坚战——苏庆亮 （12 月 18 日）
泰安 : 培育道德文明风尚助力全国文明城市创建 （12 月 21 日）

著 名 商 标

泰安市荣获中国驰名商标企业情况

表 48

序号	企业名称	商标名称	商品名称	时 间	区 县	认定单位
1	泰开电气集团有限公司	泰 开	高压断路器	2013	开发区	商标局
1	泰山玻璃纤维有限公司	CTG 及图	非纺织用玻璃纤维线	2009	泰山区	商标局
2	新东岳集团有限公司	东岳 DONGYUE 及图	自行车内外胎、	2009	东平县	商标局
3	光明起重机械集团有限公司	金斗山及图	起重机	2009	新泰市	商标局
4	山东泰鹏实业有限公司	安琪尔	床罩、被子、被罩	2009	肥城市	商标局
5	山东泰安山锅集团有限公司	第 714344 号图形	锅 炉	2010	岱岳区	商标局
6	泰山集团泰安市普瑞特机械制造有限公司	普瑞特	金属容器	2010	泰山区	商标局
7	泰安泰山工程机械股份有限公司	岱峰 DaiFeng 及图	移动吊车	2010	泰山区	商标局
8	泰山石膏股份有限公司	泰山及图	石膏板	2010	岱岳区	商评委
9	山东正方轮胎有限公司	正 喜	车辆轮胎	2011	宁阳县	商标局
10	泰山集团股份有限公司	TAISHAN 及图	锅 炉	2011	开发区	商标局
11	山东春潮色母料有限公司	春潮及图	塑料着色母料、	2011	新泰市	商标局
12	瑞星集团有限公司	东平湖及图	尿 素	2011	东平县	商标局
13	山东银宝食品有限公司	银宝及图	猪肉、猪肉食品	2011	肥城市	商标局
14	肥城富世康面粉有限公司	富士康	面 粉	2011	肥城市	商标局
15	肥城金塔机械有限公司	金字及图	蒸馏塔	2011	肥城市	商标局
16	泰安华鲁锻压机床有限公司	华 鲁	剪板机；折弯机	2012	岱岳区	商标局

续表 48

序号	企业名称	商标名称	商品名称	时　间	区　县	认定单位
17	山东九鑫机械工具有限公司	泰山及图	扳手（手工具）	2012	东平县	商标局
18	山东光大日月油脂股份有限公司	智　育	食用油 食用油脂	2012	东平县	商标局
19	山东索力得焊材有限公司	索力得 SOLID 及图	金属焊丝	2012	肥城市	商标局
20	山东亚奥特乳业有限公司	亚奥特 YAT	牛奶制品	2012	泰山区	商标局
21	山东云宇机械集团有限公司	云宇及图	汽车配件	2013	肥城市	商标局
22	泰开电气集团有限公司	泰　开	高压断路器	2013	开发区	商标局
23	山东省肥城桃开发总公司	肥　城	桃	2014	肥城市	商标局
24	山东三和化工有限公司	阳和及图	三聚氰胺	2014	新泰市	商标局
25	东顺集团股份有限公司	顺清柔及图	卫生纸 纸手帕	2014	东平县	商标局
26	山东同创汽车散热装置股份有限公司	TCAC 图形	汽车发动机冷却用散热器	2014	宁阳县	商标局
27	山东一滕新材料股份有限公司	一滕集团及图	工业用纤维素	2014	肥城市	商标局
28	泰安安能电气集团有限公司	安能信锐及图	变压器、电开关	2014	开发区	商评委
29	泰安市泰山索道运营中心	第 5139629 号图形	旅客运输（游客）、汽车运输	2015	泰山景区	商标局
30	山东九鑫日用化工有限公司	满　婷	肥　皂	2015	东平县	商标局
31	肥城阿斯德化工有限公司	阿斯德	甲　酸	2015	肥城市	商标局
32	山东新轮轮胎有限公司	新轮 XIN LUN 及图	车辆轮胎	2015	肥城市	商标局
33	山东华泰电缆有限公司	华泰及图	电源材料（电线、电缆）	2015	新泰市	商标局
34	山东康平纳集团有限公司	第 3752835 号图形	呢绒、布、毛织品	2015	泰山区	商标局
35	山东亚奥特乳业有限公司	亚奥特 YAT	牛奶制品	2015	泰山区	商评委
36	山东傲饰服饰有限公司	傲饰及图	服　装	2015	肥城市	商标局
37	泰石岩棉有限公司	泰　石	非金属耐火建筑材料	2016	岱岳区	商标局
38	山东泰丰钢业有限公司	青云山	非金属套管、金属套管	2016	新泰市	商标局
39	山东泰山轮胎有限公司	泰山及图	汽车轮胎、拖拉机轮胎	2016	肥城市	商标局
40	泰安路德工程材料有限公司	路　德	非金属栅栏、非金属搁栏、土隔膜	2016	泰山区	商标局
41	兴润建设集团有限公司	兴润建设	建筑服务	2016	肥城市	商标局

泰安市荣获山东省著名商标企业情况

表 49

序号	申请单位	注册商标	认定商品或服务	认定时间	区划
2014 认定（14 件）					
1	泰安路德工程材料有限公司	路德	非金属栅栏；非金属搁栅；非金属建筑材料	2014	泰山区
2	泰安嘉和重工机械有限公司	嘉和及图	挖掘机	2014	泰山区
3	山东省联合农药工业有限公司	联农及图	杀虫剂	2014	岱岳区
4	泰安市君乐太阳能有限公司	君乐	太阳能热水器；太阳集热器	2014	岱岳区
5	山东泰丰钢业有限公司	青云山	钢管；金属管	2014	新泰市
6	山东泰丰新水管业股份有限公司	泰水及图	非金属管道；非金属水管	2014	新泰市
7	新泰市永佳化工有限责任公司	永佳及图	色母粒	2014	新泰市
8	山东天源重工集团有限公司	力德利及图	起重机；起重机（升降设备）；起重葫芦	2014	新泰市
9	山东肥城精制盐厂	鲁祥及图	盐	2014	肥城市
10	泰安瑞泰纤维素有限公司	瑞泰及图	衍生物纤维素（化学品）	2014	肥城市
11	肥城瑞达家具有限责任公司	鲁翔及图	家具	2014	肥城市
12	泰安市正大油脂有限公司	鲁统	食用油	2014	肥城市
13	中国重汽集团泰安五岳专用汽车有限公司	五岳及图	汽车起重机底盘；自卸车	2014	开发区
14	山东彩山兴业装饰材料有限公司	彩山及图	金属片和金属板	2014	宁阳县
2014 续展（18）件					
15	泰安东升服装有限公司	MOTO-BOY	服装	2014	泰山区
16	山东岱银纺织集团股份有限公司	岱银 DAIYIN 及图	纱线	2014	泰山区
17	普瑞特机械制造股份有限公司	泰山及图	酿造机器	2014	泰山区
18	山东新煤机械装备股份有限公司	零点及图	单体液压支柱三用阀	2014	新泰市
19	山东泰山恒信开关集团有限公司	泰山恒信	电开关；高低压开关板；配电盘及图	2014	新泰市
20	新泰市新汶食品酿造有限公司	泰山圣宝及图	酱油；醋	2014	新泰市
21	山东泰山起重机械有限公司	劲王 JINWANG	起重机	2014	新泰市
22	泰安百川纸业有限责任公司	百川	羊皮纸；印刷纸	2014	新泰市
23	泰安市亚圣食品有限公司	亚圣斋及图	人食用蚕蛹；鱼制食品；鹌鹑蛋	2014	岱岳区
24	山东山口生物发展股份有限公司	山口及图	酱油；醋；酱菜	2014	岱岳区
25	山东宏康机械制造有限公司	宏康及图	锻压设备	2014	岱岳区
26	肥城米山水泥有限公司	米山及图	水泥	2014	肥城市
27	山东新轮轮胎有限公司	新轮及图	自行车轮胎；车辆轮胎	2014	肥城市

续表 49

序号	申请单位	注册商标	认定商品或服务	认定时间	区 划
28	山东鲁珠集团有限公司	鲁珠及图	水 泥	2014	肥城市
29	山东同创汽车散热装置股份有限公司	TCAC 及图	汽车发动机冷却用散热器	2014	宁阳县
30	山东天和纸业有限公司	天和兴及图	木浆纸	2014	宁阳县
31	尤洛卡矿业安全工程股份有限公司	尤洛卡	测压仪器；测量仪器	2014	开发区
32	山东泰邦生物制品有限公司	鲁岳及图	医药生物制剂；血液制品	2014	泰山景区
2015 认定（14）件					
33	兴润建设集团有限公司	兴润建设及图	建 筑	2015	肥城市
34	肥城联谊工程塑料有限公司	联谊九州及图	塑料材料（纤维代用品）；纺织用玻璃纤维织物；无纺布	2015	肥城市
35	鲁变电工有限公司	鲁变及图	变压器；配电盘；配电箱	2015	肥城市
36	山东中玻节能环保发展有限公司	中玻所及图	人造树脂（半成品）；合成树脂（半成品）；有机玻璃	2015	新泰市
37	山东天力重工集团有限公司	天特及图	起重机	2015	新泰市
38	山东德鲁克起重机有限公司	德鲁克	起重机；起重葫芦；升降设备提升机	2015	新泰市
39	泰安泰山亚细亚食品有限公司	九洲丰园及图	速冻菜；腌制蔬菜	2015	泰山区
40	山东前程似锦人力资源有限公司	前程似锦及图	商业管理咨询；替他人作中介；人事管理咨询	2015	泰山区
41	山东德泰机械制造集团有限公司	守德及图	车辆底盘；车辆车轴；陆地车辆用连接杆	2015	新泰市
42	泰安海威数控机床有限公司	泰山海威及拼音	农业机械；模压加工机械；机床	2015	开发区
43	山东宏瑞达电力设备有限公司	鲁一及图	变压器（电）；变压器；调压器	2015	岱岳区
44	山东岱岳制盐有限公司	东岳及图	食 盐	2015	岱岳区
45	山东鲁燕色母粒有限公司	金燕及图	色母粒	2015	岱岳区
46	新东岳集团有限公司	正航及图	车辆用轮胎（摩托车轮胎）；脚踏车车胎	2015	东平县
2015 续展（30）件					
47	泰安仕全兴涂料有限公司	名士达及图	木材涂料（油漆）	2015	岱岳区
48	泰安市泰山日出酒业有限公司	泰山日出及图	酒（白酒）	2015	岱岳区
49	山东泰安山锅集团有限公司	图 形	低压蒸气锅炉；热水采暖锅炉	2015	岱岳区
50	山东泰山华岳玻璃有限公司	泰山华岳及图	建筑玻璃；楼房用窗玻璃；隔热玻璃	2015	岱岳区
51	泰山石膏股份有限公司	泰山及图	石膏板	2015	岱岳区
52	泰安鲁普耐特塑料有限公司	鲁普耐特及图	绳索；网（绳网）	2015	岱岳区
53	新东岳集团有限公司	锦科及图	车辆用轮胎；自行车轮胎	2015	东平县

续表49

序号	申请单位	注册商标	认定商品或服务	认定时间	区 划
54	山东九鑫日用化工有限公司	满 婷	肥皂；浴液；化妆品；洗发剂	2015	东平县
55	光明起重集团有限公司	金斗山及图	起重机	2015	新泰市
56	新泰市新汶食品酿造有限公司	新汶及图	酱油；醋；调味品	2015	新泰市
57	山东电力管道工程公司	森波管道及图	水泥管	2015	新泰市
58	山东大唐宅配家居有限公司	图 形	家具；有抽屉的橱；碗柜	2015	泰山区
59	山东宝来利来生物工程股份有限公司	宝来利来及图	非医用饲料添加剂	2015	泰山区
60	山东岱银纺织集团股份有限公司	雷诺及图	衬衣；男女式茄克衫；牛仔系列服装	2015	泰山区
61	山东厚丰汽车散热器有限公司	鲁美及图	散热器（汽车配件）	2015	泰山区
62	山东亚奥特乳业有限公司	亚奥特 YAT	牛奶；牛奶制品；酸奶	2015	泰山区
63	山东金彩山酒业有限公司	彩山及图	酒（白酒）	2015	宁阳县
64	山东华阳农药化工集团有限公司	神农丹	农 药	2015	宁阳县
65	山东鲁峰专用汽车有限责任公司	鲁峰及图	汽车；汽车配件；挂车	2015	开发区
66	力博重工科技股份有限公司	力博科技及图	传送带；机器、马达和引擎调速器	2015	开发区
67	山东泰鹏集团有限公司	安琪儿	床罩；被子；被罩	2015	肥城市
68	泰安九洲金城机械有限公司	力星及图	起重设备；装卸设备	2015	肥城市
69	山东阿斯德化工有限公司	春旺及图	尿 素	2015	肥城市
70	肥城康王酒业有限公司	康王河及图	酒（白酒）	2015	肥城市
71	肥城阿斯德化工有限公司	阿斯德	甲 酸	2015	肥城市
72	山东润东建材有限公司	双吉及图	石 膏	2015	肥城市
73	山东依诺威强磁材料有限公司	依诺威及图	磁铁；磁性材料和器件	2015	肥城市
74	山东泰鹏环保材料股份有限公司	泰鹏及图	喷胶棉；太空棉；无纺布	2015	肥城市
75	山东农大肥业科技有限公司	农大及图	肥 料	2015	肥城市
76	泰安市泰山旅游服务公司	天街及图	饭店；柜台出租	2015	泰山景区
2016认定（15）件					
77	山东弘兴玉米开发有限公司	绿 环	食用玉米淀粉；含淀粉食品；含淀粉食物	2016	宁阳县
78	山东友邦肥业科技有限公司	友邦及图	农业肥料；肥料；农业用肥	2016	宁阳县
79	泰安市遇石记玉石制品有限公司	遇石记及图	玉石（泰山玉）	2016	泰山区
80	山东乐通电缆有限公司	啄木鸟及图	电线；电缆；电话线	2016	肥城市
81	山东又工机械工具有限公司	又工及图	扳手（手工具）	2016	肥城市
82	泰安瑞泰达机械有限公司	瑞泰达	车辆拉力杆；车辆用悬挂弹簧	2016	肥城市

续表 49

序号	申请单位	注册商标	认定商品或服务	认定时间	区 划
83	山东众成饲料科技有限公司	Chang–ho 昌浩	饲 料	2016	肥城市
84	山东泰邦生物制品有限公司	CTBB 及图	血液制品（人血白蛋白、静注人免疫球蛋白、破伤风人免疫球蛋白）	2016	泰山景区
85	山东龙成消防器材有限公司	薪薪及图	灭火器	2016	新泰市
86	新泰市兴泰酿造有限公司	青云山及图	酱油；醋	2016	新泰市
87	泰安泰山国泰拖拉机制造有限公司	泰 山	拖拉机	2016	新泰市
88	山东飞扬化工有限公司	绿色泰丰及图	酯；琥珀酸	2016	新泰市
89	山东宝来利来生物工程股份有限公司	宝来利来及图	非医用饲料添加剂	2016	泰山区
90	山东社汇酒业有限公司	唐龙一品液 及图	白 酒	2016	东平县
91	山东新东岳集团有限公司	速至及图	自行车胎；车辆轮胎（力车、摩托车胎）	2016	东平县
2016 续展（34）件					
92	泰安泰山工程机械股份有限公司	岱峰及图	移动吊车	2016	泰山区
93	泰安路德工程材料有限公司	美格瑞诗	非金属栅栏；非金属搁栅；非金属建筑材料	2016	泰山区
94	山东科大中天电子有限公司	宏天及图	电工仪表及仪器；电压表；电度表	2016	泰山区
95	山东泰山啤酒有限公司	泰山及图	啤 酒	2016	泰山区
96	山东仁达铝业装饰有限公司	仁 达	金属片和金属板；金属门；金属窗	2016	岱岳区
97	山东泰山衡器有限公司	泰 衡	台秤；案秤	2016	岱岳区
98	泰安科诺型钢股份有限公司	欣诺及图	未加工或半加工普通金属；铁板；钢板	2016	岱岳区
99	山东云宇机械集团有限公司	云宇及图	汽车配件	2016	肥城市
100	山东富世康工贸有限公司	富世康及图	面 粉	2016	肥城市
101	肥城金塔机械有限公司	金字及图	蒸馏塔	2016	肥城市
102	山东鲁泰建材科技集团有限公司	鲁泰及图	非金属板	2016	肥城市
103	山东索力得焊材股份有限公司	索力得及图	金属焊丝	2016	肥城市
104	山东金泰山漆业有限公司	鲁乐及图	铝涂料；银涂料；油漆	2016	肥城市
105	肥城泰西无纺材料有限公司	东岳及图	工业滤毯；工业滤布	2016	肥城市
106	山东一滕新材料股份有限公司	一滕集团 及图	纤维素；工业用纤维素醚	2016	肥城市
107	山东泰山轮胎有限公司	泰山及图	拖拉机轮胎	2016	肥城市
108	山东农大肥业科技有限公司	农大及图	肥 料	2016	肥城市
109	肥城市阳光食品有限公司	旭 光	方便面	2016	肥城市

续表49

序号	申请单位	注册商标	认定商品或服务	认定时间	区　划
110	山东华阳农药化工集团有限公司	华阳及图	农　药	2016	肥城市
111	山东华兴纺织集团有限公司	图　形	纱；线	2016	肥城市
112	新东岳集团有限公司	东岳及图	车辆轮胎	2016	东平县
113	东顺集团股份有限公司	顺清柔	卫生纸；纸手帕；纸巾纸	2016	东平县
114	泰安市泰山女儿旅游商贸有限公司	泰山女儿	茶；茶叶代用品	2016	开发区
115	泰开集团有限公司	泰开及图	高压断路器；高压隔离开关	2016	开发区
116	泰安东岳重工有限公司	东岳及图	汽车起重机	2016	开发区
117	山东大宝养殖加工有限责任公司	赛星 SAIXNG	死家禽；火腿	2016	新泰市
118	山东泰山生力源玻璃有限公司	谷字牌及图	玻璃瓶罐	2016	新泰市
119	山东北方中意新材料有限公司	泰岳及图	玻璃钢用建筑材料；玻璃钢建筑构件	2016	新泰市
120	山东裕鑫玻璃纤维有限公司	图　形	纺织用玻璃纤维织物；玻璃布	2016	新泰市
121	泰安市雅邦工贸有限公司	雅邦斯诺尔 及图	油漆；刷墙用白浆；防火漆	2016	新泰市
122	山东华泰电缆有限公司	华泰及图	电源材料（电线、电缆）	2016	新泰市
123	山东汶阳春酒业有限公司	汶阳春	食用酒精	2016	新泰市
124	山东三和生物科技有限公司	阳和及图	三聚氰胺；未加工人造树脂	2016	新泰市
125	山东社汇酒业有限公司	唐龙及图	酒	2016	东平县

泰安市地理标志证明商标情况

表50

序号	单位名称	商标名称	商品类别
1	山东省肥城桃开发总公司	肥城桃	桃
2	宁阳县林果协会	宁阳大枣	干　枣
3	肥城市王庄粉皮协会	孔庄粉皮	粉　皮
4	东平县安山大米行业协会	安山大米	大　米
5	新泰市农村合作经济组织联合会	新泰芹菜	新鲜芹菜
6	泰安市岱岳区泰安煎饼协会	泰安煎饼	煎　饼
7	泰安市岱岳区徂徕镇果树农民经济协会	徂徕黄金梨	梨
8	东平县核桃发展协会	大羊薄皮核桃	核桃（坚果）
9	肥城市桃木雕刻协会	肥城桃木雕刻	桃木工艺品
10	泰安市水产研究所	泰山赤鳞鱼	活　鱼
11	宁阳县泗店镇蟋蟀产业协会	宁阳蟋蟀	蟋蟀（活的）
12	宁阳县泗店镇蔬菜协会	许家桥大白菜	大白菜
13	泰安市岱岳区下港乡特色农产品产业协会	泰山板栗	新鲜栗子

续表 50

序号	单位名称	商标名称	商品类别
14	新泰市楼德镇煎饼协会	楼德煎饼	煎 饼
15	泰安市岱岳区岱绿特蔬菜协会	泰安黄芽白菜	大白菜（新鲜蔬菜）
16	泰安市岱岳区岱绿特蔬菜协会	泰安大白菜	大白菜（新鲜蔬菜）
17	新泰市楼德镇煎饼协会	楼德煎饼	煎 饼
18	宁阳县泗店镇蔬菜协会	宁阳桥白	大白菜
19	东平县彭集街道花生产业协会	彭集花生	新鲜花生
20	新泰市维特果树研究所	新泰苹果	苹 果
21	新泰市黄山红山羊研究所	新泰红毛山羊	活 羊
22	新泰市草猪养殖协会	新泰草猪	活 猪
23	泰安市岱岳区化马湾乡大樱桃协会	化马湾大樱桃	樱 桃
24	泰安市岱岳区泰山玉产业协会	泰山墨玉石雕	玉雕艺术品，玉雕手饰
25	泰安市岱岳区夏张镇夏张红农产品协会	泰安红心萝卜	萝卜（新鲜的）
26	泰安市传统食品协会	泰安豆腐	豆 腐
27	肥城市汶阳镇河岔口鸭蛋产销协会	河岔口鸭蛋	鸭 蛋
28	新泰市刘杜镇甜红子山楂协会	新泰甜山楂	山楂（新鲜的）

名 牌 产 品

2016 年泰安市新增荣获“山东名牌产品”称号企业情况

表 51

序号	企业名称	产品名称	行政区划
1	山东中玻节能环保发展有限公司	烟气除尘碳纤维复合材料阳极管	新泰市
2	山东新智机械有限公司	常压连续脱硫机	新泰市
3	山东宏康机械制造有限公司	数控开卷矫平剪切生产线	岱岳区
4	山东塔高矿业机械装备制造有限公司	矿用单体液压支柱	宁阳县
5	山东安信机械制造有限公司	液压支架、单体液压支柱	肥城市
6	泰安泰山工程机械股份有限公司	履带式吊管机	泰山区
7	山东泰丰钢业有限公司	石油套管	新泰市
8	山东瑞泰玻璃绝缘子有限公司	盘形悬式玻璃绝缘子	新泰市
9	山东泰开电器绝缘有限公司	棒形悬式复合绝缘子	泰山区
10	山东泰开电器绝缘有限公司	环氧浇注绝缘子及绝缘拉杆	泰山区
11	山东德泰机械制造集团有限公司	商用车底盘悬挂件	新泰市

续表 51

序号	企业名称	产品名称	行政区划
12	山东润通齿轮集团有限公司	陆地车辆传动齿轮	新泰市
13	山东明佳科技有限公司	360 度高精度标签在线检测系统	岱岳区
14	山东大唐宅配家居有限公司	书　柜	泰山区
15	山东新泰秋实节能科技有限公司	智能微耗商用灶	新泰市
16	鲁普耐特集团有限公司	碳纤维绳	岱岳区
17	泰安市泰山女儿旅游商贸有限公司	茶　叶	高新区
18	山东肥城精制盐厂	食用盐	肥城市
19	山东岱岳制盐有限公司	食用盐	岱岳区
20	山东雷诺服饰有限公司	职业装	泰山区
21	泰安金飞虹织造有限公司	泰山御锦	岱岳区
22	泰山玻璃纤维有限公司	节能环保型无氟无硼玻璃纤维	泰山区
23	泰安路德工程材料有限公司	涤纶经编土工格栅	泰山区
24	山东泰开自动化有限公司	智能型电力高频直流电源柜	高新区
25	中国重汽集团泰安五岳专用汽车有限公司	自卸汽车	高新区
26	中国重汽集团泰安五岳专用汽车有限公司	半挂车	高新区

2016 年泰安市新增荣获“山东服务名牌”称号单位情况

表 52

序号	企业名称	服务品牌
1	山东潍坊百货集团股份有限公司泰安中百大厦	中　百
2	山东肥城农村商业银行股份有限公司	情怀五心　服务桃乡
3	山东新泰农村商业银行股份有限公司	
4	泰安市泰山瀛泰国际旅行社有限公司	泰山瀛泰
5	泰安兴润检测有限公司	兴润检测
6	泰安市泰山区图书馆	咱们的图书馆

文 件 选 目

泰安市人民政府、市政府办公室文件

政府令第〔171〕号　泰安市政府规章制定办法

泰政发〔2016〕1号　泰安市人民政府关于印发《泰安市12345民生服务平台建设工作实施方案》的通知

泰政发〔2016〕2号　泰安市人民政府2015年政府信息公开工作年度报告

泰政发〔2016〕3号　泰安市人民政府关于印发《泰安市国民经济和社会发展第十三个五年规划纲要》的通知

泰政发〔2016〕4号　泰安市人民政府关于全面深化新时期爱国卫生工作的实施意见

泰政发〔2016〕5号　泰安市人民政府关于大力支持实体经济发展的意见

泰政发〔2016〕6号　泰安市人民政府关于认真落实粮食安全行政首长责任制的实施意见

泰政发〔2016〕7号　泰安市人民政府关于深化标准化工作改革提升泰安标准化建设水平的意见

泰政发〔2016〕8号　泰安市人民政府关于促进全市房地产市场平稳健康发展的意见

泰政发〔2016〕9号　泰安市人民政府关于构建泰安特色塔型科技创新体系的意见

泰政发〔2016〕10号　泰安市人民政府关于进一步加强城镇棚户区改造工作的意见

泰政发〔2016〕11号　泰安市人民政府关于印发泰安市社会信用体系建设规划（2016～2020年）的通知

泰政发〔2016〕12号　泰安市人民政府关于加快发展文化产业的实施意见

泰政发〔2016〕13号　泰安市人民政府关于印发泰安市落实《水污染防治行动计划》工作方案的通知

泰政发〔2016〕14号　泰安市人民政府关于推进工业绿色转型发展的实施意见

泰政发〔2016〕15号　泰安市人民政府关于印发第三十届泰山国际登山节暨2016中国泰安投资合作洽谈会总体方案的通知

泰政发〔2016〕16号　泰安市人民政府关于做好2016年退役士兵接收安置工作的通知

泰政发〔2016〕17号　泰安市人民政府关于加强农村留守儿童关爱保护工作的实施意见

泰政发〔2016〕18号　泰安市人民政府关于实施泰安市“互联网+”行动计划（2016～2018年）的通知

泰政发〔2016〕20号　泰安市人民政府关于实施支持农业转移人口市民化若干财政政策的意见

泰政发〔2016〕21号　泰安市人民政府关于印发泰安市政府重大行政决策程序规定的通知

泰政发〔2016〕22号　泰安市人民政府关于加快推进建筑产业化的实施意见

泰政发〔2016〕23号　泰安市人民政府关于印发泰安市全民健身实施计划（2016～2020年）的通知

泰政发〔2016〕24号　泰安市人民政府关于进一步健全特困人员救助供养制度的通知

泰政办发〔2016〕1号　泰安市人民政府办公室关于规范市政府领导政务活动协调安排工作的通知

泰政办发〔2016〕2号　泰安市人民政府办公室关于完善公积金管理服务机制扩大住房消费的实施意见

泰政办发〔2016〕3号　泰安市人民政府办公室关于转发市发展改革委泰安市2016年国民经济和社会发展计划的通知

泰政办发〔2016〕4号　泰安市人民政府办公室关于印发《泰安市〈乡村教师支持计划（2015～2020年）〉实施细则》的通知

泰政办发〔2016〕5号　泰安市人民政府办公室关于印发泰安市城市公立医院综合改革实施方案的通知

泰政办发〔2016〕6号　泰安市人民政府办公室关于积极推进分级诊疗制度建设的通知

泰政办发〔2016〕7号　泰安市人民政府办公室关于印发泰安市科学预判分级管控预防重特大事故试点工作方案的通知

泰政办发〔2016〕9号　泰安市人民政府办公室关于加快推进智慧泰安建设的意见

泰政办发〔2016〕10号　泰安市人民政府办公室关于加快推进海绵城市建设的实施意见

泰政办发〔2016〕12号　泰安市人民政府办公室关于加快新能源汽车推广应用的实施意见

泰政办发〔2016〕13号　泰安市人民政府办公室关于“先照后证”改革后加强事中事后监管的通知

泰政办发〔2016〕14号　泰安市人民政府办公室关于印发泰安市建立统一的公共资源交易平台实施方案的通知

泰政办发〔2016〕15号　泰安市人民政府办公室关于印发泰安市医疗卫生服务体系规划（2016～2020年）的通知

泰政办发〔2016〕16号　泰安市人民政府办公室关于印发泰安市病死畜禽无害化处理工作实施方案的通知

泰政办发〔2016〕17号　泰安市人民政府办公室关于进一步加强乡村医生队伍建设的实施意见

泰政办发〔2016〕18号　泰安市人民政府办公室关于印发泰安市审计局主要职责内设机构和人员编制规定的通知

泰政办发〔2016〕19号　泰安市人民政府办公室关于印发泰安市农业水价综合改革实施方案的通知

泰政办发〔2016〕20号　泰安市人民政府办公室关于印发泰安市法律援助办法的通知

泰政办发〔2016〕21号　泰安市人民政府办公室转发市人力资源社会保障局等部门关于开展非营利性民办学校教师养老保险与公办学校教师同等待遇试点工作实施意见的通知

泰政办发〔2016〕22号　泰安市人民政府办公室关于进一步加强政务服务平台建设深入推进行政审批制度改革的意见

泰政字〔2016〕2号　泰安市人民政府关于公布第四批市级重点文物保护单位的通知

泰政字〔2016〕3号　泰安市人民政府关于表彰全市农业农村工作先进单位和先进个人的通报

泰政字〔2016〕7号　泰安市人民政府关于公布2016年第一批削减行政审批事项和承接省政府下放行政审批事项等项目的通知

泰政字〔2016〕8号　泰安市人民政府关于命名表彰2015年度泰安市首席技师的通报

泰政字〔2016〕10号　泰安市人民政府关于表彰2015年度全市安全生产工作先进集体和先进个人的通报

泰政字〔2016〕11号　泰安市人民政府关于表彰2015年度商务工作先进单位的通报

泰政字〔2016〕13号　泰安市人民政府关于表彰2015年度泰安市市长质量奖获奖单位和个人的通报

泰政字〔2016〕14号　泰安市人民政府关于表彰全市消防工作先进单位和先进个人的通报

泰政字〔2016〕17号　泰安市人民政府关于公布泰安市2016年度国有建设用地供应计划的通知

泰政字〔2016〕24号　泰安市人民政府关于印发泰安市京沪高铁泰安站广场管理办法的通知

泰政字〔2016〕25号　泰安市人民政府关于表彰全市民族团结进步模范集体和模范个人的通报

泰政字〔2016〕28号　泰安市人民政府关于公布全市最低工资标准的通知

泰政字〔2016〕29号　泰安市人民政府关于发布2016年企业工资指导线的通知

泰政字〔2016〕36号　泰安市人民政府关于公布2016年第二批削减行政许可事项和承接省政府下放行政许可事项等项目的通知

泰政字〔2016〕37号　泰安市人民政府关于恢复征收森林植被恢复费的通知

泰政字〔2016〕40号　泰安市人民政府关于公布第六批市级非物质文化遗产代表性项目名录的通知

泰政字〔2016〕45号　泰安市人民政府关于命名泰安市国防教育基地的通知

泰政字〔2016〕46号　泰安市人民政府关于调整公布市级行政权力清单有关事项的通知

泰政字〔2016〕49号　泰安市人民政府关于表彰全市教育工作先进单位的通报

泰政字〔2016〕50号　泰安市人民政府关于印发泰安市服务业发展三年行动计划（2016～2018年）的通知

泰政字〔2016〕53号　泰安市人民政府关于公布2017年度泰安市政府采购目录的通知

泰政字〔2016〕54号　泰安市人民政府关于2016年度泰安市科学技术奖励的决定

泰政字〔2016〕55号　泰安市人民政府关于2016年度泰安市专利奖励的决定

泰政字〔2016〕56号　泰安市人民政府关于清理规范市直部门（单位）行政审批中介服务收费项目的通知

泰政字〔2016〕60号　泰安市人民政府关于泰安市“十三五”消防事业发展规划的批复

泰政字〔2016〕62号　泰安市人民政府关于表彰奖励2015年度泰安市创新型企业的通报

泰政字〔2016〕64 号　泰安市人民政府关于印发泰安市妇女发展“十三五”规划和泰安市儿童发展“十三五”规划的通知

泰政字〔2016〕66 号　泰安市人民政府关于表彰奖励 2015 年度全市社会综合治税暨地方税收保障工作先进单位和先进个人的通报

泰政字〔2016〕67 号　泰安市人民政府关于表彰奖励 2015 年度泰安市节能奖的通报

泰政字〔2016〕68 号　泰安市人民政府关于印发泰安市土地整治管理办法的通知

泰政字〔2016〕69 号　泰安市人民政府关于印发泰安市校车安全管理办法的通知

泰政字〔2016〕71 号　泰安市人民政府关于授予部分 2015 年度山东省科学技术奖获得者劳动模范和先进工作者称号的决定

泰政办字〔2016〕1 号　泰安市人民政府办公室关于印发泰安市节能目标责任考核体系实施方案的通知

泰政办字〔2016〕2 号　泰安市人民政府办公室关于印发泰安市市政中心消防安全管理规定的通知

泰政办字〔2016〕3 号　泰安市人民政府办公室关于成立或调整部分临时机构和议事协调机构的通知

泰政办字〔2016〕4 号　泰安市人民政府办公室关于开展泰安市 2015 年政风行风测评评议工作的通知

泰政办字〔2016〕5 号　泰安市人民政府办公室关于成立泰安市 12345 民生服务平台建设工作领导小组的通知

泰政办字〔2016〕6 号　泰安市人民政府办公室关于 2015 年 11 ～ 12 月份政务信息采用情况的通报

泰政办字 (2016)7 号　泰安市人民政府办公室关于表彰 2015 年度应急管理工作先进单位及先进个人的通报

泰政办字〔2016〕8 号　泰安市人民政府办公室关于做好行政审批和行政处罚双公示工作的通知

泰政办字〔2016〕10 号　泰安市人民政府办公室关于表彰 2015 年度全市政府系统信息工作先进单位和先进个人的通报

泰政办字〔2016〕11 号　泰安市人民政府办公室关于印发泰安市城市管理工作考核办法（试行）的通知

泰政办字〔2016〕12 号　泰安市人民政府办公室关于开展 2015 年度土地矿产卫片执法监督检查工作的通知

泰政办字〔2016〕13 号　泰安市人民政府办公室关于公布第十一批农业产业化市级重点龙头企业名单的通知

泰政办字〔2016〕14 号　泰安市人民政府办公室关于建立年度全市 1% 人口抽样调查制度的通知

泰政办字〔2016〕15 号　泰安市人民政府办公室关于公布泰安市基础教育综合改革工作联席会议成员名单及工作制度的通知

泰政办字〔2016〕16 号　泰安市人民政府办公室关于全面推进新型农村合作金融试点工作的通知

泰政办字〔2016〕18 号　泰安市人民政府办公室关于印发 2016 年全市应急管理工作要点的通知

泰政办字〔2016〕19 号　泰安市人民政府办公室关于印发泰安市医疗卫生服务业转型升级实施方案的通知

泰政办字〔2016〕20 号　泰安市人民政府办公室关于表彰 2015 年度市政府便民服务电话受理工作先进单位和先进个人的通报

泰政办字〔2016〕21 号　泰安市人民政府办公室关于公布 2016 年第一批新开工重点建设项目名单的通知

泰政办字〔2016〕22 号　泰安市人民政府办公室关于贯彻鲁政办字〔2015〕180 号文件加快推进采煤塌陷地综合治理工作的实施意见

泰政办字〔2016〕23 号　泰安市人民政府办公室关于 2016 年 1 ～ 2 月份政务信息采用情况的通报

泰政办字〔2016〕24 号　泰安市人民政府办公室关于成立或调整部分临时机构和议事协调机构的通知

泰政办字〔2016〕25 号　泰安市人民政府办公室关于公布 2016 年市政府规范性文件制定计划的通知

泰政办字〔2016〕26 号　泰安市人民政府办公室关于印发泰安市银行业机构年度考核评价办法（试行）的通知

泰政办字〔2016〕27 号　泰安市人民政府办公室关于印发泰安市创建省级食品安全城市工作方案的通知

泰政办字〔2016〕28 号　泰安市人民政府办公室关于印发泰安市批发零售餐饮业转型升级实施方案的通知

泰政办字〔2016〕29 号　泰安市人民政府办公室关于开展小额贷款保证保险试点工作的通知

泰政办字〔2016〕30 号　泰安市人民政府办公室关于表彰 2015 年度政府信息公开工作先进单位和

先进个人的通报

泰政办字〔2016〕31号　泰安市人民政府办公室关于进一步加强政务督查与媒体监督联动提升督查实效的通知

泰政办字〔2016〕32号　泰安市人民政府办公室关于调整泰安市深化医药卫生体制改革领导小组的通知

泰政办字〔2016〕33号　泰安市人民政府办公室关于加快推进社会力量参与公共文化服务体系建设的通知

泰政办字〔2016〕34号　泰安市人民政府办公室关于公布第三届泰山乡村之星名单的通知

泰政办字〔2016〕36号　泰安市人民政府办公室关于转发市商务局泰安市家政服务业转型升级实施方案的通知

泰政办字〔2016〕37号　泰安市人民政府办公室关于成立或调整部分临时机构和议事协调机构的通知

泰政办字〔2016〕38号　泰安市人民政府办公室关于建立完善风险科学预判分级管控和隐患排查治理双重预防机制的通知

泰政办字〔2016〕39号　泰安市人民政府办公室关于全面加强特种设备安全工作的通知

泰政办字〔2016〕40号　泰安市人民政府办公室 泰安军分区司令部关于调整泰安市征兵工作领导机构成员的通知

泰政办字〔2016〕41号　泰安市人民政府办公室关于举办2016中国（泰山）国际矿业装备与技术展览会的通知

泰政办字〔2016〕42号　泰安市人民政府办公室关于推进城市地下综合管廊建设的通知

泰政办字〔2016〕43号　泰安市人民政府办公室关于印发泰安市培植发展做大做强注册会计师行业实施方案的通知

泰政办字〔2016〕44号　泰安市人民政府办公室关于2016年3～4月份政务信息采用情况的通报

泰政办字〔2016〕45号　泰安市人民政府办公室关于切实做好政府网站信息内容建设工作的通知

泰政办字〔2016〕46号　泰安市人民政府办公室关于印发市政府特邀督查员工作制度（试行）的通知

泰政办字〔2016〕47号　泰安市人民政府办公室关于聘请王汉友等同志为市政府特邀督查员的通知

泰政办字〔2016〕48号　泰安市人民政府办公室关于成立调整部分临时机构和议事协调机构的通知

泰政办字〔2016〕49号　泰安市人民政府办公室关于废止泰政办发〔2003〕52号和泰政办发〔2007〕16号文件的通知

泰政办字〔2016〕50号　泰安市人民政府办公室关于加快发展教育培训业的通知

泰政办字〔2016〕51号　泰安市人民政府办公室关于建立泰安市道路交通安全隐患排查治理长效机制的通知

泰政办字〔2016〕52号　泰安市人民政府办公室关于对全市2015年度综合治税及税收保障工作进行考核的通知

泰政办字〔2016〕53号　泰安市人民政府办公室关于印发市政府重要会议确定事项督查落实工作规则的通知

泰政办字〔2016〕54号　泰安市人民政府办公室关于认真贯彻鲁政字〔2016〕93号文件精神严格规范收入征管坚决杜绝虚增财政收入的通知

泰政办字〔2016〕55号　泰安市人民政府办公室关于做好人大代表建议和政协提案办理结果公开工作的通知

泰政办字〔2016〕56号　泰安市人民政府办公室关于印发2016年推进简政放权放管结合优化服务转变政府职能工作方案的通知

泰政办字〔2016〕57号　泰安市人民政府办公室关于印发2016年泰安市政务公开重点工作任务分解表的通知

泰政办字〔2016〕58号　泰安市人民政府办公室关于印发2016首届泰山国际特种设备展览会实施方案的通知

泰政办字〔2016〕59号　泰安市人民政府办公室关于印发泰安市防震减灾第十三个五年规划的通知

泰政办字〔2016〕60号　泰安市人民政府办公室关于印发泰安市抚恤定补优抚对象住房优待办法的通知

泰政办字〔2016〕61号　泰安市人民政府办公室关于提高全市城乡居民最低生活保障标准和农村五保供养标准的通知

泰政办字〔2016〕62号　泰安市人民政府办公室关于落实2016～2020年县级政府耕地保护责任目标的通知

泰政办字〔2016〕63号　泰安市人民政府办公室关于印发泰安市科技服务业转型升级提质增效实施方案的通知

泰政办字〔2016〕64 号 关于印发泰安市培植知识产权（专利）服务业发展实施方案的通知

泰政办字〔2016〕65 号 泰安市人民政府办公室关于启用泰安市财政资产管理中心和泰安市政府与社会资本合作管理办公室印章的通知

泰政办字〔2016〕66 号 泰安市人民政府办公室关于进一步加强职业病防治工作的通知

泰政办字〔2016〕67 号 泰安市人民政府办公室关于印发泰安市易制毒化学品管控和禁种铲毒工作规范的通知

泰政办字〔2016〕68 号 泰安市人民政府办公室关于印发泰安市 12345 民生服务平台群众诉求事项办理工作考核办法的通知

泰政办字〔2016〕69 号 泰安市人民政府办公室关于印发泰安市互联网金融风险专项整治工作实施方案的通知

泰政办字〔2016〕70 号 泰安市人民政府办公室关于加快推进云计算和大数据创新发展的实施意见

泰政办字〔2016〕71 号 泰安市人民政府办公室关于进一步加快发展民办教育的通知

泰政办字〔2016〕72 号 泰安市人民政府办公室关于完善县级以上地方人民政府与本级工会联席会议制度的通知

泰政办字〔2016〕73 号 泰安市人民政府办公室关于启用泰安市公安局新印章的通知

泰政办字〔2016〕74 号 泰安市人民政府办公室关于加强乡镇道路交通安全管理员队伍建设管理的通知

泰政办字〔2016〕75 号 泰安市人民政府办公室关于成立或调整部分临时机构和议事协调机构的通知

泰政办字〔2016〕77 号 泰安市人民政府办公室关于成立泰安市棚户区改造工作领导小组的通知

泰政办字〔2016〕78 号 泰安市人民政府办公室关于明确市县政务服务平台建设和互联互通任务分工的通知

泰政办字〔2016〕79 号 泰安市人民政府办公室关于 2016 年 5 ～ 6 月份政务信息采用情况的通报

泰政办字〔2016〕80 号 泰安市人民政府办公室关于深入开展农村有线电视户户通惠民工程的通知

泰政办字〔2016〕81 号 泰安市人民政府办公室关于 2015 年度各县（市、区）服务业发展绩效考核情况的通报

泰政办字〔2016〕82 号 泰安市人民政府办公室关于印发泰安市养老服务业转型升级实施方案的通知

泰政办字〔2016〕83 号 泰安市人民政府办公室关于加快推进基层综合性文化服务中心建设的通知

泰政办字〔2016〕84 号 泰安市人民政府办公室关于印发 2016 第一届泰山国际福祉暨康复设备博览会暨泰山国际残疾人论坛实施方案的通知

泰政办字〔2016〕85 号 泰安市人民政府办公室关于印发泰安市国有建设用地使用权及矿业权网上交易办法的通知

泰政办字〔2016〕86 号 泰安市人民政府办公室关于加快全市非煤矿山转型升级提高安全环保节约质效管理水平的通知

泰政办字〔2016〕87 号 泰安市人民政府办公室关于进一步规范农副产品批发市场建设和管理工作的通知

泰政办字〔2016〕88 号 泰安市人民政府办公室关于实行公立医院药品医用耗材联合采购的通知

泰政办字〔2016〕89 号 泰安市人民政府办公室关于印发泰安市企业“安全生产管理标兵”评选管理办法的通知

泰政办字〔2016〕90 号 泰安市人民政府办公室关于印发泰安市软件和信息技术服务业转型升级实施方案的通知

泰政办字〔2016〕91 号 泰安市人民政府办公室关于印发泰安市散煤清洁化治理工作实施方案的通知

泰政办字〔2016〕92 号 泰安市人民政府办公室关于印发泰安市深化医药卫生体制改革 2016 年重点工作任务的通知

泰政办字〔2016〕93 号 泰安市人民政府办公室关于印发泰安市旅游休闲业转型升级实施方案的通知

泰政办字〔2016〕94 号 泰安市人民政府办公室关于成立或调整部分临时机构和议事协调机构的通知

泰政办字〔2016〕95 号 泰安市人民政府办公室关于聘请李宁宁等同志为市政府民生服务特邀督办员的通知

泰政办字〔2016〕96 号 泰安市人民政府办公室关于 2016 年 7 ～ 8 月份政务信息采用情况的通报

泰政办字〔2016〕97 号 泰安市人民政府办公室关于印发泰安市加快电子商务发展实施方案的通知

泰政办字〔2016〕98 号 泰安市人民政府办公室关于印发《泰安市安全生产举报管理办法》等四个规范性文件的通知

泰政办字〔2016〕99 号 泰安市人民政府办公

室关于明确市级统筹整合使用财政涉农资金范围支持脱贫攻坚的通知

泰政办字〔2016〕100号　泰安市人民政府办公室关于印发泰安市物流产业转型升级实施方案的通知

泰政办字〔2016〕101号　泰安市人民政府办公室关于印发泰安市文化产业转型升级提质增效实施方案的通知

泰政办字〔2016〕102号　泰安市人民政府办公室关于印发泰安市房地产业转型升级实施方案的通知

泰政办字〔2016〕103号　泰安市人民政府办公室关于公布2016年第二批新开工重点建设项目名单的通知

泰政办字〔2016〕104号　泰安市人民政府办公室关于印发《泰安市清理规范工程建设领域保证金工作实施方案》的通知

泰政办字〔2016〕105号　泰安市人民政府办公室关于启用泰安市卫生和计划生育委员会新印章的通知

泰政办字〔2016〕106号　泰安市人民政府办公室关于2016年9～10月份政务信息采用情况的通报

泰政办字〔2016〕107号　泰安市人民政府办公室关于印发泰安市推进煤炭行业化解过剩产能实现脱困发展实施方案的通知

泰政办字〔2016〕108号　泰安市人民政府办公室关于印发泰安市全面推行“双随机一公开”监管工作实施方案的通知

泰政办字〔2016〕109号　泰安市人民政府办公室关于落实市属破产改制企业退休职工中独生子女父母养老补助有关问题的通知

泰政办字〔2016〕110号　泰安市人民政府办公室关于开展粮食安全责任考核工作的通知

泰政办字〔2016〕111号　泰安市人民政府办公室关于2015年度及“十二五”节能目标责任考核情况的通报

先进单位名录（部分）

全国文明城市提名城市

泰安市

全国无偿献血先进城市

泰安市

“全国工人先锋号”单位

泰安市国家税务局纳税服务科

全国五四红旗团委

山东能源新矿集团协庄煤矿团委

山东能源新矿集团华新地产华新建材团支部

“绿色长征”公益健走活动全国县市区前五十强

共青团泰山区委员会

第十二届青少年走近科学世界“科学实验嘉年华”全国展示交流活动优秀组织奖

共青团肥城市委

全国青年安全生产示范岗

山东能源新矿集团鄂庄煤矿综合工区

山东能源肥矿集团梁宝寺矿采煤二区生产一班

全国中小学科学教育体验活动优秀组织

共青团泰安市委

全国维护妇女儿童权益先进集体

泰安市司法局

全国绿化模范单位

泰安市委党校

全国第二批节约型公共机构示范单位

泰安市委党校

2016年度内容创新型外文版政府网站

中华泰山国际在线英文频道

全国红十字防灾避险知识竞赛最佳组织三等奖

泰安市红十字会

全国基层中医药工作先进单位

宁阳县

全国计划生育优质服务先进单位

肥城市

岱岳区

全国优秀计生机构

岱岳区计划生育服务站

国家级艾滋病综合防控示范区

新泰市

安全稳定工作先进单位（军委国防动员部表彰）

军分区干休三所

公安部命名全国公安机关执法示范单位

肥城市公安局

公安部命名全国公安信访窗口示范单位

泰安市公安局岱岳区分局

第四届全国优秀保安服务公司

泰山保安服务有限公司

公安部南京警犬研究所表彰警犬技术工作先进集体

泰安市公安局刑事侦查支队警犬技术大队

公安消防部队安全工作和执勤训练工作先进支队

泰安市公安消防支队

全国检察机关未成年人检察工作突出贡献集体

东平县人民检察院未成年人刑事检察科

全国检察机关文明接待室

肥城市人民检察院控申举报接待室

东平县人民检察院控申举报接待室

第二届全国检察机关惩治和预防职务犯罪年度报告全国百优年度报告

《泰安市岱岳区人民检察院 2014 年度惩治和预防职务犯罪工作年度报告》

全国检察宣传先进单位

新泰市人民检察院

全国安全稳定工作先进单位

泰安军分区干休三所

全国普法依法治理先进单位

泰安市司法局

全国人民防空先进单位

泰安市人防指挥信息保障中心

全国税务系统先进集体

肥城市地方税务局

全国百佳国税地税合作县级示范

肥城市地方税务局

“山东省富民兴鲁劳动奖状”单位

山东鲁泰建材科技集团有限公司

宁阳县地方税务局

泰安市不动产登记中心

泰安东岳泰山旅游集团有限公司

特变电工山东鲁能泰山电缆有限公司

“山东省工人先锋号”单位

泰安市泰山区公共行政服务中心服务大厅

泰安市地方税务局岱岳分局满庄中心税务所

肥矿集团梁宝寺能源有限责任公司掘进三区生产二班

东平县地方税务局直属征收局

山东泰山抽水蓄能电站有限责任公司机电运维一班

石横特钢集团有限公司轧钢厂技术科

泰安市泰山风景名胜区管理委员会竹林寺管理区冯玉祥泰山纪念馆

2016年获省长质量奖提名奖获奖单位

特变电工山东鲁能泰山电缆有限公司

泰安航天特种车有限公司

山东省“五四红旗团委”

泰山职业技术学院团委

泰安市劳动就业办公室团委

山东医药技师学院团委

肥城市教育局团委

山东省“五四红旗团支部（总支）”

泰安市住房和建设局行政审批窗口团支部

泰安市中心医院第二团总支

国电石横发电有限公司运行团支部

山东交通职业学院泰山校区汽车系团总支

泰山票务交通管理处红门票务站团支部

泰安市东平县人民法院团支部

山东泰盈科技有限公司团支部

山东东平农村合作银行团支部

山东省青年志愿服务先进集体

泰山医学院附属医院青年文明号志愿服务队

全省助力县域科学发展工程示范区团委

共青团泰山区委员会

省级“青少年维权岗”

泰安市泰山区广播电视台电视中心

山东省青年志愿服务先进集体

肥城市青年志愿者协会

共青团山东省委青年之声优秀项目

共青团泰安市委“多彩童年”青少年体验教育活动

山东省志愿服务“四个100”先进典型最佳志愿服务项目

东平县“四点半学校”项目

山东省青年文明号

山东能源肥矿集团接待中心

山东省第五届“地科杯”“珍惜资源 爱我国土”征文优秀组织单位

共青团肥城市委

山东省“牵手关爱行动”首批优秀组织奖

肥城市“牵手关爱行动”联席会议办公室

第二届山东省青年志愿者服务项目大赛优秀组织奖

共青团泰安市委

第二届山东省青年志愿者服务项目大赛金奖

共青团泰安市委

全省妇女儿童工作先进集体（省委、省政府表彰）

泰安市妇女联合会

泰安市中级人民法院

泰安市财政局

省三八红旗集体

肥城市妇联

泰安市住房公积金管理中心服务大厅

泰安市财政局

泰安市第一人民医院泌尿肿瘤肛肠外科

山东省城乡妇女岗位建功先进集体

泰安市妇联

泰安市泰山区童心幼儿园

新泰市卫生局

宁阳县妇女联合会

泰安市劳动就业办公室

东平县妇女联合会

中共泰安市委市直机关工委

泰安高新区北集坡街道妇工委

泰安市卫生和计划生育委员会

泰安市岱岳区妇幼保健院

肥城市中医医院

省级巾帼文明岗

泰安市泰山区公共行政服务中心

泰安市岱岳区计划生育服务站女性科

肥城市人力资源市场

东平县地方税务局稽查局

泰山景区天外村游人中心

泰安市儿童福利院
泰安市中医医院肺病一科
泰安东岳山庄有限公司
中国工商银行股份有限公司泰安岱岳支行营业室

山东省巾帼居家创业就业脱贫行动“大姐工坊”

泰安市岱岳区满庄镇泉水湾村农村淘宝泉水湾服务站
泰安市岱岳区天平街道孙家沟村金牛山生态园（农家乐）
泰安市岱岳区道朗镇里峪芳草地（农家乐）
山东桃子姑娘生态农场
肥城市坤钰制衣有限公司
泰安市恒昌农业科技发展有限公司金泰庄园（农家乐）
肥城市王庄镇演南村宫艺手工坊
宁阳县华丰镇马良村科鼎特绳索加工厂
东平县东平街道塘坊乡村旅游专业合作社之乔志红农家乐（农家乐）
泰东金龙发制品有限公司
东平县商老庄乡潘孟于村农贤居渔家乐（农家乐）
东平县经济开发区东平粥粉厂

山东省巾帼脱贫示范基地

泰安市岱岳区黄前镇西麻塔村瀛泉林果专业合作社
肥城市湖屯镇前兴隆村华盛光伏农业示范园
宁阳县磁窑镇大磨庄村新燕畜禽养殖专业合作社

全省妇联系统新闻宣传工作先进单位

新泰市妇联
宁阳县妇联

山东省“四德”健身广场舞展示大赛三等奖

东平县州城街道南门社区古城新韵广场舞队

全省“四个100”最佳志愿服务组织

泰山小荷公益发展中心

全省基层理论宣讲先进单位

肥城市委宣传部

全省理论教育工作先进单位

岱岳区
宁阳县
东平县党委宣传部
泰山景区管委会宣传办公室

山东省第三届“国学小名士”经典诵读电视大赛优秀组织奖

泰安市委宣传部

山东省艾滋病确证实验室

泰安市疾控中心

山东省保健工作先进集体

泰安市卫计委

全省基层卫生岗位练兵和技能竞赛活动团体三等奖

泰安市卫计委

全省卫生计生系统工会信息先进单位

泰安市卫计委

全省免疫预防工作岗位技能竞赛团体一等奖

泰安市卫计委

全省卫生计生综合监督示范区

新泰市

山东省卫生和计划生育新闻宣传优秀工作奖

泰安市卫计委

全省税收调查工作先进单位

泰安市国税局

全省国税系统先进基层领导班子

新泰市国家税务局领导班子

全省人民防空先进集体（省人社厅、省军区司令部和省人防办联合表彰）

泰山区人武部

征兵工作先进单位（省征兵办表彰）

泰山区人武部

兴武建功先进单位（省军区表彰）

新泰市人武部

先进团级党委（省军区党委表彰）

肥城市人武部党委

征兵工作先进单位（省征兵办表彰）

宁阳县人武部

新闻报道工作先进单位（省军区政治部表彰）

泰安军分区政治部

全省公安系统先进集体（省人社厅、省公安厅、省公务员管理局表彰）

泰安市公安局特巡警支队三大队
泰安市公安局交通警察支队泰山区城东大队
泰安市公安局泰山区分局站前派出所
泰安市公安局岱岳区分局大汶口派出所

全省普法依法治理工作先进单位

泰安市公安局

全省打击涉盐违法犯罪工作

市级先进单位
泰安市公安局
县级先进单位
肥城市公安局

全省知识产权执法工作成绩突出集体

东平县公安局经济犯罪侦查大队

山东省公安厅授予集体二等功

泰安市公安局食品药品环境侦查支队
泰安市公安局侦破“4.27”利用互联网传播淫秽物品系列案专案组
泰安市公安局侦破公安部“2015-1072”毒品目标案专案组
泰安市公安局泰山区分局侦破“11.27”抢劫案专案组
新泰市公安局侦破金轩良等人组织领导参加黑社会性质组织犯罪案专案组
肥城市公安局侦破破坏易燃易爆设备案专案组
东平县公安局侦破公安部督办拐卖儿童案专案组

2016年度全省检察机关优秀检察院

泰安市人民检察院

全省优秀派驻基层检察室

肥城市人民检察院派驻安庄检察室

全省无违法违纪无责任事故检察院

岱岳区人民检察院
东平县人民检察院

全省“未成年人观护警示示范基地”

岱岳区人民检察院

全省“未检示范对接检察室”

东平县人民检察院派驻基层检察室

首届全省检察机关检务督查业务竞赛组织奖

泰安市人民检察院

全省检察机关一级检察室（新增）

泰安市人民检察院派驻高铁新区检察室
泰山区人民检察院派驻邱家店检察室
岱岳区人民检察院派驻范镇检察室
新泰市人民检察院派驻西张庄检察室
肥城市人民检察院派驻汶阳检察室
肥城市人民检察院派驻王瓜店检察室

全省检察机关开展“四个领域”专项工作先进单位

宁阳县人民检察院反贪污贿赂局

全省计财装备工作先进集体

宁阳县人民检察院

2016年度全省检察机关查办职务犯罪专项工作先进集体

新泰市人民检察院反渎职侵权局

2013～2015年度全省信访工作先进集体（省委、省政府表彰）

县（市、区）

岱岳区
新泰市

乡镇（街道）

泰山区财源街道

肥城市新城街道

宁阳县泗店镇

东平县商老庄乡

泰安市高新区北集坡街道

部门（单位）

泰安市信访局

泰安市城市发展投融资管理中心

全省税收调查工作先进单位

泰安市地方税务局

全省档案工作科学化管理先进单位

东平县地方税务局

全省法治税务示范基地

肥城市地方税务局

2016 年度新增省级文明村镇名单

泰山区省庄镇南河西村

泰山区邱家店镇温辛庄村

泰山区泰前街道西城村

泰山区泰前街道下梨园村

泰山区邱家店镇居岭庄村

泰山区省庄镇宋疃村

泰山区上高街道北上高村

泰山区徐家楼街道小白峪村

岱岳区黄前镇

岱岳区角峪镇

岱岳区道朗镇里峪村

岱岳区粥店街道小官庄村

岱岳区满庄镇曹家寨村

岱岳区良庄镇薛庄南村

新泰市新甫街道

新泰市泉沟镇泉沟村

新泰市新汶街道中洛沟村

新泰市龙廷镇上豹峪村

肥城市孙伯镇

肥城市新城街道古店村

肥城市边院镇凤凰村

宁阳县八仙桥街道青川围子村

宁阳县磁窑镇彩山庄村

宁阳县东疏镇花园村

宁阳县　城镇辛安店村

宁阳县华丰镇南良父村

宁阳县伏山镇东代村

东平县接山镇肖庄村

2016 年度新增省级文明单位名单

中共泰安市泰山区委办公室

泰安省级农业高新技术产业示范区管理中心

中共泰安市岱岳区委政法委员会

泰安市岱岳区经济合作局

泰安市岱岳区总工会

中共新泰市委办公室

中共新泰市委组织部

新泰市经济开发区管理委员会

肥城市住房和城乡建设局

肥城市疾病预防控制中心

山东新华书店集团有限公司宁阳分公司

山东省宁阳复圣中学

宁阳县审计局

宁阳县八仙桥街道办事处

东平县气象局

东平县司法局

中共泰安市委党校

泰安市妇女联合会

泰安市公共资源交易中心

泰安基准地震台

泰安市泰山风景名胜区国家税务局

泰安市人民防空办公室

泰安市公安局泰山景区分局

泰安市供销合作社联合社

泰安市科技馆

泰安市地方史志办公室

泰安市泰山玉产业发展管理中心

泰安市福利彩票销售管理中心

泰安市残疾人联合会

泰安开发区泰山创业投资有限公司

新汶矿业集团物资供销有限责任公司

2016 年度新增省级文明社区名单

泰山区财源街道大桥社区

泰山区岱庙街道三友社区

泰山区泰前街道金山社区

泰山区财源街道东更道社区
岱岳区天平街道岩庄社区
新泰市青云街道青云社区
肥城市王庄镇东孔社区
宁阳县文庙街道文成园社区

2016年度科学发展综合考核获奖单位（市委、市政府表彰）

一、县（市、区）

1. 2016年度经济社会发展综合考核一等奖：

新泰市　肥城市　泰山区

2. 2016年度经济社会发展综合考核二等奖：

岱岳区　宁阳县　东平县

二、市直2016年度科学发展综合考核先进单位

经济管理类

泰安市财政局
泰安市发展和改革委员会
泰安市住房和城乡建设局
泰安市经济和信息化委员会
泰安经济开发区、高新技术产业开发区
泰安市科学技术局
泰安市林业局
泰安市商务局

社会事业类

泰安市人力资源和社会保障局
泰安市交通运输局
泰安市泰山风景名胜区管理委员会
泰安市民政局
泰安市文化广电新闻出版局
泰安市卫生和计划生育委员会
泰安市残联
泰山职业技术学院

执法监督类

泰安市纪委机关
泰安市委政法委
泰安市公安局
泰安市规划局
泰安市国土资源局
泰安市机构编制委员会办公室
泰安市信访局
泰安市安全生产监督管理局

党政综合及群团类

泰安市委组织部
泰安市委办公室
泰安市政府办公室
泰安市委宣传部
泰安市委老干部局
泰安市委统战部
泰安市总工会
泰安市科协

驻泰双管类

泰安市国家税务局
泰安市供电公司
泰安市地方税务局
泰安市银监分局
人行泰安市中心支行
泰安海关
中国工商银行泰安市分行
泰安市新华书店

2016年度“五型”机关建设示范单位名单（市委表彰）

中共泰安市委办公室
泰安市人民政府办公室
中共泰安市委政策研究室
泰安市机构编制委员会办公室
泰安市中级人民法院
泰安市人民检察院
泰安市发展和改革委员会
泰安市经济和信息化委员会
泰安市科技局
泰安市公安局
泰安市民政局
泰安市人力资源和社会保障局
泰安市国土资源局
泰安市规划局
泰安市住房和城乡建设局
泰安市交通运输局
泰安市水利和渔业局
泰安市农业局
泰安市商务局
泰安市卫生和计划生育委员会
泰安市统计局
泰安市林业局
泰安市工商行政管理局
泰山风景名胜区管理委员会
泰安市总工会

泰安市妇女联合会
泰安市房产管理局
泰安市国家税务局
泰安市地方税务局

2016 年度全市社会治安综合治理工作先进县（市、区）（市委、市政府表彰）

新泰市
肥城市
泰山区

2016 年度全市社会治安综合治理工作先进乡镇（街道）（市委、市政府表彰）

泰山区徐家楼街道
泰山区省庄镇
岱岳区天平街道
岱岳区马庄镇
岱岳区大汶口镇
岱岳区道朗镇
新泰市宫里镇
新泰市果都镇
新泰市楼德镇
新泰市青云街道
新泰市翟镇
肥城市汶阳镇
肥城市潮泉镇
肥城市安临站镇
宁阳县八仙桥街道
宁阳县华丰镇
宁阳县东庄镇
东平县彭集街道
东平县东平街道
东平县州城街道

2016 年度全市社会治安综合治理工作先进单位（市委、市政府表彰）

市法院刑事审判第二庭
市检察院控申处
市公安局网络安全警察支队
市司法局宣传科
市民政局救助管理站
市国家安全局二支队
新汶矿业集团公司孙村煤矿
肥城矿业集团公司白庄煤矿
泰安高新区社会事业局
泰山景区综治办

全市信访工作先进单位（市委、市政府表彰）

县市区

新泰市
肥城市
岱岳区

乡镇（街道）

泰山区邱家店镇
泰山区财源街道
岱岳区满庄镇
新泰市泉沟镇
新泰市西张庄镇
肥城市边院镇
宁阳县土罡城镇
宁阳县文庙街道
东平县梯门镇
东平县彭集街道

市直部门（单位）

市公安局
市民政局
市财政局
市人力资源社会保障局
市规划局
市住房城乡建设局
市卫生计生委
泰安高新区
市企业国有资产管理中心
泰安高铁新区建设发展中心

2016 年度全市政务信息工作先进单位名单

县（市、区）

肥城市政府办公室
新泰市政府办公室
岱岳区政府办公室
泰山区政府办公室

市政府部门、直属单位、省属以上驻泰单位

市发展改革委
市商务局
市人力资源社会保障局
市住房城乡建设局

市财政局
市公安局
泰安银监分局
市统计局
市国税局
市经济和信息化委
市工商局
市交通运输局
市卫生计生委
市教育局
市民政局
市地税局
人行泰安市中心支行
市水利渔业局
市科技局
市农业局
市林业局
市煤炭局
国网泰安供电公司
市物价局
市文化广电新闻出版局
市规划局
泰山管委
市畜牧兽医局
市旅游局
市食品药品监管局
市房管局
市城市管理局
市城市发展投融资管理中心
市农机局
市行办
市粮食局
市盐务局
市公积金管理中心

2016年度全市应急管理工作先进单位

泰山区人民政府
岱岳区人民政府
新泰市人民政府
肥城市人民政府
宁阳县人民政府
东平县人民政府
市教育局
市公安局
市民政局
市财政局
市人力资源社会保障局
市国土资源局
市住房城乡建设局
市规划局
市交通运输局
市水利渔业局
市农业局
市商务局
市文化广电新闻出版局
市卫生计生委
市环保局
市民族宗教局
市国资委
市统计局
市林业局
市旅游局
市安监局
市人防办
市工商局
泰山管委
泰安高新区管委
市地震局
市畜牧兽医局
市政务服务中心管理办公室
市经济合作局
泰安银行
市气象局
市邮政管理局
山东服装职业学院
市公用事业管理局

2016年度市政府民生服务工作先进单位

市政府民生服务工作先进单位

新泰市政府
岱岳区政府
肥城市政府
宁阳县政府
东平县政府
市公安局
市财政局

市人力资源社会保障局
市住房城乡建设局
市规划局
市交通运输局
市商务局
市卫生计生委
市食品药品监管局
泰安高新区管委
泰山管委
市机关事务管理局
市公积金管理中心
泰山索道运营中心
市国税局
国网泰安供电公司
泰安移动通信公司
市城市管理局
市房管局
市公用事业管理局
市公安局交警支队
市公交公司
市自来水公司
泰山燃气集团
泰山城区热力公司

市政府民生服务工作先进基层单位

泰山区财源街道办事处
泰山区民政局
泰山区城市管理局
岱岳区粥店街道办事处
岱岳区民政局
岱岳区人力资源社会保障局
新泰市羊流镇政府
新泰市东都镇政府
肥城市边院镇政府
肥城市教育局
宁阳县磁窑镇政府
宁阳县住房城乡建设局
东平县东平街道办事处
东平县物价局
泰安高新区北集坡街道办事处
泰安高新区龙泉社会事务管理中心
市公安局指挥中心
市公安局泰山区分局警务保障室
市公安局交警支队岱岳区大队
市公安局交警支队车管所
市人力资源社会保障局劳动监察处（大队）
市人力资源社会保障局医疗保险事业处
市城市管理局城市管理指挥调度中心
市城市管理局直属执法一大队
市园林管理局
市建筑工程质量监督站
市妇幼保健院
市国土资源局信访室
市房管局保障性住房管理中心
市房管局物业管理办公室
市交通运输局道路运输管理处
市公路局
市公用事业局城市路灯管理所
泰安日报社舆情中心

编校　周燕　　审稿　袁立轩

索　引

说明：

1. 本索引为综合性主题索引。
2. 索引款目按汉语拼音字母（同音字按声调）顺序排列。表格、示意图在其后注明“表”“图”字样。
3. 款目后的阿拉伯数字表示内容所在的页码，数字后的字母 a、b、c 分别表示版面区域。
4. 同一主题的内容在文中多处出现的，在其款目后用不同的页码标明。
5. 对特载、附录等栏目不作主题索引。

数　字

A

B

C

H

J

K

L

M

N

P

Q

R

S

Z